IM SPIEGEL DER ZEIT

IM SPIEGEL DER ZEIT

Erlebtes

Erfahrenes

Erforschtes

Verlag Das Beste
Stuttgart · Zürich · Wien

610

Printed in Germany

3 87070 466 7

INHALT

Der Fall
ROMY SCHNEIDER
von Michael Jürgs

Das journalistische Geschick, mit dem der verzwickte Fall Romy Schneider noch einmal aufgerollt wird, macht den unwiderstehlichen Reiz der Biographie aus. Für die Fans der glück- und ruhelosen Kinokaiserin ein gefundenes Fressen: zum Verschlingen.

Hörzu

I

DIE MORGENDÄMMERUNG hat sich durch die Jalousien geschlichen und das Zimmer in ein fahles Licht getaucht. In einem Sessel liegt zusammengekrümmt eine Frau. Sie scheint eingeschlafen zu sein, denn auf dem kleinen Schreibtisch brennt noch eine Lampe. Ihr linker Arm hängt über die Lehne, auf dem hellen Teppich stehen ein voller Aschenbecher, eine leere Rotweinflasche. Das Glas ist umgekippt und hat auf einem nicht zu Ende geschriebenen Brief, der bei dem Wort *faire* nach dem „i" in einem langen Strich endet, einen dunklen Fleck hinterlassen. Der Füller liegt in ihrem Schoß auf der rosafarbenen Satinhose.

Von draußen dringen nur wenige Geräusche der erwachenden Stadt herein. Es ist Samstag, und für Paris wurde ein sonniges, warmes Wochenende vorhergesagt. Die Frau im Sessel bewegt sich nicht, als die Tür aufgeht und ein dunkelhaariger, schmaler junger Mann in Boxershorts und T-Shirt den Raum betritt. Er gähnt verschlafen. Als er die Frau sieht, lächelt er, geht zu ihr hin und fährt ihr mit einer Hand leicht über die Haare – „Bist wieder mal hier eingeschlafen. Komm, ich bring dich ins Bett, ein paar Stunden hast du noch. Es ist erst sieben." Er blickt seufzend auf die leere Weinflasche, beugt sich zu der Frau hinunter und hebt sie vorsichtig hoch, um sie zum Bett zu tragen. Er hat das schon oft getan, wenn sie wieder mal nicht schlafen konnte und in das andere Zimmer gegangen war, wo sie dann irgendwann doch eingeschlafen war. Als er sie hochhebt, kippt ihr Kopf nach hinten weg. Er greift fester zu und spürt, daß ihre Haut feucht ist und kalt. Er schüttelt die Frau, legt sie auf den Boden, schlägt immer wieder auf ihre Wangen: „Romy, Romy, wach auf, wach auf, was ist denn, wach auf!" Er fühlt ihren Puls, läßt die Hand wieder fallen, küßt sie auf den Mund.

Der Mann erstarrt. Langsam begreift er, daß die Frau nicht schläft. Er hebt sie vom Boden, hält sie in seinen Armen. Tränen laufen über sein Gesicht. Dann trägt er sie behutsam zu einer Couch. Dort legt er sie hin. Er kauert neben der Frau, streichelt ihr immer wieder über das

Gesicht, über die geschlossenen Augen und weint. Nach einer Weile steht er auf, geht zum Telefon, neben dem silbergerahmte Fotos von einem älteren Mann und einem etwa zwölfjährigen Jungen stehen, und wählt eine Nummer. Er muß es lange klingeln lassen, bevor sich eine verschlafene Stimme meldet. „Ich glaube, Romy ist tot", flüstert er, „kommt bitte schnell." Dann lauter, schreiend: „Romy ist tot, Romy ist tot!"

Er drückt hektisch auf die Gabel und wählt die Nummer der Polizei. „Hier ist Laurent Pétin, Rue Barbet-de-Jouy 11. Ich brauche einen Krankenwagen . . . und einen Arzt . . . und dringend . . . Rue Barbet-de-Jouy 11 . . . ja . . ."

Dann setzt er sich neben die tote Romy Schneider, nimmt ihre Hand und wartet. Er entdeckt ein Stück Papier, das sie zwischen den Fingern hält. Ein Zettel, fast schon vergilbt . . . darauf in einer steilen Schrift, in einer Sprache, die er nicht versteht, ein einziger Satz. Er liest stockend und laut auf deutsch: „Steck deine Kindheit in die Tasche und renne davon, denn das ist alles, was du hast." Er nimmt den Zettel, geht ins Schlafzimmer und zieht sich automatisch an. Das Stück Papier steckt er in die Tasche seiner Jeans.

Es klingelt. Der Mann rennt zur Tür und öffnet. Draußen stehen Polizisten und ein Arzt. Wortlos führt er sie herein, zeigt auf die Couch und wendet sich ab. Er geht zum Fenster, zieht die Jalousie hoch und blickt hinaus in die Sonne. Vor kurzem noch waren sie draußen gewesen auf dem Land, in der Nähe von Paris, in Boissy Sans Avoir. Ein Haus hatten sie gesucht, in dem sie zusammen leben wollten, weit weg von der Großstadt, weit weg von den Nächten, in denen sie mit den Menschen auf jenen Fotos geredet hatte, mit ihrem toten Sohn David und dessen totem Vater Harry Meyen, ihrem ehemaligen Mann. In diesen Nächten war sie eine unerreichbare Fremde für ihn gewesen, gefangen in einer Welt der Finsternis und Hoffnungslosigkeit, aus der er sie nicht reißen konnte. Aber vor ein paar Wochen schien sie plötzlich wieder wie früher, da hatte sie ihn mit ihrer Begeisterung für das große, schöne Haus mit dem wilden Garten angesteckt. Schon auf der Rückfahrt nach Paris hatte sie nur noch überlegt, wie man die Zimmer einrichten konnte und wie schön es für ihre Tochter Sarah sein würde, in dem großen Garten zu spielen. Und er hatte sich gefreut, daß sie endlich aus ihrer Apathie aufgewacht war.

Bevor er sich wieder umdreht – der Arzt schließt neben der Couch gerade seinen Koffer –, blickt er nach unten auf die Straße. Dort parken neben dem Krankenwagen und der Polizeilimousine mehrere Autos. Menschen stehen herum, diskutieren, reden mit einem Polizisten, schauen nach oben. Ein Mann hebt seine Kamera und drückt ab.

Das Foto wird wenige Stunden später im *France Soir* erscheinen, auf der zweiten Seite mit der Bildunterschrift: „Ihr letzter Lebensgefährte Laurent Pétin am Fenster der Wohnung, in der heute morgen Romy Schneider tot aufgefunden wurde." Die Schlagzeile der Zeitung lautet: *Romy Schneider s'est suicidée*, Romy Schneider hat sich umgebracht.

Es ist der 29. Mai 1982.

Als Alain Delon eintrifft, begleitet von Leibwächtern, hat sich in der stillen Straße im siebten Arrondissement von Paris schon eine schweigende Menge versammelt, die in den Nachrichten um acht Uhr die Todesmeldung gehört hatte. Manche weinen, andere haben Blumen in der Hand. Delon reagiert nicht auf die Zurufe der Reporter. In der Wohnung oben sind die Jalousien wieder heruntergelassen. Romy Schneider liegt immer noch auf der Couch. Der Arzt ist mit seiner Untersuchung fertig und schreibt den Totenschein aus. „Natürlicher Tod aufgrund von Herzversagen." Dr. Emile Deponge schätzt, daß morgens gegen fünf Uhr das Herz aufgehört hat zu schlagen. Delon hat Laurent umarmt und sich dann über Romy gebeugt und sie angeschaut, als wolle er sich ihr Gesicht für immer einprägen.

Und da liegst du, dachte Delon, und du bist so schön wie nie, und ich glaube, es ist das erste Mal in meinem Leben, daß ich dich heiter und entspannt sehe. Wie ruhig du daliegst, wie zerbrechlich. Man könnte denken, daß eine Hand ganz sanft alle Spannungen von deinem Gesicht genommen hat, all deine Ängste vor dem Unglück. Wo hab ich mich schuldig gemacht? Nein, ich bin nicht schuldig. Aber verantwortlich. Sie sagen, ich hätte kein Herz, aber du weißt es besser. Wir beide sind uns so ähnlich. Wir hatten beide Angst vor dem Leben. Wie soll man den anderen erklären, wer wir sind und wie wir sind, wir Schauspieler? Das Leben hat uns fünf Jahre gegeben, und dann hat es uns getrennt. Aber ich blieb dein Bruder und du bliebst meine Schwester. Alles ist rein und klar zwischen uns, keine Leidenschaft mehr. Ich sehe dich an, während du schläfst. Ruh dich jetzt aus. Ich sehe dich immer wieder an. Ich bin da.

Ein paar Tage später wird er diese Gedanken seinem Freund Jean Cau, der in Frankreich zu den bekanntesten Journalisten gehört, aufs Band diktieren. Der wird daraus den berühmten Abschiedsbrief von

Alain Delon an Romy Schneider formulieren. Unter dem Titel *„Adieu ma Puppele“* erscheint der Nachruf in *Paris Match* und danach in vielen anderen Magazinen in anderen Ländern. „Puppele“ ist der Kosename, den Delon der jungen Romy gegeben hatte.

Delon tritt zögernd zurück und geht zu Laurent. „Hast du ihren Bruder angerufen?“ Laurent nickt nur. „Überlaß alles mir, Laurent. Ich werde das so arrangieren, daß die Meute da unten wenigstens die tote Romy nicht mehr zu fressen bekommt.“ Er geht zu einem seiner Leibwächter, redet kurz auf ihn ein, der Mann nickt und verschwindet.

Der Staatsanwalt unterzeichnet den Bericht des Gerichtsmediziners und gibt die Leiche zur Beerdigung frei. Der Filmagent Jean-Louis Livi, ein älterer Mann, einer von Romy Schneiders Freunden, die nach der Todesnachricht sofort in die Rue Barbet-de-Jouy gefahren sind, macht sich am Küchentisch ein paar Notizen, geht nach unten und verliest eine Erklärung. Er beantwortet keine Fragen und dementiert die Gerüchte, Romy Schneider habe Selbstmord begangen. Die Journalisten glauben ihm nicht, sie versehen später in ihren Berichten das Wort Selbstmord allenfalls mit einem Fragezeichen. Als Michel Piccoli und Jean-Claude Brialy eintreffen, lassen die Reporter den alten Mann einfach stehen und bestürmen die beiden Stars mit Fragen. Beide wehren mit versteinerten Gesichtern ab und gehen zwischen den Polizisten, die den Eingang bewachen, nach oben in die Wohnung.

Laurent Pétin sitzt zusammengesunken am Schreibtisch, die Lampe hat er ausgemacht. Was um ihn herum passiert, scheint er nicht zu registrieren. Er hat nicht einmal gemerkt, daß Bernadette, das Kindermädchen, mit Sarah die Wohnung verlassen hat, um aufs Land zu Biasinis Eltern zu fahren. Die Kleine soll nicht ihre tote Mutter sehen. Da die Sonne scheint, hat sie nicht viele Fragen gestellt, sie freut sich auf den Garten. Laurents Bruder Jérôme und dessen Frau Claude, die er morgens zuerst angerufen hatte, huschen hilflos-geschäftig durch die Wohnung, räumen die Weinflasche weg und den vollen Aschenbecher, laufen mit einer Kaffeekanne herum, bieten dem Arzt etwas an und den Freunden von Romy. Delon lehnt ab, er hat sich neben Jean-Claude Brialy gestellt, der weinend die tote Romy anschaut und dann eine Rose auf sie legt. Laurent greift nach einer Zigarette und sucht das Feuerzeug in seiner Hosentasche. Mit dem Feuerzeug zieht er den Zettel heraus, den er in der Hand der Toten gefunden hat. Er steckt sich die Zigarette an, legt den Zettel vor sich hin und wählt eine Nummer in Deutschland, die er offensichtlich auswendig weiß. Niemand achtet auf ihn, als

Delons Leibwächter zurückkommt und nur kurz in Richtung seines Chefs nickt. Nach dem dritten Klingeln hebt Anna Wendlin, Reporterin bei einer deutschen Illustrierten, ab.

„Ich bin's, Laurent . . . Romy ist tot. Ich habe sie heute morgen tot im Sessel gefunden. Herzversagen. Ich . . . habe einen Zettel bei ihr gefunden. Ich verstehe ihn nicht. Es ist Deutsch. Ich lese ihn dir vor." Und er greift zu dem Zettel und spricht langsam ins Telefon: „‚Steck deine Kindheit in die Tasche und renne davon, denn das ist alles, was du hast.' Was heißt das?"

„Das ist ein Satz, den Romy von ihrem Vater hat. Den hat er ihr aufgeschrieben, als sie ihren ersten Film drehte. Den hat sie immer bei sich gehabt. Bezieht sich auf eine Äußerung von Max Reinhardt. Der war ein berühmter Theatermann in Deutschland vor dem Krieg. Und so ähnlich hat der es wohl gesagt, in seiner Rede an die Schauspieler. Es heißt etwa, daß es im Leben nie wieder so schön ist wie in der Kindheit und daß man die Erinnerung daran behalten muß und daß dies etwas ist, was einem niemand wegnehmen kann."

„Danke", sagt Laurent und legt den Hörer auf. Er liest den Zettel noch einmal und steckt ihn wieder in die Tasche. Er dreht sich um.

„Alains Leute sind jetzt in der Tiefgarage", sagt sein Bruder. Er schaut zu der Frau auf der Couch. „Wir müssen sie jetzt wegbringen, Laurent. Laurent, hörst du mich? Wir müssen sie jetzt wegbringen. Die Fotografen sollen sie nicht sehen. Alain wird eine Erklärung abgeben und alle ablenken. Wir fahren dann durch die Garage weg. Komm, Laurent, komm bitte!" Er nimmt Pétin an die Hand wie ein Kind, und beide folgen den Männern mit der Tragbahre. Sie haben eine Decke über Romy Schneider gebreitet. Die Rose, die Brialy auf die Tote gelegt hatte, ist auf den Boden gefallen. Pétin hebt sie auf.

Am Vordereingang stürzen sich die Journalisten auf Alain Delon, der in die vorgehaltenen Mikrofone spricht; davon, daß Romy Schneider an gebrochenem Herzen gestorben sei und daß sie jetzt endlich ihre Ruhe gefunden habe. Keiner achtet auf den großen amerikanischen Kombi, der aus der Garageneinfahrt kommt und wegfährt. Nach ihm stellt sich ein blauer Citroën quer auf die Straße, zwei Männer steigen aus, machen die Motorhaube auf und warten. Die Leibwächter bahnen Delon einen Weg durch die Menge, an dem Citroën vorbei zu einem kleinen Auto, dessen Motor läuft. Delon steigt ein und fährt sofort los.

II

Rosemarie Magdalena Albach wurde am 23. September 1938 in Wien geboren. Wenige Monate zuvor war Österreich als souveräner Staat gestorben. Romys Vater, der Schauspieler Wolf Albach-Retty, hatte schon vor dem sogenannten Anschluß die deutsche Staatsbürgerschaft beantragt und erhalten. Als einer der Stars des den Prinzipien des Nationalsozialismus verpflichteten deutschen Ufa-Films hielt er das für seiner Karriere förderlich. Nach der Befreiung 1945 mußte er kurzfristig für seinen ganz persönlichen Anschluß büßen, er bekam keine Engagements; aber schon nach wenigen Monaten war im allgemeinen Verzeihen auch diese (im Vergleich zu anderen läßliche) Sünde vergessen, er wurde wieder Mitglied im Ensemble des Wiener Burgtheaters, das allerdings erst 1955 wiedereröffnet wurde. Doch in Wien gab es ja genügend andere Theater, die sich um den berühmten Wolf Albach-Retty rissen. Seine Frau Magda, geborene Schneider, mit der er viele Filme gedreht hatte, brachte Rosemarie vier Wochen nach ihrer Geburt in das Haus der Familie, nach Mariengrund bei Berchtesgaden. Dort blieb Rosemarie, die bald von allen Romy genannt wurde, während ihrer Kindheit.

Die Eltern hatten nur selten Zeit für Rosemarie und ihren 1941 geborenen Bruder Wolf, weil sie immer wieder zu Dreharbeiten reisen mußten. In der Gunst des Publikums lagen sie zeitweise sogar vor dem Traumpaar des deutschen Films, Lilian Harvey und Willy Fritsch. Aber schon damals zeigte sich, daß dieser Wolf Albach-Retty (eigentlich Wolf Albach, Retty war der künstlerische Zusatz nach dem Mädchennamen seiner Mutter, der berühmten k. u. k. Hofschauspielerin Rosa Albach-Retty) nicht nur im Film der beste Liebhaber seiner Zeit war. Oder, wie später Magda Schneider in einer ihrer zahlreichen Erinnerungen bitter bemerkte: „Er war ein Mann zum Verlieben, aber kein Mann für eine Familie." Zwei Jahre vor Kriegsende trennten sich die beiden, Magda blieb mit den Kindern und ihren Eltern in Mariengrund. Die Trennung – und die Scheidung 1945 – überwand sie lange nicht. Einen neuen Verehrer hatte sie dennoch bald gefunden, den Kölner Gastronomen Hans Herbert Blatzheim.

Auch für Romy Schneider wird ihr Vater – der Mann, der nie da war – zu einem Trauma, das sie erst spät überwindet. Als sie schon mit Alain Delon verlobt ist, stellt sie ihn eines Tages einem Freund mit der Bemerkung vor: „Sieht er nicht aus wie das Papili?“ Auch ihre Schwärmereien für Curd Jürgens oder Herbert von Karajan, über die später viel spekuliert wurde, sind nach Meinung einer Freundin nur dadurch zu erklären, daß sie stets den fernen, nie gehabten Vater gesucht hat. Der war nach der Trennung von Magda Schneider zu der jungen Schauspielerin Trude Marlen gezogen, die er später auch heiratete. Romys Mutter kämpfte sich allein durch. Die Augsburger Stenotypistin Maria Magdalena Schneider hatte bereits Durchsetzungskraft bewiesen, als sie gegen den Willen ihrer Eltern die Ausbildung am Konservatorium schaffte, auch gleich in ihrer Heimatstadt ein Engagement bekam und dann als Soubrette am Münchner Theater am Gärtnerplatz für eine lächerliche Gage bis zu achtundvierzigmal im Monat auf der Bühne stand. In unbedeutenden deutschen Filmchen wurde sie erst ab 1930 eingesetzt.

Nach Kriegsende hat sie, wie so viele andere Schauspieler auch, mit Gastspielen und bunten Abenden bei den Amerikanern überlebt, denn Filmrollen gab es kaum. Und wie viele andere auch hat sie sich in Naturalien bezahlen lassen. Eigentlich bekam man für einen Auftritt vor der US-Army bei zwei oder drei Liedern eine Stange Zigaretten und ein paar Konserven. Nach mehreren solcher Kurzgastspiele in Salzburg hat sie sich Schokolade statt Zigaretten geben lassen und war mit einem Rucksack voller Süßigkeiten zurückgekehrt nach Mariengrund. Auch daran hat sich Romy Schneider später erinnert, „daß ich mit meinem Bruder Wolfi der Mama entgegengerannt bin und wir gerufen haben: ‚Hast du Schokolade?‘“ Rosemarie Albach damals: ein blondgelocktes, rundliches Kind.

Als sie zehn Jahre alt ist, im Sommer 1949, wird sie von ihrer Mutter, die alle Träume von der Fortsetzung ihrer einst stolzen Filmkarriere schon begraben hat, nach einem kurzen Zwischenaufenthalt in einer Schule in Traunstein im Internat Goldenstein in der Nähe von Salzburg eingeschult. Magda Schneider hat wegen ihrer Theaterauftritte keine Zeit mehr, sich zu Hause um die Kinder zu kümmern; nur der jüngere Wolfi bleibt in Obhut der Großeltern Schneider.

Die Schule der katholischen Nonnen ist eine ehemalige Raubritterburg aus dem 13. Jahrhundert, eine abweisende, bedrohliche Festung. Rosemarie schläft mit vierzehn anderen Mädchen in einem der sieben kargen Schlafsäle des Internats, im Rittersaal. Die gleichaltrigen Margit und Monika sind ihre Freundinnen. Einmal im Monat dürfen die Kinder nach Hause fahren, aber Zögling Nummer 144 bleibt meistens da. Zu Hause ist niemand, der auf sie wartet, allenfalls trifft sie manchmal Onkel Eugen und Tante Marianne in Salzburg. Ihre Mutter ist meist unterwegs auf Tournee, sie muß die Familie ernähren, ihr Vater steht fast jeden Abend auf der Bühne. Auch Besuch bekommt das Kind selten. Magda Schneider schaut ein paarmal vorbei, ist aber Jahrzehnte später stolz darauf, ihr zumindest immer regelmäßig geschrieben zu haben. Auch Romy Schneider schreibt später ihren Kindern lange Briefe voller Liebe und Sehnsucht, aber sie ist nie stolz darauf, sie wird immer darunter leiden, daß sie nicht beides haben kann, den Ruhm als Filmstar (der aber nur dann bleibt, wenn man immer weiter dreht) und den Alltag als Mutter.

Rosemarie Albachs Vater kommt nie nach Goldenstein, nur einmal darf die Tochter mit ihm in Salzburg Schuhe einkaufen gehen, aber auch da ist er schon nach wenigen Stunden genervt, weiß er mit der Kleinen nichts zu reden. Magda Schneider unterläßt alles, um das Bild des Vaters bei den Kindern zu erhalten. Als er sie verlassen hat, gab es sogar Erklärungen an die beiden, daß der Papi tot sei und deshalb nicht mehr kommen könne. Umgekehrt legt auch Albach-Retty wenig Wert darauf, seine Kinder zu sehen. Er ist halt ein Mann für Frauen, nicht für Kinder.

In der alltäglichen Tristesse erfindet das Mädchen Rosemarie eine Traumwelt und erzählt den staunenden Mitschülerinnen, die sehr wohl wissen, wie berühmt Romys Eltern sind, welche Prominenten sie alle persönlich kennt, ja sogar die Rita Hayworth und den Aga Khan, die hätte sie mal beim Essen gesehen, und Theater habe sie auch schon gespielt, im Salzburger Landestheater bei *Peterchens Mondfahrt.* Nichts davon stimmt. Rosemarie gilt als begabte Lügnerin, was nach ihrem Tod natürlich keine der befragten Nonnen mehr erwähnt. Da ist sie in den Erinnerungen der Schwester Augustina, bei der Rosemarie Englisch, Zeichnen und Musik hatte, zwar „liederlich gewesen", was die Ordnung im Schlafsaal betrifft, aber ansonsten nett, freundlich und natürlich begabt. „Sie hätte sicher auch Malerin werden können." Tatsächlich aber hat Romy Schneider immer nur von einem geträumt: Schauspielerin zu werden wie „die Mammi". Das wollte sie selbst dann noch, als sie 1953, nach den Jahren in Goldenstein, mit einer Eins in Malen und Zeichnen angemeldet war für eine Kunstfachschule in Köln, wo Magda Schneiders neuer Lebensgefährte Blatzheim lebte.

Wenn Romy Theater spielen darf, geht es ihr gut, da steckt sie alle mit ihrer fröhlichen Laune an. Aber oft war sie „unausgeglichen und innerlich mit sich selbst unzufrieden", erzählt Schwester Esmelda, die ihr gleichzeitig „eine gute Sprachbegabung und ein außergewöhnliches Gedächtnis" bescheinigt. Diese Schwester deutet zumindest an, daß Rosemarie Albach auf dem Internat große Schwierigkeiten hatte: „Ich habe sie immer gegen andere Lehrerinnen verteidigt."

Rosemarie spielt in den Theaterstücken, die von den Englischen Fräulein ausgesucht werden, am liebsten Bubenrollen. Tagebucheintrag nach der *Kolibri*-Aufführung, in der sie den Kasperl darstellt: „Schade, daß Mammi nie Zeit hat, um zur Premiere herzukommen und mich zu sehen. Die Eltern von den anderen sind immer da."

Einmal im Jahr, an Weihnachten, darf das bravste Mädchen der Schule die Wachsfigur des Jesuskindes in die Krippe am Altar tragen – eine Auszeichnung, der alle Kinder entgegenfiebern. Für jede gute Tat in der Vorweihnachtszeit gibt es einen Strohhalm, der in die Krippe gelegt wird. Wer am meisten gesammelt hat, bekommt als Belohnung den Auftrag, Jesus in die Krippe zu betten. Rosemarie schafft es nie. Einmal aber schenkt ihr Edith, die beste Freundin während der Internatszeit, die eigenen Strohhalme. Und Rosemarie nimmt Jesus in die Arme. Die Präfektin entreißt dem Mädchen die Wachsfigur: „Du trägst ihn nicht. Wahrscheinlich hast du die Strohhalme erschwindelt. Du bleibst eh nicht mehr lange hier. Du wirst ganz böse enden. Bei dir ist all mein Beten verloren. Hast nicht mal eine intakte Familie, und blöd bist du auch. Kannst froh sein, daß du überhaupt hier sein darfst."

Am 12. Juli 1953 verläßt Rosemarie Albach das düstere Internat; sie ist vierzehn Jahre alt, und ihre Träume, Schauspielerin zu werden, sind ungebrochen. Ihre Mutter ist nicht da, als Rosemarie nach Hause kommt; sie hält sich zu Filmverhandlungen in München auf, der Produzent Kurt Ulrich hat ihr eine Rolle angeboten. Von dort kommt am 14. Juli abends ein Anruf: Die Tochter solle am nächsten Morgen den Frühzug nehmen nach München, nein, sie könne nicht verraten, worum es gehe, das sei ein Geheimnis.

Das Geheimnis: Bei den Vorgesprächen zum Film *Wenn der weiße Flieder wieder blüht*, in dem Magda Schneider neben Willy Fritsch eine Hauptrolle spielen soll, war eine Rolle noch nicht besetzt worden, die der Filmtochter von Magda Schneider. Ganz beiläufig, in der Halle des Hotels Bayerischer Hof, hat Kurt Ulrich seine Hauptdarstellerin gefragt, ob sie nicht ein Mädchen kenne, so etwa vierzehn Jahre alt, das ihre Filmtochter spielen könnte. Magda Schneider versprach, darüber nachzudenken. Erst einmal müsse sie nach Hause zu ihrem Sohn und ihrer Tochter. Wie alt denn das Kind sei? „Na, vierzehn ist sie jetzt." Der Rest ist Legende: Ja, wenn das so ist, könnte doch vielleicht die eigene Tochter die Filmtochter spielen. Vorausgesetzt natürlich, die Probeaufnahmen ließen zumindest den Hauch von Talent erkennen. Regisseur Hans Deppe, der mit einem gebrochenen Bein in München im Bett lag, soll einige Tage darauf beim Anblick der Kleinen gerufen haben: „Det isse!"

Rosemarie Albach ist ein Mädchen wie viele andere, und genau das, was man in den fünfziger Jahren einen Backfisch nennt. Ganz hübsch, immer fröhlich, ein wenig pausbäckig. Sie leidet darunter, daß sie ihrer Meinung nach zu wenig Busen hat, was sich aber bald gibt. Die Probeaufnahmen, die Anfang September 1953 in den Studios der Berolina in Berlin-Tempelhof gemacht werden, nimmt sie ganz locker. Vielleicht überzeugt sie gerade deshalb und bekommt die Rolle. Während der Dreharbeiten (Willy Fritsch: „Die Romy spielte uns alle an die Wand.") wird sie fünfzehn Jahre alt. Sie ahnt nicht, daß dieses Zwischenspiel Film von nun an ihr Leben sein wird, daß ihre Kindheit vorbei ist.

In den Kritiken heißt es, daß der Film eine merkwürdige Mischung aus Gefühlsduselei, aufgesetzter Lustigkeit und falscher Volkstümlichkeit sei, es bleibe „lediglich das Vergnügen an dem unbefangenen Spiel einer reizenden Fünfzehnjährigen. (. . .) Ob Romy Albach-Schneider eine Schauspielerin ist, läßt sich noch nicht übersehen. Hier ist sie eben reizend, ganz besonders reizend."

Die Filmindustrie braucht dringend neue Gesichter und ebenso dringend neue Legenden. Gefragt sind Filme, die in der noch fast fernsehfreien Zeit das Bedürfnis der Menschen nach Geborgenheit, nach privatem Glück, nach überschaubaren Konflikten im zwischenmenschlichen Bereich (und möglichst mit Happy-End) erfüllen. Die neuen Gesichter waren zum Teil die Kinder der alten, die man natürlich auch noch brauchte, weil sie populär waren. So spielte nicht nur Magda Schneiders Tochter Romy eine Rolle im deutschen Nachkriegsfilm, sondern auch Heinrich Georges Sohn Götz, Paul Hörbigers Sohn Thomas, Johannes Heesters Tochter Nicole, Otto Gebührs Sohn Michael usw. Und da die Drehbücher der Unterhaltungsfilme in der Hauptsache Familiengeschichten aus einer kleinen, nur manchmal nicht heilen (aber stets heilbaren) Welt erzählten, waren die jungen Träger sogenannter großer alter Namen geradezu eine Idealbesetzung. Waren es im Großdeutschen Reich die aufbauenden Unterhaltungsfilme, die für wenige

Stunden den Kriegsterror vergessen ließen, so waren es nach dem Krieg Unterhaltungsfilme ähnlichen Strickmusters, die eine Flucht aus der Wirklichkeit des zerstörten Deutschlands ermöglichten.

Romy Albach-Schneider ist mit dem *Weißen Flieder* von dieser nur vordergründig unpolitischen Filmindustrie entdeckt worden, und die läßt sie nicht mehr los. Den nächsten Film, *Feuerwerk,* spielt sie ohne ihre Mutter, und von diesem Film an ist auch Rosemarie Albach Vergangenheit, fortan heißt sie Romy Schneider (erst die tote Romy Schneider wird wieder so heißen wie das Kind, denn ROSEMARIE ALBACH steht auf dem Grabstein des kleinen Friedhofes von Boissy Sans Avoir, auf dem sie begraben liegt). Ihr Vater schreibt ihr zu den Dreharbeiten einen Brief, in dem er sie zu ihrer beginnenden Karriere beglückwünscht. Er sei „stolz auf Mausilein". In den Brief legt er einen Zettel, der besser ausdrückt, was er eigentlich meint, aber so nicht sagen oder schreiben kann: „Steck deine Kindheit in die Tasche und renne davon, denn das ist alles, was du hast", ein von ihm verändertes Zitat aus Max Reinhardts „Rede über den Schauspieler". Den Brief liest Magda Schneider, die ihre Tochter auch außerhalb der Studios nicht aus den Augen läßt. Den Zettel aber hat Romy vorher versteckt.

Magda Schneider hat keinen Kontakt mehr zu ihrem ehemaligen Ehemann; der Erfolg der Tochter gehört ihr ganz allein, und sie will ihn auch nicht teilen. Erst 1967, als Romy Schneider ihren sterbenden Vater in einem Wiener Krankenhaus besucht, erfährt sie von ihm, daß er seine Scheu vor Konflikten damals nach Romys erstem Film überwunden und sich mit Magda Schneider in einem Wiener Café getroffen habe. Und daß er ihr heftige Vorwürfe gemacht habe, weil sie die Tochter schon so früh vor die Kamera gezerrt hatte. Seine Bitten aber, die Tochter weiter zur Schule gehen zu lassen, hätte Magda schlicht abgelehnt, mit dem nicht ganz unberechtigten Argument, daß er sich bisher ja auch nicht um die Tochter gekümmert habe und es nun wirklich zu spät sei, den treusorgenden Vater zu spielen. Offiziell, auch durch Fotos belegbar, hat es ein Treffen zwischen Magda Schneider und Wolf Albach-Retty erst viele Jahre später gegeben, bei den Dreharbeiten zu Otto Premingers Film *Der Kardinal* in Wien, in dem Romy Schneider ihrem Vater eine winzige Nebenrolle besorgt hatte. Romy Schneider war sich nie sicher, ob die Erzählung des Vaters, wie er sich mit ihrer Mutter wegen ihr gestritten habe, nur eine seiner vielen kleinen Geschichten war oder Wirklichkeit. Magda Schneider jedenfalls bestreitet, daß es ein solches Treffen mit ihrem Exmann gegeben habe, und gerade weil es so schön in die vielen Romy-Schneider-Legenden paßt, ist ihre Aussage glaubhaft.

In den Kulissen steht schon ein ganz anderer Mann, der erwartet, daß die Fünfzehnjährige ihn „Daddy“ nennt: Hans Herbert Blatzheim, gelernter Bankkaufmann aus Köln und nach eigenen Angaben „größter deutscher Gastronom“. In der Tat liegt der Besitzer von später mal insgesamt sechzig Hotels, Bars und Restaurants hinter der Steigenberger-Gruppe mit einem Jahresumsatz von 14 Millionen Mark an zweiter Stelle in Deutschland. Magda Schneider, die Blatzheim seit 1934 kennt, hat den Millionär „in schweren Zeiten als Fels in der Brandung“ empfunden. Sie wird ihn bald heiraten. Die Vierundvierzigjährige kann absehen, wann ihre Zeit als Filmschauspielerin vorbei sein wird, und sie will, verständlich nach den harten Tingeljahren, ein Stückchen Sicherheit für sich und ihre Kinder. Daß es eine leidenschaftliche Liebe sei, behauptet außer den Journalisten niemand. Romy Schneider fällt das Wörtchen Daddy schwer, sie wird ein paarmal im Badezimmer eingesperrt, als sie sich weigert, den Stiefvater so zu nennen.

Natürlich sagt Romy Schneider zum neuen Mann ihrer Mutter irgendwann doch Daddy, vor allem in der Öffentlichkeit. Nichts soll die veröffentlichte Idylle der neuen Familie trüben, die so recht nach dem Herzen des Publikums ist: erfolgreicher Geschäftsmann, passend zum beginnenden Wirtschaftswunder im neuen Deutschland, eine berühmte Ufa-Schauspielerin, die alle Mütter und Großmütter noch kennen, das fünfzehnjährige Mädchen, das die Tradition fortsetzt und dessen Name als Backfischidol schon groß auf den Filmplakaten zu lesen ist. Böser Spruch in Schauspielerkreisen Mitte der fünfziger Jahre: „Für Romy allein zahlen die Produzenten fünfzigtausend pro Film, für Mutter und Tochter zusammen vierzigtausend.“

Blatzheim nennt Magda Schneider „Liebchen“ und seine Stieftochter „Möpschen“. Er ist der Prototyp des neuen Wirtschaftswunderdeutschen, mit besten Beziehungen auch zur Politik, was bedeutet zur CDU. Seine Philosophie ist ziemlich simpel, aber allgemein anerkannt in jener Zeit: Geld verdienen, viel Geld verdienen, schnell viel Geld verdienen. Nicht nur in Köln in seinen Geschäften ist er der große Zampano, der alles besser weiß, auch wenn er zu Besuch in Mariengrund bei Berchtesgaden ist, müssen alle nach seiner Pfeife tanzen. Hans Herbert Blatzheim, in seinen Kreisen gefürchtet als knallharter, schlauer Geschäftsmann, wird in der Filmbranche als Emporkömmling belächelt. Man hält ihn für ein besonders widerliches Exemplar eines neureichen

<u>Links:</u> Magda und Romy Schneider (15) in *Wenn der weiße Flieder wieder blüht*. <u>Unten:</u> Romys Vater Wolf Albach-Retty in *Das Glück wohnt nebenan*

„Alle waren verliebt in sie", sagte Hermann Leitner, einer ihrer Regisseure, über die junge Romy Schneider.

Deutschen, wie sich der Hamburger Filmkaufmann Hubertus Wald erinnert. Doch wenn der gewichtige Schlemmerfürst zu einem seiner Kölner Feste ruft, kommen sie alle gern. Er wiederum hält die Filmproduzenten für „schlimmer als Viehhändler" und ist fest entschlossen, den jungen Ruhm seiner anfangs noch widerborstigen Stieftochter auf seine Art zu einem großen Geschäft zu machen. Oft hat sie vor Wut geheult, wenn sie, so bei den Dreharbeiten zu *Kitty und die große Welt,* schon fast achtzehn Jahre alt, abends nicht mit ihren Filmkollegen ausgehen durfte, sondern von „Daddy" zu irgendeinem Empfang geschleppt wurde, um dort werbewirksam in die Kamera zu lächeln.

Blatzheim macht es sich zur Aufgabe, so lange wie möglich das Image vom sauberen, netten Mädel Romy zu erhalten, denn das verspricht Geschäfte. Seine beiden Söhne aus erster Ehe fühlen sich ihrer neuen Schwester gegenüber benachteiligt. Romy ist der Star der Familie, um sie dreht sich alles. Manche dieser frühen Starallüren hat sie übrigens nie abgelegt, aber später hat sie meist nach einem sogenannten Diva-Auftritt schnell einen um Verzeihung bittenden Zettel geschrieben, noch ein teures Geschenk drangehängt und damit Verletzungen auf ihre Art wiedergutgemacht. Herbert Tischendorf, Chef der Herzog-Film, die dann die *Sissi*-Filme vertrieben hat, ist sich mit Blatzheim in der Strategie einig, die „Jungfrau von Geiselgasteig" möglichst „taufrisch zu halten, bis sie 21 ist". Romy Schneider wird zum Produkt, und ihr Leben wird, wie man heute sagen würde, nach strengen Marketing-Prinzipien verplant. Schon während der Hochzeit mit Magda Schneider am 11. Dezember 1953 nützt Blatzheim jede Gelegenheit, sich mit seiner Stieftochter den Fotografen zu präsentieren. Er weiß genau um die Werbewirksamkeit für seine Betriebe. Die Gagen für die nächsten Filme – *Feuerwerk, Mädchenjahre einer Königin* und *Deutschmeister* – handelt „Daddy" aus (wie sich nach dem *Sissi*-Erfolg herausstellte, nicht sehr gut, denn nach ihren ersten Filmen hatte Romy insgesamt nur 105 000 Mark verdient), und wie üblich rühmt er seinen untrüglichen Geschäftssinn: „Die Gagen werden so angelegt, daß Romy zeitlebens, egal ob sie dreht oder nicht, eine Rente von 8000 Mark bekommt." Romy überläßt ihrem Stiefvater alle Geschäfte, kümmert sich nicht ums Geld, wie sie sich ihr Leben lang nicht darum gekümmert hat und immer erst dann merkte, daß sie ausgebeutet worden war, wenn es zu spät war. Sie will nur eines, möglichst viele Filme drehen und den frischen Ruhm genießen. „Alle", erinnert sich Hermann Leitner, Regieassistent bei *Mädchenjahre einer Königin* und einer der wenigen Freunde von Romy Schneider, „alle waren verliebt in sie. Es mochte sie jeder. Sie hatte so unendlich viel Charme. Wenn sie gelacht hat und aus der Ecke heraus die Leute angeschaut hat, da war alles aus. Das hat sie vom Vater geerbt."

Das goldige Mädchen macht eine goldene Karriere. Im Sommer 1954 spielt Romy Schneider, noch keine sechzehn Jahre alt, in Ernst Marischkas Film *Mädchenjahre einer Königin* die Rolle der jungen Königin Viktoria, die sich auf der Flucht vor einer erzwungenen Hochzeit in einen deutschen Studenten verliebt. Wie das Leben in den deutschen Filmen damals so spielte, entpuppt sich der arme Student als Prinz Albert von Sachsen-Coburg, und das ist natürlich genau der, dem sie versprochen war. Bei den Dreharbeiten in Wien trifft Romy nach langer Zeit ihren Vater wieder, doch der hat ihr außer ein paar gestammelten Sätzen von der Sorte, ob sie denn auch brav ihre Rolle gelernt habe, nichts zu sagen. Er verweigert sich auch konsequent allen Journalisten, die ihn mit Interview-Wünschen bestürmen. Ganz im Gegensatz zu Romys Mutter Magda, die keine Chance ausläßt, über ihre Tochter zu sprechen. Zum Beispiel: „Ach, wissen Sie, der Herr Albach-Retty ist nur der Erzeuger von Romy, der wirkliche Vater ist Herr Blatzheim."

Die Rolle der jungen Monarchin in *Mädchenjahre einer Königin*, von der Kritik als „große, überraschende Leistung des Films" gefeiert, bleibt für Romy Schneider nicht ohne Folgen. Danach kommt *Sissi*, und „unter dem Grießbrei, der mir da angepappt war", wird sie bis zu ihrem Tod zu leiden haben, obwohl gerade die *Sissi*-Filme der Sockel sind, auf dem ihr überlebensgroßer Ruhm ruht.

Die Geschichte vom Aufstieg der Possenhofener Prinzessin Sissi zur Kaiserin Elisabeth von Österreich, die Geschichte von ihrem Kampf gegen die harte, böse Schwiegermutter, die Geschichte ihrer Liebe, ihrer Krankheit und die Geschichte ihres Erfolgs dort, zum Beispiel in Ungarn, wo die militärische Macht des k. u. k. Reiches versagte, muß nicht noch einmal erzählt werden. Wenn es nur an der Filmhandlung oder gar am Dialog gelegen hätte, wäre auch *Sissi* einer jener längst vergessenen Filme aus der deutschen Nachkriegszeit, zumal die wahre Geschichte der Elisabeth von Österreich, einer geradezu revolutionären Frau in einer verlogenen, verkrusteten Gesellschaft, viel spannender ist als jede Erfindung. Wenn man *Sissi* nur am geschriebenen Wort des Drehbuchs von Ernst Marischka mißt, wird man den Erfolg nie begreifen.

Aber was hat der Filmregisseur Ernst Marischka, der auch privat in

einer k. u. k. Welt lebte und dessen Büro auf dem Filmgelände einer Franz-Joseph-Gedächtniskammer glich, aus den grauenvollen und ganz bewußt historisch falschen Drehbüchern des Autors Ernst Marischka gemacht? Er hat Filme gedreht, die auch heute noch nicht nur durch ihre handwerkliche Perfektion überraschen, sondern vor allem durch den instinktsicheren Einsatz von Musik, Landschaft, Tierwelt – alles subtile Fluchten vor der Realität – und die bis in die kleinste Rolle hervorragend besetzten Typen. Noch immer garantieren die *Sissi*-Wiederholungen alljährlich zu Weihnachten den verschiedenen Fernsehsendern hohe Einschaltquoten. Vor allem aber hat Marischka in der jungen Romy zielsicher eine Schauspielerin erkannt, die genau das verkörperte und eben nicht „nur" spielen mußte, was aus *Sissi* einen Kinotraum machte, der alle bisher bekannten Dimensionen sprengte. Die Produzenten haben die damals gewaltige Summe von zehn Millionen Mark mit den drei *Sissi*-Teilen verdient (Romy Schneider bekam für den ersten Film noch 25 000 Mark, erst danach wurde sie an den Einnahmen prozentual beteiligt).

Romy Schneiders Unbefangenheit, nicht zu verwechseln mit Naivität, macht die Sissi zu einem Stück von Romy und umgekehrt. Wie schon beim *Weißen Flieder* spielt sie alle anderen Schauspieler, auch ihre Mutter (die wiederum ihre Mutter spielt), in den Hintergrund. Natürlich braucht die Verwandlung der pausbäckigen jungen Prinzessin zur von Krankheit gezeichneten Kaiserin in südlichen Gefilden gute Maskenbildner. Aber es zeigt sich auch die natürliche Entwicklung der Romy Schneider zwischen dem ersten Teil *Sissi,* 1955, und dem dritten Teil, den *Schicksalsjahren einer Kaiserin,* 1957. Auf der Leinwand wie im Leben vollzieht sich die Wandlung eines Mädchens von sechzehn Jahren zu einer jungen Frau von fast neunzehn Jahren mit einer Ausstrahlung, der sich kaum jemand entziehen kann. Eine Ausstrahlung übrigens, die in den kommenden Jahren vor allem französische Regisseure begriffen haben, nachdem es in Deutschland für Romy Schneider keine Drehbücher mehr gab, eine Ausstrahlung, die „Sissi" jenseits des Rheins zum Filmstar Nummer eins werden ließ.

Marischkas Erfolg mit den drei *Sissi*-Filmen – 6,5 Millionen Besucher für Teil eins, 6,4 Millionen Besucher für Teil zwei und 5,8 Millionen Besucher für Teil drei – ist kein Wunder, sondern erklärbar. Er hat die

Das Traumpaar der fünfziger Jahre: Karlheinz Böhm und Romy Schneider in *Sissi, die junge Kaiserin*

Sehnsucht der Menschen begriffen, die in einer nüchternen Republik lebten, doch in dieser Republik keine Illusionen fanden, keine Träume, natürlich auch keine Könige und erst recht keine Märchen. Ihrem „Alter und ihrem Naturell entsprechend" gibt man Romy Schneider „diskrete und niemals undelikate Liebesparts aus der guten alten österreichischen k. u. k. Welt, die den nervlich überforderten Mitmenschen des unruhigen 20. Jahrhunderts wie eine Oase der Friedlichkeit und der beschaulich-romantischen Lebensgemütlichkeit erschien . . ." Von der Vergangenheit träumen hieß in den fünfziger Jahren aber auch, die unmittelbare Vergangenheit, also das Dritte Reich, zu vergessen und weiter zurückzugehen in die Historie, als alles noch überschaubar und sauber und zumeist happy-endig war. Auch deshalb war *Sissi* ein so großer Erfolg. Und Romy Schneider ist deshalb zum Star geworden, der bald auf Platz eins der Beliebtheitsskala stand, weil genau sie diese Träume verkörperte vom sauberen, ehrlichen, liebenswürdigen Mädchen. Ein Mädchen, das man gern als Tochter hätte, gern als Enkelin und noch lieber als Frau.

Das alles erklärt aber das Phänomen „Sissi" nicht, das irgendwann einmal, wenn die fünfziger Jahre nur noch historisch beleuchtet werden, zu den „Kulturgütern" gehören wird, die in den Geschichtsbüchern erwähnt sind. Ohne die junge Schauspielerin Romy Schneider hätte es keine „Sissi"-Manie gegeben, die auch in Ländern wie Spanien, Griechenland und sogar Frankreich Tausende am Flughafen stehen ließ, als die junge „Kaiserin" zu den jeweiligen Premieren eingeflogen wurde. Sogar in den USA war die auf 145 Minuten zusammengeschnittene Fassung aus allen drei *Sissi*-Teilen unter dem Titel *Forever My Love* ein Kassenerfolg. Entsprechend pompös der Publicity-Rummel.

Die Romy-Schneider-Filme zwischen *Sissi,* Teil zwei, und *Sissi,* Teil drei, also *Kitty und die große Welt, Robinson soll nicht sterben* und *Monpti,* werden zwar registriert, gelten aber nur als Zwischenspiel zu den *Schicksalsjahren einer Kaiserin,* also dem dritten Teil des *„Sissi"*-Phänomens. Romy Schneider hat sich die Zustimmung zu *Sissi – Mädchenjahre einer Kaiserin* nur deshalb abringen lassen, weil ihr dafür die Rolle der kleinen Maud Bentley in *Robinson soll nicht sterben* versprochen wird. Endlich muß sie mal „keine perückenbezopfte Kaiserin in Krinolinen" spielen, sondern ein armes Kind in einem Slum von London. Ihre schauspielerischen Leistungen in diesem Film – den einer der besten deutschen Filmkritiker, Joe Hembus, so beschrieb: „Romy Schneider hatte überhaupt keine Ähnlichkeit mit all den anderen deutschen Stars dieser Tage, und sie trug ihr Herz immer offen, und das war ein schöner Anblick" –, interessieren die wenigsten, vielmehr werden Klatschgeschichten erzählt, ob sie denn nun verliebt sei in ihren *Robinson*-Partner Horst Buchholz oder nicht und ob er gar mehr getan habe, als nur Händchen zu halten. Er hat nicht, denn auch bei *Robinson* weicht Mama Schneider nicht von der Seite ihrer Tochter.

Für einen vierten *Sissi*-Teil zwei Jahre später hatte „Daddy" Blatzheim, in der Branche inzwischen „das Brechmittel, das Romy Schneider vertritt" genannt, ganz auf die sinnliche Kraft des Geldes gebaut, nachdem Romy Schneider schon Teil drei nur noch mit Mühe ertragen und eine weitere Fortsetzung kategorisch abgelehnt hatte. Mit vier schwarzen Koffern war er nach Mariengrund gereist und hatte seiner Stieftochter, der er mit seiner rheinischen Angeberei zutiefst zuwider war, in deren ehemaligem Kinderzimmer inmitten von Stofftieren eine Million Mark in bar gezeigt. Das junge Mädchen blieb aber trotz großer Angst tapfer bei seinem Nein. Die Tochter von zwei Vätern, die nie ihre Väter waren, war erwachsen geworden.

Was allerdings auch andere Gründe hatte als den verständlichen Wunsch, endlich „Sissi" zu entfliehen und Romy Schneider zu sein. Der Grund lebte in Paris, galt als eine der Hoffnungen des französischen Films, sah blendend aus und hieß Alain Delon.

III

Die Geschichte von Romy Schneider und Alain Delon gehört zu den leidenschaftlichen Liebesaffären dieses Jahrhunderts, die bis ins angeblich letzte Detail erzählt sind. Da Alain Delon nicht darüber spricht, oder wenn, dann nur in blumig-unverbindlichen Worthülsen, und Romy Schneider tot ist, entstand eine Legende, die zwar größtenteils erfunden, aber unsterblich ist. Die Geschichte der beiden so aufzuschreiben, wie sie beweisbar ist, heißt deshalb, Schritte in ein unbekanntes Gelände zu wagen. Man steht am Anfang einer schattigen Allee irgendwo auf dem Lande. Die Straße macht in der Ferne eine Biegung, man weiß nicht, wie es dahinter weitergeht. Die Bäume links und rechts versperren den Blick, wie die Zitate von Romy und über Romy, von Delon und über Delon lange die Tatsache verdeckt haben, daß der französische Star nicht nur der wichtigste, sondern wahrscheinlich auch auf seine brutale Art der ehrlichste Mann in

Romy Schneiders Leben gewesen ist. Einer der wenigen, die sie nicht benutzt und ausgebeutet und beraubt haben. Zumindest nicht finanziell.

„Ich hatte“, wird Alain Delon zitiert, „mich vor ihrer schmalzigen und kaiserlichen Art gefürchtet, denn ich kannte sie ja nur als Sissi. Aber im wahren Leben hat sie mich vom ersten Blick an fasziniert, ihrer Reinheit konnte ich nicht widerstehen. Ihre Bestimmung war es, eine große Schauspielerin zu werden und nicht Madame Delon. Für die Deutschen war ich nur der Entführer des süßen Kindes, der anmaßende gallische Hahn, der sich rücksichtslos seiner Beute bemächtigt.“ Hans Herbert Blatzheim – den Delon für ein „gewaltiges Arschloch“ hielt, was er ihm auch sagte, und für einen typischen Vertreter jener bürgerlichen Gesellschaft, die Delon ablehnte, ja haßte – erinnerte sich in seinen Memoiren, daß er von Anfang an gewußt habe: „Der Kerl ist nichts für das Kind.“

Die Mutter ahnte das auch. In ihrer simplen Denkungsart war dieser „scheinbare Prinz von seinem Charakter her ein Wolf, ein reißendes Tier, voller Willen zur Macht über andere Menschen“. Mit ihrer Vermutung, die spontane gegenseitige Abneigung zwischen Delon und Blatzheim habe noch ganz andere Gründe als die Zweifel am Charakter des anderen gehabt, liegt Magda Schneider allerdings nicht falsch. Blatzheim war nicht nur der öffentlich treusorgende „Daddy“ und gedankenlose Vermarkter von Romy Schneiders Ruhm zugunsten eigener Geschäfte, er war auch heimlich verliebt in seine Stieftochter. In einer ihrer zahlreichen und immer wieder neu aufgelegten Erinnerungen deutet Romy Schneiders Mutter den Konflikt mit Delon als Verlustangst. „Daddy“ habe Romy nicht an den jungen Franzosen verlieren wollen.

Wie konkret diese männliche Eifersucht war, weiß Magda Schneider vielleicht bis heute nicht, obwohl sie es bei der Verlobung von Alain Delon und ihrer Tochter am Luganer See hätte erfahren können. Romy Schneider hat über die Versuche von „Daddy“ Blatzheim, mit ihr intim zu werden – ausgerechnet in Mariengrund und ausgerechnet in ihrem ehemaligen Kinderzimmer –, erst zwanzig Jahre später gesprochen.

Georges Beaume, intimer Freund von Romy Schneider und Alain Delon, zeitweise auch ihr Agent, behauptete nach ihrem Tod, er habe „Romy nie glücklicher gesehen als in der Zeit, als sie mit Alain zusammenlebte. Ich glaube, daß er wirklich der Mann ihres Lebens war“. Und Romy Schneider selbst? „Ich wollte leben, mit Alain leben. Das hätte auch in einem Hinterhof sein können. Egal in welchem Kaff, ich wollte leben. Aber gleichzeitig wollte ich Filme drehen, denn ich liebte meinen Beruf. Aus diesem inneren Widerspruch habe ich nie herausfinden können."

In dem Jahr, in dem Romy Schneider den drei Jahre älteren Alain Delon trifft, ist sie neunzehn und weltberühmt. Während einer dreiwöchigen Promotiontour für *The Story of Vicky*, wie die *Mädchenjahre einer Königin* in den Vereinigten Staaten heißen, wird sie drüben von allen Fernsehsendern interviewt, in Hollywood auf den Partys der *beautiful people* herumgereicht. Sehr zur Freude von Mammi, die zwar keiner kennt, die aber vom Glanz der Tochter auch ihren Schimmer abbekommt. Im Sommer 1958 fliegt Romy Schneider nach Paris, wo sie und ihr Partner vor Beginn der Dreharbeiten zu *Christine* den Journalisten vorgestellt werden. Ein Remake der Ophüls-Verfilmung von Schnitzlers *Liebelei* soll es werden, auch eine Art Remake für ihre Mutter Magda. Denn in der ersten Verfilmung von *Liebelei* hatte Magda Schneider 1933 die Rolle der unglücklichen Christine Weiring gespielt (und ist damit berühmt geworden). Jetzt wird es die Rolle ihrer Tochter sein. Zur Freude der Fotografen wird Romy Schneider von ihrem Partner am Flughafen abgeholt. Alain Delon gilt als die neue Hoffnung des französischen Films. Angeblich ist er so schön, daß sich Männer und Frauen auf der Straße nach ihm umdrehen. Bevor er von einem Filmproduzenten als „interessanter Typ" entdeckt wurde, war er Soldat in Indochina, laut Auskunft seines Kommandeurs berüchtigt für seine Grausamkeit, er war Taxifahrer in Paris, er hat als Kellner gearbeitet, und er hat von den Einnahmen als Straßenmusiker in Saint Germain gelebt. Nun ist er Schauspieler (der wie Romy Schneider auch nie eine Ausbildung gehabt hat), und die Rolle an der Seite des Stars aus Deutschland soll ihm den Durchbruch bringen. Beiden ist die von der Produktion arrangierte Szene am Flughafen peinlich, Romy empfindet Alain als protzigen Angeber, er die Deutsche als pummeliges Gretchen. Bei einem offiziellen Abendessen im Lido sitzen sie weit voneinander entfernt.

Die junge Deutsche wirkt nicht nur auf den ersten Blick immer noch wie die Verkörperung eines unschuldigen Mädchens. Schwärmereien für Horst Buchholz oder Curd Jürgens, in den sie unendlich verliebt war, blieben ohne Folgen, weil die allgegenwärtige Mutter „immer die Hand an meiner Taille hatte". Fast wäre aber das, was in diesen Zeiten im Kino durch Ausblenden immer nur angedeutet wurde, in einer Nacht im Wiener Hotel Sacher passiert, ein paar Wochen vor den Dreharbeiten zu *Christine*. Aber gerade als Romy Schneider damals im

Nachthemd auf dem Flur unterwegs war zu Herbert von Karajan, kam ihr ein Etagenkellner entgegen, sie fühlte sich ertappt und flüchtete zurück in ihr Zimmer. Karajan, so hatte es Romy Schneider erzählt, wollte sie unbedingt heiraten, aber er hatte eine Bedingung gestellt, die „ich nie erfüllen wollte". Sie sollte ihren Beruf aufgeben und nur noch für ihn dasein.

Die offiziellen Fotos von Romy Schneider und Alain Delon bei den *Christine*-Dreharbeiten sind Standfotos, als „zufällige" Schnappschüsse arrangiert. Sie sagen nichts über die Beziehung der beiden aus, außer vielleicht, daß sie immer dann next zueinander sind, wenn Journalisten in der Nähe lauern. Romy Schneider hat, was auch schon im dritten Teil von *Sissi* erkennbar war, den Babyspeck verloren. Die wenigen Gespräche, die Romy Schneider und Alain Delon am Anfang der Dreharbeiten haben, müssen übersetzt werden. Er spricht nicht Deutsch, sie kein Französisch. Der Übersetzer ist meist ein anderer junger Schauspieler aus Frankreich, der auch in *Christine* mitspielt und ein wenig Deutsch kann, Jean-Claude Brialy.

Allerdings muß nur während der Dreharbeiten übersetzt werden, denn außerhalb des Studios finden sich die beiden nach wie vor zum Kotzen. Romy Schneider hört ebenso staunend wie angewidert die vielen bösen Geschichten, die man sich über Delon erzählt, von seiner Vorliebe für ältere Damen – älter begann damals bei dreißig Jahren – und daß er für seine Karriere alles tun würde. Sogar mit manchen Herren, die mit Frauen nichts anfangen können, munkelt man (ohne je einen Beweis zu haben), soll er in einschlägigen Bars gesehen worden sein. Außerdem sind seine Verbindungen zu seltsamen Gestalten aus der Pariser Unterwelt, die man der korsischen Mafia zurechnet, ein offenes Geheimnis, aber auch dafür gibt es keine Beweise, nur Vermutungen. Erst als Romy Schneider mit dem leben mußte, was über sie selbst verbreitet wurde, und erfuhr, wie weit das von der Wahrheit entfernt war, hat sie darüber lachen können.

Brialy, den sich Mutter Magda lieber als Schwiegersohn gewünscht hätte, weil er immer so freundlich und bescheiden war, wird zu einem Vertrauten von Romy Schneider. Er blieb es bis zu ihrem Tod. Sie nannte ihn Papa, er sie Mama. Brialy war einer der wenigen, der den deutschen Star nicht nur sehr gut kannte, sondern auch verstand, und nie auf die Legende hereinfiel, der böse Alain sei durch sein unmoralisches Treiben, in das er Romy hineingezogen hat, eigentlich schuld an Romy Schneiders verpfuschtem Leben. „Sie war genauso exzessiv wie er. Wenn sie jemanden liebte, erstickte sie ihn mit Liebe. Wenn es vorbei war, warf sie ihn weg. So wie es andere Männer mit ihr gemacht haben. Aber mit Alain war sie nie böse. Sie hatte Kummer, sie war traurig, sie war unglücklich nach der Trennung, aber sie sind Freunde geblieben bis zum Schluß."

Magda Schneider reist bald aus Paris ab; die Dreharbeiten sind ihr zu langweilig, und offensichtlich muß sie sich auch keine Sorgen machen, daß zwischen den beiden Hauptdarstellern irgend etwas passieren könnte. Es entgeht ihr nicht, daß Brialy nicht nur bei den Liebesszenen für den Film übersetzen muß, sondern nach Drehschluß auch damit beschäftigt ist, die Kräche zwischen dem Star aus Deutschland und dem Emporkömmling aus Frankreich zu schlichten. Daß die beiden sich nicht leiden können, wird auch Blatzheim berichtet, und das beruhigt ihn. Er ist nämlich nicht mehr so sicher, ob seine Stieftochter, die zwar vorzeitig für volljährig erklärt worden ist, aber in Finanzangelegenheiten ihm vertraut und ihn ihre Gagen verwalten läßt, seine Anordnungen befolgen wird.

Auf dem Filmball in Brüssel – ein unwichtiges, aber für Blatzheim bedeutendes Ereignis, denn man wird dort im Kreise von Filmstars fotografiert – sitzen Romy Schneider und Alain Delon noch an getrennten Tischen. Sie tanzen nur miteinander. „Da habe ich gemerkt", schreibt der Kölner Gastronom in seinen Memoiren, „daß zwischen Romy und Alain etwas spielte." Womit er recht hatte. Denn nachdem Magda Schneider Paris verlassen hat, um zu Blatzheim zurückzukehren, ist ihre Tochter endlich ohne Aufsicht – und nützt dies sofort. Was sie und Delon in ihren Rollen bei *Christine* vor der Kamera immer wieder üben mußten, möglichst echte Küsse, wird jetzt auch nach Drehschluß fortgesetzt und in der Tat echt.

In Wien werden die letzten Szenen für *Christine* abgedreht, und Romy Schneider begleitet Alain Delon zum Flugzeug, das ihn nach Paris zurückbringen wird. Ende einer Affäre, hoffen Mutter Magda und „Daddy" Blatzheim. Ein Flirt halt, wie so viele, die Romy Schneider mit verschiedenen Partnern ihrer Filme hatte.

Romy Schneider aber bestimmt selbst, welche Ausmaße diese Liebesaffäre annimmt. Die Vorstellung, sich nun wieder im Kreise der Familie in Köln oder in Mariengrund als liebreizende Romy geben zu müssen, scheint ihr keine Alternative. Nach Abschluß der *Christine*-Dreharbeiten in Wien entschließt sich das junge Mädchen spontan, das zu tun, was es will, und nicht mehr das, was man ihm zu wollen vorschreibt. Sissi legt die falschen Perücken ab, von denen sie eh immer Kopfschmerzen bekommen hat, zieht die Krinolinen aus, läßt ihre k. u. k. Welt hinter sich und fliegt als Romy Schneider zu Delon nach Paris. Sie zieht zu ihrem Geliebten in eine Wohnung am Quai Malaquais 3, in der auch Georges Beaume lebt. Das Schlafzimmer hat Tapeten aus rotem Samt, und vom Fenster aus kann man die Seine sehen. Von einem Tag auf den anderen ist sie dem Druck entkommen, den ihre Mutter und ihr Stiefvater so lange auf sie ausgeübt haben. Es ist ihr egal, in welche Klischees vom braven, netten Mädchen sie nun nicht mehr paßt, und es ist ihr egal, was in den Zeitungen steht. Daß ein Mädchen sein Elternhaus verläßt und zu einem Mann zieht, den es liebt, ist heute alltäglich. Damals war es nicht nur unüblich, weil sich das halt nicht gehörte – es war ein Skandal in Deutschland, wo strenge Reinheitsgebote für höhere Töchter galten. Romy Schneider vollzog viel mehr als „normale" Mädchen einen Bruch mit allem, was bislang wichtig war. Als ein Produkt der Kinowelt hatte sie für ihren Ruhm mit der Preisgabe ihrer Persönlichkeit bezahlt – und war dafür hoch bezahlt worden. Man erwartete von ihr also Wohlverhalten, sie gehörte nicht sich oder gar einem Mann, sie gehörte allen Deutschen. In die Träume von der reinen „Sissi", die für die Umsätze der Produzenten möglichst lange taufrisch bleiben sollte, paßte es nicht, daß eine Zwanzigjährige mit einem Mann in einer wilden Ehe lebte, einem Mann zudem, der so gar nicht den Vorstellungen deutscher Mütter von einem anständigen Schwiegersohn entsprach. Trotzdem oder gerade deswegen war Romy Schneider glücklich in ihrer neuen Freiheit.

Paris wird zu ihrer eigentlichen Heimat, in dieser Stadt fühlt sie sich zu Hause. Ein Gefühl, das sie nie mehr verlassen wird. Sie lernt dort eine Welt kennen, die unendlich weit entfernt ist von den Werten jener *Sissi*-Gesellschaft, die so lange ihre Biographie bestimmt hat. Nachts mit Alain unterwegs in Bars und Kneipen, Treffen mit berühmten Schauspielern, die natürlich *Sissi* kennen und nun begeistert sind, *la petite Schneider* kennenzulernen. Aufregende Feste, bei denen die Grenzen zwischen Moral und Unmoral fließend sind. Zwar gibt es deshalb bald Eifersuchtsszenen mit Alain, der schon damals weiß, daß er nie der Mann für nur eine Frau sein wird, aber trotzig schreibt Romy Schneider einem Freund nach Deutschland: „Lieber eine unglückliche Leidenschaft erleben, als im Glück zu schnarchen." Was sie in Paris allerdings nie erlebte, war das sogenannte normale Leben. Nachbarn, Einkäufe, Parkspaziergänge. Die Kreise, in denen sie sich immer bewegte und in denen sie wenige echte und viele unechte Freunde fand, waren prominent wie sie.

Von der Wohnung mit dem Seineblick ziehen Schneider/Delon bald um in ein Haus in der Avenue de Messine, das Alain gekauft hat. Er ist nach wenigen Filmen schon gut im Geschäft. Für beide ist trotz ihrer wild ausgelebten Leidenschaft die Arbeit das Wichtigste; sie spornen sich gegenseitig an zum Erfolg. Am Anfang steht Romy Schneiders Name auf den Filmplakaten ganz oben und der von Delon ganz unten, bald ist es umgekehrt, denn die deutsche Filmindustrie läßt die nicht mehr in die Rolle passende, also nicht mehr vermarktbare Romy fallen, während gleichzeitig Delons Weg steil nach oben führt. Romy Schneider hat zwar noch Hauptrollen in einigen Filmen – *Die Halbzarte, Ein Engel auf Erden, Die schöne Lügnerin, Katja – die ungekrönte Kaiserin* –, und sie wird aufgrund ihrer alten Verträge auch noch sehr hoch bezahlt (allein für den Kostümschinken *Katja* soll sie 600 000 Mark bekommen haben), aber in der Gunst der deutschen Zuschauer fällt sie von Platz eins auf Platz zwanzig. Alle Filme nach den drei *Sissi*-Teilen sind Flops in den Kinos. Von dem zaghaften Versuch, Romy Schneider in anderen Rollen einzusetzen und sie sich als Schauspielerin entwickeln zu lassen, wollen die Fans nichts wissen. Ihr selbst ist das gleichgültig. Erstens, glaubt sie, hat sie schon genug verdient, und zweitens ist ihre neue Welt viel faszinierender als Drehbücher, die letztlich, siehe *Katja,* doch wieder in irgendwelchen Sissi-Klischees enden. „Für mich war Paris vor allem und in erster Linie Alain Delon. Eine Stadt, in der ich eine große Liebe lebte mit jemandem, den ich anbetete." Und ums Geld macht sie sich keine Sorgen, das hat ja Blatzheim, wie er immer wieder verkündet, gut für sie angelegt. Die monatliche Apanage von 5000 Mark, die er nach Paris überweisen läßt, scheint ihr ausreichend.

Gleichzeitig aber leidet Romy Schneider unter der Trennung von ihrer Familie, nach deren Regeln sie so lange brav gelebt hat. Man brüllt sich gegenseitig am Telefon an und schreibt sich bitterböse Briefe, weil nicht nur die veröffentlichte Meinung in Deutschland vom Absturz der Sissi zu einer anrüchigen Frau faselt. Auch Romy Schneiders Angehörige sehen ihr Schmuckstück als gefallenes Mädchen.

Romy Schneider ist stets bemüht, sich nach solchen gegenseitigen Vorwürfen bald wieder auszusöhnen. Ihre Freiheit will sie nicht aufgeben, aber von ihrer Sucht nach Harmonie kann sie nicht lassen. Mit ihrer Mutter hatte Romy Schneider ja nicht nur immer wieder Streit, wenn sie sich bevormundet fühlte. Es gab auch Auseinandersetzungen, weil die Tochter sehr genau wußte, wer die Klatschjournalisten so gern mit Details aus ihrem Privatleben versorgte. „Dabei war das gar nicht bös gemeint von ihr, sie war halt zu vertrauensselig", versuchte sie dennoch das haßgeliebte „Mammerl" zu entschuldigen. Wie sehr sich Magda in Romy Schneider spiegelte, bezeugen all die „Erinnerungen an Romy", die Mutter Schneider voll verlogener Sentimentalität in den Jahren nach deren Tod in verschiedenen Blättern veröffentlicht hat und die sie sich teuer hat bezahlen lassen.

Auch das Verhältnis zu Blatzheim, dem Romy neben wütenden Telegrammen und Zetteln mit wüsten Beleidigungen auch wieder kindliche „Daddy"-Briefe schreibt und den sie um Verzeihung für ihre Ausbrüche bittet, ist in den ersten Monaten ihres neuen Pariser Lebens zumindest noch ambivalent. Zum endgültigen Bruch wird es erst Jahre später kommen.

Romy Schneider ist also noch nicht so frei von den alten Bindungen, wie sie immer behauptet. Nur so ist es zu verstehen, daß sie dem Drängen des Ehepaares Blatzheim nachgibt und ihre Affäre mit Alain Delon in einen bürgerlichen Rahmen stecken läßt. „Daddy" darf verkünden, daß seine Stieftochter sich am 22. März 1959 in Lugano offiziell mit Alain Delon verloben wird. Dem jungen Franzosen ist die Zeremonie zutiefst zuwider, und er tut alles, um seinem Image vom ungehobelten, wilden Außenseiter gerecht zu werden. Zu betrachten sind Fotos des jungen Paares, das sich glücklich anstrahlt und für die Fotografen posiert.

Delon treibt den Stiefvater seiner Geliebten – für ihn die Verkörperung des verhaßten deutschen *boche,* eines Herrenmenschen mit großer Schnauze – hinter den Kulissen des bürgerlichen Einigkeitsschauspiels voller Lust zur Weißglut. Er reist im Tessin ohne dunklen Anzug an, beim feierlichen Abendessen vor der Verlobung erscheint er im Pullover, kein Hemd darunter, rast mit Blatzheims Motorboot über den Luganer See und landet mit lautem Krach am Steg, so daß ein Loch in die Verkleidung gerissen wird. Mit verdreckten Gummistiefeln legt er sich auf die teuren seidenen Bettdecken im Gästezimmer.

Daß Blatzheim in seinen Erinnerungen solche Auftritte eher verhalten kommentiert, hat natürlich seinen Grund. Als er während des Medienspektakels Verlobung wieder einmal droht, dem wilden Aufsteiger öffentlich einen Skandal zu machen, hat ihn seine Stieftochter schlicht erpreßt und an jene Nacht erinnert, als er in Mariengrund versucht hat, mit ihr ins Bett zu gehen. Sollte Blatzheim nicht gute Miene zum bösen Delon-Spiel machen, würde sie alles ihrer Mutter sagen.

Das junge Paar lebt in Paris – und ist oft getrennt. Romy Schneider muß nicht nur ihre alten Verpflichtungen erfüllen, sie kehrt auch für ein neues Projekt ein letztes Mal nach Deutschland zurück. Fritz Kortner will sie für die Hauptrolle seines Fernsehfilms *Die Sendung der Lysistrata* nach dem Theaterstück von Aristophanes, und Romy Schneider sagt zu. Es reizt sie natürlich, mit einem berühmten Regisseur wie Kortner zu drehen. Das Projekt wird, passend in das Verhältnis Romy Schneiders zu Deutschland, eine einzige Katastrophe. Nicht nur, weil der Film als „unmoralisch" von einigen Fernsehanstalten abgelehnt und nicht ausgestrahlt wird. Beim NDR allerdings muß er gelaufen sein, denn ein Kaplan Heinrich Hackmann stellt Strafantrag gegen Romy Schneider, weil sie „unsittliche Schaustellungen" auf dem Bildschirm dargeboten habe. Nein, leider ist auch der Bühnenregisseur Kortner bei diesem Versuch gescheitert, wie der Filmkritiker Enno Patalas feststellt: „Nicht alles, was auf die geduldige Leinwand projiziert wird, ist ein Film. Das ist keiner."

Alain Delon hat inzwischen eine Rolle bekommen, die ihn berühmt machen wird: *Nur die Sonne war Zeuge* nach einem Roman von Patricia Highsmith, unter der Regie von René Clement. Die beiden Verlobten telefonieren täglich, sie schreibt ihm zudem lange Briefe. Am Anfang des Films spielt Romy Schneider in einem kurzen Auftritt als Gast sogar mit. Für die Dreharbeiten seines nächsten Films, *Rocco und seine Brüder,* muß Alain Delon nach Mailand, wo ihn Romy Schneider eines Tages besucht. Der Regisseur des Films begegnet ihr mit kühler Abneigung. Er ist in Delon verliebt, was Romy sofort spürt, aber damals noch für die väterliche Zuneigung des berühmten Italieners zu dem jungen, aufstrebenden Franzosen hält. Luchino Visconti wird nach diesem ersten wenig versprechenden Treffen dennoch einer der wichtigsten Männer im Leben der Romy Schneider, und dies nicht nur, weil er der Regisseur ist, von dem sie am meisten lernt, der sie am nachhaltigsten formt und prägt.

Auf Drängen von Delon gibt es nach dem unerfreulichen Zusammentreffen in Mailand eine Verabredung zum Abendessen in Viscontis prachtvollem Haus in der Via Salaria in Rom. Wie ein schüchternes Mädchen, das dem Schwiegervater vorgestellt werden soll, betritt Romy Schneider an der Seite von Delon die Villa. Sie weiß, daß Visconti in der Branche zwar als eine Art Guru des neuen Films verehrt wird, allerdings auch als besonders rabiater, unerbittlicher und gnadenloser Regisseur gilt. Das Essen wird von einem Diener in Livree serviert. Delon hängt an den Lippen Viscontis, Romy Schneider fühlt sich allein gelassen. Die beiden diskutieren über das Theaterstück *Schade, daß sie eine Hure ist,* das Visconti mit Delon in der Hauptrolle bald in Paris inszenieren will. Ein elisabethanisches Inzestdrama von John Ford, übersetzt von Georges Beaume. Plötzlich dreht Visconti sich zu Romy um, nimmt ihre Hand und fragt, ob sie nicht die Schwester von Alain spielen wolle. Erschrockenes Nein von Romy Schneider, noch nie habe sie auf einer Bühne gestanden, noch nie habe sie Schauspielunterricht gehabt, und außerdem sei ihr Französisch nur das einer Anfängerin. Visconti gibt nicht nach, er weiß, wie man mit Schauspielern umgeht. Und er sagt einen Schlüsselsatz, den Romy Schneider nie vergessen hat: „Du und Alain, ihr seid wie Geschwister, ihr seid euch so gleich, eine bessere Paarung kann es nicht geben." Am Ende dieses Abendessens, auch beschwingt vom Wein und von der ehrlichen Freude Alain Delons, mit ihr spielen zu können, gibt sie ihren Widerstand auf und sagt zu, das Abenteuer Theater zu wagen, weil der berühmte Visconti, der Romy Schneider fortan „Romina" nennt, an sie glaubt. „Er war mein eigentlicher Lehrer. Er hat mir Disziplin beigebracht und die Erkenntnis, daß man immer wieder neu an sich arbeiten muß."

1961 beginnen die Proben in Paris. Romy Schneider hat mit einer Französischlehrerin täglich sechs bis acht Stunden Französisch gelernt, sich immer wieder selbst auf Band abgehört und verbessert. Sie nimmt diese Tortur nicht nur für ihren Geliebten auf sich, weil sie an seiner Seite sein möchte, sie will auch selbst wissen, wo ihre Grenzen liegen und wo ihre Chancen. Als die beiden zu den ersten Proben in Delons Ferrari zu spät angebraust kommen, gibt es gleich Krach. Visconti, der Perfektionist, liebt zwar beide, aber die teure, privat finanzierte Produktion ist wichtiger als persönliche Gefühle. Er macht ihnen klar, daß die nächste Verspätung ihre letzte sein würde. Sein Name steht groß auf den Theaterplakaten, die das Ereignis ankündigen, er hat einen Ruf zu verlieren.

Man arbeitet intensiv zusammen, und man lebt auch intensiv zusammen. Visconti, der harte Zuchtmeister, wird zum geliebten „Luca". Romy Schneider hat eine Vaterfigur gefunden, in die sie verliebt ist und von der sie gleichzeitig weiß, daß sie unerreichbar bleibt. Visconti aber ist nicht nur der Regisseur, der ihr zum Durchbruch als Schauspielerin verhelfen wird. Was Luca und Romina verbindet, ist das gemeinsame

Objekt ihrer Begierde, Alain Delon. Die Moral, die ihr Visconti, Delon und Beaume vorleben, die sie miterlebt und mitlebt, erschreckt sie manchmal, aber sie akzeptiert sie als Teil ihrer neuen Welt. Nicht die Flucht zu Delon war der endgültige Abschied von „Sissi". Erst jetzt, da alle Werte der reinen k. u. k. Welt auf den Kopf gestellt sind, hat sich Romy Schneider befreit. Eine Befreiung, unter deren perversen Formen sie immer leiden wird. Denn sie macht zwar damals alles mit, was in keine gesellschaftliche Norm mehr paßt, aber gleichzeitig leidet sie darunter. Diesen Widerspruch, mit dem sie nicht zurechtkommt, beginnt Romy Schneider zum erstenmal mit Alkohol zu betäuben.

Weil sie auf der einen Seite fasziniert ist von den losen Sitten, auf der anderen Seite aber abgestoßen, macht sie den Versuch, für sich und Alain Delon jenseits dieser Welt ein ganz privates Leben zu schaffen. Also weg aus dem mit Georges Beaume gemeinsam bewohnten Haus, etwas Eigenes nur für den Geliebten und für sich. Am 1. Februar 1961, die Proben zu *Schade, daß sie eine Hure ist* laufen schon, ruft sie ihren ungeliebten Stiefvater Blatzheim in Köln an und verlangt von ihm die Überweisung von 125 Millionen alter französischer Francs, also rund einer Million Schweizer Franken (in der Schweiz und in Liechtenstein hat Blatzheim Firmen gegründet, die Romy Schneiders Gagen verwalten und anlegen). Sie möchte sich mit Delon ein Haus kaufen. Blatzheim lehnt ab, denn er hat zwar Romy Schneider vorzeitig für volljährig erklären lassen, aber gleichzeitig im Gegenzug eine unterschriebene Vollmacht erhalten, ihr Geld zu verwalten. Er schickt eine Begründung per Brief hinterher: „Es ist wirklich nichts zu machen. Glaube mir, es kommt einmal der Tag, wo Du dankbar sein wirst, daß Du nach 25 Jahren erst an das Vermögen selbst herankannst. Heute willst Du es nicht glauben, aber wenn Du noch vernünftig denken kannst, dann überlege einmal, wie viele Fälle wir in den letzten 40 Jahren, auch in privater Hinsicht, gesehen haben, wo nachher kein Geld mehr da war . . ."

Der Stiefvater macht ihr einen zynischen Vorschlag: „Es gibt eine Möglichkeit, Dir die 125 Millionen zu besorgen, wenn Du Dich entschließt, *Sissi IV* zu machen. Geboten waren eine Million DM in bar und 15 Prozent Beteiligung . . . Lehne das nicht von Dir aus direkt ab, sondern sprich es mit Alain und Georges durch. Beide sollen ihre Meinung dann mir direkt sagen."

Romy Schneiders Antwort vom 8. 2. 61 ist deutlich: „Nicht einmal für 6 Millionen DM würde ich *Sissi IV* machen." Später hat Blatzheim, wohl auf Drängen seiner Frau Magda – schließlich war es ja Romys

Eine stürmische Liebesaffäre, die für unendlich viele Schlagzeilen sorgte: 1958 verliebte sich Romy in Alain Delon, den „Schurken mit dem Engelsgesicht".

Geld –, 510 000 Schweizer Franken nach Paris überwiesen. Delon allerdings will davon nichts wissen, er hat erstens selbst genügend Geld, und zweitens gehört die Vorstellung Romys von einem gemeinsamen Haus nicht zu seinen Träumen. Was Romy Schneider mit der halben Million gemacht hat, ob sie alles ihrer unbändigen Kauflust geopfert – von Kleidern oder Pullovern, die ihr gefielen, nahm sie manchmal gleich zehn Stück – oder in ihrer Großzügigkeit verschenkt hat, ist nicht mehr zu klären.

Kurz vor dem mit Spannung erwarteten Premierentermin von John Fords Stück wird Romy Schneider mit einer Blinddarmentzündung ins Krankenhaus eingeliefert und operiert. Die Erstaufführung muß verschoben werden auf den 29. März.

Romy Schneiders erster Theaterauftritt, vor einem prominenten Publikum wie Edith Piaf, Jean Cocteau und Ingrid Bergman, wird zu einem Triumph. Das Stück wird zwar verrissen, aber die junge Deutsche in der Rolle der Annabella als Entdeckung gefeiert. Monatelang, bis zur Sommerpause, ist das „Théâtre de Paris" mit seinen 1350 Plätzen ausverkauft. Nebenan, in einem anderen Privattheater, wird Tschechows *Möwe* gespielt, in der Rolle der Nina steht Delphine Seyrig auf der Bühne. Der Regisseur Sacha Pitoëff hat Romy schon während der Proben beobachtet und ist von ihr begeistert. Wenn er im Herbst mit der *Möwe* auf Tournee durch die Provinz geht, soll sie die Hauptrolle spielen.

Doch zunächst dreht sie in der Sommerpause einen Film, zum erstenmal mit Jean-Louis Trintignant, und zum erstenmal spricht sie ihre Rolle in französisch. *Der Kampf auf der Insel* fällt in Frankreich durch. Niemand will die Geschichte über die versteckten rechtsextremen Neigungen des französischen Großbürgertums sehen.

Auf den Provinzbühnen in Frankreich, Belgien und Luxemburg wird Romy Schneider während der fast fünfmonatigen Theatertournee mit Tschechows *Möwe* dagegen wieder gefeiert. Sie weiß genau, daß die Besucher strömen, weil sie „Sissi" live sehen wollen. Was sie erleben, ist eine Schauspielerin namens Romy Schneider, die in einer Kritik so beschrieben wird: „Es mußte erst eine kleine Österreicherin vom Film kommen, um auf den bescheidenen Bühnen der Provinz diesem Meisterwerk des russischen Dramatikers zum Triumph zu verhelfen." Was von ihrem ersten Bühnenauftritt nach Deutschland dringt, ist nicht so sehr Romy Schneiders überzeugendes Debüt im Theater, in einem fremden Land, in einer fremden Sprache, sondern der Inzest-Inhalt des Stückes. Eigentlich will das deutsche Publikum gar nicht wissen, ob

Romy Schneider als Schauspielerin erfolgreich ist. Gelesen werden die Klatschgeschichten von ihr und Alain Delon, gelesen werden die wilden Spekulationen, daß Alain seine Verlobte in der Öffentlichkeit geschlagen haben soll, daß er immer wieder mit fremden schönen Mädchen gesehen werde und daß abzusehen sei, wann endlich diese Mesalliance zwischen Deutschland und Frankreich enden werde. Für viele Deutsche ist Romy Schneider ja in der Emigration.

Mit einer anderen Emigrantin in Paris hat sich Romy Schneider übrigens erst später gut verstanden und oft telefoniert. Denn als sie 1962 zum erstenmal Marlene Dietrich trifft, sitzt die mit Orson Welles an einem Tisch und ist beleidigt, weil der nur Augen für Romy Schneider hat, die hemmungslos mit ihm flirtet. Romy will nämlich unbedingt seine Aufmerksamkeit erregen, weil sie erfahren hat, daß er für seine Verfilmung von Kafkas *Prozeß* noch eine Schauspielerin für die Rolle der Leni sucht. Und die Leni will Romy Schneider gern spielen. Sie schafft es und erhält für ihre Leistung in Orson Welles' Film in Frankreich auch den Preis als beste ausländische Schauspielerin.

Bevor Visconti 1961 Paris verläßt, treffen sich Romy Schneider, Alain Delon und Georges Beaume mit ihm zu einem Abschiedsessen. Luca erzählt von dem nächsten Film, den er drehen will. Nach einer Novelle von Maupassant wird er eine Episode in *Boccaccio '70* inszenieren, die Geschichte einer Frau, die ihren Ehemann aus Rache, weil er sie mit einem Callgirl betrogen hat, nur noch gegen Bezahlung ins Bett läßt. Romy Schneider ist von der Geschichte fasziniert und hört Visconti gespannt zu, wie er sich seine Hauptdarstellerin vorstellt: schwarzhaarig und langbeinig, kühl und groß und unnahbar.

Ein paar Tage später bekommt sie ein Telegramm von Visconti, in dem er sie bittet, diese Frau zu spielen. Romy Schneider hält das für einen Scherz. Sie hat braune Wuschelhaare, eine sinnliche und gar nicht kühle Ausstrahlung, grüngraue Augen, einen fast zierlichen Körper. Ich doch nicht, denkt sie. Er ruft an, beleidigt, warum sie denn sein Telegramm nicht beantwortet habe. Und sie läßt sich überreden, die Rolle zu übernehmen, in der Sommerpause, wenn die Theater in Paris schließen. Der Starfriseur Alexandre verpaßt ihr eine neue, freche Frisur, ihre prominente Freundin Coco Chanel sucht ihr die passenden Kostüme für die feine Dame aus, die Romy Schneider spielen soll. Aber so oft braucht sie die Kleidung während der Dreharbeiten nicht. Zum erstenmal, und das 1961, ist Romy Schneider nackt vor der Kamera zu sehen. Die Kritiker sind begeistert, und als *Boccaccio '70* während der

Filmfestspiele in Cannes läuft, wird sie sogar als neuer Weltstar gefeiert. Keiner spricht mehr von Sissi. Nur zu Hause, im Sissi-Land, ist die Empörung groß. Erst die Heimat verlassen, dann mit einem Franzosen in wilder Ehe leben und jetzt auch noch verführerische Nacktrollen auf der Leinwand. Und so was war mal unser Idol?

Die fünfziger Jahre, die Zeit der Restauration und der verklemmten Moral, die Zeit der Verdrängung und die Zeit des „Wir sind wieder wer", sind aber nicht nur vorbei, weil Kaiserin Sissi unter die leichten Mädchen gegangen ist. Die Adenauersche Staatspartei CDU verliert bei der Bundestagswahl die absolute Mehrheit, wenn auch nur knapp, und im Kino gibt es einen Film zu sehen, der so gar nicht in die deutsche Seelenlandschaft paßt: *Das Brot der frühen Jahre* nach dem Roman von Heinrich Böll.

IV

ROMY SCHNEIDER hat in den Jahren mit Delon in Paris damit begonnen, auf zahllosen Zetteln Notizen zu machen. Manchmal nur Banales, was sie erledigen mußte, dann Mahnungen an sich selbst, was sie besser machen wollte, auch Wütendes, zum Beispiel, wen sie nie mehr im Leben sehen wollte (was dann oft nur bis zum nächsten Tag galt). Nur wenige Notizen aus dieser Zeit sind erhalten. Immerhin erinnern sich die, die ihr damals nahe waren, wie oft sie einen kleinen Brief oder Zettel von R. S. bekommen haben. Und wie oft dieser kleine Brief an ein Geschenk geheftet war, das die Absenderin einfach so, ohne einen Anlaß, ausgesucht hatte. Romy Schneider war grenzenlos großzügig, und ihr Verhältnis zum Geld war von der lässigen Überzeugung geprägt, davon habe sie ja nun wirklich genügend.

Zwischen den hektischen Nächten in Paris, in denen es nach Alain Delons Eskapaden immer wieder zu Szenen zwischen den offiziell Verlobten kommt, Szenen, in denen Vasen fliegen und Prügel nicht nur angedroht werden, gibt es auch ruhige, innige Zeiten. Nach wochenlangen Trennungen, in denen sie von den jeweiligen Drehorten aus nur miteinander telefonieren konnten, trafen sie sich wieder in Trancrou, jenem kleinen Ort, weit entfernt von Fotografen und Pariser Freunden, in dem Delon sein Landhaus Prieuré gekauft hatte, ohne die halbe Million Schweizer Franken, die Romy Schneider ihm so gern gegeben hätte.

Es ist müßig, darüber zu spekulieren, wie das Leben der Romy

Schneider ohne Alain Delon verlaufen wäre und ob er der eigentliche Schuldige ist an all den Problemen, die sie bis zu ihrem Tode mit sich und ihrer Umwelt hatte. Sie wollte ihn, und sie wollte ihn so, wie er war, und sie wollte ihn sicher auch, weil er zumindest optisch und in seinem Auftreten so sehr ihrem Vater glich. Alain Delon, dessen Gesicht erst heute mit fünfundfünfzig so hart aussieht, wie es sein Image schon damals verbreitete, gilt immer noch als geheimnisumwitterter Bösewicht, der nur deshalb unbeschadet durch alle Skandale kam, weil es gegen ihn nie Beweise gab. In den Geschichten, die immer wieder aus den Archiven der Zeitungen abgeschrieben werden, bleibt Delon der fremde Schurke, der Sissi entführt hat, der ihr alle Mädchenillusionen genommen hat. Waren nicht seine Forderungen an sie und ihre Liebe jenseits der Kriterien von Moral oder Unmoral? War er es nicht, der sie verdorben hat für alle anderen Bindungen? War er es nicht, der sie nach seinem Ebenbild formte, so daß die Zahl ihrer Liebhaber und Affären den seinen nicht nachstand? Romy Schneider hat die Männer nicht erobert mit einem unwiderstehlichen Sexappeal (wie zum Beispiel Marilyn Monroe) oder durch eine unwiderstehliche erotische Ausstrahlung (wie zum Beispiel Ingrid Bergman), es war diese auf manche Männer magisch wirkende Mischung aus kindlicher Verlorenheit und Reinheit, verbunden mit der Verheißung einer Schamlosigkeit, die im bürgerlichen Leben als Tabu gilt. Genau diese Mischung war es, die Romy Schneider später in ihren großen Frauenrollen als Filmstar so erfolgreich machte.

Romy Schneider und Alain Delon sind selten ganz für sich. Oft kommt Delon mit seinen Kumpanen aus der Zeit, als er noch zu einem anderen Milieu gehörte, für ein Wochenende aufs Land. Da wird dann mit Revolvern auf Strohballen geschossen und in dicken, beißsicheren Jacken mit den riesigen Hunden getobt, die sich Alain Delon in einem Zwinger auf dem großen Grundstück hält. Romy Schneider haßt diese Spiele harter Männer und zieht sich immer zurück, wenn Delons Freunde eintreffen. In einem Turm, gegenüber dem Haupthaus, ist nicht nur Delons ganz privates Schlafzimmer untergebracht, sondern auch eine Art Jagdsaal, in dem seine Gewehre aufgereiht hängen. Daneben silberne Ketten für die Hunde. Den Hang zu teuren Gemälden wird Delon erst später mit wachsendem Einkommen entdecken. Von Zeit zu Zeit gibt es Feste, auf denen sich Oberschicht und Unterwelt fröhlich mischen. Vor einem dieser seltsamen Gesellen, einem Jugoslawen namens Stefan Markovich, hat sich Romy Schneider immer gefürchtet:

„Der sah aus wie ein Finsterling in einem amerikanischen Gangsterfilm." Den Namen Markovich wird sie erst sechs Jahre später wieder in der Zeitung lesen. Da wird nämlich auf einer Müllhalde in Paris seine Leiche gefunden, und Romys Filmpartner, Alain Delon, gerät unter Verdacht, von diesem Mord mehr zu wissen, als in den Zeitungen steht.

Immer wieder erreichen Romy Schneider Briefe aus dem Mutterland. Empörte Kinobesucher beschimpfen sie schriftlich als „Hure". Diesseits des Rheins ist Romy Schneider so etwas geworden wie die Dirne von Dingsda. Jenseits des Rheins dagegen ist sie anerkannt als vielversprechende Schauspielerin, da ist ihr Privatleben ihre Sache und kein Thema öffentlicher Debatten. Dafür wird sie immer dankbar sein: „Die Franzosen haben mich gelehrt, mich zu kleiden, zu leben, zu lieben . . ." Die Familie Blatzheim, von deren Denkungsart es viele gibt in Deutschland, zeigt sich empört, als im Kino Kafkas *Der Prozeß* unter der Regie von Orson Welles anläuft. Romy Schneider spielt die Rolle der Leni, Mätresse des Rechtsanwalts, der Josef K. retten soll. Sie spielt mit einer so intensiven sinnlichen Ausstrahlung, daß zwar ihre Mutter entsetzt ist, Produzenten in Hollywood aber eine „neue Marlene Dietrich" zu entdecken meinen und Romy Schneiders Agenten Georges Beaume entsprechend verlockende Angebote machen.

Noch 1962 dreht Romy Schneider unter der Regie von Carl Foreman den Episodenfilm *Die Sieger*, in dem sie eine junge Geigerin spielt, die während des Zweiten Weltkriegs von einem Soldaten zur Prostitution gezwungen wird. Für die Rolle nimmt die Perfektionistin sogar Violinunterricht. Wichtiger wird der zweite Film, den Hollywood ihr anbietet, *Der Kardinal* unter der Regie von Otto Preminger. Nicht nur wegen der Rolle, in der sie zeigen kann, was sie bei Visconti und Orson Welles gelernt hat, sondern vor allem, weil sie zum ersten und einzigen Mal mit ihrem Vater Wolf Albach-Retty dreht. Sie hat eine Nebenrolle für ihn gefordert und auch bekommen.

Der Vater übrigens war es, dem sie nach der Trennung von Alain Delon lange, bittere Briefe schrieb, in denen sie sich ausweinte und gleichzeitig ihn, für sie das Ebenbild von Delon, beschimpfte. Mit ihm hat sie telefoniert und ihm ihr Herz ausgeschüttet. Auch wenn es sich in den Erinnerungen von Magda Schneider immer so liest, als habe sich Romy Schneider mit allen Problemen direkt in die Arme des geliebten Mammerls nach Berchtesgaden geflüchtet – der Vater wußte mehr über Romy, ihm stand sie näher, aber er hat mit dieser Nähe nichts anfangen, geschweige denn ihr helfen können.

Die Dreharbeiten in Wien zum *Kardinal* werden zu einem Familienfest, zumindest für die Zeitungen. Zum erstenmal nach der Scheidung, so will es die Legende, treffen sich Magda Schneider, Romy Schneider und Wolf Albach-Retty. Fotografen halten demonstrierte Einigkeit im Bild fest. Keiner weiß von den Ausbrüchen der Mutter, die beleidigt ist, weil Romy Schneider nicht nur mit ihrem Vater dreht, sondern auch mit ihm und seiner zweiten Frau Trude Marlen jede freie Minute verbringt. Er hat nichts gegen Alain Delon, und er hat auch nichts gegen die neuen freizügigen Filme. Im Gegenteil. Er ist stolz auf seine Tochter, er hat alle ihre Filme gesehen und verteidigt das Kind. Wenn der Vater sie kritisiert, hört sie zu, das verträgt sie. Bei anderen, vor allem bei ihrer Mutter, reagiert sie wie der Star, der sie ja ist, und will keine Ratschläge hören.

Zu den Legenden um den Mythos Romy Schneider gehört die immer wieder neu interpretierte Beziehung zu ihrer Mutter Magda, die längst nicht so gut war, wie die Mutter es gläubigen Lesern ihrer Memoiren verkaufen wollte, und längst nicht so schlecht, wie es manche „guten Freunde" uns weismachen wollen. Magda Schneider hat sicher instinktiv geahnt, wie unendlich ihre Tochter den verlorenen Vater geliebt hat und daß sie selbst mit ihren alltäglichen Nörgeleien oder gar mit Blatzheim an ihrer Seite nichts hat dagegensetzen können. Vielleicht hat sie sogar darunter gelitten, vielleicht nicht einmal das. Magda Schneider, das zumindest darf man sagen, hat nicht nur ihrer Umgebung, sondern auch sich selbst viel vorgemacht.

Die katholische Kirche hatte für den *Kardinal* keine Dreherlaubnis im Vatikan gegeben, wo nach den Wochen in Wien die nötigen Außenaufnahmen gemacht werden mußten. Die Buchvorlage, Henry Morton Robinsons gleichnamiger Roman, war den Vatikanfunktionären suspekt. Die Geschichte des Priesters, dessen Vorgesetzte sich allzu schnell mit den Nazi-Machthabern in Österreich arrangieren und der darunter leidet, zwischen der Frau seines Lebens und dem Dogma des Zölibats wählen zu müssen, dann Schuld auf sich lädt und trotzdem Kardinal wird, paßte nicht ins katholische Weltbild. Deshalb muß Regieassistent Hermann Leitner, den Romy Schneider auch als langjährigen Freund der Familie kennt und mag, im Petersdom mit dem Hauptdarsteller Tom Tryon und einem einzigen Kameramann einige notwendige Szenen heimlich drehen.

Während Romy Schneider in Rom dreht, läßt es sich ihr Verlobter in Paris wohl ergehen. Im Club Saint Hilaire hat er die zweiundzwanzigjährige Nathalie kennengelernt. Daß es mehr ist als eine der üblichen Affären nebenbei, weiß Romy noch nicht. Die Fotos, die sie in den Zeitungen von den beiden sieht, nimmt sie nicht ernst. Romy Schneider hat keine Ahnung, daß auch Nathalie aus dem Milieu stammt, aus dem Delon seine Leibwächter engagiert.

Aber Alain Delon kommt ein paar Wochen später überraschend nach Rom, bleibt ein paar Tage und schaut bei den Dreharbeiten zu. Romy Schneider stört das nicht, denn so sehr sie auch immer leidet, bevor die Klappe fällt – wenn sie erst einmal spielt, ist alles andere vergessen. Alle Regisseure übrigens, die mit ihr drehten, berichten übereinstimmend von einer ungeheuren Präzision und Konzentration, ja einer Manie zum perfekten Spiel. Sie selbst wußte sehr genau, wann sie gut war, wann schlecht und wann mittelmäßig.

Romy Schneider und Alain Delon machen lange Spaziergänge im Park der Villa Borghese, Romy wie üblich mit großer dunkler Sonnenbrille und Kopftuch, stehen Hand in Hand vor den Schätzen der Etrusker, die im nahe gelegenen Museum in der Villa Giulia ausgestellt sind, und gehen gemeinsam mit dem Ehepaar Leitner ins Kino, zum Essen, sogar zum Tanzen. Man spricht über den neuesten Klatsch aus Paris, aber vor allem über die Arbeit und über die nächsten Filme. Romy Schneider würde im Herbst in Hollywood drehen, eine Komödie an der Seite von Jack Lemmon unter dem Titel *Leih mir deinen Mann* und Alain Delon in Spanien den Abenteuerfilm *Die schwarze Tulpe.*

Bevor Romy Schneider mit ihrem Film in Hollywood beginnt, macht sie nach dem *Kardinal* in ihrer Wohnung in Monte Carlo gemeinsam mit ihrem Bruder Wolf, der anfangs auch die Familienbedenken gegen Delon teilte, ein paar Wochen Ferien. Täglich telefoniert sie mit Alain, der schon in Madrid dreht, aber längst sind die unbeschwerten Tage von Rom vergessen. In den Zeitungen entdeckt Romy nun immer häufiger Fotos von Alain mit dem Mädchen Nathalie Barthélemy. Über ihre Vorwürfe lacht Alain: „Du weißt doch, daß ich dich liebe, *ma Puppele.* Du kennst doch die Journalisten.“ Um sie zu beruhigen, steht er eines Tages sogar vor ihrer Tür in Monte Carlo. Dann begleitet er sie nach Rom, noch einmal, denn von dort soll sie nach Hollywood fliegen. Es bleibt für lange Zeit ihre letzte Begegnung.

Über die folgenden Wochen bis zum Dezember gibt es wiederum viele sich widersprechende Berichte. Der europäische Star ist in Hollywood in einen engen Terminplan eingebunden, der wenig Zeit läßt für Privates. Die Telefongespräche mit Alain Delon sind schon wegen des

Zeitunterschieds selten. Nur das Datum, an dem sich Romy Schneider und Alain Delon trennen, scheinen alle genau zu kennen. Sogar der *Spiegel* weiß Ende 1963 zu vermelden: „Nach vier Jahren, acht Monaten, 24 Tagen Dauer, nach Bekanntgabe von einem Dutzend verschiedener Hochzeitstermine und nach genauso vielen Zerwürfnissen und Absagen endete die turbulenteste und am heftigsten publizierte Brautzeit der Jahrhundertmitte mit einem Ferngespräch: Am Telefonhörer, 13 000 Kabel-Kilometer voneinander entfernt, kamen die österreichische Filmschaffende Rosemarie Albach-Retty, genannt Romy Schneider, 25, und der französische Neue-Welle-Reiter (*Nur die Sonne war Zeuge)* Alain Delon, 28, überein, still auseinanderzugehen."

Ganz so einfach, still und undramatisch geht es natürlich nicht zu, als Romy Schneider und Alain Delon sich trennen. Man kann eigentlich auch nicht sagen, daß sie sich trennten, denn Delon hat sie schlichtweg verlassen. (Romy Schneider 1981: „Er war feige, aber er war sehr schön, er war ein Macho-Spießer.")

Tatsache ist, daß Romy nach ihrer Rückkehr in die gemeinsame Wohnung in Paris einen Strauß mit Rosen vorfindet und darunter ein Stück Papier mit ein paar Zeilen von Delon: „Bin mit Nathalie nach Mexiko. Alles Gute. Alain."

Sie hat diesen Zettel aufbewahrt, ebenso wie das Telegramm von Visconti, der in den Zeitungen vom Ende der Liebesaffäre erfährt und ihr versichert: „Romina. Ich liebe Dich. Luca". Tatsache ist leider auch, daß Romy Schneider mit Hilfe einer Rasierklinge versucht, sich die Pulsadern aufzuschneiden, aber ein Freund, der sie findet und rettet, kennt einen diskreten Arzt, der Romy Schneider versorgt und schweigt.

WARUM ihr Traum von der großen Liebe geplatzt ist und warum das eigentlich jeder schon gewußt hat von Anfang an, kann Romy Schneider in allen Zeitungen lesen. Die leben wochenlang von den wenigen echten und vielen erfundenen Details der Liebesgeschichte Romy Schneider/Alain Delon. In ihrem Unglück flüchtet sie vorübergehend sogar in die Spießerwelt, die sie einst für Delon verlassen hatte, und feiert mit der „Familie" Weihnachten in Mariengrund. Aber die Gespräche mit der Mutter, die so viel Trost hätte geben können, weil sie einen ähnlichen Schmerz vor Jahrzehnten mit Wolf Albach-Retty auch erlebt hatte, bleiben oberflächlich, und die geheuchelte Anteilnahme von Blatzheim, der sich freut, weil er letztlich doch recht behalten hat, kotzt sie an.

Wie unendlich schlecht sie sich fühlt, schreibt sie wenige Monate später an den Vater, der sie vergeblich in langen Telefonaten zu trösten versucht. Auf seine Art. Also voller Verständnis, aber unfähig zu helfen. Der einzige, dem sie sich in Paris anvertrauen kann und der für sie zum Rettungsanker wird, ist der alte Freund Jean-Claude Brialy, der in diesem Fall sogar gegen seinen Kumpel Delon Partei ergreift, weil „Romy halt so unendlich unglücklich war".

In der Pariser Wochenzeitung *France Dimanche* erscheint ein Stück aus einer angeblichen Delon-Autobiographie, die auf seltsamen Wegen aus dem Büro von Beaume verschwunden ist. Außer Romy Schneider glaubt niemand, daß ausgerechnet das Kapitel über Romy von Unbekannten gestohlen worden ist und ausgerechnet auch noch jetzt, wo es so schön paßt. Gerührt darf man lesen: „Für mich ist und bleibt Romy die Frau, von der ich mir Söhne gewünscht hätte."

Wer Delon besser kennt, und das sind ja nicht wenige, lacht darüber, und das keinesfalls herzlich. Nathalie, die Frau, von der er im Oktober 1964 einen Sohn bekommt und die er drei Monate vorher heiratet, ist schon schwanger, als diese Zeilen erscheinen.

V

Tausende von Berlinern drängen sich hinter den Polizeiabsperrungen, um die Prominenten zu sehen, die der „deutsche Hilton" Hans Herbert Blatzheim zur Eröffnung des Europacenters am 2. April 1965 geladen hat. Nicht weniger als zehn Restaurants seiner Firma hat er in dem Gebäude am Kurfürstendamm untergebracht. Und wie immer braucht er den Glanz der Filmwelt, um bestmögliche Reklame zu bekommen. Romy Schneider, die in Paris wieder einen neuen Film vorbereitet, hat sich in langen Telefongesprächen von ihrer Mutter überreden lassen, auch zu kommen. Routiniert, ganz Star, lächelt sie in die Kameras. Schick sieht sie aus, ihr Chanel-Kostüm fällt aus dem Rahmen der üblichen Garderoben. Von Coco Chanel, die sie in vielen Gesprächen eine gute Freundin nennt, die für ihr Leben fast so wichtig sei wie Alain Delon und Luchino Visconti, hat sie in ihren Pariser Jahren so etwas wie Geschmacksunterricht bekommen. Sie weiß jetzt, wie man sich anzieht. Außerdem hat Coco Chanel in ihr eine gute Kundin gefunden, die auch schon mal Rechnungen über 70 000 Mark macht. Der Berliner Modeschöpfer Detlev Albers: „Wenn sie ungeschminkt war, wirkte sie klein und unbedeutend wie ein Fräulein vom Lande. Dann merkte man nur etwas von ihrer Ausstrahlung, wenn sie sprach. Romy konnte sich aber ungeheuer gut schminken, ungeheuer gut anziehen, viel aus sich machen. Und durch ihre breiten Gesichtsknochen und den slawischen Gesichtsschnitt war sie sehr fotogen."

Etwas verspätet, während der Rede von Blatzheim, betritt der Star der Berliner Theaterszene den Festsaal und ist sich der Aufmerksamkeit aller Gäste gewiß – Harry Meyen. Seine Erfolgsinszenierung *Tausend Clowns* hat am Kurfürstendamm jeden Abend ein volles Haus, und auch als Schauspieler ist er in der Hauptrolle des Stücks ein König des Boulevardtheaters. Englisch-elegant gekleidet, arrogant-lässiger Blick hinter schmalen Brillengläsern – der Einundvierzigjährige ist das, was man eine blendende Erscheinung nennt. Beliebt beim Publikum, verwöhnt von der Kritik.

Romy Schneider und Harry Meyen verlieben sich auf den ersten Blick. Ein *Coup de foudre.* Die Journalisten wittern einen netten kleinen Skandal, denn Harry Meyen ist verheiratet, und seine Frau Anneliese Römer gehört ebenfalls zu den großen Schauspielern der Stadt. Nicht nur für Mutter Magda ist es offenkundig, daß Romy Schneider Feuer gefangen hat. Romy weicht den ganzen Abend über nicht mehr von Harry Meyens Seite, irgendwann verschwinden die beiden in einer Bar, tanzen bis zum frühen Morgen und gehen dann Hand in Hand weg.

In den Monaten nach der Trennung von Alain Delon war es um Romy Schneider beruflich stiller geworden. Sie war aus der gemeinsamen Wohnung in ein eigenes Appartement gezogen, betreut von einem Hausmädchen und einer persönlichen Sekretärin. Als Delon Nathalie heiratete, erfuhr Romy Schneider dies aus der Zeitung.

Harry Meyen fragt am nächsten Morgen einen Freund: „Was hältst du davon, wenn ich Romy Schneider heirate?" Der schlägt ihm trocken vor, doch zunächst einmal seine Frau davon zu informieren.

Romy Schneider ist verliebt, bleibt spontan, wie sie nun einmal ist, in Berlin und zieht in ein kleines Hotel in der Nähe von Meyens Haus, wo sie sich heimlich treffen. Man sieht die beiden zwar auch in der Öffentlichkeit zusammen, in Restaurants oder Bars, aber ganz kühl erklärt Meyen allen Journalisten, es gehe nur um Arbeitsbesprechungen für ein gemeinsames Projekt.

Im Sommer spielt er eine Rolle in der Verfilmung des Collins-Lapierre-Bestsellers *Brennt Paris?,* und natürlich ist auch Romy Schneider während der Dreharbeiten an der Seine. Die beiden sind ein seltsames Paar. Auf der einen Seite die emotionsgeladene, spontane, zwischen himmelhochjauchzend und zu Tode betrübt schwankende Romy Schneider („Das ist das Deutsche in mir, eigentlich bin ich zu einem Viertel Österreicherin und zu drei Viertel Französin"), das fesche Mädel, das ungeachtet seines Geburtsortes Wien im Ausland als typisch deutsch verkauft wurde, und neben ihr der kühle, sich stets selbst kontrollierende Harry Meyen, ein sich aus Schüchternheit unnahbar gebender Intellektueller, der Voltaire zitieren kann und von den Filmen seiner neuen Geliebten nichts hält, obwohl auch er in Filmen mitgespielt hat, die nicht gerade zu den Klassikern der Kinokunst gehören – *Skandal in Ischl, Frauenarzt Dr. Sibelius* oder *Madeleine und die Legionäre.* Ein Mann, der aus ganz anderen Gründen als Romy ein gebrochenes Verhältnis zu Deutschland hat, denn Harry Meyen, Halbjude, war 1942 in Hamburg als sogenannter Mischling 1. Grades verhaftet worden. Er war damals gerade achtzehn Jahre alt.

Nur mit viel Glück überlebte er das Dritte Reich; befreit wurde er von den Amerikanern am 3. Mai 1945 aus dem KZ Hamburg-Fuhlsbüttel, einem Nebenlager des berüchtigten Konzentrationslagers Neuengamme. Nicht einmal in den Nachrufen auf ihn 1979 wurde erwähnt, daß der gebürtige Tscheche von den Nazis verfolgt und erst 1954 eingebürgert worden war.

Harry Haubenstock, so sein bürgerlicher Name, war wie sein Freund Axel Springer ein Konservativer. Er haßte das Chaos und fühlte sich nur dann wohl, wenn alles in überschaubarer Ordnung ablief. Auch er also, wenngleich aus anderen Gründen, ein typischer Deutscher. Seine Inszenierungen in Berlin bereitete er so preußisch penibel vor, daß er zu den Uraufführungen der jeweiligen Stücke reiste und sich Notizen machte, an welchen Stellen das Publikum besonders lachte und mit welchem Trick der Regisseur das erreicht hatte. Diese Aufzeichnungen brachte er dann mit zu den Proben nach Deutschland, danach baute er seine Inszenierungen auf.

Romy Schneider hat wieder einen Vater, zu dem sie aufblicken kann, und einen Mann, der in seiner kühlen, strengen Blondheit das genaue Gegenteil zum „wilden Wolf" Delon ist. Ohne Widerspruch, geradezu begeistert, nimmt sie es hin, wenn Harry Meyen sie vor anderen Menschen wie ein dummes Kind behandelt, dem man alles beibringen muß. Er kritisiert ihre mangelnde Bildung und macht sich lustig über die Banalität ihrer Filme, die doch keinen Vergleich aushielten mit einer gelungenen Theaterinszenierung. Kunst findet für ihn nur auf der

Bühne statt, nicht auf der Leinwand. Er verordnet ihr zeitweise eine Abmagerungskur, weil sie irgendwann mal seiner Meinung nach wie „ein Trampel" aussieht. Vielen ihrer Freunde, auch denen aus der *Sissi*-Zeit wie dem Regisseur Hermann Leitner, begegnet er mit eisiger Ablehnung – obwohl sich das Paar in dessen Wohnung treffen darf –, nie läßt er einen Zweifel daran, daß er Romy Schneider zwar liebt, aber auch in seine große Aufgabe als eine Art Professor Higgins verliebt ist. Der Absprung aus seiner Ehe zur neuen Geliebten, die ihn dank ihrer Beziehungen am Broadway herausbringen will (obwohl sein Englisch recht mittelmäßig ist), die ihm Rollen in französischen Filmen verspricht (obwohl er gar kein Französisch kann), wird ebenso genau geplant wie eine Inszenierung. Über Wochen hinweg schafft er Anzüge, Wäsche und persönliche Habseligkeiten aus dem mit Anneliese Römer gemeinsam bewohnten Haus zu einem Freund.

Die Affäre ist trotz aller Dementis der Beteiligten auch in Berlin Stadtgespräch. Um den Journalisten zu entkommen, reist Romy Schneider bald ab zu Dreharbeiten nach Frankreich. In St-Tropez treffen sie sich wieder, endlich ohne Beobachtung, doch Harry Meyen zeigt sich bald genervt von dem totalen Besitzanspruch Romy Schneiders. Die glaubt, nun endlich den Mann fürs Leben gefunden zu haben, und versteht es nicht, daß er sich für eine Thomas-Bernhard-Inszenierung bei den Salzburger Festspielen vorbereiten will, statt mit ihr Ferien zu machen und die neue Liebe zu genießen. Natürlich folgt sie ihm zu den Proben. Die beiden wohnen offiziell im selben Hotel, jedoch in verschiedenen Zimmern. Sie kauft ihrem Harry vor der Premiere eine teure Uhr, um ihn aufzuheitern. Doch der Abstecher weg vom vertrauten Boulevardtheater, das er beherrscht, wird ein fürchterlicher Reinfall, Meyen wird von Kritikern niedergemacht. Er weiß selbst, daß er schlecht war, entschuldigt sich in aller Form bei den Schauspielern und schreibt Romy Schneider einen Zettel, in dem er sie seiner Liebe versichert und ihr gleichzeitig mitteilt, daß er sie verläßt.

Harry Meyen kehrt nicht nur zurück zu seiner Frau, sondern vor allem in die Stadt, in der er nach wie vor ein Star ist. Wieder hält Romy Schneider am Ende einer Affäre einen Zettel in der Hand, wieder bricht sie zusammen, und wieder denkt sie an Selbstmord.

Unbewußt scheint sie jedoch zu spüren, daß diesmal sie die Stärkere sein wird, daß sie gewinnen kann. Sie will diesen Mann unbedingt, und in der ihr eigenen Großzügigkeit geht sie so weit, daß sie sich bereit erklärt, die 200 000 Mark Abfindung zu bezahlen, die Anneliese Römer, gedemütigt in aller Öffentlichkeit, für eine Scheidung verlangt. Spötter behaupten, daß Harry Meyen trotz aller Liebesschwüre eher bereit gewesen wäre, bei seiner Frau auszuharren, als von seinen Ersparnissen diese Scheidung zu bezahlen. Meyen war geradezu krankhaft geizig. In Restaurants, im Kreise von Freunden, war er immer gerade dann in tiefste Diskussionen verwickelt, wenn es Zeit wurde, die Rechnung zu verlangen. Als kulinarischer Höhepunkt seiner privaten Dinnerpartys wurde zum Beispiel kräftiges Gulasch geboten, und auch dabei vergaß er nie zu erwähnen, wie teuer das Fleisch gewesen sei.

Zu Weihnachten 1965 hat Romy Schneider gewonnen; Harry Meyen verläßt endgültig seine Frau und wird im Mai 1966 geschieden. Romy Schneider hat zwei weitere Filme gedreht, die in ihrer Laufbahn unwichtig bleiben – *Halb elf in einer Sommernacht* und *Schornstein Nr. 4* – und die von der Filmkritik mit unfreundlicher Häme bedacht werden. Anschließend muß sie zu Dreharbeiten nach Südfrankreich, sie spielt eine der Hauptrollen in *Spion zwischen zwei Fronten*. Damit Harry Meyen bei ihr sein kann, verschafft sie ihrem neuen Geliebten auch eine kleine Rolle. Für die Zeit der Dreharbeiten mietet sie eine Villa mit eigenem Zugang zum Meer. Dort baden sie in Drehpausen oder an freien Tagen. Fotos, die von den beiden erscheinen und überall in Europa gedruckt werden, zeigen eine rundliche Romy Schneider im Bikini. Die Frau, die zwei Abtreibungen hinter sich hat – was sie ein paar Jahre später in einer Kampagne gegen den Paragraphen 218 auch öffentlich bekennt –, ist schwanger. Das Paar Meyen/Schneider heiratet am 15. Juli auf dem Standesamt in Cap Ferrat, Trauzeugen sind der alte Freund Georges Beaume und Romys Sekretärin Sandra. Die Zeremonie dauert vier Minuten, und in den deutschen Zeitungen wird ein paar Tage später beklagt, wie glanzlos „Sissi" zu Frau Haubenstock geworden ist.

Die beiden ziehen nach Berlin in eine Wohnung am Grunewald. Am 3. Dezember 1966 bekommt Romy ihren Sohn David Christopher. Es scheint, als habe sie erreicht, was sie immer wollte, weil sie es selbst nie erlebt hat – ein normales Leben mit einer Familie. Sie vergöttert ihren Mann, versucht ihm sogar seine Lieblingsspeise – Königsberger Klopse – zu kochen, was ihr mißlingt (sie konnte nicht kochen), übt sich in den alltäglichen Tätigkeiten einer Mutter wie Einkaufen, Baby wickeln, mit dem Kinderwagen spazierengehen. Das aber hält nicht lange vor, der Star kann einfach keine Hausfrau sein. Viel lieber fährt sie mit ihrem Harry, natürlich von ihrem eigenen Geld, nach London und nach Paris, stellt ihn ihren Freunden vor, die er nicht versteht und die ihn nicht verstehen

(Romy übersetzt). Sie schauen sich gemeinsam Theaterinszenierungen und Ausstellungen an. Zu Hause wird das Kind von einem Kindermädchen versorgt. Harry Meyen genießt ihre Bewunderung, er bringt sie zum Lachen und alle, die zehn Jahre später schreiben, diese Ehe hätte nie geschlossen werden dürfen, weil die Beziehung wegen der leidigen 200 000 Mark für Anneliese Römer schon vor der Trauung kaputt war, haben die beiden nicht zusammen erlebt.

David Christopher und das Kindermädchen leben in einem Extra-Appartement in der gemeinsamen Wohnung, die mit feinen Antiquitäten eingerichtet ist. Harry Meyen vernachlässigt seine Arbeit und seine Karriere, er will sich nur noch um die Projekte seiner Frau kümmern und sie künstlerisch beraten. Sie fühlt sich im positiven Sinne kontrolliert. Das hat er schon vor der Ehe gemacht. Das einstündige Fernsehporträt, das der später berühmte Hans-Jürgen Syberberg von ihr während eines Urlaubs in Kitzbühel für den Bayerischen Rundfunk dreht (*Porträt eines Gesichtes)*, darf erst nach strengen Schnitten gesendet werden, die Harry Meyen bestimmt. Er ist auch der erste, der die angebotenen Drehbücher liest, und er ist derjenige, der die Entscheidungen trifft. Die weltweite Betreuung von Romy Schneider übernimmt ein Jugendfreund von Harry Meyen, der Filmagent Peter Witt.

Fast zwei Jahre lang zieht sich Romy Schneider in Berlin zurück ins bürgerliche Leben oder das, was sie dafür hält. Eine Haushälterin kocht, wobei sie es nicht schwer hat, weil die Krönung lukullischer Genüsse einfache deutsche Küche ist und eben oft Königsberger Klopse. Nur bei Weinen und Champagner beweist Romy Schneider Geschmack und zeigt, was sie in Paris gelernt hat.

Sie scheint glücklich, weil sie bei einem Mann schwach sein darf, den sie für stark hält. Ihre einzige Stärke, die sie immer eingesetzt hatte gegen die Schwächen der Männer, ihre Sinnlichkeit, ist domestiziert. „Harry kann das erklären“ wird zu ihrem Lieblingssatz, und sie spricht in Interviews, bei denen natürlich Harry Meyen dabei ist, begeistert davon, nur noch alle zwei Jahre einen Film drehen zu wollen, selbstverständlich unter Harry Meyens Regie, und sonst in Berlin Theater zu spielen. Und natürlich hält Romy Schneider zu ihrem Mann, als ihre Mutter sich beschwert, daß der Schwiegersohn sie arrogant behandele und ihr nicht den nötigen Respekt entgegenbringe. Was durchaus richtig erkannt ist, wie Harry Meyen viel später in einem bitteren Brief bestätigt, den er an Romy schreibt, aber nie abschickt – „. . . aufgewachsen mit einer dummen Mutter, die nie Interessen in Dir geweckt hat.“

Besonders Magda Schneiders Mann Hans Herbert Blatzheim, den Meyen für einen spießigen Emporkömmling hält, kann den Schwiegersohn nicht ausstehen. Als Meyen ihn telefonisch auffordert, endlich mal eine Vermögensaufstellung von den Gagen zu machen, die er für seine Stieftochter bei der Firma Thyrsos in Liechtenstein angelegt hat und um die sich jetzt selbstverständlich er, der Ehemann, kümmern will, kommt es zum Eklat. Wütend berichtet Blatzheim in einem Brief an Magda Schneider über seinen Ärger mit Meyen. Er vergißt auch nicht zu erwähnen, daß der „feine Herr Meyen" noch nicht einmal die einfachsten Pflichten der Höflichkeit erfüllt und ihm vielleicht mal mitgeteilt habe, daß er „meine Stieftochter geheiratet" hat. Das habe er, wie er sich erinnert, zuerst aus den Zeitungen erfahren.

Harry Meyen drückt sich in seinem Schreiben an Blatzheim zwar gewählt aus, ist aber in der Sache um klare Sprache nicht verlegen. „Ich will nicht von Ihrem Geltungsbedürfnis sprechen, das in den Sissi-Jahren volle Befriedigung fand, sondern nur über die unglaubliche Tatsache, in welcher Weise Sie die Karriere Ihrer Stieftochter zu Ihrem finanziellen Vorteil ausgenutzt haben. Sie wußten natürlich genau, daß jeder neutrale Finanzberater verhindert hätte, daß Sie die Gagen Ihrer Stieftochter in Ihre Firma Thyrsos einfließen ließen, anstatt sie, wie es selbstverständlich gewesen wäre, bei einer Bank mündelsicher anzulegen ... Ich glaube, es dürfte sich mit Anwälten und Steuerprüfern unschwer der Beweis erbringen lassen, daß Sie der hauptsächliche, wenn nicht der alleinige Nutznießer von Thyrsos sind. Machen Sie sich endlich klar, daß Sie nur noch die Verpflichtung haben, einwandfrei zu belegen, wo das Geld meiner Frau geblieben ist." Das übrigens sollte er erst nach Blatzheims Tod im Mai 1968 erfahren, und ganz geklärt ist es bis heute nicht.

Die Familie ist also im Herbst 1967 wieder einmal heillos zerstritten, die besondere Niedertracht Harry Meyens belegt Magda Schneider auch mit der Tatsache, daß er einmal zu Besuch in Mariengrund war und beim Anblick der Berge nicht in Entzücken ausbrach, sondern das Meer pries. Blatzheim zitiert in seinem Brief sogar, was ihm Romys Vater Wolf Albach-Retty gesagt haben soll: „Ich muß Dir sagen, lieber Herbert, wie Herr Meyen sich Dir gegenüber benommen hat, ist wohl das Letzte, was ich je erlebt habe. Du hast mehr in Deinem Leben für Romy getan, als ich als Vater je hätte tun können." Der Beweis, daß dies stimmt, ist zum Zeitpunkt des Briefes nicht mehr anzutreten, denn Romy Schneiders Vater ist im Februar 1967 in einem Wiener Krankenhaus gestorben.

Trude Marlen, die zweite Frau von Wolf Albach-Retty, Schauspielerin in Wien, hat Romy Schneider informiert, daß ihr Vater im Sterben liegt. Zwei Herzanfälle hat er hinter sich. Den ersten hat er auf der Bühne erlitten, aber erst nach der Vorstellung hat er sich ins Krankenhaus fahren lassen. Schließlich saßen unten im Parkett seine Kinder Romy und Wolf. Nun, nach dem zweiten, geben ihm die Ärzte keine Chance mehr. Romy Schneider fliegt nach Wien, um ihren Vater noch einmal zu sehen. Die beiden haben drei Tage Zeit miteinander. Romy erzählt ihm aus der Kindheit und wie sehr er ihr gefehlt habe, von den vielen Stars, die sie kennt, und von ihrer Ehe mit Harry in Berlin und wie froh sie jetzt sei, endlich normal zu leben. Ihr Vater sucht Worte der Rechtfertigung, warum er damals die Familie verlassen habe, aber sie sagt: „Laß es, es ist zu lange her."

Wenige Wochen nach ihrem letzten Besuch stirbt ihr Vater. Romy Schneider kommt mit ihrem Mann Harry Meyen zur Beerdigung, die Journalisten nehmen keine Rücksicht auf ihre Trauer, stürzen sich auf sie und wollen Interviews und Fotos. Ein Jahr später, im Frühjahr 1968, stirbt Romy Schneiders zweiter Vater. Romy Schneider gibt ihm die letzte Ehre, und wieder interessieren sich die Fotografen nur für sie. Kurz nach Blatzheims Tod wird Bestandsaufnahme gemacht von Romy Schneiders Vermögen. Ergebnis: Thyrsos, die von Blatzheim gegründete Firma, über die er Romy Schneiders Gagen verwalten und anlegen ließ, schuldet Romy Schneider 1 251 418,15 Franken. Es beginnt ein Streit der Anwälte und der Gutachter, bis Romy Schneider schließlich in einem Vergleich 860 000 Schweizer Franken zugesprochen bekommt. 750 000 erhält der Filmstar sofort, von den restlichen 110 000 wird sie nie etwas sehen.

In Zukunft ist Harry Meyen der Mann, der das Geld für Romy Schneider anlegt, aber zunächst einmal wird nichts verdient, denn sie genießt das friedliche Leben in Berlin, sie dreht keine Filme, und mit den immer wieder angekündigten Theaterplänen wird es auch nichts. Aus der heutigen Rückschau auf das Leben der Romy Schneider gibt es viele Hinweise, daß sie unter der unerfüllten Sehnsucht nach der festen Ordnung eines Theaters gelitten hat, denn „Filmschauspieler kann jeder werden. Das ist keine Kunst. Theater ist das einzig Wahre", sagt sie viele Jahre später in einem Interview. Ihr „fast krankhaftes" Lampenfieber hat sie vom Vater geerbt, glaubt sie. Sie hat Schauspielerinnen wie Eva Matthes beneidet, die ihr Talent in einem festen Ensemble erproben konnten und auch dadurch ein Selbstbewußtsein entwickelten, das

Romy Schneider zeit ihres Lebens nie hatte und immer nur in der Bestätigung durch Männer zu finden glaubte. Die Anbetung, ja Vergötterung von Harry Meyen in der Berliner Zeit ist nur so erklärbar. Die Frau, die vor der Kamera mit ihrer Präsenz alle anderen vergessen ließ, war im sogenannten normalen Leben hilflos wie ein Kind. Sie erkannte diesen Bruch sehr früh, aber sie hat es eigentlich nie geschafft, damit zu leben.

Was Harry sagt, das gilt: „Ich hatte meine Vorstellungen vom Leben, deshalb mußte Romy sich unterordnen." Er weiß alles und fast alles besser, er kann alles erklären. Nach der Geburt Davids im Dezember 1966 ändert sich das Leben nur für ein paar Monate, weil der Rhythmus eines Kindes einen normalen Tagesablauf verlangt, dem sich beide anfangs begeistert unterwerfen. Aber bald ist es weniger das Kind, das ja beim Kindermädchen Renate, genannt Matti, in guten Händen ist, sondern Meyens Migräne, bekämpft mit schweren Mitteln, die den Alltag prägt. Man schläft bis in den Mittag hinein, weil die Tabletten wie eine Betäubung wirken. Romy Schneider nimmt damals noch nichts von den sogenannten *uppers and downers,* die im Haushalt herumliegen wie bei anderen Leuten Kekse oder Erdnüsse. Kein Optalidon, kein Staurodorm. Sie bleibt bei dem, was sie aus Paris kennt, Champagner und Rotwein. Daß sie mehr trinkt als zuvor, fällt nicht auf. Alle trinken. Als die Auseinandersetzungen mit ihrem Ehemann wenige Jahre später eskalieren, ist der Griff zu Optalidon allerdings auch bei ihr schon in allen Streßsituationen so automatisch wie der Griff zur Flasche. Und das wird, in Verbindung mit Alkohol, fast so katastrophale Wirkungen wie bei Harry Meyen haben, der manchmal ganze Tage auf der Couch liegend verbringt, dunkle Schlafbrille über den Augen, und nicht gestört werden darf. Dann ist „Staurie-Time" (abgeleitet von Staurodorm) im Haushalt Meyen/Schneider. Von diesen Schlafbrillen hat er eine ganze Sammlung. Seine Tabletten bestellt er sich in Hunderterpackungen in der Apotheke, und sie werden gegen Rechnung (und Rezept) frei Haus geliefert. Ein bekannter Heilpraktiker, der ihn von den schweren Mitteln herunterbringen will und eine ganz andere Therapie gegen die Migräneanfälle vorschlägt, wird barsch abgewiesen. Angeblich habe man ihm, Harry Meyen, in der berühmten Mayo-Klinik in Rochester (USA) genau diese Mischung aus Migränezäpfchen, Optalidon und Staurodorm verschrieben.

In den Gebrauchsinformationen von Staurodorm wird darauf hingewiesen, daß die Schlafstörungen, gegen die das Mittel eingesetzt wird,

„oft nur Folgeerscheinungen körperlicher und seelischer Krankheiten“ seien und die Grundstörungen besser „durch gezielte Therapie“ zu beheben seien. Besonders gefährlich sei die Verbindung von Staurodorm und Alkohol, da könne es zu Nebenwirkungen wie Benommenheit, Müdigkeit, Lichtempfindlichkeit kommen. Auch sogenannte paradoxe Reaktionen wie „erhöhte Aggressivität, Angst, Suizidalität“ seien beobachtet worden. Aber wer liest schon die Beipackzettel bei Medikamenten, die kurzfristig Erlösung vom akuten Schmerz versprechen? Wer liest schon das Kleingedruckte, daß regelmäßige Einnahme zur Abhängigkeit führen kann? Und bei Optalidon, das später auch zu Romy Schneiders Alltag gehört, vor allem bei Dreharbeiten und vor wichtigen Terminen, wird gewarnt, daß zu den bekannten Nebenwirkungen auch Schockzustände gehören können. „Er kann sich in unterschiedlicher Stärke durch folgende Warnzeichen äußern: kalter Schweiß, Atemnot, Schwindel, Übelkeit, Benommenheit. Es können Beklemmungsgefühl in der Herzgegend, Puls- und Blutdruckabfall hinzukommen . . . Bei den ersten Anzeichen einer Schockreaktion muß sofort ärztliche Hilfe angefordert werden.“

Ob Romy Schneider in der Nacht, in der sie starb, wie üblich ein Optalidon genommen hat, steht nicht fest. Zwar hatte Laurent Pétin immer wieder alles versteckt oder weggeworfen, was er an Tabletten fand, aber Romy Schneider war schon immer erfindungsreich gewesen, wenn sie etwas brauchte oder wollte.

Natürlich war der Tablettenkonsum Harry Meyens 1968 noch nicht so schlimm wie dann in den siebziger Jahren, als er getrennt von seiner Frau allein in Hamburg lebte. In Berlin beherrscht nach wie vor der charmante Harry, eine „Mischung aus jüdischem Humor und norddeutscher Nüchternheit“ (Romy Schneider), die häusliche Szene. Die wenigen Freunde, die in den Grunewald eingeladen werden oder mit denen man sich zu Pokerpartien am Wochenende trifft, berichten von witzigen Dialogen zwischen den beiden, wie begeistert Romy gewesen sei von der Ironie ihres Harry und daß sie geradezu stolz darauf war, von den modernen Emanzipationsbestrebungen nichts zu halten: „Ich schaue gerne hoch zu einem Mann.“ Auch bei politischen Gesprächen, die in jenen Jahren 1967 und 1968, als die Studenten vor allem in Berlin und Paris gegen die Vietnampolitik der Vereinigten Staaten und schließlich gegen das System überhaupt auf die Straße gehen, unausweichlich sind, hält sich Romy Schneider zurück und lauscht den Ansichten ihres Mannes. Der, gut befreundet mit Axel Springer, vertritt das ordnungsliebende Bürgertum, von dem ja auch Romy Schneider trotz ihrer wilden Bohemejahre in Paris innerlich tief geprägt ist. Völlig fassungslos und verstört begegnet dieses Bürgertum jenen bärtigen, langhaarigen Typen, die sich keinem Herrschaftsanspruch mehr beugen wollen und sich auf den Straßen blutige Schlachten mit der Ordnungsmacht liefern. Für Romy Schneider eine fremde Welt. Aber daß der Star von den neuen Ideen fasziniert ist, kann ihr Mann nicht verhindern.

Der Einfluß der sich ändernden Außenwelt auf Romy Schneider steigt im selben Maße, wie der Einfluß von Professor Higgins auf sie sinkt. Zunächst ist das nur zu merken, als sie auch vor Fremden plötzlich beginnt, nicht mehr brav alles zu tun, was Harry sagt, auch schon mal über die Migräne ihres Mannes und die damit verbundenen Rituale des Leidens lästert. Die Tonlage zwischen den beiden wird schärfer.

Ferien verbringt man wieder in vertrauter Eintracht in Paris oder in St-Tropez, wohin sie ein Freund von Harry Meyen, der Hamburger Kaufmann Hubertus Wald, einlädt.

Doch Romy Schneider bricht aus auf ihre Art. Weil ihr für den Agentenfilm *Ortley*, der von einem jungen, englischen Team produziert wird, eine Nebenrolle angeboten wird, zieht sie mit Kind und Kindermädchen für drei Monate nach London. Kommt die bald Dreißigjährige noch zurecht mit den neuen Stars der Popkultur? Finden die sie nicht hoffnungslos altmodisch? Aber sie fühlt sich gleich wieder zu Hause vor der Kamera, und bald ist es vorbei mit den Vorsätzen, ein ruhiges, bürgerliches Leben zu leben. Vorbei mit den Plänen, nur noch alle zwei Jahre einen Film zu drehen und sonst Theater zu spielen. Nebenbei muß sie auch wieder Geld verdienen, denn die Auseinandersetzungen mit Thyrsos haben gezeigt, daß nicht mehr viel übriggeblieben ist vom finanziellen Erfolg der frühen Jahre, was nicht nur an Blatzheims Geschäften lag, sondern auch an Romy Schneiders Lust, Geld auszugeben.

Ausgerechnet Alain Delon bietet ihr die Chance zu einem großen Comeback. Nicht ganz uneigennützig, wie zu vermuten ist, denn allein die Vorreklame für den Film verspricht ein sattes Publikumsinteresse. Romy Schneider soll die weibliche Hauptrolle spielen in *Der Swimmingpool*, der in Südfrankreich gedreht wird, in St-Tropez. Das Drehbuch prüft diesmal nicht Harry Meyen, das entscheidet Romy Schneider selbst. Und sie sagt natürlich zu. Sie habe vor Aufregung geradezu geschrien, als Delon in Berlin anrief und ihr die Rolle anbot, erzählt Harry Meyen später. Er spricht nicht über seine Gefühle, aber er weiß sehr wohl, daß er gegen Alain Delon trotz aller Liebesbeteuerungen Romys keine Chance hätte.

Schon bevor die Dreharbeiten im August 1968 beginnen, fragen die Boulevardzeitungen sich und ihre Leser, ob es denn bald wieder knistern werde zwischen den beiden. Harry Meyen erklärt auf Anfrage kühl, daß er Alain Delon als Schauspieler schätze, das Drehbuch für interessant halte und an mögliche Komplikationen für seine Ehe keinen Gedanken verschwende. Er habe Besseres zu tun, Proben für eine neue Theaterinszenierung. Nein, mitfahren könne er leider auch nicht, vielleicht komme er mal irgendwann für ein paar Tage. Die Spekulationen werden auch dadurch angeheizt, daß Alain Delon sich gerade von seiner Frau Nathalie getrennt hat, die er geheiratet hatte, weil sie schwanger war. Wie schon einmal, zehn Jahre zuvor, bei der Ankunft von Sissi in Paris, steht Delon am Flughafen. Zur Freude der Fotografen umarmt er Romy Schneider, als sie in Nizza aus dem Flugzeug steigt.

Delon hat sich in St-Tropez eine Villa gemietet, er wird wie stets von einem ganzen Hofstaat von Agenten und Sekretären und vor allem korsischen Bodyguards begleitet. Romy Schneider schreibt einer Freundin, daß wenigstens in dieser Hinsicht alles sei wie früher. Aber sonst – der braungebrannte Macho reizt sie nicht mehr. Romy Schneider wohnt im Luxushotel Byblos, fühlt sich nach den Jahren als Hausfrau in Berlin endlich wieder in einem Milieu anerkannt, das sie gleichzeitig liebt und haßt, das sie verabscheut, weil es so viel Leben schluckt, und das sie braucht wie eine Droge. Den Technikern aus dem Stab fällt auf, daß Romy Schneider viel trinkt, Rotwein und Champagner. Aber wie stets ist sie pünktlich bei den Dreharbeiten, zu denen sie jeden Morgen um sieben Uhr abgeholt wird, und wie stets fordert sie von sich, wenn die Klappe fällt, das Beste.

Als Harry Meyen und David sie besuchen, stellt ihnen ihr Freund Hubertus Wald seine Villa in St-Tropez zur Verfügung. Die Familie verbringt dort einige Wochen während der Dreharbeiten, aber Harry sitzt immer ein bißchen unglücklich unter den Filmleuten, wenn abends gefeiert wird. Er versteht kein Französisch, seine Frau muß für ihn übersetzen. Ein weiteres Stück seiner Überlegenheit schwindet. Der Mann, der am Rande der Dreharbeiten betont gelassen zuschaut, wenn Romy mit Alain Liebesspiele im Wasser treibt, wird von den Franzosen *le Pimpf* genannt. Romy Schneider ist stets mit ihrer Familie zusammen

Ein Bild aus glücklichen Tagen: Romy Schneider an der Côte d'Azur

und erklärt den mitgereisten Journalisten immer wieder, daß die Beziehung zu ihrem Exverlobten rein freundschaftlicher Natur und nichts kälter als eine tote Liebe sei. Die *neverending story* von Romy und Alain verschwindet erst aus den Klatschkolumnen, als ein Clochard auf einer Müllhalde in der Nähe von Versailles bei Paris einen Jutesack mit einer männlichen Leiche findet. Anhand der Fingerabdrücke kann der verstümmelte Körper identifiziert werden. Es ist ein Jugoslawe namens Stefan Markovich, und nun hat Delon die Schlagzeilen für sich allein, denn dieser Markovich war sein Leibwächter, sein Double, sein Sekretär, sein Freund.

Endlich ein neuer Skandal. Und was für einer. Sex, Mord, Politik, Dekadenz in besseren Kreisen. Markovich nämlich soll nicht nur für Delon Sparringspartner bei den Boxspielen der Filmstarclique gewesen sein, sondern auch der Frau seines Chefs sehr zugetan. So schreiben es die Zeitungen. Das allein reichte natürlich nicht für Mord, aber es gab noch ein Gebiet, auf dem der Jugoslawe Spezialist war – Erpressung. Auf den Partys der besseren Kreise hat er bei gewissen Spielen mit gewissen Mädchen gewisse Fotos gemacht und dann verkauft. Sein letzter Wohnsitz: Avenue de Messine 22 in Paris. Das Haus gehört Alain Delon, und der bestätigt auch bald, daß Markovich für 2000 Francs im Monat bei ihm angestellt gewesen sei. Mit dem Mord habe er selbstverständlich nichts zu tun. Leider hat der so plötzlich verstorbene Leibwächter einen Brief hinterlassen, in dem er an seinen Bruder schreibt, falls „mir was zustößt, dann haltet Euch an Delon, seine Frau Nathalie und François Marcantoni." Letzterer, den Veröffentlichungen nach ein korsischer Gangster, der in Paris einen Nachtclub besitzt, ist Trauzeuge gewesen, als Delon im August 1964 Nathalie Barthélemy geheiratet hat.

Als die Polizei mit Delon redet, liefert der ein Alibi. Am Tag, an dem Markovich zum letztenmal lebend gesehen wurde, habe er in St-Tropez mit Romy Schneider eine Liebesszene gedreht. Doch es stellt sich bald heraus, daß an diesem Tag drehfrei war, und eine Postkarte, die Delon an eine Freundin in Paris geschrieben hat, trägt nicht nur den Poststempel vom 22. September, sondern ist auch in Paris eingesteckt worden. Das könne schon sein, erklärt daraufhin Delon, er habe die Karte einem Freund mitgegeben, selbst aber St-Tropez nicht verlassen.

Nun glaubt natürlich niemand, daß der Star den Mord selbst begangen hat, aber daß er ihn in Auftrag gegeben haben könnte, weil Markovich verfängliche Fotos von intimen Festen im Hause Delon besaß und damit eine Erpresserkarriere beginnen wollte, das kann man sich in Paris schon vorstellen. Nathalie und Alain Delon werden mehrere Male verhört, einmal bleibt der Filmstar sogar sechsunddreißig Stunden in Polizeigewahrsam. Aber er verläßt das Kommissariat als freier Mann, ihm kann nichts bewiesen werden. Mit Delon wird sein Freund und Agent Georges Beaume vorläufig in Haft genommen, aber auch er, der Trauzeuge von Romy Schneider und Harry Meyen, ist bald wieder auf freiem Fuß.

Als nächstes finden die Journalisten heraus, daß es sich in Delons Nähe schon immer recht gefährlich gelebt haben muß. Sein erster Leibwächter Milos Milosevic ist in Hollywood nach einer Party im Haus der fünften Frau von Mickey Rooney tot aufgefunden worden, im Blut neben seiner Gastgeberin liegend. Doppelter Selbstmord, stand im Polizeiprotokoll und auch, daß in der Nacht zuvor Delon und seine Frau Nathalie mit „Freunden aus Paris“ Gäste des Festes gewesen seien. Dieser Milosevic hatte Delon, als er nach Hollywood ging, nicht nur seinen Freund Markovich als Nachfolger empfohlen, sondern ihn auch mit seiner damaligen Freundin Francine Canovas bekannt gemacht, die sich später Nathalie Barthélemy nannte und Frau Delon wurde.

Ins angebliche Komplott verwickelt sind auch der prominente Gaullist Georges Pompidou und seine Frau Claude, beide mit Delon bekannt und manchmal Gäste in seinem Haus. Ist auch der Politiker erpreßt worden? Viermal insgesamt wird Delon verhört, aber es kann ihm nichts nachgewiesen werden. Verhaftet wird dagegen sein Freund Marcantoni, aber auch der schweigt eisern, und als er nach zehn Monaten Untersuchungshaft freikommt, stellt sich bald heraus, daß die 40 000 Mark Kaution sein alter Kumpan Alain Delon bezahlt hat. Dessen Ruhm allerdings wächst. Die Affäre, an deren Entwicklung Delon der Presse die Schuld gibt, die einen Sumpf aus unbewiesenen Verdächtigungen angerührt habe, schadet weder seinem Image noch seiner Karriere. Erst 1976 werden die Akten endgültig geschlossen, nachdem auch der letzte Zeuge, der Markovich lebend gesehen hat, ein gewisser Uros Milicevic, nicht mehr reden kann. Er wird in einem Hotelzimmer in Brüssel erschossen aufgefunden. Der Fall Markovich ist nie aufgeklärt worden. Und er hat auch Delons Ansehen nicht geschadet, bis hin zur Ernennung zum Ritter der Ehrenlegion. Die hat Frankreichs Staatspräsident François Mitterrand an Alain Delon im Februar 1990 persönlich vorgenommen.

VI

DIE PRODUKTION eines Films ist für Romy Schneider wie eine Liebesaffäre. Wenn der Regisseur sie während der Dreharbeiten ernst nimmt, spielt sie für ihn in einem fast hypnotischen Zustand. Im Schutz von guten Rollen fühlt sie sich dann auch nackt geborgen. Noch stärker ist ihre sinnliche Ausstrahlung später auf der Leinwand zu spüren, wenn sie während der Aufnahmen auch eine echte Romanze erlebt, was in den folgenden Jahren seltener wird, weil sie manchmal drei Filme in zehn Monaten dreht oder gerade im Chaos einer auslaufenden Beziehung steckt. Es spricht sich allerdings herum in Filmkreisen, daß eine Produktion mit Romy Schneider reibungsloser verläuft, wenn ein junger Mann zur Hand ist, der sich intensiv um die Hauptdarstellerin kümmert, auch nach Drehschluß. Manche Regisseure, wie etwa Andrzej Zulawski, werden sich nach dem Tod ihres Stars schuldig fühlen, ihn auf diese zynische Art emotional ausgebeutet zu haben. Auch Zulawski hatte ihr eine Affäre bestellt: „Wir haben es alle gewußt, und wir haben sie alle benutzt." Unter Zulawskis Regie verkörpert Romy 1974 die Rolle einer Schauspielerin, die in einer schweren seelischen Krise steckt und ins Pornomilieu abgerutscht ist. Für diesen Film bekommt sie 1976 den César, eine in Frankreich dem berühmten Oscar vergleichbare Auszeichnung, als beste Darstellerin des Jahres.

Wenn die letzte Klappe gefallen ist, verabschieden sich die von der Produktion angeheuerten jungen Männer. Und Romy Schneider greift dann in ihrer Enttäuschung wieder zu ihren altbewährten Fluchthelfern Alkohol und Tabletten. Mit den Tabletten hat sie wohl während der Meyen-Ehe angefangen, und später glaubt sie ohne Optalidon gar nicht mehr drehen zu können. Ende der siebziger Jahre ist sie im medizinischen Sinne tablettensüchtig.

Zwischendurch, nach enttäuschenden Affären mit jungen Männern, gibt es immer wieder Phasen, in denen sie sich bei Frauen bestätigen will: „Ich bin halt", sagte Romy Schneider einmal, „ein rechtes Mischimaschi." Eine große Zuneigung, von der nur wenige Vertraute wußten, bestand zwischen Romy Schneider und Simone Signoret, der Frau von Yves Montand, die sie auch als künstlerisches Vorbild sah.

Der Erfolg von *Der Swimmingpool* sowohl bei der Kritik als auch beim Publikum macht Romy Schneider glücklich, und sie fühlt sich nach der selbstgewählten Zwangspause von Berlin wieder obenauf. „Ich bin sicher, daß die APO mich nie als Sissi akzeptieren würde, aber in *Der Swimmingpool* werden sie mich mögen, denn das ist eine sehr erotische Rolle." Doch in diesem Jahr 1969 interessiert sich von der aufmüpfigen Jugend keiner so recht für Romy Schneider oder für Filme überhaupt, denn die Realität ist spannender als jedes Kino. Die Bundesrepublik erlebt so etwas wie ein politisches Erdbeben. Zum erstenmal wird ein Sozialdemokrat deutscher Bundeskanzler. Die Konservativen in der Bundesrepublik müssen zwar nicht die wirtschaftliche, aber die politische Macht abgeben. Was die Demonstrationen der Studenten nicht geschafft haben, ist der Sturz des Systems. Was sie aber erreicht haben, ist eine Bewußtseinsänderung innerhalb des Systems. Die alte Ordnung samt ihren allgemein als verbindlich akzeptierten Regeln, was sich denn schickt und was nicht, zerbricht.

Mit Harry Meyen, dem Konservativen aus Überzeugung, führt Romy Schneider erregte Diskussionen. Sie hat zwar nicht die besseren Argumente, weil sie zu wenig informiert ist über die Verhältnisse in Deutschland, aber sie setzt ihre Emotion dagegen und hat keine Angst mehr, ihre Begeisterung für die neue Zeit und ihre sogenannten losen Sitten auch auszudrücken. Harry Meyen, der Prinzgemahl an ihrer Seite, arrangiert den Alltag mit David und Kindermädchen, zu dem Romy Schneider nach anstrengenden Dreharbeiten zurückkehrt und in den sie sich scheinbar zufrieden fallen läßt. Aber die Ehe stirbt zusehends. Sie leidet nicht nur darunter, wie später beide erkennen, daß sich Romy Schneider immer schuldig fühlt, weil sie sich nicht wie andere Mütter intensiv um ihr Kind kümmern kann, sondern auch an ihren verschiedenen Erlebniswelten, die nicht mehr in Einklang zu bringen sind.

Die impulsive Romy Schneider, die mit ihrem Instinkt so vieles richtig erkennt und dennoch so vieles falsch macht, sucht nach einem Ausweg für Harry Meyen, nach einem Stück Erfolg, das er so nötig braucht wie sie. Wieder läßt sie ihre Beziehungen spielen, diesmal zu Hamburgs Staatsopernintendanten Rolf Liebermann, und besorgt Harry Meyen einen Regieauftrag. Der König des Boulevards soll Wagners *Tannhäuser* inszenieren. Meyen stürzt sich in die Arbeit. Der Haushalt in Berlin wird aufgegeben, man zieht nach Hamburg in die Agnesstraße. Harry Meyen läßt sich ein chromstahlkühles Arbeitszimmer einrichten. Romy Schneider dagegen will ihre weichen, flauschigen Ecken. Ein Innenarchitekt erfüllt die verschiedenen Wünsche.

Die Wagner-Inszenierung wird zu einem in Hamburg noch bis heute

Prominente unter sich: Harry Meyen, Romy, Curd und Simone Jürgens (von links nach rechts)

David Christopher, geboren 1966, Romys Sohn aus der Ehe mit Harry Meyen. Seinen tragischen Tod konnte Romy nicht verwinden.

nicht vergessenen Desaster und wird in den Feuilletons verrissen. Auch Romy Schneiders nächster Film, *Inzest*, wird von der Kritik niedergemacht. Allein die Hauptdarstellerin bleibt ungeschoren: „Nur Romy Schneider mit ihrem wunderbaren Gesicht ragt aus diesem unglaublichen Abschaum heraus" (*La Saison cinématographique*).

Romy Schneider und ihr wunderbares Gesicht. Das Gesicht ist das Geheimnis ihres Erfolgs, gibt der kleinen, zierlichen und eher unscheinbaren Frau, die immer wieder Gewichtsprobleme hat, aber mit eiserner Disziplin auch immer wieder abspeckt, jene Ausstrahlung, die das Kino immer schon brauchte, um Träume und Illusionen zu erzeugen. Nur wer eine solche Ausstrahlung hat, wird in der Traumfabrik zum Star. Dieses Gesicht ist es, das den französischen Regisseur Claude Sautet so fasziniert, daß er Romy Schneider, die er persönlich nie getroffen hat, die weibliche Hauptrolle in seinem neuen Film *Die Dinge des Lebens* anbietet. Er erzählt ihr am Telefon die Geschichte, und Romy Schneider sagt sofort zu, noch bevor sie das Drehbuch gelesen hat. Es geht um eine eher banale Dreiecksbeziehung, aber wenn Schauspieler wie Romy Schneider und Michel Piccoli die Liebenden spielen, wird aus alltäglichen Momenten plötzlich großes Kino.

Die Arbeit mit Claude Sautet, der von intellektuellen Filmkritikern als „Weichzeichner" verspottet wird, dessen Filme beim Publikum aber große Erfolge sind, ist für die Karriere von Romy Schneider so wichtig wie einst die Zeit mit den genialen Despoten Luchino Visconti oder Orson Welles. Sautet und Romy Schneider gehören zur gleichen Generation, sie arbeiten auf derselben Wellenlänge, die Szenen entstehen aus gemeinsamen Diskussionen, die üblichen Machtkämpfe um die Hierarchie während der Dreharbeiten entfallen. Sautet macht sie mit seinen Filmen in Frankreich zum Filmstar Nummer eins der siebziger Jahre, zur *actrice française*. Nach den *Dingen des Lebens* werden sie gemeinsam ähnliche Geschichten aus dem Alltag verfilmen, zum Beispiel *Das Mädchen und der Kommissar* oder *César und Rosalie* oder *Eine einfache Geschichte*. Da findet Romy Schneider Rollen, in denen sie das spielen darf, was sie am besten kann – gebrochene und gleichzeitig starke Frauen, Frauen mit sinnlicher Kraft und Frauen, die manchmal so emanzipiert sind, daß sie zum Glück keine Männer mehr brauchen. Beim Publikum sind diese Filme erfolgreich, weil Romy Schneider für die Frauen zur Identifikationsfigur wird und für die Männer zur Verkörperung der Traumfrau.

Parallel zum beruflichen Aufstieg des Stars, um den sich Regisseure reißen, der sich seine Rollen selbst aussuchen kann und in Frankreich pro Film eine Million Francs verdient, beginnt der Abstieg ihrer Ehe mit Harry Meyen, in die sie so viele ihrer bürgerlichen Hoffnungen gesetzt hat. Zwar hat sie bei den Dreharbeiten zu *Bloomfield* in Israel selbstverständlich Fotos von David und Harry in ihrer Garderobe stehen, aber sie ergibt sich, wenn auch voller Schuldgefühle, einer leidenschaftlichen Liebesromanze mit ihrem Partner, dem britischen Schauspieler Richard Harris. Sie nennt ihn Dickie, er sie Rosy Posy.

Zurück in Deutschland, spielt Romy Schneider wieder mal für ein paar Wochen Frau Meyen, aber eigentlich hat sie sich schon bei den Dreharbeiten zu *Die Dinge des Lebens* entschlossen, künftig wieder in Paris zu wohnen, wo sie sich heimisch fühlt. Harry Meyen wehrt sich anfangs gegen den Umzug, weil er die Sprache trotz aller Berlitzkurse nicht in den Griff bekommt und weil die bisherigen Aufenthalte in Paris mit ihr für ihn frustrierende Erlebnisse als Anhängsel eines Stars waren. Er weiß, daß er in Paris erst recht auf die Rolle von „Herrn Schneider" festgelegt sein wird, der sich um den „Alltag des Lebens" kümmert, während Madame Karriere macht und das Geld verdient. Man bleibt zunächst in Hamburg. Harry Meyens zweite Staatsoperninszenierung, *Der Barbier von Sevilla,* wird ein ebenso großer Reinfall wie sein Wagner-Versuch. Daß er, wie es sich Romy Schneider in ihren Verträgen ausbedungen hat, als Synchronregisseur ihrer Filme eingesetzt wird, scheint ihm keine große Karriere. Seine Erfolge am Theater, wo er immer wieder brillante Inszenierungen sogenannter leichter Stücke abliefert, gelten im Kulturtempel Deutschland als gehobener Tingeltangel. Meyens Konsum an Tabletten und Alkohol wächst.

Romy Schneider flieht dankbar zu Dreharbeiten. Nach der Rolle einer italienischen Frau aus dem Arbeitermilieu (*La Califfa),* dreht sie wieder mit Claude Sautet in Frankreich, und wieder wird es ein großer Erfolg. Michel Piccoli ist ihr Partner in *Das Mädchen und der Kommissar,* und Romy Schneider spielt die Hure Lilly so überzeugend, daß sogar die gefürchtete Kritikerin Ponkie in der *Abendzeitung* ins Schwärmen gerät: „Romy Schneiders Nutte Lilly ist ein Bravourstück schauspielerischer Disziplin: Balanceakt zwischen angetünchter Gossenkühle und verkapptem Gefühl." Daß der Film ein so großer Erfolg wird (in Frankreich, nicht in Deutschland) liegt nicht nur an der spannenden Thrillergeschichte. Was schon Visconti an ihr gereizt hat, diese unter der Bürgerlichkeit versteckte Schamlosigkeit, die kein Tabu kennt, wird von den Franzosen begriffen. Vier Filme hat sie in diesem Jahr 1970 gedreht, ein weiterer für Anfang 1971 ist schon festgelegt, wiederum mit Alain Delon als Partner. Joseph Loseys *Die Ermordung Trotzkis* wird dann in Deutschland unter dem Titel *Das Mädchen und der Mörder – Die Ermordung Trotzkis* laufen.

Daß Romy nicht nur wegen der dauernden Anspannung, stets vor der Kamera präsent sein zu müssen, immer mehr trinkt, daß sie angewiesen ist auf kleine Tabletten, die sie jeden Morgen schluckt, wissen nur die wenigen Menschen, denen sie Nähe erlaubt. Längst nämlich täuschen die rührenden Fotos von der heimkehrenden Romy Schneider, die von ihrem Sohn und ihrem Mann am Flughafen abgeholt wird, nur noch die Journalisten und ihre Leser. Die wahren Szenen dieser Ehe finden im verborgenen statt, und Romy Schneider ist verzweifelt, weil sie immer mehr spürt, daß es zu Ende geht.

Sie ist zweiunddreißig Jahre alt und macht den letzten Schritt zur Emanzipation vom alten Sissi-Image, als sie 1971 bei den Filmfestspielen in Cannes, wo Viscontis *Tod in Venedig* gezeigt wird, ihrem verehrten, geliebten Lehrer zusagt, die Rolle der Kaiserin Elisabeth in seiner *Ludwig-II.*-Verfilmung zu übernehmen. Die Dreharbeiten sollen im Januar 1972 beginnen, und sie freut sich darauf, weil sie endlich die wahre Sissi spielen darf, eine Art Revolutionärin in einer in höfischer Etikette erstarrten Gesellschaft. Die Sissi nämlich, die sich blendend versteht mit einem anderen Außenseiter, dem versponnenen, homophilen Märchenkönig von Bayern. Elisabeth kann sie verstehen, ihr fühlt sie sich verwandt, denn „auch ich habe mich als Frau befreit, schon lange bevor die Befreiung der Frau zum Thema wurde." Zusammen mit vielen anderen prominenten Frauen bekennt sie in der Illustrierten *Stern*, daß auch sie abgetrieben hat, und fordert mit ihrer Unterschrift die Abschaffung des Paragraphen 218.

Romy Schneider entwickelt nicht nur ein neues Image, sie gibt sich auch ein anderes Erscheinungsbild. Ihr langes, mädchenhaftes Haar weicht einem frechen Pagenkopf. Sie ist weit weg von Deutschland, in Mexiko, wo der Trotzki-Film gedreht wird, und bleibt dort vom Ansturm der Journalisten verschont, obwohl sie wieder einmal die Geliebte ihres Exgeliebten Alain Delon zu spielen hat. In Deutschland sorgen die Bombenanschläge der Baader-Meinhof-Terroristen für Aufregung. Von Böll erscheint ein neuer Roman, *Gruppenbild mit Dame*, dessen Hauptfigur Leni ein paar Jahre später Romy Schneider verkörpern wird.

Nur Magda Schneider, mit der Romy gelegentlich telefoniert und der sie manchmal noch Briefe schreibt, verbreitet in bunten Blättern großmamaselige Zitate über das glückliche Familienleben ihrer berühmten Tochter. Sie redet gern und viel, nach Romy Schneiders Meinung zu viel. Immer wieder kommt es zu lautstarken Auseinandersetzungen, wenn die Tochter staunend und wütend erfahren muß, was Magda Schneider angeblich mit ihr alles erlebt hat. Zu den wenigen, die ihr Vertrauen nicht mißbraucht haben, dem Filmkritiker Alfred Nemeczek etwa, bewahrt Romy Schneider eine rührende Anhänglichkeit; ihm schreibt sie einen Brief, in dem sie mehr von sich preisgibt als in vielen sogenannten Interviews: „Ich bin wohl recht unlebbar für mich selbst, schon gar für andere“ oder „Das Nicht-Leichte wird für mich immer reizvoll sein, und fast alles aus sich selbst herauszuholen ist etwas, was mich vielleicht mein Leben lang beschäftigen wird“, und „Ich brauche Hilfe, so wie alle anderen ernsthaften Schauspieler sie auch brauchen – ich will nicht mehr so allein gelassen werden.“

Die Dreharbeiten zu *Ludwig II.* beginnen im Januar 1972 im österreichischen Bad Ischl. Der Film wird auf englisch gedreht, als Synchronregisseur hat Romy Schneider ihren Mann durchgesetzt. Fast vier Stunden lang wird Romy jeden Morgen vor Beginn der Aufnahmen geschminkt und in das teure Kostüm gezwängt, das ihre Rolle vorschreibt. Wenn sie nachts um eins stundenlang auf einem Pferd verharren muß, ist ihr sogar der geliebte Luca nur noch ein böser Tyrann. Einmal zerreißt er einen Mantel aus Kaninchenfell, man trägt Zobel, alles andere ist Dreck. Nach einem heftigen Streit mit ihm läßt sie sich drei Tage bei den Dreharbeiten nicht sehen und vergräbt sich im Hotel. Visconti hört Callas und ist ebenfalls für keinen zu sprechen. Endlich, am dritten Tag, bittet Romy Visconti um Verzeihung für ihren Ausbruch. Die Agenten atmen auf. Visconti läßt für seine geliebte Romina eine Torte backen. Die Dreharbeiten sind gerettet.

Die Fotos der Standfotografen von Kaiserin Elisabeth zeigen eine wunderschöne Frau voller Selbstbewußtsein, von „Sissi“ nicht einmal mehr ein Hauch. Romy Schneiders Partner als König Ludwig ist der österreichische Schauspieler Helmut Berger. Er ist ein enger Freund Viscontis. Während der Dreharbeiten geht er immer erst dann in die Diskothek, wenn Visconti eingeschlafen ist, so sehr fürchtet er dessen Eifersucht. Romy Schneider und Helmut Berger sind sich ähnlich in ihrer exzessiven Art zu leben, jeder weiß um die Gefährdung des anderen und verdrängt dabei die eigene. Noch Jahre später flüchtet sich Berger zu Romy Schneider, wenn er wieder mal das Gefühl hat, zugrunde zu gehen. Und sie, fast wie eine Mutter, schafft es als einzige, ihn zu trösten, läßt ihn manchmal neben sich im Bett schlafen, um ihn zu beruhigen, weil sie weiß, daß er nichts von ihr will. In Bad Ischl ist es noch umgekehrt, da hört sich Berger die Geschichten von Romy Schneiders kaputter Ehe an, da ist er es, der nachts neben ihrem Hotelbett sitzt und sie behütet, bis sie, mit Hilfe von Alkohol und Tabletten, in einen bleiernen Schlaf sinkt.

Von der Zerrissenheit hinter der Kamera, die nur dann schwindet, wenn David mit seinem Kindermädchen die berühmte Mama besuchen darf, ist im Film nichts zu merken. Romy Schneider, die Perfektionistin, ist für Visconti die Elisabeth, die er sich vorgestellt hat: „Romina, du bist wundervoll." Der Film wird vom deutschen Verleih rigoros geschnitten und erst Ende der siebziger Jahre in seiner gesamten Länge in der Bundesrepublik gezeigt. Aber auch der „Verschnitt" begeistert nach der Premiere die Kritiker, vor allem die „schauspielerische Bravour und Souveränität" Romy Schneiders wird in der *Süddeutschen Zeitung* gelobt.

Als der Film bei den Filmfestspielen in Venedig aufgeführt wird, liefert Romy Schneider sich mit Harry Meyen bereits einen erbitterten Krieg um das, wonach man den Wert einer zerbrochenen Ehe noch bemessen kann: Lampen, Teppiche, Möbel, Wertpapiere, Bargeld. Sie hat sich anfangs willig in München zu einem Notar schleppen lassen und in ihrer lebensfremden Unschuld erst einmal unterschrieben, was Harry vorgeschlagen hatte. „Unser Sohn soll doch abgesichert sein, wenn uns mal was passiert." Ein Erbschaftsvertrag wird aufgesetzt, in dem allerdings Romy Schneider nicht jene Klausel entdeckt, die besagt, daß im Falle ihres und Harrys Todes für den gemeinsamen Sohn David eigentlich nichts übrigbleibt, der quasi zugunsten einer Stiftung enterbt wird. Der Anwalt Romy Schneiders, fast schon zu spät von ihr eingeschaltet, ficht den Vertrag sofort an und hat auch Erfolg damit.

Unterschrieben hat sie allerdings auch den Passus, das beiderseitige Vermögen sei grundsätzlich als Gesamtgut, das heißt als gemeinschaftliches Vermögen anzusehen. Romy Schneider fühlt sich deswegen hintergangen. Wie sie in einer Klagedrohung, mit der dieser Vertrag vom 7. 9. 1972 angefochten wird, empört feststellt, sei sie nur davon ausgegangen, daß es sich um ein Testament handele, mit dem die Versorgung des gemeinsamen Kindes David sichergestellt sein sollte. Keinesfalls sei sie bereit, einer Regelung zuzustimmen, nach der jeder im Falle einer Scheidung die Hälfte bekäme.

Eine von Verletzungen, Rachegefühlen und Emotionen belastete Auseinandersetzung beginnt. Denn Harry Meyen glaubt, durchaus im Recht zu sein. In einem seiner vielen Briefe schreibt er, sie hätten ja schließlich beide bei Null angefangen, denn „Du bist, bis wir uns begegneten, von allen nur betrogen worden". Gegenüber dem Anwalt betont er, daß er eigentlich auch ein moralisches Recht auf die Hälfte des Vermögens habe: „Als wir geheiratet haben, haben wir, sagen wir mal, so gut wie kein Vermögen gehabt. Sie stand unter dem Eindruck, mehrere Millionen zu besitzen, die ihr Stiefvater aber verwaltet bzw. durchgebracht hat. Er hat, als ich heiratete und wissen wollte, wieviel Geld sie hat, die Auskunft verweigert und dann angeboten, 10 000 Mark zu überweisen. Ich hatte damals in Berlin meine große Theaterzeit und verdiente pro Abend 1000 Mark und hatte viel mehr Geld als sie." Er vergißt dabei zu erwähnen, daß es Romy Schneider war, die damals von ihrem Geld an Anneliese Römer, Meyens Ehefrau, die geforderten 200 000 Mark für die Zustimmung zur Scheidung überwies.

Romy Schneider leidet, obwohl sie längst die Stärkere ist, denn sie liebt ihn nicht mehr. Sie schluckt Tabletten, trinkt zuviel, aber sie spielt. Und es entsteht einer der schönsten Filme ihrer langen Karriere, wieder unter der Regie von Claude Sautet, *César und Rosalie*. Sie hat eine Rolle, die aus ihrem eigenen Leben stammen könnte, eine Frau, die sich zwischen zwei Männern nicht entscheiden kann, auch nicht entscheiden will und erst einmal lieber beide verläßt. Eine starke Frau.

Aber stark ist Romy Schneider nur im Beruf, sonst eher schwach und labil. Wenn sie keine Filme zu drehen hat, schläft sie unter dem Einfluß von Schlaftabletten und Alkohol bis um zwölf Uhr mittags, frühstückt und erledigt ihre Post, alles noch im Bett, und erst am späten Nachmittag, gegen siebzehn, achtzehn Uhr, kommt sie langsam in Fahrt. Anfangs braucht sie Optalidon nur bei Dreharbeiten oder vor wichtigen Terminen, um ihre Nervosität und Angst zu bekämpfen. In den manchmal langen Pausen zwischen den einzelnen Filmen schluckt sie fast nichts. Später wird der Griff zur Tablette eine automatische Handlung, auch im Privatleben. Nach einem Zusammenbruch in Hamburg, im Haus von Freunden, wird sie in die Universitätsklinik Eppendorf gebracht und erst einmal ruhiggestellt. Dieselbe geschlossene Abteilung wird ein paar Jahre später Endstation für Harry Meyen sein. Die

Romy, eine Frau mit Ausstrahlung. Stars wie sie braucht das Kino für seine Träume und Illusionen.

offizielle Diagnose bei Romy Schneider lautet „Kreislaufkollaps“ und „Schürfwunden“. Romy Schneider kehrt zurück nach Paris, wo sie sich in Neuilly eine Zweizimmerwohnung genommen hat.

Von Paris aus fährt sie mit einer Freundin für ein paar Wochen nach Senegal. Es sind für lange Zeit die letzten Ferien, denn in dem Jahr, in dem die emotionale Trennung von Harry Meyen auch in eine juristische Form gegossen wird, dreht sie mit Jean-Louis Trintignant *Le Train – Nur ein Hauch von Glück*, dann unter der Regie ihres alten Freundes Jean-Claude Brialy die *Sommerliebelei* und anschließend mit Michel Deville *Das wilde Schaf*. Die Produktion von *Trio Infernal* ist erst für 1974 geplant, beginnt aber auch schon Ende des Jahres 1973. Sie beklagt sich nicht über den Streß, denn das Filmen wird angesichts ihres chaotischen Privatlebens, in dem sie Affären hat, zum wahren Leben, wo sie zumindest eine feste Ordnung von Drehterminen einhalten, Rollen lernen und präsent sein muß.

Die Schlagzeilen und Artikel, die sich mit Romy Schneider beschäftigen, haben nicht nur mit Geld zu tun oder mit ihren neuesten Filmen, sondern auch mit sogenannten Skandalen. Sie hat sich in den verheirateten Schauspieler Bruno Ganz verliebt, den sie an der Berliner Schaubühne kennengelernt hatte. Mit ihm erfährt sie eine Welt, die so ganz anders ist als ihr bürgerlicher, teurer Staralltag: Theater, Kneipen, politische Diskussionen, Ensemble als Familie mit gleichen Rechten für alle. Solange es noch die Hamburger Wohnung gibt, leben sie dort kurzfristig zusammen, als Harry Meyen in Berlin inszeniert. Ihren Freundinnen berichtet Romy Schneider entschlossen, nie wieder Chanel tragen zu wollen oder St. Laurent, nur noch einfache Kleidung, keine großen Schminkereien mehr, auch Champagner müsse nicht sein. Das wahre Leben sei das einfache Leben, Bruno Ganz der richtige Mann dafür.

Romy Schneider hat lange Zeit Angst, ihr Noch-Ehemann könne ihren Lebenswandel benutzen, um neue Forderungen zu stellen. Doch der sitzt inzwischen wieder in Hamburg, schon gefangen im Teufelskreis von Alkohol und Tabletten, verzweifelt über das Ende seiner großen Liebe. Kleine Abenteuer mit anderen Frauen, Blondinen bevorzugt, verstärken nur seine Depressionen.

Die Aufstellung des Vermögens für den Trennungsvertrag dauert lange. Schließlich ergibt sich eine Gesamtsumme von 2 822 569 Mark, die bei einer Scheidung geteilt werden muß. Festgelegt wird auch, daß die Honorare für die Filme, die sie jetzt dreht, natürlich nicht mehr in das zu teilende Vermögen eingerechnet werden. Harry Meyen hat wieder einen Regieauftrag in Berlin, Romy Schneider ist mit David und Kindermädchen erst einmal nach Paris gezogen. Die gemeinsame Wohnung in Hamburg wird ohne die beiden aufgelöst. Harry Meyen bekommt Mitspracherecht bei der Erziehung des gemeinsamen Sohnes, der bei der Mutter lebt. „Er soll, wenn er das richtige Alter erreicht hat, in ein deutschsprachiges Internat kommen.“

In München treffen sich die Noch-Verheirateten am 4. Juni 1973, um den ausgehandelten Ehevertrag zu unterschreiben. Man trennt sich, einander und der Welt versichernd, daß dies noch keine Festlegung auf eine Scheidung bedeute (die findet offiziell erst zwei Jahre später, im Sommer 1975 statt). Die *Bild*-Zeitung meldet schon am nächsten Tag, daß Romy Schneider ihren Mann mit 1,4 Millionen Mark abgefunden hat; alle am Vertrag Beteiligten beteuern, nicht der Informant gewesen zu sein. Nach fast zwanzig Jahren im Filmgeschäft, nach vierzig Filmen, in denen sie meist die Hauptrolle spielte, sind Romy Schneider von ihren Gagen 1,4 Millionen Mark geblieben.

Am Abend dieses 4. Juni 1973 sitzt Romy Schneider mit einer Freundin in der Bar des Hotels Bayerischer Hof in München und weint sich so laut ihren Kummer von der Seele, daß die Kellner diskret wegschauen.

Zwei Wochen später zieht sie nach Paris. Selbstbewußt lebt sie ihre neue Freiheit, will nichts mehr verbergen und keine Rücksichten mehr nehmen. Sogar um ihre Finanzen will sie sich endlich kümmern und beantragt aus steuerlichen Gründen Wohnrecht in der Schweiz. Das soll der Züricher Anwalt Henrik Kaestlin vermitteln, von dem „ich viel Gutes gehört habe, unter anderem betreut er Lilli Palmer und Curd Jürgens“. Die von Kaestlin gegründete Firma Cinecustodia in Chur verspricht, gegen eine Provision von neun Prozent der überwiesenen Summe, die Einnahmen ihrer Klienten steuergünstig anzulegen. Zwischen 1974 und 1980 werden fast sechs Millionen französische Francs von den Gagen Romy Schneiders auf das Konto der Cinecustodia eingezahlt. Gleichzeitig hat sie nach der Trennung von Harry Meyen bis zu ihrem Tod über zehn Millionen französische Francs auf ihr eigenes Konto überwiesen bekommen. Zwar hatte Romy Schneider nie eine Beziehung zu Geld, keine Ahnung von den Möglichkeiten, Steuern zu sparen oder ihre Gagen krisensicher anzulegen, zwar hat sie immer großzügig Geld ausgegeben. Aber selbst bei den hohen Ausgaben für sich und ihren Haushalt – ist es wirklich glaubhaft, daß sie in zehn Jahren mehr als sechzehn Millionen Francs verbraucht hat, ganz ohne freundliche Mithilfe einiger Herren, die heute darauf hoffen, daß man die Tote ruhen läßt? Harry Meyen übrigens hat das Geld nie angerührt, das er nach der Scheidung bekommen hat. Er hat es zugunsten von David angelegt. Als er sich umbrachte, war sein Sohn Alleinerbe, denn Romy Schneider hatte auf ihren Anteil verzichtet.

VII

Zunächst lebt Romy Schneider nach der Trennung von Harry Meyen mit dem Kindermädchen und ihrem Sohn David in Paris in einer großen möblierten Wohnung, die ihr Claude Sautet besorgt hat. Sie muß zwischen Ende Juni und Ende August 1973 Paris schon wieder verlassen und einen Film in der französischen Provinz drehen. Sie spielt eine deutsche Jüdin, die im von Nazis besetzten Frankreich vor ihren Verfolgern flieht und sich dabei in einen jungen Franzosen verliebt.

Das Drehbuch zum Film *Le Train* (vom deutschen Verleih im Titel mit dem Zusatz *Nur ein Hauch von Glück* versehen) basiert auf einem Roman von Georges Simenon und wird von Pierre Granier-Deferre inszeniert. Mit ihm und dem Drehbuchautor Pascal Jardin, der bis zu seinem Tod ein guter Freund sein wird, verbringt sie ihre Abende.

Das Haus, das sie sich dann in der Rue Berlioz in Paris kauft, wird liebevoll eingerichtet. Zum erstenmal kümmert sie sich selbst um Möbel und Kissen und Gardinen und Teppiche. David besucht eine Ganztagsschule in Paris, der Kontakt zum Vater in Hamburg beschränkt sich hauptsächlich auf die Ferien. Es gibt immer wieder Streit zwischen den Noch-Verheirateten darüber, wer die Flugkosten zu übernehmen habe, wenn David von Paris nach Hamburg fliegt. Aber bezahlt hat dann doch jedesmal Romy Schneider. Ein Jahr später, im September 1974, machen sie sogar noch einmal gemeinsam Urlaub in St-Tropez, aber jeder lebt sein Leben, und wenn Romy flirtet, nimmt sie keine Rücksicht darauf, daß Harry Meyen alles mitbekommt.

Meyen leidet vor allem unter der Trennung von seinem Sohn. In einem nicht abgeschickten Brief von 1977 beschwert sich Meyen bei seiner Exfrau: „Du hast ihm in dreieinhalb Jahren nicht einmal den Hörer in die Hand gegeben, damit er mit seinem Vater spricht. Zu einem Brief hast du ihn allerdings bewegen können." Manchmal will Romy Schneider in sentimentalen Momenten spontan nach Hamburg fliegen, nur um zu schauen, wie es Harry geht. Aber sie macht es nur einmal, und auch da nur als Demonstration für die Öffentlichkeit: Bei der Premiere der Harry-Meyen-Inszenierung von Alain Ayckbournes Stück *Frohe Feste* sitzt sie im Parkett des Thalia-Theaters. Bei der anschließenden Premierenparty läßt sich Romy nicht sehen. Über ihre Wehmut siegt dann doch immer die Wut, daß Meyen bei der Trennung so rigoros alle juristischen Möglichkeiten ausgenutzt hat. Erst viel später, nach seinem Tod, wird sich die Erinnerung an „die drei schönsten Jahre meines Lebens" verklären, wird ein Foto von Harry Meyen neben einem Foto des gemeinsamen Sohnes in jedem Hotel auf ihrem Nachttisch stehen. Und ihren letzten Film, *Die Spaziergängerin von Sans-Souci*, wird sie im Abspann dem toten Sohn David und seinem Vater Harry Meyen widmen.

Viel lieber fliegt sie für ein paar Tage zu Bruno Ganz, als der mit der Schaubühne in Wien gastiert. In den wenigen Tagen, die sich beide immer wieder stehlen können, sind sie glücklich. Auch diese Beziehung zerbricht schließlich an der Wirklichkeit und daran, daß diese Wirklichkeit für Romy Schneider wieder mal vor der Kamera stattfindet. Drei Filme werden 1974 fertig, in allen muß sie an die Grenzen ihrer Möglichkeiten gehen; alle drei beweisen aber auch, warum sie in Frankreich zum Star geworden ist.

In *Trio Infernal* unter der Regie von Francis Girod spielt sie das deutsche Kindermädchen Philomena Schmidt, das nach dem Ersten Weltkrieg in Marseille lebt. Sie verliert ihre Stellung, als ihre Herrin stirbt, und wird die Geliebte des stadtbekannten Rechtsanwalts Sarret. In Frankreich darf sie nur bleiben, wenn sie einen Franzosen heiratet. Dieser findet sich in einem alten Mann, der freilich einen Monat nach der Hochzeit einen Herzinfarkt erleidet. Sein Erbe teilen sich Philomena und Sarret. Aus Deutschland kommt Philomenas Schwester Catherine; auch für sie besorgt Sarret einen Mann, der nach ein paar Monaten stirbt und viel Geld hinterläßt. Die drei leben davon, bis die Summe ausgegeben ist. Über einen Versicherungsbetrug bietet sich ihnen die Chance, wieder an Geld zu kommen. Voraussetzung ist ein zweifacher Mord. Das „Trio Infernal" begeht einen Doppelmord, die Leichen werden in der Badewanne durch Salzsäure zersetzt, die Reste im Garten vergraben. Am Ende des Films stirbt auch Schwester Catherine unter mysteriösen Umständen, wieder zahlt die Versicherung. Und Sarret heiratet Philomena . . . Das Drehbuch beruht übrigens auf einer wahren Geschichte aus dem Jahre 1931. In Wirklichkeit allerdings sind der

Anwalt und die beiden deutschen Näherinnen wegen gemeinschaftlich begangener Morde in Marseille hingerichtet worden.

Der „unmoralische“ Film – unmoralisch, weil das sogenannte Böse ganz selbstverständlich siegt – ist in Frankreich ein großer Erfolg. In Deutschland wird wieder einmal gerätselt, was das sexbesessene, blutige Monster Philomena Schmidt mit Romy Schneider gemeinsam haben könnte. Vergebens weist sie bei einem Interview während der Synchronaufnahmen darauf hin, daß sie eine Rolle zu spielen hatte und daß diese Rolle mit ihr nichts zu tun hat: „Ich bin Schauspielerin. Sissi hat auch nichts mit mir zu tun. Ich stelle etwas her mit meinem Kopf und nicht mit meinem Körper.“ Daß trotz aller Erklärungen ihr Ruf in Deutschland endgültig dahin ist, nimmt sie achselzuckend zur Kenntnis.

Deutschland interessiert sie nicht mehr als Filmland, obwohl zum erstenmal nach dem Krieg die Arbeiten junger deutscher Regisseure auch in Frankreich Begeisterung auslösen – Herzog, Schlöndorff, Wenders, Kluge. Allein die Filme von Fassbinder findet sie spannend, die sind nicht so intellektuell, sondern spiegeln Gefühlsdramen wider. Zwischen ihren Dreharbeiten liest sie zwei Bücher, die sie faszinieren und die in Deutschland gerade Furore machen – Joachim Fests Hitler-Biographie und *Die verlorene Ehre der Katharina Blum* von Heinrich Böll, in dem die Hatz auf vermeintliche Terroristen angeprangert wird.

Auch ihr nächster Film spielt in einer Welt, in der keine bürgerlichen Regeln gelten; wieder ist Romy Schneider gefordert, bis an ihre Grenzen zu gehen. Andrzej Zulawskis *Nachtblende* wird hierzulande später zwar zerrissen als ein „Werk der aufgewühlten, schrillen und schwülen Exaltationen“, aber die Rolle der Nadine Chevalier, einer zur Pornodarstellerin heruntergekommenen Schauspielerin, die in einer tiefen seelischen Krise steckt, hat Romy Schneider so gereizt, daß sie die Schwächen des Drehbuchs hinnahm. Allerdings ist das Urteil über den Film in Frankreich ganz anders. Er ist zwar umstritten, aber schon in den ersten zehn Wochen nach seiner Uraufführung sehen ihn fast 400 000 Besucher. Romy Schneider bekommt sogar 1976 für ihre Rolle der Nadine den französischen Oscar, den César, als beste Darstellerin des Jahres.

Die Produktion der *Nachtblende* ist nicht nur deshalb schwierig, weil Klaus Kinski aus jedem seiner Auftritte ein Drama macht. Auch mit dem Regisseur wechselt Romy Schneider wüste Beschimpfungen. Und ihr Partner Fabio Testi merkt sehr bald, daß die kleine, zierliche

Madame Schneider nicht nur starke Frauen spielt, sondern auch hinter der Kamera durchaus ihren Mann zu stehen weiß. „Frauen sind nicht mehr eure Laufburschen, und mit dem Pascha-Gehabe der Regisseure und Schauspieler ist es endgültig vorbei!“ brüllt sie einmal Zulawski an. Als Testi lächelnd diesen Ausbruch beobachtet, dreht sie sich um zu ihm: „Grins mich nicht so an, du seltsamer Vogel. Du bist auch nicht besser als die anderen Männer. Putz dir die Zähne, und rasier dich erst mal, bevor du mit mir eine Liebesszene spielen willst!“ Aus dem Versöhnungsessen, zu dem sie den Italiener kurz darauf einlädt, entsteht selbstverständlich die Legende vom neuen Liebhaber der Romy Schneider.

Kompliziert auch die Dreharbeiten zum dritten Film in diesem Jahr. Bei den *Unschuldigen mit den schmutzigen Händen* hat sie vor allem damit zu kämpfen, daß Claude Chabrol sie vor der Kamera allein läßt. Die beiden verstehen sich auf Anhieb nicht – obwohl sich jeder den anderen für die Arbeit gewünscht hat –, und Romy Schneider war immer eine Schauspielerin, die nur dann glänzende Leistungen brachte, wenn sie sich bei einem Regisseur aufgehoben fühlte. So spielt sie bei Chabrol in Routine und Schönheit – doch ohne die Hingabe, mit der sie *Nachtblende* zum Erfolg gemacht hatte – die Rolle der Julie Wormser, die gemeinsam mit ihrem Liebhaber ihren Mann (Rod Steiger) beseitigen will, von dem sie wiederum in einem raffinierten Täuschungsmanöver hereingelegt wird. Er überlebt und erpreßt danach seine Frau zum Sex. Als sie endlich erkennt, daß sie in Wahrheit doch nur ihn liebt, stirbt er tatsächlich.

Wieder ist die Mischung von Sex und Gewalt an den Kinokassen erfolgreich, und am Ende dieses Jahres 1974 hätte die Sechsunddreißigjährige auch finanziell in ganz anderen Größenordnungen verhandeln können – etwa Beteiligungen an den Einnahmen ihrer Filme fordern oder das Recht, mit einer eigenen Gesellschaft als Koproduzentin aufzutreten, wie es ihre Kollegen in Frankreich machten. Aber dafür hat sich Romy Schneider nie interessiert. Wenn ein Drehbuch spannend schien, spielte Geld keine Rolle, und sie sagte zu, bevor ihr Agent überhaupt anfangen konnte, über Bedingungen nachzudenken.

Der neue Sekretär, den sie beschäftigt, hat von solchen Dingen zunächst auch keine Ahnung. Er ist von der LIRA-Film bei den Dreharbeiten zu *Trio Infernal* als eine Art Mädchen für alles eingesetzt worden und hat pro Woche mal dreihundert, mal vierhundert Francs verdient, je nach Arbeitsanfall. Was er bisher gemacht hatte, ist unklar.

Straßenszenen in Paris 1973, nach der Trennung von Harry Meyen

In einem Nachtlokal mit dem Schauspielerkollegen Omar Sharif

Gern erzählt Daniel Biasini die Geschichte von seinen Lehrjahren in den Vereinigten Staaten (abgebrochenes Studium als Bauingenieur), gern erzählt er von seinen Ambitionen, mal eigene Filme zu produzieren. Für das Filmteam ist der Sechsundzwanzigjährige einfach ein verwöhntes französisches Bürgersöhnchen, das nichts Richtiges gelernt hat, von seinen Eltern unterstützt wird und jetzt was abbekommen will vom Glanz der Filmwelt. Romy Schneider findet ihn angenehm, und daß er gut aussieht, ist nicht hinderlich.

Nach Beendigung der *Trio-Infernal*-Dreharbeiten engagiert sie ihn als persönlichen Sekretär und zahlt ihm 2500 Francs im Monat. Dafür steht Daniel Biasini nicht nur viermal pro Woche gegen Mittag mit einem Mäppchen voller Briefe in Romy Schneiders Wohnung bereit, wenn sie aufsteht, dafür bringt er auch schon mal David zur Schule oder kümmert sich um nötige Rezepte für die Tabletten, die der Star braucht. Wenn sie bei einem ausgedehnten Abendessen zuviel Wein getrunken hat, fährt Daniel Biasini Madame nach Hause, schläft aber nicht mit ihr, sondern bleibt nur bei ihr, bis sie eingeschlafen ist.

Eine geschickte Taktik – denn Biasini will mehr sein als nur ein gelegentlicher Begleiter. Er hat sehr schnell gemerkt, daß Romy Schneider an Männern die Lust verliert, wenn sie erst einmal das Gefühl der siegreichen Eroberung genossen hat. Er macht sich rar. Ob Romy Schneider in diesem Jahr 1974 Daniel Biasini jenseits seiner Sekretärtätigkeit auch als Mann brauchte, ist zumindest fraglich. Denn in einem Telegramm an ihre Mutter Magda zum Jahreswechsel spricht sie davon, daß beruflich alles hervorragend laufe, privat aber alles „Null" sei: „Meine Mama – mehr Erfolg kann man kaum haben, was Beruf betrifft – mein Privatleben ist Null – ruf Dich morgen Sonntag an – wie immer Deine Rosemarie – etwas traurig, etwas allein."

Die Schlagzeilen in Deutschland haben vorerst nichts mit Biasini zu tun, sondern mit einem Mann, der im Zuchthaus ein Buch geschrieben hat *(Die Verrohung des Franz Blum)* und damit zum Medienliebling geworden ist – Burkhard Driest. Neben ihm sitzt Romy Schneider im Oktober 1974 in einer Talkshow, was damals noch etwas Besonderes ist im deutschen Fernsehen, und läßt sich von Dietmar Schönherr befragen. Die Scheu des ganz in Schwarz gekleideten Stars gibt sich erst, als Driest spricht. Der genießt die Rolle des Machos in prallen Jeans und rockigem Leder, er weiß, was das Publikum hören will. Provokationen, starke Sprüche eines ehemaligen Bankräubers. Seine Aussagen über den Knast findet Romy Schneider faszinierend. Ihre Sätze „Sie gefallen mir" und „Sie gefallen mir sogar sehr" werden natürlich sofort als unverblümte Aufforderung verstanden, und die Boulevardpresse gießt in Schlagzeilen, was die Nation bewegt: „Romy blieb die ganze Nacht bei dem wilden Burkhard" oder „Romys Nacht mit diesem irren Typ". Die Beteiligten schweigen. Daß die beiden sich verstanden, weil jeder im anderen auch ein Opfer jener bürgerlichen Welt zu sehen glaubte, die das Abweichen von der Norm entweder mit Knast oder mit Verachtung bestrafte, war für die öffentliche Spekulation nicht interessant genug.

Außer dem Gehalt von Romy Schneider hat Daniel Biasini 1974 keine Einnahmen, als ihr Sekretär jedoch eine beschränkte Bankvollmacht, damit er sich auch um Rechnungen kümmern kann, wenn der Star gerade bei Dreharbeiten ist und nicht gestört werden darf. Wenn sie zusammen ausgehen, allein oder mit Freunden, wird ohnehin alles von Romy Schneider bezahlt. Nicht in bar, immer läßt sie die Rechnung an ihre Pariser Adresse schicken. Und da wiederum ist es dann Biasini, der die jeweiligen Summen überweist. Er prüft sozusagen sich selbst, und wenn er Geld braucht, berichtet sein Freund Tissier, läßt er angeblich von einem der Konten Romy Schneiders Nachschub kommen. Das kann natürlich auch prahlerisches Gerede eines Angebers gewesen sein, um zu demonstrieren, wie wichtig er angeblich war, denn sowohl Romy Schneider als auch Daniel Biasini weisen später in entsprechenden eidesstattlichen Versicherungen solche Behauptungen zurück. Auf ihren Konten, auf dem eigenen wie auch auf dem der Schweizer Firma Cinecustodia, die ja ihre Gagen steuergünstig verwaltet und dafür neun Prozent Gebühren nimmt, ist im Jahr 1974 insgesamt ein Eingang von fast 2,5 Millionen französischen Francs verzeichnet.

Die Frau, die ihre Kindheit in die Tasche stecken und davonlaufen sollte, hat in den letzten einundzwanzig Jahren sechsundvierzig Filme durchgestanden. Sie ist auf dem Höhepunkt ihres Ruhms und ihres Könnens. Nur in Deutschland ist sie immer noch die verlorene „Sissi", egal, was sie danach gedreht hat. Warum erliegt diese Frau wie ein junges Mädchen dem Charme des elf Jahre jüngeren Biasini? Warum gelingt es ihr wieder nicht, so zu leben, wie sie möchte? „Romy suchte Helden", versucht der Regisseur Alberto Bevilaqua, mit dem sie *La Califfa* gedreht hat, eine Erklärung zu finden, „und Helden sind Dummköpfe. Immer hat sie sich Männer ausgesucht, die scheinbar Biß hatten, äußerlich. Der richtige Mann für sie wäre einer gewesen, der nichts Heldenhaftes hat, aber wie sie eine innere Tiefe – und eine sexuelle Kraft."

Das Heldentum von Biasini besteht zunächst einmal darin, daß er sie zappeln läßt und irgendwohin abreist, wenn sie ihn gerade braucht. Nicht er, der unbekannte junge Schönling aus dem Pariser Vorort, muß sich um den Weltstar bemühen, der Star soll ihm hinterherlaufen. Alle, die Romy Schneider zu ihren Freunden zählt, sehen es, aber keiner sagt es ihr. Und die Gelassenheit einer Brigitte Bardot oder einer Jeanne Moreau zum Beispiel, die sich einen solchen jungen Mann für eine Zeitlang gegönnt, aber dann wieder ihr eigenes Leben gelebt hätten, die besitzt Romy Schneider nicht. Dafür wiederum ist Frankreichs Star zu deutsch, zu tiefsinnig, zu grüblerisch. Die Ausbrüche in schnelle Abenteuer genießt sie immer nur kurzfristig, danach wird sie jedesmal schnell von dem zutiefst bürgerlichen Schuldgefühl überwältigt, sich eigentlich falsch verhalten zu haben. Wenn sie an einen Mann glaubt, dann soll es für immer sein, und an diesem unbedingten Traum scheitert sie.

Der, den sie liebte, wurde immer erstickt von ihrem absoluten Anspruch. Nicht nur überhäuft mit Geschenken wie teuren Uhren, teuren Kleidungsstücken, eingebettet in einer luxuriösen Umgebung entweder an der Riviera oder in Paris. Sie behandelte, je nach Laune, ihre Männer auch als Helden, die es zu verehren galt, oder als Lakaien, die man auch in aller Öffentlichkeit herunterputzen konnte. Natürlich tat es ihr anschließend sofort leid.

Daniel Biasini, vom Typ und vom Charakter her eigentlich nichts weiter als ein angenehm anzusehender ständiger Begleiter, lernt schnell. Die Filmwelt, die er eigentlich nur als Handlanger erleben durfte, wird sein Lebensziel. So zu leben wie im Kino, ohne Sorgen ums Geld, mit den Prominenten auf Tuchfühlung, plötzlich selbst prominent sein, ohne dafür etwas tun zu müssen, das ist die Chance, die sich ihm mit Romy Schneider bietet. Und diese Chance läßt er sich nicht entgehen. „Er hat mich sogar geschlagen", erzählt sie später, „aber ich habe es mir gefallen lassen, weil er so stark war."

Als Biasini im Februar 1975 wohlüberlegt auf eine längere Reise in die Vereinigten Staaten geht, angeblich als sorgender Vater, der einen unehelichen Sohn, eine Jugendsünde, besuchen will, ist Romy Schneider ihm schon so verfallen, daß sie vor lauter Angst, er könne nicht zurückkehren, wieder zuviel trinkt und wieder zu viele Tabletten schluckt. Die Dreharbeiten zu einem ihrer wichtigsten und besten Filme, *Le Vieux Fusil* (in Deutschland erst als *Das alte Gewehr*, dann unter *Abschied in der Nacht* in den Kinos), leiden darunter allerdings nicht, weil sie sich, wie stets vor der Kamera, diszipliniert zusammenreißt.

Als Biasini aus den USA zurückkommt, avanciert er bald zu Romy Schneiders ständigem Begleiter. Die Zeitungen fangen an, über ihn zu berichten, was er genießt. Er wird mit Alain Delon verglichen, was ihm schmeichelt. Den Journalisten erzählt er von eigenen großen Plänen als Fernsehreporter und von seinen harten Jahren in den USA, wo er sich durchbeißen mußte in der Schule des Lebens. Das wird hingeschrieben, ohne daß es einer nachprüft. Beim Geburtstag von Magda Schneider, den ihr die Tochter in Paris ausrichtet, tanzt er mit der künftigen Schwiegermutter Wiener Walzer, und prompt schwärmt Romys Mutter in einer ihrer zahlreichen geschwätzigen Erinnerungen (diesmal ist es *Das Neue Blatt*) davon, daß er ihr „gleich vom ersten Augenblick unseres Kennenlernens an sympathisch“ war.

Daniel Biasini ist fast am Ziel. Beigetragen hat dazu auch ein sentimentaler Ausflug. Romy Schneider ist wieder einmal in der Diätklinik in Quiberon, in der sich viele französische Filmstars immer wieder ein paar Wochen lang, am liebsten im Februar oder im März, weil da noch keine Touristen den südbretonischen Badeort überschwemmen, für den Rest des Jahres fit und trocken machen lassen. Alkohol ist streng verboten, aber mancher Masseur liefert, falls gewünscht, diskret ein paar Flaschen aufs Zimmer, kassiert und schweigt.

Biasini besucht Romy Schneider dort und fährt mit ihr auf der Fähre hinüber zur Insel Belle-Île, die eine Dreiviertelstunde Bootsfahrt von Quiberon entfernt im Atlantik liegt. Er kauft in dem Delikatessengeschäft in der kleinen Straße, die vom Hafen zur Kirche führt, für ein Picknick ein und macht sich mit Romy von Le Palais gleich nach Pointe de Poullains auf, an die Spitze der Insel.

Dort liegt das verfallene Haus der großen Schauspielerin Sarah Bernhardt, versteckt fast hinter bizarren Grotten im kieselsteinigen Sand. Dort hat sie gelebt, als sie sich vom Ruhm zurückziehen wollte.

Daniel Biasini und Romy Schneider sind in diesem Frühling 1975 allein, als sie mit ihrem Leihwagen ankommen. Sie sitzen in den ersten wärmenden Sonnenstrahlen, essen Mitgebrachtes aus dem Korb und trinken Rotwein. Daniel gesteht ihr, daß er nur Sehnsucht nach ihr gehabt habe, und Romy ist glücklich, weil sie genau das hat hören wollen. Endlich hat sie den Mann fürs Leben gefunden.

Doch außer ihr glaubt das niemand.

VIII

Für vier Sommermonate, von Juni bis September, mietet Romy Schneider in St-Tropez eine Villa. Ihr Sekretär lebt bei ihr und von ihr. Ein Sommer des Laisser-faire. Man geht abends regelmäßig aus, mal zu zweit, mal mit Bekannten, Frühstück gibt es erst gegen Mittag, und danach liest Romy Schneider ihre Post. Nach wie vor sind auch aus Deutschland Dutzende von Briefen dabei, die ihr von Paris nachgeschickt werden. Wenn sie ihre Telefonanrufe erledigt, und die können lange dauern, weil sie gerne telefoniert und spontan, fährt Biasini mit der Yacht *Danychar*, die seinen Eltern gehört, aufs Meer. Manchmal kommt Romy Schneider mit, obwohl sie den Wellengang schlecht verträgt. Es gibt Fotos, die auf dem Sonnendeck des Bootes eine nackte Romy Schneider zeigen, die gerade Biasini eincremt. Natürlich werden die Fotos überall in Europa gedruckt; damit ist die neue Beziehung des deutschen Filmstars öffentlich. Und warum sollte Romy Schneider sich verstecken? Sie fühlt sich frei, auch wenn in Hamburg noch ein Mann lebt, mit dem sie pro forma verheiratet ist. Ihr Sohn David, der für ein paar Wochen kommen darf, lehnt den neuen Liebhaber seiner Mutter zunächst ab. Doch irgendwann begreift auch der erst Achtjährige, daß seine Eltern endgültig verschiedene Leben leben und daß es nie mehr so sein wird wie früher. Er spricht oft von seinem Vater. Die Scheidung Romy Schneider/Harry Meyen wird im Juli 1975 offiziell in Berlin vollzogen.

Irgendwann in diesem Sommer merkt Romy Schneider, daß sie schwanger ist und daß die Affäre mit Daniel Biasini, von der sie sich zunächst nur eine Abwechslung versprochen hat – „Nein, Liebe auf den ersten Blick war es wirklich nicht“ –, mehr ist als eine Sommerliebelei. Sie weiß nicht viel von Biasinis Vergangenheit und will so genau auch gar nichts davon wissen. Auch das gehört zu ihren Eigenschaften: Wenn sie einen Mann liebte und total für sich vereinnahmte, wollte sie ihre himmelhochjauchzende Begeisterung für ihn nicht durch zu viele Fragen oder gar zu viele Antworten stören lassen. So, wie sie auch nur schwer jemanden an sich heranließ, wenn es um mehr ging als die üblichen Gespräche, wenn also wirklich nach dem gefragt wurde, was sie im Innersten beschäftigte und womit sie nicht fertig wurde. In Hollywood hätte sich ein Star wie sie bei einem Psychiater auf die Couch gelegt und seine Probleme besprochen, und alle hätten das für normal gehalten. Sprachlos, wie sie oft war, versuchte Romy Schneider, sich ihre Gefühle und Sorgen, ihre Depressionen und Selbstzweifel auf Zetteln und in Briefen von der Seele zu schreiben. Aber das war, wie so vieles bei ihr, immer nur die Flucht aus dem Augenblick und nie eine Therapie.

Romy Schneider glaubt, daß Daniel Biasini eine harte Zeit hinter sich hat, und das macht ihn eher noch attraktiver für sie. Denn neben aller Verliebtheit wächst ein fast mütterlicher Instinkt in ihr, ihn auch deshalb beschützen und für ihn sorgen zu müssen. Die Autos, die sie ihm schenkt, sind das passende, wenn auch teure Spielzeug für einen großen Jungen. Außerdem hat er seine Arbeit als Sekretär sehr gut gemacht, wie auch Romy Schneiders Pariser Agent Jean-Louis Livi zu rühmen weiß, der endlich auf seine Briefe und Anrufe schnelle Antworten bekam. Wie sich später herausstellen sollte, verstand Biasini nicht nur etwas von den großen Abrechnungen, er prüfte sogar penibel die Ausgaben der Haushälterin Olga und hatte alles im Griff, wenn Romy Schneider bei Dreharbeiten unterwegs war. Die Gerüchte, daß er in krumme Geschäfte verwickelt und nur ein Taugenichts sei, der sich noch nie verweigert habe, wenn die Chance auf eine fröhliche Nacht bestand, lassen Romy Schneider kalt. „Ich bin doch kein Trottel“, sagte sie und glaubte besser als alle anderen zu wissen, daß der neue Mittelpunkt ihres Lebens, ein „schöner, junger und intelligenter Mann“, ein ganz anderer Mensch sei, als es seinem Playboy-Image entsprach. Daß die fast Siebenunddreißigjährige sich als Frau durch ihn bestätigt fühlt, macht sie in diesen vier unbeschwerten Monaten in St-Tropez weiblicher, entspannter, begehrenswerter denn je. Monatelang braucht sie auch keine Tabletten.

Die Eroberungslust der Männer konnte Romy Schneider immer gut nachvollziehen, weil sie selbst ihrer Lust genauso folgte, wenn ihr ein Mann gefiel oder eine Frau. Was heute in den neunziger Jahren als Trend in der Frauenbewegung beschrieben wird – daß die Frau selbst begehrt, auf die Männer zugeht und nicht mehr wartet, bis sie begehrt wird –, hat Romy Schneider immer schon gelebt. Wer ihr gefiel, den versuchte sie zu erobern. Die vielen, die sie deshalb verurteilten, sind größtenteils natürlich Männer gewesen, die in diesem „männlichen“ Verhalten einer Frau eine Gefahr für ihre traditionelle Vormachtstellung – der Mann ist der Eroberer und nicht die Frau – witterten. Im Zwiespalt mit dem flirtfröhlichen Erbteil ihres Vaters und der gleichzeitigen emotionalen Nähe zu einem braven deutschen Weltbild, Erbe ihrer in Augsburger Kleinbürgerlichkeit aufgewachsenen Mutter, liegen auch viele Ursachen für jene Depressionen und Schuldgefühle, unter denen Romy Schneider zeit ihres Lebens litt und an denen sie letztlich zerbrach. Tabletten und Alkohol ließen sie für gewisse Zeiten die seelischen Probleme vergessen, aber sie zerstörten gleichzeitig den Körper. Sie war als Frau eigentlich viel moderner – nur eben zur falschen Zeit – und der herrschenden Moral weit voraus, moderner als die meisten Theoretikerinnen des Feminismus, deren Bücher zwar erfolgreich sind, aber mit dem wahren Leben nichts zu tun haben.

Daß es Daniel Biasini gut mit ihr meint, so erzählt sie triumphierend allen Zweiflern, könne man schon daran sehen, daß er auf Gütertrennung bestanden habe, bevor sie heirateten. Auch dieser Schachzug ist nicht ungeschickt von Biasini, denn von ihrem Meyen-Trauma weiß er sehr wohl; sie hat ihm davon erzählt und sich immer wieder beklagt, daß sie nach der Trennung 1,4 Millionen Mark hat bezahlen müssen.

Mit dem Wissen der Überlebenden ist es heute leicht, Romy Schneider als zumindest naiv zu verurteilen, weil sie liebesblind nicht gemerkt hat, wie sehr sie wieder einmal ausgebeutet wurde. Sie handelte stets spontan und fragte sich, wenn überhaupt, erst im nachhinein, was sie eigentlich getan hatte und warum. Ihre trotz aller gegenteiligen Beteuerungen eben doch nicht verarbeitete Beziehung mit Delon und deren Scheitern wird offenkundig, wenn sie an ihrem neuen Mann so sehr die Ähnlichkeit mit ihrer großen Liebe rühmt. Was Biasini sogar gefällt, denn so wie Delon will er gerne sein. Vor allem dessen zumindest im Kino demonstrierte Härte hat es ihm angetan. Viele seiner späteren Machosprüche wie jener B-Movie-Satz, mit dem er Romy 1981 verließ, als er mit 30 000 Francs von ihrem Konto nach Amerika flog – „Wenn ich wiederkomme, rauche ich eine Gauloise, trinke einen Kaffee und werde wissen, daß ich auch ohne dich leben kann" –, sind ein Versuch, sich dem Image des „eiskalten Engels" zu nähern.

Harry Meyen als Vater-Ersatz für Romy Schneider und Daniel Biasini als Delon-Ersatz, so einfach ist es nun doch nicht. Denn das ganze Bild stimmt schon nicht mehr, wenn man weiß, daß Romy Schneider in einem Mann sowohl den Geliebten Alain Delon als auch den Vater Wolf Albach-Retty gesehen hat. Das war die von ihr zärtlich „Luca" genannte väterliche Leitfigur Luchino Visconti, dessen Ring sie immer trug. Visconti verkörperte für sie geradezu das Ideal von einem Mann – einer, der an sie als Schauspielerin geglaubt hat, als alle noch das Ende von „Sissi" bejammerten, zudem ein Mann, der mit ihren Launen zurechtkam und den sie begehrte. Visconti jedoch war ein Mann für Männer und seine Liebe zu „Romina“ platonisch.

Die meisten derer, die immer schon gewußt haben wollen, wie es einmal enden würde, folgen gern der Einladung zur Hochzeit von Daniel Biasini und Romy Schneider am 18. Dezember 1975, zumal es eine verrückte Hochzeit zu werden verspricht. Am frühen Nachmittag die Trauung in Berlin, weil Romy Schneider nach deutschem Eherecht heiraten will und es angesichts ihres Zustandes auch in Frankreich mit den nötigen Formularen vielleicht zu lange dauern würde. Trauung auch nicht etwa auf einem Standesamt, sondern ganz zwanglos, vor einer geschmückten Eichentruhe im Wintergarten des Hotels Gehrhus sitzend. Für die Trauung im Hotel hat Romy Schneider eine Sondergenehmigung bekommen, die der Berliner Anwalt Gerd-Joachim Roos besorgt, einer ihrer Trauzeugen (neben ihrer Freundin, der Journalistin Christiane Höllger). Romy Schneider ist im fünften Monat schwanger, außerdem geschwächt durch eine Grippe, und daher angeblich nicht in der Lage, den Weg zum Standesamt zu machen. Daß sie deshalb so schwach ist, weil sie die Nacht vor der Hochzeit fröhlich bis morgens um drei Uhr mit Freunden Champagner getrunken hat, weiß der Standesbeamte ja nicht. Auch der Bräutigam sieht ein wenig übernächtigt aus, er hat in Paris den Abschied vom Junggesellenleben gefeiert und ist erst mit der Morgenmaschine nach Berlin gekommen. Daniel Biasini, in schwarzem Samtjackett, sagt „Ja“, und Romy Schneider, mit Blütenkranz im gelockten Haar und tief dekolletiertem buntem Kleid, sagt „Oui“. Reporter werden sich in ihren Berichten am nächsten Tag darüber aufregen, daß die eigentliche Hochzeitsfeier, typisch für Romys gebrochenes Verhältnis zu Deutschland, mit all den Prominenten, die man so gerne gesehen hätte, in Paris stattfindet. Und zwar am Abend des Hochzeitstages, weshalb das Brautpaar auch nicht viel Zeit hat, denn um 17.20 Uhr geht das Flugzeug von Berlin an die Seine.

Wie schon bei der ersten Hochzeit im Jahr 1966 ist die Mutter bei der eigentlichen Trauung ihrer Tochter nicht dabei, und wieder ist Romy Schneider wie damals, als sie Harry Meyen heiratete, schwanger. Damals hatte Magda Schneider allerdings erst nach dem Ereignis davon erfahren, diesmal wird sie zwei Tage zuvor von Romy zur Hochzeitsfeier nach Paris eingeladen, die am Abend des 18. Dezember in Jean-Claude Brialys Restaurant „L’Orangerie“ stattfindet. Wieder Blitzlichtgewitter der Fotografen; diesmal gibt es außer Romy Schneider und

Daniel Biasini wenigstens etwas zu sehen, denn viele Produzenten sind gekommen, Filmagenten und Modemacher, auch ihr Lieblingsregisseur Claude Sautet ist da und natürlich Helmut Berger, der brüderliche Gefährte aus dem *Ludwig-II.*-Film. Romy Schneiders Mutter ist ganz begeistert von der gepflegten Bürgerlichkeit ihrer neuen Verwandtschaft, den Eltern von Biasini und seinem jüngeren Bruder Charles. Magda Schneider muß mit ihrem Lebensgefährten Horst Fehlhaber, einem ehemaligen Kameramann, den sie bei einer Fernsehserie kennengelernt hat, im Hotel übernachten, zu Hause will Romy Schneider mit ihrem Mann und ihrem Sohn David allein sein.

Wenige Wochen später – das neue Jahr hat kaum begonnen – fährt Romy Schneider mit ihrem Mann im Bentley auf einer Landstraße Richtung Paris. Sie ist nicht angeschnallt. Bei einem Auffahrunfall wird sie gegen die Windschutzscheibe geschleudert, erleidet außer einem Schock aber nur leichte Verletzungen. Im Krankenhaus allerdings beginnen Blutungen. Sie verliert ihr Kind durch eine Fehlgeburt. Abenteuerliche Spekulationen, Biasini habe den Unfall durch wildes Fahren provoziert, zeigen zwar, wie man Romy Schneiders Ehemann einschätzt, entbehren aber jeder Grundlage.

Bevor sie mit ihrem nächsten Film beginnt, *Die Frau am Fenster*, reist Romy Schneider wieder nach Quiberon, um ein paar lästige Pfunde loszuwerden. Sie hat immer gern gegessen, und ihre Lieblingsgetränke, Bordeaux und Champagner und manchmal Cognac, sind nicht kalorienarm. Aber stets hat sie mit geradezu preußischer Disziplin rechtzeitig vor Dreharbeiten abgespeckt, bis „mein Kampfgewicht" erreicht war. Das Wort „preußische Disziplin" konnte sie gar nicht hören, Preußentum war für die geborene Österreicherin der Inbegriff des militaristischen Deutschtums. Der Fotograf Giancarlo Botti hat am eigenen Leib erlebt, wie sehr sie diese Begriffe haßte. Bei einem Abendessen während der Böll-Verfilmung *Gruppenbild mit Dame* hatte er ganz harmlos Romy Schneider gelobt und ihre preußische Stärke bewundert. Daraufhin goß sie ihm heißen Glühwein über die Hand, beschimpfte ihn wütend, rannte nach draußen, kam wieder mit einer Handvoll Schnee und warf ihm den ins Gesicht.

Der Streit mit dem italienischen Fotografen war schnell wieder vergessen; wie immer taten ihr die Ausbrüche schon kurze Zeit später leid. Außerdem mochte sie Botti; er war einer der wenigen Fotografen (wie auch der Deutsche Robert Lebeck), denen sie vertraute, weil sie sicher war, nie unvorteilhaft „abgeschossen" zu werden. Botti durfte Romy

Schneider auch nackt fotografieren, was sie selbst vorgeschlagen hatte, als er für einen Porträtauftrag der französischen Zeitschrift *Elle* bei ihr war: „Sie hatte keine Komplexe, obwohl sie ja wußte, daß sie nicht wie eine Skulptur gebaut war. Auch bei ihren Nacktszenen in Filmen war sie ja völlig frei und ohne Hemmungen. Sie war nicht perfekt, klar, aber sie war sehr anziehend." Die beiden reden viel, trinken Champagner, hören Musik. Er fotografiert sie fast die ganze Nacht hindurch, und die Aufnahmen, die er macht, gefallen ihr. Jedes Foto, das veröffentlicht wird, muß vorher von ihr freigegeben werden. „Sie sah sich so, wie die Männer, die das Glück gehabt haben, mit ihr zu schlafen, sie gesehen haben, und sie fand sich sehr schön", so Botti.

Während Romy Schneider in Quiberon ihre Diät durchleidet, bleibt Biasini in Paris. Wie schon bei Harry Meyen hat die Ehefrau ihre Beziehungen spielen lassen und ihrem jungen Mann Termine bei französischen Film- und Fernsehproduzenten besorgt. Man will ja später eine eigene Firma gründen und eigene Stoffe verfilmen, nach Drehbüchern von Biasini. Sie glaubt ihn bei der Arbeit, zumal sie ihm auch eine teure Kameraausrüstung gekauft hat, als er angedeutet hatte, vielleicht als freier Fernsehreporter Geld zu verdienen, harte Reportagen in Beirut zu machen oder in den Vereinigten Staaten. Biasini allerdings ist lieber in den Nachtclubs von Paris, arbeiten kann man ja ein andermal. Immerhin kümmert er sich intensiv um David, hilft ihm bei den Schularbeiten, geht mit ihm zum Sport, weiß Antworten auf seine Fragen. Der Junge, der in dieser entscheidenden Phase seines Lebens ohne Vater aufwächst und meist auch ohne Mutter, weil die Geld verdienen muß und bei Dreharbeiten nicht gestört werden darf, schließt sich eng an Biasini an und akzeptiert ihn als Vater-Ersatz.

Unter der Regie von Pierre Granier-Deferre und erneut mit Philippe Noiret, dem Partner aus dem *Alten Gewehr* – einem Film übrigens, der in Frankreich sämtliche Besucherrekorde brach –, spielt sie wieder eine politische Rolle, die Margot Santorini in *Die Frau am Fenster*. Nach der Jüdin, die in *Le Train* vor den Deutschen fliehen muß, nach der Französin, die im *Alten Gewehr* von der SS vergewaltigt und ermordet wird, ist sie diesmal eine Diplomatengattin, die im faschistisch beherrschten Griechenland einem von der Polizei verfolgten Widerstandskämpfer Unterschlupf gewährt, sich in ihn verliebt und ihm die Flucht ermöglicht. Die Buchvorlage stammt von Pierre Drieu La Rochelle, und dort

Auf einem Filmball in München mit Daniel Biasini, den sie 1975 heiratete

wird die Margot beschrieben: „Es war da ein Rätsel um diese schöne junge Frau, die ein wenig wienerisch war, aber noch viel mehr pariserisch . . ., und eine Kraft in diesem weichen Körper." Eine Beschreibung, die auch auf Romy Schneider paßt.

„Ich bin nicht so politisch wie Jane Fonda", sagte Romy Schneider einmal, als ob sie sich entschuldigen müßte. Manche ihrer Filme jedoch, gerade die wichtigen, waren sehr politisch und wurden in Deutschland sogar in den Nachrufen auf den Star vergessen. Man mag kaum an Zufall glauben, da es ausgerechnet die Filme waren, in denen die Deutschen oder die Faschisten die Bösen waren. Und es ist sicher auch kein Zufall, daß die angeblich so deutsche Romy Schneider nie auf der Seite derer eingesetzt wurde, die andere unterdrückten und vernichteten. Auch ihr ganz persönliches Engagement in solchen Rollen wurde ihr in Deutschland verübelt. Da blieb sie teils kaisertreue Sissi, teils französische Hure, teils tragisch liebende Frau, mehr nicht.

Für den Herbst 1976 akzeptiert Romy Schneider die Rolle der Leni in der Verfilmung von Bölls *Gruppenbild mit Dame*. Bevor sie für die Dreharbeiten nach Deutschland fährt, verlebt sie einen unerträglich heißen Sommer in St-Tropez, dreht nach Außenaufnahmen in Griechenland die letzten Szenen der *Frau am Fenster* in Rom und spielt eine kleine Rolle in Claude Sautets neuem Film *Mado*. Ihre Szene mit Michel Piccoli dauert nicht lang, prägt aber die Erinnerung an diesen Film. Sie liegt als Helene mit verquollenem Gesicht, erschlagen von Tabletten und Alkohol, noch am frühen Nachmittag im Bett, als Piccoli (Simon) sie nach dem Selbstmord ihres Mannes besucht. Romy Schneider spielt ungeschminkt und ungeschützt, zeigt das verwüstete Gesicht einer unglücklichen Frau, kein Hauch von der erotischen Ausstrahlung in ihren anderen Filmen. Zwischen Tränen, Selbstvorwürfen und Anschuldigungen schwankend, hat sie in dieser Szene ein Stück von sich selbst preisgegeben. Das erkennen auch die französischen Kritiker: „Romy Schneider ist großartig" *(Le Nouvel Observateur)* oder „Romy Schneider ist sensationell. Sie hat recht, wenn sie diese Szene als eine der schönsten bezeichnet, die je für sie geschrieben wurden" *(France-Soir)*. In Deutschland geht der Film fast unregistriert von Publikum und Kritik unter.

Romys erste Begegnung mit dem deutschen Film nach vielen Jahren findet noch in Paris statt. Sie bekommt Besuch von einem der Produktionsleiter des Sechs-Millionen-Mark-Projekts *Gruppenbild mit Dame*, dem alerten Enddreißiger Hans Brockmann. Er kann seine Aufregung angesichts des großen Stars, den er noch nie gesehen hat, nur mühsam durch professionelle Anmerkungen zu Drehbuch und Ablauf der Dreharbeiten überspielen. Er spricht von der großen Chance des Films und von dem großen Etat. Endlich mal wieder großes Kino in Deutschland machen. Romy Schneider macht ihm klar, daß sie keinen Publicityrummel wünscht und keine Interviews geben wird. Später wird sie von ihrer Freundin Christiane Höllger, die für diesen Film die Pressearbeit übernommen hat, dann doch zu Gesprächen mit dem *Stern* und *Emma* überredet.

Kaum in Berlin angekommen, wo im Oktober die Dreharbeiten beginnen, wird sie auf Schritt und Tritt verfolgt und fotografiert. Von Anfang an gibt es Schwierigkeiten bei der Produktion. Der jugoslawische Regisseur Aleksandar Petrovic, der mit seinem Erstling *Ich traf sogar glückliche Zigeuner* 1976 in Cannes den Spezialpreis der Jury gewonnen hatte, ist nach Romy Schneiders Auffassung mit einer solchen Riesenproduktion überfordert. Sie findet keinen Halt an ihm. Sie kann ihm auch nicht verzeihen, daß er ihr erst nach Unterzeichnung des Vertrages gesagt hat, daß Heinrich Böll für die Rolle der Leni am liebsten Angela Winkler gehabt hätte, die in der *Katharina-Blum*-Verfilmung die Hauptrolle gespielt hat. Sie ist persönlich verletzt, denn nach der Lektüre von *Gruppenbild mit Dame* hat sie sich geradezu identifiziert mit der Leni Gruyten in Bölls Roman, die gegen alle Vorurteile und Konventionen so lebt, wie es ihr gefällt, und über den Augenblick nicht hinausdenkt. Eine Frau, deren Geschichte auch ein Stück deutscher Geschichte ist, so wie Romy Schneider ihre Biographie stets als deutsch empfunden hat: „Leni ist sehr deutsch. Leni ist eine Person, die mir sehr nahesteht. Sie holt nur aus sich selbst heraus. In diesem Sinne würde ich mich auch sehr deutsch nennen. Hart, präzise, gut sein wollen, das sind Eigenschaften, mit denen es sich schwer leben läßt." Und sie hat sehr gut verstanden, daß Böll den Franzosen und den Italienern ganz andere Fähigkeiten zuschreibt als den Deutschen, nämlich die, richtig leben zu können: „Einer der Gründe, weshalb auch ich als Deutsche gern in Frankreich bin."

Eben weil sie sich vor den Dreharbeiten verraten und während der Dreharbeiten allein gelassen fühlt und sogar aggressiv reagiert, als ihr Mann sie besucht und ihr kühl rät, das Ganze einfach professionell durchzuziehen, so schlecht sei die Gage doch nicht, bemüht sie sich um ein Gespräch mit Heinrich Böll. Als Petrovic ihr sagt, daß Böll inzwischen seine Meinung geändert habe und mit ihr einverstanden sei, nachdem er *Das Mädchen und der Kommissar* angeschaut habe, glaubt sie ihm das nicht. Aber einfach nur nach Köln fahren und den Nobelpreisträger besuchen, das traut sie sich nicht. Schon in Paris hat sie mit Entwürfen eines Briefes begonnen, immer wieder verbessert und durchgestrichen, den sie an Böll schreiben wollte. Sie verbessert und ergänzt den Brief immer wieder und schickt ihn erst endgültig ab, als schon einige Wochen der Dreharbeiten vorbei sind und sie sich erst recht im Chaos der täglichen Produktionsabläufe allein gelassen fühlt. Im Dezember lädt Böll Romy Schneider nach Köln ein, in die Stadt, von der sie nur die verkrusteten Blatzheim-Schneider-Zeiten ihrer Kindheit in Erinnerung hat und in die sie eigentlich nie mehr zurückwollte. Sie ist aufgeregt wie ein Schulmädchen, hat zwei Flaschen französischen Rotwein unter dem Arm, und einen Adventskranz bringt sie auch mit. Böll empfängt sie in seinem einfachen Wohnzimmer, der Adventskranz wird aufgestellt, die Kerzen werden angezündet, der Dichter spricht davon, daß er im Moment ein „bißchen müde und kaputt sei", was Romy Schneider nachempfinden kann. Ihr geht es genauso. Sie rauchen und trinken und reden, Romy Schneider erzählt von den Dreharbeiten, und er spricht von Leni. Sie diskutieren über Deutschland, so ein bißchen sei auch Böll wie sie ein Dissident, notiert sie später. Es war alles ganz normal und angenehm, erzählt sie ihrer Freundin in der Nacht am Telefon. Beruhigt fährt sie zurück zu den Dreharbeiten, die im österreichischen Zwettl beendet werden. Daniel Biasini besucht sie dort. Auf einem Foto aus dieser Zeit sieht man Romy Schneider zu Füßen ihres lässig im Schaukelstuhl rauchenden Ehemannes sitzen. Der *Stern* beschreibt sie und ihre Rolle in der Produktion in einer leisen, behutsamen Geschichte. Auf dem Titelblatt erscheint sie, geschminkt als fünfundsechzigjährige Leni, fotografiert von Robert Lebeck, den sie seit dieser Zeit zärtlich und vertrauensvoll „Lebo" nennt.

Von einer anderen Begegnung mit Romy Schneider schreibt wenig später Alice Schwarzer in *Emma*: „Was für ein entwaffnendes Nebeneinander von Dominanz und Demut, von Intelligenz und Irrationalität. Sie ist eine Frau, die Karriere gemacht hat, ist berühmt, tüchtig und reich und träumt von der großen Liebe, einem Menschen fürs Leben, dem zweiten Kind und selbstgestrickten Pullovern. Eines schließt das andere aus. Heute. Aber sie will beides . . . Sie ist einer der absolutesten Menschen, denen ich je begegnet bin. Hier! Heute! Jetzt! Sofort! Alles! Oder nichts . . . Sie hat die Radikalität eines Kindes. Sie ist nicht räsonabel, sie hat sich nicht zur Räson bringen lassen . . ."

<u>Links und unten:</u> **Dreharbeiten zu dem Film *Gruppenbild mit Dame* 1976 in Berlin. Daniel Biasini kam zu Besuch, um Romy zum Durchhalten zu ermuntern.**

Einen drehfreien Tag nutzte Romy, um Heinrich Böll, den Autor von *Gruppenbild mit Dame,* in Köln zu besuchen.

Die Dreharbeiten enden, wie sie angefangen haben, im Chaos. Oft wird das Drehbuch quasi während der Aufnahme der betreffenden Einstellung geändert, manchmal müssen die Schauspieler stundenlang warten, bis sich der Regisseur endlich entschieden hat. Die Schlußszene wird in zwei Variationen geprobt, auch hier dauert die Entscheidung unendlich lange. Der Film, in den Romy Schneider so viele Hoffnungen setzte, wird von der Kritik gnadenlos verrissen: „Schlecht ausgeleuchtete Nahaufnahmen . . . konfus und dilettantisch . . . Ähnlichkeiten mit der literarischen Vorlage rein zufällig . . . ärmliche Abschreibungsproduktion . . . Nachsynchronisation, die offenbar in der Waschküche hergestellt worden ist . . ." (*Die Zeit*).

Einzig Romy Schneider als Leni wird gelobt. Zu Recht erhält sie für ihre Rolle 1977 den Bundesfilmpreis in Gold als beste Darstellerin des Jahres. Den ersten und einzigen Preis, den sie in Deutschland je bekommen hat, holt sie allerdings nicht selbst in Berlin ab. Die Ärzte haben ihr die Reise verboten. Denn Romy Schneider, achtunddreißig Jahre alt, ist wieder schwanger.

IX

DASS Romy Schneider 1977 keine Einnahmen hat außer ein paar Restzahlungen für längst abgedrehte Produktionen, liegt nicht etwa an fehlenden Angeboten. Davon gibt es genug. Doch ihre Schwangerschaft verläuft kompliziert („Ich bin froh und habe zur selben Zeit Angst vor meiner eigenen Courage", schreibt sie einem Freund in Deutschland), und sie will nichts riskieren. Deshalb lehnt sie alle Offerten und Anfragen ab, liest aber schon Drehbücher, die im kommenden Jahr realisiert werden sollen.

Ihr Arzt hat sie zur Vorsicht gemahnt, weil in ihrem Alter und angesichts ihres allgemeinen körperlichen Zustandes eine Geburt nicht unproblematisch sein wird. Daß aus ihrer Sehnsucht nach Ruhe eine fast anderthalbjährige Filmpause werden sollte – die Dreharbeiten zu ihrem nächsten Film *Eine einfache Geschichte* beginnen erst im Frühsommer 1978 –, ahnt sie natürlich nicht. Ums Geld muß sie sich keine Sorgen machen, glaubt sie, das ist ja gut angelegt.

In der Vorfreude auf ein zweites Kind zieht sich Romy Schneider aus der Öffentlichkeit zurück. Die wenigen Meldungen und Artikel, die bis zur Geburt von Sarah erscheinen, sind denn auch mehr von der Phantasie der Reporter geprägt als von tatsächlichen Ereignissen. Je weniger Romy Schneider sagt, desto mehr wird getürkt (so nennt man in der Zeitungsbranche die Last, Geschichten zu erfinden).

König des Türkens ist Anfang des Jahres ein gewisser Jörg Bobsin. Im *Neuen Blatt* wird unter der Überschrift „Die schweren Schicksalsschläge der letzten Zeit ließen mich fast verzweifeln" ein Interview mit Romy Schneider veröffentlicht, das der sogenannte Autor im Dezember 1976 mit ihr geführt haben will. Romy Schneider zieht gegen diese Veröffentlichung vor Gericht, denn: „Alles total erlogen!"

Die Lektüre der folgenden juristischen Auseinandersetzung zeigt die widerliche Unverfrorenheit, mit der manche Journalisten mit dem „Stoff Romy Schneider" umgingen. Romy Schneider bekommt in allen Punkten recht, der Bauer-Verlag muß 5000 Mark zugunsten einer Stiftung notleidender Künstler überweisen, weil der Star das Geld nicht für sich haben will.

Es scheint unwichtig, sich mit einem Jörg Bobsin näher zu befassen. Aber gerade solche Details machen verständlich, warum die Schauspielerin sich von vielen Blättern verfolgt fühlte, und daß sie tatsächlich rücksichtslos verfolgt wurde. Sie machen deutlich, warum sie trotz aller juristischen Gegenmaßnahmen unter diesen weitverbreiteten Lügen (denn einer schrieb vom anderen ab) so gelitten hat. Auch die vielen Journalisten, die sich ihrer auf ihre Weise bedient haben, tragen eine Mitschuld an Romy Schneiders frühem Tod.

Selbst die letzte Meldung vor der Geburt von Sarah, scheinbar seriös, weil es um Finanzen ging, hat mit der Wirklichkeit nichts zu tun. Romy Schneider sei nun im Klub der Millionäre, ist zu lesen, die einzige Schauspielerin in Frankreich, die pro Film eine Gage von über einer Million Mark bekäme. Man weiß es sogar genau: „Die Deutsche kassiert pro Film die stolze Summe von 1,25 Millionen Mark." Man könnte über solche Meldungen achselzuckend hinweggehen. Aber auch Finanzbeamte lesen Zeitung, und die sind dann, wenn es um Steuerzahlungen geht, nur schwer davon zu überzeugen, daß nicht stimmt, was sie doch schwarz auf weiß gelesen haben. In den bald beginnenden Briefwechseln mit der französischen Steuerfahndung wird denn auch auf solche und andere Berichte Bezug genommen. Vor allem die angebliche Überweisung von zehn Millionen Mark, Gagen der *Sissi*-Filme, zu ihrem vierzigsten Geburtstag – „jetzt bekommt Romy das Geld, das ihr Stiefvater Blatzheim für sie angelegt hat" –, sorgt später bei den Behörden für Vorfreude auf fette Einnahmen. Natürlich stimmt auch an dieser

Meldung nichts außer dem Namen Romy Schneider, und natürlich beeilt sich die Zeitung, in einer schriftlichen Erklärung zu versichern, so etwas nie wieder zu behaupten („offenbar sind wir einer falschen Information zum Opfer gefallen"). Aber wie bei allen Falschmeldungen bleibt auch diesmal etwas hängen und trägt bei zum Bild des millionenschweren Stars, der die Steuer betrügt.

Tatsache aber ist, daß Romy Schneider trotz ihrer auch an der Kasse erfolgreichen Filme nur ganz selten eine Gage von über einer Million bekommen hat, Francs wohlgemerkt und nicht Mark. Bei ihren Entscheidungen war nie das Geld ausschlaggebend, sondern die Qualität der Drehbücher oder eine Geschichte, die sie reizte. Im Gegensatz zu vielen ihrer französischen Kollegen war Romy Schneider auch nicht an den Einspielergebnissen ihrer Filme beteiligt. Für ihre letzten Filme in den frühen achtziger Jahren ist sie sogar weit unter ihrem Marktwert als europäischer Spitzenstar bezahlt worden, weil die Produzenten ganz brutal ihre Unsicherheit nach den privaten Katastrophen ausgenutzt haben und aus den Selbstzweifeln Romy Schneiders Kapital schlugen.

Den Beginn des Sommers verbringt Romy Schneider mit ihrem Mann und David noch in Paris; natürlich vergißt sie manchmal die strengen Diät-Vorschriften, raucht weiterhin und trinkt – wenn auch nicht viel – Wein oder Champagner. Tabletten allerdings nimmt sie keine, denn wenn sie nicht unter dem Druck von Dreharbeiten steht, wenn sie keine chaotischen privaten Verhältnisse zu bewältigen hat, ist Romy Schneider „gesund wie ein Mädchen vom Lande". Erst im Juni zieht sie mit ihrer Familie an die Riviera, nach St-Tropez. Ihre Mutter bewohnt inzwischen das Haus der Tochter in Paris, in der Rue Berlioz, man telefoniert regelmäßig. Romy Schneider fühlt sich in Südfrankreich zu Hause, und was in Deutschland passiert, vor allem die terroristischen Attentate der Rote-Armee-Fraktion und die daraufhin beginnende Hysterie des Staates, erfährt sie nur aus den Zeitungen. Sie hat die wenigen Kontakte zu Freunden in Deutschland einschlafen lassen. Sie liegt in der Sonne und liest – Brecht, Handke, Fontane, Fitzgerald –, geht nackt schwimmen, damit das Kind in ihrem Bauch das Wasser „direkt spüren kann", und schläft viel. Wenige Restaurantbesuche, keine Partys. Auch wenn ihr Mann zu dringenden Terminen nach Paris muß und Bekannte am Telefon erzählen, sie hätten ihn in einem Restaurant mit irgendeinem Mädchen gesehen, bleibt sie gelassen. Sie vertraut ihm und weiß, daß er sich auf das Kind genauso freut wie sie.

Mitten im heißen Sommer geht es ihr schlechter, sie wird in ein kleines Krankenhaus bei St-Tropez eingeliefert und muß wochenlang still liegen, um jedes Risiko einer Frühgeburt auszuschließen. Einen Kaiserschnitt kann man erst im siebten Monat wagen. Wie alles, was sie wirklich will, schafft Romy Schneider auch diese Tortur. Am 21. Juli 1977 wird Sarah Magdalena geboren (Sarah, weil der Name so gut zu David paßt, Magdalena nicht nur nach dem Namen ihrer Mutter, auch Romy heißt ja eigentlich Rosemarie Magdalena). Biasini und seine Frau sind „ganz verrückt vor Freude", wie der Vater verkündet, aber zunächst muß Sarah noch fast zwei Monate lang im Brutkasten bleiben. Romy Schneider wird ins Krankenhaus nach Nizza verlegt, das technisch besser ausgestattet ist. Daß Magda Schneider ihre Tochter von Paris aus nicht besucht, erklärt sie so: „Weil mir meine Ärzte jede Aufregung verboten hatten – wegen meines Herzinfarkts 1971."

Erst im September kann Romy Schneider mit ihrer kleinen Tochter nach Paris zurückkehren: „Ich bin froh, daß das Kind gesund zur Welt gekommen ist. Aber ich bin auch sicher, daß es mein letztes sein wird." Da es keines der berühmten Starfotos – strahlende Mutter mit neugeborenem Kind – gibt, wuchern sofort die Spekulationen. Ist Romy Schneiders Tochter Sarah krank? Warum versteckt sie ihr Kind? Auch der Star selbst läßt sich nicht blicken, aber das hat andere Gründe. Sie will erst ihre Diät beenden, bevor sie wieder in der Öffentlichkeit auftritt. Keiner soll eine fettgewordene Madame sehen. Zur Premiere von Françoise Dorins Stück *Si t'es beau, t'es bon* im Théâtre des Arts Hébertote am 21. September 1977 erscheint zu Ehren des Hauptdarstellers und Freundes Jean-Claude Brialy eine strahlende, schöne Romy Schneider.

Die Familie lebt nun in Paris ein fast normales Leben – wenn man davon absieht, daß jeder Schritt in der Öffentlichkeit beobachtet und beschrieben wird. Bevor sie aus dem Haus geht, schaut Romy Schneider zunächst aus dem Fenster und prüft, ob keine Fotografen lauern. Eine Vorsichtsmaßnahme, die ihr zur Gewohnheit geworden ist. Da Romy Schneider keine Interviews gibt – „Ich drehe derzeit nicht, also gibt es nichts zu erzählen, und über mein Privatleben rede ich nicht, das geht keinen was an" –, bleibt ihre gesprächige Mutter die einzige Hoffnung der Boulevardjournalisten. Magda Schneider gibt *Bild* eine plausible Erklärung für Romys Verhalten: „Sie hat furchtbare Angst vor einer Entführung." Und weiter: „Die Kleine ist pumperlg'sund, wiegt zwanzig Pfund, hat dicke Pausbäckchen, große blaue Augen und schon neun Zähne. Und Mama sagen kann sie auch schon. Ein süßer Fratz."

Nach solchen mit Magda-Zitaten gespickten Artikeln herrscht immer wieder wochenlang Funkstille zwischen Mutter und Tochter. Die Beteuerung, man sei halt naiv auf den netten Anruf eines netten Menschen hereingefallen, mag Romy Schneider nicht mehr akzeptieren, auch das hört sie als Entschuldigung ja nicht zum erstenmal. Zu oft auch hat sie in solchen Streitigkeiten zurückgesteckt, weil Mutter Magda mit Hinweis auf ihr schwaches Herz immer wieder erfolgreich intensiven Gesprächen ausgewichen ist.

An der Riviera findet Romy Schneider 1978 ein Haus, in dem sie leben möchte. Sie kauft in Ramatuelle eine Villa, und die Familie zieht um. Auch David, der perfekt Französisch spricht, geht dort zur Schule. Daniel Biasini arbeitet an einem Drehbuch, wie seine Frau stolz erzählt. Sie bereitet sich auf einen neuen Film vor, macht also zunächst wieder eine Abmagerungskur im „Diététique Hôtel" in Quiberon und läßt dann sicherheitshalber in einem Krankenhaus in Paris einen gründlichen Check-up durchführen. Mit ihrem Lieblingsregisseur Claude Sautet wird Romy Schneider *Eine einfache Geschichte* verfilmen, genau der richtige Stoff nach so einer langen Pause. Die Rolle der Marie empfindet sie als ideal, weil sie wieder einmal Parallelen zur eigenen Biographie entdeckt hat. Sautet: „Ich wollte einen Charakter zeichnen. Inspiriert zum großen Teil durch den wahren Charakter Romy Schneiders, mit dieser Sprödigkeit, die mich immer frappiert hat, dieser Art von Stolz im Alltäglichen, dieser Würde, die sie auf eine ganz persönliche Art und Weise zeigt. Sie ist gleichzeitig Emotion und Spannkraft, Panik und Heiterkeit, vor allem aber besitzt sie Stärke. Sie hat eine Art von Anständigkeit, die aus ihr selbst herausstrahlt und die sie unabhängig macht." Romy Schneider spielt eine geschiedene vierzigjährige Frau, die sich gerade von ihrem Geliebten trennt und das Kind, das sie von ihm erwartet, abtreibt. Mit ihrer Mutter kann Marie nicht über ihre Probleme reden (auch hier die Parallele zum Leben der Romy Schneider), die versteht sie nicht, und ihr halbwüchsiger Sohn hat eigene Sorgen in seiner eigenen Welt. Ihre Freundinnen helfen, und wenn sie mit denen zusammen ist, lebt sie auf. Marie trifft sich mit ihrem Exmann, und dabei geht es zwischen den beiden viel lockerer zu als während ihrer Ehe, weil jeder sein eigenes Leben entdeckt hat. Sie schlafen miteinander, und sie erwartet sogar ein Kind von ihm. Wie es weitergeht, weiß sie nicht, und auch der Zuschauer erfährt es nicht. Das übliche Kino-Happy-End fehlt bei dieser einfachen Geschichte. Romy Schneider über Sautet: „Er hat mir meine Angst, meine Enttäuschungen genommen . . . er hat mir etwas über mich selbst beigebracht."

Während der Dreharbeiten kümmert sich Daniel Biasini intensiv um die Kinder und den Haushalt. Vor allem David weicht ihm nicht mehr von der Seite; er hat einen neuen Vater gefunden, der ihn mitnimmt bei Bootsfahrten aufs Meer, der mit ihm Motorrad fährt, der ihm spannende Abenteuer aus Amerika erzählt. Wenigstens in der Beziehung zu David kann sich Daniel Biasini so geben, wie er ist. Biasini nimmt seine Rolle als Vater ernst. Mit Babys wie Sarah kann er noch wenig anfangen.

Das übrigens wird sich später, nach Romy Schneiders Tod, ändern, als Sarah zum Vater zieht, genauer: zu seinen Eltern, und dort aufwächst. In schöner Regelmäßigkeit werden dann Fotos von Vater und Tochter veröffentlicht. Daniel Biasini geht mit der von Romy Schneider so gehaßten Presse sehr viel lockerer um, wenn sie das glaubt, was er erzählt, also keine unerlaubten Fragen stellt, und breitet bereitwillig das Privatleben seiner Tochter aus. Die Dauer-Serie in *Paris Match*, die unter dem stets wiederkehrenden Motto steht: Ach, wie gleicht Sarah doch der unvergessenen Romy, beginnt 1983. Da erzählt dann Daniel Biasini, wie er in einer langen Unterhaltung Sarah erklärt hat, daß ihre Mutter nie wiederkehrt: „Schritt für Schritt entdeckt sie in meinen Schilderungen ihre Mutter. Und ich in Sarah meine zweite Romy." Entsprechend rührende Fotos zeigen Sarah mit Papa im Swimmingpool, beim Kartenspielen, beim Essen, auf dem Motorrad und beim Zubettbringen. Das Weihnachtsfest 1984 verbringt Daniel Biasini mit Sarah in Tirol. Die Fotografen von *Paris Match* dürfen natürlich dabeisein und am 11. Januar 1985 stolz ihren Lesern davon berichten. Diesmal ist Sarah „das unsterbliche Gesicht von Romy", sie muß berichten, wie sehr sie es mag, wenn ihr Papa von Mama erzählt, man sieht sie bei der Schneeballschlacht, beim Frühstück, malend, etc. Fast anderthalb Jahre dauert es, bis wieder die frappierende Ähnlichkeit mit der Mutter festgestellt wird, und wieder auf dem Titel. Diesmal, im Juni 1986, sind Vater und Tochter in Marokko. Bei der Reportage über eine Safari in Kenia, im März 1987, sind schon drei glückliche Menschen zu sehen – Sarah Biasini, Daniel Biasini und seine Lebensgefährtin Gabriella Heidrich, ein deutsches Mannequin, mit dem er „seit drei Jahren lebt". Mit ihr, erfährt man, spricht das Kind deutsch, und natürlich reden sie oft über Sarahs Mutter. In der Bildergeschichte vom August 1989 aus St-Tropez ist Gabriella schon wieder verschwunden, hier „lächelt Sarah wie Romy, hat die Schönheit ihrer Mutter", ist aber am Ende der Beschreibung (die Fotos zeigen diesmal Sarah und Vater beim Einkaufen, auf dem Markt, auf einem Boot) ein „ganz normales Mädchen namens

Sarah Biasini". In dieser Ausgabe von *Paris Match* erklärt der sorgende Vater, daß er „nichts dagegen hat, wenn sie Schauspielerin werden will". Das Weihnachtsfest 1990 verbringen die beiden, wie man wiederum in einer Titelgeschichte von Januar 1991 erfährt, in der Suite des berühmten Hotels Royal Monceau in Paris, beim Dinner im Restaurant Maxim, und wieder sind wir dicht dabei. Wichtigste Neuigkeit: Romys Tochter will nicht mehr Schauspielerin werden, sondern Jura studieren.

Sechs Titelgeschichten seit 1983 können kaum Zufall sein, darf vermutet werden. Bis zu „60 000 Mark bezahlen Bildagenturen für einen Termin im Hause Biasini", berichtet undementiert das *Hamburger Abendblatt.* Was aber trotz des hohen Honorars für alle Beteiligten ein Geschäft sein kann, denn die Agentur, die exklusiv die Fotos von Vater und Tochter machen darf (und ein Ende ist nicht abzusehen, solange Sarah ihrer Mutter gleicht), verdient gut am Weiterverkauf dieser Bilder, nachdem sie in *Paris Match* erschienen sind. Solche Fotos, zusammen natürlich mit Fotos von Romy Schneider, werden europaweit gerne gedruckt. Biasini sieht das unter ganz anderen Gesichtspunkten: „Nach dem Tod Romys fielen Journalisten aus aller Welt über Sarah her – sogar in der Schule. Die Leute wollen diese Geschichten lesen, weil sie Romy verehren. Ich kann ihnen Sarah nicht vorenthalten. So haben wir etwas für die Presse getan, und Sarah hat die übrigen einundfünfzig Wochen des Jahres Ruhe . . ." Nur böse Menschen könnten da auf den Gedanken kommen, daß auch die Tochter von Romy Schneider ausgebeutet wird.

Romy Schneider muß für die Produktion der *Einfachen Geschichte* ihre Familie in Ramatuelle wieder allein lassen – Kindermädchen Bernadette, Nadou genannt, versorgt Sarah, Angestellte kümmern sich um Haus und Garten. Aber es gibt Probleme in der sommerlichen Idylle, denn David möchte zurück in die Großstadt, zurück zu seinen Freunden. Als dann zwei Jahre später seine Mutter das Haus in Südfrankreich vor allem seinetwegen wieder verkauft und zurückzieht nach Paris, setzt er nach wenigen Monaten in Paris, in denen er mit Daniel Biasini und Sarah meist allein ist, sogar noch mehr durch – daß er bei Biasinis Eltern im kleinen Ort St-Germain-en-Laye außerhalb von Paris wohnen und dort zur Schule gehen darf. Die Probleme, die dadurch zwischen Mutter und Sohn entstehen, eskalieren aber erst, als sie sich 1981 von Biasini trennt. Da wird David seiner Mutter ihren neuen Liebhaber vorwerfen, da wird er, in aggressiver Verzweiflung, unter dem erneuten Zusammenbruch der Familie leiden. Seinen echten Vater hat er nie vergessen; er hat alle Fotos gesammelt, die er von Harry Meyen bekommen konnte, aber er hat ihn zu selten gesehen in den Jahren, die für seine Entwicklung so wichtig waren. Auf den wenigen Bildern, die von David zwischen 1975 und 1979 veröffentlicht werden, sieht er immer ernst aus, fast traurig. Nur ein einziges gibt es, auf dem er richtig fröhlich lacht.

Als Claude Sautets *Eine einfache Geschichte* in Paris Premiere hat, sind die Filmkritiker begeistert. Der *Nouvel Observateur* wird geradezu blumig: „Wie soll man bei dem Niveau, das Sautet, Dabadie, Jean Boffety bei der Aufnahme, Philippe Sarde in der Musik und die Schauspieler – Romy Schneider in ihrer schönsten Rolle, in der tiefgründigsten und aktuellsten, die man einer Schauspielerin angeboten hat – erreicht haben, noch von einem Film sprechen, da es ein Werk ist, das sich mit der Wucht eines Orchesters im Herzen festsetzt?“ Wenige Monate später, im Februar 1979, bekommt Romy Schneider zum zweitenmal in ihrer Karriere den begehrten französischen César als beste Schauspielerin des Jahres.

Bei den Dreharbeiten zu Terence Youngs Film *Blutspur*, den Romy Schneider nach der *Einfachen Geschichte* noch vor deren Premiere beginnt, wird gemunkelt, sie habe sich in ihren Partner Ben Gazarra verliebt. „Heißer Flirt bei kühlen Drinks – oder mehr?“ fragt *Bild* sich und seine Leser, nachdem Augenzeugen erzählt hatten, daß Romy Schneider in einer Münchner Hotelbar händchenhaltend und champagnertrinkend mit ihrem Filmpartner gesehen worden war. Was nichts bedeutete bei ihr, sie hielt bei intensiven Gesprächen mit Menschen, denen sie glaubte vertrauen zu können, oft deren Hand.

Andere Bekannte des Ehepaares Biasini berichten von Auseinandersetzungen der beiden in aller Öffentlichkeit; meist geht es um Lächerlichkeiten. Oft kann sich Romy Schneider bei solchen Streitigkeiten nur in die Attitüde des Stars retten, beleidigt ihren Mann dadurch, daß sie ihm klarmacht, wer in der Familie das Geld heranschafft und wer von beiden berühmter ist. „Wer lädt dich denn ohne mich ein zu den Filmfestspielen in Cannes? Niemand. Durch wen kennst du denn Roman Polanski oder Curd Jürgens? Doch nur durch mich.“ Sie hat nie gelernt, Differenzen mit Partnern auf gleicher Ebene auszutragen, also ohne Starallüren. Anschließend tut es ihr immer wieder leid, da überhäuft sie, gutwillig und harmoniesüchtig, wie sie dann ist, ihren Mann mit Geschenken. Aber die Abstände zwischen Streit und Versöhnung werden kürzer, die gegenseitigen Verletzungen tiefer. Später, als die Ehe schon in einem Zustand dauernden Kampfes ist, gibt es nicht nur verbale wechselseitige Wutausbrüche. Zweimal wird der vor Schrecken völlig erstarrte David erleben, wie sich seine Mutter und sein geliebter Ersatzvater vor seinen Augen prügeln.

Aber mit wem soll Romy Schneider über ihre Schwierigkeiten reden? Denen, die sie vor der Ehe gewarnt haben, will sie nicht die Genugtuung bereiten, im nachhinein recht zu behalten. Der einzige, den sie in depressiven Momenten zu Rate zieht, ist Jean-Claude Brialy, den sie voller Zuneigung Papa nannte. „Sie hatte großes Vertrauen zu mir, weil wir uns nie verraten haben, nie etwas vormachten", sagt Brialy. „Es gibt Dinge in ihrem Leben, die ich weiß, aber über die ich nie reden würde. Wenn sie erschöpft oder traurig war, rief sich mich an, aber sie war selbst dann sehr verschlossen, sehr zurückgezogen in sich. Ich war es, der sagen mußte: ‚Maman, ich fühle, daß du traurig bist, und ich will nicht, daß du traurig bist.'"

Angesichts ihres durch impulsive Entschlüsse geprägten Lebens sind auch die langen Pausen in der jahrzehntelangen Freundschaft mit ihrer deutschen Freundin Christiane Höllger erklärbar. Die Verbindung zerbrach zwar nie, lag aber oft auf Eis. Sich bei der Mutter auszuweinen oder gar Rat zu holen war sinnlos, dafür war die Beziehung durch die öffentlichen Plaudereien von Magda Schneider zu gespannt. Den Lebensgefährten von Magda Schneider, Horst Fehlhaber, mochte Romy nicht. Sicher hatte das auch Gründe, für die der arme Mann gar nichts konnte. Man könnte sie mit dem „Stiefvater-Blatzheim-Trauma" umschreiben. Im Grunde, erzählt ein alter Freund der Familie, konnten Romy Schneider und ihr Bruder Wolf Albach, der als Arzt bei München lebte, froh sein, daß ihre Mutter umsorgt wurde: „Sonst hätte sie sicher in schönem Wechsel bei ihren Kindern gelebt, mal in München und mal in Frankreich. Und beide Kinder hatten doch gar keine Zeit, sich mit ihr zu beschäftigen. Fehlhaber kümmerte sich auch um Magdas Krankheiten und half über Klippen hinweg, auch die Klippen zwischen Romy und ihrer Mutter."

Die Widersprüchlichkeiten im Wesen der Romy Schneider werden besonders deutlich in Momenten von Spannungen, von Umbrüchen. Für ihre Probleme hätte sie einen Therapeuten gebraucht, dem sie vertrauen konnte, und nicht, wie in vielen Krisen ihres Lebens, Ärzte oder Psychiater, die sie vollstopften mit angeblich beruhigenden Medikamenten, die dann wiederum neue Ängste auslösten. Sie war stolz darauf, überall in Europa begeisterte Fans zu haben, aber daß der Ruhm mit einem Verlust von Privatleben bezahlt werden mußte, wollte sie nicht akzeptieren.

Oft erschreckt sie Freunde durch eine radikale Ichbezogenheit – und im nächsten Moment beweist sie eine geradezu rührende Selbstlosigkeit, ein Unterordnen unter die Bedürfnisse und Sorgen der anderen. Theatralische Gesten einer Diva beherrscht sie seit ihren frühen Filmen, und gleichzeitig ist sie unschlagbar in der Kunst, solche Diven und Stars aufs komischste lächerlich zu machen. Sie ist eitel und selbstironisch zugleich, trägt heute teure Modellkleider und teuren Schmuck und morgen ein T-Shirt und Jeans. Sie will erkannt, aber nicht belästigt werden. Schamlos und verklemmt, weinerlich schwach und unbesiegbar zäh, chaotisch und diszipliniert – alle Beschreibungen passen auf Romy Schneider, alle sind irgendwann richtig, und alle sind irgendwann falsch. Romy Schneider war nicht nur das Opfer der anderen, sie war auch ein Opfer ihrer selbst. Sie hätte länger leben können, wenn sie ruhiger gelebt hätte. Aber sie lebte nach einer ähnlich selbstmörderischen Philosophie wie Rainer Werner Fassbinder, der kurz nach ihr starb und es so formuliert hatte: „Das mag nun jeder selbst entscheiden, ob er lieber kürzer, aber intensiver, oder länger, aber genormter leben will."

Als Romy im Februar 1979 unter Tränen und in dankbarer Sprachlosigkeit zum zweitenmal in ihrer Karriere den César entgegennimmt, ist in Hamburg ein am Leben zerbrechender Harry Meyen gerade wieder ins Krankenhaus eingeliefert worden. In der Psychiatrie der Eppendorfer Universitätsklinik soll durch eine Entziehungskur noch einmal versucht werden, den einst umschwärmten Frauenliebling und Theaterhelden von seiner Sucht zu befreien, von dieser Mischung aus Schmerztabletten, Schlaftabletten, Aufputschmitteln, Alkohol. In der Öffentlichkeit ist er schon aufgegeben, nicht mehr zu retten. Ein Versager. Ein Alkoholiker. Ein Süchtiger. Ein Geizkragen. Ein Mann ohne Zukunft. Dazu noch einer, der seine Frau um die Hälfte ihres Vermögens erleichtert hat. So genau weiß man das zwar alles nicht, aber für eine journalistische Hinrichtung reichen die Vermutungen allemal. Gern hätten die Journalisten gedruckt, was er über Romy Schneider hätte erzählen können, aber er entzieht sich. Will über Rollen reden, über Pläne. Das aber wollen die nicht hören. Hatte man doch erfahren, wie er schluckte und soff. War er nicht bei *Tatort*-Dreharbeiten in München betrunken am Drehort auf dem Boden eingeschlafen? Erzählte man sich nicht, daß er bei den wenigen Kontakten zur Außenwelt seltsam lallte, alles wiederholte, mit stieren Augen nur herumsaß?

Aber Meyen, der disziplinierte Preuße, bleibt sich auch im Unglück treu. So was macht man mit sich selbst ab, das geht keinen etwas an. Erst recht nicht die falschen Freunde, die ihn wieder an die Brust drücken, wenn er Erfolg hat. Das hält dann ein paar Wochen vor, man reicht ihn wieder herum in jenen Hamburger Kreisen, die Romy Schneider „diese Scheiß-Clique“ nannte, bis er wieder abtaucht in seine Depressionen und bleiernen Alpträume. Es gibt Tage, da sitzt er von morgens bis abends nur in seiner Wohnung und schaut in den Garten, regungslos, sprachlos, emotionslos. Dann wieder schluckt er so viele Schlaftabletten gegen die ewig kreisenden Gedanken, daß er wie ein Toter achtzehn, zwanzig Stunden durchschläft und seine Haushälterin Angst hat, er könne verhungern. Sie zwingt ihn förmlich, etwas zu essen. Er geht nur noch selten aus dem Haus, magert ab, trinkt, trinkt, trinkt. Sein Gesicht und seine Hände schwellen an, Symptome der Krankheiten Tablettensucht und Alkoholismus.

Die letzten Vertrauten, die er hat, überreden ihn, sich endlich behandeln zu lassen. Zum erstenmal drei Wochen Krankenhaus. Als er entlassen wird, sieht er rein optisch fast wieder aus wie der gute alte Harry. Aber die Sucht ist geblieben, nur ihre Wirkungen sind behandelt worden, nicht ihre Ursache. Man erinnert sich. Ist er nicht immer schon ein bißchen verrückt gewesen? Eine Freundin erzählt: „An seinem einundfünfzigsten Geburtstag hatte er uns eingeladen zu sich nach Hause. Auf dem Tisch lagen Berge von Geschenken in vielen bunten Päckchen. Dazwischen Telegramme von Prominenten, die jeder kannte. Wir waren tief beeindruckt.“ Frank Sinatras Lebenshit „I Did It My Way“ ist das Lieblingslied von Meyen, das er auch seinem kleinen Sohn schon beigebracht hat, das er selbst unaufhörlich abspielt. Mit dem berühmten Amerikaner trifft er sich angeblich immer wieder in Hotelfoyers. Auch der wünscht „Happy Birthday“, und auch das stimmt, wie alles andere, nicht. Man packt die Pakete gemeinsam aus, und die Frauen staunen über die seltsamen Geschenke – alte Pullover, abgetragene Hausschuhe, ein zerfleddertes Kochbuch. Nur Meyen ist bester Laune. Die Telegramme hat er sich selbst geschickt, die Pakete selbst gepackt.

Als ihn die Krankheit immer mehr in dunkle Tiefen reißt und kein Alkohol mehr die depressiven Gedanken vertreiben kann, zieht sich Harry Meyen Stück für Stück aus dem Leben zurück. Das Telefon wird seine einzige Verbindung zur Außenwelt. Er ruft unvermittelt und manchmal mitten in der Nacht an. Frühere Freunde. Sogenannte Freunde. Erzählt von großartigen Angeboten, die er leider ablehnen müsse, weil er keine Zeit habe. Nervt sie mit Anekdoten aus den glanzvollen Tagen in Berlin, die sie alle schon mal gehört haben. Anrufbeantworter werden eingeschaltet. Er erreicht auch am Telefon bald keinen mehr.

Wieder im Krankenhaus, und wieder leidet Harry Meyen unter dem verordneten Entzug. Er kann nicht schlafen. Seine Depressionen stürzen nun ungefiltert von Tabletten und Alkohol auf ihn ein. Er glaubt nicht mehr daran, dem teuflischen Kreislauf zu entkommen. Noch einmal nimmt er seine Kraft zusammen und spielt den behandelnden Ärzten vor, geheilt zu sein. Er war ja immer ein guter Schauspieler, die beste Besetzung für jene Stücke, die angeblich im prallen Leben spielen. Einer Freundin, der Schauspielerin Anita Lochner, verspricht er einen weiteren Aufenthalt in einem Sanatorium, in Österreich. Sie will mit ihm dorthin. Man weiß, nach dem Entzug muß die Therapie folgen, die Rehabilitation. Und dann vielleicht neue Aufgaben, ein paar Freunde in der Theaterszene hat er doch noch. Kurt Meisel wird ihm schon was anbieten, im Münchner Residenztheater, der ließ ihn ja auch nicht im Stich, als es ihm ganz schlecht ging.

Er wird entlassen, man ist sicher, daß er begriffen hat, wie schlecht es um ihn steht und daß er keinen Rückfall mehr überleben wird. Man schickt ihn kurz vor Ostern nach Hause, vor Beginn von Feiertagen, die alle Menschen mit der Familie verbringen. Er kommt in eine Wohnung, die fast alles Leben verloren hat, seit er, in einer Zwangsjacke, in die Psychiatrie eingeliefert wurde. Rückkehr in eine tote Wohnung. Aber der Arzt ist ja optimistisch gewesen: Nun wird er es alleine schaffen, nun wird er sich selbst helfen können.

Er hilft sich selbst.

Anita Lochner findet ihn am 15. April 1979, am Ostersonntag, an der Feuerleiter neben seinem Balkon. Er hat sich, nur mit einem Hemd bekleidet, an einem Schal aufgehängt. Eine Stillosigkeit, wundern sich heute noch Bekannte, die so gar nicht paßte zu dem penibeln, stets korrekten und fein gekleideten Harry. Was sie dabei vergessen: Es ist ihm egal, in welchem Zustand sie ihn finden. Seine letzte Inszenierung findet ohne Publikum statt, Kritiken wird es keine mehr geben.

Romy Schneider, die gerade ohne ihre Kinder mit ihrem Mann Daniel in einer von Elizabeth Taylor gemieteten Villa in Acapulco Urlaub macht, wird telefonisch informiert. Sie nimmt das nächste Flugzeug nach Paris und kommt dann direkt nach Hamburg. Mit Biasini gibt es noch Streit vor dem Abflug. Der meint, nun sei es eh zu spät und sie könnten eigentlich auch in Ruhe ihre Ferien beenden.

In Hamburg wird sie schon von Reportern erwartet und gnadenlos gejagt. Vom Flughafen ins Hotel, vom Hotel in die Kanzlei ihres Anwalts, von dort in die Wohnung von Harry Meyen. Im Hotel Interconti versucht sie, durch die Tiefgarage zu entkommen, aber auch dort lauern Fotografen. Sogar in der Wäschekammer gegenüber ihrem Zimmer haben sie sich versteckt.

Die Freunde von Harry Meyen oder die, die sich dafür halten, hinterlassen in der Kanzlei oder im Hotel ihre Bitten um Rückruf. Wo und wann denn die Beerdigung sei. Romy Schneider ruft niemanden zurück. In stockenden, immer wieder durch Selbstvorwürfe – „ich hätte mich mehr um ihn kümmern müssen" – unterbrochenen Gesprächen mit Tini Ravenborg, der Frau, die Harry seit über zwanzig Jahren kannte und die ihn in den letzten sechs Jahren fast täglich besucht und versorgt hat, versucht sie die letzten Tage von Harry Meyen zu rekonstruieren. Was ist ein Delirium genau? Gibt es ein Testament? Oder bekommt automatisch alles David? Und wieder weint Romy Schneider beim Gedanken, ihrem Sohn den Tod des Vaters erklären zu müssen, den er ja nur noch selten gesehen hat und dessen Zustand er dann auch erkannt, aber nicht begriffen hat.

Sie läßt sich in die Wohnung bringen, geht schweigend durch die Räume. Die Haushälterin rettet sich aus ihrer Trauer durch ununterbrochene Erzählungen. Wie gut Harry immer von Romy gesprochen habe und von seinem Sohn, und wie sehr er sich über ihre Erfolge gefreut habe, und . . . Der Zahlencode an seinem kleinen Koffer ist auf Romy Schneiders Geburtstag eingestellt, 23-9-38. Vor der Tür im Treppenhaus schlagen sich die Fotografen um die besten Plätze. Aus dem Hotel ruft Romy Schneider nur Tini Ravenborg an, sie treffen sich in ihrer Suite und reden miteinander bis spät in die Nacht. Nein, Romy, nicht du bist schuld, niemand ist schuld, niemand konnte ihm helfen, niemand. Denk an Montgomery Clift, den hat er bewundert. Auch so einer, der sich selbst nicht entfliehen konnte.

Am nächsten Tag wird Harry Meyen beerdigt. Romy Schneider wirft eine einzelne Rose auf den Sarg, es gibt keine Ansprachen, keinen Pfarrer, keine Musik, keine Feier. Der Beerdigungsunternehmer hat sie auf Schleichwegen zum Friedhof gefahren und später wieder in die Stadt mitgenommen. Sie hat niemanden vom Termin informiert, was ihr noch heute verübelt wird von denen, die Harry in Hamburg gut kannten. Tini

Ravenborg, die sie noch in der Nacht getröstet hat, ist fassungslos, daß Romy Schneider ihren ehemaligen Mann beerdigt hat, ohne sie zu informieren. Sie erfährt es durch einen Nebensatz, als sie den Schlüssel für Harry Meyens Depot in der Schweiz übergibt, den er ihr anvertraut hatte. Sie macht Romy Schneider Vorwürfe. Die schweigt. Vom Flughafen, kurz vor dem Abflug nach Paris, ruft Romy weinend an und bittet um Verzeihung. Sie habe doch gerade sie, die Frau, die sie so mag, nicht verletzen wollen.

Von der Beerdigung ihres ehemaligen Ehemannes kommend, wird Romy Schneider in Paris von ihrem jetzigen Mann abgeholt. Auch hier lauern die Fotografen. Daniel Biasini bringt sie nach Hause, hilft beim schwierigen Gespräch mit David. Für solche Momente liebt Romy ihn wieder, vergißt die Streitigkeiten, den Kummer. Aber sie ahnt schon, daß auch diese Ehe langsam zerbröckelt. Sie schützt sich auf ihre Art. Erst mal weg, erst mal in Sicherheit. Erst mal zu Dreharbeiten.

X

Die quälenden Selbstvorwürfe nach Harry Meyens Tod – Hätte ich doch mal hinfahren sollen? Hätte ich mich mehr um ihn kümmern müssen? Hätte ich etwas verhindern können? – wird Romy Schneider nicht mehr los. Gewissensbisse werden sie über die Jahre hin begleiten, bis zum eigenen Tod. Rationale Gegenargumente helfen da wenig. Tabletten und Alkohol waren ja nur die Symptome von Harry Meyens Verzweiflung. Die Ursachen für sein selbstmörderisches Unglück lagen tiefer. Zwar auch in der Enttäuschung über die zerbrochene Ehe, zwar auch in der nur selten erfüllten Sehnsucht nach dem fernen Sohn, zwar auch in der Erkenntnis, beruflich keine Perspektiven mehr zu haben. Aber vor allem in der eigenen Biographie, in jener immer gerühmten preußischen Disziplin, wo die Unfähigkeit, sich spontan auch mal anderen Gefühlen hinzugeben als denen der plötzlichen Lust, als besondere Qualität galt. Dabei gab es in seinen letzten Lebensjahren nicht einmal mehr Lust.

Romy Schneiders Schuldgefühle verstärken ihre Probleme, ihre Lebensängste, ihre Depressionen. Die nächtlichen Alpträume kommen wieder, und sie werden unerträglich nach dem schrecklichen Unfalltod ihres Sohnes David im Sommer 1981.

Nach der Rückkehr von Meyens Beerdigung in Hamburg hätte sie eine Therapie gebraucht oder zumindest Gespräche mit vertrauten Menschen, jedoch bestimmt nicht Gespräche über einen neuen Film, Lernen einer neuen Rolle. Oft zwar haben Dreharbeiten Romy Schneider geholfen, sich über Brüche in ihrem Leben hinwegzumogeln. Diesmal aber ist die Trennung endgültig.

Die Geschichte des Films *Die Liebe einer Frau*, nach dem berühmten Roman *Clair de femme* von Romain Gary (frei übersetzt etwa „Die Ausstrahlung einer Frau"), den sie jetzt auf Pressekonferenzen vorzustellen hat, wird sofort mit ihrer eigenen Situation verglichen und auf Harry Meyens Ende bezogen. Zwar waren die Dreharbeiten beendet, bevor er sich in Hamburg umbrachte, aber die Stimmigkeit zeitlicher Zusammenhänge kümmern nicht die, die über Romy Schneider zu schreiben haben. Allzu gut scheint der Inhalt des Films auf das Leben des Stars zu passen: Lydia (Romy Schneider) und Michel (Michel Piccoli) verlieben sich ineinander. Er ist verheiratet mit einer todkranken Frau, sie mit einem in geistiger Umnachtung lebenden Mann, der sich nach einem Autounfall, bei dem auch die gemeinsame Tochter starb, nur noch lallend verständigen kann. Beide sind unfähig zu einer neuen Bindung, wollen es aber dennoch miteinander versuchen. Doch zunächst geht Lydia ohne Michel auf eine Reise. Erst bei ihrer Rückkehr wird er sie – vielleicht – abholen dürfen. Romy Schneider nach Abschluß der Dreharbeiten: „Intellektuelle Scheiße."

Mit dem Regisseur Constantin Costa-Gavras hatte sie von Anfang an Schwierigkeiten gehabt. Er war ein wortkarger Mann, er besprach Szenen nicht, sondern gab Anweisungen. Damit können Profis normalerweise umgehen, solange die Gage stimmt, doch der Profi Romy Schneider möchte zwar geführt, aber auch immer einbezogen werden – und zumindest das Gefühl haben, geliebt zu sein. Ihre Versuche, mit ihm zu flirten und so einen Weg zu ihm zu finden, endeten in gegenseitiger Frustration. Gleichzeitig versuchte sie, ihrem Mann Daniel Biasini treu zu sein. Sie weiß, wie groß für sie die Versuchung ist bei Dreharbeiten. Bei monatelanger gemeinsamer Arbeit sind das Leben vor und das Leben hinter der Kamera nur noch schwer voneinander zu trennen.

„Allein halte ich es abends nach Dreharbeiten nicht aus. Dann drehe ich weiter, oder ich drehe durch." Eigentlich brauchte sie ihren jeweiligen Ehemann als Halt, wenn die Lichter der Scheinwerfer erloschen, aber den wiederum wollte sie lieber nicht bei den Dreharbeiten sehen, sonst „fühle ich mich bei jedem Flirt beobachtet."

Romy Schneider spielt ab Juni 1979 wieder eine Rolle, in der sie Stücke von sich selbst erkennt: „Drei Viertel dieses Films haben mit mir zu tun", schreibt sie dem Regisseur und verspricht: „Ich werde deine Katherine sein." Die Schriftstellerin Katherine Mortenhoe im Debütfilm des französischen Filmkritikers Bertrand Tavernier wird in einer zeitlich nicht genau definierten Epoche Hauptperson einer makabren Fernsehshow. Sie ist todkrank, und für ein stattliches Honorar sollen die Zuschauer live miterleben dürfen, wie sie stirbt. Katherine unterschreibt zwar den Vertrag, doch sie flieht und wird verfolgt von einem skrupellosen Reporter, der sich eine Kamera in seine Augen hat operieren lassen, um immer auf Sendung zu sein. Die Sendung heißt *Death Watch* (so auch der Originaltitel des Films, der in Deutschland unter dem Titel *Der gekaufte Tod* laufen wird). Jäger und Gejagte kommen sich näher, freunden sich an. Der Reporter, gespielt von Harvey Keitel, wird nachdenklich und damit nachlässig. Seit der Operation dürfen seine Augen nie länger als eine Minute lang der Dunkelheit ausgesetzt sein, sonst erblindet er. Nacht für Nacht schluckt er Muntermacher, um nicht einzuschlafen. Doch einmal vergißt er es, verliert die Taschenlampe, mit der er sich nachts immer in die Augen strahlt, und wird blind. Sein Opfer muß ihn führen. Schlußszene in einem einsamen Landhaus irgendwo an der schottischen Küste: Das TV-Team schwebt per Hubschrauber ein, die Schriftstellerin ist gar nicht todkrank, der Arzt, der ihr die Diagnose stellte, war von der Fernsehanstalt gekauft. Jetzt will der Produzent alles aufklären, sein Opfer retten, um noch höhere Einschaltquoten zu erzielen. Er kommt zu spät. Katherine hat sich umgebracht.

Während der Film in Schottland gedreht wird, hat Daniel Biasini zunächst in Paris und dann in Ramatuelle an der französischen Riviera wieder mal ein Heimspiel. Für David ist er nach dem Tod des echten Vaters erst recht der Mann geworden, dem seine ganze Liebe gilt, der ihn mitnimmt zu Tennisturnieren, zu Autorennen, zu Ausflügen ans Meer. Biasini arbeitet, wie seine Frau stolz erzählt, an einem Drehbuch, das er mit Claude Sautet verwirklichen will, aber er wird nicht so recht fertig mit dem Stoff. Es gibt zu viele Ablenkungen, und Romy Schneider ist weit weg. Wo ihr Alltag stattfindet, ist inzwischen Thema einer Auseinandersetzung mit den französischen Steuerbehörden. Die Finanzbeamten sind nicht davon überzeugt, daß Romy Schneiders eigentlicher Wohnsitz in der Schweiz liegt und sie deshalb in Frankreich keine Steuern bezahlen muß. Die Beamten der Steuerfahndung beginnen, die

Einnahmen des Stars genauer zu untersuchen. Es werden Nachforderungen in Millionenhöhe errechnet, rückwirkend seit vielen Jahren. Romy Schneider ist geschockt. So viel Geld besitzt sie nicht, weder auf ihren Konten noch im Wertpapierdepot in Zürich. Sie läßt die Rechtmäßigkeit der Forderungen von ihren Anwälten prüfen, will aber auf jeden Fall das Haus in Paris verkaufen, um wenigstens eine gewisse Summe bereit zu haben, falls gegen sie entschieden wird. Sie ist beim Gedanken an den Verkauf des Hauses in Paris nicht traurig, weil sie in Ramatuelle ihren eigentlichen Wohnsitz sieht. Ihr Sohn David und ihr Mann Daniel sind sich allerdings längst einig, daß die Familie zurückziehen sollte nach Paris, wo das Leben stattfindet.

„Ich bin jetzt 54 Filme alt", schreibt Romy einem Freund in Hamburg. In diesem Sinne fühlt sie sich alt, und in diesem Sinne ist verständlich, daß sie in Zukunft endlich weniger Filme drehen will, weil sie begriffen hat, jeder Film stiehlt ihr ein Stück von dem richtigen Leben, in dem sie viel jünger ist, noch nicht einmal einundvierzig. Aber selbst wenn dieser Wunsch, endlich weniger zu arbeiten, sogar zum erstenmal ernst gemeint ist, weiß sie doch spätestens nach der Beratung durch einen Steueranwalt in Paris, daß sie weder genügend Geld besitzt, um in Ruhe leben zu können, noch um die auf sie zukommenden Forderungen zu erfüllen. Ihre Geldschwierigkeiten sprechen sich in der geschwätzigen Branche herum, und auch das ist eine Erklärung für ihre verhältnismäßig geringen Gagen – gering angesichts ihres Ruhms – in den letzten Jahren. Die Produzenten wissen, daß der Weltstar Romy Schneider dringend Geld braucht, und entsprechend hart wird mit ihr verhandelt. Für eine Hauptrolle wie in *La Banquière* zum Beispiel sind rund 450 000 Mark im Vergleich zu den Gagen anderer französischer Stars eher bescheiden. Was Biasini verdient, reicht gerade für die Telefonrechnungen, wie er selbst zugibt. Sie muß arbeiten, selbst nach vierundfünfzig Filmen hat sie nicht genügend gespart, um aufhören zu können, hat sie nie bekommen, was sie verdient hätte. Insofern ist die finanzielle Ausbeutung der Romy Schneider neben ihrer todessehnsüchtigen Lebensweise zwischen Alkohol und Tabletten und neben ihren privaten Tragödien sicher eine weitere Ursache für ihren frühen Tod. Auch an dem Druck, immer und immer wieder in neue Rollen schlüpfen zu müssen, dabei geplagt von einem krankhaften Lampenfieber, das trotz aller Routine blieb, ist sie letztlich zerbrochen. Zweifellos war es Selbstmord, was Romy Schneider ihrem Leben angetan hat.

Das klingt sehr widersprüchlich. Wollte sie denn nicht um jeden Preis

Schauspielerin werden? Wollte sie denn nicht die berühmte Frau sein, die auf der Leinwand für ein paar Stunden Träume zum Leben erweckt? Hat sie es denn nicht genossen, als Star erkannt und unendlich bewundert zu werden? Alles richtig – und alles falsch. Die vielen Versuche der Romy Schneider, zu sich selbst zu finden, ein ihrer impulsiven Art gemäßes Leben zu führen, haben gerade deshalb scheitern müssen, weil es ihr nie gelang, zwischen Film und Wirklichkeit eine Harmonie zu schaffen, die länger anhielt als ein paar kümmerliche Monate. „Es war eine Synthese zwischen Film und Leben, zuungunsten des Lebens", sagte sie in einem Interview im Frühjahr 1981. Sie findet einen Begriff dafür, den es zwar nicht gibt, der aber genau ihre Situation trifft, der Begriff heißt unlebbar. Romy Schneider war unlebbar für sich und deshalb auch unlebbar für andere. Die Familie ernähren. Das Geld verdienen. Dafür muß man doch einfach geliebt werden, und geliebt werden will sie, möglichst von allen.

Widersprüche in Romy Schneider auch zwischen der von ihr häufig beklagten mangelnden Bildung, die sie als Handicap betrachtete, und ihrer intuitiven Klugheit, sie selbst nannte es altmodisch Gescheitheit, die sie auch in schlechten Filmen nie schlecht aussehen ließ. Ihre Profession hat sie sich instinktiv erspielt und ihre Professionalität intelligent erarbeitet. Sie erkannte in Drehbüchern die Schwächen, und sie durchschaute in der Glamourwelt Kino schnell das Geschwafel derer, die ihren Mangel an Ideen als ganz neue Masche verkaufen wollten. Aber sie sagte dies den Autoren und Produzenten und Regisseuren selten, aus Unsicherheit, aber auch, um sie nicht zu verletzen. „Ich mache die Leute immer eher besser, als sie sind. Ich habe zuviel Vertrauen." Sie fühlte sich allen unterlegen, die lange zur Schule gegangen waren oder viele Bücher gelesen hatten oder klug über Philosophie und Politik, Kunst und Musik reden konnten. Das alles hatte sie versäumt, weil sie in den Zeiten, in denen sich eine solche Bildung entwickeln kann, Film um Film gedreht hatte. Seit ihrem fünfzehnten Lebensjahr setzte sie fast ununterbrochen in Gestik, in Bewegung, in Körpersprache, in Sinnlichkeit, in Leben um, was andere sich ausgedacht hatten. Deshalb vielleicht ihre verkrampfte Sprachlosigkeit oder naive Bewunderung, wenn sie Menschen begegnete, deren Stärken sie nicht hatte. Und deren Schwächen sie nicht sah oder nicht benennen wollte. Wie etwa die für alle Außenstehenden offenkundigen Schwächen ihrer Mutter, von denen sie sehr wohl wußte und die immer wieder zu heftigen Konflikten führten, die sie aber offiziell, nach außen, verbindlich abtat: „Meine

Mutter war auf ihre Art gut zu mir. Die wußte es halt nicht besser, die konnte es halt nicht besser."

Für gewisse Produzenten und manche Regisseure, für bestimmte Freunde und ganz bestimmte Partner war es natürlich bequem, Romy Schneider im Glauben zu lassen, sie sei leider nicht klug genug für das normale Leben. Daß man ihr deshalb alle Entscheidungen abnehmen müsse. Die der Drehbuchwahl, die der Gagenverhandlung, die der Geldanlage. Doch Romy Schneider durchschaute manchmal sehr gut, was um sie herum vorging. Menschen, die ihr Vertrauen nicht enttäuscht hatten, stellte sie nicht nur die richtigen Fragen, sondern sie hatte auch auf deren Fragen die richtigen Antworten parat; da gab es Augenblicke der Einsicht und der Erkenntnis. *„Je suis cyclique"*, sagte sie in einem langen nächtlichen Gespräch in Quiberon, was bedeuten sollte, sich in einem Zyklus zwischen himmelhochjauchzend und zu Tode betrübt, zwischen Eigenliebe und Selbsthaß zu bewegen. Wer Romy Schneider am meisten deprimierte, war sie selbst, und das wußte sie auch. Von wegen dumm, von wegen ungebildet, von wegen nur schön. Wenn sie dumm gewesen wäre, hätte sie es im Leben einfacher gehabt. Die Ärzte, die sie wegen angeblich körperlicher Erschöpfung in einem Sanatorium behandelten, hielten, dumm, wie sie waren, schwere Psychopharmaka für die Therapie gegen ihre Lebensangst. Sie aber war sogar in diesem französischen Kuckucksnest noch wach und stark genug, einer solchen Behandlung zu entfliehen. Sie spürte, daß es keine Rettung sein konnte, wenn sie auch noch anfing zu stottern, erlernte Texte vergaß und damit gefährdete, was ihr der letzte Halt schien: als Schauspielerin erfolgreich zu sein.

Im Winter 1980 beginnen die Dreharbeiten zu *La Banquière* – in Deutschland unter dem Titel *Die Bankiersfrau* in den Kinos. Hintergrund der Geschichte ist die Biographie der Marthe Hanau, die in den zwanziger Jahren in Frankreich Furore machte. Die schöne Tochter eines berühmten Hutmachers heiratet nach einer lesbischen Affäre einen um Jahrzehnte älteren Mann und beginnt sich in der Männerwelt der Finanzen durchzusetzen. Sie gründet mit dem Vermögen einer Geliebten eine Bank, die den Kleinsparern acht Prozent Zinsen gibt im Gegensatz zu den läppischen 1,5 Prozent der Großbanken. Das Volk liebt die Bankiersfrau, sie wird populär. Die etablierten Kapitalisten

Romy Schneider mit ihrer 1977 geborenen Tochter Sarah, dem Kind aus der Ehe mit Daniel Biasini. Das Foto entstand 1981.

schlagen zurück, werfen ihr Aktienmanipulation und Betrug vor, veröffentlichen Details aus ihrem nicht gesellschaftsfähigen Privatleben und zerren sie schließlich vor Gericht. Sie wird verurteilt zu drei Jahren Gefängnis, nicht nur wegen angeblichen Aktienbetruges, sondern auch wegen ihres bisexuellen Lebenswandels. Sie ist geschäftlich ruiniert, sitzt unter verschärften Bedingungen in einem Frauengefängnis, aber mit treuen Freunden kämpft sie gegen das Urteil an. Als sich die politischen Verhältnisse ändern, wird sie in der Berufungsverhandlung freigesprochen, und sie verbürgt sich bei ihren Gläubigern dafür, die Verpflichtungen zu erfüllen. Bevor sie damit beginnen kann, wird sie bei einem Attentat ermordet. Ihren Kampf gegen die Macht des Geldes und damit gegen die Macht schlechthin bezahlt sie mit dem Leben, denn sie will zwar nach oben, sie will zwar Macht, aber nicht um jeden Preis.

Nach der Pariser Erstaufführung loben die französischen Zeitungen voller Begeisterung die „einmalig schöne Romy Schneider“ *(Le Nouvel Observateur)*. In Deutschland wird der Film ein Jahr später mit Verwunderung registriert, so als habe man gar nicht gewußt, wie gut die Schauspielerin Romy Schneider ist: „Selten sah man Romy Schneider so gelöst, so diszipliniert – sie beherrscht, man staune, auch das feingestimmte Kammerspiel“ *(Die Welt)*.

Bei den Dreharbeiten ist sie alles andere als gelöst und diszipliniert. Sie verkriecht sich oft stundenlang in ihrem Wohnwagen und übt, verzweifelt wie eine Anfängerin, nur einen einzigen Satz, den sie für die nächste Szene zu sprechen hat. Bleich und verhärmt kommt sie zur Aufnahme, erst nach drei hastig getrunkenen Gläsern Champagner löst sich ihre Verkrampfung. Auf einem Zettel an ihrer Garderobentür steht zu lesen, daß sie niemanden sehen will außer ihren Freund Jean-Claude Brialy, der im Film ihren Anwalt spielt, außer ihrem Mann, der allerdings selten kommt, außer dem Regisseur Francis Girod. Ihre Garderobiere Monique, die sich seit vielen Jahren um Romy Schneider kümmert, hat keine Erklärung für den schlechten Zustand ihres Stars. So schlimm war das Lampenfieber noch nie. Ist es vielleicht die Angst vor dem Alter, die sie deprimiert? Bei einer Großaufnahme, deren Einstellung fast dreißigmal wiederholt wird, bricht es plötzlich aus ihr heraus: „Na, sagt schon, ist sie noch fotogen, die alte Gans?“ Sie braucht einen starken Mann, der sie gegen ihre Alpträume schützt, aber Daniel Biasini ist dieser starke Mann schon lange nicht mehr, ist es eigentlich nie gewesen.

Noch einmal ein Sommer in Ramatuelle. Daniel Biasini fällt Besuchern dadurch auf, daß er bei Gesprächen schon nach wenigen Minuten gelangweilt aufsteht und sich seinem Spielzeug widmet – schweren Motorrädern, schnellen Autos. Nur bei den Verhandlungen mit dem italienischen Regisseur Dino Risi und dem Produzenten Pio Angeletti, die nach St-Tropez gekommen sind, um über den geplanten Film *Fantasma d'amor* zu reden, hört er aufmerksam zu.

Romy Schneider reist zwischendurch kurz nach Salzburg und besucht ihre Mutter, die nach einem Herzanfall im Krankenhaus liegt. Überschüttet sie mit kindlicher Liebe und vielen Geschenken. Doch die Harmonie hält nicht lange vor. Wenige Wochen später stirbt ihre Großmutter, die berühmte Burgschauspielerin Rosa Albach-Retty, einhundertundfünf Jahre alt, und wieder gibt es Streit mit der Mutter. Die kann nicht begreifen, daß ihre Tochter es ablehnt, zur Beerdigung nach Wien zu kommen. Romy Schneider bleibt hart. „Komm ich hin", erklärt sie am Telefon einer Freundin, „werden sie sagen: ‚Die hat die große Show abgezogen.' Ich müßte mich ja verstecken im Trauerzug. Und komm ich nicht, dann schreiben die sicher, ich sei herzlos. Was ist schlimmer?" Sie kommt nicht, und natürlich wird über die herzlose Enkelin geschrieben, den Star, der in Saus und Braus in Frankreich lebt, nicht mal die Zeit findet, der Großmutter das letzte Geleit zu geben. Ein paar Wochen später fliegt Romy Schneider nach Wien, geht allein auf den Friedhof, nimmt Abschied auf ihre Art. Und keiner erkennt die kleine Frau mit dem Kopftuch und der dunklen Brille.

Bei den Dreharbeiten zu *Die zwei Gesichter einer Frau* (so der deutsche Verleihtitel des Dino-Risi-Projekts) fällt wieder allen Beteiligten auf, wie schlecht es Romy Schneider geht. Der Star spricht fast mit keinem. Sie wirkt unsicher, gequält von Gedanken, die sie nicht mitteilen kann. Einziger Vertrauter ist der Maskenbildner Michel Daruelle, der sie rigoros abschirmt, wenn sie allein sein will. Ab und an trifft sie sich mit Marcello Mastroianni, der die männliche Hauptrolle spielt, aber die beiden reden nicht viel, sondern trinken mehr oder weniger sprachlos gemeinsam ihren ganz persönlichen Kummer von der Seele.

Nur einem gelingt es, ihre Abwehrmauer zu durchbrechen. Es ist ein junger Mann, den die Produktion aus Paris geschickt hat, nachdem sich der Star mehrfach über die „Amateure" aufgeregt hat, die ihr laufend Drehbücher überreichen lassen, in denen nichts stimmt und zwischen italienischen und französischen Dialogen fröhlich hin- und hergesprungen wird. Laurent Pétin ist eigentlich nur für die Finanzen zuständig, aber zu ihm findet sie sofort Kontakt, weil er nicht vorgibt, alles besser zu wissen. Sie merkt anfangs noch nicht, obwohl sie so etwas sonst mit untrüglichem Instinkt immer sofort gemerkt hat, daß der gutaussehende Sohn aus behütetem Haus in sie verliebt ist. Später, als sie zusammenleben, erzählt er ihr, er habe sich schon in sie verknallt, als er sie einmal in Cannes bei den Filmfestspielen gesehen hatte. Mit Laurent Pétin verbringt Romy Schneider während der Dreharbeiten in Italien manche Nacht, aber diskutierend, fragend, erzählend. Er hört ihr zu, und er wird neben Michel zur einzigen Vertrauensperson bei der Produktion. Es fällt ihm auf, wieviel sie nachts trinkt.

Pétin gelingt es zusammen mit dem Versicherungsarzt, Romy Schneider wieder zu stabilisieren, als sie während der Dreharbeiten zweimal zusammenbricht und keiner mehr glaubt, daß dieser Film je beendet wird. Ist es die Doppelrolle, die sie zu spielen hat, die Anna Brigatti, eine an Krebs verstorbene Frau, die durch die Liebe eines Mannes nach ihrem Tod scheinbar zurückkehrt ins Leben? Das Drehbuch verlangt einmal eine junge, schöne Anna und einmal eine gezeichnete, alternde, kranke Anna. Aber mit solchen Herausforderungen ist Romy Schneider immer fertig geworden, die haben sie eher beflügelt, noch besser zu sein. Sie identifiziert sich, wie schon so oft, so sehr mit der Rolle, daß sie die vielen kleinen Zettel, in denen sie sich mitteilt, mit „Anna“ unterschreibt.

Daniel Biasini taucht einmal bei den Dreharbeiten auf. Mit seinem neuen Ferrari fährt er in Pavia am Drehort vor, und für kurze Zeit glaubt Romy Schneider, alles werde wieder gut. „Stell dir vor“, erzählt sie am Telefon einer Freundin, „er ist extra aus Paris gekommen, um mich zu besuchen.“ – „Na, so was“, antwortet die zynisch, „das ist aber nett.“ Gemeinsam wird die Familie, die gerade auseinanderbricht, später sogar das Weihnachtsfest verbringen. Man wahrt die Form, vor allem vor Biasinis Eltern.

Die Angst der Romy Schneider während der Risi-Produktion ist eine andere als sonst. Es zeigt sich bei diesem Film zum erstenmal deutlich ihre Furcht vor dem Alter. Wird es morgen noch Rollen geben? Kann sie mit den nachrückenden jungen, schönen Schauspielerinnen noch mithalten? Schlaflose Nächte hinterlassen Spuren, und Romy Schneider ist natürlich die erste, die solche Zeichen in ihrem Gesicht entdeckt. Auf einem Zettel notiert sie resigniert: „Schönheit und Jugend sind Geschenke, die wir zurückgeben müssen.“ Über ihren psychischen Zustand hinaus gibt es ganz handfeste körperliche Probleme, Schmerzen in der Niere. Auch dagegen schluckt sie Tabletten, obwohl wahrscheinlich gerade der jahrelange Tablettenmißbrauch die Ursache für die Schmerzen ist. Wenige Monate später wird sie in einer dramatischen Operation, fast schon im letzten Moment, im Amerikanischen Hospital in Paris operiert; ihr wird eine Niere entfernt.

Dino Risi bemüht sich intensiv um seinen Star; er begreift bald, daß er zum Beispiel kein Wort am Drehbuch ändern sollte, ohne vorher mit ihr zu sprechen. Denn sie hat ihre Rolle starr auswendig gelernt. Wenn er etwas ändert, reagiert sie mit wütenden Beschimpfungen und mit tränenreichen Zusammenbrüchen. Dann schließt sie sich in ihrem Hotelzimmer ein, dann müssen die Dreharbeiten unterbrochen werden, bis Romy Schneider sich wieder gefangen hat.

Der Mann, der sich Sorgen um sie macht, weil er sie liebt, ist wieder zurückgefahren nach Paris. Laurent Pétin hat so viel in den nächtlichen Gesprächen von Romy Schneider erfahren, daß er Biasini haßt und sie drängt, diese Ehe, die doch sowieso keine mehr ist, endlich zu beenden. Er sieht sich als den Mann, den sie jetzt braucht. Aber so weit ist Romy Schneider noch nicht. Sie klammert sich an winzige Zeichen wie den Besuch Biasinis und hofft, daß doch noch etwas zu retten sein könnte. Sie haben sich zwar nichts mehr zu sagen, weil jedes Gespräch mit Streit endet, aber wenn sie miteinander schlafen, ist alles wie früher.

Mehr als jeden anderen Menschen liebt Romy Schneider ihren Sohn David. Und sie hat Angst auch um diese Beziehung. Denn sie weiß, wie sehr er an seinem „zweiten" Vater hängt und daß er ihr die Schuld geben wird, wenn sie sich von Daniel Biasini trennt. Jetzt nimmt er Entscheidungen nicht mehr einfach hin, sondern will beteiligt werden. Die meiste Zeit in den letzten Jahren außerhalb der Schule hat er nicht mit seiner Mutter verbracht, die ja bei Dreharbeiten war, sondern mit Daniel. Und mit seinen Großeltern in St-Germain-en-Laye. In dieser Phase seines Lebens fühlt er sich ihnen näher als seiner Mutter, die darunter natürlich leidet.

Die zwei Gesichter einer Frau ist einer der drei letzten Filme in der Karriere von Romy Schneider. Nach dieser fast parapsychologischen Erzählung, die im Spätherbst 1980 verfilmt wird, beginnen gleich anschließend, fast ohne Pause, die Dreharbeiten zu einem klassischen Thriller: *Das Verhör*. Ihr erbärmlicher Zustand bei den Dreharbeiten zu *Zwei Gesichter einer Frau* spiegelt sich auf der Leinwand wider, aber die Kritiker wissen davon nichts, sie bewundern die Kunst der Schauspielerin, solche kaputten Typen zu spielen.

Ganz anders und ohne doppelten Psycho-Boden ist der Thriller

Garde à vue (Das Verhör), in dem sie neben Lino Ventura und Michel Serrault eine Hauptrolle spielt, die Frau eines Notars, anerkanntes Mitglied der feinen Gesellschaft, der verdächtigt wird, zwei kleine Mädchen vergewaltigt und ermordet zu haben. Romy Schneider verkörpert in kühler, lasziver Schönheit die mondäne Lebensgefährtin des Verdächtigen, die ihren Mann nicht liebt, ihn nur wegen seines Geldes geheiratet hat und seinem möglichen Untergang, seiner Verhaftung gelassen entgegensieht. „Zwei Szenen mit Romy Schneider genügen", jubelt das *Figaro-Magazine,* „um uns mehr zu erschüttern, als es die volle Aufführungsdauer mehrerer anderer Filme vermag . . ."

Synchronisation der *Zwei Gesichter einer Frau* in Berlin. Nur ihrer Freundin Christiane Höllger, die sie lange nicht gesehen hat, erlaubt sie eine schwesterliche Nähe. Deren Sorgen über ihren Tablettenkonsum versucht sie zu zerstreuen. Eigentlich nehme sie nur etwas bei Dreharbeiten, sonst sei sie fast clean. Am Telefon Streit mit Daniel Biasini. Dazwischen Telexe von Laurent Pétin aus Paris, der sie fast herrisch auffordert, Biasini zum Teufel zu jagen. Ihr Agent Livi beruhigt sie, sie solle das nicht allzu ernst nehmen. Pétin sei halt noch ein junger Mann und fast wahnsinnig vor Eifersucht. Wieder Versöhnung mit Laurent. Sie ist immer noch unsicher über ihre Gefühle für Laurent Pétin. Wieder ein jüngerer Mann, zehn Jahre Unterschied sind doch viel in ihrem Alter, wird das nicht wieder ein Reinfall wie mit Biasini? Und David lehnt ihn fast wütend ab, wirft seiner Mutter vor, sich allzu schnell einen neuen Liebhaber gesucht zu haben. Er will zu Biasini ziehen, wenn es vorbei sein sollte, und Romy Schneider droht ihm in ihrer hilflosen Verletztheit, daß er ins Internat muß, in die Schweiz. Sie will Laurent nicht verlieren, denn durch seine unbedingte Liebe fühlt sie sich geschmeichelt, in seiner Leidenschaft fühlt sie sich jünger. Außerdem kann er so wunderbar zuhören und strahlt so viel Normalität aus, hat auch versprochen, sich um ihre Finanzen zu kümmern. Er ruft drei-, viermal am Tag in Berlin an und versucht sie nicht nur zu beruhigen, sondern zu einer Entscheidung gegen Biasini zu bewegen. Der besucht seine Frau für eine Nacht voller gegenseitiger Vorwürfe. Ergebnis: Daniel Biasini will erst einmal Abstand gewinnen, allein in die Vereinigten Staaten fahren, zu sich selbst finden, dann könne man weitersehen. Und wenn es nach dieser Trennung auf Zeit bei der Trennung für immer bleibt? Es fällt der berühmte hohle Satz vom Kaffee, den er dann trinken werde, und von der Gauloise, die er rauchen werde, und dem tapferen Versuch, sie zu vergessen. Romy Schneider schreit und tobt, und alle, die das in

Berlin erleben, Kollegen, mit denen sie im Synchronstudio arbeitet, sprechen von Starallüren der Romy Schneider, begreifen nichts und können nichts begreifen.

Romy Schneider lebt nach ihrer Rückkehr aus Berlin mit ihrer Tochter Sarah und dem Kindermädchen Bernadette in der feinen Wohnung in der Avenue Bugeaud, die zwar nur gemietet ist, aber für mehrere hunderttausend Mark von Architekten und Dekorateuren eingerichtet und umgestaltet wurde. Auch ihr Sohn hat sein Kinderzimmer dort und Daniel sein Arbeitszimmer. Aber am liebsten hält sich David bei seinen Großeltern auf, wo er auch Biasini treffen kann. Laurent Pétin hat bei David keine Chance.

Laurent Pétin begreift diese Schwierigkeiten zwischen Mutter und Sohn, will sie nicht durch seine Anwesenheit auch noch verstärken und kümmert sich in der Hauptsache um die kleine Sarah, die ihren Vater zwar regelmäßig besucht, aber bei Romy Schneider lebt. Pétin und Romy Schneider zeigen sich selten gemeinsam in der Öffentlichkeit. Pétin ist ein altmodisch anständiger Mann, bei dem alles seine Ordnung haben muß. Er will nicht nur kurzfristig der Geliebte eines Filmstars sein, er will sie für immer. Erst heiraten, dann ein Haus kaufen, dann Kinder haben. Das ist sein Traum vom Leben, und diesen Traum geht er methodisch an wie ein Finanzierungsproblem bei einer Filmproduktion. Pétin kümmert sich selbstlos um Romy. Eine neue Erfahrung für Romy Schneider, die sie nur zögernd ergreift und begreift. Die große Leidenschaft ist es auf ihrer Seite nicht, das weiß sie. Aber was aus den großen Leidenschaften ihres Lebens geworden ist, hat sie ja schmerzlich erfahren. Dafür hat sie teuer bezahlt.

Sie wird, wie sich das gehört, seinen Eltern vorgestellt, die ganz normale Bürger sind, natürlich auch den Star bewundern, was wiederum Romy Schneider genießt. Bei der Feier zur Verleihung des César am 31. Januar 1981 sitzt Romy Schneider mit ihrem Sohn David neben Yves Montand und Catherine Deneuve in der für Ehrengäste reservierten Reihe. Spekulationen, wo denn wohl Daniel Biasini sei, kontert sie scheinbar gelassen, er sei halt unterwegs für eine Fernsehreportage. Sie fürchtet sich davor, daß in den sicher bald beginnenden Scheidungsauseinandersetzungen auch ihr Privatleben eine wichtige Rolle spielen wird und nicht nur das von Daniel Biasini. Und kann sich die phantastischen Geschichten leicht ausmalen, die bald erscheinen werden. Finanziell, glaubt sie, kann es allerdings keine Schwierigkeiten geben, so wie damals bei Harry Meyen. Es war ja Gütertrennung vereinbart.

Romy Schneider, eine Schauspielerin von enormer Wandlungsfähigkeit. Oben sieht man sie in *Eine einfache Geschichte* und rechts zusammen mit Alain Delon in *Der Swimmingpool.*

Unten: Eleganz und Klasse: Romy in *Die Bankiersfrau*, 1980

<u>Oben:</u> Mit Brad Dourif in ***Gruppenbild mit Dame***

<u>Rechts:</u> Yves Montand und Romy in ***César und Rosalie***

<u>Oben:</u> Szenen aus dem Rotlichtmilieu. Der Film ***Nachtblende,*** **1974**

<u>Rechts:</u> Mit Michel Piccoli, einem ihrer Lieblingspartner, in ***Die Dinge des Lebens***

Laurent Pétin hat schon Einblick in die Konten von Romy Schneider und fragt sie, meist vergebens, bei bestimmten Abbuchungen, die in schöner Regelmäßigkeit erfolgen, wofür sie das Geld ausgegeben hat. Hat sie die Bankvollmacht für Biasini vielleicht noch nicht gesperrt? Romy Schneider überläßt alle Recherchen Laurent Pétin, denn sie muß schon wieder ein Drehbuch lesen und sich auf eine Rolle vorbereiten, die der Else in einer dramatisch ausgebauten Adaption von Joseph Kessels Roman *Die Spaziergängerin von Sans-Souci.*

Daniel Biasini fliegt in die Vereinigten Staaten, nach Los Angeles. Romy Schneider finanziert ihrem Mann die Reise mit einem Scheck über 30 000 Francs, die er ihr zurückzuzahlen verspricht. Monate später mahnt sie auf einem Zettel vergebens die Rückzahlung an, schreibt gar an seine Mutter Monique Biasini einen Brief, bittet auch um die 50 000, die Vater und Sohn Biasini für die Yacht bei ihr geliehen haben. Zu dieser Zeit braucht Romy Schneider schon so dringend Geld, da ist ihr die Steuer schon so dicht auf den Fersen, daß auch solche Beträge wichtig werden. Sie läßt sich von ihrem Sohn überreden, ihn mit seinem geliebten Daniel in die USA reisen zu lassen. Später bereut sie das und beschwert sich bitterlich bei einer Freundin, daß Daniel ihrem Sohn da nicht nur das Autofahren beigebracht habe, sondern auch das Haschrauchen.

Auch Schmuck habe Daniel Biasini mitgenommen, als er die gemeinsame Wohnung verlassen hat, schreibt sie. Und auch da appelliert sie an Monique Biasini, dafür zu sorgen, daß sie den Ring zurückbekommt, den Ring ihres Vaters Wolf Albach-Retty, den er ihr hinterlassen hat. Dieser Vater, der nie im Leben, egal wie schlecht es ihm auch gegangen wäre, einen Scheck seiner Tochter angenommen hätte. Der ihr nichts hat hinterlassen können als eben diesen Ring. Wenn die Angeschriebene noch einen „Rest von Würde und Anstand" in sich habe, so möge sie dafür sorgen, daß dieser Ring sofort zurückgegeben werde. Und wenn sie, Romy, von einer Reise nach Österreich zurückkomme, hoffe sie, daß alles erledigt sei. Ihre Hauptsorge ist allerdings, daß sie die Liebe ihres Sohnes verlieren könnte. Erst im Juni, als sie nach der Entfernung ihrer geschädigten rechten Niere im Amerikanischen Krankenhaus von Neuilly liegt, schickt sie den Brief endlich ab.

Sie hat sich zwar fest vorgenommen, daß die Trennung nicht so ablaufen soll wie die von Harry Meyen, bei der es am Schluß um den Wert einzelner Schrankwände oder um angeblich verschwundene Bücher ging. Aber während sie noch eher verhalten die Rückzahlung

__Rechts:__ **Mit ihrem letzten Lebensgefährten Laurent Pétin im September 1981**

des Geldes anmahnt, addiert Laurent Pétin noch vor der offiziellen Scheidung, die erst am 6. Oktober 1981 verkündet wird, ganz kühl, was Biasini seiner Frau noch alles schuldet, und denkt gar nicht daran, darum zu bitten. Schließlich sind es seiner Meinung nach ganz legitime Forderungen. Nicht nur die 30 000 für die Reise nach Los Angeles, nicht nur die 50 000 für das Boot, sondern zum Beispiel auch ein Landrover, ein Ferrari. Biasini wiederum behauptet, diese Autos seien von seinem Geld gekauft, und er würde sie immer noch abbezahlen. Pétin fühlt sich unwohl in der Rolle des Buchhalters, gleichzeitig weiß er, daß endlich Ordnung in das finanzielle Chaos gebracht werden muß. Denn die drohende Steuernachzahlung hat Dimensionen angenommen, die nicht mehr einfach durch die Gage für einen neuen Film abzudecken sind. Man munkelt von neun Millionen Francs, was etwa drei Millionen Mark entspricht. Und wovon soll der Traum bezahlt werden, ein gemeinsames Haus auf dem Land zu kaufen und sich endlich niederzulassen? Pétins Haß auf Biasini wächst, er macht Romy Schneider heftige Vorwürfe, daß sie sich so lange hat ausbeuten lassen. Die rettet sich, zerrissen zwischen immer noch schwankenden Gefühlen für den neuen Mann, der Angst, ihren Sohn an Biasini zu verlieren, der Trauer um den Verlust einer doch für die Ewigkeit gedachten Liebe und der Sorge vor dem kommenden Finanzskandal, in noch mehr Alkohol. Heimlich schleicht sie dann auch zu dem Koffer, in dem sie ihre Tabletten versteckt hat, denn Laurent Pétin spült sofort alles die Toilette hinunter, was er von „diesem Teufelszeug" in ihrer Wohnung finden kann.

Im März 1981 flieht Romy Schneider wieder mal nach Quiberon, in die Klinik, in der sie schon oft lästige Pfunde losgeworden ist. Es geht ihr so schlecht wie noch nie. Sie ist allein, Daniel Biasini mit ihrem Sohn in den USA, Sarah mit dem Kindermädchen in Paris. Laurent Pétin muß in seiner Firma arbeiten. Sie macht brav alle Therapien mit, lebt Diät, läßt sich in den Ruheraum einsperren, in dem man bei gedämpftem Licht zu sich selbst finden soll. Keiner ist auf die Idee gekommen, daß vielleicht diesmal Quiberon für sie der falsche Ort sein könnte. Hier hat Daniel sie einmal abgeholt, um mit ihr auf die Insel zu fahren, die sie von ihrem Fenster aus jeden Tag sehen kann, Belle-Île. Und dort hat er ihr seine Liebe gestanden, dort hat eigentlich das begonnen, was jetzt so kläglich endet. Romy Schneider läßt sich heimlich Chablis auf ihr Zimmer bringen, natürlich hat sie auch ihre Tabletten dabei, keiner kontrolliert ja, wieviel sie davon schluckt.

In dieser Situation treffen, begleitet von Romy Schneiders Freundin Christiane Höllger, Journalisten aus Deutschland ein. Reporter des *Stern*. Ihnen will sie ein Interview geben, das erste seit Jahren. Versprochen ist, um ihr die Angst vor Journalisten zu nehmen, nur zu drucken, was sie Seite für Seite freigibt. Dennoch hat sie Angst.

Am ersten Abend warten die Journalisten mit Christiane Höllger in der Hotelhalle. Den Fotografen Robert Lebeck kennt Romy Schneider. Gemeinsam fahren sie durchs nächtliche Quiberon, suchen vergebens eine Kneipe, die noch offen hat. Alles geschlossen, keine Saison in Quiberon. Irgendwo aber, an der Bucht, brennt noch Licht. Eine Familienfeier, es wird sogar getanzt. Kurzes Gespräch mit dem Wirt, Romy Schneider steht abseits, unerkannt, sie hat sich wie üblich unter dem Kopftuch und hinter der dunklen Brille versteckt. Der Besitzer bittet die späten Gäste an einen Tisch. Man bestellt Champagner, vergessen ist die Entziehungskur, zu der Romy Schneider eigentlich nach Quiberon gekommen ist. Sie spricht von ihrer Angst. Sie spricht von der Rolle der Presse, von der sie sich ein Leben lang verfolgt gefühlt hat. Sie spricht von sich, und sie will etwas vom anderen hören. Flasche auf Flasche wird geleert. Ein alter Mann kommt zu Romy Schneider, er hat lange gezögert, bevor er sich traute. *„Vous êtes Sissi, n'est-ce pas?"* fragt er dann unbeholfen. Romy Schneider erstarrt, nein, ich bin nicht Sissi, ich bin Romy Schneider. Aber dann lacht sie, nimmt die Aufforderung zum Tanz des langbärtigen Bretonen an und wiegt sich mit ihm auf der leeren Tanzfläche zu „Help" von den Beatles. Es ist schon vier Uhr morgens. Als sie endlich gehen, lehnt sie die Einladung des Wirts ab. Die Rechnung an Madame Schneider bitte, Paris, notiert er und fragt nicht nach der Adresse. Die wird man schon wissen. Eine Woche später wird die Rechnung tatsächlich ankommen.

Am nächsten Tag beginnt das Interview, keine Routineangelegenheit wie sonst bei Filmstars. Die übliche Sprachlosigkeit, das übliche Sichabtasten entfällt. Die gemeinsame Nacht verbindet nicht nur durch den gemeinsamen Kopfschmerz. Romy Schneider ist nervös, raucht viel, trinkt Weißwein. Aus dem Abhaken von Fragen und Antworten wird bald ein Gespräch. Haut ihr mich wirklich nicht in die Pfanne, wirklich nicht? Dann weint sie, minutenlang, stockend bricht aus ihr heraus, warum sie ihr Leben für verpfuscht hält und warum sie sich nichts mehr zutraut. Widerspruch der anderen . . ., „nein, noch lange nicht, mach doch endlich mal kaputt, Romy, was dich kaputtmacht." Man duzt sich, erzählt sich Geschichten, und aus den Geschichten werden plötzlich

wieder Fragen. Romy Schneiders Antworten lesen sich wie Schlagzeilen aus ihrem Leben:

„. . . Ich bin das schwarze Schaf der Familie . . . Ich hatte nie eine Vorstellung von Geld . . . Ich habe mich als Sissi immer fein ausgedrückt, war immer höflich . . . Ich will ja nicht bedauert werden, was soll's? . . . Was ist jetzt meine Welt? . . . Ich bin eine Person, in die Leute Dinge hineintun, die nicht existieren . . . Es hätte halt alles viel besser sein können, nun ist es zu spät . . . Ich suche nur das, mich einschließen, leben, a bisserl leben und, na gut, weniger arbeiten . . . Verlieben ist verlieben, und jemanden lieben ist etwas ganz anderes . . . Die ganzen letzten Wochen und Monate spüre ich, wer wirklich die Freunde sind, in Frankreich und in Deutschland, die sagen, wenn's dir schlecht geht, kannst du anrufen, und dann machst du es mal, und dann sagen die, da können wir dir nun wirklich nicht helfen . . . Ich glaub schon, ich könnte den Alain anrufen, doch . . . Der ist doch ganz und gar sentimental, und auf der anderen Seite ist diese Mafia-Seite . . . Filme, was sollte ich denn sonst machen, ich habe ja nichts anderes gelernt . . . Der Beruf ist keine Sucht, nein, den mag ich noch, gerade noch . . . Die Lust zum Flirt ist ungebrochen . . . Ich bin ja sehr, sehr einfach, nur inzwischen Alkoholikerin geworden . . . Und Harry liebe ich immer noch . . . Ich habe es einfach nicht kapiert, daß Luchino in mich verliebt war . . . Du haust mich nicht in die Pfanne? Kaputte Leute sind ja immer sehr interessant . . ."

Bei den Fotos, die Robert Lebeck von ihr macht, bricht sich Romy Schneider den Fuß, als sie von einem Felsen auf den Strand springt. Sie humpelt auf ihr Zimmer, legt sich hin. Ein Arzt wird bestellt. Auf dem Nachtschrank Bilder ihrer Kinder, keines von Biasini. Sie hat Schmerzen, aber das ist nicht der Grund, weshalb sie weint. Sie sucht ihre Tabletten, verbirgt ihr aufgelöstes Gesicht unter dem Kissen. Laßt mich allein jetzt. Nein, nicht in dem Zustand. Also gut, morgen noch. Morgen reden wir weiter. Ohne Tonband.

Eingegipst und auf einen Krückstock gestützt, kehrt sie zurück nach Paris. Die Dreharbeiten für die *Spaziergängerin von Sans-Souci* müssen verschoben werden. Unter das Interview, das wenige Wochen später in der von ihr genehmigten Fassung im *Stern* erscheint, schreibt sie handschriftlich: „Ich werde weiterleben – und richtig gut!"

An der bretonischen Küste stellt sich Romy Schneider 1981 noch einmal dem Fotografen Robert Lebeck.

XI

Wenige Wochen nach dem Interview in Quiberon liest Romy Schneider, ihr Gipsbein auf dem Bett bequem auf Kissen gelegt, ein Drehbuch, das nach Motiven aus Joseph Kessels Roman *Die Spaziergängerin von Sans-Souci* entstanden ist: Max Baumstein, Präsident einer internationalen Vereinigung für Menschenrechte, erschießt in Paris, wo er von seiner Frau nach einer langen Reise erwartet wird, den Botschafter von Paraguay. Beim Prozeß bekennt er sich zwar schuldig, aber um sein Motiv verständlich zu machen, erzählt er dem Gericht die Hintergründe seiner Tat. Als zwölfjähriges Kind ist er von einer SA-Bande in Berlin zum Krüppel geschlagen worden, weil er Jude war. Seine Eltern wurden ermordet. Er lebte bei dem Ehepaar Wiener, das sich um ihn kümmerte. Als auch deren Situation im faschistischen Deutschland gefährlich geworden war, flüchtete Elsa Wiener mit dem Jungen ins Exil nach Paris. Elsas Mann, der Verleger Michel Wiener, sollte baldmöglichst nachkommen, wurde aber im Zug verhaftet und ins KZ eingesperrt. Szenen in Paris, im Rückblick ein Hauptteil des Films: Die verzweifelte Frau, die sich erst als Sängerin und dann als Animierdame in einem Nachtclub durchschlägt, versucht alles, um ihren Mann zu retten. Ein Legationsrat an der deutschen Botschaft verspricht ihr die Freilassung ihres Mannes, wenn sie mit ihm ins Bett geht. Sie wehrt sich lange, aber als sie davon überzeugt ist, daß dies die einzige Chance ist, jemals ihren Mann wiederzusehen, gibt sie nach. Ihr Mann wird freigelassen und darf nach Paris ausreisen. Elsa holt ihn auf dem Bahnhof ab, sie fahren gemeinsam mit dem Taxi zum Emigrantencafé „Sans-Souci“. Dort werden beide von den Nazikillern des Legationsrats auf offener Straße ermordet. Und dieser Legationsrat, der wie so viele andere Nazis nach Südamerika geflüchtet war, ist Botschafter Paraguays geworden, den der verkrüppelte Junge von damals, inzwischen Vorsitzender einer Versicherungsgesellschaft und bekannter Anwalt der Menschenrechte, erkannte und erschoß.

Romy Schneider soll die Rolle der Elsa Wiener von damals spielen, also die Frau, die sich vor den Deutschen nach Frankreich rettet, und die Frau des Todesschützen (Michel Piccoli) heute. Wieder eine Doppelrolle. Sie träumt davon, daß David den verkrüppelten zwölfjährigen Max spielt, zeigt ihrem Sohn sogar das Drehbuch. Der findet es zwar

In Quiberon, bei Romys letztem großem Interview

Beim Gespräch mit Michael Jürgs, dem Autor dieses Buches

spannend, kann aber mit dieser Geschichte nichts anfangen. Das faschistische Deutschland ist ihm fremd und bleibt es auch, als seine Mutter ihm erzählt, daß sein Vater Harry Meyen von den braunen Schergen verhaftet und ins KZ gesteckt worden ist. Er will nichts von dieser Vergangenheit wissen, ihn beschäftigen zu sehr die privaten Probleme der Gegenwart. Er fühlt sich zerrissen zwischen Daniel Biasini, der ihm ein Vater ist, und seiner Mutter, die er liebt. Daß die beiden sich scheiden lassen, weiß er, aber er kann und will es nicht begreifen.

David lebt bei seinen Großeltern und geht auch dort zur Schule. Romy Schneider wird in Paris von Laurent Pétin umsorgt, der sie mit seiner Liebe fast erstickt. Aber auch er schafft es nicht, sie aus ihren Depressionen zu reißen, als die Scheidung endlich eingereicht ist. Der gebrochene Fuß ist verheilt, doch ihr geht es schlechter denn je. Noch mehr Tabletten und noch mehr Alkohol und immer wieder Schmerzen in der Niere. Sie wird in einer psychiatrischen Klinik behandelt. Dort zeigt sie dem Arzt das *Stern*-Interview, das in Frankreich von *Paris Match* nachgedruckt wurde, und bittet ihn, alles zu lesen: „Da steht vieles drin, was ich noch nie gesagt habe über mich.“ Aber der Arzt will nicht mit ihr reden und versuchen zu erfahren, was sie bedrückt. Er verschreibt Romy Schneider schwere Psychopharmaka, um sie erst einmal ruhigzustellen.

Romy Schneider wehrt sich anfangs nicht. Erst als sie nach zwei Wochen Veränderungen an sich bemerkt, Sprachstörungen und Vergeßlichkeit – vergebens versucht sie zum Beispiel, sich an alte Rollen oder Filme zu erinnern –, bricht sie die Behandlung ab und kehrt zurück nach Paris. Die letzten Vorbereitungen für die Dreharbeiten von *Sans-Souci* beginnen, es wird eine deutsch-französische Koproduktion mit Schauplätzen in Berlin und Paris.

Daß Romy Schneider für die Rolle der Elsa Wiener ausgesucht wurde, liegt nicht nur daran, daß sie, vor allem zusammen mit Michel Piccoli, als Kassenmagnet in Frankreich gilt. *Die Spaziergängerin von Sans-Souci* sollte ja auch ein politischer Film werden, nicht nur spannende Unterhaltung. Vielleicht sogar große Kunst (was es dann später nicht wurde): „Der Faschismus kommt wieder“, erklärt Max Baumstein einmal dem Gericht, vor dem er sich wegen des Todesschusses verantworten muß. Das Thema der unbewältigten deutschen Vergangenheit ist in vielen französischen Filmen behandelt worden, und in vielen dieser Filme spielt die Deutsche Romy Schneider mit, die Frau, die ihre ganz persönliche Vergangenheit mit Deutschland ebenfalls noch nicht bewältigt hat. Für die Franzosen ist es weniger die Deutsche, die da spielt. Ihr Filmstar Nummer eins ist längst eine Französin, die sie als eine der Ihren akzeptieren, auch weil sie fast ohne Akzent ihre Sprache beherrscht. Was sie in Worten über Deutschland nicht sagen kann, weil sie glaubt, unpolitisch zu sein, drückt sie in ihren Rollen aus. „Ich habe anfangs nicht viel gewußt vom Faschismus, nicht genug darüber nachgedacht. Aber inzwischen weiß ich sehr viel mehr und weiß, daß sich im Grunde nicht viel geändert hat.“ Auch ein Grund, warum ihre Filme in Deutschland keine so großen Erfolge waren wie in Frankreich? Artur Brauner, der deutsche Koproduzent der *Spaziergängerin von Sans-Souci*, sieht das anders: „Wir haben mit diesem Film in Deutschland immerhin eine Million Zuschauer ins Kino gelockt, was bei dem Thema ein großer Erfolg ist. Allerdings wäre es ohne das traurige Ableben von Romy Schneider sicher nur die Hälfte gewesen, ihr Tod hat den Film doch sehr interessant gemacht.“

Doch bevor nun endlich die Dreharbeiten beginnen können, bricht Romy Schneider wieder einmal zusammen. Sie hat unerträgliche Schmerzen in der Niere. Pétin fährt sie ins Krankenhaus, ins Amerikanische Hospital nach Neuilly. Die Ärzte stellen fest, daß es kein Krebs ist, sondern ein gutartiger Tumor, aber ihre rechte Niere, wo der faustgroße Abszeß sitzt, muß entfernt werden. Am 22. Mai 1981 wird der Filmstar operiert; es verläuft alles den Umständen entsprechend gut, aber sie wird lange brauchen, um wieder arbeiten zu können. Laurent Pétin informiert die Filmproduktion und erzählt seiner Geliebten, kaum daß sie aus der Narkose aufgewacht ist, voller Stolz, daß man auf sie warten werde, der Drehbeginn so lange verschoben werde, bis sie wieder gesund ist: „Siehst du, so wichtig bist du ihnen.“

Am Flughafen holt er Romys Mutter und ihren Bruder Wolf ab und bringt sie ins Krankenhaus. Magda Schneider schildert später, auf die ihr eigene Art, in der *Bild*-Serie „Leb wohl, Romy“ den Besuch im Krankenhaus: „Ich war erschüttert, als ich Romy sah. Sie war – zwei Tage nach der Operation – noch sehr schwach. Aber ich war auch gerührt. Mit den wachen Augen einer Mutter sah ich, wie dieser Laurent Pétin Romy sehr liebevoll und unendlich behutsam half aufzustehen – als wäre sie die größte Kostbarkeit der Welt. Dann war ich schockiert. Romy zeigte mir die Operationsnarbe. Sie zog sich – wie mit einem Schwert gehauen – von der Brust bis auf den Rücken, um den halben Körper.“ Diese Narbe übrigens störte Romy Schneider am wenigsten. Jetzt sei es endlich vorbei mit den Nacktrollen, erklärte sie lakonisch, was in ihrem Alter ja schließlich normal sei, nicht wahr?

Die Meldung, daß man dem Filmstar eine Niere hatte entfernen müssen, war in den Fernsehnachrichten ausgestrahlt worden. In den Zeitungen gab es ärztliche Bulletins zu lesen, wie bei der Behandlung eines bedeutenden Politikers. Laurent Pétin besucht sie natürlich jeden Tag, auch ihre Freundin Christiane Höllger kommt aus Berlin. Nur mit ihrem Sohn David ist sie noch so zerstritten, daß sie ihn nur einmal sehen will, sonst lediglich mit ihm telefoniert.

Noch lebt der Rest der Familie, also Sarah mit dem Kindermädchen, in der Wohnung in der Avenue Bugeaud, aber Romy Schneider will dort wegziehen, nicht nur wegen der Erinnerungen an die gemeinsame Zeit mit Biasini, sie will ganz raus aus der Stadt. Wenn das Geld für eine Anzahlung nicht reicht, muß man halt einen Kredit aufnehmen, ist ja kein Problem, schließlich wird sie mit den nächsten Filmen wieder genügend verdienen. Davon, daß sie eigentlich mal Pause machen wollte und nicht mehr so viel arbeiten, ist keine Rede mehr. Das halbe Jahr Pause, bedingt durch den gebrochenen Fuß und die Nierenoperation, hat ihr gereicht. Es soll endlich wieder losgehen.

Zunächst aber nur im Filmstudio von Boulogne-Billancourt für den Thriller *Das Verhör*. Leichte Arbeit. Romy Schneider muß ein paar Sätze nachsynchronisieren. Ihr Sohn David kommt vom Haus seiner Großeltern in die Stadt und verbringt den Tag mit seiner Mutter. Ganz stolz auf sein gutes Französisch gibt er ihr Tips für die richtige Aussprache mancher Wörter. Sie wiederholt, die Brille auf der Nase balancierend, seine Vorgaben, bis er zufrieden ist. Anschließend gehen sie gemeinsam in die Kantine des Studios. Sie sprechen über die nächsten Ferien und beraten, wohin es gehen soll. Von dieser Szene gibt es Fotos, sehr innige, sehr private Fotos. Nähe zwischen Mutter und Sohn, eng beieinander sitzend, David mit geschlossenen Augen zärtlich seine Mutter küssend. Sie scheinen sich wieder vertragen zu haben. Es ist der 24. Juni 1981, ein friedlicher, warmer Sommertag. Es ist der Tag, an dem sich Romy Schneider und David zum letztenmal sehen.

Als David am 5. Juli vom Spielen nach Hause kommt, und zu Hause ist für ihn das Haus seiner Großeltern in der Rue Lorraine im Pariser Vorort St-Germain-en-Laye, öffnet auf sein Klingeln niemand. Seinen Schlüssel hat er vergessen, das Tor ist verschlossen. Was macht ein Junge in seinem Alter, sportlich und trainiert? Er klettert auf die Mauer, um das Tor zu übersteigen. Doch David rutscht ab und stürzt in die schmiedeeisernen Spitzen des Zauns, der den Garten umsäumt. Wie ein Pfahl bohrt sich einer dieser Spieße in seinen Unterleib, er schreit vor

Schmerzen, hängt hilflos am Zaun. Nachbarn hören sein Schreien und rufen den Notarzt und die Polizei. Er wird mit schweren inneren Blutungen ins Krankenhaus gebracht. Die Großeltern und sein Stiefvater Daniel Biasini suchen Romy Schneider und erreichen sie an diesem Sonntag schließlich im Landhaus von Pétins Eltern, wohin David sie eigentlich hätte begleiten sollen. Sie eilt ins Centre Hospitalier, Laurent Pétin fährt sie hin. Auch Daniel Biasini ist gekommen, auch er bangt um den Jungen. Sie warten stumm. Romy Schneider weint, betet um ihren Sohn. Die Ärzte können ihm trotz einer Notoperation nicht mehr helfen; David Christopher, vierzehneinhalb Jahre alt, stirbt kurz nach Mitternacht. Das klackende Geräusch der Schuhe des Arztes auf dem Krankenhausflur, der auf sie zukommt und ihr die Todesnachricht überbringt, begleitet Romy fortan in ihren nächtlichen Alpträumen bis zum eigenen Tod. In dieser Nacht vom 5. auf den 6. Juli 1981 beginnt das lange Sterben der Romy Schneider.

Ihren Schmerz kann Romy Schneider nicht benennen. Bei der Beerdigung einige Tage später, organisiert von Alain Delon und von seinen Leibwächtern rigoros von allen Neugierigen und Fotografen abgeschirmt, ist sie noch wie gelähmt, stumm und ohne Begreifen. Außer den Biasinis, die sich Vorwürfe machen und sich die Schuld geben an dem fürchterlichen Unfall, ist ihr Bruder Wolf gekommen, der sie stützt und schweigend tröstet. Magda Schneider, die am Telefon die Nachricht vom Tode ihres Enkels erhielt, liegt mit einem Herzanfall im Krankenhaus. Vor dem Friedhof lauern die Fotografen, sie folgen den großen schwarzen Limousinen von Delon und seinen Leibwächtern in halsbrecherischer Fahrt zurück nach Paris. Ein Foto der trauernden Mutter muß es doch geben. Die liegt zusammengekrümmt auf dem Boden des schwarzen Golf von Laurent Pétin, den keiner beachtet. Er bringt sie ins Haus von Verwandten und dann auf Anraten des Arztes erneut ins Amerikanische Hospital, wo sie unter schweren Beruhigungsmitteln einschläft.

Das Foto des toten David, bedeckt von einem Handtuch des Krankenhauses, in dem er gestorben ist, wird meistbietend versteigert. Solche Fotos, bei denen sich der Leser erschaudernd fragt, woher haben die das bloß?, wird es immer wieder geben, weil auch ein Krankenpfleger weiß, was es wert sein kann, im richtigen Moment auf den Auslöser zu drücken, oder weil niemand als Krankenpfleger verkleidete Fotografen kontrolliert. In Deutschland druckt es die *Bunte,* die sich für ihre spärlichen Informationen auf ein Gespräch mit Magda Schneider stützen kann. Wieder einmal, so sieht es aus, merkt Romy Schneiders Mutter nicht, wie ihre naive Lust, alles zu erzählen, benutzt wird.

Freunde in Frankreich haben nach dem Tod von David Angst, daß Romy Schneider sich etwas antun könnte. Sie verschickt noch vom Krankenhaus aus Briefe, in denen sie ihnen versichert, sie werde nie Selbstmord begehen, schon Sarahs wegen nicht, die besonders jetzt ihre Mutter brauche. Sie schreibt von dem Kummer, den sie nie vergessen wird, aber sie schreibt auch, daß sie ihre ganze Kraft zusammennehmen wird, um diese Schmerzen zu überstehen. Sie bekommt Hunderte von Beileidsschreiben, auch eines von Frankreichs Staatspräsidenten François Mitterrand.

Wieder werden die Dreharbeiten für *Sans-Souci* verschoben, diesmal auf den Oktober 1981. Zunächst zieht sie sich in das Château ihres alten Freundes Jean-Claude Brialy zurück, um den lauernden Fotografen zu entgehen. Begleitet wird sie von ihrer Tochter Sarah, dem Kindermädchen Bernadette und natürlich von Laurent Pétin, dem einzigen Halt in ihrer tiefen Verzweiflung. Brialy, bei Dreharbeiten in Italien, ruft jeden Tag an, um zu hören, ob alles in Ordnung sei. Er erinnert sich: „Da war zwar ein großer Kummer in ihr, aber da war auch eine große Wut über diese Ungerechtigkeit. Sie sagte: ‚Wenn Gott existiert, ist er wirklich gemein zu mir, weil er mir meinen Sohn genommen hat. Das ist nicht gerecht.‘“ Auch im Schloß ihres besten Freundes wird sie entdeckt, wieder flieht sie zurück in die Stadt, dann in ein Landhaus, das Verwandten von Pétin gehört.

Die beiden Journalisten, die sie in Quiberon interviewt hatten, lädt Romy Schneider ein zu einem Besuch. Aber Laurent Pétin mißtraut allen Journalisten. Er verabredet sich mit den beiden an einem markanten Punkt des kleinen Ortes, sie erfahren nicht die genaue Adresse des Hauses. Um Mitternacht holt er sie dort ab und bringt sie in der Dunkelheit zu Romy Schneider. Man redet die ganze Nacht miteinander, immer wieder unterbrochen von ihren Tränen. Sie trinkt wenig, ein bißchen Rotwein, sehr viel Wasser. Nach der Nierenoperation muß sie mit Alkohol vorsichtig sein, Weißwein und Champagner sind sogar ganz verboten. Laurent Pétin achtet auch darauf, daß sie keine Tabletten schluckt, aber sie hat ihre kleinen Verstecke. Die Besucher aus Deutschland übernachten in einem Gästezimmer und verbringen auch den Sonntag mit Romy Schneider und der Familie Pétin. Nachts schreibt Romy Schneider ihnen einen Brief, den sie am anderen Morgen unter der Tür finden. „*Mes amis* – was ich nicht sagen kann, schreibe ich Euch diese Nacht ... Ich bin nicht mehr dieselbe Frau. Ich bin nicht mehr dieselbe Mutter. *Je suis la petite mère courage ou la grande,* wie mein DAVIDsohn es mir sagte. Ich glaube ihn zu hören und höre ihn so oft! Und sehe, sehe, sehe ihn – da ..." Sie schreibt noch viel mehr in jener schlaflosen Nacht, und irgendwo steht auch „Mein Liebling Laurent. Er hat und hatte es schwer mit mir."

Am anderen Tag erzählt sie voller Empörung, daß sich ihr ehemaliger Mann Daniel Biasini, um zu trauern, wie er sagte, für zwei Wochen in die letzte gemeinsame Wohnung in der Avenue Bugeaud zurückgezogen habe. „Und stellt euch vor, anschließend fehlten Fernsehapparat und Videorecorder, gleich zwei, und natürlich jede Menge Kassetten." Sogar ein kleines Sofa sei verschwunden. Natürlich bestreite Biasini, daß er irgend etwas geklaut habe. Laurent Pétin habe alles dem Anwalt übergeben, der solle sich auch um die beiden Autos kümmern, den Ferrari und den Rover. Sie habe jetzt anderes zu tun. Sie muß jetzt lernen für ihren nächsten Film, die Dreharbeiten sollen in wenigen Wochen beginnen. Sie hat Angst davor, weil sie mit einem zwölfjährigen Jungen spielen muß, aber Arbeit ist jetzt die einzige Therapie.

Die Steuerschulden sind bedrohlich geworden. Pétin hat zusammen mit Romy Schneiders Agenten die Idee von Romy Schneiders Memoiren, einer Autobiographie des berühmten Filmstars, konzipiert. Der Vertrag zwischen einem großen deutschen Medienkonzern und Romy Schneider wird in Paris unterschrieben. Eine Million Mark soll das Honorar für Romy Schneider betragen, und als Ghostwriterin ist ihre Freundin Christiane Höllger im Gespräch. Womit Pétin nicht einverstanden ist, er hat andere Vorstellungen. Und da Romy Schneider auf ihn hört, beginnen Verhandlungen mit möglichen Autoren. In einer langen Drehpause, die sie vor einem geplanten Film mit Alain Delon (und nach der *Spaziergängerin)* haben wird, soll damit begonnen werden, ihr Leben aufzuschreiben. Es wird nicht mehr dazu kommen, immer wieder verschiebt sie den Termin.

In der Öffentlichkeit sieht man sie zum erstenmal knapp zwei Monate nach dem Tod ihres Sohnes bei der Premiere von Alain Delons neuem Film *Pour la peau d'un flic* am 8. September. Sie trägt ihre Haare lockig lang, das Gesicht ist schmaler geworden, Fragen von Journalisten beantwortet sie nicht. Später beklagt sie sich, daß sie nach der Filmpremiere verfolgt worden sei und Laurent Pétin wie ein Rennfahrer habe rasen müssen, damit „die Schweine" nicht herausbekommen, wo sie wohnt. Sie wechselt die Wohnungen, wohnt mal bei Freunden, mal auf dem Land, mal zieht sie auch für Wochen in ein Hotel. Einmal trifft sie sich mit Alain Delon in dessen Pariser Wohnung, es gibt ein offizielles Foto von den beiden, sie in Schwarz, er in Weiß, beide lachend und in gelöster Stimmung. Es sind Werbeaufnahmen für ein neues Parfum, das die Delon-Company vertreibt, und Mireille Darc, damals Lebensgefährtin von Delon und Managerin seiner Firmen, hat dieses Treffen arrangiert.

Selbst der ruhige, starke Laurent Pétin ist am Ende seiner Kraft, weil er nachts die verzweifelte Romy Schneider zu beruhigen versucht, tagsüber aber in seinem Job hart arbeiten muß. Außer an den wenigen Wochenenden, an denen Sarah ihren Vater Daniel Biasini besucht, der zwar kein Sorge-, aber Besuchsrecht hat, ziehen Romy Schneiders kleine Tochter und ihr Kindermädchen mit um. Sarah wird unruhig, aber sie ist noch zu klein, als daß man ihr diese ständigen Fluchten erklären könnte.

Im Oktober muß Romy Schneider wieder mit der Arbeit beginnen, die Dreharbeiten zur *Spaziergängerin von Sans-Souci* können nicht noch einmal verschoben werden. Artur Brauner hält das für die beste Therapie nach Davids Tod, und er glaubt auch, daß sie es schaffen wird. Sie ist ja ein Profi. Einem Freund in Frankreich schreibt sie vor der Abreise nach Berlin, daß sie nicht weiß, wie es weitergehen soll, daß sie manchmal das Gefühl hat, einfach nicht mehr zu können. „Das Schlimmste ist", schreibt sie, „in meinen Nächten ist David nicht tot, da spreche ich mit ihm, da sitzt er neben mir. Und am Morgen weiß ich dann, daß ich mir das alles eingebildet habe, daß er wirklich tot ist." Und sie hat Angst vor Berlin, weil sie nach Davids Tod ausgerechnet in der Stadt zum erstenmal wieder arbeiten muß, in der er geboren ist und in der sie mit ihm und Harry Meyen gelebt hat, die „glücklichsten Jahre meines Lebens", wie sich ihr die Erinnerung verklärt.

Regisseur Jacques Rouffio muß sich in Berlin in der Hauptsache um Romy Schneider kümmern und die anderen Schauspieler vernachlässigen. Am schlimmsten sind die Einstellungen, die sie mit dem im Film zwölfjährigen Max zu spielen hat, den sie zum Beispiel ins Bett bringen oder zärtlich umarmen soll. Als eine Dinnerszene gedreht wird, bei der Max, gespielt von Wendelin Werner, als Geigensolist brilliert und dabei vor ihr am Tisch steht, weint sie hemmungslos. Selbst dem väterlichen Rouffio gegenüber ist sie sprachlos, sie schreibt ihm kleine Zettel, wenn sie Vorschläge hat, wie man diese oder jene Szene gestalten könnte. Er verliert nie die Geduld mit ihr. Ihr Hotel verläßt Romy Schneider fast nur zu den Dreharbeiten.

Artur Brauner und seiner Frau gelingt es während der Berliner Dreharbeiten von *Sans-Souci* ein paarmal, Romy Schneider zu einem Abend im privaten Kreis zu überreden; da werden dann Erinnerungen wach an die Zeiten, als die Meyens und die Brauners in Berlin noch Nachbarn waren und ihre Kinder gemeinsam in den jüdischen Kindergarten gingen. Auch Christiane Höllger versucht, Romy Schneider aus der selbstgewählten Isolation zu reißen, aber ihre Ausbrüche ins Leben bleiben selten.

Für ein drehfreies Wochenende am 7. und 8. November lädt sie ihre Mutter Magda und ihren Bruder Wolf nach Berlin ein. Aus Paris ist Sarah mit dem Kindermädchen gekommen, auch Laurent Pétin ist da, alles wird arrangiert für ein harmonisches Familientreffen. Man erzählt sich Alltagsgeschichten, Romy Schneider spielt die starke Frau im Kreise der Familie, weiß natürlich gleichzeitig, wie brüchig das Eis ist, auf dem gerade sie und Mutter Magda sich bewegen. Sie berichtet von ihren Plänen, mit Laurent bald zu verreisen und bald ein Haus für die Familie zu suchen und bald ihre Memoiren zu schreiben und bald einen Film mit Delon zu drehen und bald . . . Dann weint sie wieder, als könne das alles nicht mehr wahr werden. Nicht einmal Pétin kann sie dann beruhigen.

Es ist nicht nur der Schmerz um den Sohn David, der Romy Schneider in den letzten Monaten ihres Lebens so „unlebbar" macht für andere. Sie beginnt über das nachzudenken, was man Karriere nennt, und über all die unbeantworteten Fragen, die sie auch in früheren Lebenskrisen immer wieder beschäftigt haben, die sie aber schnell wieder verdrängt hat. Radikaler ist sie geworden, radikaler mit sich, sie betrachtet das Produkt Romy Schneider, ihr Image sozusagen, mit kritischer Distanz. Was erwarte ich vom Leben noch – und nicht mehr, wie früher; wie kann ich die Erwartungen erfüllen, die andere in Romy Schneider setzen? Sie zweifelt am Sinn ihrer Arbeit und macht sich, in gnadenloser Ehrlichkeit, an ein seltsames Spiel. Kreuzt unter ihren achtundfünfzig Filmen die an, die nach ihrer Meinung gut waren, und kommt auf nur zehn Titel. Die Filme von Visconti sind dabei und die Kafka-Verfilmung von Orson Welles, aber keiner der Filme, mit denen sie einst berühmt wurde.

Dann verschwindet sie, mitten in der Nacht, irrt durch Paris, freut sich, wenn sie keiner erkennt. Klingelt bei Freunden. Als die einmal nicht zu Hause sind, läßt sie sich von einem Taxifahrer zurückbringen in die Wohnung, in der sie gerade lebt. Merkt, daß sie kein Geld dabei hat, aber der Mann hat Mitleid, es regnet draußen, er fährt sie trotzdem. In solchen Nächten sucht Laurent Pétin nach ihr, macht sich Sorgen, klappert alle Bekannten und Freunde ab. Dieses plötzliche Verschwinden von Romy Schneider ist ihm fremd, und er kann damit nicht umgehen. Bezieht ihre Fluchten immer nur auf sich, fühlt sich verletzt, weil er doch alles für sie tut. Dabei hat sie das schon früher gemacht, als es ihr scheinbar noch gutging. In Hamburg, bei einem Abendessen mit Meyen und Freunden, war sie einmal plötzlich aufgestanden und hatte geschrien: „Warum sitze ich eigentlich mit euch hier herum?" Hatte den Raum verlassen, die Tür hinter sich zugeschlagen und war verschwunden. Drei Tage lang haben Meyen und andere sie gesucht. Dann kam sie wieder, als ob nichts geschehen wäre.

Wochen verbringt sie mit Sarah und dem Kindermädchen im Hotel Royal Monceau, weil die Wohnung, in der sie gerade leben, nach Romy Schneiders Meinung schon wieder mal entdeckt worden ist. Ihre Angst vor Journalisten wird fast manisch. Doch den angebotenen Ausweg, weit weg zu fahren und endlich mit den Gesprächen für ihre Memoiren zu beginnen, lehnt sie auch ab. Die Wochenenden mit Laurent Pétin und seiner Familie auf dem Land sind zwar so etwas wie Inseln in ihrer Hektik, aber schon nach wenigen Stunden wird sie auch dort unruhig, versucht durch Betriebsamkeit und dauerndes Telefonieren die Gedanken zu übertölpeln, denen sie doch nicht entfliehen kann. Die einzige Zeit der Ruhe ist der Schlaf, aber den erreicht sie nur noch mit vielen Tabletten. Wenn Laurent ihr die wegnimmt, weil er glaubt, diese Sucht bekämpfen zu müssen (was richtig gedacht und dennoch falsch war, denn nur eine Entziehungskur hätte ihr helfen können), ist sie die ganze Nacht wach und schreibt. Auch Briefe an David. Mit ihrem Exmann Daniel Biasini gibt es noch heftige Auseinandersetzungen, vor allem, wenn Sarah von einem Besuch bei ihm und seinen Eltern nach Hause kommt, obwohl, wie sie notiert, Sarahs Vater nicht allzuoft Interesse am Besuch seiner Tochter gezeigt hat. An den ihm zustehenden Wochenenden habe er seine Tochter manchmal nur am Sonntag zu einem kurzen Spaziergang abgeholt.

Die Forderungen der französischen Finanzbeamten werden immer drängender. Pétin macht Romy Schneider klar, daß durch die letzten Erschütterungen in ihrem Leben ihr Marktwert gestiegen ist, vor allem durch den Tod ihres Sohnes, und er meint dies nicht zynisch. Er will sie mit seiner gewollt brutalen Offenheit nur dazu zwingen, sich den Realitäten zu stellen, nicht ein Glück zu suchen, das es nicht gibt, weil diese Suche sie erst recht zugrunde richtet und seiner Meinung nach nur in einer Art Wahnsinn enden kann. Er kann nichts dagegensetzen außer liebevoller Geduld, wenn sie nachts allein sein will, um mit „meinem David zu reden". Laurent Pétin gewöhnt sich daran, daß sie noch lange wach bleibt, während er längst schläft. Und er wundert sich nicht, wenn er aufwacht und sie nicht neben ihm liegt. Auch nicht am Morgen ihres Todes.

Er macht ihrem Agenten klar, daß in Zukunft höhere Gagen zu fordern sind. Und solange sie so gefragt ist, muß sie am Erfolg ihrer Filme beteiligt werden. Wie die anderen Stars ihrer Größenordnung auch. Man braucht Geld, denn nur mit Geld läßt sich die äußere Ruhe erkaufen – zum Beispiel ein Haus auf dem Lande –, die für Romy Schneider so wichtig geworden ist und aus der heraus dann die innere Ruhe sich entwickeln kann. Laurent Pétin bekommt in seiner Firma ein normales Gehalt, und das reicht nicht für ein verschwenderisches Leben in Luxus, wie es Romy Schneider gewöhnt ist. Er will keinen Franc von ihr, das läßt sein Stolz nicht zu. Er baut behutsam, Stück für Stück, eine neue Welt für sie auf, er weiß, daß die Zeit vorbei ist, als sie die Trümmer verlorener Lieben noch mit Dreharbeiten, mit immer neuen Filmen zudecken konnte. Man ißt lieber gemeinsam zu Hause statt wie früher in den Restaurants der Prominenten. Pétins Familie stellt sich voller Verständnis auf sie ein, lernt voller Zuneigung, daß man Geduld braucht, bevor Romy Schneider redet, daß sie bei Fragen einmal schweigt und nachdenkt und vielleicht erst nach fünf Minuten darauf antwortet. Alle unternehmen vorsichtige Schritte, um sie aus ihren Depressionen herauszuführen, denen sie manchmal tagelang im verdunkelten Zimmer nachgibt.

Laurent Pétin, Sarah und Romy Schneider reisen auf die Seychellen – ist doch besser, als im kalten Januar in Paris herumzusitzen und zu grübeln. Es scheint ihr gutzugehen, denn an ihre Mutter und an Freunde schickt sie Postkarten voller Lebenslust. Doch kaum in Paris zurück, holt sie der Alltag wieder ein. Streit mit Biasini. Besuch an Davids Grab. Sorgen wegen der Steuer. Wieder ist es Pétin, der die richtige Idee hat und beginnt, ein Haus auf dem Land zu suchen, sie so zu beschäftigen und abzulenken. Endlich, im April, finden sie das Haus, in dem „ich alt werden will" (Romy Schneider). Es liegt fünfzig Kilometer außerhalb von Paris, in Boissy Sans Avoir; und es gibt keine prominenten

Nachbarn, sondern ganz normale Menschen. Knapp vierhundert Einwohner, eine Kirche und ein Friedhof, auf den David bald überführt werden soll. Seine Mutter will ihm nahe sein. Romy Schneider will es noch einmal versuchen, ihr Leben. Mit Laurent Pétin eine neue Familie gründen, vielleicht sogar ein Kind von ihm, obwohl sie schon dreiundvierzig ist.

Gemeinsam fliegen Romy Schneider und Laurent Pétin am 9. Mai 1982 nach Zürich, um mit ihrem Finanzverwalter Kaestlin und dessen Sohn zu reden, denn sie brauchen Geld für den Kauf des Hauses in Boissy (die Gage von *Sans-Souci* soll verwendet werden, um einen Teil der Steuerschulden zu bezahlen). Sie haben sich am Abend mit dem deutschen Anwalt von Romy Schneider verabredet, der sie im Hotel Baur au lac erwartet. Erst gegen dreiundzwanzig Uhr treffen sie ein. Man bespricht, wie die Verhandlungen am nächsten Tag zu führen sind, trinkt gemeinsam, also zu dritt, eine Flasche Rotwein. Das Gespräch wird auf dem Zimmer fortgesetzt, als das Restaurant schließt. Gegen ein Uhr morgens, nach einigen Whiskys, die Romy Schneider trotz Pétins Vorwürfen aus der Minibar nimmt und pur trinkt, beschließt sie plötzlich, ihr Testament zu machen. Sie nimmt Papier von der Kanzlei ihres Anwalts. Sie verschreibt sich einmal, zweimal, trinkt dazwischen immer wieder kleine Whiskyfläschchen aus der Bar. Als die in ihrem Zimmer leer ist, wechseln sie in das Zimmer des Anwalts. Pétin legt sich schlafen.

Schließlich, gegen halb fünf am Morgen des zehnten Mai, hat Romy Schneider ihr Testament, das noch heute beim Nachlaßgericht in Berlin-Schöneberg liegt, geschrieben: „10. 5. 1982 – Zürich – Ich bitte, alles was ich – Romy Schneider –, besitze, an Laurent Pétin und meine Tochter Sarah zu überweisen –, ich meine: es ist, nochmals gesagt, mein Testament – all mein Besitz, gehört, ist bestimmt für Mr. Laurent Pétin und Sarah! Dies ist mein Wille, meine Entscheidung – – und bleibt. Romy Schneider." Als Testamentsvollstrecker bestimmt sie ihren Hamburger Anwalt, aber der nimmt, wie man beim Nachlaßgericht in Berlin nachlesen kann, dieses ihm übertragene Amt nicht an, unter anderem auch deshalb, weil er bezweifelt, daß die Umstände, unter denen das Testament zustande kam, für die Wirksamkeit ihres letzten Willens sprechen.

Das bezweifelt auch Henrik Kaestlin von der Anlagefirma Cinecustodia, allerdings aus ganz anderen Gründen. Es wird ihm nach Romy Schneiders Tod viel zuviel darüber spekuliert, wo denn ihr ganzes Geld geblieben sei. Als ihm später die recherchierenden Journalisten zu nahe kommen, wird er plötzlich schweigsam. Wer ihm die Frage stellt, weshalb zum Beispiel noch 1979 und 1980 insgesamt 881 000 Francs auf das Konto der Cinecustodia, Sitz Chur, überwiesen wurden, da doch nach Angaben seines deutschen Anwalts („Der Vertrag der Frau Schneider mit der Cinecustodia begann im Jahre 1973. Er endete mit Ablauf des Jahres 1978.“) bereits 1978 die Verbindung zwischen Romy Schneider und der Schweizer Firma beendet worden ist, bekommt keine Antwort. Ebenso stumm bleibt er bei der Frage, was denn am 10. Mai 1982, also nach der Testamentsnacht, in Zürich mit ihm, seinem Sohn, Romy Schneider und Laurent Pétin besprochen wurde. Und ob es da vielleicht schon um die verschwundenen Summen ging, die Romy Schneider einen Tag vor ihrem plötzlichen Tod in einem Brief an die Schweizer Bankgesellschaft moniert hat? Den Brief hat sie aber nicht mehr abschicken können. Und ob Romy Schneider während dieses Gesprächs deshalb immer wieder so fassungslos war, weil sie nicht verstehen konnte, wo die Millionen geblieben waren? Nicht einmal die nötige Anzahlung für das Haus in Boissy konnte geleistet werden. Um diese Summe aufzutreiben, mußte Laurent Pétin seine Aktien verkaufen und bei seiner Firma einen Kredit aufnehmen. Ist es bei diesem Gespräch in der Kanzlei von Kaestlin am Limmatquai nicht vielmehr so gewesen, daß Romy Schneider versprochen wurde, innerhalb einer bestimmten Frist genaue Abrechnungen vorzulegen, die sich aber durch den plötzlichen Tod von Romy Schneider sozusagen von selbst erledigt haben?

Nur so viel teilt Henrik Kaestlin mit, daß nach „einem Urteil des obersten französischen Gerichts“ viele Jahre nach Romy Schneiders Tod festgestellt worden sei, aus den „vertraglichen Beziehungen und deren Handhabungen“ zwischen der Cinecustodia und Romy Schneider ließen sich keine Steueransprüche Frankreichs für ihre Gagen ableiten. Lapidar zieht er Bilanz: „Die Steuer- und Finanzprobleme, die Romy leider hatte, hatten andere Ursachen.“

Nach der Rückkehr aus Zürich ist Romy Schneider, allen Bemühungen von Laurent Pétin zum Trotz, physisch und psychisch wieder in einem klinikreifen Zustand, aber mit ein paar Wochen Diät in Quiberon ist es diesmal nicht getan. Sie trinkt nicht nur zuviel, sondern auch das, was ihr die Ärzte verboten haben, unter anderem Whisky. Sie hat sich geheime Verstecke für ihre Tabletten gesucht, die Laurent Pétin noch nicht kennt. Im Innersten glaubt sie nicht mehr, daß sie je davon loskommt. Will sie sich am Ende selbst kaputtmachen? Keiner kann das heute sagen, denn Romy Schneider ist eine viel zu gute Schauspielerin, um ihre mögliche Todessehnsucht andere merken zu lassen. Daß es so nicht mehr lange weitergehen kann, muß sie geahnt haben. Nur so ist zu erklären, daß sie plötzlich, mitten in der Nacht, in Zürich auf die Idee gekommen ist, ihren Letzten Willen aufzuschreiben. Ein Muster ohne Wert, nicht nur im juristischen Sinne. Sie hat ja auch nichts mehr, was sie hinterlassen könnte. Gut, ein bißchen Schmuck und ein paar Möbel, aber kein Bargeld, keine Aktien, keine Immobilien. Und daß sie sich auf den nächsten Film freut, auf die Arbeit mit Delon, glauben nur die anderen. Vordergründig geht es noch um Einwände gegen das inzwischen in der Rohform vorliegende Drehbuch von *Einer gegen die anderen* (Arbeitstitel), das ihr nicht gefällt. Ob man nicht zunächst mal an das Projekt *Misia* gehen sollte? Die Lebensgeschichte der Coco-Chanel-Freundin Misia Sophie Olga Godebski, einer der aufregendsten Frauen der Belle Époque in Paris, Muse vieler Künstler, Geliebte vieler Prominenter, einer Frau, die ihrer Zeit weit voraus war.

Auch durch das Drängen des Verlages, endlich mit ihren Memoiren zu beginnen, für die ja ein Vertrag unterschrieben ist, fühlt sie sich unter einem Druck, den sie nicht aushält. Sie ist klug genug zu wissen, daß es nicht mehr lange gutgehen kann mit ihrer Art, dem Leben zu widerstehen. Nie würde sie Selbstmord begehen. Nicht nur aus Feigheit nicht oder gar, weil sie noch Reste ihrer katholischen Erziehung in sich hätte. Nein, an Gott glaubt sie nicht mehr, allenfalls, daß er schlecht sein muß, weil er ihr Davids Tod angetan hat. Aber sie weiß sehr genau, daß auch das, was sie ihrem Körper antut, eine Art Selbstmord sein kann.

Ein warmer Frühling in Paris. Die Wohnung, die ihr ein marokkanischer Freund zur Verfügung gestellt hat, Tarak Ben Amar, wird ihr oft zu eng. Aber bald ziehen wir ja nach Boissy. Kindheitssehnsucht soll sich dort erfüllen. Eine Familie. Ein Haus. Rückkehr in Geborgenheit nach Dreharbeiten. Bis es soweit ist, nächtliche Spaziergänge durch Paris, ziellos. Wochenendfluchten aufs Land mit Sarah und Laurent.

Es gibt auch neue Freunde in den letzten Monaten ihres Lebens. Laurents Bruder Jérôme und dessen Frau Claude zum Beispiel. Die sehen Romy Schneider als eine kranke, verzweifelte Frau. So ganz verschieden von dem Star, den sie natürlich auch kennen von der Leinwand. Sie haben noch nicht resigniert wie andere, die Romy Schneider jahrzehntelang irgend etwas geraten und irgendwann aufgegeben haben, weil sich nichts änderte. Claude und Jérôme und Laurent sind überzeugt, stark genug zu sein, um ihr zu helfen.

Am Abend des 28. Mai sitzen alle in der Wohnung von Claude und Jérôme um den großen Tisch und essen gemeinsam. Sie schauen Fotos vom Haus in Boissy an. Das wird ein schöner Sommer werden, das wird ein gutes Jahr, das wird ein ganz neues Leben sein, Romy.

Morgens um zwei Uhr verabschieden sich Laurent Pétin und Romy Schneider. Die paar Schritte in die Rue Barbet-de-Jouy gehen sie zu Fuß, die Luft ist warm. Sie freuen sich auf das kommende ruhige Wochenende und das Treffen mit Jean-Claude Brialy. Weil Laurents Schwägerin Claude sie zu einem Fototermin mit einer französischen Frauenzeitschrift nicht begleiten kann, will Romy Schneider noch einen Brief schreiben und den Termin absagen. Laurent legt sich schlafen, er ist einfach zu müde. Wie immer, wenn sie spät nach Hause kommt, schaut Romy Schneider noch nach ihrer schlafenden Tochter. Alles in Ordnung.

Am anderen Morgen findet Laurent Pétin sie im Salon, in tiefem Schlaf, wie er glaubt. Aber niemand wird sie mehr wecken. Romy Schneider, dreiundvierzig, hat endlich ihr Leben besiegt.

Herausforderung
ANTAR
Mit dem
Hundeschlitten
durch
die Eiswüste des
siebten
Kontinents
von Will Steger und
Jon Bowermaster

KTIS
N
NbE
NNE
NbW
NNW
NWbN
NW
NWbW
WNW
WbN
W
WbS
WSW
SWbW
SW
SWbS
SSW
SbW
S
SbE
SSE
SEbS
N.W.
N.E.
E
S.E.
S.W.

Die Antarktis hat uns während des ersten Monats eines gelehrt: ihr niemals zu trauen. An einem Tag zeigt sie sich von ihrer freundlichsten, liebenswürdigsten Seite, und schon am folgenden Morgen herrschen wieder die tobenden Winde und erinnern uns daran, daß die Antarktis uns in Sekundenschnelle den Tod bringen kann.

Will Steger

Prolog

Petrus, wir kommen

25. Juli 1989. Der Gestank von nassen Hunden, Kerosin, Zigarettenqualm, schimmeligem Käse und schweißgetränkter Kleidung erfüllte die Luft in dem sowjetischen „fliegenden Sarg", während wir uns der Antarktis näherten. Über fünfzig Passagiere bereiteten sich auf die zu erwartende Bruchlandung vor. Mein Partner bei dieser geplanten Expedition, ein kleiner Franzose namens Jean-Louis Etienne, stand neben meinem Sitz. Er beugte sich herab und erklärte, daß er den Geruch, der in der von Anspannung erfüllten Kabine herrschte und die Spannung noch steigerte, sehr gute kenne: Es sei der Duft des Abenteuers.

Die Iljuschin 76, damals in der Sowjetunion vorwiegend zum Transport von Panzern und Raketen eingesetzt, rumpelte und heulte, während sie sich dem Landepunkt auf der King-George-Insel näherte, einem antarktischen Atoll, etwa 120 Kilometer von der Spitze des Festlandes entfernt. Wir waren zwei Stunden vorher von Punta Arenas in Chile aus gestartet, dem vorletzten Stopp eines einwöchigen Transportflugs von Minneapolis zum siebten Kontinent, über Kuba – wo wir zwei Schlittenhunde wegen Hitzschlags verloren –, Peru und Buenos Aires. Die Passagierliste umfaßte mich selbst und fünf andere Forscher, Reporter aus den Vereinigten Staaten, Frankreich und Japan, sowjetisches und amerikanisches Hilfspersonal, französische, amerikanische und sowjetische Filmteams, Fotografen, Mechaniker, Kopiloten, eine Krankenschwester, einen Dolmetscher und vierzig aufgeregt hechelnde, vierzig Kilo schwere Schlittenhunde. Jeder von uns sprach ein Gebet, während die Piloten, von denen keiner jemals zuvor auf einer vergleichbaren Eispiste gelandet war, die winzige Landebahn des chilenischen Luftwaffenstützpunktes Teniente Rodolfo Marsh ansteuerten.

Als wir durch die dichten Wolken dem Erdboden entgegensanken, sah ich vor meinem geistigen Auge schon die Zeitungsschlagzeilen des nächsten Tages: Internationales Transantarktisteam bei Landung umgekommen. Ich stellte mir vor, wie es wäre, in diesem fensterlosen

Stahlkäfig sterben zu müssen. Unsere 9000 Kilo schwere Ausrüstung würde nach vorne rutschen und uns zerquetschen, ehe das 40 Tonnen schwere mit Brennstoff beladene Flugzeug in Flammen aufginge. Ich hatte in all meinen Abenteuerjahren viele gefährliche Situationen erlebt, sei es beim Befahren der wildesten Flüsse der Arktis per Kanu oder Kajak, beim Besteigen 6000 Meter hoher Berge, beim Vorstoß zum Nordpol mit dem Hundeschlitten oder bei der Durchquerung Grönlands. Aber noch nie hatte ich solche Angst empfunden. Und als wollte er meine Furcht noch verstärken, flüsterte ein sowjetischer Mechaniker, der in meiner Nähe kauerte, halblaut vor sich hin: „Petrus, wir kommen."

Wir erwarteten, daß die Piloten hinuntergehen, kurz aufsetzen und wieder durchstarten würden, um erst einmal den Zustand der Piste zu testen, um sich zu vergewissern, ob sie es mit hartem Blankeis oder mit weichem Schneematsch zu tun hätten. Aber schwere Wolken hingen über dem Stützpunkt, und der Testanflug mußte ausfallen. Unser sowjetischer Teamgefährte Viktor Bojarski, der neben der Cockpittür saß, gab während des Sinkflugs laut rufend unsere jeweilige Höhe durch: „Achttausend Meter! . . . Siebentausend Meter! . . . Fünftausend Meter!"

In der Kabine herrschte absolute Stille, und wir wurden von der Crew aufgefordert, unsere Plätze einzunehmen, obgleich für höchstens zwei Drittel von uns Sitze vorhanden waren. Ich ließ einen Blick durch das Flugzeug schweifen und sah, daß außer unserem ruhigen Japaner Keizo Funatsu, der friedlich schlief, allen meinen Kameraden die Angst ins Gesicht geschrieben stand. Jean-Louis lehnte an der fensterlosen Rumpfwand, hörte auf seinem Walkman die Dire Straits und knetete nervös seine Finger. Der stets zu Späßen aufgelegte Engländer Geoff Somers – der einzige von uns sechsen, der bereits zu Fuß durch die Antarktis gezogen war – blickte starr auf die Rückenlehne des Sitzes vor ihm. Dabei erzählte er dem chinesischen Glaziologen Qin Dahe, wann er zum letztenmal solche Angst gehabt hatte – vor dreißig Jahren, kurz bevor man ihn in der Schule dafür verprügelt hatte, daß er bei einem Buchstabierwettbewerb durchgefallen war. Dahe hörte ihm aufmerksam zu und klammerte sich dabei mit beiden Händen an seine Armlehnen. Viktor, gewöhnlich der ruhende Pol unseres Sextetts, teilte uns schwitzend und mit verzerrtem Gesicht weiterhin unsere Position mit: „Dreitausend Meter . . . zweieinhalbtausend Meter . . . zweitausend Meter . . . "

Dahe war erst vor fünf Monaten zu uns gestoßen, aber der Rest unseres Teams hatte bereits gemeinsam einige haarige Situationen gemeistert. Im Frühjahr 1988 hatten wir zum erstenmal Grönland auf einer Nord-Süd-Route durchquert – 2600 Kilometer in 62 Tagen. Wir waren mit Hundeschlitten unterwegs gewesen und hatten voneinander Überlebenstechniken gelernt unter Bedingungen, die zu den härtesten der Welt zählen. Wir waren uns in allem, von der Verpflegung bis hin zur Zeltgröße und -form, einig geworden, hatten nur ein paarmal Meinungsverschiedenheiten austragen müssen und waren als echte Freunde zurückgekommen. Nun befanden wir uns am Vorabend des Starts zu einem der letzten großen Abenteuer der Welt: Wir wollten während der nächsten sieben Monate mit Skiern und Hundeschlitten eine über 6000 Kilometer lange Strecke zurücklegen, die uns durch die rauheste Wildnis der Erde führen würde. Und jetzt hoffte ich inständig, daß die drei Jahre, die wir mit ausgetüftelter Planung, Geldbeschaffung, Betteln und Werben für diese Expedition verbracht hatten, nicht einfach in einem gigantischen, alles verzehrenden Feuerball am Rand einer vereisten Landepiste verglühten.

In zweihundertfünfzig Meter Höhe über der Antarktis fuhr das Fahrgestell der Iljuschin ruckelnd und quietschend in seine vorgeschriebene Position aus. „Hundertsiebzig Meter! . . . Hundert Meter!“ rief Viktor und umklammerte noch krampfhafter den Griff der Cockpittür. Die Leute um mich herum rauchten – trotz der Brennstoffässer nur ein paar Schritte weiter –, beteten oder hielten sich an den Händen. Einige tasteten ein letztesmal nervös nach Sicherheitsgurten, die entweder nicht mehr vorhanden oder defekt waren. Während wir tiefer und tiefer sanken, wurde das Dröhnen der Triebwerke vom Eis zurückgeworfen und erzeugte in der Kabine einen ohrenbetäubenden Lärm. Dann erlosch ohne Vorwarnung die Beleuchtung in der Kabine, und wir konnten unsere Angst unter der gnädigen Maske völliger Dunkelheit verbergen.

Das Flugzeug setzte unter explosionsartigem Getöse auf dem Eis auf. Die Triebwerke gingen brüllend auf Gegenschub, und die sechs Meter hohen seitlichen Frachtklappen öffneten sich krachend. Innerhalb von Sekunden war der enge, feuchte Raum von blendendem Licht und wirbelndem Schnee erfüllt, begleitet von dem Geruch nach brennendem Kerosin. Ich schloß die Augen und stellte mich darauf ein, daß jeden Moment ein Flammenmeer über uns hereinbrechen und uns verzehren würde. Die Maschine rutschte über die Landebahn wie ein Schneepflug und fräste mit dem Vorderrad eine dreißig Zentimeter tiefe Furche in das steinharte Eis. Nachdem sie noch eine ganze Kette Positionsleuchten umgesäbelt hatte, kamen wir am Ende der 1200 Meter langen Piste zum Stehen. Die Hunde stießen ein wildes Geheul aus, und ich öffnete die Augen. Applaus und Hochrufe brandeten auf, während uns eine Woge der Erleichterung erfaßte und uns ermattet zurücksinken ließ.

Als wir wenig später aus dem Flugzeug stiegen und das Eis der Antarktis unter unseren Füßen spürten, ergriff ich Jean-Louis bei den Armen, und wie auf Kommando strahlten wir beide gleichzeitig vor Freude über das ganze Gesicht. „Wir sind da!“ verkündete er. „Dies ist die Antarktis!“ Fürs erste waren wir in Sicherheit.

26. Juli. Bei Morgengrauen stellten wir fest, daß uns ein sonniger Tag bei Temperaturen um null Grad Celsius erwartete – geradezu „tropische“ Verhältnisse für die Antarktis. Wir waren gewarnt worden, daß eine Schlechtwetterfront mit eisiger Kälte und Stürmen sich in unsere Richtung bewegte und daß das Wetter um diese Jahreszeit – hier herrschte jetzt Winter – gewöhnlich im Dreitagesrhythmus wechselte: Auf drei schöne Tage folgten drei Tage Unwetter und so weiter. Unser vordringliches Ziel war es, aufs Festland zu gelangen. Über die zu erwartenden Verhältnisse konnten wir uns auch dann noch den Kopf zerbrechen.

Wir wurden von einer Twin Otter – einem kleinen, 18sitzigen Turboprop-Flugzeug, dem „Arbeitspferd“ der Arktis und der Antarktis – zum Ausgangspunkt unserer Expedition in der Nähe eines Berggipfels namens Seals Nunatak weitertransportiert. Jean-Louis und ich waren beim dritten Flug der Twin Otter dabei. Mit dem ersten Flug am Tag vorher waren unter anderem drei Angestellte der Adventure Network befördert worden, der in Vancouver ansässigen Charterfluggesellschaft, die uns während der ersten dreitausend Kilometer unseres Marsches versorgen würde. Geoff und Dahe hatten den zweiten Flug am frühen Morgen mitgemacht, bei dem auch der Großteil der Ausrüstung und die Hunde transportiert worden waren. Viktor und Keizo würden mit dem restlichen Gerät folgen. Mit dem fünften und letzten Flug sollten die Filmteams von Films d'Ici aus Frankreich und von ABC Sports nachkommen. Während wir die Maschine beluden, machte mein treuer Leithund Tim auf sich aufmerksam, indem er die 25 Kilo schwere Kiste, an der er angebunden war, quer über die Rollbahn zum Flugzeug schleifte. Offenbar hatte er Angst, zurückgelassen zu werden.

Eingepfercht zwischen Männern und Ausrüstungsgegenständen, zeigten die Hunde von der langen Reise nach Süden erste Erschöpfungserscheinungen. Sie waren durstig, hungrig und wollten endlich wieder laufen. Doch sobald die Twin Otter ihre ruckelnde, hüpfende Fahrt die Piste hinunter begann, wurden die Hunde ruhig. Die meisten hatten schon früher einmal in kleinen Flugzeugen gesessen und kannten den Geruch von Schlitten und Geräten. Instinktiv wußten sie, daß am Ende dieses Fluges das große Abenteuer wartete.

Jean-Louis und ich zwängten uns im hinteren Teil des Flugzeugs in zwei Sitze zwischen meine beiden treuesten Gefährten – die Leithunde Sam und Tim. Der Frachtraum des Flugzeugs war bis ins letzte ausgenutzt worden. Die hintere Hälfte des Innenraums, aus dem die Sitze entfernt worden waren, bot den Hunden und einem vier Meter langen Schlitten Platz; der vordere Teil war bis zur Decke vollgestopft mit Ausrüstungsgegenständen.

Wir starteten bei idealen Wetterbedingungen. Vor uns lag ein gerade mal 35minütiger Sprung von der King-George-Insel zur Spitze der Antarktischen Halbinsel – genügend Zeit, um die Szenerie unter uns auf uns einwirken zu lassen: Meer, zertrümmerte Eisschollen und Eisberge, so groß wie ganze Wohnblocks. Die Sonne strahlte, und rechts von uns wölbte sich ein Regenbogen über den Himmel. Sam blickte gespannt zum Fenster hinaus; Tim, der seine Schnauze auf meine Schulter gelegt hatte, lugte aus einem anderen; und Panda, der stattliche fünfzig Kilo wog, versuchte unermüdlich, auf meinen Schoß zu klettern. Während Jean-Louis und ich über die Hunde hinwegschauten, sahen wir, wie die Spitze der Antarktischen Halbinsel am Horizont auftauchte und allmählich näher kam.

Es lag 24 Jahre zurück, daß ich das letztemal südlich des Äquators gelandet war. Damals, im Juni des Jahres 1965, war ich mit einer Gruppe von zwanzig Bergsteigern hergekommen – ein Verein mit dem seltsamen Namen „Iowa Mountaineering Club“ –, um drei Erstbesteigungen von Sechstausendern der Cordillera Blanca, einem Gebirgszug nordwestlich von Lima, zu absolvieren. Ich war zwanzig Jahre alt und hatte mich per Anhalter von Miami nach Minneapolis durchgeschlagen, um dort die Propellermaschine nach Süden zu erreichen. Diese Expedition kurierte mich endgültig von dem Wunsch, einen größeren Teil meiner Zeit dem Bergsteigen zu widmen, denn bei jenem Unternehmen überlebten zwei meiner Mannschaftskameraden einen Absturz nicht. Seitdem hatte ich mich bei meinen Reisen dem Norden zugewandt, wo sich auch mein persönliches Verständnis für die Natur entwickelte. Ich lernte in den Jahren, in denen ich die Nordwest-Territorien und die Arktis per Hundeschlitten und auf Skiern erforschte, daß die Natur, so freundlich und schön sie auch erscheinen mag, am Ende immer Sieger bleibt. Immer wieder machte mir die Natur mit ihrer unermeßlichen Größe bewußt, wie winzig ich bin, brachte mich durch ihre gewaltige Kraft zum Schweigen oder bedrohte mich aufs grausamste. Und ich gewann die wahrscheinlich wichtigste Erkenntnis, die man als Abenteurer erlangen kann: Um in der Natur zu überleben, wenn sie sich am abweisendsten, am unfreundlichsten zeigt, muß man ihre Stärke anerkennen und sich ihrer Macht fügen. Man darf der Natur nicht mit einer herausfordernden überheblichen Haltung gegenübertreten, denn man kann sie sich nicht „untertan machen“ oder sie kontrollieren; bestenfalls kann man hoffen, daß es einem gelingt, sich auf das einzustellen, was sie an Überraschungen bereithält, und zu lernen, ihren Herausforderungen mit Einfallsreichtum zu begegnen. Ein Scheitern ist meistens das Resultat eines übertriebenen Vertrauens in die eigenen Fähigkeiten und hat im allgemeinen den Tod zur Folge.

1985 hatte ich die 8000 Kilometer lange Strecke von der Grenze zwischen Kanada und Minnesota bis nach Point Barrow in Alaska mit dem Hundeschlitten zurückgelegt, und das überwiegend allein. Im Jahr 1986 hatte ich zusammen mit sieben Teamgefährten und fünfzig Hunden nach einer zermürbenden 56tägigen Wanderung den Nordpol erreicht – es war das erstemal, daß eine Expedition zum Pol vorgestoßen war, ohne unterwegs durch Versorgungsmaßnahmen unterstützt worden zu sein. Ich wußte schon damals, daß diese Erfahrungen mich eines Tages in die Antarktis führen würden. Und nun, da ich das mit Eisbergen übersäte Weddellmeer überflog, war ich im Begriff, das größte Abenteuer meines Lebens zu beginnen.

Was ich unter mir erblickte, erfüllte mich mit einer Mischung aus innerem Frieden und Bewunderung. Während ich mich einerseits auf das ruhige, einfache Leben freute, das eine solche Reise erfordert, lastete die Verantwortung, dafür zu sorgen, daß wir sechs den 6000 Kilometer langen Marsch lebendig überstanden, schwer auf meinen Schultern. Doch ich vertraute auf unser Können, denn ich wußte, daß jeder von uns sechsen willens war, sich auf alles einzustellen, was dieser Ort an Überraschungen bereithalten würde.

Im Süden konnte ich schwach die Gipfel der Berge erkennen – Berge, die, wie ich wußte, tausend Meter in die Höhe ragten. Sie säumten die Küste der Halbinsel über Hunderte von Kilometern. Vor ihnen erstreckte sich ein drei Kilometer breiter Streifen aus Schnee und Eis, umgeben von einem tiefblauen Meer. Es war das Bild gänzlicher Reinheit, das ich schon von vielen Fotos früherer Antarktisbesucher kannte. Meine Vorstellung von der Antarktis war durch solche Aufnahmen geprägt worden: majestätische Küstenlinien, schneebedeckte Bergspitzen, weite Flächen aus Eis und Schnee, bevölkert von Pinguinen und Seehunden. Dies alles bedeutete für mich die Antarktis.

Aber in Wahrheit stellte diese Szenerie nur zwei Prozent dieses riesigen, unbarmherzigen Kontinents dar. Nur eine Handvoll Männer war bisher ins Innere der Antarktis vorgedrungen: unter anderem der Norweger Roald Amundsen, der Engländer Robert Scott, der Australier Douglas Mawson. Niemand hatte die 6000 Kilometer lange Route, die wir in Angriff nehmen wollten, auch nur in Planspielen in Erwägung gezogen. Die meisten Gegenden, die wir durchqueren würden, waren kartographisch erfaßt, doch bislang hatte sich noch niemand in den Jahreszeiten dorthin gewagt, die wir uns ausgesucht hatten. Wir wußten wenig über das Wetter, mit dem wir es zu tun haben würden, denn meteorologische Aufzeichnungen aus den Wintermonaten in dieser Gegend waren kaum vorhanden. Für einen großen Teil unserer Überquerung würden wir uns vorwiegend auf unsere Vermutungen und Berechnungen verlassen müssen.

„Gibt es woanders einen Ort, der noch hoffnungsloser und genauso entsetzlich verlassen ist?“ fragte in seinem Tagebuch der amerikanische Forscher Frederick Cook, einer der ersten, die diesen Kontinent in Augenschein nahmen. Ich hatte mich lange immer wieder gefragt, wie Cook Wörter wie „entsetzlich“ und „hoffnungslos“ benutzen konnte, um etwas zu beschreiben, was ich als wundervolles Grenzland der Zivilisation empfand. Oder wie Robert Scott, der, nur knapp achtzehn Kilometer von einer sicheren Unterkunft und damit seiner Rettung entfernt, der eisigen Kälte unterlag und im Jahr 1912 den Tod fand, die Antarktis einen „schrecklichen Ort“ nennen konnte. Aus der Luft betrachtet sah sie unberührt und wunderschön aus. Jean-Louis nennt die Antarktis gern die „Verlobte der ganzen Welt“, denn jeder möchte sie kennenlernen, jeder möchte sie schützen, jeder möchte, daß sie jungfräulich bleibt. Von unserem Aussichtspunkt aus war es schwierig, sich vorzustellen, was für ein Ungeheuer die Antarktis sein kann, mit Temperaturen von minus 75 °C, Windgeschwindigkeiten bis zu 300 Kilometern pro Stunde und Windtemperaturen, die sich kaum noch berechnen lassen.

Wir waren aus vielen und vielschichtigen Gründen in die Antarktis gekommen. Zuerst war da natürlich das Abenteuer. Wir hofften, das erste Team zu sein, das die Antarktis mit Hundeschlitten durchquerte, obgleich wir natürlich nicht die ersten waren, die diesen Traum hatten. Ernest Shackleton war mit einem ähnlichen Ziel 1914 an Bord der *Endurance* von England aufgebrochen, um seine dritte Südpolexpedition durchzuführen. Doch die *Endurance* wurde vom Packeis zerquetscht, noch ehe sie das Festland erreicht hatte. Shackleton und seine Männer kämpften sich 15 Monate lang in winzigen Rettungsbooten über Eisschollen und durch das eisige Meer, um das nackte Leben zu retten. In jüngerer Zeit waren britischen Expeditionen zwei kürzere Nord-Süd-Überquerungen auf Motorschlitten gelungen: Vivian Fuchs und Sir Edmund Hillary hatten die Strecke 1957/58 auf Motorschlitten bewältigt, und Ranulph Fiennes und zwei Gefährten hatten den Kontinent 1981 auf Schneemobilen durchquert.

Die Antarktis zog mich zum erstenmal als Junge in ihren Bann, als ich Ende der fünfziger Jahre einen Bericht im *National Geographic* las. Auf zahlreichen Doppelseiten wurde das Leben der Männer in den Forschungslagern beschrieben und das Unternehmen von Fuchs und Hillary geschildert. Ich war fasziniert von der Art und Weise, wie sie sich mit dieser feindlichen Umwelt auseinandergesetzt hatten, wollte wissen, wie sie dorthin gelangt waren, wie sie überlebt hatten. Ich konnte meinen Blick nicht mehr lösen von den Bildern von Eisschluchten und Bergen, und ich spürte, welches Abenteuer sie bereithielten. Schon damals wußte ich, daß die Antarktis eine der Regionen war, die ich unbedingt kennenlernen mußte.

Es war ein Traum, den ich während der nächsten dreißig Jahre im stillen mit mir herumtrug. Aber die Tatsache, daß ich nun in wenigen Minuten auf dem ersehnten Kontinent landen würde, war die Folge eines geradezu unglaublichen Zusammentreffens mitten im gefrorenen Nordmeer im April 1986. Meine Expedition zum Nordpol hatte den Weg von Jean-Louis gekreuzt, der auf Skiern allein zum selben Ziel unterwegs war. Wir saßen eine Nacht in einem Zelt und unterhielten uns über unseren Traum, zum Südpol zu gehen. Dort auf dem Eis tauschten wir unsere Telefonnummern aus und stellten, nachdem wir erfolgreich den Nordpol erreicht hatten, unsere Internationale Transantarktis-Expedition zusammen. Zum einen sollte dieses Unternehmen einen Beitrag zur Erhaltung und zum Schutz eines der letzten unberührten Gebiete der Erde leisten, indem es die Aufmerksamkeit der ganzen Welt auf diese Region lenkte. Aber wir wollten auch zeigen, daß sechs Männer aus sechs unterschiedlichen Kulturen, die nur wenig mehr

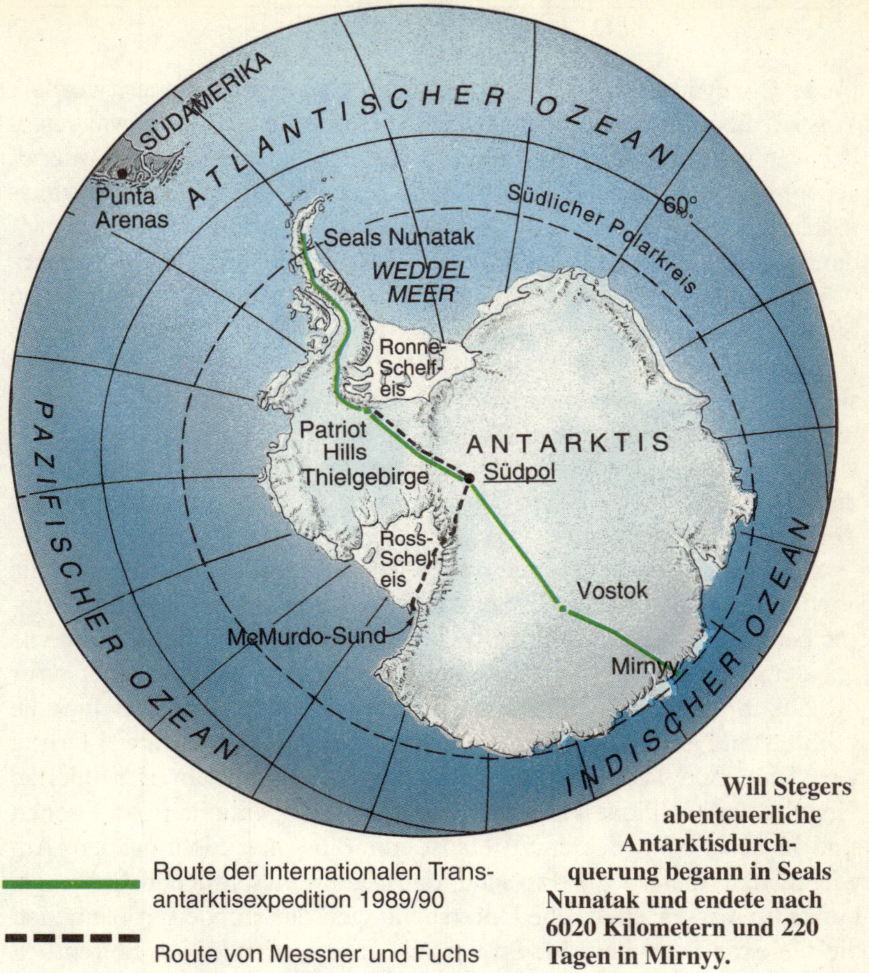

Will Stegers abenteuerliche Antarktisdurchquerung begann in Seals Nunatak und endete nach 6020 Kilometern und 220 Tagen in Mirnyy.

gemeinsam hatten als eine Leidenschaft für besonders kalte Regionen, zusammenarbeiten konnten, um ein gemeinsames Ziel zu erreichen, und dabei Erfolg hatten. Wir wußten, daß es kein Spaziergang sein würde. Aber wenn es uns gelang, unter den härtesten Umweltbedingungen auf diesem Planeten zu überleben, dann konnte unser Erfolg als Beispiel für die Nationen und die Menschheit allgemein dienen.

Unsere Route würde uns über 6000 Kilometer weit führen – von der Spitze der Antarktischen Halbinsel, die südlich von Chile liegt, vorbei am Ellsworth-Hochland und dem Thielgebirge zum Südpol, dann durch die sogenannte Unzugängliche Region und weiter zu den sowjetischen Stützpunkten Vostok und Mirnyy am östlichen Rand des Kontinents, direkt südlich von Birma. Weder die Halbinsel noch die 1200 Kilometer breite Unzugängliche Region waren bisher zu Fuß überquert worden. Was wir über die Bedingungen in beiden Gegenden wußten, war reichlich wenig. So enorm die Technik auch vorangeschritten war, seit Amundsen als erster im Jahr 1911 den Südpol erreicht hatte, es gab doch vieles im Hinblick auf die Antarktis, von dem wir keine Ahnung hatten, bis wir dann während unserer Wanderung direkt damit Bekanntschaft machten.

Von Anfang an betrachteten wir das Transantarktis-Unternehmen nicht nur als Abenteuer. Während der vergangenen 25 Jahre hatte ich verfolgen können, wie der Norden – und die Menschen, die dort leben – sich in einer Weise veränderten, die nicht mehr rückgängig zu machen ist. Ich hatte gesehen, wie die Wildnis schrumpfte und immer mehr von Umweltgiften verseucht wurde. Gerade deshalb hoffte ich sehr, daß der Mensch in der Antarktis als Schützer der Natur und nicht als ihr Zerstörer auftreten werde.

Die meisten Menschen betrachten die Antarktis als kalte Hölle, die am unteren Ende des Globus liegt. Dabei ist sie für den Menschen weniger bedrohlich als vielmehr hilfreich: Die Verbindung des Kontinents mit dem globalen Wettersystem macht ihn zum besten Barometer für die Zukunft unseres Planeten. Die Ozeane, die ihn umgeben, liefern die wichtigsten Nahrungsstoffe für die restlichen Weltmeere. Zwei Drittel aller Seehunde weltweit, eine Millionen Wale, über achtzig Millionen Pinguine und Millionen anderer Seevögel sowie Millionen von Fischen sind in den tiefen Meeren zu Hause, die die Antarktis umgeben. Am wichtigsten aber ist die Tatsache, daß sie ein wesentlicher Ausgangspunkt für wissenschaftliche Untersuchungen der Umweltprobleme ist, die die Erde bedrohen. Indem wir mit unserer Expedition hoffentlich einige Aufmerksamkeit auf den siebten Erdteil lenkten, wollten wir zeigen, weshalb die Antarktis ein unschätzbar wertvoller Ort ist, der es verdient, erhalten und nicht ausgebeutet zu werden.

Das Weddellmeer unter uns war nun übersät mit Eisbergen in unendlich vielfältigen Formen – tafel- und kuppelförmigen, würfel- und pyramidenförmigen und wild gezackten. Es waren abgebrochene Stücke von den tausend Jahre alten Gletschern, die majestätisch an den Küsten aufragten, in schimmerndem Blau, von eisigen Flüssen zerfurcht und von tiefen Schluchten zerschnitten. Ein angenehmes gelbes Licht verlieh der Szenerie eine Weichheit, die auf trügerische Weise die wahre Natur der Antarktis verhüllte. Rechts von mir färbte sich der Himmel in Schattierungen von Pink, Rot und Rosé, doch die vorherrschende Farbe war das Weiß der Landschaft unter uns – das reine, strahlende Weiß von Eis und

Schnee. Wie hätten wir bei diesem Anblick vorhersagen können, daß wir schon sechzig Tage später nicht nur begreifen sollten, was Scott dazu gebracht hatte, die Antarktis als gottverlassene Hölle zu verfluchen, sondern auch seinen und seiner Männer Wunsch nachvollziehen konnten, möglichst schnell zu sterben, um endlich den Qualen zu entfliehen, die dieser Kontinent für den Menschen bereithält?

Juli

Jean-Louis, nehme ich an?

27. Juli; 1. Tag. Wir hatten unser Lager in der Nähe des Schelfeises aufgeschlagen, und als ich morgens um halb acht aus dem Zelt kroch, fand ich mich umgeben von Stapeln von Kisten und Ausrüstungsgegenständen, Schlitten und jaulenden Hunden. In diesem ersten Lager bot sich uns noch nicht das überwältigende Panorama der ausgedehnten antarktischen Landschaft: Hohe, schroffe Bergspitzen aus Schnee und Eis ragten auf der einen Seite auf, auf der anderen erstreckte sich das Wedellmeer. Die Temperatur betrug minus 12 °C.

Während ich die Unordnung ringsum betrachtete, fühlte ich mich an meine erste Expedition von 1985 erinnert und daran, was sich in dieser kurzen Zeit alles verändert hatte. Als ich damals mein Zuhause, ein kleines Anwesen in der Nähe der Stadt Ely in Minnesota, verließ, um zu einer 8000 Kilometer langen Hundeschlittenfahrt nach Alaska zu starten, warteten vor der Tür zwei Freunde auf mich, um uns zum nahe gelegenen Lake Katatogama zu fahren. Wir, das waren elf Hunde und Lloyd Gilbertson, der mich auf den ersten 1600 Kilometern begleiten sollte. Keine Rede von Champagner oder gar Filmteams. Wir zogen einfach los.

Das Ausmaß – und die Kosten – unseres Antarktis-Abenteuers wurden am deutlichsten sichtbar, wenn man all die Mühen und den Aufwand betrachtete, die nötig waren, um die Lebensmittel und die Brennstoffvorräte in die Antarktis zu schaffen, die wir für unsere siebenmonatige Reise brauchen würden. Sogar Amundsen und Scott hatten damals bereits Depots mit Lebensmitteln und Brennstoff angelegt; niemand konnte ohne solche Vorkehrungen einen Marsch zum Pol oder gar weiter riskieren. Der größte Vorteil, den wir gegenüber unseren Vorgängern hatten, waren die Flugzeuge. Vor sechs Monaten hatten

Geoff und die Leute der Adventure-Network-Fluggesellschaft zwölf Proviantdepots eingerichtet, und zwar entlang der ersten Hälfte unserer Reiseroute – den ersten 3200 Kilometern von unserem ersten Lager bis zum Südpol. Jedes Depot enthielt eine 500 bis 900 Kilogramm schwere Holzkiste mit einem Zweiwochenvorrat an Lebensmitteln, Hundefutter, „White Gas" – einem bleifreien Spezialbenzin für die Kocher – und Petroleum für die Lampen. Die Kisten waren an Fallschirmen in Intervallen von 250 bis 650 Kilometern von einer Twin Otter aus abgeworfen worden. Am Anfang der 1300 Kilometer langen Halbinsel mußten wir mit stürmischen Tagen rechnen, an denen wir nur langsam vorwärts kommen würden, und daher waren die Abstände zwischen den Versorgungsstationen dort kürzer; vom Ende der Halbinsel bis zum Südpol lagen sie dann weiter auseinander. Markiert wurden sie durch drei Meter lange Aluminiumstangen mit blauen Flaggen, von denen wir hofften, daß sie nicht unter Schneewehen begraben sein würden.

Unsere Verpflegung war vor einem Jahr in Beutel aufgeteilt worden, die Rationen für zehn Tage enthielten. Mehr als fünf Tonnen Lebensmittel waren auf diese Weise verteilt worden, darunter 70 Kilogramm getrocknete Kartoffeln, 140 Kilogramm Hafermehl, 65 Kilogramm Popcorn, 110 Kilogramm Lachs, 70 Kilogramm Sardinen, 18 Kilogramm wilder Reis, 200 Kilogramm Eiernudeln, 550 Kilogramm Käse, 220 Kilogramm Milchpulver, 20 Kilogramm Sonnenblumenkerne, 270 Kilogramm Granola (eine Art mit Honig gesüßtes Knabbermüsli), 70 Kilogramm Brot, 320 Kilogramm Butter, 200 Kilogramm Schokolade, 11 Kilogramm Kaffee, 50 Kilogramm Trockengemüse und -obst, 135 Kilogramm Erdnußbutter, 170 Kilogramm Suppenkonzentrat und 2070 Tassen Schokoladengetränk. Nach dem Aufteilen waren die Lebensmittelpakete sorgfältig in stabile Pappkartons verpackt worden, die genau auf unsere Schlitten paßten. Außer den Lebensmitteln wurden noch vierhundert 200-Liter-Behälter White Gas und 14 000 Kilogramm Hundefutter auf den Weg geschickt.

Von Minneapolis aus reiste der Proviant per Sattelschlepper nach Baltimore, wo er auf die *Pulaski*, einen Frachter der Polish Ocean Lines, geladen wurde. Das Schiff überquerte im Oktober 1988 den Atlantik und legte in Le Havre in Frankreich an. Dort wurde alles umgeladen auf den sowjetischen Eisbrecher *Akademik Fedorow*, der die King-George-Insel anlief, wo ein Teil der Ladung im sowjetischen Stützpunkt Bellingshausen gelöscht wurde. Die Russen verstauten die Vorräte in den Kisten, die per Fallschirm über dem Eis abgeworfen werden sollten. Die restliche Ladung auf der *Akademik Fedorow* machte dann die weite Reise um den Kontinent herum zum Stützpunkt Mirnyy, um von hier aus, ebenfalls in Kisten verpackt, von einem russischen Konvoi von Schneefahrzeugen 1300 Kilometer weit von Mirnyy zum russischen Stützpunkt Vostok gebracht zu werden.

Für unsere Wanderung wurde unsere Ausrüstung auf drei handgefertigten vier Meter langen Holzschlitten verstaut. Jeder beförderte im Schnitt sechs Kisten Hundefutter, vier Kisten mit Verpflegung für die Expeditionsteilnehmer, ein Zelt und vier Seesäcke. Die Schlitten würden 6300 Kilometer weit von den wahren Helden der Expedition gezogen: den Hunden – drei Gespannen von je zwölf Tieren (vier weitere hatten wir als Reserve in Punta Arenas zurückgelassen). Sie waren aus mehr als siebzig Tieren ausgesucht worden, die wir während der vergangenen drei Jahre bei mir in Minnesota ausgebildet hatten. Neun von ihnen waren aus einem Zwinger in Colorado ausgeliehen, fünf waren die letzten Nachkommen aus der Zucht von Admiral Byrd, der die Hunde bei seinen Antarktisexpeditionen eingesetzt hatte, und der Rest stammte aus meiner eigenen Huskyzucht, die ich während der vergangenen zehn Jahre ständig verfeinert hatte.

Wir wußten, daß bei unserem Unternehmen die Kondition, Ausdauer, Mut und Kraft selbst der stärksten Tiere bis zum letzten gefordert sein würden, und daher war das Training der Hunde eher noch etwas härter als unser eigenes. Drei Jahre lang hatten sie Zement, Steine, Sand, Holz und Proviant ziehen müssen und dann ihr Training mit einem 2600 Kilometer langen Marsch quer durch Grönland abgeschlossen. Als wir danach unsere Auswahl getroffen hatten, waren die wesentlichen Eigenschaften, auf die wir geachtet hatten, die Kraft und der Mut der Hunde gewesen. Unser Leben würde von diesen Tieren abhängen – ohne sie wäre eine solche Expedition unmöglich –, und sie mußten zäh, treu und voller Eifer sein. Dies waren keine „Renn“-hunde, die an „Sprintrennen“ teilnehmen sollten wie dem „Iditarod“, einem 1877 Kilometer langen Hundeschlittenrennen in Alaska zwischen Nome und Anchorage. Unsere Hunde waren große, muskelbepackte Exemplare, die während der nächsten sieben Monate einen 450 Kilogramm schweren Schlitten ziehen mußten, und das zehn Stunden täglich, bei Temperaturen von bis zu minus 50 °C. Geschützt durch einen doppelten „Mantel“ – dickem, dichtem Deckhaar und einer fettigen, verfilzten Unterwolle, die weich auf der Haut aufliegt –, fühlten sie sich bei diesen Bedingungen durchaus wohl.

Offiziell startete die Expedition gegen Mittag bei einer ganz außergewöhnlich milden Witterung. Geoff brach als erster auf, während ich noch einem Fernsehreporter ein Interview gab, und unterdessen entwickelte sich unser sorgfältig geplanter Aufbruch zu einem überaus spaßigen Chaos. Bob Beattie vom Sender ABC hatte beabsichtigt, uns vor der Kamera zu verabschieden, während Viktor den Eisanker löste, an dem meine Hunde wie wild herumzerrten. Eigentlich wollten sie nichts anderes als hinter Geoffs bereits davonsausendem Schlitten herjagen, und in ihrem Eifer entwickelten sie eine solche Kraft, daß sie den Anker verbogen und aus dem Eis zogen. Meine Hunde und ich jagten plötzlich an Beattie vorbei, der gerade mitten in seinem Kommentar war, und der arme Viktor mußte fast zwei Kilometer weit rennen, um mich und mein dahinstürmendes Gespann einzuholen. Bei all dieser Aufregung spielte auch Keizos Gespann verrückt, riß sich los und raste mit vollem Tempo in das halbe Dutzend Reporter, die sich versammelt hatten, um von unserem Start zu berichten. Kameras flogen durch die Luft, und einige Leute wurden in den Schnee geschleudert.

Wir legten an jenem Tag die knapp sieben Kilometer bis zu unserem ersten Proviantdepot zurück; wir hatten es mit voller Absicht so nah eingerichtet, weil wir wußten, daß wir uns und die Hunde behutsam auf die zu erwartenden Strapazen vorbereiten mußten. Während der ersten Wochen würde die Sonne weniger als acht Stunden am Tag scheinen. (Gegen Ende Oktober würde dann 24 Stunden lang Tageslicht herrschen.) Wir schlugen unser Lager auf und bereiteten eine Abendmahlzeit. Dann setzte ich mich vor mein Zelt und versuchte, an diesem „auf dem Kopf stehenden“ Himmel die Sterne zu identifizieren. Ich habe seit meiner Kindheit immer wieder die verschiedenen Sternbilder studiert und kann gewöhnlich in klaren Nächten oben im Norden Dutzende von ihnen bestimmen. Hier hingegen fand ich nur den Raben (Corvus), den Adler (Aquila) und den Schützen (Sagittarius), doch auch das war nicht einfach. Nach all den Jahren, die ich ausschließlich im Norden verbracht hatte, begriff ich, daß ich nun sieben lange Monate vor mir hatte, um mich wieder daran zu gewöhnen, „südlich“ zu denken.

28. JULI; 2. TAG. Gegen Ende des Tages lief ich auf Skiern neben dem letzten Schlitten her, während die untergehende Sonne die beiden Gespanne vor mir beschien. Im Hintergrund überragten die zerklüfteten Berge der Halbinsel unsere bunte kleine Karawane aus Männern, Hunden und Schlitten. Die vom rhythmischen Hecheln der Hunde erzeug-

ten Dampfwolken schienen mit den Schneefahnen zu verschmelzen, die von hurrikanähnlichen Winden stumm und majestätisch über die fernen Berggipfel hinweggetrieben wurden. In diesem Moment wurde mein Traum von der Durchquerung der Antarktis greifbare Wirklichkeit.

Es waren Schicksal und Zufall, die uns hierher geführt hatten. Mitten im Eismeer auf Jean-Louis' Skispuren zu stoßen war der größte Zufall in unser beider Leben gewesen. Daß wir beide den Traum von einer Durchquerung der Antarktis hegten, war Schicksal.

Ironischerweise hatte es mir kurz nach meinem Entschluß, *ohne* fremde Hilfe einen Marsch zum Nordpol zu wagen, gedämmert, daß ein erfolgreicher Verlauf dieser Expedition mein stärkstes Argument werden konnte, wenn ich das notwendige Geld und sonstige Unterstützung auftreiben wollte, um den Südpol in Angriff zu nehmen. Aber ich verdrängte meine Südpolträume in den hintersten Winkel meines Bewußtseins, während ich das Nordpolprojekt plante. Erst zwei Tage vor unserem Start holte ich sie wieder hervor. Auf dem Weg zu unserem Ausgangspunkt waren wir zur Eureka-Wetterstation auf Ellesmere Island in den Nordwest-Territorien geflogen und saßen dort wegen schlechten Wetters drei Tage fest. Zur gleichen Zeit hielt sich auch Ranulph Fiennes dort auf, der Engländer, der die Antarktis im Jahr 1981 mit dem Schneemobil durchquert hatte. Er hatte eine Landkarte von der Antarktis bei sich, und wir saßen an unserem ersten gemeinsamen Abend zusammen, unterhielten uns, und ich zeigte ihm eine mögliche Route – die längste und schwierigste – über den antarktischen Kontinent.

Während ich mit Fiennes auf besseres Wetter wartete, wurden zwei meiner Teamgefährten, Bob McKerrow und Ann Bancroft, in Resolute in den Nordwest-Territorien aufgehalten, wo sie mit Jean-Louis Etienne zusammentrafen. Als sie uns schließlich einholten, erzählte McKerrow mir, ich müsse irgendwann einmal Etienne kennenlernen, wir beide seien einander sehr ähnlich. Damals zweifelten wir alle daran, daß Jean-Louis es bis zum Nordpol schaffen würde. Ich hatte gehört, daß er ein Jahr vorher einen ähnlichen Versuch unternommen, diesen jedoch nach dreißig Kilometern bereits abgebrochen und dafür eine Beinverletzung verantwortlich gemacht hatte. Es gibt heutzutage eine ganze Reihe von Leuten, die ziemlich unvorbereitet zum Pol aufbrechen, und ich hatte Jean-Louis mit ihnen in einen Topf geworfen. Aber als wir die halbe Strecke zum Nordpol zurückgelegt hatten, stießen wir zu unserer großen Überraschung auf seine Skispur. Ich steuerte gerade an einem mächtigen Wall aus Eis und Schnee entlang und trieb meine Hunde an, als mein Schlitten urplötzlich scharf nach rechts schwenkte. Zwanzig Meter vor mir entdeckte ich einen Mann. Ich hielt die Hunde an und ging zu ihm hinüber. „Jean-Louis, nehme ich an?" fragte ich. „Will?" erwiderte er, und wir umarmten einander zur Begrüßung.

Der nette Franzose und ich unterhielten uns einige Minuten lang, bis die anderen uns erreichten, und währenddessen erklärte ich ihm, daß ich ihn in keiner Weise als einen Konkurrenten betrachtete, obgleich wir in gewissem Sinn ein Wettrennen zum Nordpol veranstalteten. Wenn zwei Forscher heute zusammentreffen, kommt es häufig zu einem gespannten Verhältnis; beide legen eine Haltung an den Tag, als wollten sie sagen: „Ich will nicht, daß mir dieser Kerl die Show stiehlt." Ich hoffte aufrichtig, daß Jean-Louis den Pol erreichte, und er wünschte uns das gleiche. Er erklärte, er wolle an diesem Tag in seinem Zelt bleiben, und da wir unseren Weg fortsetzten, schlugen wir ihm vor, er solle bei uns vorbeischauen, wenn er am nächsten Tag an unserem Camp vorbeikäme.

Eingerollt in meinen Schlafsack, hörte ich, wie er am folgenden Morgen bei Tagesanbruch in unser Lager kam und leise „Will? Will? Will?" rief. Ich streckte den Kopf aus dem Zelt und lud ihn zum Frühstück ein. Jean-Louis war so hungrig, daß er sogar aus einer Pfanne die angebrannten Reste Hafergrütze herauskratzte, die sonst immer den Hunden gegeben wurden.

Wir beschlossen beide, an diesem Tag unsere Wanderung fortzusetzen, und verabredeten uns wieder für den Abend. Zehn Stunden später, nachdem wir unser Lager aufgeschlagen und Schutz vor der eisigen Nachtluft gefunden hatten, unterhielten er und ich uns über unsere Träume, unser Leben, unsere Ziele, unsere Weltanschauungen – und über die Antarktis. Er beabsichtigte, die Antarktis auf Skiern zu durchqueren. Ich zog die altmodische Methode vor – mit dem Hundeschlitten. Aber mir gefiel der Gedanke, einen Arzt in einem solchen Team zu haben. (Jean-Louis arbeitete als Sportmediziner in Paris.) Wir sprachen auch davon, daß wir eine derartige Expedition dazu benutzen könnten, die Welt auf die Antarktis aufmerksam zu machen, und daß wir die Durchquerung auf diese Weise zu einem globalen Ereignis und nicht nur zu einer persönlichen Leistung machen wollten.

Wir waren uns an diesem Abend einig, daß eine Antarktisdurchquerung eine sowjetische Mitwirkung erforderlich machte, da nur die Russen ständig besetzte Stützpunkte auf dem östlichen Teil des Kontinents unterhalten. Aber das war auch schon der einzige Punkt unseres Planes, den wir an diesem Abend festlegten. Am nächsten Morgen brach Jean-Louis bereits lange vor uns auf und überwand auf seinen Skiern einen Streifen sehr dünnen Eises, das sich auf dem Meer gebildet hatte. Ich machte mir große Sorgen um ihn. Ich hatte Angst, daß er verunglückte, und wünschte mir sehr, ihn lebendig und wohlbehalten wiederzusehen.

Nachdem wir beide im Mai 1986 erfolgreich zum Nordpol gelangt und wieder zu Hause eingetroffen waren, unterhielten wir uns am Telefon gelegentlich über eine Antarktisexpedition, beschränkten uns aber stets auf eher allgemeine Gesichtspunkte. Damals war ich mir noch nicht einmal sicher, ob wir den Versuch gemeinsam starten sollten, aber ich arbeitete bereits intensiv an einem Plan zur Durchquerung des südlichsten Kontinents. In diesem Sommer begann ich, mich mit der abweisendsten Region der Erde etwas eingehender zu befassen. Ich wollte alles über ihre Geographie, das Wetter dort und die Geschichte ihrer Erforschung erfahren. Im Herbst fand ich meine ersten Sponsoren – Hill's Pet Products, Du Pont, Kodak, Minnesota Power und die Blandin Corporation –, und Anfang 1987 hatte ich bereits schriftliche Zusagen in Höhe von insgesamt einer Million Dollar. Aber Jean-Louis und ich hatten uns seit jenem einen Abend mitten im nördlichen Polarmeer noch nicht wieder zusammengesetzt.

Im Mai 1987 kam Jean-Louis dann für fünf Tage zu mir nach Ely und legte seinen Plan für die Durchquerung vor. Er beinhaltete den Bau eines zwei Millionen Dollar teuren eisgängigen Forschungsschiffs, das uns zur Antarktischen Halbinsel hinunterbringen und später vom sowjetischen Stützpunkt Mirnyy abholen sollte, wenn das Unternehmen abgeschlossen war. Jean-Louis hatte sich bereits mit dem Sowjetischen Institut für arktische und antarktische Forschung in Verbindung gesetzt, dem sowjetischen Äquivalent zur National Science Foundation (NSF), der zuständigen Behörde in Washington, die die amerikanischen Forschungsprogramme in der Antarktis überwacht. In drei Wochen wollte er nach Moskau reisen, um weitere Zusagen für eine Unterstützung einzuholen und vielleicht sogar einen sowjetischen Teamgefährten zu gewinnen. Jean-Louis, durch und durch Diplomat, war nach Ely gekommen, da er sich darauf verließ, daß ich zu dem Schiff und zu seinen ersten diplomatischen Vorstößen meine Zustimmung geben würde, und das tat ich auch.

Übrigens war für mich die einzige Überraschung während seines Besuchs seine Körpergröße. Ich hatte ihn bisher nur in voller Montur gesehen, und nun erkannte ich, daß dieser berühmte französische Polarforscher, den man in den Straßen von Paris bewunderte als „den Doktor, der auf Skiern den Nordpol erreicht hatte“, mit seinen rund ein Meter sechzig Größe und sechzig Kilo Gewicht sogar noch kleiner und schmächtiger war als ich. Wenn man uns beide auf der Straße sieht, könnte man uns vielleicht für Fußballspieler oder gar Jockeys halten, aber nur wenige würden in uns Teilnehmer einer Polarexpedition vermuten.

Nachdem Jean-Louis nach Paris zurückgekehrt war, war ich fest davon überzeugt, daß wir beide unseren Traum wahr machen könnten, auch wenn wir bisher nicht annähernd über die acht Millionen Dollar verfügten, die das Unternehmen unserer Schätzung nach kosten würde.

Wir machten zügig weiter. Noch bevor Jean-Louis das erstemal nach Ely gekommen war, hatte ich bereits eine geschäftsführende Managerin für die Expedition angeheuert, Cathy deMoll. Von Minnesotas Hauptstadt Saint Paul aus würde sie als „Mädchen für alles“ unter anderem unseren Sponsoren gegenüber als Hauptverhandlungspartnerin auftreten und Büros in den Vereinigten Staaten und in Frankreich unterhalten. Ich hatte außerdem einen Trainer für die Hunde eingestellt – John Stetson – und einen Verwalter für mein Anwesen in Ely, wo wir das Training abhalten wollten. Später in diesem Sommer reiste ich nach Dänemark, um Vorbereitungen für unsere Trainingsreise nach Grönland zu treffen, und begann gleichzeitig mit der Auswahl der vier weiteren Mitglieder unseres Teams.

30. JULI; 4. TAG. Endlich hatte ich eine ruhige Nacht und konnte gründlich ausschlafen. Es war meine erste in der Antarktis. Sie trug dazu bei, daß ich mich innerlich langsam von all den umfangreichen Beschäftigungen löste, die mich während der vergangenen Monate in Atem gehalten hatten. Ich spürte, wie meine psychische Anspannung endlich abnahm, während wir uns auf die physische Herausforderung vorbereiteten.

Das Wetter spielte weiterhin mit: Tiefstwerte zwischen minus 50 und minus 10 °C, aufgelockerte Bewölkung und fast völlige Windstille. Keiner hatte mit einem solchen Empfang in der Antarktis gerechnet, aber natürlich beklagte sich auch niemand darüber. Während der ersten Woche schafften wir durchschnittlich sechzehn Kilometer pro Tag, und ich glaube nicht, daß uns bereits richtig klar war, worauf wir uns eingelassen hatten. Wir wußten lediglich, daß die nächsten zwei Monate uns Stürme bescheren würden, deren Heftigkeit wir nur erahnen konnten.

Seitdem Shackletons Traum, die Antarktis mit einem Hundeschlitten zu durchqueren, 1915 im Packeis des Weddellmeeres Schiffbruch erlitt, ist die Antarktis zwar überflogen und mit dem Schneemobil bewältigt worden, aber niemand hatte bisher versucht, den Weg von Küste zu Küste auf Skiern zurückzulegen.

Die Erforschung dieser Region vor dem neunzehnten Jahrhundert erfolgte größtenteils rein zufällig: Schiffe, die vom Kurs abkamen, entdeckten die ersten Pinguine und Eisberge. Im Jahr 1773 unternahm der englische Forscher James Cook die erste von drei Reisen, die ihn bis auf 120 Kilometer an den Kontinent heranführten. Aber nachdem er die Eisschollen, die dort umhertrieben, eingehender untersucht hatte, kam er zu der Schlußfolgerung, daß es in dieser Gegend keine feste Landmasse geben konnte, und sah daher auch keinen Grund für weitere Forschungen. Der erste Mensch, der den Kontinent Antarktis tatsächlich mit eigenen Augen sah, war ein Russe, Fabian von Bellingshausen, der 1820 auf der Suche nach dem Pol mit zwei Schiffen, der *Vostok* und der *Mirnyy*, in Richtung Süden vordrang.

Anfang des 19. Jahrhunderts setzten amerikanische, englische und russische Seehundjäger erstmals einen Fuß auf den Kontinent. Da ihr Gewerbe, die Seehundjagd, verboten war, gibt es jedoch nur wenige Informationen über ihre Beobachtungen, und es ist umstritten, wer wann und wobei der erste war. Von nun an spielte der Ehrgeiz einzelner Nationen die wesentliche Rolle für das Zustandekommen weiterer Forschungsunternehmungen. Die Entdeckung des magnetischen Nordpols im Jahr 1831 weckte neues Interesse am Süden, obgleich weiterhin heftig darüber diskutiert wurde, ob die Eismassen dort tatsächlich einen Kontinent bedeckten oder nicht. Erst 1898 wurde eine weitere Antarktisexpedition durchgeführt, und zwar von einem belgischen Marineoffizier namens Adrien de Gerlache. Die Teilnehmer waren Polen, Rumänen, Amerikaner und ein sechsundzwanzigjähriger Norweger namens Roald Amundsen, und sie waren die ersten, die in der Antarktis überwinterten, als ihr Schiff, die *Belgica,* dreizehn lange Monate im Eis eingefroren war.

1901 führte ein seltsamer Held eine englische Expedition zu dem südlichsten Erdteil. Als junger Mann war Robert Scott kränklich und schüchtern gewesen. Trotzdem bat er darum, sich der Antarktisexpedition der Royal Navy anschließen zu dürfen, und wurde völlig unerwartet zu ihrem Leiter ernannt. Scott, der eher Wissenschaftler als Abenteurer war, schaffte es, die Expedition bis auf 745 Kilometer an den Südpol heranzuführen.

Ein Angehöriger von Scotts Mannschaft, der zwanzigjährige Ernest

Shackleton, wurde mit Skorbut nach Hause geschickt. Enttäuscht von seinem Scheitern, widmete Shackleton sich von da an besessen dem Ziel, den Südpol zu erreichen. Gutaussehend und mit einer charismatischen Ausstrahlung gesegnet, sammelte er schnell genug Geld, um eine eigene Expedition zu finanzieren. Indem er Pferde und Hunde einsetzte, brach er im Jahr 1908 Scotts Rekord und näherte sich bis auf 156 Kilometer dem geographischen Südpol. Kurz danach entdeckte ein Dreierteam, darunter Douglas Mawson, den magnetischen Südpol.

Scott kehrte 1911 in die Antarktis zurück. Er war fest entschlossen, den geographischen Südpol zu erreichen. Während seiner Anreise erfuhr er, daß der Norweger Amundsen ebenfalls zum Pol unterwegs war, und ein Wettrennen begann. (Lange Zeit war Amundsens Ziel der Nordpol gewesen, doch dort war er von Admiral Robert Peary geschlagen worden, weshalb er seine Aufmerksamkeit dem Süden zuwandte.) Amundsen startete dreizehn Tage früher als Scott. Aufgrund eines hervorragend geplanten Vorstoßes und unterstützt von günstigem Wetter, erreichte er den Pol am 14. Dezember 1911. Als Scotts fünf Mann umfassendes Team den Pol fast einen Monat später erreichte, entdeckten sie dort ein Zelt und eine von den Norwegern hinterlassene Nachricht. Trotz seiner maßlosen Enttäuschung verbrachte Scott drei Tage am Pol mit „geologischen Untersuchungen“, obgleich er genau wußte, daß ihn und seine Männer auf ihrem 1300-Kilometer-Marsch zurück in die Zivilisation schlechtes Wetter und akuter Proviantmangel erwarteten. Alle fünf kamen auf dem Rückmarsch ums Leben, wobei Scott und zwei seiner Gefährten nur 18 Kilometer entfernt von einem Versorgungsdepot mit lebensrettendem Proviant und Brennstoff von einem schrecklichen Schneesturm festgehalten wurden.

In jenen Jahren gab es eine ganze Reihe bedeutender Südpolexpeditionen. Zur gleichen Zeit, als Scott und Amundsen ihr Wettrennen zum Pol veranstalteten, startete der Australier Mawson mit zwei Männern und 18 Hunden, um im Auftrag seines Vaterlandes das Gebiet der Antarktis kartographisch zu erfassen. Nach mehreren Wochen anstrengender Wanderung stürzten einer der Männer, sechs Hunde und ein Schlitten, der mit Proviant, einem Zelt, Kleidung, Schlafsäcken, Schaufeln und Eispickeln beladen war, in eine Gletscherspalte. Zwei Wochen später erfror Mawsons zweiter Gefährte. Ganz allein kämpfte Mawson sich 520 Kilometer weit zurück in die Zivilisation. Dabei überstand er mehrere Stürze in Gletscherspalten, trotzte dem drohenden Hungertod und überlebte eine Vergiftung, nachdem er unwissentlich lebensgefährliche Mengen an Vitamin A zu sich genommen hatte, als er die Lebern seiner Hunde verzehren mußte. Bei seiner Rückkehr ins Hauptlager erkannten ihn die Männer, die auf ihn gewartet hatten, kaum noch – viele seiner Zähne waren ausgefallen, er hatte keine Haare mehr, und an seinem Gesicht hatten sich ganze Hautpartien abgelöst.

Im Jahr 1915, als Shackletons *Endurance* sank, waren die Küstenregionen des Kontinents bereits recht gut kartographiert. Das Landesinnere hingegen blieb – zum großen Teil bis heute – ein Geheimnis und wurde nur sehr selten auf dem Landweg durchmessen. Fuchs und Hillary legten während des südlichen Sommers 1957/58 eine Strecke von 3472 Kilometern mit 4000 Kilogramm schweren Motorschlitten zurück, die Anhänger voller Proviant und Ausrüstung zogen. Ranulph Fiennes, der die Erde innerhalb einer dreijährigen Zeitspanne von 1979 bis 1982 auf einer Längengradroute per Schiff, Schneemobil und zu Fuß umrundet hatte, schaffte 1981 mit dem Schneemobil 3626 Kilometer quer durch die Antarktis. Bis zu unserer Expedition hatte niemand versucht, den gleichen Weg mit Hundeschlitten und auf Skiern zu bewältigen.

Experten versicherten mir, daß die Route, die wir uns ausgesucht hatten, zu gefährlich sei, aber ich war mittlerweile an Leute gewöhnt, die mir sagten: „Sie werden es nie schaffen." Wie oft hatte ich auf meiner Expedition quer durch die Arktis meinen Hundeschlitten zu kleinen Eskimodörfern geschleppt, die Hunderte von Kilometern von der nächsten Straße entfernt waren, und kaum einer der Bewohner hatte je erwartet, daß ich die nächste Ansiedlung erreichen würde! Drei Jahre lang hatte ich diese Route sorgfältig studiert, und ich war überzeugt, daß die wichtigsten Faktoren stimmten: unsere Logistik, die Leistungsfähigkeit unserer Hunde und das Selbstvertrauen, daß wir täglich fünfzig bis sechzig Kilometer auf Skiern würden zurücklegen können.

Wir zogen nun im antarktischen Spätwinter über die ganze 1300 Kilometer lange Halbinsel. Wenn wir das Ellsworth-Hochland Ende Oktober erreichten, stand sicherlich schon der Frühling vor der Tür; und wenn wir am Südpol ankamen, was hoffentlich bereits Anfang Dezember der Fall sein würde, herrschte dort der antarktische Sommer. Wir hatten nur eine einzige Möglichkeit, die Durchquerung in einem Zug zu schaffen: Wir mußten das Vorhaben unter den schlimmsten Witterungsverhältnissen beginnen und auch beenden.

Während der ersten drei Monate würden wir langsam von Meereshöhe bis auf knapp dreieinhalbtausend Meter aufsteigen. Auf unserem Weg zum Südpol rechneten wir mit nordnordöstlichen Winden bis zu

130 Kilometern pro Stunde, die uns ins Gesicht blasen würden. Die Temperaturen dürften zwischen minus 35 und minus 40 °C schwanken. Die im Wind gemessene Kälte konnte an den schlimmsten Tagen sicherlich minus 70 °C erreichen. Wenn wir es bis zum Pol schafften und die Unzugängliche Region überwanden, gelangten wir an den kältesten Ort der Erde, unweit des sowjetischen Stützpunktes Vostok. Von Vostok bis zu unserem letzten Ziel, dem Stützpunkt Mirnyy in 1300 Kilometer Entfernung, würde wieder Winter herrschen. Was wir vor uns hatten, ging im Grunde bis an unsere Belastungsgrenze: tägliche Beschwerlichkeiten über einen Zeitraum von sieben zermürbenden Monaten unter extremstem Druck – ausgeübt von Sponsoren, Regierungen und unseren eigenen Träumen.

WIR HATTEN gleich zu Beginn beschlossen, ein internationales Team zusammenzustellen – sechs Männer aus sechs verschiedenen Ländern – und hatten erfahrene, umgängliche Abenteurertypen gesucht, keine „Supermänner". Ich hätte am liebsten nur mit ledigen Männern das Abenteuer gestartet, weil diese gewöhnlich weniger Verpflichtungen als Ehemänner mit Frauen und Kindern zurücklassen. Aber die beiden Mitstreiter, die von ihren Regierungen ausgewählt worden waren – Dahe aus China und Viktor aus der UdSSR – waren beide verheiratet, und jeder hatte einen Sohn. Wir alle würden Kompromisse schließen und uns an die herrschenden Verhältnisse anpassen müssen, wenn wir die Durchquerung schaffen wollten; ein Streit zwischen Männern unter solchen Bedingungen ist mein schlimmster Alptraum. Wie Jean-Louis dazu anmerkte, war jeder von uns obendrein „der Botschafter seines eigenen Landes".

Jeder hatte eine ganz spezielle Aufgabe. Geoff war zu unserem Team gekommen, weil er die Halbinsel sehr gut kannte, nachdem er dreieinhalb Jahre als Führer der britischen Forschungsgesellschaft British Antarctic Survey hier verbracht hatte. Er war außerdem einer der besten Hundegespannführer, die ich kannte. Auch Viktor war eine vernünftige Wahl, sowohl als Vertreter der Sowjetunion als auch aufgrund seiner Qualifikation als Meteorologe; er hatte außerdem die schlimmsten Witterungsbedingungen in der Antarktis hautnah kennengelernt, als er zweimal in Vostok überwintert hatte. Keizo, unser Japaner, war ein hervorragender Hundespezialist; und Dahe genoß als Glaziologe internationales Ansehen. Wir verstanden uns bestens, und meiner Ansicht nach bestand die größte Herausforderung unseres Unternehmens darin, das Ziel als Freunde zu erreichen.

31. JULI; 5. TAG. Die Geländeverhältnisse während dieser ersten paar Tage waren überaus günstig, und die Hunde, deren verborgene Instinkte erwachten, waren kaum zu bändigen. Noch ehe wir am Morgen aus unseren Zelten krochen, jaulten und bellten sie, zerrten an ihren Halsgeschirren und waren schon begierig darauf loszurennen. Wir hatten an den Schlitten keine Bremsen und konnten die Fahrt durch nichts anderes verlangsamen als durch Zurufe. Daher kam es, daß die ansonsten so friedliche und stille Landschaft sich mit unserer Anwesenheit schlagartig verwandelte. Sobald die Hunde die Schlittenkufen aus ihrer eisigen Umklammerung gerissen hatten, brach das Chaos aus. Schlittenfahrer brüllten sich die Kehlen heiser und stemmten die Fersen ihrer Mukluk-Eskimoschuhe ins steinharte Eis in dem verzweifelten Bemühen, die Hunde unter Kontrolle zu halten. Daß die Hunde so ungebärdig waren, verwunderte kaum; schließlich waren sie genau dafür während der vergangenen drei Jahre ausgebildet worden. Sie wollten nichts anderes als ins Geschirr und losziehen. Glücklicherweise wurden sie gegen Ende des Tages ruhiger und schliefen, zur Zeit jedenfalls, friedlich.

Ein erstes Problem ergab sich dadurch, daß Dahe weder die Fortbewegung per Hundeschlitten noch das Skilaufen beherrschte. Er stürzte mehrmals am Tag, und jedesmal warteten wir anderen aus einem Gefühl des Mitleids und der Verantwortung. Obgleich er schon zweimal in der Antarktis stationiert gewesen war, hatte er das Skilaufen bisher nicht gelernt, wie übrigens viele Chinesen. Als wir erfahren hatten, daß Dahe uns begleiten würde, hatten wir uns kaum Gedanken über seine mangelnden Skiläuferqualitäten gemacht. Er war ein sehr ernsthafter Wissenschaftler und ein wertvolles Mitglied unseres Teams, und wir waren davon überzeugt gewesen, daß er seine skitechnischen Rückstände bald aufholen würde, wenn wir uns erst einmal auf dem Festlandeis bewegten. Während dieser ersten Tage hatte er uns alle mit seiner Entschlossenheit und seiner Geduld beeindruckt, denn es wurde schmerzhaft offenbar, daß ihm eine Fähigkeit, die für das Skilaufen unverzichtbar ist, völlig fehlte: die Fähigkeit, Bewegungsabläufe zu koordinieren. Im Laufe der Jahre habe ich mehr als tausend Anfängern das Skilaufen beigebracht, aber ich habe nie jemanden erlebt, der so hilflos erschien wie Dahe. Wir entschieden, daß er während der ersten sechs Wochen in Geoffs Zelt ziehen sollte, denn wir wußten, daß der strenge Engländer unserem chinesischen Freund Unterricht geben und auf ihn aufpassen würde.

Als wir uns an diesem Tag unserem Lagerplatz näherten, geriet Dahe überraschenderweise in Zorn und ärgerte sich über sich selbst, doch er schob es auf die Hunde und beschimpfte sie auf chinesisch. Wir hatten einen solchen Ausbruch bei dem ansonsten ruhigen Wissenschaftler noch nie erlebt. Er tat mir so leid, daß ich, als wir unsere Schlitten entluden, eine Büchse mit französischen Bonbons aus meiner Verpflegungsdose holte und ihm einladend hinhielt. Er lächelte, suchte sich eins aus und schob es sich in den Mund.

Zurückgelegte Strecke: 63 Kilometer.
Entfernung zum Südpol: 3150 Kilometer.

August

In der Antarktis

2. AUGUST; 7. TAG. Heute war ein schöner Reisetag, wie wir ihn sicherlich während der nächsten sieben Monate kaum mehr erleben würden, und gleichzeitig bisher unser längster. Wir schafften 25 Kilometer in vier Stunden; die Geländeverhältnisse waren günstig, es war völlig windstill, und über uns lachte ein blauer Himmel. Die Temperatur fiel bis auf minus 29 °C, unser bisher niedrigster Wert.

Diese günstigen Bedingungen waren überraschend eingetreten. Gestern abend noch hatte von den Bergen ein heftiger Wind geweht, der sich gegen neun Uhr bei hundert Stundenkilometern eingependelt hatte. Im gleichen Maße, wie der Wind an Heftigkeit zugenommen hatte, waren die Hunde unruhig geworden, und die ganze Nacht hindurch hatten sie herumrumort und sich gegenseitig angeknurrt. Das war eigentlich vorauszusehen gewesen, denn da der Untergrund zu hart für sie war, um sich zum Schutz einzugraben, waren sie der vollen Wucht des Sturms ausgesetzt, der den Schnee wie Geschoßsalven durch die Luft peitschte. In klaren, kalten Nächten hingegen bleiben die Hunde völlig ruhig. Sie rollen sich eng zusammen zu kompakten, mit Rauhreif bedeckten Kugeln, wobei sie mit dem Schwanz die Nase schützen.

Es herrschten minus 24 °C, als wir zehn Kilometer südöstlich von Kap Disappointment haltmachten. Zur Zeit waren die Nächte sehr lang, was für uns bedeutete, daß wir uns an das Leben im Zelt gewöhnen mußten. Die Sonne ging nachmittags schon um Viertel nach drei unter, und um sechs Uhr war es stockfinster. Den ersten Lichtstrahl bekamen wir erst am nächsten Morgen gegen halb neun zu Gesicht. Wenn ich mich abends ins Zelt begab, ließ ich den Reißverschluß des Eingangs offen, damit ich noch eine Weile die funkelnden Sterne des südlichen Himmels betrachten konnte. Wenn Viktor seine meteorologischen Beobachtungen beendet hatte und ebenfalls hereinkroch, schlossen wir die Klappen, zündeten eine Kerze an und drehten den zweiten Brenner des Kochers zum Heizen auf. Der Reißverschluß der Tür wurde zugezogen, damit keine Kälte hereindrang, ich rührte im Abendessen herum, und wir unterhielten uns in einfachem Englisch über den Tag. Viktor stellte jeden Abend den Kocher an für unsere allabendliche Hausarbeit, das Schneeschmelzen, damit wir zum Abendessen und am nächsten Tag für die Thermosflaschen (sieben Liter pro Person) Wasser hatten; diese Aufgabe nahm mehrere Stunden in Anspruch.

Der Himmel unseres ovalen Kuppelzeltes sah aus wie ein Haufen Spaghetti: Schnüre, an denen wir alles, von unseren Mukluk-Eskimostiefeln bis zu den Schlafsäcken, aufhängten, spannten sich über unseren Köpfen, damit die Sachen in der Wärme unseres Kochers trocknen konnten. Es war eine gemütliche, wenn auch sehr enge Behausung – zweieinhalb Meter lang und zwei Meter breit und an der höchsten Stelle anderthalb Meter hoch. Als Lichtquellen trugen wir Stirnlampen, und zwischen uns brannte eine hohe, in Chile hergestellte Kerze. Die Innenwand unserer Nylonbehausung war immer von oben bis unten bereift, und wenn das Zeltinnere sich erwärmte, taute das Eis und tropfte auf uns und unsere Ausrüstung herab. Feuchtigkeit war der Fluch unseres Lebens hier und ein fast noch größeres Problem als die Kälte.

Auf dem Boden des Zeltes sah es chaotisch aus. Unsere Schlafsäcke waren voneinander durch zwei einen Meter lange und sechzig Zentimeter breite, farbig lackierte Holzkisten getrennt. In der gelben Kiste befanden sich unsere persönlichen Dinge, während wir in der grünen den Kocher und die sonstigen Kochutensilien aufbewahrten. Gleich hinter dem Eingang hatten wir einen großen leeren Hundefutterkarton aufgestellt, der uns zugleich als Abfalleimer und Tisch diente. Rechts und links vom Eingang standen zwei kleinere Kisten. Die schwarze enthielt unser Frühstücksgeschirr und wurde außerdem von Viktor als Stuhl benutzt; die rote barg alles, was wir für das Mittagessen brauchten. Die Tatsache, daß alle Kisten farbig waren, erleichterte das Be- und Entladen des Schlittens, wenn der Wind mit über achtzig Stundenkilometern blies und man die Hand nicht mehr vor Augen sehen konnte.

Um sich vor dem eisigen antarktischen Wind zu schützen, graben sich die Hunde in den Schnee ein.

Will Steger

Viktor Bojarski

Jean-Louis Etienne

Qin Dahe

Geoff Somers

Keizo Funatsu

Ich bevorzugte während meiner Aufenthalte auf dem Eis ein möglichst einfaches „Zuhause", und Viktor und ich hatten den gleichen Lebensstil – unordentlich, aber sauber. Jean-Louis und Geoff waren dafür das genaue Gegenteil von uns. Ihr Zelt war Spiegelbild ihrer Persönlichkeit und zeigte eine peinliche Ordnung. Die beiden gehörten zu einer Sorte von Menschen, die wir „Feger" nannten – ehe sie ihr Zelt betraten, fegten und wischten sie jede Schneeflocke ab, die sich auf ihren Kleidern und Mukluks angesammelt hatte. Dahe war auch so ein Feger.

Ich hatte bewußt einige nicht-abenteuerliche Utensilien mitgenommen, um unser Heim etwas freundlicher zu machen. Auf unserem „Tisch" lagen eine gewebte grüne Platzdecke und große Stoffservietten. Wenn mein Mitbewohner wechselte – was bis zum Ende unserer Wanderung dreimal geschehen würde –, holte ich jeweils eine frische Platzdecke und neue Servietten hervor. Ich hatte im Laufe der Jahre festgestellt, daß solche simplen Annehmlichkeiten das Leben unter diesen ansonsten primitiven Bedingungen erträglicher machen.

Uns selbst sauberzuhalten war eine Herausforderung ganz eigener Art. Während der nächsten sieben Monate würden wir nur selten baden, und dann würde das eine ziemlich hastige Angelegenheit werden. Viktor hatte eine Vorliebe für frühmorgendliche Schneeduschen entwickelt: Egal, wie es draußen aussah, er ging barfuß und nackt hinaus und rieb sich mit Schnee ab. Für uns andere beschränkte sich das Baden auf eine „Katzenwäsche" mit einem kleinen Waschlappen und ein paar Bechern lauwarmem Wasser.

Was das Kochen betraf, so kümmerte ich mich um das Abendessen, während Viktor das Frühstück zubereitete. Jeden Morgen um Punkt sechs Uhr zündete er den Kocher an und erhitzte Wasser für die Hafergrütze – so ziemlich das einzige Gericht, das unsere Speisekarte für diese Mahlzeit anbot. Für das Abendessen waren meine Möglichkeiten etwas üppiger. An diesem Abend zum Beispiel gab es ein köstliches Menü aus Nudeln und Pemmikan – einer Winterspezialität aus getrocknetem Fleisch und Schweineschmalz –, angereichert mit einem unidentifizierbaren roten Pulver, bei dem es sich, wie ich annahm, um dehydrierte Tomaten handelte. Um der Kombination zu etwas mehr Geschmack zu verhelfen, schwenkte ich alles in geschmolzenem Käse und zerlassener Butter und fügte die übriggebliebene Suppe vom Vortag hinzu.

3. AUGUST; 8. TAG. Es war noch dunkel, als wir morgens um halb acht aus dem Zelt krochen, und wir mußten Laternen mitnehmen oder unsere Stirnlampen anlegen, um etwas erkennen zu können. Diese „dunkle Phase" hatte im Augenblick ihr Gutes, denn sie erzwang eher kurze Tagesmärsche und lange, entspannte Abende. Um die Arktis und die Antarktis richtig kennenzulernen und zu begreifen, muß man die Finsternis ihrer Winter erfahren, denn erst wenn man diese Gegenden zu ihrer dunkelsten Zeit erlebt hat, kann man ihre Sommer angemessen würdigen. Ich kostete diese ruhige, dunkle Periode aus, freute mich aber schon auf die ersten Frühlingsanzeichen. Das Wiederauftauchen der Sonne übt auf mein Gemüt stets eine belebende Wirkung aus wie nichts anderes.

An diesem Morgen zogen im Westen phantastische Wolkenformationen auf. Hoch und fedrig leuchteten sie geradezu, als sie von der aufgehenden Sonne angestrahlt wurden. Die gleichen Wolken erschienen auch des Abends wieder und waren noch lange nach Einbruch der Dunkelheit am klaren, düsteren Himmel zu sehen. Die Temperatur betrug minus 15 °C.

Links von uns erstreckte sich das Larsen-Schelfeis, ein 130 Meter dicker Panzer aus geschmolzenem und wieder gefrorenem Gletscherwasser, der bis zu 160 Kilometer weit ins Weddellmeer hineinreicht. Alle paar Jahre bricht ein riesiges Stück dieses Schelfs ab und treibt hinaus in den Ozean. Dort trifft es auf Tausende anderer, bis zu dreißig Meter lange Eisberge, die nach und nach in wärmere Gewässer treiben und dort schmelzen. Zu unserer Rechten befand sich das gleichförmige Gebirge der Antarktischen Halbinsel – eine wuchtige Bergkette, die sich, so weit das Auge reicht, nach Norden und Süden erstreckt und in deren nächster Nähe wir knapp fünfhundert Kilometer zurücklegen würden.

Von Tag zu Tag sahen wir mehr Hinweise auf das Nahen der größten Gefahr, die uns während dieses ersten Monats unserer Wanderung bedrohte – tiefe Rinnen im Eis, die man auch unter dem Namen Gletscherspalten kennt. Sie entstehen durch Verschiebungen und Aufwölbungen der Eismassen, während die Gletscher abtauen und wandern, und die auf diese Weise zustande gekommenen Spalten – regelrechte „Klüfte" in der Eisfläche – können bis zu zehn Meter breit und fünfzig Meter tief sein. Es sind die tiefsten auf der Erde, und sie säumen den Rand der Antarktis wie ein System von Schutzgräben.

Von uns allen hatte Geoff die meiste Erfahrung mit Gletscherspalten, da er einen großen Teil der Halbinsel bereits mit dem Hundeschlitten erkundet und erst vor kurzem unzählige Berichte studiert hatte, die Forschungsteams im Laufe der letzten dreißig Jahre angefertigt hatten. Aufgrund dieses Wissens sollte Geoff uns führen – ein großes Stück Verantwortung, vor allem da er überzeugt war, daß unser wesentliches Manko als Team darin bestehe, daß wir zuwenig von der Bergung aus Spalten wüßten.

„Gletscherspalten kann man nicht ernst genug nehmen“, hörte ich ihn zufällig an diesem Morgen zu Dahe sagen, ehe wir aufbrachen. „Manchmal kann man sie ein Stück im voraus erkennen, vielleicht durch einen ganz schwachen Schatten, der sie verrät. Aber gewöhnlich sind sie aus größerer Entfernung nicht zu sehen. Der wichtigste Grundsatz lautet: ‚Geh niemals alleine los!‘ Seil dich stets an, und behalte stets eine Hand am Schlitten. Wenn du nach vorne zum ersten Hund deines Gespanns willst, dann lauf nicht neben den Hunden her. Nimm die Mittelleine zwischen die Beine, damit du, falls du wirklich durch eine Schneebrücke brechen solltest, immer noch die Chance hast, dich irgendwo festzuhalten. Eine Gletscherspalte kann bis zu fünfzig Meter tief sein. Aber wenn man hineinstürzt, dann ist es nicht die Tiefe, die tödlich ist, sondern die Tatsache, daß die Spalte mit zunehmender Tiefe enger wird. Wenn du landest, dann klemmst du zwischen zwei Eiswänden fest und kannst dich nicht mehr bewegen. Richtig schlimm wird es, wenn dein Schlitten in eine Spalte stürzt, und eine Katastrophe wäre es, wenn du dann auch noch am Schlitten festgebunden bist.“

Nach einer Woche auf dem Eis paßten wir uns immer besser an die herrschenden Verhältnisse an; zum Beispiel wußte ich jetzt ganz genau, wie mein Schlitten jeden Tag bepackt und entladen werden mußte. Es war eine Kunst, die sich nicht wesentlich von der Fertigkeit unterscheidet, vor einer Urlaubsreise das Gepäck im Kofferraum des Autos zu verstauen, und das Wichtigste dabei war eine umsichtige Planung. Je weniger Stricke, Knoten und Schnallen man festzurren oder lösen mußte, desto besser, denn das Auf- und Abladen fand stets bei bitterer Kälte statt. Ich hatte ein System entwickelt, mit vier Stricken die gesamte Ladung zu sichern, und ich konnte alles festbinden, ohne meine Handschuhe auszuziehen – bei schlechtem Wetter eine lebenswichtige Notwendigkeit. Bei unseren vielfältigen Aufgaben im Lager mußten wir stets das Hauptaugenmerk darauf richten, alle überflüssigen Anstrengungen zu vermeiden und jede Aufgabe so einfach wie möglich zu machen.

An diesem Abend, als wir unser Lager aufschlugen, erhob sich ein furchtbarer Sturm, der sicherlich Spitzenwerte von hundert Kilometern pro Stunde erreichte. Außerhalb der Zelte beklagten sich ein paar Hunde jaulend über den auf sie einprasselnden Schnee. Drinnen schickten wir Stoßgebete zum Himmel, daß die Zelte hielten.

4. AUGUST; 9. TAG. „Ist schon gut, Gordie, es ist alles in Ordnung. Ganz ruhig, es wird alles gut.“ Gordie – mein sanftmütiger, fünfzig Kilo schwerer Veteran – hatte unglücklicherweise nur ein ziemlich dünnes Fell, und er litt unter diesen schrecklichen Stürmen viel mehr als seine mit einem dicken Fell ausgestatteten Brüder. Er heulte erbärmlich, als wir am Morgen erwachten, und ich redete durch die Zeltwand mit ihm in der Hoffnung, daß meine Stimme ihn ein wenig beruhigte.

Als wir an diesem Morgen aufbrachen, herrschten minus 7 °C und ein schwacher Wind, der jedoch gegen Mittag wieder auffrischte, und am Nachmittag kämpften wir uns durch unseren ersten richtigen Schneesturm. Um drei Uhr erreichten die Windböen teilweise Geschwindigkeiten von etwa 120 Kilometer in der Stunde und zwangen uns, anzuhalten und das Lager aufzuschlagen.

Wir benötigten einen solchen Sturm, um unseren Blutdruck – und unseren Einfallsreichtum – auf Touren zu bringen. Glauben Sie mir, man braucht beides, um bei Stürmen mit Geschwindigkeiten von 120 Stundenkilometern ein Zelt aufzubauen. Viktor und ich rangen verzweifelt mit unserem Kuppelzelt. Unsere Mukluks rutschten auf dem eisigen Untergrund weg, und selbst wenn man gegen den Wind gehen wollte, brauchte man einen Eispickel als Stock. Wenn wir auch nur für eine Sekunde innehielten, drängte der Wind uns zurück. Zeltheringe ins steinharte Eise zu treiben erforderte Geduld und einige kräftige Schläge mit der Eisaxt. Schnee auf die Bodenplanen zu schaufeln – die eigens dafür konstruiert waren, damit wir das Zelt speziell bei solchen Stürmen mit diesem Gewicht sichern konnten – war der reinste Alptraum. Aber es war ein gutes Training. Zu den Anfangserfahrungen jeder Expedition gehört es, daß Ausrüstungsgegenstände ihren Zweck nicht so erfüllen, wie sie es eigentlich sollten. Dabei waren wir im Gegensatz zu unseren Vorgängern außerordentlich gut auf alles vorbereitet. Die Polarforscher um die Jahrhundertwende hatten es erheblich schwerer gehabt; Shackletons Männer zum Beispiel mußten in Schlafsäcken aus Rehleder schlafen. Die Kleidungsstücke, die wir täglich trugen, unterschieden sich in Material, Verarbeitung und Funktion nicht wesentlich von Weltraumanzügen: lange Thermax-Unterwäsche, Hose und Hemd aus Faserpelz, ein Pullover aus Mikrofaser und eine von mehreren mit Gore-Tex-Membranen isolierte Außenhülle, je nach Temperatur. Dabei konnten wir zwischen einteiligen Overalls, Anoraks und dicken gefütterten Parkas wählen. An den Füßen trug ich Socken aus einem Wolle-Holofill-Mix, wollene Beingamaschen und Mukluks aus Elchleder und Gore-Tex. Um meine Hände zu schützen, die am meisten kältegefährdet waren, zog ich wollene Pulswärmer über, die vom Unterarm über das Handgelenk reichten, und großzügig geschnittene Handschuhe aus Bisam mit einem Futter aus Mikrofaser und einer äußeren Schutzhaut aus Gore-Tex. Auf meinem Kopf saß eine mikrofasergefütterte Gore-Tex-Mütze sowie, wenn nötig, die pelzgefütterte Kapuze meiner Jacke.

Ganz gleich, welche Überkleidung ich trug, ich hatte jeden Tag dieselben Dinge auf die Taschen verteilt: in der rechten Tasche eine Gesichtsmaske, ein Stirnband und ein dünnes Paar Thermax-Handschuhe; in der linken Tasche eine kleine Zange und eine Tube Sonnenschutzcreme. In einer der innenliegenden Brusttaschen befanden sich stets ein Kompaß und ein kleiner wasserdichter Behälter mit Zündhölzern.

UNSERE Navigatoren arbeiteten mit zwei verschiedenen Systemen. Geoff zog die altmodische Methode mit Kompaß, Uhr und Sextant vor; Jean-Louis verließ sich auf ein High-Tech-Satellitensystem. Ich war froh, daß wir beides hatten, weil wir so immer eine Gegenprobe machen konnten und ziemlich genaue Werte erhielten. Jeden Morgen, wenn Geoff aus dem Zelt auftauchte, hatte er bereits die Landkarte und die Fotos der jeweiligen Region studiert, die er im vergangenen Januar beim Anlegen der Vorratsdepots geschossen hatte. Viktor zeigte er auf dem Kompaß die jeweilige Tagesrichtung, weil dieser auf Skiern vor den Schlitten herlief, damit die Hunde sich orientieren konnten. Falls Jean-Louis es schaffte, mit unserem Basislager Sprechfunkverbindung aufzunehmen, überprüften wir am Ende des Tages die genaue Position unseres Lagerplatzes vom Vortag. Auf diese Weise erhielten wir eine ungefähre Vorstellung davon, wo wir uns jeweils befanden.

Die Satellitenposition erfuhren wir mittels eines mitgeführten batteriebetriebenen Senders, der ein konstantes Signal abstrahlte. Dieses Signal wurde von einem amerikanischen Satelliten aufgefangen und an das Argos Processing Center in Toulouse in Frankreich weitergeleitet. Von dort wurden die Längen- und Breitengrade unserer Position über Paris oder St. Paul zu unserem Basislager in Punta Arenas in Chile übertragen, wo Adventure Network eine Station errichtet hatte und wo auch unser Schiff, die *UAP,* lag. Wir hatten dort zwei Kontaktleute: Criquet de Marlive, einen von vier Männern an Bord des Schiffs und seit zwanzig Jahren mit Jean-Louis befreundet, und unseren Hundetrainer John Stetson. Das einzige Problem mit dem Satellitensystem bestand darin, daß es bei stürmischen Verhältnissen nicht sehr zuverlässig war. Wenn wir keinen Funkkontakt herstellen konnten – und das würde in den kommenden Monaten immer seltener möglich sein –, dann war die Satelliteninformation für uns wertlos.

5. AUGUST; 10. TAG. Heute würden wir das erstemal „Keine Marschleistung“ in unsere Tagebücher eintragen müssen. Der Sturm erzeugte in Bodennähe ein dichtes Schneegestöber, in dem wir praktisch nichts mehr sehen konnten. Angesichts der Spalten, von denen es in dieser Gegend nur so wimmelte, konnten wir es nicht riskieren, einfach blindlings weiterzulaufen. Daher beschlossen wir, einen freien Tag einzulegen.

Jetzt war das Wetter erstmals so, wie wir es auf der Halbinsel erwartet hatten. Ich konnte die Umrisse eines Hundegespanns, das ungefähr zwanzig Meter von mir entfernt lagerte, kaum erkennen; im Dämmerlicht sah es aus wie eine sich dahinschlängelnde Schnur von schwarzen Rosenkranzperlen. Unglücklicherweise deckte der treibende Schnee die Hunde nicht zu, so daß sie erneut der vollen Wucht des Unwetters ausgesetzt waren. Alle paar Stunden hörte der Sturm abrupt auf, brach aber wenig später wieder mit aller Kraft los. Wenn Viktor über die Wetterverhältnisse redete, erinnerte er uns immer wieder daran, daß wir uns in der Antarktis aufhielten, womit er sagen wollte, daß dieser Sturm stunden-, wenn nicht sogar tagelang andauern könne.

Nach dem Abendessen versuchte Jean-Louis, einen Funkkontakt zustande zu bringen. Es war bereits eine umständliche Aktion, das Sprechfunkgerät einsatzbereit zu machen, vor allem an stürmischen Tagen: Die Antennenschnur wurde durch die Zelttür nach draußen bis zu einem Paar Skiern gelegt, die aufrecht im Eis steckten und mit Eispickeln verankert waren. Das Funkgerät – ein französisches, für das Militär gebautes Multibandmodell – wog viereinhalb Kilo, und Jean-Louis ließ es nur selten aus den Augen. Im Zelt hing ein Lautsprecher vom Zelthimmel herab, der es den anderen ermöglichte, die Unterhaltung zu verfolgen. Sobald der Kontakt hergestellt war, führte Jean-Louis auf französisch ausführliche Gespräche mit Criquet und ließ sich von ihm Berichte über die jüngsten Ereignisse in der Welt draußen geben, Informationen, nach denen er – viel mehr als wir anderen – geradezu lechzte.

Als erfahrener Bergsteiger, Weltumsegler und nun Polarforscher genoß Jean-Louis in der Expeditionsszene hohes Ansehen. 1978 hatte er an Bord der *Pen Duick 6* an dem alle zwei Jahre stattfindenden „Whitbread Race" rund um die Welt teilgenommen. Er war zweimal zum Bergsteigen in Patagonien gewesen, war an der Küste von Grönland gesegelt und geklettert, hatte zweimal den Himalaja bereist und dabei unter anderem den Mount Everest von der Nordwestseite aus bestiegen. Aber bei diesen Expeditionen war er immer der Teamarzt und nur eines von mehreren Mitgliedern gewesen. Erst mit seinem erfolgreichen Alleinmarsch zum Nordpol hatte er sich seinen Ruhm als Abenteurer erworben.

Jean-Louis, ein bescheidener, geistig überaus reger Mensch, ein hervorragender Jazzpianist und immerwährender Lebenskünstler, war 1946 in Vielmur geboren worden, einer kleinen Stadt in Südfrankreich. „Weit weg von den Bergen, dem Meer und der Kälte", fügte er gerne lachend hinzu. Nachdem er sich anfangs einer technischen Ausbildung gewidmet hatte, studierte er später Medizin und ging nach Paris. Obgleich er sofort nach Verlassen der Universität als Arzt mit den Spezialgebieten Ernährungswissenschaft und Sportmedizin praktizierte, schreckte er vor einer Tätigkeit in den üblichen festgelegten Bahnen zurück und zog dafür das freiere Leben eines hauptberuflichen Expeditionsarztes vor.

„Ich liebe meine Freiheit. Ich möchte hingehen, wohin und wann ich will", hatte er mir in jenem Zelt mitten im nördlichen Eismeer erklärt. „Meine Definition des Wortes Abenteuer ist ‚das Leben erfinden'. Das ist mein Rat an jeden: Erfinde dein Leben selbst. Sei glücklich. Und tu immer das, was du wirklich tun willst."

6. AUGUST; 11. TAG. Der Sturm steigerte sich im Laufe der Nacht, und als Viktor an diesem Morgen das Zelt verließ, um seine Wetterbeobachtungen vorzunehmen, rief er nur zu mir zurück: „Es ist schlimm!" Die Sicht betrug weniger als drei Meter. Immer wieder hörte der Sturm abrupt auf, und wenn die Aufmerksamkeit aller nach draußen gerichtet war . . . rumms! lebte der Wind explosionsartig wieder auf, packte das Zelt und erzeugte die schon allzu vertraute Geräuschkulisse aus singenden Zeltschnüren und raschelndem Nylongewebe. Wir fühlten uns

einstweilen in Sicherheit und verbrachten den Tag damit, zu schreiben, uns zu unterhalten, nachzudenken und dem Sturm zu lauschen.

Die Verhältnisse waren beängstigend. Jederzeit konnte das Zelt in Sekundenschnelle weggeweht werden, oder der Sturm blies einen einfach um, wenn man sich hinauswagte. Heute früh hätte es Viktor beinahe erwischt: Er hätte sich fast im Schneesturm verirrt, als er von seinen Wetterbeobachtungen zurückkam. Er stürzte und verlor dabei seine Stirnlampe, und als er sich wieder auf die Füße gekämpft hatte, konnte er keinen Orientierungspunkt mehr erkennen – keine Zelte, keine Hunde, nichts, obgleich er nur zehn Meter von Jean-Louis' und Keizos Zelt entfernt war.

Ein Gutes hatten diese freien Tage: Sie gaben unserem Wissenschaftlertrio die Möglichkeit, die Forschungsprojekte vorzubereiten, die sie während der Durchquerung des Kontinents durchführen wollten. Auch wenn ihre Untersuchungen manchmal als eine besondere Mühsal unter diesen extremen Bedingungen empfunden wurden, verfuhren Viktor, Dahe und Jean-Louis bei ihren Arbeiten sehr sorgfältig. Viktor nahm seine Wetterbeobachtungen dreimal am Tag vor, wobei er den Luftdruck, die Lufttemperatur und -feuchtigkeit sowie die Windgeschwindigkeit und -richtung maß. Im September und Oktober würden noch tägliche Messungen des atmosphärischen Ozongehaltes hinzukommen; in diesen Monaten ist nämlich die Ozonschicht über der Antarktis am dünnsten.

Dahe sammelte Schneeproben für eine spätere chemische Analyse. Seine Kraft und Geduld wurden auf eine harte Probe gestellt: Alle fünfzig Kilometer grub er anderthalb bis zwei Meter tiefe Löcher, kratzte Hunderte von Schneeproben zusammen und füllte sie in Flaschen, um die Spuren von Umweltgiften im Eis nachzuweisen und zu messen. Das Eis in dieser Unzugänglichen Region war noch nie untersucht worden, und Dahes Fachkollegen auf dem ganzen Globus warteten gespannt auf die Ergebnisse seiner Arbeit.

„Ich habe mir geschworen, an keinem einzigen Tag meine Arbeit ausfallen zu lassen", hatte Dahe schon am Tag unserer Ankunft verkündet. „Es wird oft ziemlich schwierig sein, aber das ist meine Aufgabe, deshalb bin ich hergekommen – um Erkenntnisse über die Gletscher der Antarktis und deren Einfluß auf die Umwelt zu gewinnen. Eines weiß ich aber genau: Wenn meine Frau mich darum bäte, zu Hause genauso intensiv zu arbeiten, würde ich nein sagen."

Jean-Louis war unterdessen mit den psychologischen und physiologischen Studien beschäftigt, die er während der gesamten Expedition durchführen würde, vor allem mit den Urintests. Jeden Tag lieferte ein anderer von uns eine Probe, die Jean-Louis nach Hause schicken würde, als Teil eines Belastungstests, den er für die European Space Agency durchführte. Er maß außerdem die Körpertemperaturen von Mensch und Hund und führte für die Raumfahrtbehörde wöchentliche psychologische Tests durch. Seine Auftraggeber interessierten sich vor allem dafür, wie ein internationales Team zusammenarbeitete, denn sie mußten zehn europäische Astronauten für eine Raumstation auswählen, die sie Ende der neunziger Jahre in eine Umlaufbahn zu bringen hofften. Die Testfragen erstreckten sich von „Wie geht es dir heute?" über „Vermißt du deine Familie?" bis zu „Glaubst du, daß du die Expedition durchstehst?"

7. August; 12. Tag. Der Wind schlief gegen zwei Uhr morgens ein, und die Hunde begannen sofort zu bellen und zu knurren, wie sie es immer taten, nachdem ein Sturm aufgehört hatte. Ich war gezwungen, nur mit meinem Unterzeug bekleidet hinauszukriechen und für Ordnung zu sorgen, indem ich einen Skistock über meinem Kopf kreisen ließ. Die Mühe lohnte sich doppelt – die Hunde beruhigten sich, und der Sternenhimmel bot einen grandiosen Anblick.

Von uns sechsen kannte Geoff sich mit dem südlichen Himmel am besten aus, da er schon einmal 33 Monate lang ununterbrochen in dieser Region gelebt hatte. Geoff war zurückhaltend, fast menschenscheu, in allem peinlich genau, starrsinnig und mit einem trockenen, bissigen englischen Humor gesegnet. Er stammte aus der malerischen Stadt Keswick im englischen Lake District. Als ich ihn im Sommer 1987 kennenlernte, arbeitete er gerade als Schreiner und war soeben von seinem zweiten Antarktisaufenthalt zurückgekehrt. Er hatte dort als Hundegespannführer und Führer für Wissenschaftler gearbeitet, die die Halbinsel erforschten. Über einen Freund hatte er von unserer geplanten Expedition gehört und einige Briefe geschrieben, von denen einer auch nach Ely gelangte. Ich traf mich mit Geoff, und nachdem ich einige Zeit mit ihm verbracht hatte, wußte ich, daß ich den Führer gefunden hatte, der uns den Weg über die von Gletscherspalten durchzogene Halbinsel zeigen würde. In unseren Gesprächen hatte er allerdings ganz offen seine Abneigung gegen kommerziell geförderte Expeditionen geäußert, und bei mehr als einer Gelegenheit waren Geoff in den Monaten bis zu unserer Ankunft in der Antarktis die Forderungen und Ansprüche der Medien und Sponsoren sauer aufgestoßen. Dankenswerterweise hatte er jedoch die meiste Zeit seine Kritik für sich behalten.

Während seines vorangegangenen Aufenthaltes auf der Antarktischen Halbinsel hatte Geoff vierhundert Tage lang in großer Entfernung vom englischen Stützpunkt Rothera gelebt und dabei gelernt, sich in dieser Gegend auf die gleiche Weise zu verhalten, wie die Briten es in den davorliegenden dreißig Jahren getan hatten: Alles, was sie angefangen hatten, war überaus geordnet und ergebnisorientiert zu Ende geführt worden, und es hatte nur wenig Raum für Spontaneität oder Abweichungen von geplanten Vorhaben gegeben. Dieses Training und Geoffs daraus resultierende Haltung bargen allerdings ein Problem, mit dem er sich auf unserer sieben Monate währenden Expedition immer wieder einmal herumschlagen mußte: seine Starrköpfigkeit, die auf der Überzeugung beruhte, daß es stets nur einen Weg gebe, Dinge zu tun – nämlich seinen eigenen. „Ich nehme das Leben manchmal zu ernst", hatte er gestanden, „aber ich glaube nicht, daß daran etwas grundsätzlich Falsches ist." Unsere Expedition hingegen würde uns mit vielem konfrontieren, wovon wir bis jetzt noch nichts ahnten, und ich hoffte, daß sein Starrsinn zu seinem und unserem Vorteil etwas nachlassen würde.

8. August; 13. Tag. *Neun Uhr abends, Sprechfunkkontakt mit John Stetson in Punta Arenas:*

Will: Wir hatten heute einen ziemlich schlimmen Tag. Zwei Schlitten sind zu Bruch gegangen.

John: Wie ist denn das passiert?

Will: Wir fuhren einen steilen Bergabhang hinunter, der übersät war mit Blankeisfeldern und Schneewehen, und wir bekamen ein Tempo, das schneller war, als ich es jemals mit einem Schlitten erlebt habe. Unglücklicherweise geriet mein Schlitten ins Schlingern und sauste in eine Schneewehe, wodurch eine Kufe brach. Viktor hatte sich mit einem Seil an unserem Schlitten festgebunden und segelte beim Aufprall durch die Luft. Zum Glück geriet er nicht unter den Schlitten, als dieser sich überschlug. Bei einem ähnlichen Unfall zerbrach auch eine Kufe an Keizos Schlitten.

John: Das ist eine schlimme Nachricht. Und was nun?

Will: Keizos Schlitten kann man wieder benutzen, seit wir die Kufe festgebunden haben. Aber die Kufe an meinem Schlitten läßt sich nicht mehr reparieren. Ich glaube, ich säge sie in der Mitte durch und baue zwei kleine Schlitten.

John: Soll ich euch einen Ersatzschlitten schicken, wenn das Filmteam zu euch rauskommen kann?

WILL: Unbedingt, John. Wir brauchen ihn später ganz dringend. In der Gegend, in der wir zur Zeit unterwegs sind, wimmelt es von Gletscherspalten. Im Augenblick liegt so ein Ding gerade vor uns. Die Spalte ist um die zwanzig Meter tief und nicht weit von Jean-Louis' Zelt entfernt. Ich weiß nicht, wie gut wir sie mit den kleinen Schlitten überwinden können. Das wär's. Ende.

9. AUGUST; 14. TAG. Den heutigen Tag verbrachten wir bei klarem Himmel und vergleichsweise milden Temperaturen von minus 23 °C mit Reparaturen. Es war gut für uns, gemeinsam an einer Sache zu arbeiten; das geschah bislang sehr selten, da gewöhnlich jeder von uns für unterschiedliche Aufgaben verantwortlich war. Nachher lag ich allein in meinem Zelt und las einiges über die Geschichte des Kontinents, den wir schon bald eingehend kennenlernen sollten.

Vor 200 Millionen Jahren gehörte die Antarktis zum Superkontinent Gondwanaland, der damals Südamerika, Afrika, Indien und Australien umfaßte. Damals war sie ein fruchtbares Land, ein warmer und friedlicher Kontinent, der mit Sümpfen, Fichtenwäldern und tropischem Urwald bedeckt war. Feigenbäume und Sequoias gediehen in der Zeit der Dinosaurier, und die Pinguine waren fast so groß wie Menschen. Da in der Antarktis keinerlei Fossilien von Säugetieren gefunden wurden, muß die Landmasse sich vor etwa 50 Millionen Jahren von Afrika und Südamerika abgetrennt haben und zum Südpol gedriftet sein, wo sie nicht mehr von den direkten Sonnenstrahlen erreicht wurde.

Niemand weiß genau, was zur Klimaänderung geführt hat, doch diese Veränderungen waren umwälzend. Bis in unser Jahrhundert haben im „fernen Süden“ nur ein paar wahrlich unbezwingbare Lebensformen überdauert: Moose, Flechten und zwei seltene blühende Pflanzen stellen die gesamte Flora der Antarktis dar. Die einzigen Landtiere, die unter diesen grausamen Bedingungen existieren können, sind Milben, Springschwänze, Läuse und Mücken. Doch die Eiskappe birgt eine Unmenge von wissenschaftlichen Hinweisen und Rätseln. Aus dem antarktischen Eispanzer haben Wissenschaftler und Forscher bisher mehr als 6000 Meteoritenfragmente geborgen, die viel über die geologische Geschichte und die Umweltverhältnisse verraten.

Der Kontinent ist in zwei Regionen aufgeteilt, die man als Ost- und Westantarktis bezeichnet, obgleich jede vom Südpol wegführende Richtung im Prinzip die nördliche ist. Die Westantarktis, wo wir gestartet waren, wird vom grandiosen Ellsworth-Hochland beherrscht, dessen höchster Berg das 4897 Meter hohe Vinsonmassiv ist. Die Gipfel der anderen Berge, die in dieser Gegend aus den Gletschern hervorragen, erreichen unterschiedliche Höhen; man nennt sie Nunataks.

Die allmähliche Ansammlung von Schnee im Laufe von Millionen Jahren sorgte für eine Eiskappe, die fast zwei Kilometer dick ist und den Kontinent zu achtundneunzig Prozent bedeckt. Von den hohen Erhebungen schiebt sich das Eis ständig weiter hinunter zum Meer, wo dann einzelne Stücke abbrechen und Eisberge so groß wie Rhode Island (3144 km^2) bilden. Heute stecken 90 Prozent des Eises und 70 Prozent der Trinkwasservorräte der Welt in der 15 Millionen Jahre alten Eiskappe.

Paradoxerweise sind die Gletscher der Antarktis gleichermaßen für die Wüstenhaftigkeit des Landesinneren wie für den Überfluß an Leben im umgebenden Meer verantwortlich. Die gefrorenen Inlandbereiche sind trockene, unfruchtbare Ebenen, die im Jahr nur fünf Zentimeter Niederschläge zu verzeichnen haben. Wie bereits erwähnt, wachsen da nur Flechten und Moose, und lediglich ein paar Insektenarten leben dort. An den Küsten hingegen sieht es völlig anders aus. Die Fluten des Südpazifiks, des Atlantiks und des Indischen Ozeans treffen um die Antarktis herum in einem Ring namens Antarktische Konvergenz zusammen, und hier sorgt das Eis für ungewöhnlich fruchtbare Gewässer: Die ständige intensive Vermischung von warmem Wasser aus nördlichen Gegenden mit den eisigen Strömungen vom Pol bewirkt, daß Plankton, Algen und Mikroorganismen zur Oberfläche aufsteigen. Sie werden vom Packeis, das sich Hunderte von Kilometern weit ins Meer hinaus erstreckt, den Winter hindurch gebunden und später, wenn es taut, in enormen Mengen freigegeben. All diese reichen Nahrungsvorräte versorgen den hier milliardenfach auftretenden antarktischen Krill, der wiederum für 65 Millionen Pinguine und 35 Millionen Seehunde sowie 300 verschiedene Schwammarten, 126 Fischarten und alle bekannten Walarten die Nahrungsgrundlage darstellt. Mögen die antarktischen Gewässer auch häufig gefroren sein, es wimmelt in ihnen nur so von Leben.

10. AUGUST; 15. TAG. Als wir an diesem Morgen aus unseren Zelten kamen, dachten wir zunächst nur daran, so schnell wie möglich wieder aufzubrechen. Doch die Sicht war dürftig. Während wir anfangs nur eines im Sinn hatten, nämlich von dem Berg hinunter zu kommen und auf ebenes Eis zu gelangen, tauchte bald eine Szene vor unserem geistigen Auge auf, die uns ermahnte, bei unseren Vorbereitungen mit

Vorsicht zu Werke zu gehen: Vor zwei Tagen, als ich zurückgegangen war, um mir Keizos defekten Schlitten anzusehen, hatte ich eine eingestürzte Schneebrücke überquert und eine klaffende Schlucht darunter erblickt. Dieser Abgrund warnte mich weit mehr als alles andere, was wir bereits erlebt hatten, vor dem, was uns während der nächsten 2000 Kilometer erwarten konnte. Deshalb blieben wir letztlich doch lieber eine Weile still sitzen in der Hoffnung, daß der Sturm sich legen würde. Es ist immer besser, Zeit zu opfern, als ein Menschenleben aufs Spiel zu setzen.

Wir suchten uns irgendwelche kleinen Tätigkeiten, wie Näh- oder Reparaturarbeiten an unserer Ausrüstung, um uns zu beschäftigen. Um zehn Uhr klarte der Himmel auf, um elf Uhr waren wir draußen und beluden die Schlitten, und um eins brachen wir auf – wieder bei Nebel. Geoff ging als erster, dann kam Keizo, gefolgt von mir mit meinem zwei Meter kurzen Liliputschlitten, und schließlich Viktor mit seinem Gefährt, das er seinen „Kinderschlitten" getauft hat. Ich hatte mein Hundegespann geteilt, um die Tiere vor unsere beiden Notbehelfskonstruktionen zu spannen.

Unser Abstieg wurde bald durch Neuschnee behindert. Heute hatten wir Vorsichtsmaßnahmen ergriffen und „Bremsen" montiert – ein Seil mit Schlaufen und Karabinerhaken, das um jede Kufe gebunden wurde, ähnlich wie die Schneeketten beim Auto. Die erhöhte Reibung zwang die Hunde zwar, sich beim Ziehen noch mehr anzustrengen, aber dafür erhöhten die Bremsen trotz abnehmender Sicht unsere Sicherheit. Die Hunde waren dabei immer noch so schnell, daß ich, als wir den Bergabhang zur Hälfte überwunden hatten, ein Seil an die Zugleine knüpfte, an die sie angespannt waren, auf den Schlitten kletterte wie ein Pferdekutscher, und immer, wenn die Fahrt zu schnell zu werden drohte, hinuntersprang, an meinem Seil zog und brüllte: „Haaaalt, Hunde! Stopp! Laaangsam! Sitzen!"

Viktor „fand" am Spätnachmittag eine ziemlich große Gletscherspalte, und das geschah folgendermaßen: Weil seine Hunde sich immer wieder in ihrem Geschirr verhedderten, knüpfte er sich häufig vom Schlitten los und ging nach vorn zu seinem Gespann, um die vereisten Leinen und Schnüre zu entwirren. Bei einer dieser Zwangspausen vergaß er, einen von Geoffs wichtigsten Ratschlägen zu befolgen: „Nimm stets die Mittelleine zwischen die Beine, wenn du nach vorne gehst." Kurz vor seinem Leithund rutschte Viktor in eine tiefe Eisspalte und konnte sich im letzten Augenblick gerade noch mit Hilfe seiner Ellenbogen abfangen. Ein Seil, das an seinen Schlitten gebunden war, lag in Reichweite im Schnee, und er konnte sich genauso schnell wieder aus der Spalte herausziehen, wie er hineingestürzt war. Ich eilte zu ihm, als er aus dem Eisloch herauskroch, und schaute hinab in den Abgrund. Er war um Haaresbreite einem Sturz entgangen, bei dem er sich wahrscheinlich die Beine und die Hüften zerquetscht hätte.

Eine Stunde später erreichten wir die ebene Fläche des Larsen-Schelfeises. Wir schlugen unser Lager bei einer Temperatur von minus 19 °C auf, und der Mond schien vom Himmel und verhieß für den nächsten Tag besseres Wetter.

11. AUGUST; 16. TAG. Als wir an diesem Morgen die Hunde anspannten, hielten Jean-Louis und ich inne und suchten den kristallklaren Horizont ab. Der Mond, den wir in der vergangenen Nacht hatten aufgehen sehen, war noch am südlichen Himmel zu erkennen, während die aufgehende Sonne das Eis mit einem grünlichen Schimmer überzog, eine Farbschattierung, die keiner von uns je zuvor am Himmel erblickt hatte. Eine regelrechte Sonnensäule wuchs empor, ein zylindrischer Balken aus Licht, der die Sonne direkt mit dem Eis zu verbinden schien. Wir waren wie gebannt. Ein solches Leuchten hatte ich noch nie gesehen. „Das ist ein Wunder in Extraqualität“, sagte Jean-Louis lächelnd. Wir kamen uns vor, als hätten wir Logenplätze in einem Tempel der Natur.

Nach dem Aufbruch ging es den ganzen Vormittag bergauf, während das unwirkliche grüne Leuchten den schneebedeckten Bergabhang färbte. Der Mond stand bis weit nach Mittag am Horizont. Gegen ein Uhr fanden wir unser zweites Depot unweit der Churchill-Halbinsel und stellten uns auf, um ein Gruppenfoto zu machen, ehe wir die Kiste öffneten. Wir kamen uns vor wie Schuljungen, die begierig darauf warten, endlich ihr Geburtstagsgeschenk auspacken zu dürfen. Sobald die Kiste aufgebrochen war, holten wir die Pappkartons heraus und suchten nach dem, der die „Delikatessen“ enthielt. Wenig später machte eine Flasche Cognac die Runde, während wir Dosen mit Trockenobst, Popcorn und getrocknetem Hühnerfleisch auspackten.

Wir brauchten über eine Stunde, um unsere Schlitten zu beladen, und um halb drei führte Geoff uns über einen Abhang aus blauem Eis in eine Nebelbank. Ich befand mich am Ende der Karawane und beobachtete, wie die anderen bergab jagten. Es war ein phantastischer Augenblick: Hunde und Männer in rasender Fahrt, und die Luft war mit lauten Hey-Hey-Rufen erfüllt. Viktors Abfahrt auf seinem kurzen

Schlitten verlief wild und unkontrolliert und endete mit einem Sturz. Viktor rappelte sich jedoch schnell auf und rannte seinem Gespann zu Fuß hinterher bis zum Ende des Abhangs.

13. AUGUST; 18. TAG. Die Antarktis begann allmählich, uns ihr wahres Gesicht zu zeigen, und wir empfanden es als eindeutig weiblich. Wir sahen hier alles zum erstenmal. Jeder Eissplitter hatte eine eigene Schönheit, so wie Kristallglas, und die Luft schien eine eigenartige Sinnlichkeit zu verströmen. Oft waren wir von einer Stille umgeben, die so vollkommen war, daß diese Lautlosigkeit fast körperlich spürbar wurde.

Gegen Mittag überquerten wir den antarktischen Polarkreis und legten eine kurze Pause ein, um aus einer Flasche halb gefrorenen Cognacs auf dieses Ereignis zu trinken.

Der Nachmittag wurde bitter kalt. Ich beging den Fehler, meine Gesichtsmaske nicht griffbereit zu halten – ein Fehler, den ich so bald nicht mehr machen würde. Der kalte Wind drang durch die Reißverschlüsse an meinem Hals, ließ meine Brust fast erfrieren und machte meine Haut taub. Die extreme Kälte in dieser Region ist auf mehrere Faktoren zurückzuführen: erstens auf die Lage des Kontinents in der Polarregion, die zur Folge hat, daß er nur wenig direkte Sonneneinstrahlung abbekommt (die Periode der Dunkelheit dauert von Mitte März bis September); zweitens auf die hohe Lage; und drittens auf die dicke Eisschicht, die fast den ganzen Kontinent bedeckt und aufgrund ihrer stark reflektierenden Wirkung so gut wie keine Wärme absorbiert. Die niedrigste Temperatur der Erde wurde am 21. Juli 1983 in der Nähe von Vostok gemessen: minus 89,2 °C. Die durchschnittliche Wintertemperatur am Pol beträgt minus 57 °C.

Aber mehr noch als die Temperatur beeinflußt der Wind das Klima. Die Antarktis fällt von den Hochebenen im Landesinneren allmählich zur Küste hin ab, und im gleichen Maße, wie die Höhe abnimmt und die Luft sich erwärmt, werden die böigen Fallwinde – auch als katabatische Stürme bekannt – heftiger und erreichen Geschwindigkeiten bis zu 320 Stundenkilometer. Katabatische Winde, die oft ohne Vorwarnung losbrechen und manchmal nur wenige Minuten, manchmal aber auch mehrere Tage dauern, sind in der Lage, eine eher angenehme Reise schlagartig in einen brutalen Überlebenstest zu verwandeln. „Sie können schwere Gegenstände durch die Luft wirbeln und Männer einfach umblasen“, schrieb Lennard Bickel, der Biograph des Forschers Douglas Mawson. „Sie führen Schneeflocken, Eiskristalle und gefrorene Wassertropfen mit sich . . ., und all das verwandelt sich, vom Sturm vorwärts gepeitscht, in ein Schleifmaterial, das rauhes Metall auf Hochglanz poliert."

Wir würden außerdem viele Tage lang unter „Whiteout"-Bedingungen unterwegs sein, die entstehen, wenn das Licht sowohl von der Schneedecke als auch vom bewölkten Himmel in gleicher Weise gebrochen und reflektiert wird, so daß man nichts mehr sieht außer blendendem Weiß.

Jemand hat einmal gesagt, sich unter solchen Bedingungen vorwärts zu bewegen sei so ähnlich wie ein Spaziergang mit verbundenen Augen über eine Straße, die von mannstiefen Kratern übersät ist. Das vor einem liegende Gelände läßt sich nicht mehr erkennen, da es keinerlei Schatten gibt, und der Horizont verschwindet, weil die weiße Schneefläche völlig mit der ebenso weißen Wolkendecke am Himmel verschmilzt.

Diese Bedingungen machten es erforderlich, daß wir uns bei Nacht sorgfältig um den Zustand unserer Kleidung kümmerten. Die Feuchtigkeit war unser Todfeind, das Trocknen unsere Lebensversicherung. An diesem Abend führten wir zum erstenmal eine gründliche Trockenaktion durch: Wir hängten unsere gesamte feuchte Kleidung an die Schnüre, die unter dem Zelthimmel aufgespannt waren, und drehten beide Brenner unseres Kochers auf volle Leistung. Sogar unsere Schlafsäcke hingen dort oben, was Viktor, der das chaotische Durcheinander über unseren Köpfen betrachtete, dazu veranlaßte, die Situation auf die für ihn typische Weise mit einem einzigen treffenden Wort zu kommentieren: „Abenteuer."

Wir hatten einen ruhigen Abend und erfreuten uns an einer leckeren warmen Mahlzeit aus Reis, Käse und Fleisch. Wie immer, während ich kochte, behandelte Viktor bei sich die verschiedenen kleinen Blessuren, die die Kälte nach und nach bei uns allen hinterließ. Heute abend massierte er Vitamin-E-Öl in seine Füße, um seine von Blasen geplagte Haut geschmeidig zu machen. „Manchmal spüre ich nicht einmal mehr den großen Finger an meinen Füßen", sagte er, womit er natürlich seinen großen Zeh meinte. „Vielleicht sind sie beide schon ein bißchen angefroren." Er hatte außerdem tiefe Risse in seinen Daumen, parallel zu den Fingernägeln. Die Haut war dort von der trockenen Kälte aufgeplatzt, und jeden Morgen umwickelte er sie andächtig, wie bei einem sich täglich wiederholenden Ritual, mit Heftpflaster.

Viktor war auf Umwegen zu unserem Team gekommen. Jean-Louis

und ich waren uns darüber im klaren gewesen, daß es wichtig war, ein sowjetisches Mitglied in unserer Mannschaft zu haben, und richteten eine entsprechende Anfrage an Moskau, jedoch hatten wir keine Ahnung, wie unsere Anfrage dort aufgenommen werden würde.

Auf unser Schreiben hin wurde Jean-Louis vom Arktischen und Antarktischen Institut (AARI) in die Sowjetunion eingeladen, flog im Mai 1987 nach Moskau und stellte dort unseren Plan einer Versammlung sowjetischer Wissenschaftler und Offizieller vor. Unter ihnen befand sich auch Viktor Bojarski, ein Physiker beim AARI. Die Vertreter des Instituts äußerten schnell ihren Wunsch, an dem Projekt teilzunehmen, wollten aber folgende Garantien erfüllt wissen: das Unternehmen müsse einen vorrangig wissenschaftlichen Charakter haben, die U. S. National Science Foundation und die Expéditions Polaires Françaises müßten dazu ihren Segen geben, und für die gesamte Durchquerung müsse ein Rettungsprogramm entwickelt werden. Sie legten Jean-Louis nahe, sofort mit Viktor nach Leningrad zu reisen und dort mit dem Chef der Abteilung für Polare Geographie und anderen Persönlichkeiten zusammenzutreffen, die mit den sowjetischen Forschungsprogrammen in der Antarktis vertraut waren.

Bei der Zusammenkunft in Leningrad war Jean-Louis von der Begeisterung der sowjetischen Wissenschaftler tief beeindruckt und nahm dankbar ihren Vorschlag auf, daß der Name der Expedition „Transantarktika“ lauten und daß auch das Wort „International“ hinzugesetzt werden solle. Als Gegenleistung dafür, daß wir Viktor in unser Team aufnahmen, versprachen die Russen, unsere Proviantkisten per Schiff in die Antarktis zu transportieren, am Südpol einen Treibstoffvorrat abzuwerfen (ein Vorhaben, das wir damals leider verwarfen) und uns ihre Stützpunkte zugänglich zu machen.

Wir erkannten schnell, daß wir mit Viktor einen guten Fang gemacht hatten. Er war außerordentlich kräftig, stets gut aufgelegt und immer freundlich, und seit 1973 hatte er bereits viermal die Antarktis besucht und dort als Meteorologe gearbeitet. „Das Komitee hatte verschiedene Gründe, weshalb es mich bat, an der Expedition teilzunehmen“, erzählte Viktor später. „Zuerst einmal bin ich verheiratet, was bedeutete, daß ich als politisch zuverlässig galt und ganz gewiß in die Sowjetunion zurückkehren würde. Zum zweiten hatte ich bereits einige Antarktiserfahrung. Und drittens hatte ich das richtige Alter und war kerngesund.“

Viktor strotzte geradezu vor Energie, und sein Kopf schien eine Speicherkapazität wie ein Großrechner zu besitzen. Tagelang behielt er alle möglichen Wetterdaten im Kopf und schrieb sie dann fehlerlos auf. Während er Ski lief, verfaßte er lange Gedichte und rezitierte sie dann in voller Länge während der Funkgespräche, die er an den Wochenenden mit Freunden in den sowjetischen Stützpunkten in der Antarktis führte. Er erwies sich als moralischer Stützpfeiler des Teams: Er war unerschütterlich wie ein Fels in der Brandung, stets bereit, das Unternehmen voranzubringen, und er beklagte sich niemals. „Ohne ein Quentchen Humor werden wir es niemals durch die Antarktis schaffen", erklärte er uns des öfteren mit einem verschmitzten Lächeln.

Ehe wir an diesem Abend die Kerzen ausbliesen, sang Viktor leise ein russisches Lied. Ich bat ihn, den Text zu übersetzen.

„Es ist ein Lied über Menschen, die so sind wie Polarforscher", erwiderte er. „Es sind Menschen, die gerne in die Ferne ziehen, die nicht die ganze Zeit zu Hause herumsitzen wollen. Das Lied erzählt von Leuten, wie wir es sind, die älter und älter werden, und es sagt, daß wir keine Zeit mehr haben, nur zuzuschauen. Es handelt von Leuten, die nicht die Zeit haben zurückzublicken – nur nach vorn."

19. AUGUST; 24. TAG. Viktor weckte mich mit seinem typischen Morgengruß: „Wiiil, Wiiil, aufstehen!" Er versuchte gerade, eine Tube Zahnpasta aufzutauen, indem er sie in eine Tasse voll heißen Wassers tauchte – ein Zeichen, daß es kälter war als minus 40 °C. (Es war auch ein Zeichen dafür, daß er russische Zahnpasta benutzte; amerikanische, so hatten wir festgestellt, friert erst bei minus 50 °C ein.) Ich fand, daß Körperpflege hier viel einfacher durchzuführen war als zu Hause, denn bei dem Leben unter diesen Bedingungen entwickelte man für viele Dinge festgelegte Abläufe, die sich nur selten änderten. Als erstes holte ich jeden Morgen einen gefrorenen Klumpen – meinen Waschlappen – aus einem Plastikbeutel, legte ihn in eine große Aluminiumtasse und schüttete heißes Wasser darauf. Sobald er aufgetaut und angewärmt war, folgte einer der Höhepunkte des Tages: die Morgenwäsche (auch wenn dazu nur wenig Wasser verbraucht werden durfte).

Der Morgen begann mit Nebel, der sich gegen Mittag auflöste, so daß wir die dreißig Kilometer westlich liegenden Berge erkennen konnten. Gewaltige Stürme tobten um ihre Gipfel, fegten Schneewolken an ihren fast senkrechten Felswänden hinauf und wirbelten sie dann einige tausend Meter über ihre Spitzen in die Luft. Das wirklich Erschreckende an diesen Bildern war, daß wir schon bald in diese Wolken eintauchen würden. Im Augenblick fühlte ich mich zwar sicher, doch ich dachte mit Grauen an die eisigkalten Winde und die anderen Unbilden, die noch vor uns lagen.

Je weiter wir vordrangen, desto tiefer wurde der Schnee. Um den Hunden die Arbeit zu erleichtern, liefen Dahe, Viktor und Jean-Louis auf Skiern voraus und legten eine Spur. Nach dem Mittagessen blies uns der Wind ins Gesicht. Dahe machte die Vorhut und geriet schon bald in einen wütenden Sturm. Gegen zwei Uhr erreichten die Windböen dann eine Geschwindigkeit von 100 Kilometern pro Stunde. Die Sicht war nahezu gleich Null. Wir entschieden uns, für den Rest des Tages haltzumachen und unser Lager aufzuschlagen.

Unsere Kuppelzelte waren so konstruiert, daß die sechs langen Zeltstangen in den Taschen blieben und die Zelte sich – zumindest rein theoretisch – fast von selbst aufspannten. Aber mit 100 Stundenkilometern vorwärtspeitschende Stürme machen auch die besten Theorien zunichte. Schließlich kam Geoff, der ein anders konstruiertes Zelt mitgenommen hatte – ein speziell für unsere Expedition modifiziertes Pyramidenzelt, das in England hergestellt worden war –, zu Viktor und mir herüber, um uns zu helfen. Alles ging zuerst bestens von der Hand: Wir hatten das Hauptzelt aufgestellt und die als Tür dienende Klappe beinahe eingesetzt – als uns plötzlich eine heftige Bö überraschte und unser trautes Heim in die tobende Luft aufsteigen und in Richtung Weddellmeer davonsegeln ließ. Zu dritt legten wir einen atemberaubenden Hechtsprung hin: Geoff landete mitten auf dem Zelt, ich umklammerte die unteren Enden der Stangen, und Viktor sicherte mit einem wilden Satz die restlichen Stangen, die der Wind bereits gepackt hatte. Ohne diese gemeinsamen Bemühungen hätten wir das Zelt sicherlich verloren. Als wir schließlich ins Zelt krochen, murmelte Viktor: „Fast wie in Miami Beach."

20. AUGUST; 25. TAG. Als wir unser Lager abbrachen, tobte ein heftiger Sturm, der unsere Kleidung schnell mit feinem Wassernebel durchtränkte. Die Temperatur betrug milde und unerwartete minus 10 °C, was dazu führte, daß die meisten von uns in ihrer dicken Kleidung unter einem Hitzestau litten. Am späteren Vormittag kam der Wind dann zur Ruhe, und es wurde ein sehr schöner Tag. Kurz vor Mittag erklommen wir eine imposante Hügelkuppe, von der aus wir sehen konnten, daß vor uns ein Gebiet voller Anhöhen und Senken lag, ein deutlicher Hinweis darauf, daß wir uns den Bergen näherten.

Kurz bevor wir zum Mittagessen anhielten, bemerkten wir, wie Geoff, der vor uns herlief, innehielt. Plötzlich lag er in einer seltsamen, halb aufgerichteten Haltung auf dem Erdboden. Dahe, der sich mit einer Hand am Schlitten festklammerte, gab uns mit der anderen Hand ein Zeichen, schnell herbeizukommen. Während ich mich ihrem Schlitten näherte, erkannte ich, was geschehen war. Geoff kämpfte mit einer Zugleine, die in einer Gletscherspalte verschwunden war und an deren Ende zwei Hunde baumelten, die in der tiefen Schlucht wild hin und her schwangen. Keizo und ich stoppten unsere Schlitten und befahlen unseren Hunden, gehorsam sitzen zu bleiben und zu warten. Vorsichtig liefen wir bis zu Geoff, wobei wir uns an den Seilen festhielten, und erreichten ihn gerade rechtzeitig, als die Hunde abzustürzen drohten.

Wie wir jetzt erkannten, waren nicht nur zwei, sondern sogar drei Hunde in die Spalte gestürzt. Zwei hingen noch in ihrem Geschirr, doch Spinner, der dritte Hund, war aus seinen Gurten gerutscht und auf einem Absatz ungefähr acht Meter tiefer gelandet. Zu seinem Glück hatte er sich für seine Landung eine perfekte Stelle „ausgesucht", denn zu beiden Seiten des schmalen Vorsprungs, der ihn trug, erweiterte sich die bläuliche Schlucht, bevor sie sich in unergründlicher Schwärze verlor. Wir zogen die beiden angeschirrten Hunde schnell in Sicherheit und erlösten Geoff von seiner Last. Dann richteten wir in langen zehn Minuten ein Haltesystem für Jean-Louis her, damit er in die Spalte hinabsteigen und ein Geschirr um Spinner legen konnte, der vor Angst wie erstarrt war. Es war für Jean-Louis nicht einfach, in der Enge der Spalte das Gurtsystem an dem ängstlichen Hund zu befestigen, doch sobald es ihm gelungen war, wurden er und Spinner schnellstens nach oben auf sicheren Boden gezogen. Die restlichen Arbeiten – das Entwirren der Knoten und Schlingen in den Seilen von Geoffs in Sicherheit gebliebenem Hundegespann und das Einpacken der Rettungsgeräte – dauerten eine Stunde. Während wir uns darum bemühten, Geoffs Gespann wieder fahrbereit zu machen, fegte ein Schneesturm über uns hinweg, wobei die Windtemperatur rapide fiel und an unseren entblößten Fingern Erfrierungen hinterließ. Überall in unserer Umgebung konnten wir Anzeichen für tiefe Gletscherspalten erkennen. Die Antarktis hatte uns soeben einen leichten Nasenstüber verpaßt, um uns daran zu erinnern, daß wir uns nicht zu wohl fühlen sollten. Während des Mittagessens unterhielten wir uns daher eingehend über unser Rettungssystem und wie es noch verbessert werden könnte.

WIR KAMEN im Laufe des Nachmittags bei Three Slices an, der Stelle, wo sich eigentlich das dritte Depot hätte befinden müssen. Wir wußten, daß es im Januar inmitten eines fast fünf Kilometer breiten Tals zwischen hohen, einander gegenüberstehenden Bergen angelegt worden war, doch jetzt konnten wir seine Markierung – eine drei Meter hohe Aluminiumstange mit einer blauen Fahne an der Spitze – nirgendwo finden. Nachdem Jean-Louis und Geoff eine Stunde lang suchend auf Skiern umhergelaufen waren, kehrten sie dorthin zurück, wo wir warteten. Auf unsere Frage, ob sie erfolgreich gewesen seien, schüttelten sie ernst die Köpfe. „Das Depot könnte zehn Meter oder auch zwei Kilometer von uns entfernt sein", gab Geoff zu.

Wenn uns zu diesem Zeitpunkt ein Depot fehlte, ergab sich daraus ein Problem. Wir hatten nur noch für zehn Tage Hundefutter und für zwei Wochen Nahrungsmittel auf den Schlitten, und wir hätten damit zum nächsten Depot gelangen müssen, das sich in 160 Kilometer Entfernung auf dem Weyerhäuser Gletscher befand. Ich zögerte, es laut auszusprechen, aber eine solche Situation hatte ich mir schon fast herbeigewünscht. Ich zog es vor, mit leichtem Gepäck und schnell unterwegs zu sein, und ich glaubte, es war nötig, daß wir mal unsere Leistungsfähigkeit testeten. Abenteuer, bei denen man improvisieren muß, sind eigentlich immer die lohnendsten.

Wir beschlossen, das Lager aufzuschlagen und am nächsten Morgen um neun Uhr noch einmal eine gründliche Suche zu starten. Nach einem gemütlichen Abendessen widmeten Viktor und ich uns unserem inzwischen fest eingeführten ersten „Expeditionsritual": Wir prosteten uns mit einem Fläschchen Gelée royale zu. Die chinesische Regierung hatte uns großzügig mit Hunderten von Fläschchen dieses allgemein bekannten Nahrungszusatzes versorgt, und Viktor und ich hatten uns bereits angewöhnt, jeden Abend drei dieser Fläschchen zu öffnen und damit gewöhnlich auf „gutes Wetter" anzustoßen. Dahe beharrte darauf, daß Gelée royale, mit gewissenhafter Regelmäßigkeit getrunken, unseren Kampfgeist und Verstand wachhalten und unsere Gesundheit stärken würde. Wir diskutierten ständig darüber, ob der Stoff, der wie Hustensaft für Kinder schmeckte, Alkohol enthalte (er tat es nicht) oder ob es sich um ein Aphrodisiakum handle (unter den gegebenen Umständen hofften wir, daß das nicht der Fall sei).

Während wir so lachten und uns unterhielten, sehnte ich mich plötzlich nach etwas, von dem ich wußte, daß ich es für das nächste halbe Jahr nicht zu Gesicht bekommen würde: In diesem Moment, als ich, die

Beine über Kreuz geschlagen, meinen Körper in eine Ecke des Zeltes quetschte, wobei mein Kopf gegen die feuchte Nylonwand über mir stieß – in diesem Moment wünschte ich mir einen Stuhl.

21. AUGUST; 26. TAG. Um neun Uhr war es offensichtlich, daß wir an diesem Tag nirgendwohin ziehen würden: Ein heftiger Sturm machte allein das Gehen schon unmöglich. Obwohl die Sicht gleich Null war, wagten Geoff und Viktor sich mit ihren Skiern nach draußen, um nach dem Depot Ausschau zu halten, kehrten jedoch schon nach einer halben Stunde mit leeren Händen zurück. Wir entschieden, am nächsten Morgen noch einmal zu suchen.

Wir nutzten diesen freien Tag dazu, eine ausgedehnte, längst überfällige Teamversammlung in Jean-Louis' und Keizos Zelt abzuhalten. Wir besprachen Rettungsmethoden, übten Sicherheitsknoten und berieten uns über spezielle Schlittenfahrtechniken. Um elf Uhr waren unsere Beine durch die Enge einfach zu verkrampft, um die Zusammenkunft fortzusetzen, daher kehrten wir in unsere jeweiligen Zelte zurück. Viktor sang wieder ein russisches Lied. Auf einem Blatt Papier entwarf ich den Grundriß für ein Gebäude, das ich auf dem Gelände meines Anwesens bauen wollte, wenn – oder falls – wir zurückkehrten.

22. AUGUST; 27. TAG. An diesem Morgen brauchten wir fast zwei Stunden, um unsere Zelte und Schlitten aus den Schneewehen auszugraben; danach suchten wir noch eine weitere Stunde lang erfolglos nach der Depotkiste, ehe wir beschlossen, unsere Wanderung fortzusetzen. Wenn unsere Vorräte nicht so knapp gewesen wären, wären wir jetzt wahrscheinlich nicht weitergezogen, da man höchstens sechs Meter weit sehen konnte. Wir brachen in einen weißen Dunst hinein auf, und Geoffs Führungsschlitten verschwand fast in den Wolken, als seine ausgeruhten Hunde talaufwärts in Richtung Süden starteten.

Auf mein Kommando – „Hopp, hopp, hopp!" – jagte mein Gespann, angeführt von Tim und Sam, in den Nebel hinein. Obgleich der Wind ziemlich heftig war, war der Himmel über uns völlig klar, und die Geländebedingungen schienen nahezu perfekt: Den steinharten Boden bedeckte ein Hauch frisch gefallenen Schnees, was ein gutes Gleiten gewährleistete. Bis zum Mittagessen hatten wir zehn Kilometer zurückgelegt, und der Stubbs-Paß lag direkt vor uns.

Nach unserem Mittagsmahl brauchten wir fast drei Stunden, um den vor uns liegenden Abhang zu überwinden und wieder auf knapp fünfhundert Meter Meereshöhe aufzusteigen. Die Hunde behielten ein zügiges Tempo bei. Als wir die Paßhöhe erreicht hatten, schauten wir hinab in ein weiteres Tal, was für uns bedeutete, daß möglicherweise erneut ein gefährlicher Abstieg vor uns lag. Aber der Ausblick war phantastisch – auf beiden Seiten erhoben sich Bergmassive, so weit das Auge reichte. Unsere Route verlor sich im Ungewissen, und ich empfand ein wenig von dem, was die Pioniere gefühlt haben mußten, die zum erstenmal die Rocky Mountains überquerten.

Die Hunde zerrten ungeduldig an ihren Geschirren, während wir jedes verfügbare Seil als Bremsen um die Kufen wickelten. Dann ließen wir sie losstürmen. Die Abfahrt war eine wilde Angelegenheit; ohne Bremsen wäre es ein selbstmörderisches Unternehmen geworden. Etwa eine Stunde lang sausten wir hangabwärts – vier dahinrasende Pünktchen, die von den majestätischen Bergen und Gletschern ringsum schier erdrückt wurden. Die Wolken über uns veränderten ihre Farbe von Grau über Gelb zu Orange, während wir immer weiter hinunterfuhren. Auf einem Hügel am südlichen Ende des Passes schlugen wir dann unser Lager auf.

24. August; 29. Tag. Wir verließen unsere Zelte an diesem Morgen schon um kurz nach sieben, also eine Stunde früher als sonst, um einen Vorsprung gegenüber unserem Zeitplan herauszuholen. Jean-Louis hatte über Funk am Abend zuvor erfahren, daß ein Flugzeug der Adventure Network in der englischen Basis Rothera bereitstand – circa 650 Kilometer entfernt auf der Adelaide-Insel. An Bord befanden sich ein dreiköpfiges französisches Filmteam und ein neuer Schlitten. Jean-Louis hatte vereinbart, daß wir die Maschine an einem Treffpunkt 23 Kilometer von unserem Lagerplatz entfernt erwarten wollten.

Wir waren den größten Teil des Vormittags unterwegs und begannen nach dem Mittagessen durch die gleichförmige Landschaft, die hier nicht eine einzige Gletscherspalte aufwies, etwas schläfrig zu werden. Ich versuchte mir gerade vorzustellen, wie die Begegnung mit dem Flugzeug in ein paar Stunden verlaufen würde, als unter meinen Hunden große Unruhe ausbrach. Ich sah nach vorn und konnte nur vier Hunde erkennen, wo eigentlich sechs hätten laufen müssen. Die Leinen waren straff gespannt und führten zu einem großen bläulich schimmernden Loch, aus dem ängstliches Hundegebell heraufklang.

Ich war allein und wagte mich vorsichtig ans Vorderende meines gedrungenen Schlittens. Dann legte ich mich auf das Eis und robbte bis zum Rand der Spalte. Sam und Yeager waren acht Meter tief abgestürzt.

Sam hockte sicher auf einem Vorsprung, aber Yeager hing am Seil und hatte alle viere so ausgestreckt, daß er sich mit seinen Pfoten an den Seitenwänden der Spalte abstützen konnte und sich auf diese Weise aufrecht hielt. Beide Hunde steckten noch immer sicher und fest in ihren Geschirren, doch sie wimmerten und zitterten. Ich beugte mich ein Stück über den Rand und versuchte sie zu beruhigen.

Mittlerweile hatten meine Kameraden sich um mich versammelt und hielten mich an den Füßen fest, während ich in einer unbequemen Lage mit dem Kopf nach unten über der Spalte hing. Ohne Handschuhe, mit bloßen Fingern, entwirrte ich die Leinen und Schnallen und bereitete alles vor, daß man die Hunde herausziehen konnte. Yeagers ängstliches Jaulen trieb mich an, so schnell wie möglich zu arbeiten. Stück für Stück zog ich dann die beiden vierzig Kilo schweren Hunde langsam an der Spaltenwand hoch.

Die Kraft, die ich dabei entwickelte, verdankte ich nicht nur einem heftigen Adrenalinstoß; sie kam auch aus meinem Herzen. Als ich nämlich festgestellt hatte, daß die hilfesuchenden Jammerlaute in der Eisspalte von Yeager und Sam stammten, spürte ich plötzlich, wie nahe mir ihr Schicksal ging, und ich bekam entsetzliche Angst. Die beiden waren treue Freunde; mit beiden war ich bereits am Nordpol unterwegs gewesen, und sie hatten mir so manches Mal in harten Zeiten tapfer zur Seite gestanden. Nun, durch eine seltsame Fügung, war ich es, der sie retten mußte. Als ich sie endlich herauf auf festen Boden gezogen hatte, umarmte ich sie stürmisch. Dann ordnete ich ihre Geschirre und hakte sie wieder zu ihren anderen Gefährten an die Zugleinen, und weiter ging's. Es war eine gute – und notwendige – Erinnerung daran, wie oft wir ungerechtfertigterweise die Hunde als etwas Selbstverständliches betrachteten und sie mehr als Maschinen sahen denn als die treuen Gefährten, die sie eigentlich waren. Ich nahm mir fest vor, stets darauf zu achten, meinen alten Kumpels Sam und Yeager öfter mal auf den Rücken zu klopfen und ihnen das Fell zu kraulen.

Für den restlichen Nachmittag spannten Jean-Louis und ich uns vor den ersten Schlitten und führten die Hunde durch das von Gletscherspalten durchfurchte Gelände. Wegen der ungünstigen Bodenverhältnisse konnte das Flugzeug nicht in unserer Nähe landen; statt dessen wurden das Filmteam und der neue Schlitten mehrere Kilometer von unserem geplanten Treffpunkt entfernt abgesetzt. Um halb sieben hockten wir alle beisammen in unseren Zelten, stießen mit Gelée-royale-Fläschchen auf eine sichere Reise an und inspizierten eine Lieferung chilenischen Fleisches, eine Delikatesse, die das Filmteam mitgebracht hatte. Aber so willkommen die Abwechslung auch war, das Fleisch schmeckte wie Schuhleder – soviel zu dieser „Köstlichkeit".

25. AUGUST; 30. TAG. Ehe wir an diesem Morgen aufbrachen, kam es zu einer leise geführten, hitzigen Diskussion zwischen Geoff und Jean-Louis. Geoffs Ärger richtete sich gegen das dreiköpfige Filmteam, und zwar speziell gegen die zusätzlichen Geräte und Ausrüstungsgegenstände, die wir transportieren mußten, nachdem die Männer sich uns angeschlossen hatten. Die Filmleute seien Freunde, keine Feinde, sagte Jean-Louis, und sie seien mit den Verhältnissen durchaus vertraut. „Sei freundlich zu ihnen", bat er. „Reg dich nicht auf." Ich wußte, daß ich mir wegen Geoffs und Jean-Louis' frühmorgendlicher verbaler Auseinandersetzung keine Sorgen zu machen brauchte; auf diese Art und Weise wurden Unzufriedenheit oder Kritikpunkte offen geäußert und Meinungsverschiedenheiten ausgetragen und beigelegt.

Als wir schließlich gemeinsam mit der Filmcrew loszogen, überwältigte uns das Panorama wieder einmal. Die Sonne, die gerade im Norden aufging, tauchte die Bergspitzen in ihr morgendliches Licht, und auf den zerklüfteten Hängen traten jede Eisspalte und jeder Eisstrom scharf gezeichnet hervor. Wir konnten uns etwas von der eisigen Kälte erholen – das Thermometer zeigte minus 14 °C –, und während wir weiter vordrangen, hielten wir mit dem Tempo der Sonne auf ihrem niedrigen Kreisbogen mit und erlebten, wie sie den Himmel nacheinander in verschiedenen gelben und violetten Farbtönen leuchten ließ. Stille hüllte unsere Schlitten ein, während wir die Hunde mit heiseren Rufen antrieben.

Der Tag verstrich ereignislos bis zum Nachmittag, als Buffy, ein Hund in meinem Gespann, der am nächsten zum Schlitten lief, in eine Spalte stürzte. Er hing mit dem Kopf nach unten im Geschirr und schwang etwa drei Meter unterhalb der Eisoberfläche, wie ein Uhrpendel über dem Abgrund. Er wimmerte, aber war noch nicht in Panik geraten. Ich redete mit ihm, um ihn zu trösten. „Es ist alles in Ordnung, Buffy. Ich halte dich fest."

Wir hievten Buffy aus der Spalte, und eine kleine Schnittwunde an seiner Schnauze war der einzige Hinweis darauf, daß er einen Unfall gehabt hatte. Während ich mit dem Hund herumschmuste, kam Jean-Louis herüber und strich ihm über den Kopf. „Man kommt sich hier vor, als ginge man auf Eiern", bemerkte er. „Überall gibt's hier Spalten und Löcher – alle zehn Meter eins. Und dabei sehen wir wahrscheinlich nur zehn Prozent davon."

26. AUGUST; 31. TAG. Als wir aus unseren Zelten krochen, empfing uns ein ausgewachsenes Whiteout, und hinzu kam noch, daß über Nacht fünfzehn Zentimeter frischen, flockigen Schnees gefallen waren. Beim Aufbruch konnte ich Jean-Louis vor mir kaum erkennen; in dem treibenden Schnee glich er einer Figur aus den allerersten Stummfilmen, deren Bewegungsabläufe immer wieder kurz unterbrochen werden. Große Schneewehen erschwerten unsere Bemühungen, die Schlitten auf den Kufen und in der Spur zu halten, und wir fühlten uns wie bei einem zehnstündigen Ringkampf.

Wir waren auf dem Weg zum Mobiloil Inlet, einem Korridor, der als „Rampe zum antarktischen Kontinent" angesehen wird und uns auf den Weyerhaeusergletscher hinaufführen würde. Im Laufe des Nachmittags lüftete sich der Schleier aus tiefhängenden Wolken und leichtem Schneefall, so daß wir sahen, daß wir auf drei Seiten von Bergen umgeben waren und auf eine sich verengende Schlucht zusteuerten. Für einen Moment offenbarte uns die Antarktis einen Blick auf die intimste Seite ihrer Persönlichkeit. Schnee bedeckte die schroffen, zerklüfteten Gipfelfelsen und ließ sie glatt und rund erscheinen. Der Sonnenuntergang erzeugte bonbonfarbene Gelb- und Violettöne, die sich über die fernen Bergketten legten. Das Wetter war erstaunlich warm, doch in der Stunde, die wir brauchten, um das Lager aufzuschlagen, fiel die Temperatur rapide; als die Sterne schließlich aufgingen, herrschten minus 35 °C.

Die Antarktis hatte uns während des ersten Monats eines gelehrt: ihr niemals zu vertrauen. An einem Tag zeigte sie sich von ihrer freundlichsten, liebenswürdigsten Seite, und schon am nächsten Tag entfesselte sie einen wütenden Sturm, der uns wünschen ließ, überall sonst zu sein, nur nicht hier. Nirgendwo auf dem ganzen Planeten gibt es solche Stimmungsumschwünge, für die die Antarktis berühmt und berüchtigt ist. Wenn sich die Temperatur bei vergleichsweise milden minus 35 °C eingependelt hatte, ließ uns ein eisiger Wind aus Süden leiden und diesen Ort verfluchen; am nächsten Tag weckte ein majestätischer Sonnenuntergang in uns die Überzeugung, daß die Antarktis unsere Freundin war; und am folgenden Morgen herrschten wieder die tobenden Winde, machten uns unsere Verletzbarkeit bewußt und erinnerten uns daran, daß die Antarktis uns in Sekundenschnelle den Tod bringen konnte.

27. AUGUST; 32. TAG. Ich drehte mich um die übliche Uhrzeit – Viertel vor sechs – noch einmal auf die andere Seite; doch fünf Minuten später war Viktor bereits auf den Beinen, zündete den Kocher an und

hantierte lärmend herum, während ich meinen Kopf schutzsuchend in den Schlafsack steckte. Als ich das vertraute Zischen des Colemankochers hörte, schob ich erst den Kopf und dann den Oberkörper hinaus. Viktor begrüßte mich mit Handschlag. „Herzlichen Glückwunsch zum Geburtstag, Wiiil!“ rief er und reichte mir einen langen, schmalen Kasten. Er enthielt eine Armbanduhr und ein wunderbares Gedicht, das er auch sogleich laut vorlas. Doch mein eigentliches Geschenk am heutigen Tag war die Freundschaft der fünf Männer, mit denen ich zusammen war, und die Tatsache, daß wir sicher und wohlbehalten das Mobiloil Inlet erreicht hatten.

An diesem Tag zogen wir durch eine Märchenlandschaft, ein glattes, ebenes Gelände, das von einem angenehmen weichen Licht beleuchtet wurde. Es schneite den ganzen Tag, und am Abend hatten sich fast vierzig Zentimeter frischer weißer Puderzuckerschnee angesammelt. Als wir unser Lager aufschlugen, hatten wir eine Höhe von 300 Metern erreicht.

An diesem Abend veranstalteten wir eine Party. Zum erstenmal seit einem Monat trafen wir sechs uns zum Essen in einem einzigen – Viktors und meinem – Zelt. Zu dritt saßen wir auf einem Schlafsack, und ich stellte einen zusätzlichen Hundefutterkarton zwischen uns, um unseren Tisch zu vergrößern, auf dem Brot, Pastete, Käse, Schokolade, Ölsardinen und Zigarren lagen. Wir hatten für diese Gelegenheit Cognac, Wein und Whiskey aufgespart, was unsere Stimmung so hob, daß am Ende ein vielsprachiger Gesang angestimmt wurde. Viktor war dabei der Fröhlichste von uns. Er trank erhebliche Mengen von allem, was geboten war, rauchte ein Zigarillo und sang wie ein Kanarienvogel. Sogar der ansonsten abstinente Geoff genehmigte sich einen Drink und ließ geduldig den Zigarrenqualm und die Lieder über sich ergehen.

Im Verlauf der Party schlich Jean-Louis davon, um sich ans Sprechfunkgerät zu setzen. Er kam mit einer Nachricht von meinen Eltern zurück. Die Kerzenflammen flackerten im Luftzug, den er bei der Rückkehr in unser Zelt erzeugte. „Dein Vater sagt, daß auf den Tag genau vor fünfundvierzig Jahren eine große Party in seinem Zelt stattgefunden habe, und zwar in Guam während des Zweiten Weltkriegs, mit zweihundert Litern Whiskey“, berichtete Jean-Louis. „Er hatte gerade ein Telegramm mit der Botschaft erhalten, daß soeben sein zweiter Sohn zur Welt gekommen sei.“ Wir stießen mit Gelée royale auf meine Eltern an. Es war ein herrlicher Geburtstag da draußen auf dem Eis der Antarktis. Ich fühlte mich richtig zu Hause.

29. AUGUST; 34. TAG. Wir waren den ganzen Tag in einem Whiteout unterwegs, und nur unsere blaugrünen, orangefarbenen und roten Overalls lockerten die ansonsten milchigweiße Umgebung auf. Mein Schlitten befand sich an der Spitze der Kolonne, und ich lief auf Skiern nebenher, pflügte durch dreißig Zentimeter tiefen Schnee und feuerte die Hunde an, sich ins Geschirr zu legen und zu ziehen. Die Hunde hielten das zügige Tempo bis elf Uhr bei, dann wurden sie langsamer und stoppten schließlich.

Es ist sehr mühsam, ein Hundegespann durch tiefen Schnee bergauf zu lenken, vor allem bei solchen Verhältnissen. Man muß permanent in Bewegung sein und Kommandos brüllen wie ein Spielführer beim Football, und unablässig bemüht man sich, den Hunden dabei zu helfen, ihre Zugarbeit zu koordinieren. Am Ende des Tages sind dann alle total erschöpft. Es gibt nur einen Grund weiterzumachen: Man hat keine andere Wahl.

Ich hatte in der Arktis schon ähnliche und sogar noch schlimmere Verhältnisse erlebt und mit ansehen müssen, wie stärkere Persönlichkeiten als ich vor der Natur kapitulierten, zermürbt von der Kälte oder den Schneemassen. Wenn ich in eine gefährliche Situation gerate, dann schalten mein Verstand und mein Kampfgeist auf Hochleistungsbetrieb; ich lasse es einfach nicht zu, daß Wut oder ein Gefühl der Hilflosigkeit mich übermannt. Eine besondere innere Kraft erwächst aus dieser Art von Gelassenheit, und ich versuche, mich so gut wie möglich auf meine Umgebung einzustellen. Am Ende empfinde ich sogar so etwas wie Vergnügen bei derartigen Härteprüfungen.

Bei solchen Verhältnissen zu arbeiten oder zu wandern ist zu siebzig Prozent ein mentales Problem. Ich weiß, daß viele Menschen diese Lebensweise – Ausharren bei Temperaturen von minus 45 °C, Kampieren im Schnee und außerdem noch vierzig Kilometer am Tag auf Skiern zurücklegen – für exzentrisch oder sogar etwas noch Schlimmeres halten. Was mich von den meisten Menschen unterscheidet, ist die Tatsache, daß es für mich nur selten Beschränkungen oder Grenzen gibt. Wenn ich etwas tun möchte, dann tue ich es. Infolgedessen gibt es auch keine erschöpfende Antwort auf die Frage, weshalb ich die Antarktis durchqueren wollte. Ich hatte einfach den Wunsch, es zu tun.

31. AUGUST; 36. TAG. Das Wetter hellte sich ein wenig auf, als wir unser Lager abbrachen, und an den runden, vom Wind umtosten Schneekuppeln im Süden konnte man erkennen, daß wir uns dem höchsten Punkt des Dyer-Plateaus näherten.

Kurz nach unserem Aufbruch klärte der Himmel sich so weit auf, daß wir zurückblicken konnten auf den Weyerhaeuser-Gletscher. Hinter uns erstreckte sich eine Kette von zerklüfteten Bergspitzen und steilen Felswänden, die von Hängegletschern gekrönt wurden.

Während unserer Mittagspause gegen halb eins drängten wir sechs uns im Windschatten meines Schlittens zusammen. Der Wind erfüllte die Luft mit feinen, puderähnlichen Schneekristallen, die alles bedeckten, auch unsere Thermosbecher, und sogar bis in das Innere unseres Mundes drangen, als wir in unsere gefrorene Mahlzeit bissen. Es war eine ungemütliche Rast. Vom Wind getriebener Schnee taute auf unseren Gesichtern und ließ die Kälte vordringen bis zu den wärmeren und geschützteren Bereichen unserer Oberkörper. Auch der heiße Tee und die Suppe halfen nicht viel.

Nach dem Essen löschte ein tief herabsinkender Nebel den Schlitten vor mir aus und verschluckte die winzigen schwarzen Silhouetten, die meine Teamgefährten für mich waren. Die Schlittenspuren vor mir wurden sofort zugeweht, so daß wir uns dicht hintereinander halten mußten und trotzdem das Risiko eingingen, voneinander getrennt zu werden. Wir hatten für solche Verhältnisse Faustregeln: *Wenn du den Schlitten vor oder hinter dir nicht mehr sehen kannst, halte sofort an, solange du noch etwas erkennst. Wenn die schlechten Verhältnisse andauern, bau ein Zelt auf. Achte darauf, dich stets warm zu halten.* Es kann Tage dauern, bis der Sturm nachläßt, aber wenn alle die gleichen Regeln befolgen, kann nichts passieren.

Wir schlugen unser Camp bei einem furchtbaren Sturm auf und fanden nur Trost bei dem Gedanken, daß wir morgen unseren ersten offiziellen freien Tag hatten. Draußen in der Dunkelheit wühlten die Hunde sich in den Schnee und ließen sich zuwehen. Wir hatten uns als Lagerplatz eine ebene Fläche unweit des höchsten Gletscherpunkts zwischen zwei Berggipfeln ausgesucht. Die Nacht war erfüllt von den Lauten der antarktischen Gewalten. Wir hörten, wie Lawinen riesige Stücke von den Hängegletschern über uns abbrachen; die mächtigen Brocken rumpelten mit Donnergetöse einige hundert Meter tief ins Tal hinab. Geisterhafte Windböen kamen heran, verharrten über unserem Lager und schienen wie Lebewesen unsere Zelte zu betasten. Dann zogen sie so schnell weiter, wie sie erschienen waren, und ließen völlige Stille zurück.

Zurückgelegte Strecke: 508 Kilometer.
Entfernung zum Südpol: 2705 Kilometer.

September

Im Reich der Schneestürme

1. SEPTEMBER; 37. TAG. „Guten Morgen, Viktor."
„Dobroje utro, Wiiil."
So begann ein neuer Tag, ein Tag, den wir gemütlich im Schutz unserer Behausungen verbringen wollten, während der Schnee und der Sturm das Zelt heftig beutelten. Ein wilder Wintersturm tobte; selbst wenn wir nicht geplant hätten, einen freien Tag einzulegen, wären wir gezwungen worden abzuwarten. Die Sicht war gleich Null, und irgendwo in der Nähe im Whiteout befand sich unser viertes Depot.

Wir bemühten uns, jeden freien Tag optimal zu nutzen, und ich hatte daher diesen Nachmittag um halb vier einen Friseurtermin mit Waschen und Schneiden angesetzt. Beides würde dergestalt ablaufen, daß ich den Oberkörper durch die Tür in den Sturm hinausschob, während Viktor sich draußen ans Werk machte, zuerst mit der Schere meines Schweizer Armeemessers, danach mit der Fingernagelschere. Das „Mähen" mußte unbedingt draußen geschehen, denn falls ein Haarbüschel im Zelt verlorengegangen wäre, hätten wir während der nächsten Wochen ständig Haare in unserer Verpflegung wiedergefunden. Da ich trotz der minus 40 °C kein Hemd trug, war es viel zu kalt, um die ganze Aktion in vollem Umfang durchzuführen, so daß wir schnell vom Schneiden zum Waschen übergingen. Dazu schüttete Maestro Viktor mir warmes Wasser aus einer Thermosflasche über den Kopf, fügte Shampoo hinzu und schrubbte drauflos. Zum Ausspülen kippte er mir einen Teekessel heißes Wasser über den Kopf, und anschließend trocknete ich meine Haare, indem ich den Kopf zehn Minuten über den Kocher hielt. Als Krönung bespritzte ich mich noch mit russischem Eau de Cologne, und schon war ich der Dandy der Polarforscher. Unsere Behausung duftete wie ein französischer Schönheitssalon.

Der erste Monat auf dem Eis hatte sich als guter Test erwiesen, eine exzellente Vorbereitung für die vor uns liegenden Monate. In drei Wochen würden wir die langen dunklen Tage vergessen haben, die Gletscherspalten lagen dann hinter uns und hoffentlich auch die unberechenbaren Wetterumschwünge des Tieflandes. Wir alle wünschten uns längere Tage, denn jeder Schritt führte uns weiter ins Binnenland, was uns stabilere Wetterbedingungen verhieß. Wir waren auf keinen Fall schon aus dem Schneider – die Stürme und der ständige Gegenwind würden mindestens noch einen Monat lang anhalten. Aber wir fühlten uns in der Antarktis zunehmend heimischer.

3. SEPTEMBER; 39. TAG. Wir saßen nun schon den dritten Tag in unseren Zelten fest; wegen des tobenden Schneesturms, der immer noch im Gange war, kamen wir keinen Schritt weiter. Am Vortag hatten wir mehrere Versuche unternommen, das vierte Depot zu suchen, jedoch ohne Erfolg. Wir hatten aber mit der Twin Otter Verbindung aufnehmen können, die immer noch in Rothera stand, und sie war gestartet, um festzustellen, ob unser fünftes Depot bei den Lane-Bergen aus der Luft zu sehen war.

Henry Perks, der Pilot, meldete sich am Nachmittag und teilte uns mit, er habe das Depot geortet. In Anbetracht des Schnees und der Strapazen beim Aufstieg auf den Gletscher gaben wir ihm unser Okay, sieben Kisten Hundefutter und drei Kisten Nahrungsmittel aufzuladen und zu uns zu bringen. Er erklärte, er werde auch das Filmteam abholen, das ebenfalls im Sturm steckengeblieben war. Wir hatten nun Proviant für zehn Tage – genug, um bis zum Depot in den Lane-Bergen zu gelangen.

4. SEPTEMBER; 40. TAG. Wir brauchten anderthalb Stunden, um uns nach drei Tagen Schnee und Sturm auszugraben. Alles – Skier, Schlittenhüllen, Kisten – war mit einer drei Zentimeter dicken Eisschicht überzogen, die zuerst abgeklopft und heruntergefegt werden mußte. Die Schlitten waren zudem zugeweht, und alle Seile und sonstigen Ausrüstungsteile lagen vereist unter festgefrorenem Schnee.

Um halb zehn startete Geoffs Gespann und übernahm die Spitze. Feiner Schnee schwebte herab, und Wolken bedeckten die Landschaft. Wie erwartet waren die Hunde ganz wild darauf loszustürmen, doch ihr Ungestüm drohte unsere schwer beladenen Schlitten umzuwerfen. Daher mußten wir zunächst unsere ganze Konzentration darauf verwenden, sie im Zaum zu halten, bis sie ihre überschüssige Energie verbraucht hatten.

Am späteren Vormittag wurde das Gelände ebener, der Schneeboden härter, und der Himmel klarte auf. Das Licht, das durch die aufreißende Wolkendecke fiel, enthüllte eine wunderschöne Szenerie, die an eine weiße Mondlandschaft erinnerte. Obgleich der Himmel völlig klar war, erfüllten winzige Eiskristalle die Luft, und der Sonnenschein, der von ihnen gebrochen und reflektiert wurde, erzeugte eine ganze Palette visueller Phänomene: Regenbogen, Lichtsäulen und Lichthöfe. In der Ferne verhüllte dichter Nebel den Horizont. Den ganzen Tag über – wir schafften fast dreißig Kilometer – verfolgten wir, wie die Schönheit der Antarktis sich entfaltete. Wir befanden uns in einer Gegend, die nur wenige Menschen zu dieser Jahreszeit je zu Gesicht bekommen hatten, und wir rauschten mit unseren Schlitten voller Ehrfurcht hindurch. Es herrschte absolute Stille, die nur durch das Hecheln der Hunde und unsere gelegentlichen Anfeuerungsrufe unterbrochen wurde.

5. SEPTEMBER; 41. TAG. Als ich vor drei Jahren zum erstenmal die Landkarte des Kontinents studiert hatte, waren mir drei Berge namens *Faith* (Glaube), *Hope* (Hoffnung), *Charity* (Nächstenliebe) aufgefallen, die als Gruppe unter dem Namen *Eternity Range* (Gebirgszug der Ewigkeit) bekannt sind. Seit zwei Tagen bewegten wir uns parallel zur Eternity-Kette; sie war unser Wegweiser zum nächsten Depot. Am Tag zuvor waren wir an Faith vorbeigezogen, und heute errichteten wir unser Lager neben Hope, dessen Gipfel irgendwo über uns in den Wolken schwebte. Charity lag direkt vor uns und wies uns den Weg zu den Lane-Bergen. Während wir unsere Zelte aufschlugen, beherrschte das Gipfeltrio den östlichen Horizont, und ich verfolgte, wie es sich im Sonnenuntergang von Weiß zu Blau und weiter zu Violett verfärbte. Danach, als die Dunkelheit uns einhüllte, war es immer noch als ferner Schatten im Mondschein zu erkennen. Diese Berge hatten für mich einen ungeheuren Symbolcharakter, und zwar nicht nur wegen ihrer Namen, sondern auch deshalb, weil sie unser Tor zur Binnenregion der Antarktis darstellten.

6. SEPTEMBER; 42. TAG. An diesem Morgen war der Sturm so heftig und das Schneetreiben derart dicht, daß Viktor und ich die anderen Zelte nicht mehr sehen konnten. Ich öffnete den Doppelreißverschluß der inneren und äußeren Zelttür, und eine eisige Wolke aus Schnee und Nebel wehte herein. Als ich mein Hundegespann inspizierte, konnte ich nur bis zum achten von zwölf Hunden schauen. Unser Schlitten war total zugeweht, und es war bitter kalt. Es sah so aus, als müßten wir wieder in unseren Zelten bleiben. Mit Proviant für nur noch sieben Tage konnten wir es uns aber nicht leisten, eine längere Ruhepause einzulegen. Nach einer kurzen Zusammenkunft in Jean-Louis' und Keizos Zelt einigten wir uns daher darauf, sofort aufzubrechen und unser Glück zu versuchen, sobald die Sonne so weit herauskommen würde, daß wir uns orientieren konnten.

Während wir abwarteten, bestätigte Viktor seinen Ruf als bester Koch des Teams: Er servierte uns die delikateste Hafergrütze, die ich je gegessen habe. Ich empfahl ihm daraufhin im Scherz, er solle doch nach seiner Rückkehr in Leningrad ein Spezialitätenrestaurant für Hafermehlgerichte eröffnen. Jedesmal, wenn ich später erneut darauf zu sprechen kam, brach er in schallendes Gelächter aus.

Unsere Verpflegung hatten wir zusammengestellt anhand der Erkenntnisse, die wir während unseres Trainings in Grönland gewonnen hatten, aufgrund der Empfehlungen von Ernährungswissenschaftlern und nach persönlichen Vorlieben. Wir hatten dabei mehrere Dinge beachten müssen: Wir brauchten sehr viel Fett und Kalorien, um die anstrengenden Tage mit ihren langen Skietappen bei extremer Kälte durchzustehen, und große Mengen energiereicher Kohlehydrate. Jeder von uns hatte seine eigenen Eßgewohnheiten – ich mochte Butter besonders gerne, Dahe ließ für Sardinen alles andere stehen und liegen, Jean-Louis liebte stark gewürzte Speisen, und Viktor aß einfach alles –, doch am Ende ergab sich für die Mannschaft ein Verpflegungsplan, dessen wir nach sieben Monaten auf dem Eis mit ziemlicher Sicherheit überdrüssig sein würden.

Jeder von uns erhielt eine Tagesration von gut 1000 Gramm. Das Frühstück bestand meist aus Hafergrütze (100 Gramm) und Erdnußbutter (100 Gramm). Zu Mittag gab es 150 Gramm individuell zusammengestellte Menüs aus Trockenobst, Nüssen, Schokolade und energiereichen Kraftriegeln. Das Abendbrot setzte sich zusammen aus Butter (100 Gramm), Suppe aus Konzentrat (150 Gramm), Käse (150 Gramm) und Nudeln, Reis oder Kartoffeln (150 Gramm) als Beilage sowie einer Vorspeise, gewöhnlich Pemmikan (150 Gramm). Wir schätzten, daß wir zur Erhaltung unseres Körpergewichts bei den zu erwartenden Belastungen – einem täglichen Skimarathon – pro Tag durchschnittlich 5000 Kalorien zu uns nehmen mußten.

Die Hunde hatten ihre ganz spezielle Kost: täglich ein Kilo energiereiche, fette, besonders nahrhafte Futterkonzentratwürfel, die zirka 5700 Kalorien entsprachen. (Zum Vergleich: ein gut 20 Kilo schwerer Haushund verzehrt pro Tag weniger als 1800 Kalorien.)

7. SEPTEMBER; 43. TAG. Gegen halb fünf Uhr morgens legte sich der Sturm, und die durchdringende Stille ließ Viktor und mich aus dem Schlaf hochschrecken. Wir hatten am Vortag unabhängig voneinander entschieden, daß wir heute aufbrechen müßten, ganz gleich, wie die

Verhältnisse sein würden. Das Hundefutter begann knapp zu werden, und wir konnten es nicht riskieren, weiterhin untätig herumzusitzen.

Während wir tags zuvor wegen des Sturms in unseren Zelten ausgeharrt hatten, hatte ich in Gedanken eine Marschordnung für den Tag festgelegt: Viktor sollte auf Skiern vorlaufen, ich würde den ersten Schlitten lenken, dann käme Jean-Louis auf Skiern, gefolgt von Keizos Schlitten, dann wieder Dahe auf Skiern und schließlich, als Schlußlicht, Geoffs Schlitten.

Gegen acht Uhr war der Sturm wieder zum Leben erwacht. Er wehte heftiger als vorher, und es gab nicht die geringsten Anzeichen, daß er in absehbarer Zukunft nachlassen würde. Dennoch trafen wir uns draußen, um darüber abzustimmen, ob wir es riskieren sollten weiterzumarschieren oder nicht. Sobald wir durch die Zelttüren hinausgekrochen waren und aufrecht standen, erkannten wir, daß der Wind eine Fortbewegung auf Skiern nicht zuließ. Daher entschieden wir auszuharren – ein weiteres Mal. Wir hatten nur noch Hundefutter für sechs Tage und waren hundert Kilometer von unserem Depot bei den Lane-Bergen entfernt. Im Laufe des Vormittags beriet ich mich mit Jean-Louis und Geoff und legte einen Rationierungsplan fest, der unter anderem vorsah, daß die Hunde unsere Verpflegung bekommen sollten, falls der Schneesturm noch länger anhalten würde.

Während wir in Jean-Louis' und Keizos Zelt beratschlagten, verschlimmerte sich der Sturm, und eine große Schneewehe türmte sich vor dem Ausgang auf. Unsere Unterhaltung drehte sich um das Depot nach den Lane-Bergen, dem wir den Namen Savan gegeben hatten. Es sollte 32 Kilometer weiter südlich liegen, bei einer Felsformation in der Nähe des Berges Vang. Aber als es im vergangenen Januar angelegt worden war, hatte der Pilot Anzeichen für einen schweren Sturm bemerkt, und so war er gezwungen gewesen, die Lage des Depots zu verändern. Statt auf verhältnismäßig sicherem und zuverlässigem Felsuntergrund befand es sich nun in einer Gegend, in der stets heftige Schneefälle verzeichnet wurden. Da wir bereits Probleme mit dem Depot bei den Lane-Bergen hatten, konnten wir es uns auf keinen Fall erlauben, Savan auszulassen oder zu verfehlen. Ich schlug daher vor, unseren Tagesplan zu ändern. Wir mußten bei gutem Wetter bereits um sechs Uhr aufbrechen und täglich zwölf Stunden marschieren. Geoff machte sich jedoch Sorgen, daß wir dann noch einmal die ganze Härte des ausklingenden antarktischen Winters zu spüren bekommen würden.

„Wenn wir das Savan-Depot finden, dann sind wir wieder im Rennen und haben Lebensmittel für zehn Tage", erklärte er. „Am sinnvollsten wäre deshalb ein langsames, stetiges Vordringen und keine möglichst hohe Kilometerleistung."

„Aber dann brauchen wir drei Wochen", hielt ich ihm entgegen. „Davon, daß wir es über einen solchen Zeitraum mit Sicherheit schaffen, kann wohl keine Rede sein."

Jean-Louis fragte, wann wir bei Patriot Hills erwartet würden, dem Basislager der Adventure Network in der Nähe des Ellsworth-Hochlandes. Auf diese Frage hin schlug Geoff sofort vor, wir sollten in Erwägung ziehen, diesen geplanten Zwischenstopp, bei dem wir unter anderem eine Gruppe von Rundfunk- und Zeitungsreportern treffen würden, zu streichen. „Es liegt abseits von unserem Kurs und könnte uns schlimmstenfalls eine ganze Woche kosten", argumentierte er. Für seinen Vorschlag hatte Geoff zwei Gründe. In der Tat hätte uns ein Abstecher nach Patriot Hills von unserem geradlinigen Kurs abgebracht; doch wichtiger war es ihm, daß wir bei einem Verzicht auf diesen Schlenker der Presse aus dem Wege gehen konnten.

Obgleich ich genau wußte, daß die ganze Welt unsere Ankunft bei Patriot Hills um den 20. Oktober herum erwartete, mußte ich Geoff zustimmen, daß wir uns innerlich ernsthaft darauf vorbereiten sollten, diese Station auszulassen. „Wir müssen uns auf ein Datum festlegen", schlug ich vor, „einen Zeitpunkt, zu dem wir spätestens Patriot Hills erreicht haben wollen – sagen wir den einundzwanzigsten Oktober. Wenn wir absehen können, daß wir es bis zu diesem Tag nicht schaffen, müssen wir uns eine neue, kürzere Route suchen." Die anderen stimmten zu.

Wieder in meinem Zelt, beschäftigte ich mich damit, Maisfladen zu backen und zu malen. Unter Verhältnissen wie diesen wird man ein Fachmann im Zeittotschlagen: Man näht, bäckt, zeichnet, beobachtet das Verrinnen der Zeit auf der Uhr oder zupft Flusen aus den Klettverschlüssen. Viktor und ich gingen schon früh zu Bett, um acht Uhr, um Brennstoff zu sparen. Da ich in den vergangenen Tagen zuviel geruht hatte, konnte ich lange nicht einschlafen, warf und drehte mich in meinem Schlafsack herum und versuchte, mich warm zu halten.

8. September; 44. Tag. Die Sonne ging auf und zeichnete die Silhouette des Hope-Berges auf unsere Zeltwand. Während wir aus unseren Schlafsäcken krochen und den Kocher in Gang setzten, wanderte der Schatten des Berges an der Wand nach unten und machte der Helligkeit

eines kalten, klaren Tages Platz. Als wir unsere Zelte verließen, herrschten minus 40 °C. Um Viertel nach neun waren wir unterwegs. Die Berge am Horizont schienen in der Luft zu schweben – ein Effekt, der von der Erwärmung des Schnees und der Eisflächen herrührte und somit für uns das erste Anzeichen des nahenden Frühlings war. Keizo und Jean-Louis, die in ihren blaugrünen und orangefarbenen Overalls vor mir herzogen, wurden durch diesen Fata-Morgana-Effekt mittendurch geschnitten, so daß ihre Köpfe und Schultern sich unabhängig von ihren Körpern fortzubewegen schienen. Als wir durch die mitten in der Bewegung erstarrten, „Sastrugi“ genannten Eiswellen zogen, verschwanden die Berge völlig, wenn wir in die ein Meter tiefen Täler eintauchten; sie erschienen wieder, sobald wir die Wellenkämme erklommen hatten. Es war wie Wellenreiten – hinter 450-Kilo-Schlitten her.

9. SEPTEMBER; 45. TAG. Der Wind frischte gegen vier Uhr morgens wieder auf, und die Temperatur stieg von minus 40 auf minus 30 °C. Wir waren noch mindestens drei Tage vom nächsten Depot entfernt und hatten Hundefutter für vier Tage. Wir konnten uns keinen Ruhetag mehr leisten und waren trotz Whiteout kurz nach neun wieder unterwegs. Die Hunde hatten jetzt nur noch eine vergleichsweise leichte Last durch den treibenden Schnee und den Nebel zu ziehen und stürmten regelrecht vorwärts. Da wir auch noch einen kräftigen Nordwestwind im Rücken hatten, schafften wir rekordverdächtige 45 Kilometer.

Doch selbst wenn die Windverhältnisse so günstig sind, daß Schlitten und Hunde zusätzlichen Antrieb erhalten, hat das Marschieren bei Sturm einen erheblichen Nachteil: Es beschert den Wanderern einen extrem einsamen Tag. Die Konversation beschränkt sich auf ein absolutes Minimum, da man für jede Mitteilung seinen Kopf wenden, das Gesicht dabei in die Eiskruste des Parkas drücken und aus Leibeskräften brüllen muß. Gewöhnlich lohnt sich eine solche Mühe nicht, es sei denn, es geht um etwas absolut Wichtiges. Daher verbringt man einen solchen Tag fast ausschließlich mit seinen eigenen Gedanken.

10. SEPTEMBER; 46. TAG. Wir erwachten an diesem Morgen beim schlimmsten Schneesturm, den ich je erlebt hatte. Sturmböen tobten mit bis zu 150 Kilometern pro Stunde, und die Temperatur betrug minus 40 °C, was Windtemperaturen von minus 100 °C ergab. Das Getöse des Sturms war so laut, daß wir selbst brüllen mußten, um uns *innerhalb* des Zeltes zu unterhalten. Auch diesmal hatten wir keine

andere Wahl, als still dazusitzen und abzuwarten. Dies war bereits unser sechster Ruhetag während der vergangenen zehn Tage – und wir waren noch immer vierzig Kilometer vom Depot bei den Lane-Bergen entfernt.

Noch nie zuvor hatte ich während eines Sturms solche Schneemengen in der Luft gesehen. Wenn man sich aus dem Zelt wagte, dann war man sofort in eine Wolke aus wirbelnden weißen Kristallen eingehüllt, die durch Reißverschlüsse drangen, sich in den Hosenaufschlägen fingen und die Wände der Mundhöhle als dicke Schicht bedeckten, sobald man auch nur kurz nach Luft schnappte. Es war, als erstickte man.

Wir hatten noch Hundefutter für drei Tage, und wenn dieser Sturm andauerte, dann würde es unseren Hunden schlechtgehen. Wir rationierten das Futter bereits, und die Stürme zehrten zusätzlich an ihren Kräften.

An Sturmtagen verschafften wir uns gewöhnlich gegen Mittag erneut einen Eindruck von der Wetterlage. Geoff kroch stets als erster aus seinem Zelt, um nach den Hunden zu sehen, gefolgt von Keizo, der bei Unwettern besonders unruhig war. Viktor übernahm die Rolle des Boten und übermittelte die Wetterinformationen von Zelt zu Zelt. Egal, wie es draußen aussah, spätestens am zweiten Tag eines Schneesturms zwang ich mich, das Zelt zu verlassen, und es tat mir immer gut, meine Teamgefährten heil wiederzusehen. Immerhin konnten wir bei solchen Stürmen, wenn wir uns schlafen legten, niemals ganz sicher sein, daß unser Zelt oder das eines anderen nicht mitten in der Nacht davongeweht wurde.

Die Zeit in unseren Zelten abzusitzen wurde allmählich zu einer Mühsal. Glücklicherweise kamen Viktor und ich bestens miteinander aus. Wir unterhielten uns, scherzten, sangen. Ehe wir an diesem Abend in unsere Schlafsäcke krochen, widmete ich mich einer besonderen „Schlechtwettertätigkeit", die ich mir über die Jahre bei Unternehmungen wie diesem angewöhnt hatte: Ich bereitete Popcorn. Dies war das erstemal, daß ich es in der Antarktis tat, und es machte besonders viel Spaß. Viktor hatte noch nie zuvor gesehen, wie Mais aufplatzt. Er erschrak, als es im Topf zu knallen begann, und bestand darauf, den Deckel abzunehmen und nachzusehen, ob alles in Ordnung sei. „Peng! Peng! Peng!" Er lachte.

„Gibt es denn bei euch in der Sowjetunion kein Popcorn?" fragte ich.

„Nein!" erwiderte er. Er konnte sich vor Lachen kaum halten.

11. SEPTEMBER; 47. TAG. Ich war schon früh wach. Das Wetter draußen war genauso wie gestern, und sorgfältig zupfte ich alle Flusen von den Klettverschlüssen meines Schlafsacks. Dies war der allerletzte „Job“, den ich noch zu erledigen hatte; danach gab es nichts mehr, womit ich mir im Zelt die Zeit vertreiben konnte. Trotz der 120 Stundenkilometer, mit denen der Sturm tobte, beschlossen Viktor und ich daher, daß wir einen Besuchstag veranstalten wollten. Aber an einem solchen Tag muß man sich auch auf einen kurzen Besuch sehr sorgfältig vorbereiten, denn es geschieht leicht, daß man sich ein paar Meter von seinem Zelt entfernt verirrt und erfriert.

Dahe erzählte von einem Vorfall, der sich ereignet hatte, als er 1983 in der Antarktis stationiert gewesen war, in der australischen Casey Station. Ein Meteorologe war in den Sturm hinausgegangen, um eine routinemäßige Wettermessung vorzunehmen, und hatte sich sehr schnell zwischen zwei Gebäuden verirrt, die nicht mehr als dreißig Meter voneinander entfernt waren. Am nächsten Morgen fand man ihn erfroren auf, zwanzig Meter von dem Gebäude entfernt, das er zu seinem Routinecheck verlassen hatte.

Diese Geschichte und andere, die wir kannten, gingen uns vor allem an Sturmtagen immer wieder durch den Kopf. Aber Viktor und ich waren fest entschlossen, endlich unserer Zelthöhle zu entfliehen. Sobald wir draußen waren, suchten wir die „Orientierungskette“ unserer Hunde und hielten uns dann an unsere Skier, die wir im Abstand von zehn Metern aufrecht in den Schnee gesteckt hatten und die uns zu Geoffs Zelt führten.

Im Zelt angekommen, stellten wir fest, daß Jean-Louis und Keizo die gleiche Idee gehabt hatten wie wir, und so saßen wir zu sechst zusammen und unterhielten uns, vor allem über unsere Gedanken während des Schneesturms. Jeder von uns gab zu, daß er an den vergangenen Tagen des öfteren an Robert Scott gedacht hatte, der in seinem Zelt erfroren war, als er etwa genauso weit von seinem Depot entfernt gewesen war wie wir jetzt von den Lane-Bergen. Scott und zwei seiner Männer hatten neun Tage lang in einem solchen Sturm festgesessen, und ihnen waren ganz einfach der Proviant und der Brennstoff ausgegangen. Während dieser Zeit hatte der Sturm nicht nachgelassen.

„Meine schlimmste Angst, von der ich jeden Tag aufs neue befallen werde, ist, daß wir im Whiteout einen von uns verlieren“, gestand Geoff. „Gestern stand Jean-Louis’ Zelt von meinem zehn Meter entfernt, dennoch war es nicht zu sehen. Daher wäre es höchst unwahrscheinlich,

Um Wasser zum Trinken und zum Kochen zu bekommen, schmilzt Keizo Schnee. Gleichzeitig soll die Hitze die im Zelt aufgehängten Sachen trocknen.

Sonnenuntergang auf der Antarktischen Halbinsel

Auf den Zeltwänden hält Viktor fest, wie weit das Team inzwischen vorangekommen ist.

Die Expeditionsmitglieder nehmen unter Anleitung von Qin Dahe Eisproben in der Unzugänglichen Region.

daß ich ihn finden könnte, wenn er sich bei einem Unwetter verirren würde. Ich werde das Gefühl nicht mehr los, daß die Antarktis uns nicht haben will und daß sie jeden Versuch unternimmt, uns das klarzumachen."

Jean-Louis pflichtete ihm bei. „Bei diesen Stürmen komme ich mir vor wie ein Asthmatiker – unfähig, einen richtig tiefen Atemzug zu machen."

„Am schlimmsten sind für mich die Tage, an denen der Gegenwind besonders heftig ist", sagte Viktor. „Es ist schon schwierig genug, den Kompaß im Auge zu behalten, wenn ich auf meinen Skiern voranlaufe, aber dann muß ich außerdem noch auf Gletscherspalten achten, und zu alledem stürze ich ständig, weil es in diesem Whiteout keine Schatten, keine Kontraste gibt. Man weiß nie, ob man beim nächsten Schritt in einem tiefen Loch landet oder in eine Schneemauer rennt."

Vor zehn Tagen hatten wir noch angenommen, wir könnten das Ende der Stürme abwarten. Nun erkannten wir, daß dieses schlechte Wetter wochenlang andauern konnte und daß wir uns auf den Weg machen mußten. Aber trotz dieser widrigen Verhältnisse war die Stimmung gut, und wir waren zuversichtlich. Niemand beklagte sich; es wurde von nichts anderem geredet als davon, auf jeden Fall weiterzuziehen.

Um neun kehrten wir in unsere eigenen Zelte zurück. Der Wind legte sich, und die Hunde fingen sofort an zu heulen, ein Zeichen, daß der Sturm endgültig vorüber war. Überall im Lager konnten wir das Klirren von Ketten hören, als die Hunde sich aus ihren Schneehöhlen wühlten und ihre zwei Tage alte Schneedecke abschüttelten. Es war ein vertrautes Geräusch – ein Geräusch, das wir mit einem Gefühl der Erleichterung vernahmen.

12. SEPTEMBER; 48. TAG. Die Temperatur betrug milde minus 12 °C, als wir an diesem Morgen zusammenkamen, um das Lager auszugraben, und wir zogen zum Arbeiten sogar unsere Jacken aus. Alles war von einem halben Meter Schnee bedeckt, und wir brauchten zwei Stunden, um uns daraus zu befreien.

Als wir schließlich aufbrachen, nach zwei Tagen, die wir nur in unseren Zelten gehockt hatten, rannten wir los, als gäbe es für uns nichts Schöneres. Unser Unternehmungsgeist war geweckt, und auch die Hunde waren mit Feuereifer bei der Sache. Unsere Route führte uns über eine acht Kilometer lange sanfte Abfahrt zum Fuß des Danielle-Nunatak, wo fester Untergrund und wärmere Temperaturen uns ein fast reibungsfreies

Dahingleiten ermöglichen sollten. Der Wind trieb uns erneut vor sich her, und alles lief so wunderbar, daß wir uns unterwegs Tagträumen hingeben konnten. Wenn wir dieses Tempo beibehielten, würden wir das vierzig Kilometer entfernte Depot gegen fünf Uhr erreichen.

Um die Mittagszeit frischte der Wind auf. Wolken verdeckten das Blau des Himmels und verhinderten einen Anstieg der Temperatur. Während Jean-Louis nach dem Mittagessen seine Verdauungszigarette anzündete – unser Aufbruchssignal –, erinnerte ich Geoff daran, er möge immer ein Auge auf die Schlitten hinter ihm haben. Falls wir aus irgendeinem Grund voneinander getrennt würden, solle er einfach stehenbleiben und eine halbe Stunde warten. Wenn niemand komme, solle er sein Zelt aufschlagen.

Als wir schließlich aufbrachen, verschluckte uns der wiedererwachte Sturm mit seinen dahintreibenden Wänden aus grauen Wolken und Schnee. Die Sicht nahm ab bis auf fünf Meter, und wir bemühten uns angestrengt, die dunklen Flecken der Schlitten vor uns nicht aus den Augen zu verlieren. Die Kälte war mörderisch, und wir mußten mit äußerster Konzentration bei der Sache sein, damit nichts passierte. Meine Nase tropfte unentwegt, und die Gläser meiner Schneebrille waren beschlagen. Für Tagträume war jetzt keine Zeit mehr.

Etwa eine halbe Stunde nach dem Mittagessen bog Keizo, der an zweiter Position unterwegs war, falsch ab, wir folgten ihm, und innerhalb von Sekunden war Geoffs Schlitten aus unserem Sichtbereich verschwunden. Ich holte Keizo ein, und als auch Jean-Louis und Viktor zu uns stießen, besprachen wir zu viert die Situation. Es war genau der Fall eingetreten, über den ich mit Geoff während der Mahlzeit gesprochen hatte. Wir vier kauerten uns zusammen, hockten uns in den Windschatten des Schlittens und warteten darauf, daß entweder der Sturm abflaute oder daß Geoff und Dahe auftauchten. Eine Viertelstunde verstrich, und wir kamen überein, daß es viel zu kalt war, um draußen herumzusitzen. Daher schlugen wir das Notzelt auf, das sich auf meinem Schlitten befand. Es war halb drei, und wir beschlossen, bis vier Uhr zu warten. Wenn bis dahin von Geoff und Dahe noch immer nichts zu sehen war, würden wir ein permanentes Lager aufschlagen.

Die Zeit vergeht langsam, wenn man wartet und einem dabei kalt und klamm ist, und während der nächsten anderthalb Stunden unterlagen wir immer wieder der Täuschung, draußen vor dem Zelt Stimmen zu hören. Um Viertel vor vier ließ der Sturm nach, und wir machten Anstalten, hinauszugehen und eine Entscheidung darüber zu treffen, ob wir ein Lager aufschlagen sollten oder nicht. Da hörten wir eine Stimme. Diesmal handelte es sich nicht um eine Halluzination; es war Geoff.

Als er und Dahe begriffen hatten, daß ihnen niemand mehr folgte, hatten sie ebenfalls angehalten und alle Stricke zusammengeknüpft, die sie auf ihrem Schlitten hatten. Geoff hatte ein Ende an den Schlitten und das andere um seine Taille gebunden und begonnen, die Umgebung in größer werdenden Kreisen abzusuchen in der Hoffnung, irgendwann auf uns zu stoßen. Er hatte fast eine ganze Stunde gebraucht, aber am Ende unser Zelt gefunden.

Da Geoff seine Hunde abgeschirrt und ein festes Lager aufgeschlagen hatte, war es sinnlos, unseren Weg fortzusetzen, obgleich das Wetter sich beruhigt und der Himmel ein wenig aufgeklart hatte. Während wir unsere Zelte ebenfalls aufbauten, verfolgten wir ein atemberaubendes Wolkenbild vor dem Hintergrund eines smaragdgrünen Himmels, das im Gefolge des Sturms entstanden war. Wir waren noch immer 23 Kilometer von den Lane-Bergen entfernt.

13. SEPTEMBER; 49. TAG. Ein weiterer Tag, den wir in unseren Zelten verbrachten. Sturmböen mit Geschwindigkeiten von 120 Stundenkilometern zerrten den ganzen Tag über an unseren Zelten. Unfaßbarerweise wurden sie gegen elf Uhr nachts sogar noch heftiger, und die Temperatur fiel auf minus 40 °C.

Es war ein furchtbarer Tag, nicht nur für uns, sondern auch für die Hunde. Während wir uns ruhelos und gelangweilt in unseren Schlafsäcken herumwälzten, konnten wir sie wimmern hören. Es war mitleiderregend, aber wir konnten ihnen nicht helfen. Selbst wenn wir ungefährdet hätten hinausgehen können – was absolut unmöglich war –, was hätten wir tun sollen? Die Hunde jaulten zudem, weil sie Hunger hatten; seit ein paar Tagen waren sie auf halbe Ration gesetzt, und daher fiel es ihrem Organismus noch schwerer, ausreichend Wärme zu produzieren, um diesen tödlichen Winden standzuhalten. Wir hatten nur noch eine letzte Tagesration Hundefutter zur Verfügung, und ich lag die ganze letzte Nacht wach und betete, daß der Sturm eine Pause einlegen möge.

14. SEPTEMBER; 50. TAG. Die Sicht an diesem Morgen betrug nicht mehr als 150 Meter, doch wir mußten aufbrechen. Wir hatten nur noch fünfzig Gramm Hundefutter für jedes Tier. Der Wind schob uns mit siebzig Stundenkilometern vor sich her, und ein wirklich schwerer

Sturm schien aufzuziehen. Als wir loszogen, hatten wir keine Ahnung, ob wir das Depot innerhalb von Stunden oder Tagen finden würden, doch wir fühlten uns weitaus besser, als wir endlich wieder in Bewegung waren.

Der Teil des Dyer-Plateaus, über das wir mit unseren Schlitten eilten, war makellos eben und glatt. Die Spitzen der Lane-Berge erhoben sich vor uns wie ein Hahnenkamm, aus deren Mitte ein einzelner Zacken emporragte. Dies war der Markierungspunkt, den wir suchten, und wir begannen mit dem steilen Aufstieg – 150 Meter über den vergletscherten Berghang –, um an das Depot heranzukommen. Geoff ging voraus. Bald gelangten wir über die vom Sturm hochgewirbelten Schneewolken und gewannen einen ungehinderten Ausblick auf die Berge, die sich hundertfünfzig Kilometer weit nach Nordosten erstrecken. Um uns bestand die Erdoberfläche aus glattpoliertem Eis, was uns deutlich zeigte, welch heftige Stürme offenbar täglich auf diese Region einpeitschten.

Die Hunde stürmten vorwärts. Meine altgedienten Gefährten wußten aus Erfahrung, daß die Rationierung ihres Futters gewöhnlich ein Anzeichen dafür war, daß ein Dorf, eine Versorgungsstation oder ein Depot in der Nähe lag. Viktor und ich mühten uns ab, um den Schlitten etwas zu bremsen. Plötzlich schwenkte Geoff nach rechts und blieb abrupt stehen. Wir folgten ihm und trafen auf die beiden anderen Gespanne, die um eine Bambusstange mit einem schwarzen Wimpel herumstanden – das Zeichen, das der Pilot Henry Perks zehn Tage vorher zurückgelassen hatte, als er mit dem Flugzeug hier gewesen war und uns Lebensmittel und Hundefutter aus dem Depot besorgt hatte. Ein paar Meter weiter entdeckten wir dann auch Geoffs drei Meter lange Aluminiumstange.

Wir holten Schaufeln von den Schlitten, und nach wenigen Minuten hatten wir die Hundefutterkartons ausgegraben und aufeinandergestapelt. Was für ein wunderbarer Anblick – all diese mit rot-weißen Aufklebern versehenen Kisten, insgesamt 17 Stück, zu einer Pyramide aufgebaut! Als nächstes wurde die große Sperrholzkiste geöffnet. Sie enthielt Verpflegung für zehn Tage sowie eine kleinere Kiste, in der sich andere wichtige Dinge befanden wie Toilettenpapier, Milchpulver, Kandiszucker und Gelée royale. Nachdem wir auch den Zwanzigliterkanister Petroleum geborgen hatten, teilten wir unseren Fund gleichmäßig auf, beluden unsere Schlitten, sicherten alles mit Leinen und Stricken und stürzten uns wieder ins Schneetreiben, um weiter nach Süden zu ziehen. Nach 37 Kilometern machten wir halt. Wir verbrachten eine angenehm warme Nacht und konnten mit dem beruhigenden Gefühl einschlafen, die Suche nach dem Depot erfolgreich abgeschlossen zu haben.

15. SEPTEMBER; 51. TAG. Viktor summte laut eine Melodie vor sich hin, während er sich nach seiner Schneedusche bei einer Außentemperatur von minus 35 °C anzog, um anschließend zu seinen täglichen Wetterbeobachtungen wieder nach draußen zu kriechen. Wir beide würden nur noch zwei weitere Wochen zusammensein, und ich ahnte schon jetzt, daß mir seine ruhige Gelassenheit, mit der er alle Unbilden ertrug, sehr fehlen würde.

Jean-Louis, seinem nächsten Zeltgefährten, wollte ich nur einen einzigen Rat geben: Er solle Viktor genau beobachten, wenn er anfing, auf russisch zu fluchen und zu schimpfen. Das deutete nämlich untrüglich darauf hin, daß er kurz davor war, aus Wut irgend etwas kaputtzumachen, sei es eine vereiste Zeltstange, einen Kocher, der sich nicht anzünden ließ, oder einen Kompaß, der nicht richtig anzeigte. Die Art und Weise, wie Viktor mit Dingen umging und sie zerstörte, war unter uns zu einem Quell steter Belustigung geworden, und ich ertappte mich selbst dabei, wie ich ihn ständig beobachtete. Sobald ich einen wütenden russischen Fluch hörte, unterbrach ich meinen Teamgefährten mit einem simplen „Viktor?“. Er schaute dann auf, grinste verlegen wie ein beim Abschreiben ertappter Schuljunge und sagte: „Ja, ich weiß. ‚Sei vorsichtig.‘“ Jean-Louis hatte unserem russischen Freund den Spitznamen „le Touche Magique“ verliehen – die Heilende Hand.

Heute hatten wir am Vormittag Nebel, der sich schließlich verzog und einem klaren Himmel wich. Wir legten 39 Kilometer zurück – ein willkommenes Training für uns und die Hunde. Zum erstenmal seit zehn Tagen konnten wir die Berge im Süden sehen, und vor uns lag ein phantastisches Panorama. Die Halbinsel dürfte einer der schönsten Orte der Erde sein – bei friedlichem, wolkenlosem Himmel.

16. SEPTEMBER; 52. TAG. Der Wind aus Norden nahm an Stärke zu, während wir unser Lager abbrachen, und um halb elf hatten wir nur noch die schon sattsam bekannten zehn Meter Sicht. Viktor fuhr auf Skiern voran. Um elf hatten wir Rückenwind mit einer Stärke von mehr als achtzig Stundenkilometern, und mein Schlitten erreichte ein enormes Tempo.

Dann verschwand Viktor mit einemmal ohne Vorwarnung. Während ich mühsam versuchte, meine Hunde unter Kontrolle zu bekommen, die mit halsbrecherischer Geschwindigkeit dahinjagten, suchte ich den Horizont nach meinem russischen Freund ab. Plötzlich erschien er fünfzig Meter tiefer am unteren Ende eines steilen Abhangs. Er war über die Kante geglitten und abwärts gesaust. Jean-Louis, Dahe und ich folgten ihm ebenso rasch. Mein Schlitten rutschte seitlich weg, während ich bergab raste; meine Hunde liefen schneller, als ihre Pfoten sie tragen konnten, und wir landeten als wüst ineinander verschlungenes Bündel zu Viktors Füßen.

Mir klappte der Unterkiefer herunter, als ich mich umsah. Fünfhundert Meter rechts von uns fielen Felswände steil ab, die in einem Geröllhaufen endeten, und auf der linken Seite war eine ganze Reihe tiefer Gletscherspalten zu erkennen. Wenn wir die schmale Schneebrücke in der Mitte nur um ein paar Meter verfehlt hätten, wären unsere Hunde abgestürzt und die Schlitten zerschellt.

Als Keizo und Geoff an der Hügelkante erschienen, stoppten sie ihre Schlitten, legten „Bremsen" an, um nicht unkontrolliert nach unten zu sausen, und rutschten vorsichtig zu uns herunter. Wir waren nur um Haaresbreite davongekommen, aber wir vergeudeten keine Zeit damit, unser Glück zu feiern; wir zogen einfach weiter.

Den ganzen Tag über nahm die Sicht ständig ab. Sturmböen von bis zu hundert Kilometern pro Stunde trieben uns vor sich her, und wir jagten wie ein geölter Blitz über den hartgepreßten Schneegrund. Am späten Nachmittag brach allerdings Geoffs Hund Sawyer vor Erschöpfung zusammen und mußte auf den Schlitten gebunden werden. Eines von Sawyers Problemen war sein langes Zottelfell, er sah aus wie ein Moschusochse, und auf der inneren Fellschicht, der Unterwolle, blieb stets Eis hängen und sammelte sich dort. Das verringerte dessen Isolationsfähigkeit, was das Tier Wärme und Kraft kostete. Eskimos töten aus diesem Grund alle langhaarigen Welpen, aber wir hatten Sawyer bereits nach Grönland mitgenommen, und er hatte dort gute Leistungen gezeigt. Hier sah es jedoch ganz anders aus: Das arme Tier schleppte fast zwanzig Kilo Eis und Schnee in seinem Fell mit, und Geoff mußte ihn jeden Abend in sein Zelt holen, um sein Fell vom Eis zu befreien und zu trocknen. Sawyer würde wohl aus dem Gespann genommen werden müssen, wenn uns das nächstemal ein Flugzeug besuchte.

Jean-Louis und ich einigten uns am Nachmittag darauf, daß wir unser Lager aufschlagen mußten, sobald wir ebenes Gelände erreichten. Wir wanderten vorsichtig bis sechs Uhr weiter. Dann zwangen uns Sturmböen von bis zu 130 Kilometern in der Stunde zum Anhalten. Jean-Louis' Funkbotschaft an diesem Abend lautete: „Sturm. Ausgesprochen gefährlich."

Abends feierten wir den neununddreißigsten Geburtstag unserer „Heilenden Hand". Ich bereitete eine ganz besondere Mahlzeit aus gegrillten Käsesandwiches, einem Kuchen aus Brotteig, Pekannüssen, Zimt und dehydrierten Blaubeeren und zehn Fläschchen Gelée royale. Die Feier war herzlich, aber eher still – wir mußten am nächsten Morgen um halb sechs aufstehen und hatten einen harten Tag mit heftigem Sturm vor uns. Wir schafften es jedoch, uns mit einer Flasche russischen Kognaks und zwei Flaschen Wodka gegen jeden Trübsinn zu wappnen. Es war eine sehr harmonische Zusammenkunft, herzlich und voller Freundschaft, und sie entsprach vollkommen Viktors Temperament.

20. September; 56. Tag. Bei den schlimmsten Verhältnissen, die wir bisher erlebt hatten, kämpften wir uns 26 Kilometer vorwärts. Ein entsetzlicher Sturm brach los, während wir zum Mittagessen haltmachten, und brachte enorme Mengen Schnee mit sich. Es war ein seltsamer Anblick, denn trotz des dichten Schneetreibens in Bodennähe war der Himmel klar und sonnig. Die Sicht verringerte sich auf zwei Meter.

Wenn man sich auch nur für einen kurzen Moment dem Sturm entgegenstemmte, dann froren einem die Augenlider zu, Mund und Nase füllten sich mit Schnee, und man hatte das Gefühl, als ersticke und erfriere man gleichzeitig. Wenn einem eine eisige Böe mitten ins Gesicht schlug, wurde man zurückgeworfen und verlor kurzzeitig die Orientierung. Es war wirklich ein mörderischer Sturm.

Sturmböen von 100 Kilometern pro Stunde zwangen uns, gegen drei Uhr anzuhalten und unser Lager aufzuschlagen. Gegen acht Uhr erreichten einzelne Böen schon 160 Stundenkilometer, und die Zeltwände vibrierten so heftig und laut, daß wir brüllen mußten, um uns zu verständigen. Der Schnee deckte jedes unserer Zelte zu und begrub uns unter einer großen Schneewehe. Und dabei steigerte sich die Windgeschwindigkeit noch.

21. September; 57. Tag. Schon wieder wegen Schneesturms ins Zelt verbannt. Erstaunlicherweise kam Jean-Louis heute abend per Funk nach Punta Arenas durch, und wir erfuhren, daß der Hurrikan Hugo die Ostküste der Vereinigten Staaten mit Windgeschwindigkeiten von mehr als

160 Kilometern in der Stunde heimsuchte und die Evakuierung von einer Million Menschen notwendig machte. Es war die gleiche Art Sturm, die uns in unseren dünnen Nylonzelten gefangenhielt. Aber für uns gab es nicht die Wahlmöglichkeit „Evakuierung oder Rückzug in höher gelegene Gebiete“. Das Warten war für uns wie ein Gefängnisurteil.

22. SEPTEMBER; 58. TAG. Der Sturm tobte die ganze Nacht, und wir kamen gegen zehn Uhr morgens draußen zusammen, um die Chancen eines Weiterziehens für diesen Tag abzuwägen. Viktors morgendlicher Wetterbericht meldete sehr niedrige Temperaturen: minus 41 °C. Nach zehn Minuten wurden wir uns einig, daß wir auf jeden Fall versuchen mußten, weiter nach Süden zu gelangen, auch wenn die Sicht schlechter würde.

Gegen Mittag fingen wir an uns auszugraben, und um sechs Uhr hatten wir 16 Kilometer zurückgelegt. Wir machten uns große Sorgen wegen der Hunde. Auch wenn sie guten Mutes und mit Eifer bei der Sache waren, hatten viele Probleme mit einer dicken Eisschicht im Fell. Wir waren am Abend eine halbe Stunde lang damit beschäftigt, einen Teil dieses Eises mit Eisbeilen zu entfernen. Drei meiner Hunde hatten vom hartgefrorenen Geschirr wund gescheuerte Stellen. Bei den ständigen Stürmen gab es jedoch nicht viel, was wir für sie tun konnten. Uns blieb nur, so schnell wie möglich nach Süden weiterzuziehen, um dieses Sturmgebiet endlich zu verlassen. Wir alle wußten, daß der Erfolg unserer Antarktisdurchquerung im wesentlichen von unserer Fähigkeit abhing, die Kraft und Einsatzbereitschaft unserer Hunde zu erhalten.

25. SEPTEMBER; 61. TAG. An diesem Morgen schob Jean-Louis den Kopf in unser Zelt und sagte: „Das Wetter ist nicht besonders gut. Es ist viel Schnee gefallen. Wir werden nur langsam vorankommen.“

„Wie weit ist es bis zum nächsten Depot?“ fragte ich.

„Zweiundsiebzig Kilometer. Wir müssen bald los.“

Als wir aus dem Zelt kamen, waren nur noch die Handgriffe von Keizos Schlitten über dem Schnee zu sehen. Unsere Skier, die wir in den harten Schnee gesteckt hatten, waren zugeschüttet – irgendwo. Überall lagen riesige Schneehaufen, ein bis anderthalb Meter hoch, die von dem unablässig tosenden furchtbaren Sturm aufgetürmt worden waren. Wir brauchten zweieinhalb Stunden, um alles auszugraben. Als wir fertig waren, stürmte es immer noch, und der Wind brachte ständig neuen Schnee mit sich.

Trotz des Whiteout war es möglich, den Marsch fortzusetzen, weil die Spuren des voranfahrenden Schlittens etwa fünf Minuten lang im tiefen Schnee zu erkennen waren. Aber Keizos Hunde – sein Schlitten nahm die dritte Position ein – blieben immer wieder stehen, was zur Folge hatte, daß er und sein Schlittengefährte Jean-Louis von der Gruppe getrennt wurden. Als es das erstemal passierte, rutschte Jean-Louis eine halbe Stunde auf Händen und Knien herum, um die schwachen Spuren der Skistöcke oder die Pfotenabdrücke der Hunde zu suchen, ehe er es schaffte, wieder zu uns aufzuschließen. Wir hatten uns in der Zwischenzeit zusammengefunden und warteten auf ihn.

Als Keizo und Jean-Louis das zweitemal zurückblieben, hielt ich an, um auf sie zu warten – und dann war Geoff vor mir plötzlich weg. Innerhalb von Minuten verschwanden alle Spuren – vor und hinter mir. Gestrandet und auf mich allein gestellt, baute ich das Notzelt auf. Ich ging davon aus, daß ich wahrscheinlich gezwungen sein würde, die Nacht an dieser Stelle zu verbringen, obgleich es noch nicht mal Mittag war. Aber als ich gerade den Reißverschluß der Zelttür zuzog, hörte ich die Stimmen von Viktor und Geoff. Sie hatten ihren Schlitten gestoppt, als sie erkannt hatten, daß sie die Gruppe verloren hatten, und dann alle drei Meter Zeltstangen und Skistöcke in den Schnee gerammt. Danach waren sie zurückgegangen, um mich zu suchen. Wir vier – Dahe kam hinter ihnen her – nutzten den Schutz des von mir errichteten Zeltes, um rasch ein kleines Mittagsmahl zu uns zu nehmen, ehe wir uns auf die Suche nach Keizo und Jean-Louis begaben. Wir stellten zur Orientierung weitere Zeltstangen auf und fanden unsere Kameraden schließlich in nur hundert Meter Entfernung. Auch sie hatten ein Zelt aufgestellt und aßen zu Mittag, als wir sie entdeckten.

Um drei Uhr hatten wir die Schlitten wieder beladen und waren erneut unterwegs. Die Sicht hatte sich gebessert, aber Keizos Hunde hatten keine Energie mehr und weigerten sich zu ziehen. Keizo brüllte und versuchte sie anzustacheln, doch sie rührten sich nicht.

Für mich sah es aus wie der Anfang vom Ende. Wir mußten möglichst viele Kilometer schaffen, wir mußten das nächste Depot finden, und wir mußten zusehen, daß wir schnellstens diese Stürme hinter uns ließen. Aber wenn wir am Tag nur zehn bis zwölf Kilometer zurücklegten, dann war die Expedition gescheitert. Das nächste Depot war sechzig Kilometer entfernt, und es gab einige Unklarheiten hinsichtlich seiner genauen Lage.

Wir gerieten allmählich in eine wirklich heikle Situation. Dieses Wetter konnte durchaus noch einige Wochen anhalten, und wir hatten nur noch fünf Tagesrationen Hundefutter übrig. Selbst wenn wir das Savan-Depot schnell fanden, welchen Nutzen würde uns das zusätzliche Hundefutter bringen, wenn die Hunde zu schwach waren, um die dann deutlich schwereren Schlitten zu ziehen? Während ich einzuschlafen versuchte und mir dabei Dutzende von Fragen und Möglichkeiten durch den Kopf gingen, kam draußen ein neuer Sturm auf und warf sich gegen die Zeltwände.

26. SEPTEMBER; 62. TAG. Weiterzugehen war wegen des Sturms und der Schneemassen wieder einmal unmöglich, und wir hatten unser derzeitiges Lager „Desperation Camp“, Verzweiflungslager, getauft, weil der neue Schneesturm unsere Probleme noch vergrößerte. Die Stimmung war nicht allzu fröhlich.

Vor einem vereinbarten Treffen um Viertel vor acht in unserem Zelt hatten Viktor und ich über unsere grüne Kiste eine gelbe Tischdecke gelegt und diesen Tisch dann mit Kaffee, Tee, Milch, Zucker und russischem Brot, das von Viktors Mutter stammte, festlich gedeckt. (Wir hatten Brotlaibe mit einem Gesamtgewicht von dreißig Kilo mitgenommen.) Als die anderen zu uns stießen, eröffnete ich die Versammlung mit der Feststellung, daß dringend mindestens acht von Keizos Hunden ausgewechselt werden müßten. Mein Vorschlag war, sie nach Punta Arenas auszufliegen, damit sie sich ausruhen und in vier Wochen bei Patriot Hills wieder zu uns stoßen konnten. Alle waren meiner Meinung, daß das einzige, was man im Moment tun konnte, die Anforderung eines Flugzeugs war.

„Einige der Hunde sind so ausgepumpt und entkräftet, daß sie uns während der nächsten fünfhundert Kilometer ganz sicher aufhalten würden“, bemerkte Geoff. „Ich stimme dafür, daß wir sie auf irgendeine Weise loswerden.“

Jean-Louis drängte darauf, die Schlitten so weit wie möglich zu entlasten. „Wir sollten nur das Allernotwendigste mitnehmen. Wahrscheinlich müssen wir sogar mit nur zwei Zelten auskommen, je eins für drei Mann. Wir dürfen nicht den Mut verlieren. Der Erfolg der Expedition muß an erster Stelle stehen, egal, wie hoch die Opfer sind, die wir bringen müssen.“

„Das ist ja alles schön und gut“, erwiderte ich, „aber im Augenblick machen mir der Kampfesmut und die Einsatzbereitschaft der Hunde weitaus größere Sorgen.“

„Dann laßt uns doch zwei starke Hundegespanne zusammenstellen, und wir Männer können die Skier benutzen oder laufen“, entgegnete Jean-Louis. „Wir handhaben es im alpinen Expeditionsstil: so leicht wie möglich. Und dann nichts wie Tempo.“

Ich pflichtete ihm bei. „Unser größtes Problem ist das Gewicht. Alles, was nicht absolut notwendig ist, muß zurückgelassen werden – Reserveleinen, Reservekleidung, Sicherheitsnadeln, Nähzeug, alles.“

„Der schwerste Kram kommt sofort vom Schlitten runter“, stimmte Geoff zu.

Dahe und Viktor bestanden darauf, daß ihre wissenschaftliche Ausrüstung nicht aufgegeben werden dürfe. Viktor vor allem war besorgt, daß jemand von ihm verlangen könnte, sein Ozonmeßgerät abzuladen.

„Wenn Viktor ohne diese zwölftausend Rubel teure Anlage nach Leningrad zurückkommt, dann hängen sie ihn auf“, sagte ich.

„Niemand wird uns Vorwürfe machen, wenn wir keine wissenschaftlichen Untersuchungen anstellen“, erklärte Jean-Louis. „Aber sie werden sich aufregen, wenn wir die Durchquerung nicht schaffen.“ Niemand widersprach ihm, zumindest nicht laut.

Über einen Punkt waren sich bei unseren Überlegungen alle einig, nämlich über die offensichtliche Notwendigkeit, ein Flugzeug zu rufen – etwas, das nur im äußersten Notfall hatte geschehen sollen. Aber der Zustand der Hunde, ihre Schwäche und der Mangel an Futter machten diesen Schritt unausweichlich.

Die Versammlung wurde vertagt, und jeder kehrte in sein Zelt zurück, um Ausrüstungsgegenstände auszusortieren. Ich trennte mich von zehn Kilo meiner Ausrüstung, darunter so wertvolle Dinge wie ein Feldstecher für 200 Dollar und ein Stativ für 1600 Dollar. Viktor hingegen zögerte damit, Dinge hinauszuwerfen, da er nicht ganz verstand, daß jedes zusätzliche Kilo die Hunde belastete; so weigerte er sich, einen zehn Kilo schweren Sack mit sowjetischer Polarkleidung aus Armeebeständen herzugeben, die er nicht einmal trug und die einen Wert von nicht mehr als 50 Dollar hatten. Gefühlsmäßig hatte ich Verständnis dafür, daß es ihm schwerfiel, Sachen zurückzulassen – schließlich hatte er noch nie zuvor Dinge von derartiger Qualität besessen. Trotzdem redete ich auf ihn ein, er müsse sich von einigen Ausrüstungsteilen trennen. Er hielt mir entgegen, ich würde übertreiben, das Wetter werde sich bessern und wir würden schon bald sehr viel angenehmer vorwärts kommen. Er schien nicht zu begreifen, daß das Scheitern der Expedition weitaus schlimmer war als ein Parka, der im Eis zurückblieb und ersetzt werden mußte. (Zwei Wochen später entdeckte ich in seinem Gepäck eine Schachtel Buntstifte, die ich zurückgelassen hatte. Als ich ihn darauf ansprach, erwiderte er, er wolle sie als Geschenk für seinen Sohn Stas mitnehmen. Ich versprach ihm daraufhin, zu Hause für Stas einen ganzen Karton Buntstifte zu kaufen.)

27. SEPTEMBER; 63. TAG. Während ich draußen im Freien stand, wanderten meine Gedanken zu Douglas Mawson, dem australischen Forscher, der einen großen Teil der Ostantarktis kartographiert hatte. Unter ähnlichen Verhältnissen schrieb er 1911:

> Die Winde sind von einer Heftigkeit, die alles bisher Bekannte auf der Welt übersteigt. Wir haben das Reich der Stürme gefunden. Wir befinden uns in einem verfluchten Land.

Wir saßen jetzt schon seit drei Tagen im Desperation Camp fest, und die nassen grauen Tage forderten allmählich ihren Tribut. Unsere Stimmung war sehr schlecht. Wir hinkten fast zwei Wochen hinter unserem Terminplan her, verfügten nur noch über Hundefutter für vier Tage und hatten wenig Hoffnung, das nächste Depot zu finden. Jean-Louis hatte zwei Versuche mit dem Funkgerät angesetzt, um ein Rendezvous mit dem Flugzeug zu vereinbaren, doch wir befürchteten, daß ein Flugzeug uns bei einem derartigen Sturm nicht finden könnte, und wenn doch, daß eine Landung unmöglich sein düfte.

Nach seinem ersten Funkkontakt mit Punta Arenas kam Jean-Louis in mein Zelt. „Criquet ist ziemlich ungehalten, daß wir ein Flugzeug rufen", berichtete er. „Ich habe den Eindruck, er beurteilt das Ganze nur nach Dollars und Cents. Er kann sich unmöglich vorstellen, wie sehr wir unter den momentanen Verhältnissen leiden. Ich glaube, das kann niemand."

28. SEPTEMBER; 64. TAG. Wir krochen gegen sechs Uhr aus dem Zelt und brauchten zweieinhalb Stunden, um alles auszugraben, unsere Schlitten zu beladen und die Hunde anzuspannen. Der frisch gefallene Schnee war knapp einen halben Meter hoch. Der Himmel war bewölkt, und in der Luft lag wie üblich ein leichter Dunst, aber wir hatten die beste Sicht seit Wochen – 150 Meter.

Während wir weiterzogen, frischte der Wind auf. Jean-Louis versuchte erneut sein Glück mit dem Funkgerät, diesmal außerhalb des Schutzes, den das Zelt bot, was ein erhebliches Wagnis darstellte: Keizo und Viktor mußten sich nämlich gegen die Windböen stemmen und als menschliche Antennen dienen, indem sie die Dipoldrähte des Sprechfunkgeräts zwischen sich aufspannten. Jean-Louis brachte tatsächlich eine Verbindung zustande, erfuhr jedoch, daß der Pilot wegen schlechten Wetters in Chile festsaß und auf das Nachlassen eines Sturms wartete, um zu uns zu kommen.

Gegen drei Uhr machten meine Hunde schlapp. Sie blieben einfach liegen und weigerten sich, aufzustehen und weiterzuziehen, obgleich ich sie aus Leibeskräften anschrie. Sie waren müde und hungrig, und ihr Eifer hatte einen Tiefpunkt erreicht. Schließlich gelang es mir, sie noch einmal anzutreiben, bis wir gegen halb sechs haltmachten und das Lager aufschlugen. Wir hatten 27 Kilometer geschafft und waren noch immer 34 Kilometer vom Depot entfernt.

Mittlerweile war es um halb vier Uhr morgens schon hell genug, um ohne Stirnlampe zu lesen und zu schreiben. Die Sonne stand bis halb neun am Himmel. Noch einen Monat, und wir würden sie vierundzwanzig Stunden am Tag sehen.

29. SEPTEMBER; 65. TAG. Eine weitere schlaflose Nacht, die wir mit Nachdenken und Planen verbrachten. Am Morgen fragte ich Viktor nach seiner Meinung zu einer Lösungsmöglichkeit, die ich mir überlegt hatte: Zwei Männer könnten mit dem Flugzeug mitfliegen und später, am Ellsworth-Hochland oder am Südpol, wieder zu uns stoßen. Er sah mich zunächst verblüfft und dann wütend an und warf mir vor, voreilige Entscheidungen zu treffen.

„Meine Entscheidungen sind nicht übereilt, Viktor“, erklärte ich. „Wir haben im Augenblick allen Grund zur Besorgnis. Wenn wir blindlings weiterstürmen, werden wir es nicht schaffen. Mein Plan sieht folgendermaßen aus: Falls wir hier hängenbleiben oder in der nächsten Woche nur wenig Boden gutmachen, sollten wir in Erwägung ziehen, zwei Männer zur Basis zurückzuschicken, um die Last, die mitgeschleppt werden muß, spürbar zu erleichtern. Das ist vielleicht der einzige Weg, um die Expedition zu retten. Im Augenblick ist es lediglich eine Idee, doch ich möchte sie der ganzen Mannschaft präsentieren.“

„Wir müssen weiter“, sagte er, „das ist das Wichtigste. Aber es wäre sehr schlimm, wenn wir Leute zurückschicken müßten.“

„Ich habe den Eindruck, daß du den Ernst der augenblicklichen Lage nicht richtig begreifst“, sagte ich, obgleich er das Gegenteil beteuerte. „Ich glaube, du würdest das alles besser verstehen, wenn du gestern dabeigewesen wärest, als die Hunde gestreikt haben.“

„Hunde sind keine Autos“, entgegnete er. „Man kann nicht einfach Treibstoff nachfüllen, und schon laufen sie wieder. Sie sind wie Menschen – an einem Tag sind sie bester Laune, und sie laufen los; am nächsten Tag haben sie keine Lust und weigern sich, ihre Last zu ziehen. Auch Hunde haben so etwas wie Stimmungen!"

„Ich kann die Expedition nicht aufgeben, Viktor“, beharrte ich. „Das ist keine Lösung für mich. Ich muß durchkommen. Wenn ich es nicht schaffe . . . Sieh es doch einmal so: Im Gegensatz zu dir habe ich keinen Job, zu dem ich zurückkehren kann. Mir hilft keine Regierung. Wenn wir hier scheitern, dann habe ich meinem Ruf geschadet und werde eine Million Dollar Schulden haben, denn dann gibt es für die Sponsoren keine Verpflichtung, ihren Anteil zu zahlen. Soweit es mich betrifft, habe ich alles zu verlieren und gewinne nichts, wenn wir gezwungen sind, jetzt aufzugeben.“

Wir versammelten uns um halb acht in Geoffs Zelt, und Jean-Louis meldete, das Wetter in Punta Arenas habe sich gebessert und Henry sei gestartet. Er hoffe, morgen irgendwann auf uns zu stoßen, wenn der Himmel so klar bliebe.

Ich eröffnete die Versammlung: „Ich mache mir sehr große Sorgen, weil meine Hunde gestern schlappgemacht haben, nachdem Keizos Hunde schon vorgestern aufgegeben hatten. Wir müssen heute weitere fünfzig Kilo zurücklassen. Ich bin außerdem der Meinung, wir sollten ein Zelt abladen und uns mit zwei Zelten zu je drei Mann behelfen. Zudem müssen wir heute über mögliche Vorgehensweisen nachdenken, für den Fall, daß Henrys Flugzeug nicht landen kann und wir das Depot nicht finden.“ Ich schilderte dann die Möglichkeiten, die es aus meiner Sicht gab. Unter anderem bestand eine von ihnen darin, die 24 kräftigsten Hunde auf halbe Ration zu setzen und die Hunde, die ausgeflogen werden sollten, bis zur Ankunft der Maschine mit Minimalrationen am Leben zu erhalten. Eine weitere Vorgehensweise war die, die ich bereits Viktor geschildert hatte: Zwei Männer sollten mit dem Flugzeug zurückgeschickt werden, falls die Maschine uns erst nach Ablauf mehrerer Tage fände und wir dann immer noch festsäßen oder nur ein paar Kilometer weitergekommen sein sollten.

„Viktor meint, daß ich mit meinen Plänen voreilig bin, aber ich habe während der vergangenen zwei Wochen intensiv nachgedacht. Ich habe schon erlebt, daß Hunde, mit denen ich unterwegs war, gestreikt haben. Ich weiß, was als nächstes kommt. Mit Futter für nur noch zweieinhalb Tage riskieren wir es, daß die Hunde uns unter den Händen verhungern.

Falls wir das Depot bald finden, dann füttern wir die Hunde und machen weiter. Falls das Flugzeug uns nicht orten kann und wir tagelang warten müssen, sollten wir in Erwägung ziehen, zwei Männer zur Basis mitfliegen zu lassen, wenn die Maschine später endlich landen kann. Ich verlange ja nur, daß wir wenigstens anfangen, ernsthaft darüber nachzudenken. Wenn wir in den letzten zwei Monaten überhaupt etwas gelernt haben, dann doch wohl, daß wir uns auf gar nichts verlassen können, vor allem nicht auf ein Flugzeug."

Der Gedanke, Männer zurückzuschicken, löste Reaktionen aus, die ich nicht erwartet hatte. Jeder hatte das Gefühl, daß wir als Sechserteam weitermachen müßten, ganz gleich, wie die Folgen aussähen. „Wenn hier entschieden wird, daß irgendwer das Unternehmen abbrechen und zurückkehren muß, dann höre ich ganz auf", erklärte Geoff.

Keizo war genauso unnachgiebig. „Ich gebe mir Mühe, niemals an Aufgeben zu denken. Denn sobald man negative Gedanken hat, breiten sie sich aus, verteilen sich über den ganzen Körper, und sogar die Hunde spüren sie. Ich bin der gleichen Meinung wie Geoff – entweder wir schaffen es alle gemeinsam oder gar nicht."

Nach der Konferenz krochen wir aus dem Zelt. Der Schnee reichte uns bis zur Taille. Wir brachen um zehn Uhr auf, und schon nach einer Stunde wurden Geoffs Hunde langsamer. Sawyer gab schließlich ganz auf, und Geoff war gezwungen, den 30 Kilo schweren Hund auf seinen Schlitten zu laden.

Wir wechselten uns in der Führungsarbeit ab, da das Spuren die Hunde noch mehr mitnahm. Ich übernahm die Schicht als Vorläufer gegen halb eins, aber es dauerte nur 35 Minuten, bis meine Hunde streikten und sich in den Schnee fallen ließen. Wir versuchten es damit, sie alle halbe Stunde ausruhen zu lassen, aber das schien auch nicht viel zu helfen. Um zwei Uhr hatten wir gerade sechseinhalb Kilometer geschafft und gelangten alle zu der offensichtlichen Erkenntnis, daß es sinnlos war, an diesem Tag noch weiterkommen zu wollen. Wir kampierten 27 Kilometer von der Stelle entfernt, wo wir das Savan-Depot vermuteten.

Über das Funkgerät erfuhren wir, daß Henry mit der Twin Otter von Punta Arenas zur Station Rothera geflogen war, die auf der Adelaide-Insel liegt und rund 600 Kilometer von unserem augenblicklichen Lagerplatz entfernt war. Er wollte dort auf eine Wetterbesserung warten. Die Antarktis erteilte uns allen eine nachhaltige Lektion zum Thema „Geduld". Die Uhr tickte weiter, die Tage verstrichen langsam, und wir machten kaum Fortschritte.

Als ich am Abend schließlich einschlief, tauchte ich sofort in einen lebhaften, farbigen Traum ein. Ich war in Las Vegas, steckte Vierteldollar um Vierteldollar in einen Automaten und holte nichts heraus. Ich beschloß, meine letzten drei Vierteldollar zu verspielen, und eine Glocke erschien im Sichtfenster, dann eine zweite und eine dritte. Jackpot! Ich hatte die Kasinobank gesprengt.

Es war der eindringlichste Traum, den ich während der ganzen Expedition hatte. Meine große Hoffnung war, daß es sich bei dem Jackpot um das nächste Depot handelte.

30. SEPTEMBER; 66. TAG. Viktor und ich wachten spät auf, um acht Uhr. Als ich aus der Zelttür lugte, konnte ich zum erstenmal seit Wochen die Sonne und den Horizont sehen, und dieser Anblick ließ mich glücklich lächeln. Im Süden erkannte ich Savan-Nunatak. Nur drei Stunden später hörten wir Henrys starke Turbopropmaschine, ehe wir sie dann schließlich auch sahen. Zum Landen mußte Henry sich im tiefen Pulverschnee seine eigene Rollbahn schaffen, indem er einige Male über die Ebene flog und den Schnee mit den gut einen halben Meter breiten und fast drei Meter langen Gleitkufen der Twin Otter feststampfte. Als die Maschine gelandet war und Henry heraussprang, begrüßten wir ihn herzlich, wenn auch ziemlich eilig. Er würde nur vierzig Minuten bleiben, daher konnten wir es uns nicht erlauben, Zeit zu vergeuden.

Wir luden die drei ausgeruhten Hunde, die Henry aus Punta mitgebracht hatte, und das Hundefutter aus und verfrachteten dafür die 15 abgekämpften Tiere, die wir zurückschicken wollten. Als Henry die Twin Otter wieder zum Ende seiner „Rollbahn" lenkte und sich für den Start bereit machte, schien es zunächst, als hätte er zu viel Gewicht geladen und käme nicht vom Boden. Doch dann drehte er die Motoren auf, jagte in einer Schneewolke die Startbahn hinunter, wackelte mit den Tragflächen und war verschwunden. Während das Motorengeräusch immer leiser wurde, machte mir Geoff das einzige Kompliment, das ich in drei Jahren je von ihm zu hören bekam. „Unglaublich", sagte er. „Du begreifst gar nicht, wieviel Glück du mit Flugzeugen hast. Absolut unglaublich."

Ich wandte mich zu Jean-Louis um, und wir lachten. Dann umarmten wir einander. Minuten später meldete Henry sich per Funk, um durchzugeben, daß das Savan-Depot vom Flugzeug aus nirgendwo zu sehen sei. Wir beschlossen daher, es zu überspringen und gleich weiterzuziehen zum nächsten Depot am Berg Rex. Unsere Entscheidung, das Flugzeug zu rufen, war genau richtig gewesen. Wir freuten uns über unser Glück und weinten fast vor Erleichterung, daß wir die letzten beiden Wochen heil überlebt hatten.

An diesem Abend versammelten wir uns in Geoffs Zelt, und die Stimmung war viel lockerer als während aller unserer Unterhaltungen in der letzten Zeit. Wir hatten 13 Tage dieses Monats im Zelt verbracht, und mit jedem Tag waren wir gegenüber unserem Terminplan weiter ins Hintertreffen geraten. Wir begannen uns zu fragen, warum wir das alles überhaupt taten.

„Das fragen die Reporter einen ständig", meinte Jean-Louis, „und ich antworte, ‚Weil es mir gefällt.' Ich sage, ‚Niemand fragt einen Basketballer, warum er spielt. Ich nehme an, er tut es, weil es ihm Spaß macht.' Es ist genauso, als würde man jemanden fragen, ‚Warum magst du Schokolade?'"

Die Frage, die mir jedoch am häufigsten gestellt wurde, betraf nicht das Warum, sondern man wollte von mir wissen, als was ich der Nachwelt in Erinnerung bleiben wolle. „Wie beantwortest du denn diese Frage, Jean-Louis?" wandte ich mich an ihn.

„Als Großvater", sagte der Franzose. „Als sonst nichts."

Um elf Uhr sangen wir alle lauthals. Wir waren leicht angetrunken, nachdem wir eine Flasche Whiskey geleert hatten, die Henry zurückgelassen hatte, und die Hunde stimmten begeistert in unser Gejohle ein. Gegen Mitternacht heulten wir alle gemeinsam in der eisigen antarktischen Nacht.

Zurückgelegte Strecke: 1013 Kilometer.
Entfernung zum Südpol: 2200 Kilometer.

Oktober

Klirrende Kälte

2. OKTOBER; 68. TAG. Die unbeschwerte Stimmung von vor zwei Tagen war verflogen, als wir bei Schneetreiben erwacht waren. Das Wetter hatte sich nicht im geringsten geändert.

Als Jean-Louis am Morgen Punta Arenas per Funk erreichte, war seine Botschaft kurz und bündig: „Die Verhältnisse sind schlimmer, als es sich beschreiben läßt." Vier Tage saßen wir bereits an diesem Ort fest, den wir „Camp Patience" (Geduldslager) getauft hatten, und wir beschlossen, falls über Nacht nicht bedeutend mehr Schnee fallen würde, am nächsten Morgen aufzubrechen. Jean-Louis, Viktor und Dahe sollten auf Skiern vorauslaufen, um für die Hunde eine Spur zu legen.

Unser Plan sah vor, mit einem leichten Schlitten, der nur die Schlafsäcke und ein paar Kartons Hundefutter beförderte, vorauszufahren. Dann sollte Geoffs schwererer Schlitten folgen, gezogen von neun Hunden, und danach mein Gespann mit der schwersten Ladung und zehn Hunden. Selbst wenn wir während der nächsten Wochen pro Tag nicht mehr als acht bis zwölf Kilometer schaffen sollten, konnte das ausreichen, um dieses Schneegebiet zu überwinden.

Viktor und ich verbrachten unseren letzten Abend als Zeltkameraden. Wir hatten uns entschlossen, ein wenig zu experimentieren und uns in zwei Gruppen von je drei Männern aufzuteilen – die Hundeführer in einem Zelt, die Wissenschaftler im anderen. Wenn es klappte, dann ersparten wir uns den Transport einer kompletten Zeltausrüstung. Viktor und ich bereiteten uns nun auf diesen Wechsel vor, indem wir die Grundlagen unseres gut funktionierenden, wenngleich willkürlichen Systems demontierten, mit dem wir die ersten zehn Wochen der Expedition gelebt hatten. Ich nahm aus der Verpflegungskiste alles heraus, was mir gehörte, darunter auch das scharfe Gewürzöl, die Zitronen und den Palmzucker, und Viktor packte das Brot seiner Mutter und die französische Schokolade ein. Es war wie eine Scheidung, dieses Aufteilen unserer im Zelt gehorteten Schätze. Aber die Veränderung hatte ihr Gutes; es ist nicht sinnvoll, unter solchen Bedingungen zu lange in der gleichen Konstellation zusammenzuleben, denn dann kommt es zu Cliquenbildung, was sich auf das Führungsprinzip und die Entscheidungsfindung verheerend auswirken kann.

Während wir unsere Habseligkeiten unter uns verteilten, stießen Viktor und ich ein letztesmal mit Gelée royale an. Viktor gab zu, daß er annehme, in diesem Zaubertrank befände sich doch ein Aphrodisiakum. „In Grönland habe ich sehr gut geschlafen, ohne von Frauen zu träumen. Jetzt geht das nicht mehr. Ich sehe sehr oft Frauen in meinen Träumen, was unter den gegebenen Umständen nicht sehr hilfreich ist. In gewisser Weise ist es ein eher harmloses, durchaus nettes Problem, aber gestern – nach diesem scharf gewürzten Abendessen und dem Fleisch – habe ich die ganze Nacht von Frauen geträumt."

5. OKTOBER; 71. TAG. Jedesmal, wenn ich glaubte, unser Blatt wende sich zum Guten, holte die Antarktis mich unsanft auf den Boden der Tatsachen zurück. Als wir an diesem Morgen erwachten, erwartete uns ein kalter, stürmischer Tag, und während wir unsere Wanderung fortsetzten, quälte uns ein 65-Stundenkilometer-Sturm mit dichtem Schneetreiben; die Sicht betrug weniger als fünfzig Meter. In unserem ersten Sturm seit dem Aufbruch von Camp Patience bewegten wir uns auf unseren Skiern abwechselnd zwischen hohen Schneewehen und über tiefe Sastrugi hinweg. Den ganzen Tag über geschah es immer wieder, daß die Schlitten über den Kamm einer solchen gefrorenen Schneewehe fuhren und dabei beinahe umkippten, wodurch wir wertvolle Zeit verloren und die Hunde gezwungen waren, sich noch mehr als sonst anzustrengen. Als wir das nächste Lager aufschlugen, hatten wir knapp zehn Kilometer in acht Stunden geschafft. Jean-Louis' Funkbotschaft lautete: „Wann hört diese Qual jemals auf?"

An Tagen wie diesen fragte ich mich oft, wie viele Leute wohl einen solchen „Job" wie unseren übernehmen würden – tagaus, tagein schieben und schieben und aus voller Lunge brüllen, um die Hunde anzutreiben. Es war eine enorme körperliche Leistung, den Schlitten in Bewegung zu halten.

Wir machten uns größte Sorgen wegen einiger Hunde, vor allem Tim und Hank, die das Fell an der Innenseite ihrer Läufe eingebüßt hatten. Mit diesem Problem hatten wir schon einmal in Grönland zu tun gehabt, und wir hatten damals gehofft, daß es uns nie wieder begegnen würde. Es beginnt damit, daß im Fell der Hunde immer mehr Schnee hängenbleibt und festfriert, und in ihrem Bemühen, sich mit den Zähnen zu säubern, entfernen die Tiere am Ende nicht nur das Eis, sondern sie reißen sich auch die Fellhaare aus und setzen so die nackte, wunde Haut der Kälte und dem Schnee aus. In Grönland hatte sich das Problem von selbst gelöst, als die Tage wärmer geworden waren. Aber hier konnten wir nicht absehen, wann das der Fall sein würde; bis dahin konnten Wochen oder gar zwei Monate vergehen.

Unser Experiment, drei Männer in einem Zelt unterzubringen, dauerte nur zwei Tage. Es war viel zu eng, und niemand konnte richtig schlafen. Deshalb entschieden wir, wieder zu zweit in ein Zelt zu ziehen – Jean-Louis und Viktor, Geoff und Keizo, Dahe und ich. Wir schlugen unsere Zelte an einem Berghang auf; von meinem Kopf bis zu meinen Füßen betrug das Gefälle fast einen halben Meter. Außerdem wehte es beim Aufbau so heftig, daß wir eine der sechs Stangen zerbrachen und ein Loch in die Tür stießen, das Dahe schnell zunähte. Während ich beim Schreiben auf meinem Schlafsack lag, baumelten über meinem Kopf ein Teekessel, ein Kochtopf und meine große Universaltasse für Frühstück und Mittagessen. Überall hatten wir Kleider aufgehängt, und der Zelthimmel war dort, wo die Stange gebrochen war, nach unten durchgesackt. Das einzig Gute an diesem Lager war, daß wir reichlich zu essen hatten.

6. OKTOBER; 72. TAG. Heftiger Wind hinderte uns bis Mittag daran aufzubrechen, und als sich das Wetter etwas beruhigt hatte, mußten wir uns erst einmal aus gut einem halben Meter Schnee herausgraben. Am Spätnachmittag war das Gelände durch den ständigen Wind wieder völlig geglättet. Innerhalb von drei Tagen hatte die Beschaffenheit des Untergrunds von hohen Schneewehen zu steinhartem Eis gewechselt, was für uns sehr günstig war, weil wir nun große Strecken zurücklegen konnten. Aber der Wind war immer ein recht zweifelhafter Segen. Heute war der Sturm so heftig, daß der pulverfeine Schnee durch die Reißverschlüsse unserer Reisetaschen und Schlafsäcke drang und alles mit einer eisigen Puderzuckergarnierung bedeckte. Früher hatten solche Stürme die Forscher fast in den Wahnsinn getrieben. Shackleton schrieb über „Anemomanie", den wortwörtlichen Windwahnsinn, folgendes:

> Diese Krankheit äußert sich in zwei Formen: Entweder man interessiert sich wahnhaft für die jeweilige Windrichtung und redet ständig darüber, oder man wird dadurch verrückt, daß man ständig den anderen von Anemomanie erfaßten Irren zuhört. Die zweite Form ist die schlimmere.

Bisher behielten wir unsere Klagen für uns.

Unterdessen verschlechterte sich der Gesundheitszustand der Hunde. Ray, Tim und Hank hatten jetzt große aufgeschürfte Flecken an der Innenseite ihrer Hinterläufe, und das Schneetreiben verschlimmerte ihre Beschwerden noch.

Die Kälte und die Nässe verlangten auch unseren Körpern einiges ab. Unsere Lippen waren rissig, und die Haut um unsere Nasen war wund. Wir alle hatten Frostbeulen auf den Wangen, so daß sich das Rasieren zu einer Tortur entwickelt hatte. Besonders schmerzhaft waren jedoch die zentimetertiefen Risse in den Fingern. Sie rührten vom täglichen Frieren und Auftauen her, weil dadurch am Ende das Fleisch aufplatzte. Dahe und Geoff versuchten ihre Hände mit Heftpflaster oder mit Moleskin zu schützen; ich ließ meine Hände in Ruhe, weil ich bisher noch keine ausreichend hilfreiche Schutzmethode gefunden hatte. Am schlimmsten aber war wohl, daß wir völlig ausgepumpt waren und daß bei uns Geist und Körper alle Anzeichen totaler Erschöpfung aufwiesen.

7. OKTOBER; 73. TAG. Jean-Louis schob den Kopf durch die Zelttür. „Ich habe mir Tims Beine angesehen", sagte er. „Sie sehen nicht gut aus."

„Ich weiß", erwiderte ich. „Aber wir können kaum etwas anderes tun, als um milderes Wetter zu beten."

„Manchmal habe ich das Gefühl, als würde das Wetter für immer schlecht bleiben", murmelte er kopfschüttelnd und zog sich zurück.

Nach dem mittlerweile zur Routine gewordenen Ausgraben der Schlitten und Hunde starteten wir gegen Mittag und schafften 35 Kilometer bei starkem Gegenwind. Das Gelände erinnerte mich an die wogenden Weizenfelder von Saskatchewan, nur daß es hier sehr viel kälter war. Vor uns breiteten sich Hunderte von Kilometern eines glatten, ebenen Nichts aus – keine Steinformationen, keine Nunataks, keine auffälligen Landschaftsmerkmale gleich welcher Art. Es war ein Panorama, das vor uns nur eine Handvoll Männer gesehen hatte. Als Dahe, wie so oft, einen seiner fast zwei Meter tiefen Schneeschächte grub, um Eisproben zu nehmen, sagte er, er könne deutlich erkennen, daß dies immer ein besonders windiger Ort gewesen sei.

Ich schlief sehr schlecht in dieser Nacht, weil ich mir Sorgen um die Hunde machte. Ich fragte mich, wie wir diejenigen von ihnen besser schützen konnten, die weiterhin ihr lebenserhaltendes Fell abknabberten. Ich zog in Erwägung, ihnen Reservesocken über die Läufe zu ziehen. Geoff hatte das einmal versucht, und die Hunde hatten die Socken schon nach einer Minute wieder unten, doch ich plante, ihnen gleichzeitig eine Art Strumpfhaltersystem anzulegen, damit sie sie nicht abstreifen konnten. Außerdem würde ich Ray und Tim ganz hinten einspannen, und zwar auf der Windschattenseite, um sie so gut wie möglich vor dem Sturm zu schützen. Vielleicht würde ich am Ende sogar noch den einen oder anderen auf den Schlitten packen müssen.

9. OKTOBER; 75. TAG. Wir hatten Glück: gutes Wetter mit Seitenwind und steinharten Untergrund. Wir kamen schnell voran, legten vor dem Mittagessen 24 Kilometer zurück und nachher weitere 20. Im späteren Tagesverlauf wurden meine Hunde müde und blieben ein halbes dutzendmal stehen. Ansonsten war es ein großartiger Reisetag.

Wir hatten allerdings beim Mittagessen ein seltsames und beunruhigendes Gespräch. Aus heiterem Himmel fragte Jean-Louis, ob wir nicht noch einmal über die Möglichkeit nachdenken sollten, zwei Männer zur Station zurückzuschicken, damit sie später, in Patriot Hills oder am Südpol, wieder zu uns stießen – eine Idee, die meiner Meinung nach eindeutig abgelehnt worden war, als ich sie vor zehn Tagen zur Sprache gebracht hatte. Offensichtlich hatte er den Eindruck, daß unsere Lage sich verschlechterte, obgleich wir sehr gut vorankamen. Weiter schlug er vor, falls wir nach dem Südpol und der Durchquerung der Unzugänglichen Region Vostok erreicht hätten, könnten wir mit einem russischen Raupenfahrzeug nach Mirnyy fahren, ohne unserem Ansehen zu schaden. Er klang außerordentlich niedergeschlagen, und wir anderen waren betroffen von dieser pessimistischen Haltung, da er normalerweise von uns der Zuversichtlichste war.

Ich widersprach Jean-Louis sofort und erklärte es für völlig abwegig, auch nur einen Gedanken an die Möglichkeit zu verschwenden, wir könnten die Durchquerung nicht schaffen. Seine Einstellung machte mir mehr Angst als die schlechten Witterungsverhältnisse. Wenn er oder sonst jemand daran dachte, vorzeitig aufzugeben, dann konnte sich dies auf andere auswirken; der Kampfgeist des gesamten Teams war in Gefahr, und unter solchen Umständen würden wir es natürlich nicht schaffen. Wir mußten es um jeden Preis versuchen, und Mirnyy mußte unser Endziel bleiben; anderenfalls konnten wir jetzt gleich das Unternehmen abbrechen. „Wir haben noch eine Menge Zeit, um alles erfolgreich durchzuführen", sagte ich. Ich gewann aus dem Kopfnicken der anderen Männer den Eindruck, daß sie mir zustimmten. Es würde wichtig sein, daß ich mich mit ihnen in den nächsten Tagen eingehend unterhielt, damit sie nicht durch Jean-Louis' Pessimismus beeinflußt wurden.

Die große Stärke unseres Teams war die Bereitschaft, sich mit allem auseinanderzusetzen, was die Natur gegen uns aufbot. Unser Erfolg hing auch von unserer Grundeinstellung ab: Obgleich wir trübe Zeiten erlebt hatten, mußten wir vorwärts schauen und unsere Hoffnung lebendig erhalten. Auch ich hatte manchmal Augenblicke, in denen ich nahe daran war, alles für aussichtslos zu halten. Gestern hatte ich längere Zeit darüber nachgedacht, wie es wohl wäre, den Schlitten einfach laufenzulassen, sich im Sturm zu verirren und zu verschwinden; alle Leiden wären innerhalb weniger Minuten vorüber. Warum auch nicht – das Leben schien wenig Sinn oder Wert zu haben, wenn der Körper so von Kälteschmerzen gepeinigt wurde. Aber ich hatte es immer geschafft, meinen Schwung genau dann wiederzugewinnen, wenn die Lage am aussichtslosesten erschien. Und ich empfand es als eine Herausforderung, Jean-Louis in jeder Weise dabei behilflich zu sein, seinen Elan zurückzugewinnen.

An diesem Abend, als ich in meinem Zelt beim Kerzenschein Eintragungen in mein Tagebuch machte, dachte ich an Robert Scott und seine Klage, daß die Antarktis ein „furchtbarer Ort" sei. Sein Rivale Roald Amundsen hatte, unterstützt von einer brillanten Strategie und ein wenig Glück, von allen frühen Forschern den größten Erfolg in der Antarktis gehabt – indem er sich dem Kontinent ergeben, sich seinem Rhythmus angepaßt hatte. Er hatte am 14. Dezember 1911 den Südpol als erster erreicht.

Amundsen war begierig darauf gewesen, diese Eroberung für sich in Anspruch nehmen zu können – vor allem vor Scott, von dem er wußte, daß er zur gleichen Zeit zum Pol unterwegs war. Einen ersten Versuch hatten Amundsen und seine Männer bereits am 8. September unternommen, aber extrem kalte Stürme (Temperaturen von bis zu minus 55 °C ließen die Flüssigkeit in ihren Kompassen gefrieren) hatten sie innerhalb von acht Tagen zu ihrem Ausgangslager zurückgetrieben. Sie hatten einen Monat lang gewartet, die Mannschaft von acht Männern auf fünf verkleinert, und waren dann erneut gestartet.

Mit Hilfe genauen Kartenstudiums hatte Amundsen die perfekte Route ausgesucht. Sein Team legte die ersten knapp 700 Kilometer fast auf Meereshöhe zurück, dann stiegen die Männer sehr schnell auf 3500 Meter. Sie litten zwar ein wenig unter dem schnellen Aufstieg, aber sonst hätten sie mehrere Tage oben auf dem Plateau verbringen müssen, wo sie von den katabatischen Stürmen heimgesucht worden wären. Statt dessen legten sie, sobald sie das Plateau erreicht hatten, in Windeseile die restlichen 700 Kilometer zum Pol zurück und bauten alle drei Kilometer Schneepyramiden als Orientierungspunkte für ihren Rückweg.

Da Amundsen gutes Wetter gehabt hatte, war er am Ende erfolgreich gewesen, und zwar vorwiegend deshalb, weil er methodisch geplant und den Fähigkeiten seiner Hunde vertraut hatte. Er war nicht in Panik geraten und hatte sich nicht von der Kälte besiegen lassen. Mehr als alles andere war es Amundsens Erfolg, der mir Kraft verlieh und mir in Zeiten des Zweifels meinen Schwung wiedergab.

WIR ERFUHREN aus einem kurzen Gespräch mit Criquet, daß an diesem Tag eine zehn Tage währende Konferenz der Mitglieder des Antarktisabkommens in Paris begann. Die Delegationen berieten über die Zukunft des Vertrages, der das Schicksal dieser Region bestimmen würde, während sie sich darauf vorbereiteten, ihn im Jahr 1991 zu erneuern. Obwohl wir von Paris sehr weit weg waren, hatten wir immer gehofft, daß eine erfolgreiche Antarktisdurchquerung den Menschen diesen Kontinent nahebringen und ihnen bewußt machen würde, wie dringend notwendig es ist, ihn zu schützen.

12. OKTOBER; 78. TAG. Heute fanden wir das von nur zehn Zentimeter Schnee bedeckte Rex-Depot und gruben es aus, angetrieben von zunehmender Kälte und eisigem Wind (die Windtemperatur betrug mehr als minus 60 °C). Bei dieser extremen Kälte mußten wir den Hunden Zusatzrationen sowie gelegentlich ein Stück unseres Käses geben, damit sie nicht zuviel Energie verloren.

Tims Kraft nahm trotzdem weiter ab. Fünfundsiebzig Prozent des Fells an den Innenseiten seiner Läufe waren inzwischen weg. Ich ließ ihn mit den anderen Hunden im Gespann, obgleich er zu schwach zum Ziehen war, weil ich hoffte, daß das tägliche Rennen seinen Blutkreislauf in Gang halten und dazu beitragen würde, seine Körpertemperatur nicht absinken zu lassen.

Es war ein ganz besonders wichtiger Tag für uns gewesen, denn Rex befindet sich an der Stelle, an der offiziell die Antarktische Halbinsel aufhört, und wir konnten nun unsere Kräfte sammeln und unsere Gedanken auf ein neues Ziel richten – auf das unterste Ende der Welt, die „Halbzeit“-Station unserer Expedition: den Südpol. Wenn wir Glück hatten, würden wir am 9. Dezember, dem dreiundvierzigsten Geburtstag von Jean-Louis, dort sein.

13. OKTOBER; 79. TAG. Während wir an diesem Morgen die Hunde anspannten, unterhielt ich mich kurz mit Jean-Louis. Er schien die Depression überwunden zu haben, die ihn vor ein paar Tagen befallen hatte. Seine gute Laune war zurückgekehrt, und ich war voller Zuversicht, daß er nicht mehr daran dachte, jemanden wegzuschicken.

Unsere körperlichen Beschwerden wurden schlimmer. Unsere Lippen waren von den ständigen eisigen Winden aufgeplatzt und taten höllisch weh. Jeden Morgen, nach acht Stunden Ruhe, rissen sie erneut auf. An diesem Tag waren die Schmerzen in meiner Unterlippe so heftig, daß sie sogar bis in die Zähne ausstrahlten. Auch die Risse in unseren Fingern wurden immer tiefer. Alles, was wir taten – einen Knoten binden, Handschuhe anziehen, die Skistöcke ergreifen –, wurde von einem schneidenden Schmerz begleitet, so als ob jemand mit einem Messer an unseren Fingern herumsäbelte. Aber mein wohl schlimmstes Problem war meine ständig laufende Nase. Sobald Wind aufkam, fing sie an zu tropfen wie ein undichter Wasserhahn, und sie abzuwischen oder zu putzen, ohne meine drei Lagen Handschuhe abzustreifen, war unendlich mühsam.

Heute war es mir so kalt, daß ich mich fragte, ob ich endgültig meine Schmerzgrenze erreicht hätte. Die Gewißheit, daß Erfrieren nicht die Todesart ist, die ich mir wünsche, hielt mich auf den Beinen, wenn der eiskalte Wind mich in die Knie zu zwingen drohte. Wir befanden uns in einer Region, die eindeutig nicht für Warmblüter geschaffen ist.

14. OKTOBER; 80. TAG. Ein neuer wütender Sturm war über uns hergefallen, und zum erstenmal seit zwölf Tagen mußten wir wieder in unserem Lager bleiben. Aber vielleicht war das auch gut so, denn Dahe hatte hohes Fieber, als er aufwachte. Er war der einzige von uns, der während der ganzen Expedition einmal richtig krank wurde. Vermutlich lag es zum Teil an seinen körperlichen Voraussetzungen: Er war sehr dünn und hatte nur wenig Körperfett, und wenn er abends ins Zelt kroch, war seine Kleidung regelmäßig schweißgetränkt.

Stürme wie diesen fürchtete ich in der Antarktis am meisten. Wir kamen damit zurecht, wenn wir mal eine Zeitlang nichts sahen, und auch die kalten und heftigen Winde waren eine Weile erträglich. Aber wenn in dieser Region mitten im Winter all das zusammenkam, blieb uns nichts anderes übrig, als stillzusitzen und zu beten.

Am Spätnachmittag ging ich nach draußen, um nach Tim zu sehen. Er war im Windschatten des Schlittens angebunden und hatte sich eine Schneehöhle gegraben. Alles, was ich von ihm sehen konnte, war ein winziges Loch im Schnee, und ich steckte die Hand hinein, um ihn zu streicheln und aufzumuntern. Hilflos und traurig darüber, wie wenig ich im Grunde für ihn tun konnte, grub ich ihn aus und trug ihn ins Zelt, wo er zwölf Stunden lang schlief, ohne sich ein einziges Mal zu rühren.

15. OKTOBER; 81. TAG. Dahe verzehrte zum Frühstück ein Sardinen-und-Erdnußbutter-Sandwich, was darauf hindeutete, daß es ihm wieder besserging.

Die eisigen Stürme dauerten an, aber wir schafften an diesem Tag bei eingeschränkter Sicht immerhin 32 Kilometer. Als wir unser Lager aufschlugen, waren wir noch gut 200 Kilometer von Siple, unserem achten Depot, entfernt. Wenn das Wetter es zuließ, sollten wir es eigentlich in fünf Tagen erreichen.

Als ich am Abend Abstecher in die Zelte der anderen machte, kam mir der Gedanke, daß Fremde einen ziemlichen Schock erleiden würden, wenn sie uns jetzt besuchten. Im wesentlichen läge das daran, daß das Innere unserer Nylonhäuser nach fast drei Monaten Wohnen, Kochen, Schlafen und Schwitzen einen recht strengen Geruch angenommen hatte. In Jean-Louis' und Viktors Zelt roch es, als ob dort Ziegenkäse in einer Petroleummarinade reifen würde. Glücklicherweise war ich durch den Geruch in meinem eigenen trauten Heim einigermaßen abgehärtet.

16. Oktober; 82. Tag. Wieder einmal zeigte uns die Antarktis, wer der Stärkere war: Wir brauchten für das Ausgraben unseres Lagers geschlagene zwei Stunden. Danach brachten wir 29 Kilometer in einem eisigen Nebel hinter uns, bei dem wir uns wie Blinde fühlten. Die Hunde litten sehr. Ich empfand die Kälte als eine derartige Qual, daß ich beinahe weinte, als wir zum Mittagessen haltmachten. Unsere Funkbotschaft an diesem Abend war kurz und knapp: „Durchgefroren bis auf die Knochen."

Das Schlimmste an solchen kalten Tagen war unsere Mittagsrast. Sie war in erster Linie eine notwendige Unterbrechung, um uns ein wenig zu erholen – ansonsten hatten wir nicht viel davon. Als ich heute das Essen von meinem Schlitten lud, machte ich den Fehler, für 15 Sekunden einen meiner Handschuhe auszuziehen, und die Kälte schnitt schmerzhaft in mein Fleisch. Grundsätzlich gab ich mir alle Mühe, nur die allernotwendigsten Aufgaben im Freien zu erledigen, und das auf so einfache Weise wie möglich, damit ich draußen meine Handschuhe nicht ausziehen mußte, egal, aus welchem Grund. Sobald die Hände entblößt waren, klebte Schnee auf unseren Pulswärmern, und wenn er auftaute, lief das Wasser über unsere Hände. Zog man danach die Handschuhe wieder an, waren die Hände für den Rest des Tages eiskalt.

Ich hatte sogar eine Eßmethode entwickelt, die mir gestattete, meine Mittagsmahlzeit einzunehmen, ohne meine Handschuhe auszuziehen. Zuerst füllte ich meinen Thermosbecher mit heißem Wasser. Dann nahm ich einen Pemmikanriegel, riß die Verpackung mit den Zähnen ab und warf den Riegel zum Auftauen ins heiße Wasser. Sobald er weich war, nahm ich ihn mit einem Teflonlöffel aus dem Becher. Wenn ich ihn dann gegessen hatte, folgten als zweiter Gang Nüsse, die in Plastikbehältern verpackt waren. Die Verschlüsse konnte ich mit Handschuhen öffnen, und ich legte die Nüsse in einen zweiten Becher mit heißem Wasser, um sie aufzutauen, da ich mir nicht an einer gefrorenen Nuß einen Zahn abbrechen wollte. Sogar mein Dessert – ein Riegel Schokolade – zerteilte ich in kleine Stücke, tauchte diese in heißes Wasser und aß die flüssige Schokolade dann mit einem Löffel.

Als wir nach dem Mittagessen unsere Schlittenfahrt fortsetzten, lief Jean-Louis auf Skiern neben mir her. Wir machten ein paar Witze darüber, wessen Idee es wirklich gewesen war, zum Südpol zu gehen. „Manchmal, wenn ich morgens aufwache, frage ich mich, weshalb wir beschlossen haben, all das auf uns zu nehmen", meinte er. „Das Ganze ist verrückt. Aber jetzt sind wir hier, und wir müssen weitermachen, wir haben keine Wahl. Wir haben uns drei Jahre lang im Kopf mit dieser Durchquerung beschäftigt, und nun komme ich mir manchmal vor, als wäre ich in einem Gefängnis – im Gefängnis unserer Idee."

Tim schien es heute besserzugehen. Sein Appetit war zurückgekehrt, und ich nahm ihn aus dem Gespann und ließ ihn hinter dem Schlitten herlaufen, wo er einigermaßen im Windschatten war. Er machte seine Sache gut bis etwa drei Uhr, als er allmählich keine Kraft mehr in den Beinen hatte. Aber da wir uns gerade in ziemlich unwegsamem Gelände befanden, war es nicht möglich, ihn mit seinem Gewicht auf den Schlitten zu laden, und so mußte ich ihn antreiben weiterzulaufen. Er hielt den ganzen Tag bis zum Ende durch und schlief in dieser Nacht in einem Schlittensack. Drei andere Hunde – Yeager, Hank und Ray – hatten mit gleichen Problemen zu kämpfen, und ich band sie für die Nacht im Windschatten seitlich des Schlittens an.

Aus Geoffs Tagebuch:

> Die Hunde sind sehr erschöpft, und ich mache mir ihretwegen ständig Sorgen. Aber wir können nicht viel tun. Wenn wir einen Hund ins Zelt holen, nimmt er uns ziemlich viel Platz weg. Ich habe jeden Morgen Angst, daß ich beim Verlassen des Zeltes vor der Tür einen verendeten Hund finde.

17. Oktober; 83. Tag. Das Wetter war uns endlich einmal wohlgesinnt: Die Temperatur betrug annehmbare minus 35 °C. Da auch die Geländebedingungen ideal waren, schafften wir 37 Kilometer. Der

Himmel war zwar den ganzen Tag über mit einer dichten Wolkendecke bezogen, aber die Sicht war gut. Wir konnten zum erstenmal nach vielen Tagen wieder Schatten und Kontraste erkennen. Schließlich verzogen sich die Wolken, und uns eröffnete sich ein phantastischer Blick nach Süden. Die Pastellfarben des August waren längst verschwunden; vor uns waren nur noch der riesige Himmel und das weite Land zu sehen, die in allen Schattierungen von Blau und Weiß leuchteten.

Während wir abends das Lager aufschlugen – Dahe kümmerte sich um die Hunde, ich schaufelte Schnee auf die Bodenplanen –, dachte ich daran, welche Ironie darin steckte, daß ein 45jähriger Mann diese Tätigkeit als seine Arbeit betrachtete; die meisten Männer in meinem Alter waren um diese Tageszeit gerade von der Stadtautobahn abgebogen, hatten ihren Wagen in die Garage gestellt und dachten an einen Cocktail, ans Abendessen und ans abendliche Fernsehprogramm. Und ich war hier, in geradezu unglaublicher Kälte, und häufte Schnee um die Grundmauern meines kleinen Nylonhauses an, von dem ich hoffte, daß es mir auch für diese Nacht Schutz gewähren würde. Und diese Nacht unterschied sich nicht sehr von den vielen anderen Nächten, die ich während der vergangenen dreißig Jahre verbracht hatte, daher fand ich meine Situation nicht ungewöhnlich oder gar erstaunlich. Als ich noch sehr jung gewesen war und man mich gefragt hatte, was ich denn mal werden wolle, wenn ich groß sei, hatte ich geantwortet, ich wolle Pionier werden. Ich glaube, ich bin meinem Wunsch treu geblieben.

22. Oktober; 88. Tag. Nach dem gestrigen klaren Tag, an dem es uns sehr leicht gefallen war, das Siple-Depot aus vier Meter Schnee auszugraben, kündigte sich an diesem Morgen schon wieder ein Sturm an. Der Wind wehte mit 50 Kilometern pro Stunde aus Richtung Norden, die Temperatur betrug minus 30 °C, und die Sicht lag bei fünfzig Metern. Wir einigten uns darauf, einen Ruhetag einzulegen und den Sturm abzuwarten.

In unseren Zelten verbrachten wir einen schlimmen, feuchten Tag. Aber der härteste Schlag dieser Expedition traf mich, als ich gegen elf Uhr hinausging, um die Hunde zu füttern. Tim war tot.

Ich hatte gewußt, daß er sich während der letzten beiden Wochen in einem schlechten Zustand befunden hatte. Gestern jedoch hatte es so ausgesehen, als ob er sich etwas erholt hätte; er hatte auf einer Gummimatte gelegen und sein schwarzes Fell von der warmen Sonne bestrahlen lassen. Es war klar und ruhig gewesen, als wir zu Bett gegangen waren. Niemand hatte mit dem Schneesturm gerechnet, der über Nacht aufgekommen war. Dieser Sturm hatte ihn getötet. Irgendwann mußte Tim seine Matte verlassen haben, die dann sehr schnell vom Schnee zugedeckt worden war, und so hatte er keinen warmen Platz mehr, um sich hinzulegen. Als ich ihn fand, war er schon drei oder vier Stunden tot, und er bot einen traurigen Anblick. Er war ein so zäher Hund gewesen, einer der stärksten, und sein Tod erschien so armselig und unwürdig.

Tim war einer meiner liebsten, erfahrensten Hunde gewesen. Er hatte mich zum Nordpol begleitet und war einer unserer Leithunde in Grönland gewesen. Als halber Wolf hatte er einen wilden Zug an sich gehabt, den ich sehr geschätzt hatte. Er hatte stets sein Gespann, seinen Schlitten und mich beschützt, hatte kräftiger gezogen als viele Hunde, die schwerer waren als er mit seinen 30 Kilo, und er war ein unermüdlicher Kämpfer gewesen, gleichgültig ob gegen einen oder gegen zehn Hunde.

Seinen größten Auftritt hatte Tim am Nordpol gehabt. Ein Team des Fernsehmagazins *Good Morning America* war zum Pol geflogen, um unsere Gruppe kurz nach der Ankunft zu interviewen. Bei ihren Vorbereitungen ließen sie versehentlich ein Mikrofon mit einem Windschutz aus Fell im Schnee liegen, und während ich die Fragen des Reporters beantwortete, fraß Tim das Mikrofon samt Schutz und Schnur.

Ich ging von Zelt zu Zelt und meldete die Neuigkeit von Tims Tod. Alle waren betroffen. Viktor weinte fast, und Geoff verschlug es völlig die Sprache. Jean-Louis war überzeugt, daß dies etwas zu bedeuten hatte, und ganz sicher nichts Gutes.

Wir mußten schnellstens von hier weg, mußten eine möglichst große Distanz zwischen uns und diesen Ort bringen. Für mich würde er immer der Ort sein, an dem ich Tim verloren hatte. Sein Tod traf mich tiefer, als ich erwartet hatte. An diesem Tag hatte ich das Gefühl, daß eine übermenschliche Anstrengung nötig sein würde, um die Expedition wie geplant fortzusetzen.

23. OKTOBER; 89. TAG. Für mich war der heutige Tag der bisher schlimmste der Expedition. Wir erwachten in einem Zelt, dessen Innenwände mit kaltem, tropfendem Reif bedeckt waren. Es hätte auch keinen Sinn gehabt, die Heizung einzuschalten, denn dann wäre es noch feuchter geworden. Während wir unseren Weg fortsetzten, zog ich zum Schutz gegen die beißende Kälte meine Gesichtsmaske hoch und meine Mütze tief herunter, so daß nur noch ein winziger Spalt für mein rechtes Auge freiblieb, um etwas sehen zu können. Meine Sonnenbrille

steckte in einer Tasche unter meinem Windanzug, doch der Reißverschluß meines Parkas war eingefroren, und ich kam nicht an die Brille heran. Es war so kalt, daß ich noch nicht einmal meine Hände aus den Handschuhen herausbekam, um meine Kleidung ein wenig zurechtzurücken. Keizo hatte nur ein Wort für einen solchen Tag: *semite,* was soviel bedeutet wie „in Eis eingeschlossen".

Ich versuchte, nicht an Tim zu denken, während ich meinen Schlitten lenkte. Mein Kopf war leer, und ich fühlte mich ausgebrannt. In solchen Augenblicken scheint das Leben eine geringere Bedeutung zu haben, obgleich ich wußte, daß im Laufe der Zeit, wenn das Wetter sich besserte und die Szenerie sich änderte, mein Schwung wieder zurückkehren würde.

Gegen halb sechs frischte der Wind auf, und um sechs hatte die Kälte die Grenze erreicht, die ein warmblütiges Lebewesen gerade noch ertragen kann. Einige von uns hatten abgeheilte Frostbeulen im Gesicht, die sich nun unter Schmerzen wieder neu bildeten. Eine solche Kälte hatte ich noch nie erlebt.

Ehe wir nach Süden aufgebrochen waren, hatte man mich oft gefragt, inwieweit dieser Trip sich mit unserem Marsch zum Nordpol von 1986 vergleichen lasse. In vielerlei Hinsicht war ein Vergleich gar nicht möglich. Der Nordpol hatte mit großen Schwierigkeiten und eisiger Kälte in hoher Konzentration aufgewartet. Die Schwierigkeit dieser Expedition hingegen bestand in ihrer langen Dauer. Hier sagte ich mir ständig: „Nächste Woche wird alles besser", aber in der darauffolgenden Woche war alles wie zuvor, manchmal sogar noch schlimmer. Ich hatte mich noch nie während einer Expedition so niedergeschlagen gefühlt. Wir waren müde, durchgefroren und mißmutig.

26. Oktober; 92. Tag. Wir hatten jetzt rund um die Uhr Tageslicht und hofften auf bessere Sicht. Und tatsächlich, an diesem Morgen konnten wir die nördlichen Ausläufer des Ellsworth-Hochlandes, achtzig Kilometer im Süden, erkennen. Das Ellsworth-Hochland war unser nächstes Etappenziel; danach würden wir seinen Bergen 400 Kilometer weit folgen und so schließlich bis auf 1100 Kilometer an den Südpol herankommen. Das Ellsworth-Hochland ist die bedeutendste Landformation der Antarktis, und seine Gipfel sind die höchsten und übertreffen selbst die des Vinsonmassivs. Für uns waren sie das Tor zum Antarktischen Plateau und zu besserem Wetter, und sie markierten das Ende des ersten Expeditionsdrittels.

Unglücklicherweise hatte ich mir am Vortag sehr schlimm den Rücken verrenkt, was den Weitermarsch für mich schwierig, wenn nicht gar unmöglich machen konnte. Es war irgendwann am Nachmittag passiert, als die Sicht noch immer schlecht war und wir zwischen Sastrugi umherkurvten. Dutzende von Malen bohrten sich meine Skispitzen in die Steilwand einer solchen Schneewehe, und ich schaffte es kaum, die Balance zu halten. Ein paarmal stürzte ich denn auch, wobei meist ein Ski durch die Luft wirbelte und der andere unter die Schlittenkufe geriet.

Der Schmerz hatte sich erst gemeldet, als ich abends Schnee um mein Zelt geschaufelt hatte. Er fuhr mir wie ein Messerstich in die linke untere Rückenpartie. Ich konnte mich nicht mehr aufrichten oder sonstwie bewegen. Es gelang mir gerade noch, ins Zelt zu kriechen. Mit großer Mühe bürstete ich mir den Schnee von der Kleidung, und es war mir fast unmöglich, mich auszuziehen. Ich schaffte es, mich auf den Rücken zu legen und zu schlafen. Während der Nacht kam ein Sturm auf, und ich betete darum, daß wir einen freien Tag einlegen würden, an dem ich meinen Rücken auskurieren konnte. Aber Viktors morgendlicher Wetterbericht meldete, daß der Himmel aufklarte, so daß wir weiterziehen konnten.

Obgleich ich die Verletzung am Vorabend für mich behalten hatte, mußte ich den anderen jetzt davon erzählen. Daraufhin verschoben wir unseren Aufbruch. Jean-Louis – „Doktor Etienne" – kam in mein Zelt, bewaffnet mit seiner Universalmedizin: Aspirintabletten. Und irgendwie half es mir schon, nur mit ihm zu reden und mich zu entspannen.

Nach einer Weile entschied ich, es zu versuchen und weiterzuwandern – ich wollte anstatt auf Skiern zu Fuß neben meinem Schlitten herlaufen. Wir brachen um zehn Uhr auf und schafften trotz meines Humpelns 32 Kilometer. Ehe ich mich schlafen legte, gab Dahe mir eine chinesische Medizin für meinen Rücken – ein fünfzehn mal fünfzehn Zentimeter großes Gazekissen, das mit natürlichen Heilsubstanzen gefüllt war. Als er auf einer Seite die Hülle entfernte, kam eine klebrige Mischung zum Vorschein, die, wie Dahe erklärte, aus Kräutern, Schlangenhaut und zerstoßenen Knochen bestand. Er wärmte die Masse in seinen Händen an und hielt sie dann über die Kocherflamme, ehe er sie mir für fünf Minuten auf den Rücken klatschte. Das Zeug half sofort, und ich hatte einen ungestörten Schlaf.

29. Oktober; 95. Tag. Die Götter der Antarktis blieben uns wohlgesinnt. Die Temperatur war gestern auf minus 12 °C gestiegen; heute war es fast windstill und minus 21 °C warm. Als wir am Morgen aus unseren Zelten kamen, strahlte die Sonne schon mit einiger Wärme auf uns herab, und um zehn zogen wir unsere Windparkas aus und setzten den Marsch in unseren Faserpelzjacken und Vliespullovern fort. Zum erstenmal während unserer Expedition spürte ich die Sonnenwärme durch meine Kleidung; es war, als wäre der Frühling plötzlich angebrochen.

Mittlerweile befanden wir uns mitten im Ellsworth-Hochland, einer regelrechten Aneinanderreihung von 700 bis 1000 Meter hohen Gipfeln, deren Felswände durch sanft gerundete Hügel miteinander verbunden sind – ein seltsamer Anblick mit einem ganz eigenen Zauber. In den vergangenen Tagen waren wir an vielen dieser Berge vorbeigekommen oder hatten sie überschritten, aber obwohl ich den Reiz dieser fremden Welt wohl spürte, hatte ich dem Wetter, das sie die meiste Zeit vor uns verbarg, so wenig getraut, daß ich ihre Schönheit nicht recht hatte genießen können. Heute gestattete ich mir erstmals, die wahre Pracht des siebten Erdteils zu betrachten.

Störend an diesem ansonsten vollkommenen Tag war allein die Tatsache, daß wir anderthalb Meter tiefe Sastrugi überwinden mußten. Die zu Eis erstarrten Schneewehen „verschluckten" Hunde, Schlitten und Männer, wenn wir von ihren Kämmen hinab in die Täler tauchten. Wir rutschten und kraxelten den ganzen Tag zwischen ihnen herum. Es war eine mühsame Arbeit, denn man mußte ständig die Schlitten erst bergauf schieben und sie dann bergab sorgsam im Gleichgewicht halten, damit sie nicht seitlich abrutschten, wodurch sehr leicht die Kufen hätten zerbrechen können.

Wir fanden unser nächstes Depot beim Fisher-Nunatak gegen halb eins, und während wir es bei sonnigem, beinahe windstillem Polarwetter aus den Schneemassen gruben, zogen wir nach und nach Jacken und Pullover bis auf die Unterhemden aus. Zudem nutzten wir die milde Witterung gründlich aus, indem wir unsere Schlafsäcke zum Trocknen auf den Schlitten ausbreiteten und unsere Kleidung über Skistöcke und Haltestangen drapierten, so daß die ganze Szenerie einem antarktischen Kleiderflohmarkt glich.

Die drei Stunden, die wir an der Stelle verbrachten, wo sich das Depot befand, waren die ersten seit hundert Tagen, an denen wir alle Wachsamkeit fahrenlassen und uns entspannen konnten. Während die

Hunde wie Fellteppiche im Schnee lagen und sich im Sonnenschein herumwälzten oder schliefen, begannen wir ein angeregtes Tauschgeschäft. Ölsardinen hatten sich zur wichtigsten Währung der Expedition entwickelt; Viktor, Dahe und Jean-Louis bevorzugten sie, und wir anderen gaben unsere Vorräte gerne gegen Rohrzucker, Toilettenpapier und Müsliriegel her. Ich tauschte so viel Suppenkonzentrat ein, wie ich bekommen konnte, da ich es als Gewürz bei praktisch jedem Essen verwandte. Die anderen waren ganz wild auf mein Granola und mein Vollkornbrot, weshalb das Gefeilsche zwar kurz, aber überaus heftig war.

Dahe und ich teilten uns jetzt schon seit fast vier Wochen ein Zelt, und unser gegenseitiges Verständnis nahm von Tag zu Tag zu. Ich bemühte mich, in erster Linie ihn erzählen zu lassen, und hörte mir interessiert die Berichte über seine früheren wissenschaftlichen Ausflüge und sein Leben in China an. Er hatte ein faszinierendes Leben geführt. Seine wissenschaftliche Arbeit auf dem Gebiet der Eiszeitgeologie hatte ihm ermöglicht, Reisen um die ganze Welt zu unternehmen, unter anderem auch zweimal in die Antarktis. Andererseits waren er und seine Frau, die als Ärztin arbeitete, während der Kulturrevolution Anfang der siebziger Jahre als Intellektuelle gebrandmarkt und eine Zeitlang auf die Reisfelder verbannt worden.

Trotz unserer anfänglichen Sorgen war aus Dahe ein fähiger Skiläufer geworden („Der beste in China", scherzte er), und er konnte, wenn nötig, auch mit einem Hundegespann umgehen. Trotzdem mußten wir auf ihn immer ein Auge haben, und in besonders zerklüfteten Gegenden oder bei stürmischer Witterung brüllte Geoff ihn oft wie einen ungehorsamen Hund an, er solle gefälligst an seinen Schlitten angebunden bleiben. Unsere Sorge um ihn nahm während der Whiteouts noch zu, denn seine flaschenbodendicken Brillengläser beschlugen sehr leicht.

31. Oktober; 97. Tag. Wir legten an diesem Tag bei klarem Himmel 37 Kilometer zurück und kampierten am Fuß des Vinsonmassivs. Wir schafften mittlerweile durchschnittlich 32 Kilometer pro Tag, und wenn wir unsere Marschzeit pro Tag ausdehnten, indem wir eher zehn als acht Stunden lang mit den Schlitten liefen, mußten wir eigentlich die Zeit aufholen können, die wir bisher verloren hatten.

Zurückgelegte Strecke: 1837 Kilometer.
Entfernung zum Südpol: 1376 Kilometer.

November

Aufgeben kommt nicht in Frage

1. NOVEMBER; 98. TAG. Während der letzten beiden Tage waren wir am höchsten Gebirge der Antarktis vorübergezogen – 3900 bis 4200 Meter hohe Kolosse mit Steilwänden aus Fels und Eis. Heute hatten wir eine wundervolle Aussicht auf eine kleine Gruppe der majestätischsten Gipfel des Ellsworth-Hochlands: Vinson, Tyree, Anderson, Hubley und Dawson. Wir hatten Glück, daß sich uns dieser Anblick überhaupt bot, denn als wir weiterzogen, tauchten wir in eine Nebelbank ein, und während des gesamten folgenden Abstiegs von etwa 330 Höhenmetern waren wir eingehüllt in eine nasse Nebelwolke. Das Gelände war trügerisch, und wir kamen nur langsam voran.

Kurz vor dem Mittagessen begann Viktor, der wie üblich die Vorhut bildete, einen sehr steilen Abstieg, ohne den ihm folgenden Keizo durch Zeichen darauf aufmerksam zu machen, was vor ihm lag. Infolgedessen rasten Keizo und sein Schlitten den zweihundert Meter langen Hang hinunter, und beide stürzten an seinem Fuß um. Taschen flogen umher, Hunde heulten, Keizo war wütend, und die bereits einmal gebrochene Kufe seines Schlittens war erneut entzwei. Zum Glück hatten wir bei solchen Reparaturen inzwischen einige Routine entwickelt, so daß wir den Schlitten in weniger als einer Stunde mit Riemen wieder einsatzfähig gemacht hatten und die Weiterfahrt aufnehmen konnten. Nach einer Gesamtstrecke von 34 Kilometern schlugen wir das Nachtlager auf.

2. NOVEMBER; 99. TAG. Heute vormittag kamen wir bei minus 29 °C trotz Gegenwind auf glattem Terrain schnell voran. Wir hielten auf einen schmalen Paß zu, der uns 30 Kilometer weit nach Südwesten abweichen ließ. Um zehn Uhr hatte der Himmel etwas aufgeklart, und die Route zu dem Korridor, den wir suchten, lag direkt vor uns. Im alles verschleiernden Zwielicht erlebten wir eine grandiose Fahrt: Zu unserer Linken erhob sich ein dreihundert Meter hoher Vorhang aus Eis, und rechts von uns erstreckte sich die Basis des Vinsonmassivs. Sobald wir den Paß hinter uns hätten, würden wir uns direkt nach Süden und in Richtung Patriot Hills wenden.

Ich verbrachte den größten Teil des Tages am Ende der Gruppe, wo ich wie üblich allein auf Skiern neben meinem Schlitten herlief. Selbst bei günstigsten Verhältnissen führt man beim Wandern per Hundeschlitten ein sehr isoliertes Dasein; bei uns wurde diese Isolation durch die internationale Zusammensetzung des Teams noch verstärkt. Für Viktor, Dahe und Keizo, die sich immer noch mit der englischen Sprache abmühten, waren die Körpersprache und zustimmende Knurrlaute oft die beste Möglichkeit, sich verständlich zu machen. Daher war ich froh, als Geoff sich zurückfallen ließ und am Nachmittag für ein paar Stunden bei meinem Schlitten blieb. Es war das erste Mal seit vielen Tagen, daß wir in einwandfreiem, gepflegtem Englisch mit einem anderen Menschen reden konnten.

Unsere tägliche Reisezeit von neun Stunden war für Hunde und Männer genau richtig. Wir hatten so ausreichend lange Ruhephasen, um uns zu erholen und unsere Energie und Leistungsfähigkeit zu erhalten; ansonsten wären wir nicht in der Lage gewesen, diese eintönigen Tage durchzustehen. Es war von großer Wichtigkeit für uns, einen festen Tagesrhythmus zu entwickeln und beizubehalten.

Heute stellte ich viele Überlegungen darüber an, welche Geschwindigkeit man sinnvollerweise vorlegt. Ausgelöst hatte das der Gedanke an Reinhold Messner, den Südtiroler Bergsteiger, der schon in Kürze seinen Versuch starten wollte, auf Skiern und mit einem selbstgezogenen Schlitten eine Strecke von 2900 Kilometern in der Antarktis zurückzulegen. Während er durchaus daran gewöhnt war, einen Berg zu stürmen, und das häufig ohne Sauerstoffflasche, war ich neugierig, wie er damit zurechtkommen würde, sich selbst das Tempo bei einem Marsch vorzugeben, der mehr als hundert Tage dauern dürfte.

Wenn überhaupt jemand in der Lage war, eine solche Tour nur im Vertrauen auf die eigene Kraft zu bewältigen, dann war es wahrscheinlich Messner – und sein Partner Arved Fuchs, ein erfahrener deutscher Polarforscher. Messner hat als erster Mensch die 14 höchsten Berge der Welt erklommen – jeder von ihnen ist höher als 8000 Meter –, und er genießt bei den Bergsteigern auf der ganzen Welt hohes Ansehen. Mit 45 Jahren, zufälligerweise auch mein Alter, hatte er ein wirklich abenteuerliches Leben geführt. Er wohnte in einer Burg bei Juval in Südtirol; er hatte zwei seiner Brüder bei Bergunfällen verloren und sich acht seiner Zehen erfroren; und er hatte seine Unternehmungen in zwei Dutzend Büchern dokumentiert. Kein anderer lebender Bergsteiger hatte mehr Höhenerfahrung als er. Aber indem er die Weiten der Antarktis herausforderte, hatte er sich auf ein neues Gebiet gewagt. Sein Plan, auf Skiern von der Festlandkante des Ronneschelfeises in 120 Tagen nach McMurdo zu gelangen, erforderte alle Energie, die er und Fuchs aufbieten konnten. Außerdem war dazu eine ganze Menge Glück nötig.

Ich hatte zwar schon eine Menge über Messner gehört, aber ich hatte ihn noch nie persönlich kennengelernt. Diese Gelegenheit würde sich nun jedoch ergeben, denn, wie wir erfahren hatten, wurde er während unseres zweitägigen Zwischenstopps in Patriot Hills erwartet.

WIR WURDEN heute informiert, daß die DC-6, die nach Patriot Hills kommen und das französische Filmteam, einige unserer ausgeruhten Hunde, unsere Vorräte sowie Messner und Fuchs mitbringen sollte, Punta Arenas gestern verlassen hatte. Doch die Bordpassagiere hatten Pech: Das Flugzeug war bereits acht Stunden unterwegs, als es wegen heftiger Stürme über der Drakestraße zur Umkehr gezwungen wurde.

4. NOVEMBER; 101. TAG. Wir wurden immer mißtrauischer bezüglich der Behauptung von Adventure Network, daß schlechtes Wetter den erneuten Start des Flugzeugs verzögere; wir waren überzeugt, daß die große alte Maschine aufgrund mechanischer Probleme auf dem Erdboden festgehalten wurde. Laut Criquet, der die DC-6 in Punta Arenas aus der Nähe hatte betrachten können, befand sich die Maschine in einem bedenklichen Zustand. Er hatte daher große Zweifel, daß sie wie geplant etwa ein dutzendmal zwischen Punta Arenas und Patriot Hills würde hin- und herfliegen können. Diese Flüge waren jedoch äußerst wichtig, denn die DC-6 mußte Flugbenzin nach Patriot Hills bringen, das von dort aus mit der Twin Otter zum Südpol weitertransportiert werden sollte. Hier mußte es für die Twin Otter bereitstehen, die uns beim zweiten Teil unseres Marsches durch die Unzugängliche Region auf dem Weg nach Vostok versorgen sollte. Ohne Treibstoff am Pol konnten weder Nachschub geliefert noch Rettungsaktionen durchgeführt werden.

Die Klärung dieser logistischen Probleme war einer der Gründe, warum wir schnellstens Patriot Hills erreichen wollten. Um es in zwei Tagen bis dorthin zu schaffen, mußten wir täglich 37 Kilometer zurücklegen; gestern waren es knapp 40 Kilometer gewesen. Das einzige Problem auf dieser Strecke könnte die Überquerung der Heritage-Kette werden, und wir mußten erst noch entscheiden, welche Route wir eigentlich nehmen wollten.

5. NOVEMBER; 102. TAG. Bei heulenden Winden und einem totalen Whiteout kamen wir am Vormittag nur frustrierend langsam vorwärts und wurden häufig voneinander getrennt. Um halb sechs fanden wir uns inmitten eines riesigen Feldes voller Gletscherspalten wieder, lauter zwanzig bis dreißig Meter tiefe Schluchten in einem vereisten hügeligen Gelände.

Die Kälte forderte während des ganzen Tages von jedem ihren Tribut. Nach dem Abendessen begann Dahe zu singen: „Ich habe die Schneestürme satt, ich habe die Schneestürme satt." Wir alle waren der Stürme und der Kälte überdrüssig, und ich fürchtete, daß unsere Geduld mit der Antarktis langsam zur Neige ginge. Als wären die Tage nicht schon mühsam genug gewesen, brachte unser Funkkontakt mit Punta Arenas weitere schlechte Nachrichten: Orkanartige Winde hatten die DC-6 ein zweites Mal zur Umkehr gezwungen.

6. NOVEMBER; 103. TAG. Kurz vor Mittag stürzte Keizo in eine Gletscherspalte. Unsere drei Schlitten hatten dicht zueinander aufgeschlossen und waren ständig im tiefen Schnee eingesackt. Irgendwann hatte Dahe seine Skier abgeschnallt, um schieben zu helfen, doch Geoff rief ihm ungehalten zu: „Auf die Ski, auf die Ski! Achtung, da sind Spalten!" Nirgendwo hätte man sich ungefährdet bewegen können. Aber vor allem Keizos Schlitten war kaum wieder in Fahrt zu bekommen, wenn er einmal in einer Schneewehe hängengeblieben war. Die Hunde mühten sich zwar redlich, aber auf dem glatten blauen Eis fanden sie keinen Halt. Ohne lange zu überlegen, hatte Keizo seine Skier genau an der Stelle abgeschnallt, vor der Geoff kurz zuvor Dahe gewarnt hatte. Er rutschte in eine Spalte, noch ehe jemand einen Warnruf ausstoßen konnte. Glücklicherweise konnte er sich aber an einem Nylongurt festhalten, der an seinem Schlitten hing, und sich selbst wieder herausziehen.

Nach dem Mittagessen stiegen wir zum Horseshoe-Paß auf, der unter einem klaren und blauen Himmel deutlich zu erkennen war. Die dreihundert Meter hohen Seitenränder ragten links und rechts neben uns in einem Winkel von 45 Grad in die Höhe, so daß man aus der Ferne meinen konnte, auf ein umgedrehtes Hufeisen zu sehen. Der Aufstieg war gut zu bewältigen, aber auf der anderen Seite einen Abstieg ins Horseshoe-Tal zu finden würde nicht leicht sein.

Viktor und Jean-Louis stiegen als erste den Berghang hinauf, um das Gelände zu erkunden, und wir konnten ihre Gestalten als kleine Silhouetten im hellen Sonnenschein erkennen. In der Nähe der Paßhöhe wandten sie sich zu uns um, schwenkten ihre Skistöcke über den Köpfen und hielten sie über Kreuz. Das war unser vereinbartes Signal zum Weitergehen, und so trieben wir die drei Gespanne den Berg hinauf.

Beim Weg über den Sattel zwischen den beiden Bergen kamen wir nur langsam voran. Der Untergrund war sehr glatt, und als wir oben anlangten, frischte der Wind auf. Unter uns erblickten wir einen Abhang, der zwar steil, dafür aber kurz zu sein schien. Doch der Eindruck täuschte. Wie sich herausstellte, schauten wir nur auf die Spitze eines anderen Berges hinab und nicht bis auf den Talgrund. Was wie ein relativ harmloser Abhang von etwa 150 Meter Länge aussah, war in Wirklichkeit ein 450 Meter langer Steilabfall.

Wir beschlossen, woanders nach einem sicheren Abstieg Ausschau zu halten. Während des restlichen Nachmittags suchten wir den acht Kilometer langen Berggrat nach einem solchen Weg ab. Wir lenkten die drei Schlitten vorsichtig eine Gletscherflanke hinunter, gelangten auf diese Weise aber nur in eine Ecke, von wo aus der einzige Weg geradewegs nach unten führte. Der Abhang maß von hier aus 200 Meter und hatte eine Neigung von 65 Grad. Obgleich er sehr gefährlich aussah, glaubte ich, daß ich meinen Schlitten dort hinunterbringen konnte.

Ich wendete meinen Schlitten genau hangabwärts und trieb die Hunde an. Die Steilheit des Abhangs schreckte sie zunächst ab, und sie stemmten sich mit weitgespreizten Beinen gegen den Untergrund und gruben ihre Krallen ins Eis. Während wir über tiefen Schnee und bläuliches Eis hinunterrutschten, hängte ich mich hinten an den Schlitten, als ginge es um Leben und Tod.

Als wir schließlich auf ebenen Untergrund gelangt waren, bewegten wir uns noch ein paar hundert Meter weiter, ehe ich die Hunde mit einem Zuruf zum Anhalten bringen konnte. Ich wandte mich um und konnte die anderen auf dem Steilhang kaum erkennen. Als sie mit dem Abstieg begannen, sahen sie von meinem Standort wie ein paar winzige Punkte aus, die von der Kante einer gigantischen Klippe herunterfielen. Dann konnte ich die Hunde erkennen und eine weiße Wolke, die hinter ihnen hochstob, als sie auf ebenes Gelände gelangten. Geoff kam als erster unten an und ließ es zu, daß die Hunde weiter durch das Tal jagten, wobei Dahe sich ordentlich am Schlitten festhalten mußte.

Keizo, Jean-Louis und Viktor klammerten sich an den dritten Schlitten. Keizo brachte das Gespann am Fuß des Berges, 150 Meter von mir entfernt, zum Stehen. Jean-Louis sprang vom Schlitten herunter und

Häufig müssen die Expeditionsteilnehmer Schneebrücken überqueren, unter denen sich riesige Gletscherspalten verbergen – ein riskantes Unternehmen, denn man weiß nie, ob die Brücke fest genug ist, um Menschen und Schlitten zu tragen.

begann, bedächtig auf mich zuzuschreiten. Aus der Ferne betrachtet, konnte man meinen, er wäre verrückt geworden. Statt dessen kam er zu mir, schlang mir die Arme um den Hals und gab mir einen schmatzenden Kuß auf die Wange. „Du bist wirklich Klasse. Ich kann noch gar nicht glauben, was du da geschafft hast“, sagte er lachend. Er war fest davon überzeugt gewesen, daß der Abhang, den wir soeben überwunden hatten, viel zu steil und zu gefährlich gewesen war, um ihn für einen Abstieg überhaupt in Erwägung zu ziehen, und er hatte befürchtet, daß wir noch mehrere Tage brauchen würden, um Patriot Hills zu erreichen. Um ehrlich zu sein, ich hatte es gar nicht als ein so großes Wagnis gesehen. Es war eine Situation gewesen, in der sich meine jahrelange Erfahrung bei Hundeschlittenfahrten durch die Arktis als nützlich für unser Team erwiesen hatte.

7. November; 104. Tag. Wir legten heute 47 Kilometer zurück und erreichten damit eine Gesamtstrecke von 1974 Kilometern. Um acht Uhr kamen wir in Patriot Hills an. Es war ein erfreulicher Anblick – ein einladender, von Lampenlicht erleuchteter Zufluchtsort inmitten der Vorberge des Ellsworth-Hochlandes. Das Lager selbst bestand aus fünf transportablen Zelthäusern mit Betten und Thermopanefenstern. Zwei der Zelte waren miteinander verbunden und dienten als Küche und Speisesaal. Sie waren mit Heizung, Gaskocher, einer Funkzentrale und einem langen Eßtisch ausgestattet. Sobald wir eingetreten waren, vergaßen wir die Gefahren, die gleich außerhalb der Zelttüren lauerten. Es kam uns vor wie ein Zuhause. Vier Mitarbeiter von Adventure Network erwarteten uns, und wir bekamen unsere erste frisch zubereitete Mahlzeit – Huhn und Kartoffeln – nach fast vier Monaten und saßen auf Stühlen an einem Tisch.

Während wir anschließend auspackten und uns ausruhten, warf jeder von uns einen Blick in einen Spiegel, der an der Zeltwand hing. Unsere aufgeplatzten, erfrorenen Wangen und Nasen waren ein bitteres Andenken an die Strapazen, die wir bisher hinter uns gebracht hatten. Aber durch die Wärme, das gute Essen und die neuen Gesichter fühlten wir uns wie neugeboren, und wir saßen zusammen und unterhielten uns bis zum frühen Morgen. Um vier Uhr früh schliefen wir endlich ein.

8. November; 105. Tag. Um sechs Uhr morgens landete die DC-6. An Bord befanden sich 12 der 15 Hunde, die wir zurückgeschickt hatten, das französische Filmteam, sieben Journalisten, John Stetson sowie

Messner und Fuchs mit ihren drei Tonnen Ausrüstung. Wir standen draußen, um sie alle zu begrüßen.

Als das Flugzeug hielt, ging die Tür auf, und eine fünf Meter lange Aluminiumleiter wurde heruntergelassen. Wir schlugen zwei Eisanker ein, um die Leiter zu sichern, und dann mußten alle Passagiere ganz langsam rückwärts die Leiter heruntersteigen. Auch die Hunde wurden heruntergehoben, und in dem allgemeinen Trubel jagten die Tiere, die bereits unten waren, plötzlich davon. In unserer Eile hatten wir vergessen, daß Thule, die einzige Hündin, die wir in die Antarktis mitgenommen hatten und die vor einem der Zelte in der Nähe angebunden war, heiß war.

Einer von Keizos Hunden rannte auf sie zu. Als Keizo begriff, was gleich passieren würde, lief er hinter dem Hund her und stieß wüste Schreie auf japanisch aus. Er rutschte bei jedem Schritt aus, und als er die beiden Hunde endlich erreichte, war es zu spät – sie paarten sich. Die „Bescherung" – falls es denn eine geben sollte – würden wir erst in sechzig Tagen sehen, aber Geoff war wenig begeistert von der Aussicht, daß seine Leithündin nun möglicherweise Mutter werden würde.

Wir verbrachten unsere sechzig Stunden Aufenthalt in Patriot Hills, indem wir Post lasen, die die DC-6 mitgebracht hatte, Interviews gaben, zerschlissene Ausrüstungsgegenstände flickten und per Funk mit den Leuten von Adventure Network in Punta Arenas herumpalaverten. Wir versuchten, verbindlich zu erfahren, wie sie ihren Vertrag erfüllen und unseren Treibstoff zum Südpol bringen würden, da sich die DC-6 bekanntlich in einem schlechten Zustand befand. Jean-Louis und ich teilten uns die Zeit am Funkgerät mit Messner, der sich in einer ähnlich unsicheren Lage befand. Auch er wußte nicht, ob Depots eingerichtet werden konnten und Rettungsflugzeuge von Adventure Network bereitstanden. Wir führten endlose Gespräche, bis endlich Hugh Culver, der Direktor von Adventure Network, von Vancouver nach Punta Arenas flog und dort verdientermaßen unsere geballte Enttäuschung über sich ergehen lassen mußte.

Ich kam als erster ans Sprechfunkgerät. „Unsere Sorge, Hugh, gilt allein dem Erfolg dieser Expedition. Wie Sie wissen, kann die Transantarktika zu diesem Zeitpunkt nicht abgebrochen werden. Deshalb müssen Sie dringend etwas unternehmen, um Ihren Verpflichtungen uns gegenüber nachzukommen."

„Völlig klar, Will." Culver war außerordentlich höflich.

„Wir brechen morgen auf, und wir haben hier genug Vorräte und

Benzin, um die Strecke zum Südpol abzusichern", sagte ich. „Aber sobald wir erst einmal den Pol hinter uns gelassen haben, gibt es hier nicht mehr genügend Treibstoff, um die Versorgungsflüge mit der Twin Otter durchzuführen. Das ist unsere derzeitige Situation, und Sie haben zwanzig Tage Zeit, um dieses Problem zu lösen."

„Ist in Ordnung, Will."

Jean-Louis, der ungeduldig neben mir von einem Fuß auf den anderen trat, hieb in dieselbe Kerbe.

Aufgrund dieser Transportprobleme wurde unser Aufenthalt in Patriot Hills weniger zu der wohlverdienten Erholungspause, die wir uns erhofft hatten, als vielmehr zu einer Reihe fast ununterbrochener stundenlanger Verhandlungen. Es war offensichtlich, daß wir Patriot Hills verlassen mußten, um mal eine Nacht durchschlafen zu können.

10. November; 107. Tag. Wir verließen Patriot Hills mittags um halb eins mit 24 Hunden, von denen zwölf ausgeruht und frisch waren. Wenn wir so starteten, sah immer alles aus wie bei einem Rodeo – wir waren von einer Menschenschar umringt, und die Kameras surrten. Die Hunde waren völlig außer Rand und Band und wollten direkt auf die Menschenmenge zurennen, und ich hatte alle Mühe, mein Gespann zurückzuhalten. Als die Hunde dann beim Aufbruch hinter Keizo und Geoff herrannten, erwischte ich die hintere Haltestange des Schlittens nur noch mit einem verzweifelten Hechtsprung, und ich zog mich daran hoch, während wir in Richtung Süden schlingernd über die eisglatte Fläche davonrasten. Wir alle kannten die Entfernung, die noch vor uns lag, auswendig: 1207 Kilometer bis zum Südpol.

Unglücklicherweise zog ich mir im Laufe des Tages eine weitere Rückenzerrung zu, höchstwahrscheinlich dadurch, daß ich mich einfach an den Schlitten gehängt hatte, während wir über halbmeterhohe Sastrugi hinwegholperten. Von nun an würde ich gehen oder laufen müssen, denn auf dem Schlitten konnte ich unmöglich mitfahren, dafür war er mit all den neuen Vorräten, die wir aufgeladen hatten, zu schwer. Wenigstens war ich nicht als einziger zu Fuß unterwegs, denn die extrem eisigen Verhältnisse und ein Gegenwind mit fast fünfzig Stundenkilometern machten jetzt das einfache Gehen zur sinnvollsten und schnellsten Fortbewegungsart.

Von hier bis zum Pol hieß es nun: „Kopf hoch und durch", gegen den Wind ankämpfen und drauflosmarschieren, eine Technik, die wir mittlerweile aus dem Effeff beherrschten.

12. November; 109. Tag. Messner und Fuchs blieben noch in Patriot Hills. Sie sollten am nächsten Tag am Rand des Ronneschelfeises abgesetzt werden. Ihr Ziel war der McMurdo-Sund, und sie wollten über den Südpol dorthin gelangen, ein gewagtes, wenn auch kein erstmaliges Unternehmen. (Vom Pol bis zum McMurdo-Sund würden sie der Route Robert Scotts folgen.)

Die Begegnung mit Messner war für mich der Höhepunkt unseres Aufenthaltes in Patriot Hills gewesen. Was mich an ihm am meisten beeindruckt hatte, war, daß er über sich selbst lachen konnte. Ich war zwar nicht überzeugt, daß er überhaupt wußte, wie schwierig sein Marsch sein würde, aber auf jeden Fall war er physisch weitaus stärker als Jean-Louis oder ich. Ich hätte niemals geschafft, was er da versuchte, und ich hatte auch nicht das geringste Interesse daran, mein ganzes Gepäck selbst hinter mir herzuziehen. Messner hatte mir und Jean-Louis überdies anvertraut, daß er froh sei, endlich einmal eine „horizontale" Expedition durchzuführen. Die Tatsache, daß es bei diesem Marsch keinen „Gipfelsieg" gäbe, sei für ihn sicherlich eine gute Lektion. Als wir uns voneinander verabschiedet hatten, hatte ich ihm viel Erfolg gewünscht, und ich glaube, daß er auch der Transantarktika die Daumen drückte.

15. November; 112. Tag. Das Wetter war furchtbar, seit wir Patriot Hills verlassen hatten. Wenn alles klappte, würden wir aber trotzdem unseren Durchschnitt von 39 Kilometern pro Tag schaffen. Wir hatten zwar gelernt, uns gegen die Elemente ganz gut zu behaupten, aber trotzdem schien sich bei jedem eine gewisse Erschöpfung bemerkbar zu machen. Ich bekam nie genug Schlaf. Infolgedessen hing ich während des Tages immer etwas zurück und war, wenn wir das Lager aufschlugen, völlig ausgepumpt. Unsere Erschöpfung wurde noch dadurch verstärkt, daß wir tagsüber bei den ständigen Stürmen permanent unter nervlicher Höchstanspannung standen. Ich lief weiterhin den ganzen Tag neben dem Schlitten her, weil mir das leichter fiel, als die Skier zu benutzen; das hätte mich noch stärker ermüdet. Ich stolperte oft, mußte stets äußerst vorsichtig sein und mit meinem gesamten Oberkörper gegen den Wind ankämpfen. Ich sehnte mich nach einem Ruhetag, aber wir mußten weiter; es durfte keinen Stillstand geben.

17. November; 114. Tag. Am Abend zuvor hatten wir Funkkontakt mit Messner und Fuchs gehabt. Sie hatten bisher am Tag durchschnittlich zwanzig Kilometer zurückgelegt, wobei sie neunzig Kilogramm

schwere Schlitten über eisglatte Sastrugi hinter sich herzogen. Ich war überzeugt, daß sie erst noch ihre richtige Marschtechnik finden mußten, und ich konnte mir sehr gut vorstellen, wie zerschunden ihre Körper bereits waren.

Im Augenblick kamen aber auch wir nicht mehr so glatt voran. Wir stießen auf höchst ungewöhnliche Schneewehen: dreißig Zentimeter Schnee, die sich auf dem harten Untergrund angesammelt hatten. Wir waren überrascht vom Aussehen dieser Gegend, denn nach unseren Recherchen hatten wir erwartet, daß wir eine topfebene Region ohne jegliche Hindernisse vorfinden würden.

Wir überquerten heute den südlichen 82. Breitengrad, was bedeutete, daß wir in neun Tagen das Depot in der Nähe des Thielgebirges finden mußten. Dann durften wir uns mit einem freien Tag belohnen. Wir würden ihn brauchen. Wir waren ziemlich abgekämpft.

18. NOVEMBER; 115. TAG. Am späten Nachmittag klarte es endlich auf, und das schreckliche Gelände, in dem wir unterwegs waren, zeigte sich uns unverhüllt – es war ein grenzenloser erstarrter Ozean aus zerklüfteten Eiswellen, der sich vor uns ausbreitete. Der Sonnenschein ließ die Sastrugi weitaus freundlicher aussehen, als wir sie uns vorgestellt hatten, während wir uns fluchend über sie hinweggekämpft hatten. Unsere Tagesleistung von 33 Kilometern war der absolute Tiefpunkt der Woche.

AUS GEOFFS Tagebuch:

> Diese Sastrugi sind aus Schnee, von stetigen Winden zu großen unregelmäßigen Wellen und Rillen jeder Form und Größe abgeschliffen und modelliert. Manche sind nur ein paar Zentimeter groß, andere bis zu zwei Meter. Wie ein kleines Boot auf rauher See tanzt mein Schlitten über diese Wellen – auf und ab, nach links und nach rechts. Er kippt dabei häufig um und hat mich sogar einmal unter sich begraben. Ein Tag zwischen den Sastrugi zermürbt uns völlig, und wir schaffen am Ende nicht mehr, als das Lager aufzubauen, Schnee aufzutauen, das Abendessen zuzubereiten und ins Bett zu kriechen.

WÄHREND der vergangenen Woche war ich allein marschiert. Eine Auswirkung der ständigen Isolation bestand darin, daß meine Gedanken allmählich unserer Reiseverpflegung ähnlich wurden: langweilig, eintönig, fade. Zu Beginn unseres Marsches hatte es noch ausgesehen, als ob unsere Tage von vielfältiger Abwechslung geprägt sein würden.

Es hatte viel Neues zu sehen und zu planen gegeben. Aber nun, am 115. Tag der Expedition, betrachtete ich alles etwas nüchterner, und mein Geist war erschöpft durch den Mangel an Stimulation von außen. Manchmal kam ich mir wie ein Einsiedler vor – kaum Kontakte zu anderen und eine Fastenkur für Körper und Geist. Ich tröstete mich damit, daß ich das Ganze als „inneres Großreinemachen" ansah, bei dem aller Staub und sämtliche Spinnweben in meinem Bewußtsein davongeblasen wurden.

20. NOVEMBER; 117. TAG. Heute hatte ich die Vorhut übernommen, und während ich darauf wartete, daß die anderen mich einholten, saß ich auf der windabgewandten Seite meines Schlittens in relativer Windstille, schaute in die Sonne und spürte ihre Wärme in meinem Gesicht. Schneekristalle trieben vorbei, und ich ließ meinen Blick über die anwachsenden Schneewehen gleiten, die wir noch überwinden mußten. Schnee und Eis sind hier in ständiger Bewegung, sie rutschen, rieseln, aber schmelzen nicht, überdauern die Jahrhunderte. Der Schnee, auf dem ich saß, würde sich irgendwann in das Eis verwandeln, aus dem die Antarktis besteht.

Ich dachte über die Rolle nach, die diese sich ständig verändernde, anwachsende Schneeverwehung in den kommenden Jahren spielen würde. Viele Wissenschaftler behaupten, daß die Erde sich erwärmt, weil der verschwenderische Verbrauch bestimmter Chemikalien die Atmosphäre verändern wird. Wenn sie recht haben, wird dieser Schnee für die Zukunft der Erde eine wesentliche Rolle spielen. Was ich sah, während ich mich vor dem vorbeitreibenden Schnee hinter meinem Schlitten versteckte, waren Flocken aus winzigen Molekülen, die Grundlage einer wichtigen ökologischen Kette. Ich sah sie in diesem Moment nicht als Behinderung, sondern als wesentliche Elemente des Weltsystems – wichtige Mitwirkende an der Zukunft des Planeten Erde und der Menschheit.

HEUTE abend hatten wir ein langes Funkgespräch mit Criquet, und es schien, als hätte unsere Geschäftsführerin Cathy eine Lösung für unsere Treibstoffkrise gefunden: Die Russen hatten sich bereit erklärt, 8500 Liter Treibstoff am Südpol abzuwerfen.

22. NOVEMBER; 119. TAG. Unsere Stimmung war gut, und das Wetter war herrlich: klar, bei minus 18 °C und nur sehr schwachem Wind. Wir befanden uns oberhalb des 84. Breitengrades und sollten das Depot

Thielgebirge in vier Tagen erreichen. Das Terrain wurde am Vormittag ebener, und wir spielten den ganzen Tag „Schlitten-Fangen“. Viktor lief als erster, gefolgt von meinem Schlitten, dann kamen Geoff und Keizo. Meine Hunde schlossen alle halbe Stunde zu Viktors Gespann auf, während mir die anderen beiden Schlitten dicht auf den Fersen waren. Dann bremsten wir alle wieder und ließen uns zurückfallen, um das nächste Wettrennen zu starten. Es machte großen Spaß, auf diese Weise den Tag zu verbringen.

Tage wie dieser ließen das Leben in der Antarktis angenehm erscheinen, und ich kostete sie bei solchen Märschen restlos aus. Die Ausgelassenheit der Hunde steckte mich an, und ich fühlte mich richtig lebendig. Es war so, als wäre ich wieder ein kleiner Junge. Ich hoffte nur, daß das Wetter noch für zwei weitere Monate so gut blieb; wir rechneten nicht mehr mit Schneestürmen bis kurz vor Vostok, von da an mußten wir wieder auf sie vorbereitet sein.

24. NOVEMBER; 121. TAG. Die Geländeverhältnisse waren jetzt schon den dritten Tag in Folge hervorragend. Auf dem festgebackenen Schnee, der sich vor uns in sanften Wellen erstreckte, lag eine weiche Schneedecke, und den ganzen Tag schien die Sonne. Die einzige Naturerscheinung, die uns an diesen Tagen behinderte, waren die katabatischen Winde, die mit Böen von dreißig bis fünfzig Stundenkilometern über uns herfielen. Sie bliesen uns ständig ins Gesicht, so daß wir gezwungen waren, mit gesenkten Köpfen zu marschieren, und wir hielten nur selten an, um zu rasten, aus Angst, wir könnten die anderen Schlitten aus den Augen verlieren.

Am späten Vormittag überwanden wir eine Anhöhe und sahen vor uns das Thielgebirge. Innerhalb von zehn Minuten beherrschte die Gebirgskette den gesamten Horizont. Es war ein atemberaubender, ein vollkommener Anblick; wir kamen uns vor, als wären wir durch Zufall in eine Hollywoodkulisse geraten. Als wir am Thielgebirge vorbeimarschierten, verbrachten wir so viel Zeit wie möglich mit dem Betrachten der Gipfel, denn wir wußten, daß sie das letzte prägnante Landschaftsmerkmal waren, das wir bis zu den Bergen in der Nähe von Mirnyy zu sehen bekommen würden – und die waren von hier 2900 Kilometer entfernt.

25. NOVEMBER; 122. TAG. Die idyllischen Marschtage waren vorerst wohl vorbei. Der Wind legte zu auf vierzig bis sechzig Stundenkilometer, und die Temperaturen bewegten sich bei minus 23 °C, was bei dem

Wind minus 50 °C und weniger bedeutete. Trotz der schwierigen Verhältnisse schafften wir immerhin noch 42 Kilometer. Viktor hatte erneut die Vorhutposition übernommen und leistete hervorragende Arbeit. Er war so kräftig, daß er den ganzen Tag über sogar noch schneller war als die Hunde und dabei kaum einmal um eine Pause bat. Ich staunte immer wieder, wie gut er sich auf den Beinen hielt, da es schon schwer genug war, auf diesem glatten Untergrund gegen den Wind zu gehen.

26. NOVEMBER; 123. TAG. Das Thielgebirge stellte sich uns als eine Kette dramatisch aussehender, kilometerlanger weißblauer Eisfälle und kahler Felsgrate dar. Der Gebirgszug erstreckte sich wie ein Damm quer über den Horizont; wegen seiner relativen Nähe zum Südpol und seiner freiliegenden Felsformationen ist er ein beliebtes Besuchsziel für Wissenschaftler aus der ganzen Welt.

Wir fanden das Depot am Spätnachmittag und kampierten unweit des Gebirgsfußes. Für mich war eine der wenigen Freuden dieser Depots die reichliche Menge an Milchpulver, die wir dort fanden. Mittlerweile betrachtete ich Milchpulver als die beste Nahrung, die wir hatten, da es seit Wochen kein Fleisch mehr gab und ich mich nicht mehr überwinden konnte, Pemmikan zu essen. Neben Milchpulver waren daher Käse und Nüsse meine einzigen Eiweißlieferanten. Wir hofften, daß wir am Südpol eine Ladung Rindfleisch aus Chile bekommen würden und beginnen könnten, unsere überstrapazierten Muskeln wieder aufzubauen.

Auch noch etwas anderes war in letzter Zeit sehr selten geworden: Funkkontakt. Ich persönlich war der Meinung, daß diese völlige „Funkstille“ eine gute Vorbereitung für die Unzugängliche Region war, wo unser Sprechfunkgerät nahezu nutzlos sein würde. Jean-Louis jedoch teilte meine Ansicht nicht, weil ihm daran lag, jeden Tag wenigstens einmal Kontakt mit der zivilisierten Welt zu haben. Aber dieser nicht herzustellende Funkkontakt ist geradezu ein Symbol dafür, was die so weit von der Zivilisation entfernte Technik noch leisten kann und wo ihr Grenzen gesetzt sind.

In gewisser Hinsicht war ich froh, daß wir nicht sonderlich intensiv unterstützt wurden bei unserer Unternehmung. Wir führten ein noch einfacheres Leben, als wir es erwartet hatten, und die daraus resultierenden Ungewißheiten und Abenteuer machten die Expedition zu einem ganz besonders reizvollen und intensiven Erlebnis.

28. NOVEMBER; 125. TAG. Wir brachen unser Lager zur gewohnten Zeit bei starkem Wind ab und steuerten direkt auf die Steilabbrüche des Thielgebirges zu. Erdrückende Eiswände erhoben sich vor uns, alle dreißig Kilometer von einem Berggipfel unterbrochen. Wir waren unterwegs zum King Peak, dem größten von ihnen. Wahrscheinlich würden wir vier oder fünf Tage brauchen, um ihn zu besteigen und zu dem Paß zu gelangen, der uns den Zugang zum Plateau gestattete.

Wir begannen am Morgen in 1500 Meter Höhe mit dem Aufstieg, und als wir den Steilabbruch erklommen hatten, standen wir 600 Meter höher. Wir hatten einen phantastischen Blick auf die „obere Etage" der Gebirgskette. Zu beiden Seiten, am Fuß der Steilwände, erstreckten sich drei Kilometer breite Streifen aus blauem Eis, glattgeschliffen von den stetigen Winden, die sich von den Bergen herabstürzten und im Fallen noch an Wucht zunahmen. Säulen aus Pulverschnee erhoben sich von den Flanken der Berge und wirbelten davon. Es war ein alptraumhafter Blick auf das, was uns in den nächsten Tagen erwarten würde.

29. NOVEMBER; 126. TAG. Im Laufe dieses Tages mußten wir uns zwischen riesigen, rasiermesserscharfen Sastrugi hindurchlavieren und gewannen weitere 450 Meter an Höhe. Auf dem Gipfel der höchsten Erhebung stießen wir auf zwei Gletscherspalten, über die eine Schneebrücke führte, ähnlich vielen, die wir bisher unbeschadet überquert hatten. Viktor und ich kamen als erste dort an, und ich entschied, daß unsere weitere Route über die Spalten hinweg und dann bergab führen sollte. Als die beiden anderen Schlitten hinter uns auftauchten, beschlossen wir, als Vorhut hundert Meter weit vorzugehen, um nachzusehen, ob der Abstieg auch sicher war. Wir legten meinem Schlitten unsere bewährten „Seilbremsen" an, damit er sich beim Abstieg nicht selbständig machte, winkten den anderen zum Abschied zu und kletterten los.

Alles vor uns sah glatt und problemlos aus, und als Viktor sich auf Skiern vorwagte, um den Hang hinter den Gletscherspalten anzuschauen, wandte ich mich um und winkte den anderen zu, sie könnten uns folgen. Aber sie hatten offenbar den Rückzug angetreten und entfernten sich von uns. Ich war etwas verärgert; ihr Verhalten erschien mir unsinnig. Viktor und ich setzten unseren Abstieg fort. Nach weiteren zehn Minuten waren wir unten und hielten dreißig Meter vom Fuß des Berges entfernt an, um auf die anderen zu warten.

Nach einer halben Stunde bogen die beiden Schlitten um die Bergschulter und kamen direkt auf uns zu. Als sie gebremst hatten, stürmte Jean-Louis auf Viktor zu und brüllte: „Das nächstemal benutz bitte deinen Kopf!"

Jean-Louis hatte sich über Viktor geärgert, nicht etwa weil er an dieser Stelle abgestiegen war, sondern weil wir überhaupt in diese gefährliche Situation geraten waren. Der Grund dafür war nämlich, daß Viktor uns den ganzen Tag über immer mehr vom Kurs abgebracht hatte. Jean-Louis hatte mehrmals versucht, ihn zu korrigieren, doch seine Überlegungen waren offenbar auf taube Ohren gestoßen. Daher waren wir um 15 Grad vom Kurs abgekommen.

Nachdem Jean-Louis seine kurze Strafpredigt beendet hatte, erwiderte Viktor etwas, und dann folgte ein minutenlanger Schlagabtausch, bis die Diskussion langsam an Feuer verlor. Es endete damit, daß Viktor seinen Arm um den kleinen Franzosen schlang und Jean-Louis mit einem Lächeln antwortete.

Wir brauchten eine Stunde, um uns zu orientieren und den Kurs neu zu bestimmen. Am Nachmittag setzten wir dann die Achterbahnfahrt zwischen den Sastrugi fort, wobei wir beteten, daß nichts zerbrechen oder reißen möge. Als wir das Lager aufschlugen, hatten wir 37 Kilometer geschafft. Nach diesem Gebiet sollte das Terrain sich bald glätten, und wir müßten es schaffen, in weniger als zwei Wochen den Pol zu erreichen. Die Hunde waren immer noch gut in Form, und alles lief prächtig.

Zurückgelegte Strecke: 2783 Kilometer.
Entfernung zum Südpol: 430 Kilometer.

Dezember

Was hatten wir gelernt? Zuversicht zu haben.

1. DEZEMBER; 128. TAG. Als ich am Morgen den Reißverschluß meiner Zelttür aufzog, war es, als ob ich daheim an einem der ersten Frühlingstage die Fenster öffnete. Statt beißender Kälte spürte ich eine belebende sanfte Brise.

Der vereiste Untergrund war nahezu eben, und unser Weg führte leicht bergan, während wir nach Süden marschierten. Die Hunde hatten wenig Mühe beim Ziehen der Schlitten, und wir legten 45 Kilometer zurück.

Es gab eigentlich nur eine einzige Sache, die diese angenehme Situation während der nächsten rund fünfzig Tage beeinträchtigen konnte. Es war ein Problem, mit dem wir schon bei unserer Grönlanddurchquerung hatten kämpfen müssen und das wir genauso fürchteten wie Gletscherspalten und Schneestürme: die Eintönigkeit. Das mühsame Sich-Dahinschleppen des Tages. Die Langeweile. Während der nächsten beiden Monate würden wir gedanklich nur in der Zukunft oder der Vergangenheit leben, denn jeder Marschtag würde mit den Tagen vorher und nachher nahezu identisch sein. Es war wie bei einer Gefängnisstrafe: Wir opferten unsere Zeit und kamen hoffentlich am Ende heil wieder heraus.

Als wir im vergangenen Juli aus den Vereinigten Staaten ausgereist waren, hatten wir zwei Kilo persönliches Gepäck mitnehmen dürfen. Die Begrenzung war verfügt worden, damit die Hunde nicht mehr Gewicht ziehen mußten, als absolut notwendig war. Jetzt, da die Bedingungen sich verbesserten, holten wir die wenigen Dinge hervor, mit denen wir uns die Zeit vertreiben konnten, und beschäftigten uns immer häufiger mit ihnen.

Jean-Louis hatte die meisten Bücher eingepackt, darunter „Praktische Meditationsübungen", zwei kleine Bilderbücher über Vögel und einen Roman eines Autors aus seiner Heimatstadt in Südfrankreich. Außerdem hatte er Kassetten mit Vogelstimmen und Naturgeräuschen sowie Musik mitgenommen, unter anderem von den Dire Straits und die Filmmusik von „Gigi".

Geoffs persönliche Habe wog äußerst wenig: Er hatte ein Frisbee dabei (um es einmal um den Südpol kreisen zu lassen), ein Buch über Knoten und dazu ein Stück Schnur, ein Buch zum Thema Origami und etwas zum Sticken (mit diesem Hobby hatte er sich schon während mehrerer Expeditionen die Zeit vertrieben).

Viktors Gepäck hingegen war sicherlich das schwerste; seine Tasche war vollgestopft mit unmoderner sowjetischer Kleidung wie Pelzsocken, Pelzjacke und schweren Filzstiefeln. Er hatte sich zwar über die neue Ausrüstung gefreut, die wir ihm mitgebracht hatten, aber er war früher schon viermal in der Antarktis stationiert gewesen und meinte, es sei wohl besser, wenn er seine alte Südpolkluft als Reserve einpackte. Außerdem hatte er ein Foto von seiner Frau und seinem Sohn bei sich. Der einzige andere persönliche Gegenstand, den er mitgenommen hatte, war ein aus Holz geschnitzter Vogel, den ihm ein Freund aus Duluth geschenkt hatte.

Dahe hatte ebenfalls Fotos von seiner Frau und seinem Sohn sowie einige chinesische Bücher und einen kleinen Vorrat an Speisen und Gewürzen aus seiner Heimat mitgebracht – Fischsauce, Jasminöl, Glasnudeln –, um die pappige, fade Kost, die wir zusammengestellt hatten, etwas aufzupeppen. Aus dem gleichen Grund hatte Keizo Spezialreis, Sojasauce, Seetang und japanische Gewürze mitgenommen. Ein Buch mit japanischen Volksliedern war die einzige Extravaganz, die er sich leistete. Ansonsten hatte er nur noch eine Flöte mitgebracht, mit der er die Stimmen von Vögeln imitieren konnte, und diese spezielle Pfeife hatte er eigentlich nur für die Hunde mitgenommen, um sie an ihr Zuhause in Minnesota zu erinnern.

Ich hatte mich fast ausschließlich für Zeichengerät entschieden – unter anderem ein fünfzehn Zentimeter langes Lineal, einen Winkelmesser, Buntstifte, Radiergummi, einen Bleistiftspitzer – und außerdem einen kleinen Kassettenrecorder. Das einzige Buch, das ich bei mir hatte, stammte von einer Autorin namens Gretel Ehrlich und trug den Titel „Der Trost der unendlichen Weite“.

4. Dezember; 131. Tag. Gestern hatten wir unser Lager bei 87° 14’ südlicher Breite aufgeschlagen. Nachdem wir weitere 40 Kilometer zurückgelegt hatten, schätzten wir, daß wir uns nun bei 87° 35’ befanden. Irgendwann im Laufe des nächsten Tages würden wir dann voraussichtlich den 88. Breitengrad überqueren. Die Kilometer und Breitengrade tickerten nur so vorbei.

Im Lager herrschte die einhellige Meinung, daß die willkommenste Änderung beim Erreichen des Südpols die unseres Speiseplans sein würde. Dahes Frühstückskreationen wurden von Tag zu Tag seltsamer. Zuerst kochte er Granolariegel in Wasser – sie waren sonst für unsere Zähne zu hart – und fügte ein wenig Hafermehl hinzu, um eine Art Suppe zu erhalten. Auf dieses Gebräu folgten Biskuits mit Erdnußbutter, dann eine Dose Ölsardinen und zum Abschluß ein Schokoladenriegel. Was mich betraf, so hatte ich mich für eine spontan wechselnde Menüfolge entschieden, und ich zwang mich jeden Abend, ein 200-Gramm-Päckchen Käse zu meinen Nudeln oder meinem Reis zu verzehren, damit meine Eiweißversorgung gewährleistet war. Dadurch wurde das Abendessen eine der unangenehmsten Tätigkeiten des Tages, und oft wünschte ich mir, ich käme ganz ohne Essen aus.

Als wir am Abend zuvor guten Funkempfang hatten, konnten wir Messner erreichen. Er war zwei Tage von seinem ersten Depot entfernt und hoffte, am 20. Dezember am Südpol anzukommen. Bisher hatte er es geschafft, alle fünf Tage einen Breitengrad zu überqueren, und bei diesem Tempo konnte ich mir nicht vorstellen, daß er sein Ziel vor dem achtundzwanzigsten erreichen würde. Das wiederum mußte sein Vorhaben gefährden, nach McMurdo zu gelangen, ehe die Witterungsverhältnisse einen Überlandmarsch unmöglich machten. Er wußte, daß er schneller werden mußte, aber wie er berichtete, wurde er durch tiefe Sastrugi und weichen Schnee ständig gebremst.

5. DEZEMBER; 132. TAG. Während eines Funkkontakts mit John Stetson erfuhren wir, daß heute offiziell bekanntgegeben worden war, die Russen hätten sich bereit erklärt, unsere Expedition mit zwölf Tonnen Treibstoff am Südpol zu versorgen. Nach vielen schlaflosen Nächten schienen unsere größten logistischen Probleme gelöst zu sein,

Ich staunte immer wieder über unser Glück bei der Durchführung dieser Expedition. Die Hindernisse wurden immer größer und immer komplizierter, und ihre Überwindung wurde immer kostspieliger. Dennoch zogen wir unermüdlich weiter. Daß wir weitermachen konnten, war letztlich auch mehr als Glück; es war der Lohn für unsere jahrelange Planung, Vorbereitung und Organisation. Der Geist unseres Unternehmens steckte auch andere an: Jeder feuerte uns an, hoffte, daß wir es schafften, und war bereit zu helfen, wenn sich ihm die Möglichkeit bot. Der Erfolg der Expedition hing natürlich in vielerlei Hinsicht von uns ab, aber alles, was wir im Augenblick tun konnten, war Kilometer zu fressen . . . und uns die Daumen zu drücken.

6. DEZEMBER; 133. TAG. Um neun Uhr abends wurde Jean-Louis zum erstenmal per Funk von jemandem am Südpol gerufen. Viktor brüllte nach mir durch die klare, kalte Nachtluft, und ich rannte zu ihrem Zelt.

„Wie geht's euch da draußen, Transantarktika? Spreche ich mit Will Steger?"

„Ja, hier ist Will. Schön, mit Ihnen zu reden. Wir sehen uns in fünf oder sechs Tagen."

„Ich muß Ihnen noch mitteilen, daß ich im Moment gerade Gefahr laufe, meinen Job zu verlieren, weil ich mit Ihnen rede. Ich habe nämlich inoffiziell mit Ihnen Kontakt aufgenommen. Mein Name ist Chris, und ich bin hier im Winter der zuständige Kommunikationstechniker.

Ich sitze in einer Funkbude außerhalb der Kuppel unserer Station. Ich möchte Sie über einige Veränderungen betreffend Ihres Aufenthalts hier informieren, die sich in der vergangenen Woche ergeben haben. Ursprünglich sollten Sie und Ihre Filmcrew jenseits der Rollbahn bleiben, und die Besatzung in der Station hätte bis auf das Notwendigste nicht mit Ihnen reden dürfen. Aber offenbar haben die Russen die NSF (die National Science Foundation in Washington überwacht alle amerikanischen Forschungsunternehmungen in der Antarktis) gebeten, Ihren sowjetischen ‚Diplomaten' zu begrüßen, daher werden sie euch jetzt wohl ein etwas freundlicheres Willkommen bereiten."

„Danke für die Information, und wir finden es schön, daß wir willkommen sind. Wir freuen uns schon auf das Treffen."

„Wir freuen uns ebenfalls. Wir bewundern euer Unternehmen, und wir würden uns gerne mit Ihnen unterhalten, wenn Sie hier sind, und von Ihnen erfahren, wie es gelaufen ist."

„Klar, Chris", stimmte ich zu. „Also, wir richten uns hier nach chilenischer Zeit, und danach ist es neun Uhr abends. Wir treffen nach unserer Zeitrechnung voraussichtlich am elften Dezember zwischen sechs und acht Uhr abends oder am zwölften Dezember gegen elf Uhr vormittags ein."

„Verstanden. Wir rechnen hier nach neuseeländischer Zeit, und danach ist es jetzt fünf vor zwölf Uhr mittags am siebten Dezember."

„In Ordnung, Sie sind uns demnach um einen Tag voraus. Also kommen wir wahrscheinlich am Vormittag Ihres zwölften Dezember an."

Ich hatte schon häufiger Situationen wie diese erlebt, wenn Leute sich ehrlich über unsere Ankunft freuten und uns gerne treffen wollten, die politischen Gegebenheiten in der Station das aber nicht zuließen. Unsere Erfahrungen mit der National Science Foundation reichten zurück bis zum September 1987, als unsere Managerin Cathy deMoll, Jean-Louis, Martyn Williams von Adventure Network und ich nach Washington geflogen waren, um dort unsere Pläne vorzustellen. Man hatte uns bereits inoffiziell mitgeteilt, daß die NSF die Route, die wir ausgesucht hatten – vor allem in der geplanten Jahreszeit –, für ungangbar hielt, und wir wußten aus den Erfahrungen anderer, daß es die Politik der NSF war, private Unternehmen in der Antarktis nicht zu unterstützen, ja noch nicht einmal zur Kenntnis zu nehmen. Zum Teil war dafür der Flugzeugabsturz am Mount Erebus im November 1979 verantwortlich, bei dem alle 257 Insassen ums Leben gekommen waren. Das Flugzeug hatte keine Lebensmittelrationen für ein Überleben auf dem Eis an Bord gehabt, es gab keinerlei Vorrichtungen zur Rettung oder Evakuierung, und wäre das Flugzeug nicht in der Nähe der amerikanischen und der neuseeländischen Station abgestürzt, wäre das Wrack vermutlich nie gefunden worden. Die Katastrophe – speziell die Schadensersatzklagen, die darauf folgten – hatte noch die ablehnende Haltung der NSF gegenüber privaten Unternehmungen in der Antarktis verstärkt. Wir hingegen hatten gehofft, daß wir die NSF mit unserem hohen Maß an Erfahrung in Polarregionen und mit der Unterstützung mehrerer anderer Regierungen, die am Südpol Stützpunkte unterhielten, wenigstens dazu überreden konnten, uns den Informationsaustausch mit Dritten zu ermöglichen.

Wir waren ziemlich direkt gewesen, was unsere Pläne und deren Begründung anging. Wir hatten der NSF erklärt, daß die Antarktis sich am Beginn eines grundlegenden Veränderungsprozesses befinde, und angedeutet, daß sie sich in den nächsten Jahren eine andere Methode im Umgang mit den zahlreicher werdenden Antarktisbesuchern überlegen müßte, als einfach nur nein zu sagen. Wir hatten vorgeschlagen, daß man sich unsere Pläne ansehen, auf eventuelle Mängel hinweisen und mit uns das Für und Wider erörtern sollte, damit unsere Expedition als eine Art Vorbild für weitere Unternehmungen dienen könne. Eventuelle Rettungsmöglichkeiten hatten sich dann als der entscheidende Punkt erwiesen: Die NSF hatte sich Sorgen gemacht, daß wir, falls wir in Schwierigkeiten gerieten, eine US-Forschungsstation um Hilfe bitten könnten. Wir hatten der NSF versichert, daß wir 400 000 Dollar in unserem Budget für Rettungsmaßnahmen vorgesehen hätten, um nicht auf die Hilfe irgendwelcher Regierungen angewiesen zu sein. Die NSF hatte jedoch gemeint, das ändere die Lage für sie auch nicht wesentlich.

Obgleich niemand die Oberhoheit über die Antarktis hat – abgesehen von dem gemeinschaftlichen Abkommen –, ist jedes Land für diejenigen seiner Bürger verantwortlich, die sich dort aufhalten. Da unsere Hunde aus den Vereinigten Staaten kamen, hatten wir uns an die Vorschriften der NSF halten müssen, die die Einführung von Hunden auf den Kontinent regeln. Die NSF hatte eine Expertenkommission zusammengestellt, die jedes Wort unseres Antrags genauestens unter die Lupe genommen hatte. Da sie keine Schwachstellen hatte entdecken können, hatten wir die Genehmigung erhalten – allerdings erst im Mai 1989, keine zwei Monate vor unserem geplanten Start.

7. Dezember; 134. Tag. Beim Mittagessen unterhielten wir uns heute über die unterschiedlichen Sorgen, die Amundsen und Scott gehabt haben mußten, als sie die Position 90 Grad südlicher Breite erreichten – den Südpol. Amundsen kam mit seinem Team und 16 Hunden als erster dort an, am 14. Dezember 1911, 56 Tage nachdem er das Ross-Schelfeis verlassen hatte. Er und seine vier Begleiter blieben vier Tage lang und bestimmten die genaue Lage des Pols mittels dreier Messungen, damit es später keinen Streit gab, wo sie gewesen waren (obgleich später der Beweis erbracht wurde, daß sie nicht ganz genau auf dem geographischen Südpol gestanden, sondern ihn tatsächlich um knapp 200 Meter verfehlt hatten). Sie stellten ein Zelt auf, schrieben Südpol auf alle Teile ihrer Ausrüstung und veranstalteten ein Fest. Als Scott am 17. Januar 1912 am Pol eintraf, waren das Zelt und eine schwarze Fahne, die an einer Reserveschlittenkufe befestigt war, für ihn der erste Hinweis darauf, daß er das Wettrennen verloren hatte. Im Zelt fanden seine Männer ein buntes Sortiment an Handschuhen und Strümpfen, einen Sextanten, ein Thermometer sowie einen Brief von Amundsen an Scott und einen zweiten, der von Scott an den norwegischen König Haakon geschickt werden sollte. Eine Steintafel mit den Unterschriften Amundsens und seiner Männer verkündete nur: Willkommen auf dem 90.

Es dauerte bis zum 31. Oktober 1956, ehe wieder jemand seinen Fuß auf das Eis am untersten Ende der Erde stellte – Konteradmiral George Dufek. Dufek landete mit einer DC-3, um im Rahmen des Internationalen Geophysikalischen Jahres das amerikanische Forschungsprogramm in der Antarktis zu eröffnen. Die ersten Touristen trafen am 21. Januar 1988 mit einem Zivilflugzeug auf dem Südpol ein – die Tickets hatten immerhin 34 000 Dollar gekostet –, und am 17. Januar 1989 kamen die ersten Skireisenden. Sie hatten von Patriot Hills aus 1130 Kilometer zurückgelegt und für dieses „Vergnügen" 80 000 Dollar bezahlt.

Wir wären die erste Expedition seit Scott, die den Südpol per Hundeschlitten erreichte.

9. Dezember; 136. Tag. Wieder ein Tag mit vierzig Kilometer Streckenleistung; wir waren jetzt nur noch 72 Kilometer vom Pol entfernt. Wir marschierten bei Seitenwind, zum erstenmal seit fast zwei Monaten, und die Temperatur betrug einigermaßen milde minus 23 °C. Das Gelände war eben und von einer weichen Schneeschicht bedeckt.

Zwischen zehn und ein Uhr erlebten wir eine ganze Reihe weiträumiger, sehr lauter Schneebeben. Diese Erscheinung hatte ich schon in der Arktis beobachtet; aber wie vieles in der Antarktis ganz andere Dimensionen hat als an anderen Orten, waren auch die Schneebeben hier die größten, die ich je erlebt hatte. Schneebeben werden ausgelöst, wenn sich Schnee in einer mehrere Zentimeter dicken Schicht auf einer Fläche abgelagert hat, die zwischen der Größe eines Zimmers und eines Fußballfeldes liegt, dann unter seinem eigenen Gewicht zusammenbricht und mehrere Zentimeter auf einmal absackt. Das Schneebeben heute klang wie das Rumpeln eines fernen Donners. Der Schnee um uns herum rutschte weg, und alle drei Hundegespanne gerieten durcheinander, als sie versuchten, sich vor dem Lärm in Sicherheit zu bringen. Obgleich es sich um ein völlig harmloses Naturereignis handelt, kann es einem ganz schön Angst einjagen.

Mit diesem Beben begann ein Tag, der uns eines der ungewöhnlichsten und atemberaubendsten Naturphänomene der Antarktis vorführte: Am Spätnachmittag erlebten wir phantastische Sonnenhalos, offenbar eine Darbietung zu Ehren von Jean-Louis' dreiundvierzigstem Geburtstag. Der ganze Himmel war voller Eiskristalle – Diamantenstaub nennen Wissenschaftler diese Erscheinung. Es gab doppelte Scheinbilder und sogar einen seltenen dreifachen Regenbogen. Es war einer jener flüchtigen Augenblicke, in dem wir alle sechs abrupt stehenblieben, um die Pracht der Antarktis zu genießen.

Während wir uns dem untersten Ende der Erde näherten, schien die Sonne von Tag zu Tag intensiver. Ich saß am frühen Abend in Jean-Louis' Zelt, um wie üblich beim Funkkontakt dabeizusein, und wir zogen die Reißverschlüsse der Türen auf, um die Sonnenstrahlen hereinzulassen. Es war, als hätten wir eine 250-Watt-Glühbirne angeknipst, und die Sonne entfaltete Kräfte, die uns unsere Energie zurückzugeben schienen.

Während Jean-Louis und ich darauf warteten, mit Patriot Hills Verbindung aufnehmen zu können, kommentierte er den Tag. „Manchmal ist es so, als habe die Antarktis keine Seele“, sagte er, „als wäre sie ein fremder Planet, kein Ort für Menschen. Aber bei anderen Gelegenheiten, wenn man über sich einen richtig schönen Himmel sieht, wie heute zum Beispiel, wenn man ganz bewußt fühlt und auskostet, daß man sich wirklich auf der Erde befindet, dann komme ich mir vor, als bewegte ich mich in einem großen, wundervollen Tempel. Heute, als wir diese dreifachen Lichthöfe sahen, habe ich laut dem Himmel gedankt.“

Seine Geburtstagsparty verlief so wie unsere üblichen Zusammenkünfte, wobei die Atmosphäre besonders warm und freundlich war. Wir unterhielten uns über den Nachschub für die Unzugängliche Region und gingen noch einmal die Erklärung durch, die wir am Südpol verlesen wollten. Der „magnetische Geist" des Südpols zog uns nun an, und wir waren alle etwas stiller geworden. Zum erstenmal seit unserer Ankunft in der Antarktis erfaßte uns ein Gefühl, als ginge bald etwas zu Ende, obgleich wir uns bewußt waren, daß wir gerade erst die Hälfte unseres Heimwegs hinter uns hatten. Ich fühlte mich wieder zuversichtlich und voller Energie.

Mir schien es, als empfänden die anderen ebenso, und wie immer war es Viktor, der mit seiner Erregung uns alle ansteckte und mitriß. Er erzählte mir, daß für ihn die Ankunft am Südpol genauso sei wie „ein Besuch in Disneyland, Las Vegas und auf dem Mars gleichzeitig". Auch Dahe war aufgeregt, sowohl ganz persönlich als auch wegen seiner Forschungsarbeit. Er hoffte, während unseres Aufenthaltes am Südpol Wissenschaftlerkollegen kennenzulernen und Beziehungen anzuknüpfen, mit deren Hilfe er vielleicht eines Tages hierher zurückkehren und hier arbeiten konnte. „Bis jetzt bin ich als Chinese ja schon ganz schön weit herumgekommen", meinte er. „Aber ich hätte doch nie gedacht, daß ich eines Tages auf Skiern die Antarktis durchqueren würde."

11. Dezember; 138. Tag. wir brachen unser Lager zur gewohnten Zeit ab und marschierten mit unseren üblichen fünf Kilometern pro Stunde. Die Wolken hingen tief, Nebelschwaden bedeckten das Terrain, und die Sicht war schlecht.

Gegen Mittag lockerte die Bewölkung auf, und wir entdeckten ein großes Hercules-CL-130-Frachtflugzeug am Horizont. Es näherte sich einem Punkt, der nach unserer Berechnung die Amundsen-Scott-Station sein mußte.

Als wir nach dem Mittagessen weitermarschierten, waren wir überrascht, wie schnell die Station näher kam. Um halb drei konnten wir ihre markante Kuppel sehen, und um drei Uhr erkannten wir das Zelt, das man für uns auf der anderen Seite der Rollbahn aufgebaut hatte. Außerdem sahen wir eine Reihe halbkreisförmig angeordneter Fahnen, die im Wind flatterten, und etwas, das wir für eine Ansammlung roter Benzinfässer hielten.

Die „roten Fässer" entpuppten sich als Stationspersonal. Sechzig von den neunzig Leuten, die dort arbeiteten, hatten sich um den Pfosten versammelt, der den geographischen Pol kennzeichnete, und erwarteten uns mit selbstgebastelten Schildern und lauten Hochrufen. Während wir uns näherten, konnten wir hören, wie sie uns Beifall klatschten, und ich sah ein Schild mit der Aufschrift *Grüße aus Minnesota!* Es war beinahe so, als könnten meine Hunde es ebenfalls lesen, denn sie schwenkten ab und stürmten mit wedelnden Schweifen auf die Menschenmenge zu. Wir schnallten unsere Skier ab und wurden sofort von der Schar Gratulanten umringt.

Es bereitete uns unbändige Freude, endlich wieder mit Menschen zusammenzutreffen, Hände zu schütteln und – vor allem für mich – mit Amerikanern zu reden. Dann stellten wir uns für ein Gruppenfoto um den Pfosten auf. Anschließend teilte man uns mit, daß wir die Station besuchen, uns dort jedoch nicht länger als drei Stunden aufhalten durften. Wir konnten aber natürlich nicht sofort hingehen, denn zuerst mußten wir die Hunde anbinden, unsere Schlitten abladen und uns in unseren Zelten häuslich einrichten. Eine Stunde später wurden wir mit einem Schneemobil eine Rampe hinuntergebracht, die in den Kuppelbau führte, das Herz der Amundsen-Scott-Station.

Der Stationskommandant und mehrere seiner Untergebenen veranstalteten mit uns einen kurzen Rundgang durch die Station. Sie zeigten uns den Funkraum, die Wetterbeobachtungseinrichtungen und den allgemeinen Aufenthalts- und Freizeitraum. (Es war ein seltsames Gefühl, sich in einer geheizten Räumlichkeit aufzuhalten und über einen Teppich zu gehen.) Sie boten uns eine Tasse Kaffee an – nicht mehr, obgleich gerade eine warme Mahlzeit zubereitet wurde und unsere Uhren längst die Mittagszeit anzeigten. Danach wurden wir in eine Turnhalle geführt. Über die Lautsprecheranlage der Station war eine Ansage gemacht worden, und siebzig der Stationsangehörigen hatten sich in dem kleinen Gebäude eingefunden. Als wir eintraten, ertönten erneut laute Hochrufe und begeisterter Applaus.

Etwa eine Stunde lang beantworteten wir Fragen. Die beste Frage war, ob wir während der ersten Hälfte unseres Marsches etwas gelernt hätten, was uns vielleicht die zweite Hälfte erleichtern könne.

Jean-Louis antwortete mit einem einzigen Wort: „Zuversicht."

Als wir den Kuppelbau betreten hatten, war uns eine zierliche, brünette Frau Mitte Vierzig gefolgt. Sie stellte sich als Carol Roberts, Vertreterin der NSF, vor. Sie war in der Hercules, deren Landung wir beobachtet hatten, von McMurdo herübergeflogen und sollte unsere Ankunft beobachten. Als die Fragestunde allmählich zu Ende ging, fragte ich sie, ob wir mit ihr über die Vorschriften und Verhaltensmaßregeln reden könnten, die wir während unseres Aufenthaltes einhalten sollten. Mrs. Roberts, die sich in ihrer Haut sichtlich unwohl fühlte, verlas eine kurze Erklärung, in der noch einmal die Haltung der NSF unterstrichen wurde, private Expeditionen offiziell nicht zur Kenntnis zu nehmen und zu unterstützen. Wir müßten uns ständig auf der jenseits der Station gelegenen Seite der Rollbahn aufhalten, erklärte sie, und es dürften keine „Fraternisierungsversuche" mit dem Stationspersonal stattfinden. Sie befand sich in einer sehr unangenehmen Position, und ich hatte das Gefühl, daß jeder in der Station, der einigen Einfluß hatte, sich angesichts dieser Situation mehr als unbehaglich fühlte. Ich glaube, daß man uns gern ein schöneres Willkommen bereitet hätte, sich jedoch durch entsprechende Anweisungen aus Washington daran gehindert sah. Nachdem Mrs. Roberts ihre Erklärung verlesen hatte und endgültig klar war, daß uns die Dinge nicht angeboten wurden, die wir uns am dringendsten wünschten, nämlich eine heiße Dusche und eine warme Mahlzeit, entschieden wir uns, zu unseren Zelten zurückzukehren.

Während wir die Turnhalle verließen, ging Jean-Louis zu der NSF-Vertreterin und sagte ihr, er habe Mitleid mit ihr und sie habe einen sehr schwierigen Job. Als er erklärte: „Wir haben Verständnis für Sie", begann sie zu weinen. Gleichzeitig wurden wir von einigen Zuhörern bedrängt, die sich fast dabei auf die Füße traten, als sie sich wegen des Verhaltens der NSF bei uns entschuldigten. „Seien Sie versichert, daß in der augenblicklichen Situation allein die Haltung der NSF zum Ausdruck kommt und nicht unsere", erklärten sie und: „Wenn Sie etwas brauchen, dann lassen Sie es uns ruhig wissen." Wir waren so froh, unser Ziel erreicht zu haben, daß dieses ganze Durcheinander unsere Laune nicht trüben konnte.

Wir nahmen an, daß Mrs. Roberts für die Dauer unseres Aufenthaltes ständig in der Nähe sein würde, und es war irgendwie beunruhigend, daß die NSF glaubte, uns beaufsichtigen zu müssen. Aber zu unserer Überraschung flog sie schon nach wenigen Stunden mit derselben Hercules, die sie hergebracht hatte, zurück nach McMurdo. Das versöhnte mich ein wenig mit der NSF. Sie hatten getan, was sie für nötig gehalten hatten – nämlich uns ihre Grundsätze darzustellen –, und sich dann zurückgezogen.

Ehe wir einschliefen, ließ Geoff es sich nicht nehmen, einmal die Erdkugel zu umrunden. Dazu marschierte er in einem Radius von drei

Metern rund um den Südpol, überschritt dabei jeden Längengrad und wechselte vom Montag in den Dienstag und zurück in den Montag. Morgen, so sagte er, werde er seine Leithündin Thule zu einem Spaziergang um die Erde mitnehmen.

14. DEZEMBER; 141. TAG. Wir schliefen auf der anderen Seite der Rollbahn, ungefähr zwölfhundert Meter von dem Kuppelbau entfernt, in unseren eigenen Zelten. Immerhin waren zusätzlich zwei größere Zelte für uns errichtet worden. Eines benutzten wir als Speisesaal, im anderen breiteten wir unsere Ausrüstung aus und reparierten sie, soweit es nötig war. Die Witterung war mild, und die drei Ruhetage verbrachten wir damit, Briefe zu schreiben und unsere Sachen herzurichten.

Ich versuchte, soviel wie möglich über die Aufgaben der Station zu erfahren. Der auffälligste Teil der Station war die 50 Meter breite und 17 Meter hohe geodätische Kuppel. Unter ihr standen drei überdimensional große Wohncontainer auf Stelzen, in denen sich fast der gesamte Wohnbereich – Speisesaal, Billardzimmer, Bibliothek und Bars – befand. Es gab warmes Wasser, Wasserklosetts, Duschen und eine kleine Sauna. Bereits seit 1957 waren amerikanische Wissenschaftler am Südpol tätig; die Kuppel war 1975 gebaut worden. Ihre Konstruktion ist beeindruckend, und sie ist außerordentlich praktisch, doch drinnen herrschte eine triste Atmosphäre. Schwere Maschinen wie etwa Müllwagen und Planierraupen fuhren ständig mit lautem Brummen umher. Die Luft war extrem trocken, und innerhalb der Gebäude waren stets Luftbefeuchter in Betrieb. Ich hatte gehört, daß Menschen hier im Laufe der Zeit manchmal sehr schlapp und träge wurden, vor allem wenn sie ein ganzes Jahr hier bleiben mußten, und ich konnte jetzt verstehen, warum. Man erklärte uns, diese allgemeine Trägheit könne die Bewohner der Station in sogenannte „Kuppelmolche" verwandeln – Mannschaftsangehörige, die tage- und wochenlang keinen Schritt mehr vor die Tür setzten.

Als wir auf der Station eingetroffen waren, hatte die Sommersaison gerade ihren Höhepunkt erreicht. Von Mitte November bis Mitte Februar arbeiten hier an die neunzig Personen. Die Zahl der Belegschaft sinkt während der acht Wintermonate – März bis Oktober – auf zwanzig Personen; in dieser Zeit ist die Station, abgesehen von einem täglichen Funkgespräch, von der Außenwelt abgeschnitten. Die wissenschaftlichen Studien, die am Pol durchgeführt werden, sind vielfältig und in ihrer Bedeutung nicht zu unterschätzen. Die Forscher beobachten seismische Aktivitäten im Sonneninnern, lauschen dem tiefen, fast unhörbaren Murmeln unseres Planeten und verfolgen die Satelliten auf ihrem polaren Orbit.

15. Dezember; 142. Tag. Ehe wir den Pol verließen, versammelten wir uns noch einmal für ein paar Fotos um den Pol-Pfosten. Über uns flatterten die zwölf Fahnen, die die ursprünglichen Unterzeichnerstaaten des Antarktisvertrages repräsentierten. Vierzig Leute verabschiedeten uns um fünf Uhr früh. Ich hatte eine Fahne mit der Aufschrift Peace, Frieden, mitgebracht, und als wir sechs sie entfalteten und hißten, applaudierte das Abschiedskomitee begeistert. Einige weinten sogar. Dies war der erhebendste Moment unseres Aufenthaltes am Südpol. Wegen der Kälte holten wir die Fahne ziemlich schnell wieder ein und fuhren unter gedämpftem Hallo mit unseren Schlitten los. Nach zehn Kilometern war die Station hinter den Unebenheiten des Geländes verschwunden.

Wir gelangten jetzt in das ausgedehnteste und abgelegenste zusammenhängende Flachlandgebiet auf der Erde. Die Unzugängliche Region, ein Eisschild halb so groß wie die Vereinigten Staaten, verdankt ihren Namen dem sogenannten „Pol der Unzugänglichkeit", der von allen Küsten gleich weit entfernt ist, und da hier das Vorankommen, die Beschaffung und der Transport von Verpflegung ebenso wie die extrem niedrigen Temperaturen ein großes Problem darstellen, hat dieses Gebiet auf die Besucher der Antarktis nie großen Reiz ausgeübt. Die Route, die wir einschlugen – 1430 Kilometer vom Südpol nach Vostok –, war bis dahin nur ein einziges Mal zurückgelegt worden, und zwar 1959 von einer sowjetischen Forschungsexpedition. Damals waren spezielle Raupenfahrzeuge benutzt worden. Zu Fuß hatte diesen Weg noch niemand in Angriff genommen. Ehe wir unsere Reise nach Süden antraten, waren wir wiederholt von Südpolexperten gewarnt worden, daß wir auf diesem Teilstück Tiefschnee antreffen würden. Die Sowjets hatten behauptet, bei ihrer Fahrt im Jahr 1959 sei ein Treibstoffaß in den Schnee gefallen und in den weichen, pulverfeinen Massen verschwunden.

Wenn wir ein Drittel unseres Weges durch diese Unzugängliche Region zurückgelegt hätten, würde es schwierig werden, uns zu retten, falls etwas passierte. Vor uns lagen Wochen ohne jeglichen Funkkontakt. Trotz der bohrenden Sorgen, die jeder von uns für sich hatte, waren wir als Team voller Zuversicht und Selbstvertrauen. Wir hatten jetzt am Südpol genügend Treibstoff, und eine Twin Otter der Adventure Network würde dort für den Notfall so lange bereitstehen, bis wir Vostok erreicht hatten. In Vostok rechnete man mit unserer Ankunft in gut dreißig Tagen.

18. DEZEMBER; 145. TAG. Wie wir bereits erwartet hatten, erwies es sich als unmöglich, einen Funkkontakt herzustellen. Die Sonneninterferenzen, ein typisches Merkmal des antarktischen Januar, hatten in diesem Jahr aufgrund verstärkter Sonnenfleckentätigkeit schon früh eingesetzt. Außerdem hatten wir aus Gründen der Gewichtsersparnis nur ein 20-Watt-Funkgerät bei uns, und beide Basislager – sowohl Patriot Hills als auch Punta Arenas – rückten in immer weitere Ferne.

Wir hatten für diese Teilstrecke etwas Neues eingeführt, eine Tätigkeit, durch die unser Tag aufgeteilt wurde und die uns deshalb allen höchst willkommen war: Alle vierzig Minuten – also ungefähr alle drei Kilometer – hielten wir an und errichteten eine etwa zwei Meter hohe Pyramide aus Eis- und Schneeblöcken, die wir aus dem gefrorenen Boden heraushackten. Der ganze Vorgang dauerte weniger als fünf Minuten. Wir wollten damit eine Kette von Schneepyramiden zurücklassen, deren Schatten die beiden Versorgungsflugzeuge, die wir erwarteten, folgen konnten. Ohne einen zuverlässigen Funkkontakt waren die Schneepyramiden unsere einzige Sicherungsmaßnahme.

Bisher hatte diese regelmäßige Unterbrechung unseren Schwung nicht im mindesten bremsen können. Heute hatten wir vierzig Kilometer bei außerordentlich niedrigen Temperaturen und einem Wind von knapp zwanzig Kilometern pro Stunde geschafft. Und das Errichten unserer „Schneemänner“ stellte eine angenehme Abwechslung in dieser eintönigen Landschaft dar. Wohin wir auch schauten, die Aussicht war überall die gleiche – ebenes weißes Terrain stieß am Horizont auf klaren blauen Himmel. Es gab keine Schatten, keine Bodenerhebungen, keinen Pflanzenbewuchs, keine auffälligen Erscheinungen – nichts. Im Scherz meinten wir, wenn es eine Flagge der Antarktis gäbe, dann wäre sie sicherlich zur Hälfte weiß und zur Hälfte blau.

Das gemächlichere Tempo und das Ausbleiben von Stürmen erlaubten uns mehr Gruppenleben, als wir es sonst gewohnt waren. An diesem Tag hatten wir die erste Mittagspause seit vielen Wochen, in der wir alle sechs gemütlich zusammensitzen konnten. In dieser halben Stunde unterhielten wir uns über den Fall der Berliner Mauer, von dem Jean-Louis erfahren hatte, als er die Rundfunknachrichten aus Frankreich abgehört hatte. Vor allem Viktor war verblüfft über die Veränderungen in Osteuropa. Dort, wo wir uns befanden, schien uns all das unendlich weit weg zu sein, so als hörten wir Nachrichten von einem fremden Planeten.

Ich teilte jetzt das Zelt mit Geoff und transportierte die schwerste Last auf meinem Schlitten; dazu gehörten auch Jean-Louis' und Dahes persönliche Habe. Wenn ich abends das Etappenziel erreichte – gewöhnlich als letzter –, hatten wir vier die Gelegenheit, uns zu unterhalten, während wir das Lager aufschlugen. Wenn das Wetter es gestattete, konnte ich im Laufe des Tages auch mit allen anderen reden, eine Erfahrung, die ich auf dieser Expedition zum erstenmal machte. Ich glaube, ich hatte gar nicht erkannt, wie tief meine Stimmung durch die Isolation während der Schneestürme gesunken war. Jetzt waren wir wieder munter und spürten neuen Unternehmungsgeist.

Grundsätzlich waren unsere Tage nun nicht mehr so mühsam und qualvoll. Es fiel jetzt viel leichter, morgens aus dem Schlafsack zu kriechen und sich danach aus dem Zelt ins Freie zu wagen. Sobald wir unterwegs waren, beschäftigte ich mich damit, in Gedanken Briefe zu schreiben und Pläne für weitere Expeditionen zu schmieden. In den Archiven meines Gedächtnisses suchte ich nach bestimmten, lange entbehrten Empfindungen: Ich sehnte mich nach dem Geruch, den der Wind während eines Frühlingsregens mitbringt, oder nach den Sinneseindrücken eines frühen Morgens im Oktober. Ich hörte im Geist die Geräusche der Wälder, spürte ihre Feuchtigkeit. Blumen waren mein liebster Tagtraum; ich dachte viel an Rosen, Gladiolen und Tulpen, und zwar sowohl an ihre Schönheit als auch an ihren Duft. Diese Erinnerungen waren für mich wie wertvolle Juwelen.

Hier wurden wir nur vom Zischen unserer Skier, von unserem rhythmischen Atmen und von unserem eigenen Herzschlag begleitet. Wenn einem eine Melodie durch den Kopf ging und sich dann ständig wiederholte, konnte man im Laufe eines Tages rasend werden.

20. DEZEMBER; 147. TAG. Am Nachmittag hatte Keizo Probleme mit seinem Hund Björn. Er erwischte ihn dabei, wie er auf seinem Geschirr herumkaute. Abgesehen von Kämpfen untereinander war das hier das schlimmste Vergehen eines Hundes. Geschirre sind äußerst wertvolle Ausrüstungsteile und nur sehr schwer zu ersetzen. Solche Unarten mußten deshalb sofort geahndet werden, doch die Strafmaßnahmen wirkten nur, wenn man den Hund auf frischer Tat ertappte. Diesmal

Zur Orientierung für Versorgungs- und Rettungsflugzeuge errichtet das Team in regelmäßigen Abständen zwei Meter hohe Schneepyramiden.

gelang es Keizo, sich auf Zehenspitzen an Björn anzuschleichen, um ihm einen strafenden Klaps zu versetzen. Genau in dem Moment, als er ausholte, um Björn ein paar hinter die Ohren zu geben, wurde das gesamte Gelände von einem lauten und heftigen Schneebeben erschüttert. Der arme Björn legte die Ohren an, und seine Beine zitterten. Er mußte annehmen, daß der Himmel selbst ihn bei seiner Unart erwischt hatte, und ich war absolut sicher, daß er für einige Zeit nicht mehr auf die Idee kommen würde, die Zähne an seinem Geschirr zu erproben.

Der Himmel in dieser Region war unglaublich klar, so daß hier keines der Phänomene wie Sonnenhalos, Regenbogen oder Schneekristallwolken zu verzeichnen war, die wir täglich auf unserem Weg zum Südpol hatten beobachten können. Der Himmel sah hier jeden Tag gleich aus – blau mit vereinzelten Wolken. Obgleich dies die Gegend war, über der das Loch in der Ozonschicht im Oktober und November die größte Ausdehnung hat, waren von der Erdoberfläche aus keinerlei Hinweise auf diese Umweltkatastrophe zu erkennen.

Das sogenannte Ozonloch in der Stratosphäre, 25 Kilometer über der Erdoberfläche, hatte die Aufmerksamkeit der Welt auf den antarktischen Himmel gelenkt. Mitte der achtziger Jahre war nach jahrelanger Unsicherheit eindeutig bewiesen worden, daß die jährliche Abnahme der Ozonschicht über der Antarktis durch die künstlich hergestellten Fluorchlorkohlenwasserstoffe (FCKWs) ausgelöst wird. FCKWs sind chemische Verbindungen, die in Kühlschränken und Klimaanlagen sowie in Spraydosen und bei der Herstellung von Schaumstoffen Verwendung finden.

Das Loch im Ozon läßt gefährliche Mengen ultravioletten Lichts ungefiltert bis zur Erdoberfläche dringen. Diese zusätzliche UV-Strahlung erhöht das Risiko, an Hautkrebs zu erkranken, schädigt das Getreide auf den Feldern, die Meeresflora und -fauna und spielt schließlich auch eine verhängnisvolle Rolle bei der Aufheizung der Erdatmosphäre.

Anfangs hatte man noch gehofft, daß die Abnahme der Ozonschicht sich nur auf die Himmelsregion über der Antarktis beschränkte. Doch 1988 bewiesen Untersuchungen, daß ein ähnliches, wenn auch kleineres Loch alljährlich über der Arktis und Grönland entsteht. Weltweit hatte die Ozonschicht der Erde in den letzten zehn Jahren um drei Prozent abgenommen, was sich auf Teile Europas, Nordamerikas und der Sowjetunion auswirkte. Jedes Jahr wird die schützende Schicht dünner, und in diesem Winter war sogar eine drastische Veränderung zu beobachten: Messungen zeigten, daß das Ozon im Höhenbereich von 14 bis 18 Kilometern bis auf 15 Teile pro Milliarde abgenommen hat. Der normale Wert liegt bei 2000 Teilen pro Milliarde.

21. DEZEMBER; 148. TAG. Heute hatten wir den längsten Tag des Jahres auf der Südhalbkugel, und die Sonne hatte ihren höchsten Stand erreicht. Von heute an würde die Sonne auf immer niedrigeren Bahnen ihre Kreise ziehen. Während es jetzt 24 Stunden am Tag hell war, würden wir am 1. März wieder sechs bis sieben Stunden Dunkelheit pro Tag haben.

Bei dieser warmen Witterung war ich gerne im Freien. Geoff und ich wechselten uns ein um die andere Nacht mit dem Draußenbleiben ab, um diese ruhigen Stunden auszukosten. Einer von uns hielt sich im Zelt auf und bereitete das Abendessen vor, deckte den Tisch und heizte den Kocher an, während der andere draußen war, Schneeziegel zum Auftauen ausstach und Schnee auf die Bodenplanen unseres Zeltes schaufelte. Heute war Geoff mit Kochen an der Reihe. Er bereitete ein exquisites Fleischragout, und wir verbrachten den Abend mit angeregter Unterhaltung und ausgelassenen Scherzen.

Das Zusammenleben mit Geoff seit unserem Aufbruch am Südpol war sehr angenehm. Weil es sein Zelt war, kam ich mir vor, als sei ich sein Gast, und daher versuchte ich, Rücksicht auf seinen Ordnungssinn zu nehmen. Ich lernte von ihm außerdem, „stilvoll" zu kampieren: Jeder Knoten war perfekt geknüpft, jeden Morgen wurden die verschiedenen Kisten auf die gleiche Weise gepackt.

In dieser Region der Antarktis stellte der Schlaf sich immer sehr schnell ein. Als wir uns über die Halbinsel gekämpft hatten, hatte ich fast vergessen, wie es war, eine Nacht durchzuschlafen. Nun konnten wir nachts lange und ungestört ausruhen, und infolgedessen wurde ich von Tag zu Tag fitter und kräftiger. Die Änderung unseres Speiseplans tat ein übriges. Bis zum Eintreffen am Pol hatte ich mich fast ausschließlich von Käse ernährt, doch am Pol hatten wir 50 Kilo Rindfleisch pro Schlitten erhalten, und wir spürten schon jetzt, wie unsere ausgezehrten Muskeln wieder kräftiger wurden.

Die dringendste Frage im Lager lautet zur Zeit: Ist Thule trächtig?

23. DEZEMBER; 150. TAG. Den ganzen Tag über sang Keizo den Hunden etwas vor, um sie aufzumuntern – es war eine Art von schrillen, vogelähnlichen Lauten, wie bei einer Taube, die sich an einem Stein verschluckt hat. Eigentlich war es wohl irgend etwas Italienisches, doch sein Gesang wurde durch seinen Gesichtsschutz verzerrt. Allerdings klangen meine Anfeuerungsrufe für die Hunde, wenn sie erschöpft waren, sogar noch schriller; sie hörten sich an wie „Gibbie, gibbie, gibbie". Manchmal rief ich auch „Dubba gubba", um sie anzutreiben. Jeder Fremde, der uns so gesehen und gehört hätte, wäre überzeugt gewesen, einen Haufen Verrückte vor sich zu haben. Aber die Hunde achteten sehr genau auf unsere Worte. Die richtige Intonation war außerordentlich wichtig, um sie zum Weiterlaufen zu animieren, wenn sie müde oder gelangweilt waren.

Am Abend gelang es uns, Funkkontakt zu den sowjetischen Stützpunkten Vostok und Bellingshausen herzustellen, was bedeutete, daß wir uns von nun an dort jederzeit melden konnten. Viktor würde künftig Jean-Louis als unser Sprachrohr für die Weitergabe und den Empfang von Informationen per Funk ablösen.

25. Dezember; 152. Tag. Ich verbrachte den heutigen Tag allein beim letzten Schlitten, beunruhigt durch die Tatsache, daß meine Hunde zurücklagen und ich mir nicht erklären konnte, weshalb. Das war mittlerweile ein nicht unbedeutendes Problem. Ich kam zu spät zum Mittagessen ins Lager, wodurch es mir nicht vergönnt war, ein paar Minuten mit den anderen zusammenzusein.

Da ich auch abends zu spät ins Lager kam, übernahm ich automatisch die Aufgaben dessen, der draußen war. Dazu gehörte unter anderem das Ausstechen von Schneeziegeln zum Wasserkochen. Heute stammten die Ziegel aus einem von Dahes fast zwei Meter tiefen Schneelöchern, die er alle 50 Kilometer aushob. Jeder, der draußen vor einem Zelt arbeitete, mußte Ziegel aus Dahes „Brunnen" holen und sie in Transportsäcke aus Nylon tun. Diese einfache Tätigkeit bot häufig die beste Gelegenheit für Gespräche. Man kniete am Rand des Lochs und entspannte sich für ein paar Minuten, während man den Schnee sammelte und mit demjenigen schwatzte, der gerade ebenfalls am Loch arbeitete. Die Szene hätte genausogut am Ufer eines Flusses in Afrika spielen können, wo die Eingeborenen zusammenkommen, um Wasser zum Kochen zu holen und um zu baden – nur daß es hier empfindlich kalt war.

Sobald Geoff und ich im Zelt waren, wünschte er mir „Frohe Weihnachten". Wir waren uns einig, daß die Unzugängliche Region wahrscheinlich der beste Ort ist, um dieses Fest zu begehen – und sei es auch nur aus dem einen Grund, daß man hier immer eine „weiße Weihnacht" hat.

26. Dezember; 153. Tag. Es war erstaunlich, wie gut wir uns an dieses Wetter gewöhnt hatten. Während der Nacht stieg die Temperatur auf minus 26 °C, und da wir das Zeltinnere völlig überheizt hatten, mußten wir mit offenen Schlafsäcken schlafen. Zu Hause hätten wir diese Temperaturen als ausgesprochen kalt empfunden.

Der größte Vorteil dieser Gegend war nach wie vor die hartgepreßte und ebene Schneefläche. (Heute schafften wir vierzig Kilometer.) Ich glaubte nicht, daß wir vor dem 82. oder 81. Breitengrad – also nach weiteren 480 Kilometern – auf tiefen Schnee stoßen würden. Je näher wir auf diesem Terrain an Vostok herankämen, desto besser war es.

Es scheint, als werde unsere Denkfähigkeit zur Zeit am meisten in Mitleidenschaft gezogen. Ständig gehen einem die gleichen Dinge durch den Kopf, Kilometer für Kilometer, Tag für Tag. Man wurde ganz einfach zu müde, um zu denken. Man konnte sich nicht einmal damit trösten, daß man sich sagte, es würde bald vorüber sein, denn das war es nicht. Mittlerweile waren wir regelrechte Schneenomaden ohne irgendwelche Orientierung; das einzig Zuverlässige an unserem Tagesablauf war das Einpacken, Weitermarschieren und Auspacken. Unsere Isolation wurde durch die seelenlose Leere der Landschaft, die uns umgab, noch verstärkt. Wer auf einer solchen Reise nicht mit sich selbst in Frieden und Einklang lebt, den kann diese Landschaft verrückt machen. Eine vorwiegend negativ eingestellte Person würde ungeheure Schwierigkeiten haben, in der Antarktis zu überleben. Ich war immer schon überzeugt gewesen, daß die Raumfahrt etwas Aufregendes ist, und nun hatte ich einen vagen Eindruck davon gewonnen, wie hoch die psychische Belastung dabei sein mußte.

Wir erwarteten den Piloten Brydon Knibbs mit der Twin Otter von Adventure Network kurz nach Mitternacht, denn um diese Zeit bildeten die Schatten der Schneepyramiden rechte Winkel und waren am einfachsten zu erkennen und zu verfolgen. Wir machten am Abend so nahe wie möglich beim 86. Breitengrad halt, denn dort befand sich der vereinbarte Punkt für die Nachschublieferung. Wir hörten das Flugzeug schon, ehe wir es sahen. Brydon flog genau auf uns zu. Er konnte wegen der knapp berechneten Treibstoffreserven nur eine Stunde bleiben, daher entluden wir die Twin Otter so schnell wie möglich und vereinbarten, daß wir am 82. südlichen Breitengrad noch einmal Nachschub erhalten sollten.

27. Dezember; 154. Tag. Wir nahmen einen Tag frei und erstellten einen Plan, der vorsah, daß wir für die nächsten zehn Tage 40 bis 42 Kilometer täglich zurücklegen und dann einen Tag ausruhen würden, ehe wir nach Vostok vorstießen. Nach der heutigen Ruhepause hatte mein Gespann wieder Kräfte gesammelt.

31. Dezember; 158. Tag. Messner und Fuchs waren heute am frühen Abend am Südpol angekommen, erschöpft und mit Erfrierungen, aber sie waren entschlossen, den Marsch auf Skiern fortzusetzen. Sie hatten gehofft, zehn Tage früher anzukommen, aber die Bedingungen waren schwieriger gewesen, als sie erwartet hatten. Für Fuchs war das Unternehmen eine Art von Rekord, weil er der erste Mensch war, der in einem Jahr beide Pole auf Skiern überquert hatte. Messner und er hatten die

Absicht, drei Tage am Pol auszuruhen und dann nach McMurdo aufzubrechen.

Unsere Funkbotschaft heute abend lautete: „Bonne Année. Happy New Year“ – ein glückliches neues Jahr.

Zurückgelegte Strecke: 3813 Kilometer.
Entfernung bis Mirnyy: 2207 Kilometer.

Januar

Nicht mehr unerreichbar

4. JANUAR; 162. TAG. Thule war hochträchtig, und wir hofften, daß wir sie von hier wegschaffen konnten, ehe ihre Welpen geboren wurden. Vielleicht konnte sie mit dem nächsten Versorgungsflugzeug nach Vostok vorausgeflogen werden. Wenn wir die Welpen auf dem Eis versorgen mußten, würde uns das vor fast unlösbare Probleme stellen.

„Wenn Thule die Welpen wirft“, sagte Geoff, „dann verliere ich einen Hund, und der Expedition fehlt das Leittier.“ Er war nicht besonders erfreut über Thules Zustand und machte Keizo und mich dafür verantwortlich, weil wir nicht aufgepaßt hatten, als sie heiß gewesen war. Ich erwiderte, wenn sie einen kleinen Wurf von zwei bis drei Welpen hätte, könnte sie sie vielleicht unterwegs bemuttern.

„Aber sie kann nicht laufen, wenn sie säugt, oder?“ hielt Geoff mir entgegen. „Und wer soll ihren Platz einnehmen? Außerdem ist es wirklich großes Pech, daß die Information durchgesickert ist, daß sie trächtig ist“, fügte er hinzu. Offenbar hatte das Filmteam die Neuigkeit verbreitet, und mehrere Zeitungen hatten bereits Geschichten über ihre zukünftige Mutterschaft veröffentlicht. Daheim in Minnesota warteten die Menschen gespannt auf die Meldung, daß Thule ihre Welpen zur Welt gebracht hatte.

„Sobald sie einen Wurf hat, sollten wir ihr die Jungen meiner Ansicht nach sofort wegnehmen. Sie kann später immer noch einmal werfen“, sagte Geoff.

Während ich einerseits seine Einstellung verstand, wußte ich andererseits, daß wir so etwas niemals tun konnten. Wir hatten ein Problem, das sich unseren Vorgängern, die ebenfalls mit Hunden unterwegs gewesen waren, in dieser Form nie gestellt hatte. Forscher hatten zwar seit Jahrhunderten immer wieder Hunde getötet, als Futter für andere Hunde oder gar als Verpflegung für sich selbst. Amundsen etwa hatte den Weg zum Südpol nur geschafft, weil er die Hunde seines Gespanns während des Marsches getötet und während des harten Rückwegs an die anderen Tiere verfüttert hatte. Aber die öffentliche Meinung über das Töten von Schlittenhunden hatte sich im Laufe der Jahre gewandelt. Insgeheim hofften wir alle, daß wir einen Wurf Südpolwelpen nach Hause mitbrachten.

„Ich verstehe nicht, warum die Presse einen solchen Einfluß auf die Art und Weise haben soll, wie wir unsere Expedition durchführen", sagte Geoff.

Doch die Realität des modernen Abenteurerlebens sieht so aus, daß die Medien natürlich einen ganz wesentlichen Anteil an großen Expeditionen haben. Ohne entsprechende Medienbeachtung ist es sehr schwierig, Sponsoren zu finden; und ohne Sponsoren ist es einfach unmöglich, eine derartige Expedition durchzuführen. Und wir hätten niemals die Chance gehabt, die Menschheit über die Antarktis und ihre Bedeutung aufzuklären.

5. JANUAR; 163. TAG. Heute war es sehr stürmisch, und als wir uns aus unseren Zelten hinauswagten, erschien es uns für einen Moment, als wären wir wieder auf die Halbinsel zurückversetzt worden. Die Sicht betrug 150 Meter, es wehte kräftig, und es fiel Schnee. Als wir schließlich loszogen, klarte es auf. Den größten Teil des Tages marschierten wir bei einzigartigen Lichtverhältnissen: Die Sturmwolken zerlegten die gelben Sonnenstrahlen und erzeugten ein ständig wechselndes Muster von breiten und schmalen Lichtbalken, die über das Terrain wanderten. Bei dieser Stimmung kam man fast zwangsläufig dazu, sich über die Beziehung von Sonne und Erde und über das Ökosystem des Planeten Gedanken zu machen.

Der Antarktisvertrag hat eine Menge für den Schutz dieses Kontinents geleistet, doch wir sollten noch sehr viel wachsamer auf die Zukunft der Antarktis schauen. Ihr empfindliches Ökosystem muß erhalten werden, indem jegliche Einmischung strikt untersagt wird. Trotz ihrer isolierten Lage am untersten Ende der Erde ist die Antarktis einer der am besten geeigneten Orte, um das Wetter und die zunehmenden Auswirkungen der Verschmutzung und Verseuchung des Planeten zu studieren. Die Werkzeuge und Hilfsmittel der Forscher von heute sind hochmodern: Ballonstartrampen, Teleskope, Gammastrahlspektrographen, Gasanalysegeräte, Antennen, Teststationen, Seismographen und Computer.

Der Kontinent übt zudem einen bedeutenden, wenn auch nicht vollkommen nachvollziehbaren Einfluß auf das Weltklima aus. Da der weiße Eisschild der Antarktis die Sonnenwärme in den Weltraum zurückstrahlt, bleibt die auf ihr ruhende Luftmasse relativ kalt. Diese kalte Luft bewegt sich hinaus auf das Meer, wo die Erdrotation sie in die „brüllenden Vierziger“ umwandelt – ein Seemannsausdruck für die heftigen Winde, die die Meere der südlichen Halbkugel beherrschen. Wenn die Wissenschaftler eine Erklärung dafür finden, wie diese Winde die Luftbewegungen auf der Erde beeinflussen, wird das Verständnis und die Voraussage des planetaren Wettergeschehens entscheidend vereinfacht werden.

Die Auswirkungen der globalen Erwärmung – der sogenannte Treibhauseffekt – sind Hauptgegenstand der Untersuchungen von Wissenschaftlern, die sich in jedem Südsommer hier einfinden. Jüngste Satellitenfotos und Berechnungen zeigen, daß die Antarktis seit den siebziger Jahren mehr als 28 500 ihrer 13 Millionen Quadratkilometer Eisfläche verloren hat. Eine Gruppe von Wissenschaftlern glaubt, daß dieses Abschmelzen eine direkte Folge der atmosphärischen Erwärmung ist, die durch den zunehmenden Kohlenmonoxidausstoß von Fabriken und Autos der „zivilisierten“ Welt hervorgerufen wird. Ähnliche Eis- und Schneeschmelzen werden in der Arktis und auf Grönland festgestellt.

Dieses Abtauen hat verschiedene Auswirkungen. Wenn die Antarktis sich erwärmt, fließt Eis an den Seiten ab und stürzt ins Meer. Dies verändert den Salzgehalt der von Leben wimmelnden, nährstoffreichen Gewässer, was letztlich auch die Wassertemperaturen beeinflußt. Die Auswirkungen erstrecken sich auf alle Lebensformen im Meer von Phytoplankton über den Krill bis hin zu den Blauwalen. Darüber hinaus könnten auch ständige Veränderungen im Wettersystem auf der ganzen Welt die Folge sein.

6. Januar; 164. Tag. Heute war ein ruhiger Tag, und wir schafften 37 Kilometer bei geradezu unglaublicher Wärme. Die Höchsttemperatur betrug minus 18 °C, doch uns kam es vor, als wäre es über null Grad und die erste Schneeschmelze des Frühlings begänne. Am Morgen, während wir unsere Schlitten beluden, streckten die Hunde sich auf dem sich erwärmenden Schnee aus, und Jean-Louis ließ auf seinem

Kassettenrecorder „Summertime" laufen. Wir zogen uns leicht und luftig an und beschränkten uns auf dünne Thermounterwäsche und Windoveralls aus Gore-Tex.

Während unseres Marsches heute morgen – den wir immer noch regelmäßig unterbrachen, um Schneepyramiden zu bauen – hielt ich mir stolz vor Augen, daß noch nie zuvor jemand diese Region durchquert hatte, daß wir wirklich und wahrhaftig in unerforschtes Gebiet vordrangen. Es gibt immer weniger echte Wildnisse auf diesem Planeten, und ich gehöre zu den Glücklichen, die einige von ihnen noch mit eigenen Augen gesehen haben, ehe sie vom Menschen geschändet wurden. Aber die Ausmaße dieser Region waren einfach überwältigend. Keinerlei Leben und Kultur auf Tausenden von Kilometern. Dieses Plateau wird sehr wahrscheinlich noch jahrhundertelang unberührt bleiben.

7. Januar; 165. Tag. Als wir heute haltmachten – nach vierzig Kilometern –, war unsere Position kurz vor 82 Grad südlicher Breite. Demnach kamen wir weiterhin gut voran. Aber die Eintönigkeit legte sich uns aufs Gemüt. Sogar unsere Satellitennachrichten wurden langweiliger: „Wolken. Windig. Pulverschnee. Hunde, Männer wohlauf." Heute war der zwölfte Marschtag in Folge, und die Hunde brauchten bald eine ausgiebige Ruhepause. Daher hatten wir in zwei Tagen ab heute einen freien Tag angesetzt. Wir hatten keine ausgiebige Rast mehr gehabt seit . . . ich konnte mich gar nicht mehr erinnern, seit wann.

Am Abend unterhielt ich mich während der Arbeit mit Keizo. Mit ihm hatte ich während des Marsches am wenigsten Zeit verbracht – wir waren beide für je ein Hundegespann verantwortlich, wodurch wir tagsüber jeder für sich ziemlich beschäftigt waren, und wir hatten bisher noch keine Zeltgemeinschaft gebildet. Dennoch standen wir einander vielleicht näher als irgendwer von den anderen und hatten fast so etwas wie eine Lehrer-Schüler-Beziehung. Keizo war mit seinen dreiunddreißig Jahren mehr als zehn Jahre jünger als ich und hatte weitaus weniger abenteuerliche Unternehmungen hinter sich als jeder andere von uns.

Er verweigerte sich den strikten Ordnungsprinzipien seiner Heimat und erklärte offen, ein sehr unjapanischer Japaner zu sein. Als Musterstudent der Universität von Kobe und mit einem Wirtschaftsdiplom in der Tasche hatte er seinen Job als Verkaufsplaner in Osaka nach nur drei Jahren aufgegeben. Danach durchquerte er auf dem Fahrrad die heißeste Region der Erde – die Sahara – und anschließend die Vereinigten Staaten. Auf dieser Reise erfuhr er, daß die Amerikaner im Gegensatz zu den Japanern ihr Leben so gestalten, wie es ihnen am besten gefällt. Er beschloß dazubleiben und zog nach Nordminnesota, um bei Dave Oleson, einem erfahrenen Iditarodteilnehmer, als Hundegespannführer zu arbeiten. Als ich ihn anrief, um ihm einen Platz in unserem Team anzubieten, nahm er sofort an und zog im September 1987 auf mein Anwesen bei Ely, um mit dem Training der Hunde zu beginnen.

Wie bei uns anderen wurzelte sein Traum, die Antarktis zu besuchen, in seiner Kindheit. Als Kind hatte sein Vater ihm das Schiff gezeigt, mit dem der japanische Forscher und Entdecker Nobu Shirase im Jahr 1911 in die Antarktis vorgestoßen war. Nachdem er einiges über Shirase erfahren hatte, interessierte Keizo sich auch für die Biographie Roald Amundsens. Seitdem war er von der Antarktis nicht mehr losgekommen.

Keizo träumte davon, nach der Expedition nach Japan zurückzukehren und eine Art „Naturschule" zu eröffnen. Er behauptete, daß er jeden Tag bei allem, was er tue, etwas Neues dazulerne.

9. JANUAR; 167. TAG. Das Adventure-Network-Flugzeug landete gestern nachmittag gegen ein Uhr, und wir nahmen uns den Rest des gestrigen Tages und den ganzen heutigen Tag frei – unser zweiter Ruhetag, seit wir vor 885 Kilometern den Pol verlassen hatten. Wir stellten uns außerdem auf eine neue Zeitzone ein, um unseren Tagesrhythmus auf den von Vostok abzustimmen. Der Wechsel machte es erforderlich, daß wir unsere Uhren um zehn Stunden vorstellten. Anfangs war das ziemlich verwirrend, denn nach chilenischer Zeit, nach der wir uns bisher orientiert hatten, starteten wir heute um zehn Uhr abends; in Vostok, Mirnyy und Moskau war es acht Uhr morgens. Abgesehen von der rein körperlichen Umstellung würde das größte Problem darin bestehen, daß wir nun die meiste Zeit der Sonne entgegenzogen.

Eine Stunde nach seiner Landung flog unser Pilot Brydon weiter nach Vostok. Er nahm Thule mit, deren Niederkunft unmittelbar bevorstand. Dahe schickte außerdem einige seiner Schneeproben aus der Unzugänglichen Region nach Vostok voraus. Es waren die ersten Proben aus diesem Gebiet überhaupt, und aus ihnen ließ sich die Geschichte der Wetterentwicklung von einigen hundert Jahren ablesen. Dahes Sendung wurde in Vostok voller Spannung erwartet, vor allem von einem französischen Mediziner, der in diesem Winter einige Eisuntersuchungen durchführen wollte. Anschließend würden sie zu Laboratorien in New Hampshire, Frankreich und China geschickt werden, wo sie weiter untersucht werden sollten.

Ich gab Brydon außerdem einen Brief an Reinhold Messner mit, der, soweit wir es beurteilen konnten, die Vorgaben seines Marschplans wieder eingeholt hatte und zuletzt an zwei Tagen 145 Kilometer zurückgelegt hatte, indem er sich von einem Winddrachen hatte ziehen lassen. In meinem Schreiben ermutigte ich ihn, seinen Weg nach McMurdo fortzusetzen, und betonte erneut, daß wir hundertprozentig hinter ihm stünden.

Brydon überließ uns ein paar Berichte, die die neuesten am Südpol empfangenen Nachrichten aus der ganzen Welt zusammenfaßten. Wir waren überrascht über die zahlreichen positiven Meldungen: die Vereinigung Deutschlands, den Zusammenbruch der Diktaturen in Chile und Rumänien, Noriega hinter Gittern, Mandela so gut wie aus dem Gefängnis entlassen. Es waren ausgesprochen optimistische Meldungen, die uns weiteren Auftrieb gaben.

10. JANUAR; 168. TAG. Wir fühlten uns heute aufgrund der Zeitverschiebung alle etwas benommen, und gegen Mittag begann ich zunehmend schlapper zu werden. Es ist außerordentlich schwierig, sich auf etwas zu konzentrieren, wenn der Körper durch den Wechsel der Zeitzone aus dem Gleichgewicht geraten ist. Als wir schließlich unser Lager aufschlugen, gab es bei uns allen Anzeichen starker Erschöpfung. Wir stolperten in unsere Zelte, und das einzige, was uns die Strapazen des Tages ein wenig besser ertragen ließ, war unsere erste Tasse heißen Tees. Nachdem wir zu Abend gegessen und Schnee für die Thermosflaschen am nächsten Tag aufgetaut hatten, krochen Geoff und ich in unsere Schlafsäcke.

Kurz bevor wir einschliefen, kam Viktor mit einer schlechten Nachricht aus Vostok vorbei: Thule hatte vier Welpen, doch sie erwies sich als sehr unmütterlich und hatte alle aufgefressen. Geoff war traurig und erleichtert zugleich – und überaus verblüfft. Thule hatte gut gefressen, und man hatte ihr in Vostok ausreichend Milch zu trinken gegeben. Dennoch war ihr Verhalten für eine Hündin nicht ungewöhnlich, vor allem wenn es der erste Wurf ist. Sie war vielleicht verwirrt durch die neue Umgebung, durch die Wärme und durch die Tatsache, von ihren Gefährten getrennt zu sein. Die einzige gute Nachricht war, daß Geoff nun seine Leithündin eher zurückbekam als erwartet; sie würde wohl wieder im Gespann laufen können, wenn wir in Vostok eintrafen. In gewisser Weise war ich enttäuscht – ich hatte gehofft, daß wir ein paar in der Antarktis gezeugte Welpen mitbringen würden.

11. JANUAR; 169. TAG. Rauhreif und Eis bedeckten die Zeltinnenwände, als wir aufwachten, und Viktor meldete minus 37 °C. Die Temperatur war während der letzten beiden Tage stetig gefallen. Der Sommer, der in dieser Gegend kaum eine Chance bekommt, sich zu entfalten, war schon wieder vorüber. Andererseits war der Himmel erfreulich klar, und wir schafften an diesem Tag knapp 43 Kilometer, was wir vorwiegend dem angenehmen, glatten Terrain zu verdanken hatten. Es war trotzdem sehr kalt, und ein schneidender Wind aus Nordwesten blies uns mit stetigen vierzig Stundenkilometern ins Gesicht.

Trotz dieses neuen Kälteeinbruchs liefen meine Hunde gut und waren sehr eifrig bei der Sache. Zur Zeit waren sie in hervorragender Verfassung. Als die wahren Stars der Expedition hatten sich jedoch Geoffs Hunde erwiesen. Sie waren ständig voller Einsatzfreude, zogen mit beachtlichem Tempo und fraßen weniger, weil sie kleiner als meine Hunde waren. All dies zeigte deutlich, über welche Erfahrung Geoff im Gespannführen verfügte und wieviel er vom Hundetraining verstand. Er hatte mir bewiesen, daß ein 30 bis 35 Kilo schwerer Hund am geeignetsten für diese Umweltbedingungen ist. Meine Hunde wogen 40 bis 45 Kilo.

12. JANUAR; 170. TAG. Jean-Louis sprach heute morgen per Funk mit Vostok und überprüfte unsere Position. Wir schätzten, daß unsere Entfernung von Vostok noch etwa fünf Tage betrug. Viktor hatte eine bemerkenswerte Leistung vollbracht, indem er uns seit dem Aufbruch am Südpol, genaugenommen sogar seit dem Thielgebirge, ständig die kürzeste Route geführt hatte. Ein Grund dafür war sicher, daß er unbedingt seine alten Freunde wiedersehen und wissen wollte, was in der Sowjetunion los war. Dort hatte sich seit dem vergangenen Juli, als er sich zu uns auf den Weg gemacht hatte, sehr viel verändert. Vostok zog ihn daher wie ein Magnet an.

Unser Aufenthalt in Vostok würde sich deutlich von dem am Südpol unterscheiden. Die Leute in Vostok erwarteten uns schon seit Monaten voller Spannung. Während die Besatzung am Südpol an viele Besucher gewöhnt ist, verirren sich nur wenige Menschen nach Vostok. Es ist ein alter, sehr isolierter Außenposten, und unsere Ankunft dort war das spektakulärste Ereignis seit Jahrzehnten.

Als wir letzte Nacht die Landkarte betrachteten, schätzten wir, daß wir weniger als 1600 Kilometer von Mirnyy entfernt sein müßten. Allein das war für uns schon Anlaß für Optimismus.

14. JANUAR; 172. TAG. Heute beim Mittagessen unterhielten wir uns darüber, wie wir sechs unsere kulturellen Unterschiede völlig vergessen hatten und wie wichtig es war, daß die Antarktis eine Region bliebe, wo Menschen aus allen Nationen zusammenarbeiten konnten. Es war mehr als fünfzig Jahre her, seit deutsche Flieger einen Teil des Kontinents für das Dritte Reich beansprucht hatten, indem sie Hunderte von Pfählen abgeworfen hatten, die mit Hakenkreuzen versehen waren. Während vom Nachkriegsdeutschland die Forderung der Nazis nicht erneuert worden war, hatten sieben andere Nationen, die bereits in der Antarktis Forschung betrieben hatten, in den vierziger Jahren darauf beharrt, daß Teile des Kontinents ihnen gehörten: Argentinien, Chile, Frankreich, Neuseeland, England, Norwegen und Australien. Die USA hatten keinerlei Ansprüche gestellt, sich jedoch geweigert, die Forderungen der anderen Nationen anzuerkennen. Dann starteten die Vereinigten Staaten im Jahr 1946 die umfangreichste Expedition in der Geschichte der Antarktis. Es war eine Marineübung, die man „Operation Highjump“ (Operation Hochsprung) getauft hatte, und es wurden 13 Schiffe eingesetzt, deren Aufgabe darin bestand, dafür zu sorgen, daß Amerika sich eines Tages sein eigenes Gebiet abstecken konnte, falls es das wollte.

Glücklicherweise setzte sich dann aber die wissenschaftliche Kooperation statt eines internationalen Konflikts durch, und zwar 1957/58 in Form des beispielhaften „Internationalen Geophysikalischen Jahres“ (das eigentlich achtzehn Monate dauerte). Siebenundsechzig Nationen nahmen an dieser umfangreichen Untersuchung der Wechselwirkungen zwischen Sonne und Erde teil, und Argentinien, Australien, Belgien, Chile, Frankreich, England, Japan, Neuseeland, Norwegen, Südafrika, die Vereinigten Staaten und die Sowjetunion richteten in der Antarktis Stützpunkte ein.

Nachdem das Projekt abgeschlossen war, lud Präsident Dwight D. Eisenhower die elf anderen Staaten, die in der Antarktis Stützpunkte gegründet hatten, ein, sich mit den USA in einem Vertrag zusammenzuschließen, der über das Schicksal des Kontinents bestimmen sollte.

Der Antarktisvertrag wurde im Jahr 1959 unterzeichnet und trat am 23. Juni 1961 in Kraft mit der Bedingung, daß er im dreißigsten Jahr seines Bestehens überprüft und möglicherweise geändert werden sollte.

Der Vertrag war einfach: Er sollte dazu dienen, die Umwelt in der Antarktis zu schützen und zu erhalten. Es hieß dort, daß die Antarktis nur für friedliche Zwecke genutzt werden dürfe; daß dort die Freiheit wissenschaftlicher Forschung herrschen und ein freier Austausch von wissenschaftlichen Informationen stattfinden solle; daß es dort keine militärischen Einrichtungen und keine Waffentests, keine Atombombenversuche und keine nukleare Müllkippe geben dürfe; und daß dort ein freier Austausch und ein ungehindertes Zusammenwirken zwischen den verschiedenen Nationen, die in der Antarktis tätig seien, stattfinden solle. Außerdem sollten die einzelnen Länder Maßnahmen ergreifen, um die Ziele des Vertrags auszuweiten, darunter auch die Erhaltung und den Schutz von überlebenswichtigen Reserven.

Jedes Mitglied der Vereinten Nationen, das in der Lage war, eine Forschungsstation aufzubauen und ein Forschungsprogramm anlaufen zu lassen, konnte dem „Antarktischen Klub“ beitreten, der zur Zeit (1990) 39 Mitgliedsnationen zählte. Es gab mehr als 65 Forschungsstationen auf dem Kontinent, finanziert von 18 Ländern und einer unabhängigen Organisation (Greenpeace) und mit mehr als 3000 Angestellten während der Sommerzeit.

Hinter der heutzutage wieder geäußerten Anregung, man möge in der Antarktis den Abbau von Bodenschätzen zulassen, steht im wesentlichen ein Motiv: Profitgier. Man rechnet damit, daß unter dem Eis der Antarktis reiche Vorkommen an Kobalt, Chrom, Mangan, Uran, Platin, Steinkohle, Eisen, Molybdän, Gold, Nickel und Diamanten ruhen. Und im Meer rund um die Antarktis wird weiterhin nach Ölvorkommen gesucht. Im Jahr 1974 schätzte die amerikanische Forschungsgesellschaft U. S. Geological Survey, daß der Kontinent und das angrenzende Meer 64 Milliarden Hektoliter Erdöl und 50 Trillionen Kubikmeter Erdgas enthalten – Mengen, die den vorhandenen Reserven in den Vereinigten Staaten entsprächen. Im Jahr 1987 beschlossen Vertragsmitglieder die Zulassung eingehender Untersuchungen, um diese Reserven genau zu berechnen, und führten neue Techniken beim Bohren und bei der Entnahme von Gesteinsproben aus dem Festlandsockel und dem Meeresboden ein. Aber jede dieser langfristigen Untersuchungen ist außerordentlich teuer und gefährlich aufgrund der großen Meerestiefe, wegen der Eisberge und der heftigen

Stürme, die die Küste der Antarktis immer wieder heimsuchen.

Während Australien, Frankreich, Neuseeland und andere Nationen mittlerweile überzeugt sind, daß die Ausbeutung von Erz- und Ölvorkommen völlig verboten werden muß, gibt es Staaten, die die Ansicht vertreten, daß sie unvermeidbar ist. Sie meinen, daß es besser sei, eine kontrollierte Ausbeutung vorzunehmen, als mit einem rechtlichen Freiraum zu leben, in dem es keinerlei Einschränkungen auch gegenüber den umweltschädlichsten Abbaumethoden gibt.

Die eifrigsten Verteidiger der Antarktis sähen es am liebsten, wenn der Kontinent in eine Art Weltpark verwandelt würde. Dieses Modell ähnelt in erstaunlicher Weise der Vereinbarung, die die Vertragsmitglieder für die Antarktis im Jahr 1959 formulierten. Es enthält jedoch darüber hinaus die Forderung, daß der Wildbestand und die Wildnis dieser Region hundertprozentig geschützt werden müssen, und schließt so jegliche Möglichkeit des Abbaus von Rohstoffvorkommen aus. Begrenzte wissenschaftliche Maßnahmen könnten durchgeführt werden, wobei Wissenschaftler aller Nationen zusammenarbeiten sollten. Und schließlich müsse die Region weiterhin von jeglicher militärischer Präsenz freibleiben.

Der Tourismus ist ein weiterer Punkt, über den die Vertragspartner sich einigen müssen. Jedes Jahr reisen mehr Touristen in den Süden und drohen die unberührte Wildnis zu zertrampeln und bislang unverdorbene Lebensräume zu zerstören. Mehr als 5000 Besucher – vorwiegend Amerikaner – kommen alljährlich auf Kreuzfahrtschiffen von Südamerika herüber. Die Nachfrage ist so groß, daß Chile ein Hotel in der Nähe seines Stützpunktes eröffnet hat, um die wachsenden Besucherscharen aufzunehmen.

Trotz seiner Mängel hat der Vertrag zu einer internationalen Zusammenarbeit in einem Umfang geführt, wie er bisher auf anderen Kontinenten unbekannt war. Eine solche Kooperation sollte unbedingt fortgesetzt werden. Die Antarktis verdient es, erhalten und nicht ausgebeutet zu werden.

17. Januar; 175. Tag. Während wir uns Vostok näherten, war Viktor so aufgeregt, daß er sich kaum bremsen konnte. Von Tag zu Tag wurde er schneller auf seinen Skiern. Seine Körpersprache signalisierte Erregung, und er strahlte regelrecht am Ende eines jeden Tages, wenn wir berechneten, wie viele Kilometer wir noch vor uns hatten. Er benahm sich wie ein Fünfjähriger am Vorabend seines Geburtstags. Tatsächlich

sahen wir alle der bevorstehenden Ankunft dankbar entgegen. Wir hatten seit unserem Start am Südpol erst zwei Ruhetage eingelegt, und aufgrund des Zeitzonenwechsels hatten wir einen halben Tag verloren, daher waren wir alle ein wenig erschöpft.

18. JANUAR; 176. TAG. Heute brachten wir die letzten dreißig Kilometer der Unzugänglichen Region hinter uns. Wir sichteten Vostok aus einer Entfernung von knapp zehn Kilometern, und der erste Eindruck war der einer Bohrinsel, wie man sie vor der nördlichen Küste von Alaska findet. Als wir näher kamen, konnte man das, was aus der Ferne wie Gebäude vor hohen Bohrgerüsten ausgesehen hatte, durch den Nebel hindurch besser erkennen. Diese Gebäude begannen sich zu bewegen. Auf uns zu. Langsam, irgendwie bedrohlich. Natürlich stellte sich letztlich heraus, daß es keine Gebäude, sondern riesige Raupenfahrzeuge waren – Chassis von T-34-Panzern aus dem Zweiten Weltkrieg mit Planierraupenketten. Die Russen setzten sie bevorzugt als Transportfahrzeuge in der Ostantarktis ein. Bestückt mit einer sechs Meter langen Antenne und einer Schüssel für den Satellitenempfang, sahen sie aus wie eine Kreuzung aus U-Boot, Flugzeug, Wohnmobil und Fernsehübertragungswagen. Diese zwei Stockwerke hohen, mit raffinierter Navigationstechnik vollgestopften vierzig Tonnen schweren Vehikel legten gewöhnlich in Pulks von einem Dutzend oder mehr zweimal im Winter die 1300 Kilometer lange Strecke zwischen Vostok und Mirnyy zurück. Sie bewegten sich mit einer Geschwindigkeit von knapp zehn Stundenkilometern vorwärts und stellten den Nachschub für die Stationen im Landesinnern sicher. Dafür schleppten sie zwanzig Tonnen schwere Schlitten hinter sich her, die mit allem beladen waren, was die Station fürs Überwintern brauchte, mit Ausnahme von verderblichen Lebensmitteln, die während einer zehn Tage dauernden Schönwetterphase Ende Januar und Anfang Februar eingeflogen wurden. Jedes Raupenfahrzeug wurde von einer dreiköpfigen Mannschaft bedient, und im hinteren Teil befanden sich ein Wohnraum mit kleiner Kochnische und Schlafmöglichkeiten für sechs Personen.

Eine Schar Männer kletterte aus den Fahrzeugen, während wir uns näherten, rannte auf uns zu und stürzte sich auf Viktor. Ich machte wieder mal das Schlußlicht und sah vor mir im Sonnenlicht eine bemerkenswerte Szene – Hundeköpfe, die sich aufgeregt hoben und senkten, und Männer, die einander ausgelassen auf den Rücken klopften und Erinnerungsfotos schossen.

Während wir den riesigen Schneefahrzeugen zur Station folgten, konnten wir die sechs Flaggen unserer Herkunftsländer erkennen, die zwischen den Gebäuden im Wind flatterten. Wir lenkten die Hunde in diese Richtung und entdeckten ein selbstgebasteltes Schild mit der englischen Aufschrift WELCOME. Als wir näher herankamen, wurden Feuerwerksraketen abgeschossen. Die Hunde spielten verrückt, machten kehrt und rannten dorthin zurück, wo wir gerade hergekommen waren. Wir mußten sie mühsam zurückholen.

In der Station hatte man für uns einen großen Empfang vorbereitet, der von Viktors bestem Freund und Chef der Station Vostok, Alexander Scheremetjew, organisiert worden war. Zur Begrüßung erhielten wir den traditionellen russischen Wodka und ein Stück mit Salz bestreutes Brot und nahmen dann an einem Tisch Platz, der sich bog unter rotem und schwarzem Kaviar, Störfleisch, Salami, Gebäck, Kiwis, Kirschen, Äpfeln und Orangen. Wir spülten die köstlichen Speisen mit Mineralwasser, Champagner und Wodka hinunter. Es war ein herzlicher Empfang mit zahlreichen Toasts auf unsere erfolgreiche Ankunft.

Anschließend wurden wir in die Sauna eingeladen, doch nur Viktor und ich konnten die hundertzwanzig Grad Celsius heiße Luft für längere Zeit ertragen. Ich schrubbte fast zwei Stunden an mir herum und befreite meinen Körper von einer fünf Monate alten Schicht getrockneter und abgestorbener Hautreste. Danach setzte Alexander uns eine Abendmahlzeit aus Hühnerfleisch und Kartoffeln vor. Am späteren Abend wurde uns zu Ehren eine kleine Party veranstaltet. Einer der Höhepunkte war der Auftritt einer vierköpfigen Rock-'n'-Roll-Band mit selbstgebastelten Instrumenten wie zum Beispiel einer Rumbakugel aus einer mit Sand gefüllten Konservendose und einem Schlagzeug aus Plastikeimern.

19. JANUAR; 177. TAG. Es war so, als machten wir hier Ferien. Die Russen waren völlig locker und vertrieben sich die Zeit nach altmodischer Manier: Sie lasen, unterhielten sich, spielten Billard und Karten. Die meisten genossen ihren langen Aufenthalt hier und liebten ihre Arbeit. Ihnen gefielen das Leben unter den erschwerten Bedingungen und die Kameradschaft untereinander.

Die Sowjetunion war die zahlenmäßig am stärksten vertretene Nation in der Antarktis, und Vostok galt als besonders wichtige Station aufgrund ihrer abgeschiedenen Lage weit im Binnenland. Zur Zeit arbeiteten sie an einem bedeutsamen wissenschaftlichen Projekt, bei dem die meisten der hier stationierten zwanzig Wissenschaftler eingespannt waren: Sie versuchten, mit einer Bohrung bis in eine Tiefe von viertausend Metern vorzudringen, wodurch eine Analyse des Eiskerns möglich würde, die 250 000 Jahre zurückreichte. Bisher waren sie bis zur 160 000-Jahres-Schicht vorgedrungen. Da Vostok sich außerdem im Mittelpunkt des Magnetfeldes der Erde befindet, hatten im Laufe der Jahre Scharen von internationalen Wissenschaftlern hier gearbeitet und Beschaffenheit und Eigenschaften des Magnetfeldes untersucht.

Mit uns hielten sich zur Zeit 47 Personen in der Station auf. Viele Männer (bisher waren noch keine Frauen in Vostok stationiert) waren schon länger als ein Jahr hier. Wir besuchten sie in ihren Quartieren, wo sie auf engstem Raum zusammenlebten. Viele Zimmer waren eine Kombination aus wissenschaftlichem Labor und Wohnraum; die Feldbetten standen häufig eingepfercht zwischen Meßinstrumenten und Labortischen, auf denen wissenschaftliche Versuchsanordnungen aufgebaut waren.

22. Januar; 180. Tag. Wir verließen Vostok am Morgen um acht Uhr; die Temperatur betrug minus 42 °C und sollte noch weiter fallen. Ich befürchtete, daß dies für die nächsten drei Wochen das Wärmste sein würde, was wir erhoffen konnten. Ich konnte schon jetzt erkennen, daß einige unserer Hunde mit diesen Verhältnissen nicht gerade glücklich waren. Aber auf dem Terrain kamen wir schnell voran; heute schafften wir 46 Kilometer – ein neuer Rekord. Wir waren genau im Plan und würden Mirnyy voraussichtlich am 1. März erreichen.

Wir würden nach Mirnyy neben der Spur hermarschieren, die die Raupenfahrzeuge hinterlassen hatten. Die Russen waren um unsere Sicherheit sehr besorgt gewesen, und damit wir ihre Versorgungslieferungen auch sicher fanden, hatten wir versprechen müssen, stets in der Nähe der Fahrspur zu bleiben. Ungefähr alle 320 Kilometer sollten die Schlepper Depots für uns anlegen. Sie hatten Vostok vor uns verlassen, um eine Routinefahrt nach Mirnyy zu unternehmen, und luden unsere Güter unterwegs ab.

Am Abend wurden wieder die Zeltpartner gewechselt. Viktor zog mit Geoff zusammen, ich mit Jean-Louis und Keizo mit Dahe. Die erste Folge dieses Wechsels war, daß es länger dauerte, das Lager aufzuschlagen, denn jeder mußte in seine neuen Aufgaben und Pflichten eingewiesen werden. Dennoch waren wir in guter Stimmung; alle kamen gut miteinander aus, die Hunde waren ausgeruht, und Vostok war der bei weitem angenehmste Zwischenstopp auf unserem Marsch gewesen. Ich staunte immer wieder aufs neue, wie gut unsere Körper die Strapazen verkraftet hatten.

23. JANUAR; 181. TAG. Das Ende des antarktischen Sommers rückte näher, und es herrschten vergleichsweise milde minus 40 °C. Heute wurde wieder ein Rekord gebrochen: Wir schafften 50 Kilometer in neun Stunden. Wir waren jetzt noch knapp 1300 Kilometer von Mirnyy entfernt.

25. JANUAR; 183. TAG. Gestern erklommen wir den höchsten Punkt während unserer Expedition – 3740 Meter –, und infolgedessen überfiel mich abends sofort ein bleierner Schlaf. Trotzdem wurde es keine erholsame Nacht. Wenn man in dieser Höhe tiefe Atemzüge macht, wie ich es in der Nacht tat, wacht man irgendwann nach Luft schnappend auf. Jedesmal brauchte ich ungefähr eine Stunde, bis ich wieder meine gewohnte Atemfrequenz erreicht hatte. Es war ein schreckliches Gefühl, so, als würde man ersticken – eine Qual, die für diese Höhen typisch ist.

26. JANUAR; 184. TAG. Am Morgen brummten zwei Iljuschin 14 in Richtung Vostok über uns hinweg und kamen zwei Stunden später zurück. Einerseits freuten wir uns in gewisser Weise darauf, daß sowjetische Flugzeuge auftauchten und wieder verschwanden, denn immerhin war das fast so wie eine Begegnung mit Menschen, die die Monotonie unserer Skiwanderung wohltuend auflockerte. Andererseits waren die Maschinen gleichzeitig ein Hinweis auf Elemente der Zivilisation, die wir in der Antarktis weder vermißten noch herbeiwünschten. Weil es so bitter kalt und klar war, konnten wir die Flugzeuge bereits fünf Minuten vor ihrem Erscheinen hören, und danach rochen wir noch lange den Gestank des Kerosins, das an den Eiskristallen in der Luft hängenblieb, nachdem die Maschinen schon längst verschwunden waren. Das Dröhnen ihrer Motoren wurde vom Eis zurückgeworfen und war so ohrenbetäubend, daß es uns vorkam, als befänden wir uns mitten in einem Luftkampf während des Ersten Weltkriegs. Unsere Hunde hatten Angst und preßten sich an den Boden, als hätten sie ein Gespenst gesehen.

Unser nächstes Zwischenziel war die russische Station Komsomolskaja, kurz Kosmos genannt, 320 Kilometer von hier entfernt.

27. Januar; 185. Tag. Ein sehr trüber, sehr kalter Tag. Das Mittagessen nahm ich allein auf der Windschattenseite meines Schlittens ein. Das einzige, was einem das Leben etwas erträglicher machte, war das Bewußtsein, daß das Ende der Expedition in Sicht war. Gott sei Dank befanden wir uns mittlerweile alle in exzellenter Verfassung, so daß abends, wenn wir unser Lager aufschlugen, niemand ausgesprochen müde war – nur durchgefroren.

Ich hatte ganz bewußt bis zum Ende unseres Marsches gewartet, bis ich mit Jean-Louis zusammenzog, und unsere gemeinsamen Abende verliefen sehr ruhig und entspannt. Wir unterhielten uns, tranken vor dem Abendessen eine Tasse Tee und packten alle Dinge aus, die wir für den Abend brauchten.

Es war sehr gemütlich im Zelt. Wenn unsere manchmal etwas widerspenstigen Kocher richtig funktionierten, schafften wir es, die Temperatur im oberen Teil des Zeltes bis auf 50 °C zu steigern, selbst wenn draußen minus 50 °C herrschten. Außerdem hatten die Russen in Vostok uns etwas Fleisch mitgegeben, so daß unser Abendessen um einiges besser geworden war.

28. Januar; 186. Tag. Es war der fünfte Tag in Folge mit minus 45 °C. Die Wetterberichte, die uns aus Mirnyy erreichten, deuteten darauf hin, daß in diesem Jahr der arktische Winter weitaus schneller anbrach als je zuvor, und unsere über Satellit abgestrahlte Meldung für heute lautete: „Kaltes Wetter. Wir rennen mit dem Winter um die Wette."

Unsere allmorgendlichen Verrichtungen waren ebenso Routine wie der Ablauf der Abende. Jean-Louis war als erster auf den Beinen, nachdem er sich durch einen kleinen Wecker um sechs hatte aus dem Schlaf holen lassen. Er zündete den Colemankocher an und fing an zu kochen und das Zelt aufzuheizen. Er aß morgens am liebsten gedämpftes Obst (Aprikosen und Rosinen, die wir von den Russen in Vostok erhalten hatten) mit Weizengrieß. Ich war bei den letzten Resten Cornflakes angelangt, die allerdings nach all diesen Monaten geschmacklich nicht mehr allzuviel boten. Der Morgen hatte sich allmählich zu meiner am wenigsten geschätzten Tageszeit entwickelt, und ich brauchte gewöhnlich geschlagene zehn Minuten, um aus der Wärme und Gemütlichkeit meines Schlafsacks hinauszukriechen.

Um halb sieben erledigte ich meine tägliche Schreib- oder Diktierarbeit und kochte Hibiskustee; dann bereitete ich Haferbrei zu. Dieser stets gleichbleibende morgendliche Rhythmus trug dazu bei, Körper und Geist nach und nach in die nötige Stimmung zu versetzen, um sich in einen Minus-45-°C-Tag hinauszuwagen.

Zurückgelegte Strecke: 4885 Kilometer.
Entfernung bis Mirnyy: 1135 Kilometer.

Februar

Ein Wettrennen gegen die Kälte

1. Februar; 190. Tag. Der Wind heulte draußen durch die Halteleinen, was bei minus 45 °C immer ein schlechtes Zeichen war. Aber wir hatten uns darauf eingestellt, dem Wetter nicht nachzugeben, wie auch immer es sich präsentieren mochte, denn nach zwei weiteren Marschtagen (unserem elften und zwölften in Folge seit unserem Aufbruch in Vostok) würden wir einen Ruhetag einlegen. Trotz des Windes bewältigten wir jeden Tag rekordverdächtige Strecken, im Durchschnitt stets mehr als vierzig Kilometer. Bisher schienen den Hunden die kalten und stürmischen Verhältnisse nichts anhaben zu können, aber ich machte mir ihretwegen Sorgen, da es nur wenig Schutzmöglichkeiten gab.

Während wir weiter nach Norden vordrangen, war der Horizont mit wirbelnden Eiskristallen erfüllt, die in der Sonne funkelten. Um unsere Augen zu schützen, mußten wir Brillen tragen, die Schweißbrillen ähnelten und die ultravioletten Strahlen im grellen Licht wegfilterten, ehe sie die Haut oder die Augen verbrannten. Ich hatte solche Wetterbedingungen schon früher erlebt, doch noch nie zuvor war ich in einer derart feindlichen Umgebung so isoliert gewesen wie jetzt. Sobald wir am Morgen den Kocher abgeschaltet hatten, drang die Kälte brutal ins Zelt ein. Nach einer Stunde Marsch hatten wir das Gefühl, daß wir uns genausogut auf dem Pluto oder dem Mars befinden konnten: Wie unförmige Raumfahrer taumelten wir über ein ödes Niemandsland, einem Horizont ohne hervorstechende Geländemerkmale und ohne Aussicht auf Veränderung entgegen.

Uns ging es jetzt darum, schnellstens nach Norden vorzudringen, um diese furchtbare Kälte hinter uns zu lassen. Am nächsten Tag sollten wir es eigentlich bis Kosmos schaffen, wo uns ein Depot erwartete.

2. FEBRUAR; 191. TAG. Heute morgen brachen wir um die übliche Zeit auf. Gegen zehn Uhr entdeckte ich am Horizont etwas, das aus der Entfernung aussah wie zwei Fässer. Wir marschierten weiter, und um zwei Uhr konnte ich in der Nähe der vermeintlichen Fässer zwei Männer erkennen, die auf uns zukamen. Die Hunde legten einen Schritt zu, als sie die Bewegung sahen. Dann stiegen Signalraketen in die Luft. Offenbar hatten wir Kosmos vor uns, und was wir für Fässer gehalten hatten, waren in Wirklichkeit Raupenfahrzeuge, die auf unsere Ankunft warteten.

Die beiden Männer begrüßten uns freundlich und führten uns auf das Stationsgelände. Kosmos bot uns die unheimlichste Szenerie, die wir während der vergangenen sechs Monate gesehen hatten. Im Grunde waren es kaum mehr als ein paar Baracken, die jemand in der öden, eisigen Verlassenheit der Antarktis behelfsmäßig aufgebaut und einfach stehengelassen hatte. In einem windschiefen Schuppen direkt neben dem Hauptgebäude befand sich ein Dieselgenerator, dessen ständiges Dröhnen sich in dieser ansonsten völlig geräuschlosen Umgebung unangenehm bemerkbar machte. Der Hauptaufenthaltsraum im Gebäude war die vier mal fünf Meter große Küche mit einem langen, ziemlich ramponierten Holztisch und Sitzbänken. Die obere Hälfte der Wände war mit Regalen vollgehängt, und jede Nische und Ecke war vollgestopft mit Kartons und Kisten voller Konservenbüchsen und anderer Lebensmittel. An einer besonders auffallenden Stelle an einer Wand hing ein offizielles Porträt von Michail Gorbatschow, eingerahmt von Dutzenden von Etiketten, die von leeren Wodka- und anderen Schnapsflaschen abgelöst worden waren.

Links neben der Küche befand sich der Funkraum mit drei Feldbetten, rechts ein drei mal drei Meter großer Speiseraum. Während wir in unserem trockenen und warmen Quartier saßen, drang das ständige Klicken und Klacken der Morsesignale zu uns herüber. Da der Empfang in dieser Region sehr unsicher war und von vielen Zufällen abhing, verließen sich die Bewohner der Station für ihre regelmäßigen Kontakte mit dem knapp 800 Kilometer entfernten Mirnyy auf das ansonsten allgemein veraltete Morsealphabet.

Während all unserer Märsche, sowohl vor der eigentlichen Expedition als auch auf dem Eis hier draußen in der Antarktis, zählten die Russen, egal, ob Administrationsangehörige oder Polarforscher, immer zu unseren besten Helfern und Verbündeten. Diejenigen Russen, die wir in der Antarktis kennengelernt hatten, erinnerten mich an die auf dem Land wohnenden Amerikaner: Sie waren aufrichtig, freundlich, entgegenkommend und sehr warmherzig. Es heißt, daß die Amerikaner und die Russen den Aufbau einer ersten gemeinsamen Südpolstation planen, die nicht weit von Kosmos entfernt eingerichtet werden soll. Sie wäre ein weiterer Schritt auf dem Weg zur internationalen wissenschaftlichen Kooperation, die es hier bereits gibt. Die geplante neue Station soll auf der höchsten Erhebung der Antarktis stehen. Sie wäre ideal für astronomische Untersuchungen, da atmosphärische Störungen dort auf ein Minimum reduziert werden.

4. FEBRUAR; 193. TAG. Als wir mit frischen Vorräten Kosmos verließen, stimmte das gesamte Rudel ein Geheul an – ein Zeichen dafür, daß die Hunde ausgeruht waren und begierig darauf zu laufen. Wir hatten einen Vormittag mit guter Marschleistung bei idealen Bedingungen. Kurz vor Mittag entdeckten wir vor uns ein Raupenfahrzeug, und während wir unseren Weg fortsetzten, stellten wir fest, daß es mehrere Fahrzeuge waren. Wir kamen schnell zu dem Schluß, daß dies der Konvoi aus Mirnyy sein mußte – insgesamt vierzehn Raupenfahrzeuge, jedes mit einem schweren Schlitten im Schlepp, der mit Nachschub für die Mannschaft in Vostok beladen war. Wir hatten bereits gewußt, daß wir ihm bei einer seiner alljährlichen Versorgungstouren irgendwann unterwegs begegnen würden.

Es war eine beeindruckende Szene: unsere drei Schlitten aus Esche neben dieser rumpelnden, dröhnenden Schlange von Abgaswolken ausstoßenden Dieselfahrzeugen vor dem Hintergrund des weißen Horizonts. Wie zerbrechlich nahmen wir uns neben diesen Ungetümen aus!

Sobald man uns bemerkt hatte, hielt der Konvoi an, und der Untergrund hörte auf zu erzittern. Männer sprangen aus den Fahrzeugen – insgesamt zwanzig an der Zahl –, kamen auf uns zu und drängten sich um unsere Schlitten und Hunde, um uns zu begrüßen. Wir hielten ein Schwätzchen, warfen einen Blick in die riesenhaften Fahrzeuge und schossen ein paar Erinnerungsfotos. Dann stießen wir mit Kognak auf unsere bisherige Marschleistung an und rundeten unsere Feier mit einigen Stücken Salami ab. All das geschah jedoch in ziemlicher Eile, und vierzig Minuten später waren wir alle wieder zu unserem jeweiligen Ziel unterwegs.

7. FEBRUAR; 196. TAG. Während wir uns hier noch immer von einem Tag zum anderen schleppten, half es uns, jenseits des Horizonts ein Ziel zu haben, da die Zeit so etwas schneller verging. Unser näch-

ster Anlaufpunkt war eine einsame, im Schnee versunkene sowjetische Station namens Pionierskaja. Sie befand sich acht oder neun Tagesreisen von uns entfernt, und von dort waren es nur noch zwölf Tage bis Mirnyy.

Das Wetter verschlechterte sich, und die heftigsten Stürme dieses Kontinents lagen noch vor uns. Der Wind ließ die Temperatur heute auf minus 75 °C fallen, und wir befürchteten, daß unseren Hunden schwere Zeiten bevorstanden. Sie mußten auf hartem Untergrund schlafen und konnten sich nicht eingraben. Der einzige Trost war, daß die Expedition in drei Wochen beendet sein würde, und der Gedanke daran erleichterte uns das Leben ein wenig.

Auf der Liste meiner größten Probleme stand meine Triefnase zur Zeit auf Platz eins, gleich danach kam meine Unzufriedenheit über den Speisezettel. Seit 196 Tagen aßen wir nichts anderes als Hafergrütze zum Frühstück, Trockenobst, Schokolade und Nüsse zu Mittag und eine Mischung aus Pemmikan, Nudeln, Kartoffeln und Käse zum Abendbrot. Das einzige, was dieses Einerlei ein wenig erträglicher machte, war das würzige Suppenkonzentrat, das ich in jedes Abendessen mischte. Für einen Obstsalat hätte ich jetzt glatt einen Mord begangen.

8. Februar; 197. Tag. Abends führten Jean-Louis und ich mittlerweile sehr persönliche Gespräche. Wir redeten viel über die Zukunft. Meine derzeitigen Pläne konzentrierten sich auf die Einrichtung eines Ausbildungs- und Vortragszentrums bei mir zu Hause in Ely und die Organisation mindestens einer größeren Expedition in die Arktis. Jean-Louis träumte von seinem Schiff, der *UAP*.

Die Welt ist voller Träumer, aber nur wenige Menschen schaffen es, ihre Visionen in die Tat umzusetzen. Obwohl wir von unserer Art her in mancherlei Hinsicht unterschiedlich waren, besaßen Jean-Louis und ich die Fähigkeit, unsere Träume auszuleben. Diese Expedition mit all ihren Herausforderungen und gelegentlichen Fehltritten sollte es uns leichter machen, diejenigen Träume zu realisieren, die wir noch mit uns herumtrugen. Unsere Kontakte zu den verschiedenen Regierungen würden es uns ermöglichen, ein zweites Mal mit ihnen zusammenzuarbeiten. Obgleich jede Expeditionsplanung und Vorbereitung viele Monate, wenn nicht gar Jahre harter Arbeit bedeutet, brachte der erfolgreiche Abschluß dieses Unternehmens die Gewißheit mit sich, daß die Vorbereitung der nächsten Unternehmung viel einfacher werden würde.

Allein dieser Aspekt hatte, so glaubte ich, für mich in den vergangenen fünf Jahren am meisten verändert: Ich war überzeugt, daß meine Möglichkeiten künftig nahezu unbegrenzt sein würden.

9. FEBRUAR; 198. TAG. Heute sahen wir zum erstenmal richtige Quellwolken, und wir fühlten uns alle an den Sommer erinnert. Es war ein herrlicher Tag bei minus 37 °C, und wir legten 45 Kilometer zurück. Wir hatten zwar einen kurzen Schneesturm, doch die gefallene Schneemenge war nahezu bedeutungslos, ein Indiz dafür, daß wir mit dem Abstieg vom Plateau hinunter zum Indischen Ozean begonnen hatten.

11. FEBRUAR; 200. TAG. Der heutige Tag unterschied sich in einer Hinsicht von den vorhergehenden: Wir konnten endlich einen täglichen Funkkontakt mit Mirnyy vereinbaren. Von dort kam auch die Empfehlung, daß wir uns beeilen sollten, um einem bevorstehenden sehr frühen Wintereinbruch mit heftigen Stürmen und extrem niedrigen Temperaturen zu entgehen. Man informierte uns außerdem, daß die Eisverhältnisse in den Gewässern um Mirnyy einen möglichst schnellen Aufbruch nach dem 1. März notwendig machen würden.

12. FEBRUAR; 201. TAG. Nach einem Marsch von 92 Tagen und 2500 Kilometern waren Messner und Fuchs heute in der neuseeländischen Scott-Station am McMurdo-Sund eingetroffen. Sie hatten einen strapazenreichen Weg hinter sich – schlechtes Wetter, eine unsichere Funkverbindung und schwierige Skiverhältnisse im Gebiet der Sastrugi, wobei sie ja auch noch ihre 75 Kilo schweren Schlitten hatten schleppen müssen. Mit Hilfe ihrer Windsegel waren sie sehr gut vorangekommen, nachdem sie den Südpol überschritten hatten. Sie teilten der Presse mit, daß ihr Unternehmen ein „lohnendes Abenteuer“ gewesen sei.

14. FEBRUAR; 203. TAG. Am Abend beobachteten wir den ersten richtigen Sonnenuntergang seit langer Zeit. Aufgrund fehlender Luftfeuchtigkeit und Luftverschmutzung war er nahezu farblos – wir sahen lediglich einen fahlen gelben Schimmer. Aber mit den Schnee- und Eiswolken und dem vollkommen ebenmäßigen Horizont war es ein atemberaubender Anblick. Gleichzeitig stieg auf der anderen Himmelsseite ein Dreiviertelmond mit einem sehr dunklen Erdschatten empor, und dann tauchten die Sterne am dämmerigen Himmelszelt auf. Es war eine

wundervolle Szene, wie man sie nirgendwo sonst auf dem ganzen Planeten beobachten kann.

Die Sonne ging jetzt jeden Tag 12 bis 13 Minuten früher unter – ein weiteres untrügliches Anzeichen dafür, daß der Winter im Anzug war. Bei diesen ersten Sonnenuntergängen passierte im Grunde nichts anderes, als daß die Sonne knapp unter den Horizont sank, wobei sie nicht länger als 15 bis 30 Minuten lang verschwunden war.

15. Februar; 204. Tag. Ich zog in Erwägung, einen zusätzlichen Ruhetag in Pionierskaja zu empfehlen, das knapp zehn Kilometer von unserem heutigen Lager entfernt war. Ich hatte bereits die Erfahrung gemacht, daß solche spontanen Entschlüsse Geoff rechtzeitig und behutsam angekündigt werden mußten. Ich spürte in letzter Zeit immer deutlicher, daß er allmählich ungeduldig wurde. Er wollte endlich das Unternehmen abschließen und war berechtigterweise daran interessiert, so schnell wie möglich nach Mirnyy zu gelangen, um die Hunde vor der zunehmenden Kälte zu bewahren. Da er eher an einmal beschlossenen Dingen festhielt und wir daher Änderungsvorschläge stets genau überprüfen mußten – eine durchaus konstruktive Auswirkung –, würde ich mit ihm reden, ehe ich irgendwelche Entscheidungen traf.

Sobald ich am Abend eingeschlafen war, entführten meine Träume mich in andere Gefilde – an sommerliche Seen und sonnige Strände, zu heißem Sand und allzeit freundlichen Menschen. Nach solchen Träumen haßte ich es geradezu, aufzuwachen und mit Jean-Louis' morgendlichem Lärm konfrontiert zu werden – mit dem Wecker, dem Kocher, der leise vor sich hin bullerte, mit dem Eis, das klirrend in den Teekessel fiel, mit dem Sprechfunkgerät, das eingeschaltet wurde. Diese Alltagsgeräusche erinnerten mich schmerzhaft daran, daß ich mich *nicht* an einem sonnenüberfluteten Strand aufhielt.

16. Februar; 205. Tag. Wir trafen gegen Mittag in Pionierskaja ein, hungrig, müde und durchgefroren. Während der letzten zwei Wochen waren wir bergab und mit Rückenwind marschiert, daher hatten wir, obgleich das Wetter schlecht war, nicht allzusehr kämpfen müssen. Heute irrten wir auf der Suche nach Pionierskaja umher und mußten neun Kilometer gegen den Wind marschieren. Am Ende des Tages hatte ich schlimme Frostbeulen im Gesicht.

Als wir schließlich ankamen, fanden wir mehrere kleine Gebäude vor, die von vier Raupenfahrzeugen umringt waren. Sie transportierten den kleinen mobilen Bohrturm und ein kleines „Haus", in dem die Bohrmannschaft wohnte, wenn sie von Mirnyy nach Vostok unterwegs war. Die Aufgabe dieses elf Mann starken wissenschaftlichen Teams bestand darin, alle 60 bis 100 Kilometer 200 Meter tiefe Probebohrungen in den Eisschild niederzubringen sowie geophysikalische Untersuchungen für diese Region durchzuführen.

17. FEBRUAR; 206. TAG. Das Wetter wurde zunehmend schlechter. Jeder Tag war härter und ungemütlicher als der vorhergehende. Es war fast so, als wollte diese Gegend uns vertreiben, und zwar so schnell wie möglich. Am Tag zuvor war die Sicht gleich Null gewesen. Heute hatten wir bei Wind Temperaturen von minus 73 °C.

Sowohl die extremen Wetterbedingungen als auch die Dauer unseres Unternehmens fingen allmählich an, uns zu zermürben. Es war gerüchteweise bekanntgeworden, daß ich einen zweitägigen Aufenthalt in Pionierskaja vorschlagen wollte. Nachdem Geoff davon Wind bekommen hatte, stellte er mich deswegen recht harsch zur Rede. Ihm war verständlicherweise daran gelegen, daß wir bei dieser extremen Kälte unser Marschtempo keinesfalls verringerten; aber während seines Zornesausbruchs brachte er außerdem noch eine ganze Latte von Beschwerden vor, die sich offensichtlich im Laufe der Zeit bei ihm angesammelt hatten. Zuerst machte er mich für Tims Tod verantwortlich, dann war ich daran schuld, daß wir auf der Halbinsel in die Eis- und Schneestürme geraten waren, und zum Schluß stellte er meine Führungsqualitäten in Frage. Außerdem war er erbost darüber, daß wir die Absicht hatten, noch vor Mirnyy mit dem französischen Filmteam zusammenzutreffen, was unser Vorankommen zusätzliche behindern würde. Meine Reaktion bestand darin, daß ich überhaupt nichts sagte – ich nickte nur und gestattete ihm, seiner Wut freien Lauf zu lassen. Er beendete seine Vorhaltungen mit der Warnung, er würde mich für den „Rest meines Lebens" dafür verantwortlich machen, wenn wir zwischen unserem Rastplatz und Mirnyy auch nur einen einzigen Hund verlören.

Nach diesem Gespräch hielt ich mich von den anderen fern. Ich fühlte mich ziemlich mies, weil Geoff seine ganze Wut auf mir abgeladen hatte. Ich kehrte in mein Zelt zurück und brütete etwa fünf Stunden lang vor mich hin. Dann verfolgte ich für weitere drei Stunden den Weg des Sekundenzeigers auf meiner Armbanduhr. Schließlich zog ich Jean-Louis ins Vertrauen und schilderte ihm, was Geoff mir vorgeworfen hatte. Ich wollte eine andere Meinung dazu hören. „Offenbar warst du so etwas wie ein Ventil für seinen aufgestauten Ärger“, vermutete Jean-Louis, während wir in unserem Zelt saßen und Tee tranken. „Ich kann durchaus verstehen, was er über Tim sagt. Vielleicht hättest du ihn wirklich etwas länger auf dem Schlitten transportieren sollen. Aber zum damaligen Zeitpunkt waren wir uns alle einig, daß es eine durchaus gute Idee war, ihn mitlaufen zu lassen, damit sein Kreislauf in Bewegung blieb. Ich glaube, das Hauptproblem zwischen dir und Geoff besteht darin, daß du ein Führer bist und Geoff eher ausführendes Organ.“

AUS GEOFFS Tagebuch:

> Ich war der Meinung, Tims Tod hätte vermieden werden können, wenn man ihn auf den Schlitten gepackt und warm eingewickelt hätte, und sein Tod schmerzte mich sehr. Aber was mich erst richtig in Rage brachte, war die Tatsache, daß wir uns für die Filmleute extra Zeit nehmen mußten. Ich wäre viel lieber schnellstens nach Mirnyy marschiert. Für mich war dieses Filmteam immer eine Behinderung gewesen – ich hatte für diese Typen nichts übrig und wenig Lust, ihretwegen den Erfolg der Expedition aufs Spiel zu setzen oder mein Leben zu riskieren.
>
> Wir verkürzten unsere Marschtage, legten sogar zwei Ruhetage ein und gerieten infolgedessen in das schlechte Wetter, das wir zu vermeiden versucht hatten. Heftige Winde, dichtes Schneetreiben und extrem niedrige Temperaturen setzten uns fast zehn Tage lang zu. Die Hunde verloren ihren Elan und froren erbärmlich . . . Thule, meine Leithündin, litt am schlimmsten. Deswegen, ob zu Recht oder nicht, machte ich Will Vorwürfe.
>
> Will und ich kommen gewöhnlich gut miteinander zurecht. Wir achten einander, obwohl wir völlig unterschiedlich sind. Wir respektieren die Eigenarten des anderen. Ich rege mich über ihn auf, wie er sich wahrscheinlich auch über mich aufregt, aber wir machen unserem Ärger nur sehr selten Luft. Wir sind noch immer Freunde . . . Wir sind inzwischen wie eine Familie geworden – man freut sich zusammenzukommen, aber genauso gerne trennt man sich auch wieder.

18. FEBRUAR; 207. TAG. Obgleich das Wetter in der letzten Nacht sehr schlecht gewesen war und auch bis in den Vormittag hinein anhielt, mußten wir heute weiterziehen. Weil die Hunde ausgiebig geruht hatten, waren sie begierig darauf, wieder zu laufen. Allerdings machte das den Marsch eher schwieriger, denn die Sicht hatte bis auf 25 Meter abgenommen, und man konnte nicht einmal den nächsten Schlitten vor sich erkennen. Da ich an dritter Position unterwegs war, konnte ich

einige Male meine Hunde nicht rechtzeitig bremsen, so daß sie Geoffs Hunde einholten und sich mit ihnen balgten. Infolgedessen mußten wir mehrmals am Tag anhalten und unsere Gespanne entwirren.

Der Tag verlief wie folgt: Viktor führte, dann folgte Geoff. Ich kam als dritter und schloß alle zehn Minuten zu ihm auf, während er Viktor einholte. Dann hielten wir alle an und warteten auf Jean-Louis, Dahe und Keizo. Trotz dieses dauernden Wechsels von Marschieren und Warten schafften wir 40 Kilometer. Die Hunde, voll frischer Energie, waren den ganzen Tag lang nur schwer im Zaum zu halten.

Wenn wir Geoff und Viktor nicht mehr sehen konnten, wurden wir jedesmal nachhaltig daran erinnert, wie einfach es ist, sich bei solchen Verhältnissen zu verirren. Immer wenn Viktor oder Dahe davon sprachen, wie sie sich bei ähnlichen Unwettern schon mal verirrt hatten, war von ihrer sonstigen Unbeschwertheit nicht mehr viel zu spüren. Es waren wohl die ernüchterndsten Erfahrungen ihres Lebens gewesen, und sie hatten dabei eine wichtige Lektion gelernt: In der Antarktis darf man sich niemals sicher fühlen.

19. Februar; 208. Tag. Wegen eines 80-Stundenkilometer-Sturms blieben wir heute in unseren Zelten. Das Hundefutter wurde knapp, und deshalb mußten wir unbedingt weiter bis zum nächsten Depot, das von den Raupenfahrzeugen abgeladen worden war. In unserem Zeitplan ergab sich als Folge dieses Ruhetags nur eine einzige Änderung: Ursprünglich hatten wir geplant, heute das Depot zu erreichen und dort Geoffs vierzigsten Geburtstag zu feiern. Beides wurde verschoben.

Seit wir vor 36 Stunden das Lager aufgeschlagen hatten, war ich nicht bei Keizo und Dahe gewesen. Viktor kam einige Male wegen Funksprüchen zu mir, und Jean-Louis und ich unterhielten uns gelegentlich. Da der Wind zu heftig war, um Geoffs Geburtstag in angemessener Form zu feiern, ging ich am Morgen mit einem Schokoladenriegel als Geschenk zu seinem Zelt hinüber. Wir redeten kurz miteinander, und es schien, als habe er seinen Wutausbruch vom Vortag längst vergessen.

Am Abend fütterte ich die Hunde nicht. Das war ein Trick, den ich von den Eskimos übernommen hatte: Sie gaben ihren Hunden während Stürmen niemals zu fressen, da es besser ist, wenn sie schlafen und sicher eingegraben sind, als wenn sie wegen des Fressens aus ihren schützenden Höhlen herauskommen; anschließend müssen sie sich nämlich wieder eingraben und zusehen, daß sie aufs neue warm werden. Ich war ohnehin ständig um die Hunde besorgt, und Geoffs Drohung, mich für den Tod jedes Hundes verantwortlich zu machen, verschärfte meine Anspannung noch.

20. FEBRUAR; 209. TAG. Am Vormittag mußten wir ständig anhalten und wieder aufbrechen, denn wir hatten einen Sturm, der den schlimmsten Stürmen auf der Antarktischen Halbinsel kaum nachstand: Windgeschwindigkeiten von 80 Stundenkilometern, minus 33 °C, Sicht gleich Null. Viktor und ich gingen zu Fuß, weil die Verhältnisse zum Skilaufen viel zu schwierig waren. Hohe Sastrugi tauchten vor uns auf, und Dahe stürzte im Laufe des Tags mindestens fünfzehnmal. Man war gezwungen, ständig auf den Untergrund zu achten, doch sobald man sich zu sehr auf das Gelände konzentrierte, war der Schlitten vor einem plötzlich verschwunden, wenn man wieder hochsah. Es war eine gefährliche Situation, und wir konnten es uns nicht leisten, anzuhalten und das Lager aufzuschlagen, da uns gestern das Hundefutter ausgegangen war und wir heute das Depot erreichen mußten. Der ständige Zwang zur Konzentration – und die Kälte – erzeugten bei mir rasende Kopfschmerzen.

Im Laufe des Nachmittags besserten sich die Verhältnisse, und gegen fünf Uhr fanden wir das Depot ohne große Probleme. Auf unserem weiteren Marsch, machte einer unserer Hunde – Yeager – schlapp, und ich transportierte ihn die letzte Stunde auf meinem Schlitten, bis wir das Lager aufschlugen. Er hatte Probleme mit seinen Pfoten – sie waren durch das eisige Gelände arg zerschnitten –, und sein Fell war mit Schnee und Eis verklebt. Es war nichts allzu Ernstes, aber ich entschied, daß er diese Nacht im Zelt schlafen sollte. Bis zu unserem täglichen Funkkontakt lag er still in einem leeren Hundefutterkarton, dann kroch er langsam zu uns herüber und machte es sich am Fußende von Jean-Louis' Schlafsack gemütlich.

Es wird jetzt von Tag zu Tag spürbar dunkler.

23. FEBRUAR; 212. TAG. Das Terrain wurde welliger bei zunehmendem Gefälle. Von der Oberkante besonders hoher Sastrugi konnten wir zehn bis zwölf Kilometer weit schauen; wenn wir dann eintauchten in das Sastrugital, hatten wir nur noch Schnee und Eis direkt vor unserer Nase. Den ganzen Tag über war es, als surften wir auf riesigen, erstarrten Eiswogen – rauf und runter, rauf und runter, rauf und runter.

Wir hatten vereinbart, uns mit den Raupenfahrzeugen zu treffen, die nun rund dreißig Kilometer Vorsprung vor uns hatten, denn ein russisches Flugzeug sollte das Filmteam dort absetzen, wo die Fahrzeuge anhalten würden. Die Hunde entdeckten sie gegen Abend als erste und rannten auf sie zu. Geoff war an vorderster Position, doch als wir uns dem Lager näherten, überholten meine Hunde ihn aus reiner Ausgelassenheit und Vorfreude. Als wir schließlich anhielten, blickten wir in lauter freundliche Gesichter, darunter das des Regisseurs Laurent Chevalier, der mit seiner Filmmannschaft da war. Auch mehrere Reporter waren gekommen.

Unglücklicherweise drehte Geoff etwas durch, als Laurent sich anschickte, seine Ankunft im Lager zu filmen. Er stieß Laurent zornig die Kamera ins Gesicht und brüllte: „Sie zeigen ja gar nicht die Wahrheit!" Dann hielt er seinen Schlitten an und stürmte wütend davon. Zuerst dachten wir, er mache einen Scherz, aber er band seine Hunde an, stellte sein Zelt auf und verschwand darin, ohne sich um irgend jemanden zu kümmern. Die Mitglieder unseres Teams wußten von seinem Zorn über die Einmischung der Filmleute, aber seine Reaktion brüskierte alle anderen, die eigens hergekommen waren, um uns zu empfangen. Angesichts der Tatsache, daß wir „enge Zusammenarbeit" immer als eines unserer wichtigsten Anliegen dargestellt hatten, war sein Beispiel eine enttäuschende Erfahrung für unsere angereisten Freunde. Im Grunde war Geoff ein freundlicher, nachdenklicher Mensch, doch unglücklicherweise war er zugleich ein Mensch, der es nicht verstand, seine Wut im Zaum zu halten. Ich konnte nur hoffen, daß seine Vernunft am Ende des Marsches die Oberhand behielt.

24. FEBRUAR; 213. TAG. Zwei ständig knurrende Hunde kosteten mich in der vergangenen Nacht einige Stunden Schlaf, und aus meiner Erfahrung wußte ich, daß mir deshalb ein ziemlich mühsamer Tag bevorstehen würde. Morgens ging ich als erstes zu Geoffs Zelt hinüber, um mit ihm über sein unfreundliches Verhalten vom Vortag zu sprechen, aber er blaffte mich erneut an. Jean-Louis erschien und versuchte ihn zu beruhigen, wurde aber nun ebenfalls heftig angegriffen, und die beiden warfen sich für einige Zeit Schimpfwörter an den Kopf. Es war ein sehr trauriger Tagesanfang.

Nachdem der Streit sich etwas gelegt hatte, brachen wir auf und kamen an diesem Tag schnell und gut voran: Wir legten 43 Kilometer zurück. Nach dem Mittagessen ging Jean-Louis mit ausgestreckter Hand auf Geoff zu, und die beiden versöhnten sich. Manchmal waren wir wie Brüder – da kam es natürlich schon mal zu Meinungsverschiedenheiten, aber entscheidend war, daß wir noch miteinander reden konnten. Während die Wanderung sich dem Ende zuneigte, gab es für uns nichts Wichtigeres, als daß der Zusammenhalt, der uns bis hierher gebracht hatte, nicht zerbrach.

25. Februar; 214. Tag. Makelloses Wetter trug heute dazu bei, daß alle sich etwas beruhigten. Gute Laune, Erleichterung, sogar so etwas wie Siegesbewußtsein breitete sich im Team aus. Jeder von uns dachte schon an die Zukunft. Zum Beispiel fragte ich Viktor, was ihm so durch den Kopf gehe. „Mirnyy, unsere Ankunft dort", platzte er heraus, während er neben dem Schlitten herlief. Und dann? „Natascha!" Viktors Frau, mit der er seit fünfzehn Jahren verheiratet war, war von den Russen hergeflogen worden, um in Mirnyy mit ihm zusammenzutreffen, und er freute sich unbändig auf das Wiedersehen.

Laurent hatte Jean-Louis eine französische Illustrierte mit Bildern von der Revolution in Rumänien mitgebracht. Während wir bisher bruchstückhaft die eine oder andere Neuigkeit von Jean-Louis erfahren hatten, waren dies die ersten Bilder aus dem „Welttheater", die wir zu sehen bekamen. Ich war erschüttert über die Geschichte, die sie erzählten. Es schien, als habe sich die Welt während der vergangenen sieben Monate mehr verändert als zu irgendeiner anderen Zeit in unserem Leben.

Heute war auch für uns ein in gewisser Weise historischer Tag: Wir sahen den ersten Vogel, seitdem wir im vergangenen Juli Seals Nunatak verlassen hatten. Eine Skua, eine angriffslustige antarktische Raubmöwe, stürzte sich immer wieder auf die Hunde und landete danach stets in unserer Nähe. Bei einem ihrer Anflüge, als sie genau auf mein Gespann zusteuerte, machte mein Hund Panda einen Satz und versuchte vergeblich, sie in der Luft zu schnappen. Er unternahm drei Anläufe und wurde jedesmal recht unsanft von seinem Geschirr zurückgerissen. Der Vogel flatterte etwa eine Stunde lang neben uns her und neckte unsere Hunde, und wir unterhielten uns noch bis lange nach Sonnenuntergang über dieses Ereignis.

26. Februar; 215. Tag. Ein weiteres „erstes Mal": Zum erstenmal seit unserem Flug von der King-George-Insel zum Festland im vergangenen Juli sahen wir offenes Wasser. Unterhalb der tausend Meter über der Meereshöhe, wo wir durch sanft gewelltes Gelände zogen, tauchte

immer wieder das strahlende Blau des Indischen Ozeans auf und verschwand wieder.

Heute war alles in ein weiches Licht getaucht, und es herrschte eine friedliche, beruhigende Atmosphäre. Quellwolken am Horizont bildeten einen herrlichen Hintergrund für den dunkelblauen, mit Eisbergen übersäten Ozean. Wir hätten uns keinen schöneren Anblick wünschen können. Niemand sagte ein Wort, als wir unsere Schlitten nebeneinander anhielten und uns am wundervollsten Panorama erfreuten, das man sich vorstellen kann. Das tiefe Blau des Ozeans teilte uns symbolisch etwas Wichtiges mit: Erfüllung. Wir hatten es geschafft. Dieser Anblick gab den vergangenen 214 Tagen einen Sinn.

Wir legten an diesem Tag 30 Kilometer zurück. Das Wetter hatte auf unserer letzten Marschetappe bisher mitgespielt. In der Schlußphase unseres Unternehmens waren wir in bester Stimmung und hatten die Mühsal und die Anspannung der vergangenen Monate schon fast vergessen. Geoffs Zorn schien ebenfalls verraucht zu sein. Nachdem wir am Abend unsere Kerzen ausgeblasen hatten, lagen Jean-Louis und ich noch einige Zeit in unseren Schlafsäcken wach, und ich fragte ihn, ob er Interesse daran habe, sich mit mir am 1. Juni 1994 am Nordpol zu treffen. Er meinte, klar, warum nicht.

28. FEBRUAR; 217. TAG. Heute erblickten wir das Meer von drei verschiedenen Aussichtspunkten aus, und die Eisberge wurden größer und größer, je näher wir dem Ozean kamen.

Selbst als wir jetzt Mirnyy entgegenmarschierten, hatte ich noch manchmal Schwierigkeiten, mir darüber klarzuwerden, wo ich auf diesem Planeten war. Ich betrachtete die Eisberge im Meer und begriff, daß wir uns am Rand eines Kontinents befanden. Während ich im Geist ein Bild von der Antarktis am untersten Ende der Erde zeichnen konnte, hatte ich große Schwierigkeiten, diese kalte Region in Worte zu fassen. Aber der gelegentliche Blick auf eine Bucht voller Eisberge rückte die Dinge zurecht. Wenn wir uns auch manchmal vorgekommen waren, als wären wir auf einem fremden Planeten unterwegs gewesen, konnten wir jetzt ganz sicher sein, daß wir uns auf der Erde befanden.

Es war gut, daß wir bald zu Hause sein würden, denn unsere letzte Kerze war bis auf vier Zentimeter heruntergebrannt.

Zurückgelegte Strecke: 5994 Kilometer.
Entfernung bis Mirnyy: 26 Kilometer.

März

Keizo ist verschollen

1. MÄRZ; 218. TAG. Ein kräftiger Sturm mit Böen bis zu 80 Stundenkilometern kam in der Nacht auf, während wir schliefen. Ich zerbrach mir nicht den Kopf darüber – es schien, als hätten wir alles, was die Antarktis uns in den Weg legen konnte, mittlerweile mindestens zweimal überstanden. Aber der Sturm zwang uns an diesem Tag anzuhalten. Jean-Louis war schon früh auf den Beinen, um über Funk die neuesten Nachrichten zu erfahren, und ich blieb bis zum späten Vormittag in meinem Schlafsack. Viktor kam gegen Mittag herüber und informierte uns, daß das Wetter sich verschlechterte und daß wir vorsichtig sein sollten, falls wir uns aus den Zelten hinauswagten.

Um halb fünf galt dem Sturm, der an unserem Zelt zerrte, noch unsere Hauptsorge. Gegen sechs Uhr schob Viktor dann den Kopf ins Zelt und fragte Jean-Louis und mich, ob wir Keizo gesehen hätten. Er hatte in Keizos Zelt nachgeschaut und dort nur Dahe angetroffen. Schon nach kurzer Zeit begannen wir, das Schlimmste zu befürchten. Keizo mußte sich irgendwo dort draußen in dem heulenden Sturm verirrt haben. Wir kamen schnell überein, uns bei den Raupenfahrzeugen zu versammeln, die in den vergangenen Tagen stets in unserer Nähe gefahren waren und nun in etwa 100 Meter Entfernung parkten. Von dort aus konnten wir eine systematische Suche organisieren.

Auf dem Weg zu diesem Treffpunkt schaute ich noch einmal in Keizos und Dahes Zelt nach, um mich zu vergewissern, daß Keizo nicht zurückgekommen war. Ich traf nur den sehr besorgten Dahe an.

Dahe blieb im Zelt für den Fall, daß Keizo wieder auftauchte. Wir vier anderen sowie das vierköpfige Filmteam und ein halbes Dutzend russische Raupenfahrzeugfahrer nahmen gemeinsam die Rettungsaktion in Angriff, hatten aber große Probleme, zum einen wegen der Sprachbarriere, zum anderen wegen des orkanartigen Sturms. Leute stolperten herum und riefen besorgt Keizos Namen, während sie Seile und Klettergerät vorbereiteten und dabei selbst riskierten, sich zu verirren.

Wir knüpften die Leinen, die Geoff und ich auf unseren Schlitten fanden, zusammen – insgesamt etwa hundert Meter –, knoteten dann noch eine zehn Meter lange Schnur daran und erhielten so einen Radius von hundertzehn Metern. Unser Plan sah so aus, daß wir ein Seilende an einen Schlitten binden und dann das Gelände in einem weiten Kreis absuchen wollten, wobei wir vorhatten, alle zehn Meter entlang dem Seil einen Mann aufzustellen. Als erstes mußten wir entscheiden, ob wir mit der Suche windaufwärts oder windabwärts beginnen sollten. Ich stimmte für windaufwärts, aber Viktor, der sich bei ähnlichen Verhältnissen schon einmal verirrt hatte, erklärte mit Nachdruck, daß man sich in einer solchen Situation stets mit dem Wind im Rücken vorwärts bewegen würde.

Wir zogen das Seil zu voller Länge aus und begannen im Kreis zu gehen. Dabei brüllte jeder aus vollem Hals: „Keizo! Keizo!“ Bei diesem Sturm drangen unsere Rufe nur ein paar Meter weit in die Dunkelheit. Ich rannte am Seil auf und ab, versuchte die Männer auf Abstand zu halten und forderte die Russen immer wieder auf, weiterhin nach Keizo zu rufen.

Wir brauchten etwa 45 Minuten, um einen vollständigen Kreis abzuschreiten. Dann lösten wir das Seil vom Schlitten und befestigten es am nächsten. Wir konzentrierten uns auf die Suche windabwärts, obgleich wir auch einmal einen Kreis gegen den Wind abliefen. Um neun Uhr war es stockfinster, und wir stolperten nur noch durch den tiefen Schnee und versuchten mühsam, uns auf den Beinen zu halten. Schließlich machten wir kehrt und nahmen uns noch einmal die Regionen vor, die wir bereits abgesucht hatten. Um zehn Uhr wurde entschieden, die Suche bis zum Morgen abzubrechen.

Ehe wir uns trennten, kamen wir in einem der Raupenfahrzeuge zusammen und legten uns einen Plan für den nächsten Tag zurecht. Wir schrieben die Namen eines jeden auf, der an der Suche beteiligt gewesen war, und wiesen ihm eine Position am Seil zu. Wir würden die Männer so aufstellen, daß sie jeweils den nächsten Mann sehen konnten; auf diese Weise konnte man ausschließen, daß es am Seil irgendwelche freien Stellen gab. Ich befürchtete inzwischen das Schlimmste und nahm an, daß Keizo vielleicht kurz vor dem Erfrieren und nicht mehr imstande war, sich zu bewegen oder bei uns bemerkbar zu machen. Wir konnten uns nicht darauf verlassen, daß er unsere Rufe beantwortete; wir mußten ihn sehen. Wir würden deshalb weiterhin einander überlappende Kreise abschreiten, bis wir ihn fänden.

Ehe wir gegen halb zwölf in unsere Schlafsäcke krochen, schossen wir noch vier Leuchtkugeln in den Himmel in der Hoffnung, daß sie

Keizo, wenn er wach war – und noch am Leben –, einen Hinweis darauf lieferten, wo wir uns befanden.

Keiner von uns konnte schlafen. Wir hofften, daß Keizo sich im Schnee eingegraben hatte, was die übliche Methode war, wenn man sich unter solchen Wetterbedingungen verirrte. Wie die Hunde schaufelte man sich eine Höhle, um sich vor der Nacht und ihren Schrecken zu schützen. Wir alle hatten Angst. Ich mußte immer wieder an ein Gespräch denken, das Keizo im vergangenen Juli mit einem Reporter geführt hatte, als wir uns gerade startfertig machten. „Sicher habe ich Angst vor dem Sterben, aber meine größte Angst ist es, zu sterben, ohne irgend etwas getan zu haben, ohne meine Ziele erreicht zu haben . . ., zu sterben, ohne gelebt zu haben. Aber ich – keiner von uns – kann lange über den Tod nachdenken. Man kann sowieso nichts tun."

2. März; 219. Tag. Gegen vier Uhr morgens sprang ich aus meinem Schlafsack und in meine Kleider wie ein Feuerwehrmann, der von einem Alarm hochgescheucht worden ist. Um sechs Uhr begannen wir mit dem ersten Kreis. Geoff befand sich am äußeren Ende des Seils, Jean-Louis ging in nächster Nähe des Schlittens. Ich fungierte als Meldegänger und sorgte dafür, daß die Leute ausreichenden Abstand zueinander hielten und weiterhin laut riefen. Selbst die Hunde stimmten in den Chor mit ein und heulten, als die allgemeine Aufregung auch sie ergriff. „Keizo! Keizo! Keizo!" brüllten wir verzweifelt. Ich glaubte, je lauter ich rief, desto größer war die Chance, daß ich ihm vielleicht das Leben rettete.

Kurz bevor wir unseren zweiten Kreis begannen, hing das Seil plötzlich durch, als ob die Männer am Ende ihre Bemühungen einstellten und zurückkamen. Als ich losrannte, konnte ich Geoff erkennen, der etwas rief und wild mit den Armen ruderte. Dann entdeckte ich eine Gestalt im Sturm, etwa 30 Meter von Geoff entfernt. Ich wußte, daß es Keizo war. Alles, was ich sah, war, daß er die Arme erhoben hatte und heftig winkte. Ich rannte auf ihn zu, packte ihn um die Taille und hob ihn einfach hoch. Er rief: „Ich lebe! Ich lebe!"

In einem der Raupenfahrzeuge halfen wir Keizo in einen warmen Parka und schöpften heißen Tee in eine Tasse. Mit zitternden Lippen entschuldigte Keizo sich mehrmals – was für ihn typisch war –, daß er uns so viele Unannehmlichkeiten bereitet habe und daß wir uns seinetwegen solche Sorgen hätten machen müssen. Der Sturm draußen zerrte und ruckte an dem 40-Tonnen-Fahrzeug. Wir hatten Keizo windaufwärts gefunden, und die Temperatur im Wind hatte minus 40 °C betragen. Er war 13 Stunden lang in dem Sturm verschollen gewesen und hatte sich dabei nur in hundert Meter Entfernung von seinem Zelt befunden.

„Ich bin ja so froh, daß ihr mich gefunden habt. Als ich eure Stimmen hörte, dachte ich schon, es wäre Gott persönlich", sagte er.

„Na ja", sagte Jean-Louis, „wir haben tatsächlich heute morgen mit ihm gesprochen, und er antwortete postwendend."

Keizo erzählte, er habe die Leuchtkugeln am Abend vorher gesehen, habe jedoch befürchtet, sich noch mehr zu verirren, wenn er sich dorthin in Bewegung gesetzt hätte. Dann kletterte Geoff zu uns ins Schneefahrzeug und umarmte seinen japanischen Kameraden. „Warum bist du weggelaufen?" Er lachte erleichtert.

„Ich bin gegen halb fünf rausgegangen, um die Hunde zu füttern. Danach konnte ich mein Zelt nicht mehr finden. Als ich hinausging, war der Schneesturm noch nicht so schlimm – es herrschten nur minus zweiunddreißig Grad. Ich trug keine Mukluks, sondern nur Gore-Tex-Stiefel, einen Windparka und die Windhose, lange Unterwäsche und Wollsocken. Die Sicht nahm ziemlich rapide ab. Als ich zum Zelt zurückwollte, fand ich ohne Probleme den ersten der Ski, die wir zur Orientierung in den Schnee gesteckt hatten. Aber den zweiten fand ich schon nicht mehr. Für eine Weile, vielleicht zehn Minuten, blieb ich zwischen den beiden Skiern stehen und wartete darauf, daß die Sicht sich besserte. Aber das geschah nicht. Dann versuchte ich zum ersten Ski zurückzugehen. Ich bewegte mich nach links, ich bewegte mich nach rechts, aber ich fand nichts mehr. Am schlimmsten war jedoch für mich das Wissen, daß ich überhaupt nicht weit vom Lager entfernt war. Glücklicherweise fand ich eine schwache Schlittenspur, was für mich bedeutete, daß ich mich noch nicht allzuweit vom Lager wegbewegt hatte. Daher beschloß ich anzuhalten. Ich habe immer eine Kneifzange in der Tasche, um die Hundehalsbänder von Eis zu befreien und gerissene Halsbänder zu reparieren. Die habe ich benutzt, um mich in den eisigen Untergrund einzugraben, was sehr mühevoll war. Ich kratzte eine Mulde aus, etwa achtzig Zentimeter tief, und ein Loch, um meine Füße hineinzuschieben, denn meine Zehen waren der kälteste Teil meines Körpers. Sobald ich in meiner Schneemulde lag, war ich innerhalb von fünf Sekunden mit Schnee zugeweht. Ich war völlig bedeckt, genauso wie die Hunde. Atmen konnte ich durch eine kleine Öffnung im Schnee nahe an meinem Körper. Ich hatte geglaubt, daß es unter

Will Steger und Jean-Louis Etienne fallen sich glücklich in die Arme, als sie Mirnyy erreicht haben: Ihr Traum ist in Erfüllung gegangen.

dem Schnee einigermaßen warm wäre, aber ich fror, weil ich nur so wenig am Leib hatte. Ich wußte, daß ihr mich suchen würdet, und war überzeugt, daß man mich auch fände. Es war nur eine Frage der Zeit. Aber ich wußte auch, daß ich eine Nacht lang durchhalten mußte, weil ihr mich in der Dunkelheit niemals entdecken konntet. Ich rollte mich in meiner Höhle zusammen und bewegte meine Füße, um warm zu bleiben. Alle zwanzig oder dreißig Minuten sprang ich aus meinem Schneeloch heraus, hüpfte auf und ab und massierte meine Arme, um mich aufzuwärmen. Dabei rief ich laut um Hilfe. Doch nach einer Weile hörte ich auf zu rufen. Es war einfach zu windig und laut, als daß man mich hätte hören können.

Als ich in meinem Schneeloch lag, versuchte ich, diese Gelegenheit auszukosten. Ich dachte mir: Nur wenige Menschen machen derartige Erfahrungen – sich in einem Schneesturm zu verirren. Also beruhige dich, und versuch es zu genießen. Sobald ich meinen eigenen Rat befolgte, spürte ich plötzlich die Antarktis wie nie zuvor. Als ich so dalag, mit Schnee bedeckt, kam ich mir vor, als befände ich mich wieder im Leib meiner Mutter. Ich konnte meinen Herzschlag hören – bumm . . ., bumm . . ., bumm . . . – wie ein Baby. Mein Leben erschien mir ganz klein und zerbrechlich.

Ich dachte an unendlich viele Dinge, als ich so verloren dalag, vor allem, daß ich nicht an diesem Ort, nur 25 Kilometer von Mirnyy entfernt, sterben konnte. Ich hatte schließlich eine große Verantwortung. Wenn ich dort starb, dann würden alle große Schwierigkeiten bekommen. Es ging einfach nicht an, daß ich starb.

Gegen fünf Uhr wurde es hell, und ich suchte erneut nach der Schlittenspur, konnte sie jedoch nicht finden. Ich lag wieder in meiner Höhle, als ich glaubte, jemanden rufen zu hören, ein schwaches ‚Keizo! Keizo!'. Aber dann schien es mir wieder, als wäre es nur der Wind gewesen. Trotzdem sprang ich aus meiner Höhle, um nachzusehen, und hörte die Stimme wieder: ‚Keizo! Keizo! Keizo!' Ich schaute mich um in der Hoffnung, jemanden zu sehen, und brüllte: ‚Hier bin ich! Hier bin ich!'

Schließlich vernahm ich nicht weit von meiner Höhle abermals eine Stimme. Ich rief erneut: ‚Hier bin ich!' Dann erkannte ich Will und rannte auf ihn zu, weil ich wußte, daß ich ihn vielleicht nie wiedersehen würde, denn alles war so weiß. Ich war so glücklich, als ich sah, daß die Leute mich im Schneesturm suchten. Ich spürte diese Liebe – alle hatten feuchte Augen. Ich weinte. Ja, ich weinte."

Er war in erstaunlich guter Verfassung und weitaus ausgeruhter als wir anderen. In ihm steckten noch eine Menge Energiereserven – ein Ergebnis der Monate, die wir unter diesen harten Bedingungen verbracht hatten. Keizo hatte außerdem einen sehr starken Willen, und auch der hatte ihm geholfen zu überleben.

Wir hatten uns Sorgen gemacht, daß wir in Mirnyy ankommen und einen völlig apathischen Eindruck machen würden, zermürbt von dem langen Marsch. Aber dieses letzte Abenteuer sorgte dafür, daß wir in grandioser Laune in Mirnyy eintreffen würden, begeistert, die Prüfung bestanden zu haben, die die Antarktis uns auferlegt hatte. Eines unserer wesentlichen Ziele war es ja von Anfang an gewesen, die Antarktis als Team, als eine Gruppe von Freunden zu durchqueren. Als wir am Morgen im Raupenfahrzeug gesessen und uns über Keizos einsame Nacht im Schneesturm unterhalten hatten, hatte ich nacheinander meine fünf Kameraden betrachtet und erkannt, daß wir dieses Ziel erreicht hatten.

Morgen würden wir in eine Welt zurückkehren, die noch weit weg zu sein schien. Eine große Erleichterung und gelassene Zufriedenheit erfüllten uns, als wir uns am Abend per Funk in Mirnyy meldeten und ankündigten, daß wir morgen dort eintreffen würden.

3. MÄRZ; 220. TAG. Die letzten 25 Kilometer legten wir unter einem makellos klaren Himmel bei Temperaturen um die minus 18 °C zurück.

Den ganzen Tag über konnten wir das satte Blau des Indischen Ozeans sehen. Die Sonnenstrahlen tanzten und funkelten auf den Eisbergen, die sich aufgereiht hatten, um uns zu begrüßen, und wir erklommen den Hügel oberhalb der russischen Station kurz vor sieben Uhr. Dann jagten wir den letzten eisigen Berghang hinunter, wobei die Männer ihre Hunde mit lauten Rufen anfeuerten und die Hunde ein Freudengeheul anstimmten. In mir breitete sich ein Gefühl des Friedens aus, und die Verantwortung der vergangenen drei Jahre und dieser letzten 6020 Kilometer fiel mir von den Schultern und verflüchtigte sich.

Während ich den letzten Kilometer mit meinen Skiern zurücklegte, tauchte vor meinem geistigen Auge ein Bild aus einer anderen Zeit, von einem anderen kalten Ort auf. Es war im April 1986 gewesen, mitten im gefrorenen Nordpolarmeer, als Jean-Louis und ich uns das erstemal begegnet waren. Er war auf der Kante einer zerklüfteten Eisscholle erschienen, aufgetaucht wie aus dem Nichts, und wir hatten uns wie Brüder umarmt, obgleich wir einander niemals vorgestellt worden waren. Alles, was wir in diesen letzten Jahren getan hatten, war aus diesem schicksalhaften Moment entstanden, aus dieser Umarmung. Wir hatten unsere Träume – von Abenteuer und Zusammenarbeit, von Erhaltung der Natur und Umwelt – in die Tat umgesetzt. Wir hatten genügend Selbstvertrauen gehabt, Risiken auf uns zu nehmen, und die Szenerie vor uns war unsere Belohnung, die Bestätigung für die Richtigkeit unseres Handelns.

Die Russen hatten unsere Zielgerade mit roten Fähnchen markiert und eine Ziellinie aufgebaut. An die hundert Menschen, die sich in einem Dutzend verschiedener Sprachen unterhielten, umschwärmten uns, als wir in die mit Fahnen gesäumte Gerade einschwenkten. Während ich meinen Hunden den Befehl zurief anzuhalten und aus meinen Skibindungen stieg, kam Jean-Louis auf mich zu. Ich hob Sam auf meine Schulter, und Jean-Louis schloß den Kreis, der vor einigen Jahren mitten im Nordpolarmeer begonnen hatte: Er umarmte uns beide.

Epilog

Der Kampf hat eben erst begonnen

ALS WIR in Mirnyy eintrafen, waren wir wie verzückt, überwältigt von einem Gefühl des Erfolges und in einer Weise erleichtert, die sich kaum mit Worten ausdrücken läßt. Als wir im Hauptgebäude der Station an einem Tisch saßen, beobachtete ich meine Kameraden, während die Russen uns mit Brot und Salz und Champagner bewirteten und feierten. Es war damals wie heute, viele Monate später, für mich einfach unglaublich, daß wir es quer durch die Antarktis geschafft hatten. In vielerlei Hinsicht war diese Durchquerung nur der Beginn unseres Kampfes mit dem Ziel, den eisbedeckten Kontinent zu erhalten. Der Kampf hörte in Mirnyy nicht auf; er hatte eben erst begonnen.

Wir erhielten an diesem Tag zahllose Glückwunschtelegramme – von Messner und Fuchs, von der National Geographic Society, von Präsident Bush und den politischen Führern unserer Heimatländer. Wir waren auch die Hauptdarsteller bei einem ganz anderen, bisher noch nie dagewesenen Ereignis: einer Fernseh-Live-Übertragung aus der Antarktis. Ich stand direkt neben Jean-Louis, als dieser einem weltweiten Publikum von -zig Millionen Menschen von seinen Hoffnungen für den Kontinent erzählte, den wir durchquert hatten. „Die Antarktis ist ein gefährliches Land ohne Gnade", erklärte er. „Aber sie ist unberührt und weiß. Alle Nationen sollten auf ihre Eigeninteressen verzichten und sie als eigenen Teil der Welt akzeptieren . . . Dieser Kontinent gehört jedem Menschen auf der Welt."

Eines der Telegramme, die ich in Mirnyy erhielt, kam vom Saint Thomas College, meiner Universität in St. Paul. Man bot mir für unseren Erfolg den Ehrentitel „Ehemaliger Student des Jahres" an. Ich antwortete am 3. März mit folgendem Telex:

> Die neunziger Jahre sind ein Jahrzehnt der weltweiten Veränderungen. Sie fordern eine neue Denkweise und einen neuen Antrieb, aktiv zu werden. Zum erstenmal in der Geschichte besteht die berechtigte Hoffnung auf einen Weltfrieden, und dennoch wird der Planet von einer unmittelbar bevorstehenden Umweltkatastrophe bedroht. Ihr, die junge Generation, müßt die Welle der Zerstörung aufhalten und darum kämpfen, die Zukunft zu erhalten. Wie ich aufs neue während der Durchquerung der

> Antarktis erfahren konnte, wird der Umfang der eigenen Leistung allein durch die Beschränkungen bestimmt, die man seinen eigenen Träumen auferlegt. Indem jeder sich seinen Weg in dieser Welt sucht, sollte er persönliche Erfolge der Verantwortung unterordnen, die er als Gottes Verwalter der Erde hat. Die eigenen Visionen sollten von Hoffnung bestimmt werden, der Weg, den man wählt, sollte Ausdruck des eigenen Mutes und die Kraft der Gedanken auf eine Verbesserung der Zukunft gerichtet sein. Ich danke Ihnen von ganzem Herzen für das Vertrauen, das Sie in mich setzen. Mit besten Grüßen aus der Antarktis.

Diese Botschaft gilt noch immer.

Im Jahr 1991 kamen Vertreter von 24 Nationen überein, den Abbau von Bodenschätzen in der Antarktis für fünfzig Jahre zurückzustellen. Gleichzeitig traten neue Bestimmungen über Abfallentsorgung, Meeresverschmutzung und Artenschutz in Kraft.

Keine Tränen für Mao

EINE KINDHEIT WÄHREND DER KULTURREVOLUTION

von Niu-Niu

Keine Tränen für Mao *ist die tragische Geschichte einer jungen Frau, die in ihrer Kindheit den entsetzlichen Ereignissen der chinesischen Kulturrevolution ausgesetzt war. Es ist der alltägliche Alptraum, das dramatische Leben einer gehetzten und gequälten Familie aus der Sicht eines Mädchens, das zu den Überlebenden gehört.*

Lucien Bodard

1. Meine erste Erinnerung

In jenem Jahr, in jenem Monat, an jenem Tag spielte ich gerade mit meiner großen Schwester Mimi im Hof vor unserem Haus in Chengdu. Drinnen saßen Papa und Mama, tranken Tee mit meinen Großeltern und unterhielten sich. Ich erinnere mich an hübsche Blumen im Garten, an den leichten Wind, der mir über die Wangen strich . . ., als plötzlich ein tosendes Unwetter hinter meinem Rücken losbrach.

Es sind vielleicht fünfzehn oder zwanzig Männer, alle mit einem roten Buch und einem Gewehr in der Hand. Sie dringen in unser Haus ein, zerschlagen unsere Kacheln und schleppen alles fort. Ich habe große Angst, ich schreie. Aber als ich auf meine Eltern zulaufen will, bilden die Männer eine Mauer um sie. Sie schlagen Papa und Mama und beschimpfen sie.

„Papa! Mama!“

Als meine wie erstarrt dastehenden Großeltern unsere Schreie hören, scheinen sie zur Besinnung zu kommen. Sie nehmen Mimi und mich in die Arme, während ein Mann brüllt: „Haltet den Mund, ihr Hündinnen!“ Oma gerät in Panik und setzt mich eilig wieder auf den Boden; sie bemüht sich darum, diese Rasenden aufzuhalten. Opa fleht die Männer an. Es könne sich doch dann niemand mehr um Mimi und mich kümmern. Da werfen die Männer Opa zu Boden. Ich habe furchtbare Angst. Ich schreie. Ich krieche auf allen vieren auf meine Eltern zu, bis einer der Männer mich wie eine Katze am Nacken packt und zurückschleudert. Danach verbrennen sie alles, was sich im Haus befindet: unsere alten Gemälde, die Bücher, die Fotos. Sie stehlen Kleider und Pelze, Schmuck und die beiden kleinen goldenen Buddhas. Den Altar unserer Väter verwüsten sie. Dann fesseln sie meine Eltern mit einer dicken Schnur, binden ihnen die Hände hinter dem Rücken zusammen, drücken ihnen die Köpfe hinunter und scheren sie vollkommen kahl.

„Ihr seid Konterrevolutionäre! Ihr sollt für eure Verbrechen bezahlen!“ Es ist ihr Anführer, der so schreit.

Aber meine Eltern wehren sich mit Worten und erhalten dafür weitere harte Schläge mit einem Gürtel ins Gesicht . . . Ich sehe Blut aus ihren Mündern fließen.

Meine Großeltern, Mimi und ich stürzen vor diesen Leuten zu Boden, um sie daran zu hindern, uns die Eltern zu entreißen. Sie treten uns wie tollwütige Hunde und quetschen uns mit ihren derben Schuhen die Hände. Wir wälzen uns stöhnend am Boden. Heute noch sehe ich meine Eltern vor mir, wie sie in diesen Lastwagen geschleppt werden, der in einer Staubwolke in der Ferne verschwindet.

Ich habe noch gehört, wie sie uns riefen: „Niu-Niu, Mimi . . ." Und dann – Stille. Nach diesem Alptraum von Schreien, Schlägen, Feuer und Blut verloren sich ihre Stimmen in der Ferne. Wir blieben einen Augenblick lang liegen, alle vier stumpf, blick- und seelenlos. Meine Großeltern zitterten wie Herbstblätter in einem Regenschauer. Tränen rannen über ihre Gesichter. Dann stammelten sie mit rauher Stimme: „Mein Gott, was geschieht hier? Was für eine Sünde haben wir begangen, um eine solche Strafe aufgebürdet zu bekommen?"

Wir kehrten in das zurück, was einmal unser Haus gewesen war. Welch ein Chaos! Von dem Haufen verkohlter Bücher stieg noch Rauch auf, und durch die zerrissenen Vorhänge fegte ein Wind, der graue Ascheflocken aufwirbelte. Nur unterdrücktes Schluchzen durchbrach die Stille. Opa bedeckte seine Augen mit den Händen und schüttelte den Kopf. Er konnte es nicht fassen, daß das Haus auf einmal so verwüstet und so leer war. Ich flüchtete mich in die Arme meiner Großmutter, die mich zu trösten versuchte. Ihre Tränen liefen über mein Gesicht, ich spürte sie auf meinen Lippen. Seit damals weiß ich, daß Tränen salzig schmecken.

Für mich beginnt die Erinnerung an diesem Tag. Ich war vier Jahre alt. Zehn Tage nach meiner Geburt, am 16. Mai 1966, war die „Große Kulturrevolution" ausgebrochen, mit ihren Anschlägen und Plakaten auf den Mauern, einem Meer von Fahnen . . . und ihren gewalttätigen Roten Garden, Verkündern des Todes und für mich Verkörperung so vieler Alpträume, daß ich noch heute nachts aufschrecke.

Ein paar Tage nachdem meine Eltern abgeholt worden waren, sind wieder Männer gekommen. Sie haben das Haus durchwühlt und uns behandelt wie Tiere. Bis auf ein paar Kleidungsstücke und ein bißchen Geschirr nahmen sie uns alles.

Sie wiesen uns eine alte, ekelhafte und feuchte Hütte zu. Es zog durch alle Ritzen, und die Balken waren naß und faulten. Aber selbst in diesem Elendsquartier ließ man uns nicht in Ruhe. Die Nachbarn hatten auf die Wände und die Tür große, mit Schriftzeichen bedeckte Plakate geklebt. Ich erinnere mich, daß sie Opa zwangen, sie laut vorzulesen. Das war wohl zuviel für ihn, denn am Abend nach dem Essen riß er alle Plakate ab. Oma wollte ihn daran hindern. Sie sagte, die Plakate schützten uns vor dem Wind. „Das Haus ist zu zugig für die Kinder."

In diesem kalten Bretterverschlag mußten wir schlafen. Wir drängten uns alle vier dicht auf dem zusammen, was uns als Bett diente: ein großes Brett auf Ziegelsteinen. Jeder gab dem anderen ein wenig von seiner Wärme. Ich hatte Angst vor dem nächsten Tag.

SPÄTER betrachtete Mimi die Fotografien von Mama und Papa und schrieb einen Brief. Ihre Tränen fielen aufs Papier.

„Große Schwester, was schreibst du da? Warum weinst du?" fragte ich.

„Ich schreibe ihnen einen Brief. Ich bitte sie, sofort nach Hause zu kommen!"

„Wohin sind sie gegangen? Werden sie deinen Brief bekommen?"

„Ich weiß nicht, Niu-Niu. Ich glaube, ich muß den Brief einfach nur in den Briefkasten werfen. So machen es jedenfalls die Erwachsenen . . ."

Auf dem Umschlag stand keine Adresse.

Ich bat sie, auch einen Brief für mich zu schreiben, ich hatte so große Sehnsucht nach meinen Eltern.

„Wein nicht, Niu-Niu, wein nicht, kleine Schwester." Sie strich mir übers Haar, aber sie weinte noch viel mehr als ich.

MIMI beschäftigte sich sehr viel mit mir. Einmal schenkte sie mir ein rotes Band für die Haare, ein anderes Mal ein mit Blumen besticktes Taschentuch. Sie sagte mir immer wieder, daß Papa und Mama bald zurückkommen würden. Und doch waren sie nicht wieder da, als auch Mimi uns eines Tages verließ.

Es war sehr dunkel. Meine große Schwester hätte schon längst aus der Schule zurück sein müssen. Wir machten uns Sorgen und suchten sie überall. Wir fanden sie zusammengekauert in einer Ecke des Klassenzimmers sitzend, mit wirrem Haar, zerkratztem Gesicht und zerrissenen Kleidern. Um sie herum war der Inhalt ihrer Schultasche verstreut. Sie schluchzte.

Opa redete sanft auf sie ein. „Was ist passiert? Was machst du hier?“

Sie stieß einen Schrei aus und warf sich weinend in die Arme unseres Großvaters. „Opa, ich will nicht mehr in die Schule gehen, ich will zu Papa und Mama. Ich habe Angst, ich habe solche Angst . . .“ Bei jedem ihrer Worte zitterte sie am ganzen Körper.

Wir gingen mit ihr heim und wuschen ihr dort das Gesicht und kämmten sie, um sie ein wenig zu beruhigen.

„Sie haben mit Steinen nach mir geworfen, mir das Gesicht zerkratzt und mich an den Haaren gezogen. Dann haben sie alle meine Hefte zerrissen und die Schultasche in den Schmutz geschmissen. Sie haben dich und Oma beschimpft, Opa. Sie haben auch Mama und Papa beschimpft. Ich habe alles dem Lehrer erzählt. Er hat zu mir gesagt, es sei mein Fehler, daß ich eure Enkelin bin, und mir sei recht geschehen. Ich will nicht mehr in die Schule gehen, ich will nicht mehr eure Enkelin sein.“

Schließlich waren auch meine Großeltern am Ende ihrer Kräfte angelangt und brachen in Tränen aus. Wir kuschelten uns lange an sie, ehe wir schließlich einschliefen.

Zwei Tage später wachte ich in einer windigen, regnerischen Nacht plötzlich auf. Meine Großeltern packten gerade eine große Tasche, die neben einer Dame stand, die ich nicht kannte. Meine große Schwester war angezogen und wischte sich über die Augen. Ich hörte, wie Opa zu ihr sagte: „Bis bald, Mimi. Du wirst mit der Dame aufs Land fahren. Du weißt, mein Schatz, daß du nicht hierbleiben kannst. Dort kannst du zur Schule gehen. Niemand wird dich beschimpfen. Alle werden nett zu dir sein, da bin ich ganz sicher.“

Das war wie ein Donnerschlag: Mimi fuhr weg! Ich sprang unter meiner Decke hervor, überzeugt davon, daß sie meinetwegen wegfuhr. „Mimi, fahr nicht! Laß mich nicht allein! Ich gebe dir auch dein rotes Band wieder! Ich weine nicht mehr! Ich tue alles, was du willst.“

Sie stürzte auf mich zu, nahm mich in die Arme und flehte: „Schickt mich nicht so weit fort! Niu-Niu und ich versprechen, brav zu sein. Morgen gehe ich wieder in die Schule, und ich werde nicht weinen, wenn sie mich schlagen. Ich habe Angst davor, euch zu verlieren.“

Verzweifelt und zärtlich streichelte Großvater Mimis Wange.

„Ich habe selber kaum den Mut, dich wegfahren zu lassen. Mir ist, als würde ein Stück aus mir herausgerissen. Aber es geht um deine Zukunft . . .“

Mimi war klug. Schließlich begriff sie den Grund und klammerte sich an die Hoffnung, daß wir sie bald besuchen würden.

So verschwand sie im Regen. Ich hatte ihr das rote Band zurückgegeben, und sie hatte mir ihren kleinen Stift geschenkt. Sie konnte sich sicher nicht vorstellen, daß sie Opa nie wiedersehen würde.

ICH HABE vergessen, von welchem Zeitpunkt an mein Großvater so hart arbeiten mußte. Er stand noch vor Tagesanbruch auf, fegte die Straßen und brachte den Müll weg. Danach mußte er schwere Steine schleppen, ohne jeden Grund, einfach nur, weil man ihn demütigen wollte. Das Schlimmste, was er erdulden mußte, war eine Art Kette, die ins Fleisch seines ausgezehrten Körpers schnitt. Die Passanten spotteten über ihn und überschütteten ihn mit Beschimpfungen. Wenn er nur sein Bein massierte oder ihm ein Seufzer entschlüpfte, schlugen ihn die Rotgardisten mit ihren genagelten Gürteln wie mit Peitschen. Trotz allem ertrug Opa die Qualen, obwohl er sich nie rechtfertigen durfte und seine Peiniger nur den Mund öffneten, um ihn zu beschimpfen, und nur die Hand hoben, um ihn zu schlagen.

Oma half ihm, die Steine und die Qualen zu tragen. Sie litt, aber sie nahm alles auf sich, um zu verhindern, daß mein Großvater auf die Beschimpfungen reagierte. Sie flehte die Rotgardisten an, ihn nicht zu schlagen. Sie zwang sich sogar dazu, zuzugeben, daß unsere Familie Fehler begangen habe, daß wir Verräter seien . . .

Die anderen lachten. „Selbst wenn ihr tausend Tode sterben würdet, würde das nicht ausreichen, um eure Verbrechen zu sühnen. Aber wir werden euch helfen.“ Es stimmt, daß den Gardisten jedes Mittel recht war, um meinen Großeltern zu „helfen“. Jeden Tag zwangen sie meinen Großvater zu der gleichen Arbeit.

Samstag war ein besonderer Tag: übersät von blauen Flecken und mit Blut in den Mundwinkeln, kamen Opa und Oma nach Hause. In der Nacht sah ich die Spuren von Schlägen auf ihren Körpern. Ich konnte mir nicht vorstellen, welche besondere Arbeit sie am Wochenende taten, da meine Großmutter mich einschloß, um zu verhindern, daß ich zusah. Aber ich mußte es einfach erfahren. An einem dieser Samstage kletterte ich durch das Fenster. Und ich sah sie.

Ich sah meine Großeltern auf einem Holzgerüst, den Oberkörper vornüber geneigt, die Hände auf dem Rücken. Eine schwere Eisentafel, die an einer Kette um ihren Hals hing, zwang sie in diese Haltung. Hinter ihnen hing ein farbiges Plakat von Mao Tse-tung, wie überall zu dieser Zeit. Links von ihm stand: „Ein langes Leben für Mao“, rechts: „Ruhm für Mao“, und über ihm befand sich ein Spruchband mit dem Text: „Laßt uns die Kulturrevolution bis zum Ende durchführen.“ Aber auf Spruchbändern an den Seiten stand auch „Vernichten und kritisieren wir den großen Übeltäter, den Verbrecher Liu Tailong“. Das war mein Großvater. Ein weiteres Spruchband trug den Namen meiner Großmutter.

Es waren drei- oder vierhundert Leute versammelt, alle sauber angezogen, das kleine Bild Maos auf der Jacke und das rote Buch in der Hand. Zuerst deklamierten sie im Chor: „Es lebe Mao! Es lebe der Kommunismus!“ Dann konnte die Versammlung beginnen. Die lange Schlange der Redner, die nie um Worte verlegen waren, zog auf. Später erfuhr ich, daß das Denunzianten waren, die meine Großeltern verschiedener Missetaten anklagten.

An einem anderen Tag, während einer dieser schrecklichen Versammlungen, drängte sich ein Mann mit dem Gehabe eines Anführers an ein Mikrofon und schwang einen Stock und ein weißes, rotbeflecktes Hemd. „Kameraden, dieses Hemd ist der Beweis für den Tod eines Arbeiters unter dem blutigen Stock von Liu Tailong; er forderte von ihm einen Yuan zurück, den er ihm geliehen hatte! Kameraden, haben wir das Recht, diesen grausamen Mörder am Leben zu lassen?“

Von unten antworteten die anderen: „Nein, nein, er darf nicht am Leben bleiben! Vernichten und bestrafen wir den großen Übeltäter, den Verbrecher Liu Tailong und seine Frau!“

Meine Großeltern sollten auch noch ihren eigenen Tod verlangen. Sie waren wie erstarrt. Die gefährlichen Beweise und die gräßlichen Lügen hatten sie stumm gemacht. Sie bezahlten ihr Schweigen und ihre Unschuld mit weiteren harten Gürtelschlägen mitten ins Gesicht.

Das also war ihre Samstagsarbeit! Ich wollte nicht, daß meine Großeltern all das erdulden mußten. Ich mußte ihnen helfen. Wie eine Marionette näherte ich mich klopfenden Herzens der Balustrade.

„Oma, Opa, was macht ihr hier? Laßt uns nach Hause gehen!“ Die stechenden Blicke des obersten Anklägers glitten über die Menge. Schließlich erblickte er die Ruferin und schrie: „Bringt mir diese unverschämte Hündin!“

Grobe Hände hoben mich hoch und stellten mich auf das Gerüst. Der Ankläger wandte sich an die Zuhörer. „Kameraden! Seht euch das Enkelkind dieser Übeltäter an! Schon in diesem Alter redet es gegen die Revolution und die Partei! Der große Mao hat ganz richtig gesagt: ‚Ein Drache gebiert einen Drachen, ein Phönix einen Phönix, und eine Maus kommt mit der Fähigkeit zur Welt, Löcher in die Mauern zu nagen!' Sie ist vom Blut der Arbeiter genährt worden."

Ich verstand kein Wort und rief Oma zu Hilfe. Sie gebärdete sich wie eine Mutter, die im nächsten Augenblick ihr Kind verlieren sollte. Die Wut gab ihr neue Kraft, und sie schrie: „Niu-Niu! Nein! Tut ihr nichts! Sie ist noch so klein! Ja, wir haben Fehler begangen! Ja, wir müssen sterben!"

Aber dann glitt sie aus und fiel hart auf ihre Eisentafel. Sie war blutüberströmt, schleppte sich aber auf mich zu und schob die, die sie aufhalten und schlagen wollten, zur Seite. Ich sah ihr Blut und hörte sofort auf zu weinen. Ich fühlte keine Angst mehr, nur noch Haß. Einen Haß, der mich blind machte, der mein Herz durchströmte. Mit aller Kraft biß ich dem Mann, der mich festhielt, in die Hand. Es tat ihm wohl weh, und er stieß mich zu Boden, aber das machte mir nichts aus – wie ein befreiter Vogel flog ich auf meine Großmutter zu. „Oma, du bist voller Blut. Dein Kopf ist ganz rot!"

Oma drückte mich fest an sich. Blut und Tränen benetzten mein Gesicht. Sie stammelte: „Meine kleine Niu-Niu, weine nicht! Ich bin hier, bei dir, wie immer."

Und dann versuchten die anderen, uns zu trennen. Sie schlugen und stießen uns. Aber es gelang ihnen nicht, die Arme meiner Großmutter von mir zu lösen. Wie durch eine unbesiegbare Kraft waren wir aneinandergeschweißt. Wenn ich, wie der Ankläger gesagt hatte, mit Blut genährt worden war, so war es das Blut meiner Großmutter, mit dem ich Löffel für Löffel großgezogen wurde. Sie hat alles Leid und Elend ertragen, damit ich überleben konnte. Nein, uns würden sie nie trennen können.

Schließlich gaben sie unter Verwünschungen auf. „Mit dieser Sorte von Verbrechern darf man nicht sanft umgehen! Von nun an ist es jedem untersagt, ihnen Beistand zu leisten, wenn er nicht auch zu den Verbrechern gezählt werden will. Wir fahren jetzt mit der Anklageversammlung fort. Ob alt oder Kind, was spielt das schon für eine Rolle! Wir klagen sie alle an!"

Aber der Himmel hatte ein Einsehen. Er schüttete seine Wut über unsere Peiniger aus. Vor dem Gewitter mußten die Leute flüchten, und sie ließen uns zurück. Wir gingen zu Großvater, der in seinen Ketten hing, zerschunden von Schlägen.

Ich streichelte Oma. „Liebe Oma, verzeih mir. Ich war ungehorsam, ich bin aus dem Haus fortgelaufen. Es ist mein Fehler . . .“

„Niu-Niu, das ist nicht dein Fehler, es ist wegen unserer Familie. Verzeih uns. Hasse uns nicht.“

Ein heftiger Regen prasselte auf uns nieder, der Donner grollte ganz nahe. Meine Großmutter befreite meinen Großvater von der Eisentafel und nahm mich auf den Arm. Zusammen gingen wir die nasse Straße entlang nach Hause.

SCHON seit langem gab es keinen Reis mehr bei uns, auch keinen Schweinemais mehr – so etwas hatten wir schon ewig nicht mehr gegessen. Was uns als einzige Mahlzeit noch blieb, war eine Suppe aus alten Kartoffeln, Rüben und Reisschalen, und das jeden Tag, wochen- und monatelang. Ich wurde schließlich krank und konnte nichts mehr davon anrühren. Aber meine Großmutter überzeugte mich geduldig, daß die Suppe mich hübsch machen würde. Natürlich wollte ich unbedingt hübsch werden, also aß ich wieder.

Damals war ich überzeugt, häßlich zu sein, weil ich keinen einzigen Freund hatte. Wenn die Kinder mich sahen, liefen sie entweder fort oder beschimpften mich.

Als ich eines Tages mit einem kleinen Jungen auf einem Sandhaufen spielte, bewarfen wir uns aus Spaß mit Sand. Weil ich noch klein war, benahm ich mich ein wenig ungeschickt und warf ihm ein bißchen Sand in die Augen. Seine Mutter, die nicht weit von uns entfernt saß, lief sofort wütend herbei und schimpfte mit ihrem Sohn, wobei sie ihm dauernd vorwarf, sie habe ihm streng verboten, mit mir zu spielen. „Warum hast du mir nicht gehorcht? Du siehst doch, wie ungezogen sie ist! Sie ist böse, weil sie das Kind von Verbrechern ist! Wir gehen jetzt!“

Immer wieder erlebte ich ähnliche Situationen, und allmählich wurde ich auf andere Kinder eifersüchtig. Ich konnte es nicht ertragen, wenn sie auf der Straße mit ihren Eltern spazierengingen. Doch auf meine angsterfüllten Fragen antwortete Oma nur, meine Eltern würden weit entfernt von hier arbeiten und eines Tages wieder nach Hause kommen.

ZHANG DAPAO war ein Bauernsohn. Er konnte weder lesen noch schreiben, aber im Sprechen war er äußerst gewandt. Vor der Kulturrevolution war er Friseur gewesen. Aber als er eines schönen Tages die Haare seiner Patronin schnitt, verletzte er ungeschickterweise ihr Ohr mit seiner Schere. Er wurde augenblicklich vor die Tür gesetzt und mußte sich sein Brot als Straßenfeger verdienen – bis zum Beginn der Kulturrevolution. Da beschlagnahmte er an der Spitze der Roten Garden das Haus seiner ehemaligen Arbeitgeber, genau wie das bei uns passierte. Zum erstenmal in seinem Leben war er der Anführer, der Führer von Menschen. Und das verdankte er dem, der diese Revolution hatte ausbrechen lassen, dem großen Mao Tse-tung persönlich, den er wie einen Gott verehrte und mehr liebte als seine eigenen Eltern.

Als mir meine Großmutter damals diese Geschichte erzählte, war Zhang Dapao auf dem Gipfel seiner Macht. Ich hatte sein Gesicht zum erstenmal an dem Tag gesehen, als man Mama und Papa abgeholt hatte, und ich hatte es wiedererkannt an dem Samstag, an dem die anklagende Versammlung für meine Großeltern stattgefunden hatte. Eine weitere Versammlung sollte es mir noch tiefer ins Gedächtnis einprägen.

Eines Abends war ein Rotgardist gekommen und hatte uns den Befehl überbracht, daß wir alle drei am nächsten Tag zur großen Versammlung zu Ehren Maos kommen sollten.

Am Morgen war sehr schönes Wetter. Festlich gekleidet erwartete die Menge im Stehen den Beginn der Feierlichkeiten. Schließlich, nachdem eine lange Zeit vergangen war, wandten sich alle Köpfe einem Mann zu, der feierlich die Treppe zur Bühne hinaufschritt. „Das ist Zhang Dapao“, murmelte meine Großmutter.

Er trug ein schönes weißes Hemd, eine Khakihose und eine Militärmütze. In seinen Händen hielt er etwas, das von einem roten Tuch bedeckt war. Langsam schritt er auf seinen Platz unter dem Bild von Mao zu und verneigte sich mehrere Male davor. Dann wandte er sich dem Publikum zu.

„Genossen! Heute will ich etwas Aufrichtiges tun, um zu beweisen, daß mein Herz Mao gehört. Genossen! Vor der Befreiung lebte ich im Elend. Mao und die kommunistische Partei haben mich gerettet. Aber die Verbrecher, die Kapitalisten, bedrängten mich immer noch ... Durch die Kulturrevolution hat Mao mein Leben zum zweitenmal gerettet. Alles, was ich heute besitze, verdanke ich Mao. Deshalb schwöre ich vor dem Himmel, daß jeder Tropfen meines Blutes Mao gehört ..." Er konnte nicht mehr weitersprechen. Er weinte. Dann entfaltete er sorgfältig das rote Tuch, und eine große Brosche mit Maos Bild kam zum Vorschein. Er knöpfte sein Hemd auf und entblößte seinen Oberkörper.

Er drehte uns den Rücken zu, um sich wieder tief vor dem Plakat Maos zu verbeugen, und rief ihn an: „Mao, du bist wie ein Gott für mich, und ich werde alles tun, was in meiner Macht steht, um dir zu gefallen. Nimm das Gebet deines demütigen Dieners an."

Indem er das sagte, drehte er sich um, und unter unseren entgeisterten Blicken heftete er sich die Brosche an die Haut. Was für ein Schreck! Zu sehen, wie sich sein Gesicht vor Schmerz verzerrte und wie alle Farbe aus ihm wich, tat so weh, als ob sich die Nadel in unser eigenes Fleisch gebohrt hätte. Eine Frau begann zu schreien, verstummte aber unter dem schmerzerfüllten und strengen Blick Zhang Dapaos sogleich wieder. Er schwitzte stark, blutete aber nur wenig. Dann regte sich die Menge plötzlich, alle applaudierten heftig und schrien: „Es lebe Mao Tse-tung! Folgen wir dem Beispiel des Kameraden Zhang Dapao!"

Dieser wollte lächeln, aber vor Schmerz wurde nur eine Grimasse daraus. Später habe ich von Opa erfahren, daß man ihn eilig ins Krankenhaus fuhr, wegen der Gefahr einer Blutvergiftung. Aber die Nadel wurde nicht herausgezogen! Zhang Dapao beschimpfte den Arzt, der die Brosche entfernen wollte, als Verräter. Zhang Dapao wäre lieber gestorben, als sich von ihr zu trennen. Das Volk brachte Hochrufe auf ihn aus, und er wurde als vorbildlicher Revolutionär bezeichnet.

Zum letztenmal erblickte ich Zhang Dapao drei oder vier Monate später. Er hatte sich verändert. Er sah aus wie ein Gespenst, mager, sehr schmutzig. Warum schleppte er auf einmal große Steine Seite an Seite mit Opa? Ich traute meinen Augen kaum und fragte meine Großmutter, was mit Zhang Dapao geschehen sei. Sie erklärte es mir. Er hatte mitten in einer Versammlung ausgerufen: „Aus Liebe zu Präsident Mao habe ich beschlossen, meinen Sohn, der vorgestern zur Welt gekommen ist, Mao Tse-tung zu nennen!"

Alle glaubten, nicht recht zu hören. Hunderte von Augenpaaren musterten ihn empört und voller Verachtung. Dann brauste ein Aufschrei durch die Menge: „Nieder mit Zhang Dapao! Wie kann er es wagen, Mao eine solche Schmach zuzufügen! Zhang Dapao ist ein Verbrecher!"

Der Unglückliche hatte keine Zeit mehr, seinen Fehler zu korrigieren. Man fesselte ihm die Hände auf dem Rücken und prügelte heftig auf ihn ein.

„Er ist ein armer, ungebildeter Mensch“, schloß meine Großmutter. „In China darf man den Namen des Kaisers noch nicht einmal aussprechen. Wie konnte er es wagen, seinem Sohn den Namen Maos geben zu wollen?“

Kurze Zeit darauf starb Zhang Dapao. Wie alle Neugierigen war auch ich in die Hütte gegangen, in die man ihn und seine Familie „umgesiedelt“ hatte, um mir seinen Leichnam anzusehen.

Ich war damals noch sehr klein, und das Schauspiel, das sich mir bot, ängstigte mich. Zhang Dapao kniete auf dem Boden, der Kopf war ihm auf die Brust gesunken. An seinen nackten Oberkörper hatte er eine weitere große Brosche mit dem Bild Maos gesteckt. Auf seinen Oberschenkeln lag ein Stück Papier mit der Aufschrift: „Verzeih mir, Mao.“ Ein Stück seiner blutigen Zunge klebte auf dem Papier: So, wie er sich die Pulsadern mit einem Küchenmesser aufgeschnitten hatte, hatte er sich seine schuldbeladene Zunge mit den Zähnen abgebissen!

Auf dem öffentlichen Platz, mitten zwischen den Kohleabfällen, sah ich eine Frau in Lumpen kauern, ihr Baby auf dem Rücken. Das Baby schrie und weinte, aber die Vorübergehenden achteten nicht darauf. Das war Zhang Dapaos Familie. Sie bezahlte weiter für sein „Verbrechen“. Die arme Frau war verrückt geworden. Sie lief den ganzen Tag herum und rezitierte aus dem kleinen roten Buch.

2. Der große Bruder mit dem Buckel

Die Zeit verging sehr langsam. Ich wurde fünf Jahre alt. Der 6. Mai, mein Geburtstag, ist in China der Beginn des Sommers.

An diesem Tag brachte mich Oma zu einem alten Tempel, der von den Roten Garden verwüstet worden war. Es war natürlich nicht erlaubt, dorthin zu gehen, doch ein paar Räucherstäbchen in dem Bronzekessel zeugten von der Mißachtung des kommunistischen Verbots.

Opa war bereits da. Er trug die traditionelle lange Robe des Schriftgelehrten und hielt ein Sträußchen in der linken Hand. Lächelnd kam er auf uns zu und erklärte zu Omas großer Rührung, daß er nicht vergessen habe, welcher Tag heute sei, und daß er Buddha um Segen für meine Zukunft angefleht habe. Er reichte mir den kleinen Strauß. „Niu-Niu, heute ist dein Geburtstag. Ich kann dir nur diesen Wildblumenstrauß schenken. Herzlichen Glückwunsch, mein Liebling. Ich hoffe, du wirst einmal ebenso schön wie diese Blumen."

Hand in Hand gingen wir in den Tempel. Wir verbrannten selbstgebastelte Papiergeldscheine, entzündeten Räucherstäbchen und knieten dann vor Buddha nieder, um zu beten. Wieder zu Hause bekam ich von Oma ein unschätzbar wertvolles Geschenk: ein gekochtes Ei. Es war ein Tag voller Überraschungen!

Aber das Leben ging weiter wie bisher, düster und bedrückend, als ob jeder Tag uns ein bißchen mehr Elend, Kälte und Armut bescherte. Opa bekam so wenig Lohn, daß er kaum ausreichte, um uns drei am Leben zu erhalten. Ich fand ihn verändert und seltsam. Der kräftige, große Mann war gebrechlich und mager geworden und hatte neuerdings oft Streit mit meiner Großmutter.

„Wir essen nicht gut genug, ich kann diesen Fraß nicht mehr herunterbringen!" warf er ihr vor.

Oma wies auf mich. „Sieh doch, Niu-Niu ißt mit Appetit. Ihr schmeckt es!"

Er unternahm einen erneuten Versuch, ließ aber bald schon seine Stäbchen wieder sinken.

„Tailong, du mußt essen. Du arbeitest so hart. Denk an deine Gesundheit!"

„Was für eine Gesundheit? Man hat mir das Mark aus den Knochen gepreßt. Mir bleibt nur noch, auf den Tod zu warten." Opa redete immer häufiger vom Tod, den ich mir schlecht vorstellen konnte.

Als ich eines Abends im Bett lag, hörte ich, ohne es zu wollen, ein Gespräch zwischen meinen Großeltern. Oma hatte beschlossen, Papier vom Müll zu sammeln, um uns von dem Erlös gesünderes Essen kaufen zu können. Sie kannte andere alte Frauen, die das zusammen mit ihren Enkeln machten. Aber mein Großvater war dagegen. Er fand nicht nur, ich sei viel zu klein, um schwere Papierbündel zu tragen, er lehnte es auch ab, daß wir uns und damit unsere Vorfahren mit einer solchen Arbeit entehrten.

Und dabei brauchte man sich nur in unserer Behausung umzuschauen, um zu erkennen, wie unsere Verhältnisse sich verschlechtert hatten. In unserem sechzehn Quadratmeter großen Zimmer gab es einen groben Tisch, drei Stühle und eine Art Bett – keine Matratzen, nur ein Gestell mit alten Zeitungen und trockenen Blättern, die wir auf dem Boden auslegten; aus der zerrissenen Bettdecke quoll die Baumwollfüllung. Wir besaßen ein kleines Regal aus Steinen und Holzbrettern, auf dem wir ein paar Kleidungsstücke untergebracht hatten. Hier bewahrte meine Großmutter auch in einer mit Papier bedeckten Dose sorgfältig die Schweinehaut auf, die uns statt des fehlenden Öls zum Einfetten der Speisen diente.

Die Hütte hatte zwei Türen, eine davon ging auf die Straße, die andere führte auf einen Hinterhof, auf dem mein Großvater einen Ofen aus Steinen und Sand errichtet hatte. Man konnte die Türen weit offen stehen lassen, kein Einbrecher hätte seinen Fuß in die Hütte gesetzt.

AN EINEM Nachmittag war Oma weggegangen, um etwas Eßbares für uns aufzutreiben, während Opa „arbeitete". Ich war allein zu Hause und sah mir Comics an, die ich in einem Abfalleimer gefunden hatte. Da kam mein Großvater nach Hause, das Gesicht rot und geschwollen wie gewöhnlich. Man hatte ihn wieder einmal geschlagen.

Er setzte sich auf einen Stuhl und starrte blicklos ins Leere. Ich dachte, er sei erschöpft, und wagte nicht, ihn zu stören, aber plötzlich fing er an, im Zimmer hin und her zu laufen und vor sich hin zu reden. „Wie soll ich das bloß aushalten? . . . Nein, ich kann nicht . . . nicht so . . . Aber es gibt keine andere Lösung . . . egal . . . Es ist besser so . . . Ja, es ist besser so . . ." Er wandte sich mir zu, sah mich kopfschüttelnd an und nahm seine Selbstgespräche wieder auf. „Mein Sohn, wo bist du? Mimi, denkst du an mich? Meine Frau, haßt du mich?" Er nannte alle Familienmitglieder beim Namen und tat so, als redete er mit jedem.

„Opa, du weinst ja . . . Opa?"

Er hörte mich und zitterte. „Niu-Niu, mein Liebling. Opa wird sehr weit weggehen. Vielleicht werde ich nicht mehr erleben, daß Mimi und du erwachsen werdet. Wirst du deinen Opa vergessen?"

„Nein, Opa, nein!"

„Vergiß nicht, dir dein gutes Herz zu bewahren, lieb zu sein und deine Großmutter zu ehren und zu achten."

„Opa, wohin gehst du? Ich will mitgehen."

Ich spürte, daß er mühsam die Tränen zurückhielt. „Der Ort, an den ich gehe, ist nichts für kleine Kinder. Es ist kalt und dunkel dort. Es gibt weder Blumen noch Sonne, aber ich werde dort Frieden finden."

Er beschrieb einen Ort, den er anscheinend schon kannte. Ich versuchte, der Richtung seines Blicks zu folgen, aber ich sah nichts.

„Niu-Niu, sag deiner Großmutter, daß es mir sehr leid tut, wenn ich ihr das Leben noch schwerer mache, und daß ich ihr in einem anderen Leben angenehmere Tage bereiten werde. Laß dich ein letztes Mal umarmen . . ." Seine Stimme wurde von Schluchzen erstickt, und er drückte mich heftig an seine Brust. Dann ließ er mich los, ging zum Tisch und nahm das Küchenmesser. Er jagte mir Angst ein. Der Anblick seiner mageren Gestalt ließ mir das Blut in den Adern gefrieren.

„Opa, was hast du vor? Geh nicht weg!"

Er war bereits geistig abwesend, hörte nichts mehr und ging.

Ich habe ihm noch nachgerufen. Wahrscheinlich habe ich dabei geweint. Ich wußte nicht mehr, was ich tun sollte . . . Dann erschien Oma wie ein rettender Engel.

„Oma! Opa ist weggegangen! Mit einem Messer . . . Er hat gesagt, daß es ihm sehr leid tut, wenn er dein Leben noch schwerer macht!"

„Wohin ist er gegangen?" Sie rannte schreiend hinaus und ließ ihre armseligen Fundstücke fallen.

Ein entsetzlicher Schrei, dann ertönte Omas zitternde Stimme. „Tu das nicht!"

Ich lief zu ihnen. Mein Großvater lag auf der Erde wie eine kaputte Puppe. Eine seiner blutigen Hände griff ins Leere, die andere, die das Messer hielt, wurde von meiner Großmutter festgehalten. Er wehrte sich und heulte wie ein Irrer. „Laß mich sterben! Laß mich gehen! Ich kann nicht mehr . . ."

Meine Großmutter entwand ihm schließlich das Messer, warf es so weit wie möglich weg und ergriff Opas Handgelenk, um die Blutung zu stoppen. „Tailong, warum hast du das getan? Wie konntest du es übers Herz bringen, uns verlassen zu wollen? Hast du gar nicht an deinen Sohn gedacht?"

„Ich weiß, daß er nie wieder zurückkommen wird. Er ist tot. Ich werde ihn suchen und ihn wiederfinden. Ich will gehen . . ." Er ließ die Hände sinken und begann zu weinen.

„Tailong, du mußt leben und weiter hoffen. Unser Sohn wird zurückkommen, da bin ich sicher. Du hast nicht das Recht, uns zu verlassen. Wir müssen zusammenbleiben."

Mehr schlecht als recht schleppten wir ihn ins Haus zurück. Glücklicherweise war der Schnitt, den Opa sich zugefügt hatte, nicht allzu tief. Wir beide hatten ihn gegen seinen Willen gerettet, und natürlich war uns auch ein Arzt versagt. Mit Baumwollfetzen aus der Bettdecke und Stoffstreifen aus unserer Kleidung machten wir ihm einen Verband. Der Ärmste war so schwach, daß er sofort einschlief. Wir blieben bei ihm, gaben ihm zu trinken und wischten ihm die Stirn mit Mull ab. In dieser angsteinflößenden nächtlichen Einsamkeit, beim gelblichen Schein der Kerzen, erzählte meine Großmutter mir die Geschichte unserer Familie.

„Vor langer Zeit lebten wir in einer anderen Stadt. Die Familie deines Großvaters war eine mächtige Familie, die eine Bank, eine Salzfabrik und Grundstücke in der Stadt besaß, während meine Familie, obwohl auch sie nicht arm war, nur ihren guten Namen hatte. Mit dem Geld, über das meine Eltern verfügten, führten sie ein friedliches Leben. Als gebildete Menschen hatten sie mich Laute spielen gelehrt, ebenso die Kalligraphie, klassische Gedichte und das Damespiel. Ich konnte auch sticken und wußte alles über gute Manieren. Mit diesen Zerstreuungen verbrachten meine ältere Schwester und ich die Tage zu Hause. Deinen Großvater habe ich zum erstenmal an dem Tag gesehen, als er meine große Schwester heiratete. Die Eleganz und die Schönheit des Bräutigams waren mir sofort aufgefallen, aber meine gute Erziehung hielt mich davon ab, ihn anzusehen. Ich hätte mir niemals vorstellen können, ihm wieder zu begegnen; doch dann traf ich ihn bei der Beerdigung meiner Schwester. Sie war bei der Geburt ihres ersten Kindes gestorben. Kurz darauf hielt er bei meinen Eltern um meine Hand an. Damals war es Sitte, daß sich ein Mann am ehesten mit einer Schwester seiner verstorbenen Frau wieder vermählen konnte. Meine Eltern beschlossen diese Verbindung, und ich bin ihnen heute noch dankbar dafür, daß sie mir einen so guten, schönen, aufmerksamen und treusorgenden Ehemann gegeben haben. Niemals hat er mit mir gestritten. Und er war auch nie überheblich den Dienstboten gegenüber, sondern er unterstützte sie sogar finanziell, wenn es ihren Familien nicht gutging. Dein Großvater hängt nicht allzusehr am Geld. Er hatte die Salzfabrik und die Bank geerbt und führte sie weiter.

Wir wohnten in einem großen, traditionellen Haus mit zwei Stockwerken, vor dem sich ein großer, blühender Park bis zum Ufer des Blauen Flusses erstreckte. Das Haus war der Familienwohnsitz, auf dem auch die Onkel und Tanten mit ihren Familien wohnten. Mit den Dienstboten waren wir siebzig oder achtzig Personen.

Dann wurde dein Vater geboren. Opa war außer sich vor Freude, einen Sohn zu haben, und weil er wollte, daß jeder sein Glück teilte, verteilte er an alle rote Umschläge mit Banknoten. Das Ereignis wurde mit reichlich Reiswein gefeiert. Auch wenn dein Vater als Kind zahlreiche Streiche ausgeheckt hat, so waren wir doch glücklich.

Aber schöne Tage dauern nicht ewig. Der Krieg brach aus, und die Kommunisten kamen. Unsere Freunde flohen mit ihren Familien ins Ausland. Dein Großvater aber wollte seine Heimat nicht verlassen.

1949 war der Krieg zu Ende, und das befreite China wurde ausgerufen. Bei der Befreiung mußten wir unsere Bank an die ‚Bank des Volkes' übergeben, und die Fabrik sowie unser ganzer sonstiger Besitz ging an die neue Regierung. Nur das Haus blieb uns, aber die Dienstboten hatten nicht mehr das Recht, dort zu arbeiten. Dein Großvater gab jedem ein bißchen Geld. Ich weinte bitterlich: Sie waren fast wie Familienmitglieder gewesen. Ich schenkte der jungen Frau, die seit meinem dreizehnten Lebensjahr in meinen Diensten gestanden hatte und mir so lieb war wie eine Schwester, viele Kleider. Wir blieben miteinander in Verbindung. Sie schrieb mir, als sie den ehemaligen Chauffeur von Opa heiratete. Sie ist es, mit der Mimi an einen sicheren Ort auf dem Land gefahren ist. Ich weiß nicht, wie ich ihr ihre Güte und Freundlichkeit jemals vergelten soll.

Dein Vater hatte es sich in den Kopf gesetzt, Schauspieler zu werden, obwohl er eigentlich Bankier werden sollte, um die Familientradition fortzusetzen. Für uns war das eine Schande. Dein Vater und ich beschlossen umzuziehen. Hier in dieser Stadt hat dein Vater dann mit der Schauspielerei angefangen.

In dieser Zeit zwangen uns Leute von der Regierung, Briefe zu schreiben, in denen wir angeben mußten, wie hoch unser Vermögen war, wie viele Dienstboten und Angestellte für uns gearbeitet hatten und ob wir noch Kontakt zu unseren Freunden hätten, die China verlassen hatten. Die Tatsache, daß dein Großvater zum zweitenmal verheiratet war, verkomplizierte das Verfahren noch. Aber nach und nach schien alles wieder in Ordnung zu kommen.

Unser neues Haus war das, in dem du, Niu-Niu, später geboren wurdest. Opa kümmerte sich zuallererst darum, daß er seine Bibliothek unterbringen konnte und seine alten Gemälde. Daneben wurde der Salon eingerichtet, wo wir oft Tee getrunken und Mah-Jongg gespielt haben. Der Altar unserer Vorfahren wurde bald in unserem Zimmer in einer Ecke versteckt, als die Regierung es verbot zu beten.

Aber das hinderte mich nicht daran, Räucherstäbchen vor den beiden kleinen Goldbuddhas anzuzünden, die ich verehrte.

Es stellte sich heraus, daß dein Vater ein sehr guter moderner Theaterschauspieler war; das moderne Theater wurde jedoch bald durch das ‚sozialistische Drama' ersetzt. Kurz danach lernte er deine Mutter kennen. Auch sie ist eine ausgezeichnete Schauspielerin. Sie liebten sich leidenschaftlich.

Opa arbeitete als angestellter Direktor in einer staatlichen Bank, während ich mich ums Haus und um deine große Schwester kümmerte. Im Mai 1966 wartete die ganze Familie gespannt auf deine Geburt, weil die Ärzte vorausgesagt hatten, du würdest ein Junge. Wir hatten uns alle darauf eingerichtet. Dein Großvater hatte mich gebeten, aus einem Tigerfell, das ich besaß, einen Mantel zu schneidern. Er behauptete, wenn man einen Jungen von frühester Kindheit an in ein Tigerfell hülle, würde er groß und stark werden. Bah! Ich habe mein Fell umsonst zu einem Mantel verarbeitet – aber das war nicht so schlimm wie die Enttäuschung darüber, daß du nur ein Mädchen warst. Dein Großvater hat ein paar Tage lang nicht gelächelt.

Aber dann wurdest du so niedlich, und du hast kaum geschrien. Mit deinem Lächeln hast du die ganze Straße verzaubert. Als du laufen konntest, hast du jede Menge Dummheiten angestellt. Bei der Premiere eines neuen Theaterstückes, in der dein Vater mitgespielt hat, bist du unbemerkt auf die Bühne geklettert, um mit ihm zu reden. Du hast zu ihm gesagt: ‚Papa, diese Frau ist gar nicht deine Mutter, das ist doch Oma! Sie sitzt da unten im Saal!' Das war vielleicht ein Durcheinander! Und anschließend hat dein Vater Probleme mit dem Leiter des Theaters gehabt.

Ach ja, meine arme Niu-Niu, du bist in einer schwierigen Zeit geboren. Nicht nur, daß du kein Junge warst, zehn Tage nach deiner Geburt ist auch noch diese Kulturrevolution ausgebrochen. Die Roten Garden haben begonnen, die Intellektuellen umzubringen. Und Mao hat den Prozentsatz für die Schuldigen des Revisionismus festgesetzt: drei bis fünf von hundert! Im Rahmen des Kampfes gegen die ‚vier alten Dinge' – alte Kultur, alte Sitten, alte Gewohnheiten, alte Denkweisen – sind auch die Straßennamen geändert worden. Heute hat jeder der ‚Revolutionshelden' eine Straße in einer Stadt, und die traditionellen Namen der Geschäfte wie ‚Höchster Genuß' für ein Restaurant oder ‚Bezaubernde Farben und Düfte' für ein Blumengeschäft wurden zu ‚Triumph der Revolution' und so weiter. Du bist

Die zweijährige Niu-Niu auf dem Arm ihrer Mutter, zusammen mit ihrem Vater, ihrer Großmutter und ihrer Schwester Mimi

Die Großmutter mit ihrer kleinen Enkelin

Erst nach der Rückkehr ihrer Eltern lernt Niu-Niu ihre jüngere Schwester Ningning kennen.

Glücklich sitzt Niu-Niu auf dem Schoß ihrer Lieblingslehrerin Yang. Sie ahnt nicht, welch tragisches Schicksal der jungen Frau noch bevorsteht.

Bilder aus dem Jahr 1966: Die Kulturrevolution bemächtigt sich der Jugendlichen, sei es bei der Arbeit oder beim Militär. Arbeiterinnen und Arbeiter einer Textilfabrik in Peking lesen in ihrer Pause das „kleine rote Buch“; junge Soldaten werden mit Holzgewehren ausgebildet.

daran gewöhnt, überall in den Schaufenstern diese großen Porträts von Mao zu sehen. Früher war das anders. Da gab es auch nicht all diese Spruchbänder und die *dazibaos*, diese riesigen Wandzeitungen. Eine einzige Verschwendung! All das Papier, die Tinte und die Federn . . .

Deine Eltern und ihre Freunde hatten beschlossen, selbst Artikel zu verfassen und Plakate anzukleben, um ihre Sicht der Dinge öffentlich kundzutun. Leider hat man sie aufgegriffen. Und damit ist eine Katastrophe über sie hereingebrochen. Ihre kritischen Ansichten und unsere familiäre Vergangenheit reichten aus, um uns zu Verbrechern und Konterrevolutionären zu erklären. Den Rest der Geschichte kennst du. Aber du sollst wissen, Niu-Niu, daß wir nie Verbrecher gewesen sind! Hasse uns nicht! Du mußt deine Eltern achten, weil sie dich lieben."

Meine Großmutter hatte geredet, bis die Kerze heruntergebrannt war. Doch trotz des langen Wachseins war ich nicht im geringsten müde, und wenn ich auch nicht alles verstanden hatte, so hatte ich es mir doch gemerkt.

OPA HATTE Fieber, das ihm starke Schweißausbrüche verursachte. Es war bereits Mittag des folgenden Tages, und er war immer noch nicht aufgewacht. Ich hatte unseren letzten, sorgsam gehüteten Topf hervorgeholt und wusch unsere Notration Reis, die schon ganz verstaubt war. Ich hatte beschlossen, die kostbare Schweinehaut zu kochen, um Opa eine gehaltvolle Suppe zuzubereiten. Endlich wachte er auf und sah uns mit dunkel verschleierten Augen an. Er atmete langsam und in großen Abständen, als ob jeder Atemzug sein letzter wäre. Dann rief er meine Großmutter bei ihrem Kosenamen: „Qing-Qing, ich war in der letzten Zeit nicht nett zu dir . . . Warum hast du mir nie ein Wort des Vorwurfs gesagt?"

Sie legte ihre Hand zärtlich auf den Mund ihres Gatten und flüsterte mit zitternder Stimme: „Tailong, ich werde immer an deiner Seite sein, ganz gleich, was passiert. Heute bitte ich dich nur um eins: Versprich mir, am Leben zu bleiben. Laß mich nicht ganz allein. Ich brauche dich."

Mit seinen mageren Händen wischte Opa die Tränen vom Gesicht seiner Frau und nickte.

Ich nahm die Reissuppe vom Feuer und gab sie Opa, wobei ich ihn bat, sie bis zum letzten Tropfen aufzuessen, damit er wieder so stark wie früher würde. Er lächelte mühsam. Er hatte nicht einmal die Kraft, den Topf zu halten, und so setzte sich meine Großmutter zu ihm ans Bett, stellte den Suppentopf daneben auf den Tisch und fütterte ihn Löffel für Löffel mit dem mageren Kräftigungsmittel. Plötzlich erschütterten schwere Schläge die Tür. In dem winzigen Intervall zwischen Erschrecken und Überraschung gab sie unter dem Ansturm nach. Es war eine Einheit der Roten Garden. Der Blick ihres Anführers schweifte durchs Zimmer und blieb am Suppentopf haften. „Ach! Du machst dir ein schönes Leben. Nimmst du deine Mahlzeiten jetzt im Bett ein?"

Meine Großmutter erwiderte mit schwacher Stimme: „Genosse, mein Mann ist krank. Er kann nicht aufstehen."

„Krank? Er sieht mir gar nicht so aus! Aber selbst im Todeskampf müßte er zur Arbeit kommen!"

Opa musterte unbewegt seinen Peiniger. Er nahm seine letzten Kräfte zusammen, um aufzustehen, und sagte keuchend: „Ihr seid Menschen mit dem Herzen eines Wolfs und den Lungen eines Hundes! Ihr tötet und brandschatzt! Habt ihr keine Angst, in die Hölle zu kommen? Wenn ihr das chinesische Volk zerstört, indem ihr die voneinander trennt, die miteinander verbunden sind wie Fleisch und Knochen, habt ihr keine Angst, daß dann nichts mehr bleibt?"

Meine Großmutter eilte entsetzt auf ihn zu, um zu verhindern, daß er weiterredete. Aber es war zu spät. Der Rotgardist brüllte bereits los: „Für wen hältst du dich? Du jagst mir keine Angst ein!" Mit einem Fußtritt trat er den Tisch um, wobei sich der kostbare Inhalt des Suppentopfs über den Fußboden ergoß.

Mein Großvater geriet außer sich. „Du bist ein widerliches Tier, das man bekämpfen muß!" Er stieß die Faust in den Magen des Ungeheuers. Der Mann taumelte daraufhin nach hinten. Das nutzte mein Großvater aus, um ihm ins Gesicht zu spucken.

„Bringt ihn um!" schrie der Rotgardist.

Er ergriff das Gewehr eines anderen Gardisten und stieß den Lauf mit aller Kraft meinem Großvater in die Lenden, als ob er ihn in zwei Teile spalten wollte. Opa fiel auf den Boden, während die anderen blindlings auf ihn einschlugen, auf den Kopf, die Beine, die Hände . . . Meine Großmutter und ich stürzten uns in das Kampfgetümmel, um den Gardisten ihre Waffen abzunehmen. Oma versuchte Schläge abzufangen, aber sie wurde an den Haaren gepackt und heftig mitten ins Gesicht geschlagen. Unterdessen schlugen die Männer weiter auf meinen Großvater ein. Seine Augen brachen. Ein roter Schwall schoß aus seinem Mund hervor und ergoß sich über meine Großmutter; das Blut spritzte auch auf mich und verschmutzte die gelbe Erde des Fußbodens.

Mit einem Schlag trat Stille ein. Oma stieß einen schrillen Schrei aus und sank über dem regungslosen Körper meines Großvaters zusammen. Sie streichelte und liebkoste ihn. „Ihr habt ihn umgebracht! Tailong, öffne die Augen, sieh mich an! Du darfst nicht sterben, du hast es mir versprochen . . . Großer Gott, gib mir meinen Mann wieder!"

Meine Großmutter drückte weinend den Kopf meines Großvaters, der nur noch eine blutige Fleischmasse war, an sich, und auch ich warf mich über den Leichnam.

„Opa, geh nicht weg! Du hast deine Suppe noch nicht aufgegessen; deine kleine Niu-Niu will, daß du wiederkommst. Wach auf, Opa!"

Das Herz von Wölfen kann nichts rühren. Die Roten Garden ergriffen ihn. „Auch wenn er tot ist, muß er zu einer Kritiksitzung", erklärte der Anführer. „Die Kulturrevolution muß konsequent durchgeführt werden! Nehmt ihn mit!"

Es half nichts, daß wir weinten, schrien und uns an Opa festklammerten. Alles, was uns blieb, war ein Stück blutbefleckter Stoff. Von seinem Körper, seinem Schatten, seiner Stimme, die mir so viel Liebe und Wärme gegeben hatten, war nichts mehr da.

Wo bist du, Opa? Du bist fortgegangen ohne ein Lebewohl, ohne meine kleine Hand zu drücken und ohne Oma ein letztes Mal anzusehen. Ist dir kalt, oder bist du hungrig, da, wo du jetzt bist?

EIN PAAR Tage nachdem sie den Leichnam meines Großvaters mitgenommen hatten, kam ein Mann mit einem Brief, den er feierlich vorlas: „Der Konterrevolutionär Liu Tailong, der den Präsidenten Mao und die kommunistische Partei verhöhnt hat und der trotz der aktiven Unterstützung des Volkes zu seiner Umerziehung von seinem verbrecherischen Tun nicht abließ, hat ein letztes Mal seine Feindseligkeit gegenüber der Revolution bewiesen, indem er Selbstmord begangen hat."

„Nein! Er hat nicht Selbstmord begangen!" schrie meine Großmutter. „Ihr habt ihn vor unseren Augen umgebracht! Ihr habt sogar seine Leiche gestohlen!"

„Ihr müßt zehn Yuan für die Einäscherung bezahlen."

„Er hat nicht Selbstmord begangen! Seid ihr taub?“

Meine Großmutter war außer sich, doch der Bote blieb ungerührt. „Zahlt zehn Yuan, sonst erhaltet ihr die Asche nicht.“

Das war der Gipfel! Es wäre einem Fluch gleichgekommen, wenn wir nicht wenigstens die Asche des Verstorbenen bekommen hätten. Oma kramte ein paar Münzen unter dem Bett hervor, ein lächerlich kleines Häufchen, das sie dem Rotgardisten gab.

„Das reicht nicht. Das sind keine zehn Yuan.“

„Wenn unser Sohn zurückkommt, bekommt ihr den Rest. Wenn er nicht zurückkehrt, werden unsere Enkel die Schulden bezahlen ... Unsere Familie wird nicht untergehen.“

Der Gardist begriff, daß er nicht mehr aus uns herausholen konnte. Er ging. Wir hörten nie wieder etwas von ihm und erfuhren nie, was mit den sterblichen Überresten meines Großvaters geschehen war. Auf welchem unbekannten Fleckchen Erde mögen sie wohl von den Geiern zerrissen worden sein?

Meine Großmutter dämmerte seither im Wahnsinn vor sich hin. Aus meinen nächtlichen Alpträumen gerissen, überraschte ich sie dabei, wie sie am Fenster saß und leise Selbstgespräche führte. „Tailong, kommst du nicht zurück? Haßt du mich, weil ich dich davon abgehalten habe, allem ein Ende zu setzen, und weil du diese Barbarei erdulden mußtest? Ich bin deiner unwürdig. Durch meine Schuld haben wir weder deine Asche noch hast du ein Grab. Aber das konnte ich doch nicht wissen ... Ich flehe deine Seele an, mir zu verzeihen ...“

So ging das mehrere Tage lang. Manchmal weckte sie mich auf, um mir zu sagen, sie habe ihn gerade gesehen, und er habe ihr Verzeihung gewährt. Ich war dann wütend, weil sie mich nicht rechtzeitig aufgeweckt hatte, wollte wissen, wohin er gegangen war und warum er nicht auch mich wiedersehen wollte. „Dein Großvater ist tot. Er wohnt jetzt auf dem Mond“, erklärte sie mir.

Ich war fünf Jahre alt. Schon in diesem Alter mußte ich lernen, daß der Tod eines geliebten Menschen viel mehr schmerzt als Demütigung oder Hunger.

VON NUN an lebten wir beide nur noch füreinander. Meine Großmutter hatte eine kleine Verdienstmöglichkeit gefunden. Sie fertigte zu Hause Streichholzschachteln. Am Morgen sammelte sie Altpapier, das sie in der Fabrik verkaufte. Seit die Leute gemerkt hatten, daß sie nicht mehr ganz bei sich war, ließen sie uns in Ruhe. Für die Versammlungen wurden schnell andere Sündenböcke gefunden. Doch es blieben die Verhöhnungen. Erwachsene und Kinder lauerten uns auf der Straße auf und pfiffen ein selbsterfundenes Lied, das von Steinwürfen begleitet wurde und dessen Refrain lautete: „Verrückte Alte, verrückte Alte, alte Hexe, die stinkt und sich mit einer Mißgeburt von konterrevolutionären Hündin herumschleppt."

Einmal traf Oma ein Stein im Gesicht. Ich stürzte mich auf den Schuldigen, warf ihn zu Boden und drosch wie eine Besessene auf ihn ein.

„Niu-Niu, was soll das?" fragte mich meine Großmutter.

„Wenn ich erst einmal groß bin, bringe ich sie alle um!"

Sie sah mich so seltsam an, daß ich fast vor Angst erstarrte, und beschwor mich, mich künftig nie mehr von meiner Wut hinreißen zu lassen.

Das war der Beginn einer neuen Erziehung. Ich beobachtete Oma, und jedes ihrer Worte, jede ihrer Gesten und jede ihrer Tränen lehrte mich das Leben. Sie ersetzte mir die Mutter, nahm mich zur Arbeit mit und brachte mir abends beim Schein der Kerzen Gedichte bei. Wir standen zur gleichen Zeit auf, machten alles gemeinsam, und ein Tag verlief wie der andere.

Der Winter kam, ohne sich darum zu scheren, daß wir kein Heizmaterial hatten. Vom Erlös des Papierverkaufs konnten wir uns nur das Nötigste zu essen leisten. Kohlen mußten wir zwischen den Abfällen bei der Fabrik zusammensuchen. Meine Großmutter schnallte ihren Bambuskorb auf den Rücken, nahm mich bei der Hand, und so zogen wir jeden Morgen los, um Kohlestückchen zu sammeln. Hinter dem großen Gebäude kletterten zahllose Kinder ebenso wie ich, mit zerzausten Haaren und rußgeschwärzten Gesichtern, sorglos auf der Halde herum.

Es war eines Morgens in der Dämmerung, das Gelände war noch leer. Ich schichtete sorgfältig meinen Schatz auf, als ich einen kleinen Berg von Kohlen entdeckte, der seltsamerweise verlassen dalag. Jemand hatte ihn wohl vergessen, und ich füllte damit meinen Korb, als plötzlich eine klare und sanfte Stimme an meine Ohren drang. „Bruder, es ist Zeit, nach Hause zu gehen, Mama wird gleich aufwachen." Mein Blick fiel auf ein ungefähr zwanzigjähriges Mädchen von atemberaubender Schönheit, das von einem Jungen in ungefähr gleichem Alter begleitet wurde. Der Junge war klein und hatte einen

Buckel. Sie liefen in meine Richtung, und ich bekam Angst. „He, du da! Warum stiehlst du unsere Kohlen?“ rief der Junge.

Ich wurde rot. „Ich habe sie nicht gestohlen. Es war keiner hier, und da habe ich sie genommen.“

Aber während der Bucklige meinen Korb auskippte und seinen eigenen mit den Kohlen füllte, beschimpfte er mich immer weiter. Seufzend wandte ich mich an das hübsche Mädchen. „Ich habe die Kohlen wirklich nicht absichtlich gestohlen! Ich komme jeden Tag hierher, und ich suche ganz allein.“

„Ja, ich erkenne dich wieder. Du bist die Enkelin von der verrückten Alten. Deine Eltern waren Schauspieler; man hat sie verhaftet . . . Kommst du wirklich jeden Tag hierher? Wo sind deine Großmutter und dein Großvater?“

Die freundlichen Gesten und die tröstende Stimme veranlaßten mich zu antworten. „Meine Oma durchsucht Abfälle, und mein Opa wohnt auf dem Mond.“

„Auf dem Mond?“

„Ja, Oma hat mir gesagt, daß die Menschen, wenn sie tot sind, uns von dort oben beobachten.“

Der Gesichtsausdruck des Mädchens verfinsterte sich. Sie ergriff meine Hand und schüttelte mitleidig den Kopf. Auch ihr Bruder hatte sein Verhalten geändert und fragte mich nach meinem Namen und meinem Alter.

„Es tut mir leid, wenn ich ein bißchen grob zu dir war“, entschuldigte er sich, und mit diesen Worten leerte er die Hälfte seiner Kohlen in meinen Korb. „Ich habe deine Eltern im Theater gesehen. Meine Schwester und ich haben sie sehr bewundert. Dein Vater war großartig.“

Zum erstenmal sagte ein Fremder etwas Gutes über meine Eltern. Ein kleines Kompliment, das mehr wert war als alles Gold der Welt. Die beiden schlugen vor, mich nach Hause zu begleiten, und der Tonfall, in dem sie das sagten, wärmte mein Herz. Ich bemerkte jetzt, wie erstaunlich häßlich der Junge war, wie sehr sein verwachsener Körper dem einer Kröte ähnelte. Und doch fand ich ihn sehr nett, und künftig war er „mein Bruder mit dem Buckel“. Als ich meine Hand in seine legte, fühlte ich nur drei Finger. Mußte man nicht fünf haben? Ich dachte noch darüber nach, als wir zu Hause ankamen. Meine Großmutter war noch nicht da, und ehe meine neuen Freunde gingen, versprachen sie, mich am nächsten Morgen abzuholen. Den ganzen Tag über dachte ich nur an sie.

Zu meiner großen Überraschung stellte sich heraus, daß meine Großmutter das junge Mädchen und seinen Bruder bereits kannte. „Das Mädchen heißt Meiling, und ihn nennt man den Buckligen. Keiner kennt seinen richtigen Namen. Sein Vater ist schon lange tot, und seine Mutter ist bettlägerig. Sie leben alle drei vom Lohn des Jungen. Der Kontrast zwischen der Schönheit des Mädchens und der Häßlichkeit ihres Bruders hat schon immer die Leute beschäftigt."

Von da an holten sie mich, trotz unseres Altersunterschieds, jeden Morgen ab, und wir gingen Kohlen sammeln. Meilings unendliche Güte beeindruckte mich noch mehr als ihre Schönheit, genauso wie ich bald die Häßlichkeit ihres Bruders nicht mehr wahrnahm. Eine große Liebe verband sie miteinander, und sie waren unzertrennlich. Er pflückte ihr häufig Blumen, und ab und zu steckte er auch mir eine ins Haar.

Unsere Bande wurden immer fester. Meine beiden Freunde besuchten regelmäßig meine Großmutter, und obwohl Oma nicht mehr viel redete, verbrachten sie Stunden miteinander, in denen Meiling Streichholzschachteln zusammensetzte und der Bruder mit dem Buckel das gesammelte Altpapier bündelte. Mein ständiges Schwatzen war die einzige Unterhaltung bei diesen Treffen.

SEIT drei Wochen schon hatten wir nichts mehr von meinen beiden Freunden gehört. Sie wohnten weit weg, und ich überredete meine Großmutter, daß wir sie besuchten. Als wir ankamen, öffnete uns der Bruder mit dem Buckel die Tür. Ich warf mich in seine Arme und überschüttete ihn mit tausend Fragen. Die hübsche Meiling blieb traurig bei ihrer Mutter, die sich mit Oma unterhielt. Das Gespräch drehte sich darum, daß Meiling zur Umerziehung aufs Land geschickt werden sollte. Die Parteigenossen hatten gesagt, das sei Gesetz. Der Bruder mit dem Buckel hatte aber offenbar schon einen Plan entworfen, um seine Schwester zu retten. Er wollte von seinem Rücken eine Röntgenaufnahme machen lassen und dann behaupten, es sei Meilings. Das Ganze erschien sehr gefährlich, doch schenkte ich der Unruhe meiner Großmutter keine Beachtung.

Wieder verging ein Monat, ohne daß uns unsere Freunde besuchten, bis zu dem Abend, an dem Meiling in Tränen aufgelöst an unsere Tür klopfte. „Helft mir, ich flehe euch an, tut etwas für meinen Bruder! Ihr erinnert euch doch, daß mein Bruder eine Röntgenaufnahme von seinem Rücken hat machen lassen, um mich vor der Verschickung zu bewahren? Eines Tages rief mich der Parteibonze zu sich, um mir zu sagen, er wisse, daß die Röntgenaufnahme gefälscht sei. Für dieses Verbrechen müsse der Schuldige ins Gefängnis. Ich habe mich vor ihm auf die Knie geworfen und ihn angefleht, meinen Bruder zu verschonen. Schließlich sagte er, er werde unseren Fall prüfen, und ich solle am Abend wiederkommen, dann werde er mir seine Entscheidung mitteilen. Als ich wiederkam, hat er mich . . . hat er mich . . .“

Die arme Meiling schluchzte immer heftiger, stieß einen herzzerreißenden Schrei aus und stürzte in die Arme meiner Großmutter. Oma wußte anscheinend das Ende der Geschichte; sie stieß heftige Verwünschungen aus. Meiling fuhr in ihrem Bericht fort. „Dann hat er mich bedroht, damit ich Stillschweigen bewahre. Ich habe alles getan, was er wollte, ich hatte solche Angst, er würde es meine Familie büßen lassen. Aber vor ein paar Tagen begann meine Mutter mich zu fragen, warum ich mich dauernd übergebe. Heute abend hat sie mit meinem Bruder darüber gesprochen. Ich bin zusammengebrochen und habe alles gestanden. Er hat mich geohrfeigt und ist wie ein Verrückter mit einem Küchenmesser bewaffnet nach draußen gelaufen, um den Parteibonzen zu töten. Als er mit blutbeflecktem Messer wiederkam, haben die Roten Garden ihn festgenommen. Ich flehe euch an, Großmutter, helft uns!“

Meine Großmutter beschloß, daß Meiling bei uns bleiben solle; hier würden diese Schurken sie niemals vermuten. Währenddessen wollten wir schauen, was wir für meinen Bruder mit dem Buckel tun konnten. Ich sollte meine Großmutter begleiten. Ich könne nützlich sein, meinte sie, denn niemand werde sich um ein Kind kümmern.

Sie ging mit mir zum Hof eines erleuchteten Hauses. Kaum waren wir da, als ein Schrei ertönte, der uns wie gelähmt stillstehen ließ. Wir faßten uns an den Händen. Beide zitterten wir. Dann sagte Oma zu mir, ich solle mich leise bis zum Türgitter schleichen.

„Ich glaube, dein großer Bruder ist dort eingesperrt. Aber paß auf, daß niemand dich bemerkt. Und komm schnell zurück, um mir zu erzählen, was du gesehen hast.“ Mittlerweile hatte ich wirklich Angst vor dem, was ich sehen würde, aber meine Liebe trieb mich vorwärts.

Durch einen Spalt erblickte ich eine schreckliche Folterszene. Mein Bruder lag mit nacktem Oberkörper auf dem Bauch, und auf seinen Rücken hatten sie einen umgedrehten Tisch gelegt, der mit großen Steinen beschwert war und auf den ein Rotgardist mit einer Keule einschlug. Fünf Männer mit Gürteln in der Hand standen daneben.

„Du hast ganz schön Mut, du menschlicher Abfallhaufen! Du hast es gewagt, die Partei anzulügen, und du hast die Revolution verhöhnt. Du hast sogar einen der unseren umgebracht. Zuerst werden wir dir den Rücken geradebiegen, und wenn wir genug davon haben, machen wir dich fertig. Was meinst du dazu?"

Mein Bruder stieß unmenschliche Schreie aus. Blut floß aus seinen Mundwinkeln. Es zerriß mir das Herz, und ich fand mich bei meiner Großmutter wieder, ohne zu wissen, wie ich dorthin gekommen war. Als wir dann zu Hause waren, erzählte meine Großmutter Meiling nichts von dem, was ich gesehen hatte, sondern bat sie nur, ein paar Worte zu schreiben. Im Morgengrauen gegen vier Uhr waren wir wieder auf den Beinen. Meine Großmutter tat so, als durchwühle sie die Abfälle, während ich mich wieder zu dem unheimlichen Gebäude schlich. Ich trug einen Brief von Meiling bei mir. Er lautete: FLIEH, MEIN BRUDER! VERZEIH MIR UND VERGISS MICH. ICH BIN DIE WIRKLICHE VERBRECHERIN. ICH LIEBE DICH. MEILING. Seltsamerweise war keine Wache da, und zu allem Überfluß stand auch noch die Tür offen. Die Roten Garden hielten wahrscheinlich ihren Ruf für ausreichend, um die Leute fernzuhalten, und sie dachten, ihr jüngstes Opfer wäre sowieso unfähig, auch nur ein Glied zu rühren.

Der große Bruder mit dem Buckel lag auf der Erde, mit zerschundenem Körper und geschwollenem Gesicht. Er war nicht mehr wiederzuerkennen. Als ich das fünfte Mal seinen Namen flüsterte, öffnete er schließlich die Augen. Er war überrascht, mich zu sehen, und ich war wie gelähmt vor Entsetzen.

„Was machst du hier? Wo ist meine Schwester?" Die Ungewißheit quälte ihn.

„Sie ist bei uns in Sicherheit. Hier ist ein Brief, den sie dir geschrieben hat."

Mühsam hielt er das Schreiben in das Dämmerlicht. Als er es gelesen hatte, begann er zu weinen und murmelte: „*Ich* bitte *dich* um Verzeihung, Meiling. Niu-Niu, sag ihr, sie soll mich nicht hassen. Wenn ich ihr eine Ohrfeige gegeben habe, dann nur, weil ich sie mehr als alles auf der Welt liebe . . ."

Ich blickte auf seine Hand, die die meine hielt. Man hatte ihm die Fingernägel ausgerissen, und sie war rotviolett verfärbt und geschwollen.

„Deine Hand, großer Bruder! Was haben sie mit dir gemacht?"

Er zog sie zurück, als hätte er einen elektrischen Schlag bekommen.

Langsam, unter großen Mühen, gelang es ihm, sich aufzurichten. Ich stellte mich vor ihn.

„Kommst du eines Tages wieder?"

Er strich mir mit seiner gemarterten Hand sanft über das Gesicht. „Niu-Niu, ich mag dich sehr. Du bist wirklich lieb."

Diese Worte klingen immer noch in mir nach. Er ging fort. Bald kursierte das Gerücht, er habe mit seinem Blut auf die Mauer geschrieben: „Eines Tages kehre ich zurück, und dann werde ich euer Blut trinken."

Meine Großmutter und ich kehrten nach Hause zurück. Dort erwartete uns Meiling bereits. Jetzt erst bemerkten wir, welche Veränderung in den letzten Wochen mit ihr vorgegangen war: Ihre zarten Züge hatten die Frische verloren, und ihre Stimme, die sonst den Klang einer Silberglocke besaß, war rauh geworden.

„Großmutter, ich habe euch viel Mühe bereitet. Ich werde euch für eure Hilfe in der letzten Zeit ewig dankbar sein. Hier ist ein Brief für meinen Bruder, falls er eines Tages wieder hierherkommt. Ich habe ihm geschrieben, daß ich in einem anderen Leben auf ihn warte . . ."

Meine Großmutter ging auf sie zu. „Mach keine Dummheiten. Du mußt weiterleben, und sei es nur um deiner Mutter willen."

Wir mußten die Unglückliche bis zu ihrer Mutter tragen. Sie hatte plötzlich ihre Meinung geändert und wollte nun ihren Bruder suchen; er brauche doch wenigstens etwas zum Anziehen, erklärte sie. Bei ihr zu Hause war jedoch alles verwüstet.

Verflucht sei dieser Tag! Ich glaubte, die Verhaftung meiner Eltern noch einmal zu erleben! Man hatte das Haus durchwühlt, und Meilings Mutter lag reglos auf dem Bett; sie war gerade gestorben, und die Henkersknechte bemächtigten sich sogleich des armen Mädchens. Innerhalb weniger Stunden war eine Familie auseinandergerissen worden, so einfach, wie man ein Foto zerreißt.

3. Der Aufstand der Kinder

NACHDEM Meiling und mein Bruder mit dem Buckel fort waren, kehrte wieder die Einsamkeit ein, die dadurch verursacht wurde, daß ich das „Kind von Verbrechern" war.

Tagsüber gingen Oma und ich über die Märkte und sammelten heruntergefallene Gemüsereste. Den Abend verbrachten wir dann mit

Gedichten, die meine Großmutter mich lehrte, und mit der mühsamen Herstellung von Streichholzschachteln.

An einem Tag im September kam meine Großmutter nach Hause und hatte ein Lächeln auf den Lippen. „Niu-Niu, mein Kind, heute habe ich eine große Überraschung für dich. Rate mal!"

Ihre Augen funkelten wie Sterne, und ihre freudige Erregung übertrug sich auf mich.

„Ah! Ich weiß!" Etwas, das sie mir schon lange versprochen hatte: „Bonbons!"

Sie winkte mit einem rätselhaften Lächeln ab. Gab es noch etwas Besseres als Bonbons? Vielleicht . . . Furchtsam wagte ich einen Versuch: „Papa und Mama?" Auch nicht. Traurig gab ich auf.

„Niu-Niu, ab übermorgen wirst du wie alle anderen Kinder sein. Du darfst in die Schule gehen! Kannst du dir das vorstellen? In die Schule gehen und etwas Richtiges lernen! Bist du dir überhaupt bewußt, was für ein Glück du hast?"

Auf Anhieb empfand ich bei dieser Neuigkeit gar nichts, aber ich tat so, als ob ich mich freute, um ihr Glück nicht zu trüben. Bei längerem Nachdenken jedoch freute ich mich auch. Dann würde ich also übermorgen meine Schultasche nehmen und stolz in die Schule gehen! Und das verdankte ich Oma!

Am nächsten Tag, am Vorabend des großen Tages, nähte sie bei Kerzenschein eine hübsche Patchworktasche aus Stoffetzen, die sie im Müll gesammelt hatte. „Niu-Niu, du mußt soviel wie möglich lernen, alles tun, was deine Lehrer sagen, und ganz artig sein. Deine Chinesischlehrerin hat es dir ermöglicht, am Unterricht teilzunehmen. Sie hat viele Stücke gesehen, in denen deine Eltern mitgespielt haben. Ich bin sicher, daß sie ganz lieb zu dir sein wird."

Ich nahm mir vor, alle Ratschläge meiner Großmutter zu befolgen. Sorgfältig zog ich die Kleidungsstücke an, die sonst für Festtage vorbehalten waren: meinen Geburtstag, den meines Vaters, den wir nie vergaßen zu feiern, und den Todestag meines Großvaters, an dem wir Räucherstäbchen verbrannten und vor seinem Bild beteten. Nach jeder dieser feierlichen Gelegenheiten wurden diese tausendfach geflickten Kleidungsstücke, unsere einzigen ohne Löcher, sofort weggelegt. Das Blau meines Kleides war bereits so verwaschen, daß es beinahe weiß wirkte. In meiner zusammengestückelten Tasche, die so bunt aussah wie eine Frühlingswiese, hatte ich einen Stift mit einem Radiergummi, den Kugelschreiber, den Mimi mir geschenkt hatte, ein

Heft, aufgefüllt mit Blättern, die ich im Müll gefunden hatte, und ein Wouwoutou, ein über Dampf gebackenes Maisbrot, für meine Mittagsmahlzeit.

Den Hocker, den jedes Schulkind mitbringen mußte, unter dem Arm und an der Hand von Oma, machte ich mich auf den Weg. Die Luft war erfüllt von Hahnenschreien. Langsam wurde es Tag. Abgesehen von ein paar Milchhändlern und Straßenfegern war die Straße menschenleer.

In einer dieser leeren Straßen gingen wir durch ein Holztor und kamen auf einen Hof, der von langen, einstöckigen Gebäuden eingerahmt war. Wir überquerten den Hof, auf dem Kinder spielten, und traten in einen Raum, in dem uns eine Lehrerin, die an ihrem Pult saß, empfing.

„Hier sind wir, Lehrerin Yang", sagte meine Großmutter demütig, und wir traten näher. An den langen Zöpfen, die der Lehrerin bis zur Taille hingen, erkannte man, daß sie noch ein junges Mädchen war, vielleicht zwanzig Jahre alt. Der untadelige Kragen ihrer Bluse, der aus ihrer Jacke hervorsah, erhöhte noch ihre Schönheit. Sie wandte sich mir freundlich zu und schenkte mir ein reizendes Lächeln. „Wie ich gehört habe, heißt du Niu-Niu. Das ist ein schöner Name."

Es war schon lange her, daß mich jemand angelächelt und beim Namen genannt hatte. Ich war ganz verwirrt und wußte nicht, was ich tun sollte. Furchtsam versteckte ich mich hinter meiner Großmutter.

„Komm, Niu-Niu, sag der Lehrerin guten Tag", forderte Oma mich auf. „Bedank dich dafür, daß sie dich in ihre Klasse aufnimmt."

Schüchtern und mit trockener Kehle gehorchte ich. Oma zog mich an der Hand, und wir verneigten uns respektvoll vor unserer Wohltäterin.

„Ich bitte euch, richtet euch wieder auf. Ich tue nur meine Pflicht. Machen Sie sich keine Sorgen, ich passe auf Niu-Niu auf."

Meine Großmutter, den Tränen nahe, ergriff die Hand der Lehrerin und wiegte heftig den Kopf zum Zeichen der Dankbarkeit und Unterwürfigkeit.

„Niu-Niu, du mußt fleißig lernen, damit deine Großmutter stolz auf dich sein kann", erklärte Lehrerin Yang.

Jetzt war ich es, die heftig den Kopf wiegte.

Im Nebenzimmer, wo schon alle Schüler Platz genommen hatten, stellte mich die Lehrerin meinem Banknachbarn vor. „Das ist Niu-Niu. Kümmere dich ein wenig um sie!"

„Guten Tag, ich heiße Zhou Qiang."

Ich fand ihn gleich sehr nett. Kleingewachsen und gut angezogen, wirkte er ebenso schüchtern wie ein Mädchen. Vor ihm auf dem Tisch lagen eine sehr schöne Bleistiftdose und ein ganz neues Heft. Die Lehrerin Yang ging an ihr Pult und begrüßte die Schüler, die höflich aufstanden. Sie stellte mich der ganzen Klasse vor und forderte die Kinder auf, mich willkommen zu heißen und zu klatschen. Ich errötete bis über beide Ohren, weil ich mir plötzlich wie eine der Prinzessinnen aus den Geschichten meiner Großmutter vorkam. Alles war wie ein Traum.

Frau Yang, die Rektorin der Schule, war unsere Chinesischlehrerin, außerdem hatten wir noch eine Lehrerin für Mathematik, eine für Zeichnen und eine für Gymnastik.

In der Pause holten alle ihr Pausenbrot hervor. Ein wunderbares, mit Fleisch belegtes Weißbrot erschien in der Hand meines kleinen Gefährten. Ich schluckte meinen Speichel hinunter und biß in meinen jämmerlichen Wouwoutou. Anschließend gingen die Schüler wieder in ihre Klassen zurück, um drei Vertreter zu wählen: Einer überwachte das Reinigungskommando für den Schulhof, ein zweiter sammelte jeden Morgen die Hausaufgaben ein, und der dritte meldete die Ankunft der Lehrerin Yang, damit die anderen aufstehen und sie begrüßen konnten. Ich war begeistert von diesen wunderbaren Ereignissen, ließ mich aber nicht zur Wahl aufstellen. Allein, daß ich die Möglichkeit dazu hatte, erfüllte mich schon mit Glück.

Als der Unterricht am Nachmittag zu Ende war, begleitete die Lehrerin Yang mich persönlich zum Schulportal. Sie ermahnte mich, ich solle daran denken, am nächsten Morgen früh genug zu kommen, da ich zur Reinigungsbrigade gehörte, und vor allem solle ich nicht vergessen, meiner Großmutter ihre Hochachtung auszudrücken. Sie strich mir zärtlich übers Haar. „Beeil dich jetzt, sonst macht sich deine Großmutter Sorgen." Einen Augenblick lang sah ich ihr nach, bis sie in einem der Gebäude verschwunden war. Dann rannte ich fröhlich nach Hause.

Nachdem Oma das Abendessen gekocht hatte, hatte sie sich an die Tür gestellt und auf mich gewartet. Ich warf mich in ihre Arme.

„Meine kleine Niu-Niu, du bist jetzt ein großes Mädchen! Es ist schön in der Schule, nicht wahr?"

Sie trug mich ins Haus. Dort stand auf dem Tisch ein speziell für mich zubereitetes Gericht – mit *Fleisch*.

„Iß tüchtig, und erzähl mir von der Schule!"

„Es ist alles gutgegangen." Mehr brachte ich nicht hervor. Ich hatte solchen Hunger!

Als ich den Teller leer gegessen hatte, brachen die Worte aus mir heraus wie ein Sturzbach. „. . . mein Bleistift ist kaputtgegangen, und als Zhou Qiang gemerkt hat, daß ich Angst deswegen bekam, hat er mir seinen geborgt . . . Du kannst dir nicht vorstellen, wie viele Buntstifte er in seiner Stiftschachtel hat und schöne Kugelschreiber und Radiergummis, er hat sogar einen Bleistiftspitzer mit einem weißen Hasen darauf."

Meine Großmutter unterbrach mich und rieb sich die Stirn. „Es tut mir leid, Niu-Niu, ich habe geglaubt, weil ich Schulgeld bezahle, wird auch der Bleistiftspitzer gestellt."

Dann lief sie zum Bett, holte das Papier hervor, in dem unsere Ersparnisse eingewickelt waren, und gab mir zwei Münzen, damit ich mir einen Bleistiftspitzer kaufen konnte. „Mach dir keine Gedanken, mein Schatz, selbst wenn es uns ruinieren sollte, werde ich immer alles tun, damit du ordentlich lernen kannst. Wenn dich dein Großvater und deine Eltern heute sehen könnten, wären sie stolz auf dich."

Bevor ich schlafen ging, legte ich mein Heft, dessen erste Seite vollgeschrieben war mit dem Satz „Ein langes Leben für Mao", auf den Tisch am Fenster. Warum kamen die Menschen, die auf dem Mond wohnten wie Opa, nicht zurück? Warum mußten meine Eltern am anderen Ende der Welt arbeiten? Ich kniff die Augen zusammen und starrte zum Fenster hinaus, wo sicher bald mein Großvater erscheinen würde, um meine Fragen zu beantworten und um meine Aufgaben zu korrigieren. Aber auch im Schlaf zeigte er sich nicht.

DIE SCHULE lag nicht weit entfernt von unserer Hütte. Meine Großmutter erzählte mir, das Gebäude sei früher einmal ein Tempel gewesen, den die Revolutionäre zerstört hatten. Der Innengarten war unser Gymnastikplatz. Wir hatten vier große Zimmer; eins davon war den Lehrern vorbehalten, und die drei anderen dienten den ungefähr hundert Schülern als Klassenzimmer. Kein Buch, kein Heft und kein Stuhl, nur ein paar Tische standen zu unserer Verfügung, und die Tafel war ein schwarzes Quadrat, das direkt auf die Wand gemalt war. Von den kleinen roten Büchern gab es dagegen reichlich. Die Lehrerin Yang lehrte uns ein Lied: „Der Osten ist rot, die Sonne geht auf, China hat Mao Tse-tung hervorgebracht. Er widmet sich seinem Volk, er ist unser großer, rettender Stern." Samstags ließ uns die Gymnastiklehrerin vor dem Bild Maos Tanzschritte wiederholen, die „Treue" bedeuteten. Unsere Zeichenlehrerin brachte uns bei, eine große rote Sonne mit riesigen Strahlen zu malen, unter die wir „Es lebe Mao" schreiben mußten.

Tanzen und Singen gingen noch; ich begnügte mich damit, weit den Mund zu öffnen oder mich in alle Richtungen zu bewegen. Aber beim Zeichenunterricht fingen die Probleme an. Die Sonne mußte vollkommen rund sein, und vor allem brauchte man dazu Buntstifte. Neben meinem Werk prangte das von Zhou Qiang in schönem, strahlendem Rot. Da ich nur einen Bleistift besaß, war meins von einem traurigen Grau.

Eines Nachmittags, als alle Schüler sich fertigmachten, um nach Hause zu gehen, nahm mich Lehrerin Yang sanft bei der Hand und fragte mich, warum ich meine Sonne nicht abgegeben hätte. Als ich sie ihr zeigte, wurde sie blaß. „Wie kommt es, daß sie schwarz ist?"

Ich schaute auf meine Schuhspitzen und gestand ihr den Grund. Die Lehrerin Yang vergewisserte sich, daß niemand zusah, zerriß die Zeichnung und steckte die Papierschnipsel in ihre Tasche. Dann zog sie mich wortlos auf die Straße, als habe sie vor irgend etwas Angst. Wir gingen in ein kleines Geschäft, und sie kaufte einen Kasten mit Buntstiften. Sie schaute nach, daß auch Rot dabei war, und reichte ihn mir. „Nimm ihn, Niu-Niu. Du kannst gut malen, es fehlt nur ein bißchen Rot. Zeichne bitte für morgen ein neues Bild."

Voller Vertrauen erzählte ich Zhou Qiang die Geschichte mit dem Bild.

„Oh! Ganz schwarz!" rief er erschrocken.

„Was ist so schrecklich daran? Du siehst so verängstigt aus wie eine Maus."

„Du weißt also nicht, daß die Sonne unter allen Umständen rot sein muß? Sie schwarz zu zeichnen ist ein schweres Vergehen!"

Wenn mir solche Fehler unterliefen, war ich völlig niedergeschmettert. Um so dankbarer war ich für jedes freundliche Wort. Am Ende einer Gymnastikstunde sagte Zhou Qiang einmal zu mir: „Du bist schön, wenn du tanzt!"

Ich war sprachlos vor Glück über sein Kompliment und faßte den Vorsatz, ihm seine Freundschaft tausendfach zu vergelten. Ich machte ihm seine Hausaufgaben, ich fegte das Klassenzimmer an seiner Stelle, ich schenkte ihm sogar den hübschen Kieselstein, den Opa bei der

Arbeit gefunden und den ich bis dahin eifersüchtig gehütet hatte. Dafür gab er mir Brötchen und Malstifte. Außerdem ließ er mich an einem Geheimnis teilhaben: ein Geheimgang in unserem Viertel, der zum Theater führte und von dem niemand etwas wußte. Eines Tages nahm er mich dorthin mit, und seitdem trafen wir uns oft auf der Bühne. Wir trieben dort Unfug und amüsierten uns königlich. Wir taten so, als führten wir Theaterstücke auf, benutzten die langen Vorhänge zum Versteckspielen, und auf den Scheinwerfern hatten wir hübsche, transparente Buntpapiere entdeckt, mit denen wir unsere Welt rot, blau oder grün machten. Das war unser Schatz, den wir mit niemand anderem teilten.

Eines Nachmittags lud Zhou Qiang mich nach der Schule ein, bei ihm zu Hause zu spielen. Er führte mich durch einen weitläufigen Salon mit einem großen Sofa und einem fein geschnitzten Tisch, der auf einem der zahlreichen Teppiche stand. An den Wänden hingen schöne Wandbehänge. Der Vater von Zhou Qiang mußte sehr reich sein.

Zhou Qiangs Zimmer quoll über von Spielsachen. Eine Eisenbahn, Plastikfiguren, zahlreiche Bilderbücher: eine wundervolle Welt, die sich vor meinen Augen drehte wie ein Kaleidoskop. Während wir mit einem Holzbaukasten spielten, bemerkte ich zufällig ein Foto von Zhou Qiang mit seinem Papa. Das Gesicht kam mir irgendwie bekannt vor, aber bevor mir einfiel, wo ich es schon einmal gesehen haben konnte, betrat die Mutter meines Freundes das Zimmer und musterte mich von Kopf bis Fuß. Ihr prüfender Blick registrierte jede Einzelheit: meine geflickten Kleider und die durchlöcherten Schuhe, aus denen meine nackten Zehen hervorsahen.

„Mama, ich möchte dir Niu-Niu vorstellen", sagte mein Klassenkamerad.

„Was für ein bizarrer Name!"

Erstarrt vor Schreck verbeugte ich mich vor ihr, aber sie ignorierte mich und wandte sich an ihren Sohn: „Liebling, du mußt dich für den Besuch bei Tante Zhang umziehen."

Er gehorchte nicht sofort und sagte, er wolle lieber noch einen Moment mit mir spielen. Seine Mutter sah mich ärgerlich an. „Wo wohnst du? Was machen deine Eltern?"

Ich antwortete ihr, daß sie weit entfernt arbeiteten und daß ich allein mit meiner Großmutter zusammenlebte.

„Wo ist dein Großvater?"

„Mein Großvater ist tot."

„Ach ja? Und woran ist er gestorben?"

Ich hatte Zhou Qiang erzählt, mein Großvater wäre an einer Krankheit gestorben, aber jetzt wollte ich diese halbherzige Lüge nicht noch einmal wiederholen. Ich strebte schon der Zimmertür zu, als die Mutter von Zhou Qiang sich plötzlich in einem Wutanfall vor die Stirn schlug. „Ach! Jetzt fällt mir ein, wer du bist! Natürlich, du bist Niu-Niu, deren Großvater der Verbrecher Liu Tailong war, der Selbstmord begangen hat!"

Ich wurde feuerrot. Sie log. Mein Großvater hatte nicht Selbstmord verübt. Er war unter den grausamen Schlägen der Rotgardisten gestorben. Auf einmal stand der Vater von Zhou Qiang auf dem Foto vor meinem inneren Auge. Er war der Anführer der Roten Garden gewesen! Er hatte befohlen, Opa umzubringen!

Bevor ich den Mund öffnen konnte, um auf die Anklagen von Frau Zhou zu antworten, ergoß sich ein Schwall von Beschimpfungen über mich. „Du hast wirklich keine Ehre! Du wagst es, mit meinem Sohn zu spielen! Du wagst es hierherzukommen! Hau ab!" Sie ergriff meine Tasche und warf sie durch die Tür.

Ich war fassungslos und schämte mich entsetzlich. Hals über Kopf rannte ich von diesem entsetzlichen Ort weg, ergriff im Laufen meine Tasche und achtete nicht auf die Rufe von Zhou Qiang. Ich haßte ihn und seine Eltern. Aber ich haßte auch meine eigene Familie und meinen Großvater, der mir das angetan hatte. Überall sah man mich an wie eine schwarze Katze, die Unglück bringt.

Zu Hause warf ich mich weinend aufs Bett. Meine Großmutter fragte mich bestürzt, ob ich mich in der Schule schlecht benommen hätte. Diese Frage verstärkte bei mir noch das Gefühl der Ungerechtigkeit. „Überall habe ich Probleme! Alle meiden mich. Sogar Zhou Qiang wird jetzt nicht mehr mit mir sprechen wollen! Sein Vater hat Opa umgebracht, und seine Mutter hat mich beschimpft und aus dem Haus gejagt! Ich verabscheue euch alle! Dich auch! Warum seid ihr alle Verbrecher? Was habt ihr gemacht? Warum seid ihr meine Familie?"

Zum erstenmal in meinem Leben gab Oma mir eine gewaltige Ohrfeige. Ich weinte nicht mehr, ich schrie nicht mehr, so verblüfft war ich. Das war der Gipfel! Oma machte mich genauso nieder, wie alle anderen es taten!

„Niu-Niu, du bist verrückt! Du weinst doch nicht im Ernst wegen dieses Jungen, dessen Vater deinen Großvater umgebracht hat? Wie kannst du jemals vergessen, wie grausam dieser Mensch war? Er gehört zu der gleichen Bande von Wilden, die deine Eltern mitgenommen haben! Du solltest sie verachten, aber statt dessen willst du auch noch mit ihren Kindern spielen! Wie kannst du nur deine Eltern so hassen?"

„Aber Zhou Qiang ist mein einziger Freund! Niemand sonst spricht mit mir!"

„Ich verbiete dir, mit ihm zu spielen!"

„Und ich tu es doch! Ich gehe zu ihm und spiele mit ihm! Und wenn du mich jetzt auch noch schlägst, weiß ich nicht mehr, wo ich hingehen soll."

Meine Großmutter taumelte; sie schien einen dieser Anfälle zu bekommen, die sie seit dem Tod meines Großvaters regelmäßig hatte.

Ich stürzte zu ihr. „Oma, was hast du? Geht es dir nicht gut? Verzeih mir, Oma. Sei nicht böse, es wird alles wieder gut!"

Langsam ging sie zum Bett und legte sich hin. Ihr Herz schlug viel zu schnell, und ihre Haut war eisig kalt.

„Oma, geht es dir wieder besser? Willst du ein bißchen Wasser? Sag mir, wo es dir weh tut."

Vor Angst und Ohnmacht weinte ich erneut. Oma hatte die Augen geschlossen und atmete tief. Jetzt weinte auch sie leise.

Wie konnte das alles nur geschehen? Waren wir so böse? Konnten die anderen Leute eine alte Frau und ihre Enkeltochter wirklich nicht akzeptieren? Waren wir weniger wert als ein Schwein oder ein Hund?

Sie öffnete die Augen ein wenig. „Verzeih mir, Niu-Niu, daß ich dich geschlagen habe . . . Ich habe beim Weggang deiner Eltern geschworen, dir niemals weh zu tun . . ."

„Nein, ich war schuld, es war mein Fehler . . .", stammelte ich.

Wir waren völlig fassungslos. Die Unglückliche bat mich um Verzeihung, sagte mir, ich müsse mich in mein Schicksal ergeben.

An diesem Abend kümmerte ich mich um das Essen. Bei Tisch sagte Oma immer wieder zu mir, daß meine Eltern gut und nie fähig zu irgendeiner Schlechtigkeit gewesen seien, daß sie meine Liebe und meine Achtung verdienten.

Ich glaubte ihr. Und trotzdem hatte ich Mühe, meine Verwirrung zu verbergen und das Unverständnis über die Dinge, die in der Welt passierten.

Als ich Zhou Qiang wiedersah, redete ich kein Wort mit ihm und sah ihn nicht an. Ich dachte unaufhörlich daran, daß sein Vater Opa zu Tode geprügelt und daß seine Mutter mich aus ihrem Haus gejagt hatte. Auch er versuchte nicht, mit mir ins Gespräch zu kommen. Wenn ich jedoch Stifte brauchte, lieh er mir immer noch seine, allerdings wortlos. Und obwohl er nichts sagte, spürte ich doch noch stärker als früher, was für ein gutes Herz er hatte. Diese Situation dauerte an bis zu dem Tag, als die Lehrerin Yang mich in ihr Büro rief.

„Niu-Niu, hast du Streit mit Zhou Qiang gehabt?"

Ich wußte nicht, was ich darauf antworten sollte. „Lehrerin Yang, ist es wahr, daß Sie mich nicht verachten?" fragte ich zögernd.

„Natürlich verachte ich dich nicht, Niu-Niu!"

„Warum verachten mich dann alle anderen? Die Mutter von Zhou Qiang hat mir verboten, mit ihm zu spielen, und meine Großmutter auch . . ."

Sie hatte verstanden. Freundlich klopfte sie mir auf die Schulter, um mich zu beruhigen, und überlegte einen Augenblick, bevor sie sagte: „Niu-Niu, willst du wieder mit Zhou Qiang befreundet sein?"

Ohne zu zögern, nickte ich. Die Lehrerin Yang ging und redete mit ihm.

Kurze Zeit später kam Zhou Qiang zu mir. „Niu-Niu, laß uns wieder die besten Freunde von der Welt sein, wie früher, ja?!"

Er lächelte, und ich war überglücklich. Wir freuten uns so sehr, wieder zusammen zu sein, daß wir uns an diesem Nachmittag nicht trennen wollten. Wir gingen heimlich in den öffentlichen Park und stibitzten dort Obst und die kleinen Kieselsteine am Bach.

IN DER Stadt kursierte das Gerücht, daß jugendliche Banditen zu Pferd, mit Mädchen vor sich im Sattel und Gewehren in der Hand, nachts herumzogen, raubten, mordeten und brandschatzten. Bei diesen Geschichten lief mir stets ein Schauer über den Rücken, und ich fand sie sehr spannend. Alle erzählten sich diese Geschichten, selbst der ängstlichste unter uns hatte seine eigene Version: „Mein großer Bruder ist ihnen in der Dämmerung begegnet. Es sind ungefähr zehn, und sie haben ein sehr hübsches Mädchen bei sich. Jeder besitzt ein Gewehr, und einer trägt einen großen Sack. Mein Bruder hat vor Angst gezittert, aber sie haben ihn beruhigt und ihm sogar vorgeschlagen, sich ihnen anzuschließen. Als er von unserer Armut berichtet hat und davon, daß er eine Familie versorgen muß, hat ihm der Anführer Geld gegeben und gesagt: ‚Wir töten nur die Reichen und helfen den Armen. Wenn es dir schlecht geht, komm zu uns, wir helfen dir.'"

Ein weiterer Klassenkamerad, eine weitere Variante: Er sei mit seiner Mutter vom Land gekommen, als vor ihren Augen Soldaten ein Gebäude umzingelt hätten. „Die Leute um uns schrien: ‚Die Mörderbande ist in dem Haus!', und wir versteckten uns voller Panik in einem Hauseingang, von wo aus wir alles sehen konnten. Es wurde geschossen. Plötzlich zogen die Soldaten ab. Sie ließen ihre gefallenen Kameraden und ihre Waffen einfach liegen. Danach kamen die Banditen aus dem Gebäude, jeder mit einem Revolver in der Hand. Sie sind noch jung, aber sie können schießen wie der Teufel!"

„Und die Soldaten haben sie nicht verfolgt?"

„Die Banditen sind schnell wie der Wind und unbesiegbar. Es heißt, daß sie sogar der Polizei vorher Bescheid sagen, wann sie durch die Stadt ziehen, aber noch nie ist einer von ihnen geschnappt worden."

Nach dem gescheiterten Angriff der Soldaten kannte unsere Phantasie keine Grenzen mehr. Unsere Lehrer mußten eine Generalversammlung einberufen, um uns zur Ordnung zu rufen, und baten die Eltern aller Schüler, die Gesetzlosen nicht mehr zu erwähnen. Doch die Aufregung wuchs.

Eines Nachmittags machte ich meine Hausaufgaben. Danach ging ich auf die Straße. Dort sah ich unzählige Plakate mit dem Foto eines jungen Mannes, auf denen Bemerkungen wie „Verbrecher" und „gefährlich" standen. Ich vermutete, es handle sich um eine der Exekutionen, bei denen der Verurteilte vor der Hinrichtung hinter einem Wagen durch die Stadt geführt wird. Allerdings stand kein genaues Datum auf den Plakaten.

Wie so oft, stattete ich auch an diesem Tag dem alten Theater einen Besuch ab. Diesmal, so hatte ich beschlossen, wollte ich den Keller erkunden. Zhou Qiang hatte mir erzählt, daß er als Fluchtort angelegt worden sei und daß ein paar Jahre zuvor, aus Furcht vor einem Angriff der Russen, zahlreiche Schlupfwinkel wie dieser für Künstler gebaut und vergessen worden waren, nachdem die Gefahr vorüber war. In der düsteren Atmosphäre begann ich schon zu bedauern, daß ich mich allein ins Theater gewagt hatte. Am einen Ende der Bühne befand sich eine Tür, die wir bisher nie aufbekommen hatten. Jetzt stand sie offen. Ich ging mit klopfendem Herzen hindurch, durchquerte einen Flur und betrat ein Zimmer, in dem ich mit aufgerissenen Augen stehenblieb. Aus den halboffenen Schubladen einer hübschen rosa Spiegelkommode quollen Bänder, Schminkutensilien und alle möglichen anderen Herrlichkeiten. Ich begann sogleich, mir die Taschen damit vollzustopfen, als sich im Dunkel vor mir plötzlich etwas bewegte. Ich glaubte, das Aufblitzen von Augen und den Schatten einer Nase zu sehen. Ein Geist! Vor Entsetzen schrie ich laut auf, aber da legte das Gespenst mir schon die Hand auf den Mund.

„Hab keine Angst, ich bin kein Geist."

Das sagten sie alle, und dann fraßen sie einen auf.

„Wenn du aufhörst zu schreien, lasse ich dich los."

Er nahm seine Hand fort. Ich blieb wie angewurzelt stehen und zitterte am ganzen Leib. Es geschah jedoch nichts. Rasch drehte ich mich um und sah . . . Was? Einen hübschen, großen, ganz und gar normalen Jungen, der mich zudem noch hinreißend anlächelte.

„Du bist wirklich kein Geist? Und du willst mich nicht fressen?"

Obwohl er verneinend den Kopf schüttelte, betrachtete ich ihn weiter voller Mißtrauen. Daraufhin forderte er mich auf, seine Hände anzufassen. „Sie sind warm, spürst du? Ein Gespenst hat immer kalte Hände."

Das stimmte. Erleichtert lächelte ich ihn an. Plötzlich hörten wir von außerhalb des Zimmers ein Geräusch. Er wurde blaß. „Schau nach, ob noch jemand im Theater ist, und sag keinem, daß ich hier bin." Er selbst blieb wie gelähmt stehen. „Geh schnell, oder ich fresse dich auf."

Niemand sonst war im Theater. Er wirkte erleichtert und fragte mich nach meinem Namen.

„Du bist sehr mutig, Niu-Niu", meinte er dann.

Ich fühlte mich geschmeichelt; mit dieser Bemerkung hatte er mich schon gewonnen. Nun traute ich mich auch, ihn zu fragen, was er hier mache.

„Draußen suchen mich alle. Ich soll getötet werden!"

„Warum? Ist die Mörderbande hinter dir her, weil du reich bist?"

Er musterte mich überrascht. „Woher kennst du denn diese Bande?"

„In der Schule wird von nichts anderem geredet."

„Wenn du einem Jungen aus dieser Bande eines Tages begegnen würdest, hättest du dann Angst?"

„Überhaupt nicht. Sie tun den armen Leuten nichts, und ich bin sehr arm."

„Du bist vielleicht ulkig!"

„Du bist auch ulkig!“

Er war mir wirklich äußerst sympathisch. In der kurzen Zeit waren wir schon Freunde geworden. Ich fragte ihn, wer er sei.

„Ich gehöre zu der Bande. Die Polizei sucht mich überall. Ich kann hier nicht weg. Aber du brauchst keine Angst zu haben, Niu-Niu.“

Er erklärte mir, sie seien keine Halunken. Seine Kameraden seien Gymnasiasten gewesen, die noch zu Hause lebten. Am Anfang der Kulturrevolution hätten ihre Lehrer sie aufgefordert, die schlechten Elemente zu kritisieren. Alle hätten begeistert an der Bewegung teilgenommen. Sie hätten rote Fahnen geschwenkt, das kleine rote Buch Maos bei sich getragen und seien durch Chinas Städte gezogen, um zu demonstrieren. So seien sie bis nach Peking gekommen.

„Dort haben wir auf dem Tien-an-men-Platz Mao gesehen.“

„Wie ist er?“

„Er hat eine Verbrechervisage!“

„Nein, ich habe überall sein Bild gesehen, er ist schön. Magst du ihn nicht?“

„Nein, er ist ein Schurke!“

Ich war schockiert. Wie konnte er es wagen, diesen strahlenden Stern zu beschimpfen?

„Früher haben wir Mao Tse-tung verehrt. Wir hätten alles für ihn getan, weil er gesagt hat, man müsse die alten Ideen ausmerzen, um eine neue Gesellschaft errichten zu können, ein neues China. Und genau das wollten wir! Nach unserer Rückkehr aus Peking hielten wir uns weiterhin an seine Befehle. Aber dann wurde alles anders. Maos Leute erklärten uns, unsere Handlungen seien schlecht gewesen, und deshalb müßten wir bestraft werden. Wir haben unsere Bewegung trotzdem weiterverfolgt. Diese parallelen Aktionen schadeten Mao zwangsläufig. Er hielt sich für einen Kaiser, während wir nur unbedingt ein anderes China wollten. Also hat man angefangen, uns mit der Armee, mit Soldaten und Gewehren zu bekämpfen. Viele Jugendliche haben dabei ihr Leben verloren. Die anderen, die nicht ins Gefängnis gekommen sind, sind in die Berge geflohen. Wir hatten keine Wahl: Wenn wir überleben wollten, mußten wir auf sie schießen. Aber wir haben nie, nie jemanden aus dem Volk umgebracht, immer nur die Parteibonzen. Nach und nach haben sich uns neue Jungen angeschlossen; solche, deren Eltern verfolgt wurden, andere, die geflohen waren, und auch einige, die gesucht wurden. Kurz, alle Ausgestoßenen.“

„Gibt es in eurer Bande auch Kinder? Ich würde gern bei euch mitmachen, um meine Familie zu rächen!"

Er drückte mich zärtlich an sich und versprach, er werde mit dem Anführer darüber sprechen.

„Wer ist dein Anführer?"

„Unser alter Anführer wurde erschossen. Etwa zur gleichen Zeit ist ein Buckliger zu uns gestoßen, und weil er sehr klug ist, haben wir ihn zu unserem neuen Anführer gewählt."

Ich traute meinen Ohren kaum. Die Beschreibung, die er mir von dem Jungen gab, traf genau auf meinen großen Bruder mit dem Buckel zu.

„Er redet nicht sehr viel. Er hat uns lediglich erklärt, daß er ein paar von den Schweinen umgebracht hat und daß er sich damit noch nicht zufriedengeben wird. Mehr wollte er nicht erzählen. Jeder in unserer Gruppe hat eine schreckliche Geschichte. Manche berichten davon, andere nicht; wir verstehen uns sehr gut, und wir achten die Geheimnisse der anderen, um sie nicht zu verletzen: Das ist eine feststehende Regel. Manchmal habe ich unseren Anführer weinen sehen, wenn er sich allein glaubte, und dann hat er nach seiner Schwester gerufen." Kein Zweifel, er weinte um Meiling . . .

„Erzähl ihm, daß du mich getroffen hast", sagte ich. „Ich warte jeden Tag darauf, daß er zurückkehrt."

Er versprach es mir und bat mich, wiederzukommen und ihm etwas zu essen zu bringen, da er schon seit zwei Tagen ohne Lebensmittel in seinem Versteck sitze. Offensichtlich wußte er nichts von der Existenz des Geheimganges, und stolz erzählte ich ihm davon.

Zähneklappernd vor Aufregung ging ich hinaus auf die Straße. Ich lief immer schneller. Als ich wieder an den Plakaten vorbeikam, fiel mir auf, daß der abgebildete Mann mein im Theater verborgener großer Bruder war. Ich mußte ihm unbedingt zur Flucht verhelfen.

Zu Hause raffte ich alles Eßbare zusammen und stopfte es in eine Tasche. Wie der Wind raste ich zurück zum Theater. Doch zu meinem Schrecken hatte inzwischen die Polizei das Areal um das Theater abgeriegelt. Hatten sie ihn schon entdeckt? Ich ging langsam näher heran, um die Unterhaltung zweier Zuschauer zu belauschen. Jemand hatte gesehen, wie ein Mörder durch ein Fenster ins Theater eingestiegen war, und daraufhin die Polizei verständigt. Gott sei Dank! Sie hatten ihn noch nicht gefangen! Ich war sehr froh und rannte zum Eingang des Geheimgangs, einer unscheinbaren Holzluke. Niemand hatte mich verfolgt.

Ich weinte vor Erleichterung, als ich ihn wiedersah. Dann gab ich ihm die wenigen Lebensmittel, die ich mitgebracht hatte, und flehte ihn an, so schnell wie möglich zu fliehen. Aber er war so ausgehungert, daß er nur damit beschäftigt war, meine Ration Maisbrei für den nächsten Tag hinunterzuschlingen. Danach wischte er sich zufrieden den Mund. „Mach dir keine Sorgen, Niu-Niu. Im Moment kann ich hier nicht heraus, das wäre zu gefährlich. Aber heute abend werde ich den unterirdischen Gang benutzen. Komm, zeig ihn mir."

„Niu-Niu, wo warst du? Ich habe dich überall gesucht! Ich hatte solche Angst um dich!"

„Oma, mein großer Bruder wird sterben!"

„Von wem redest du?"

Ganz aufgeregt erzählte ich Oma die Geschichte. Sie bekam einen besorgten Gesichtsausdruck, dann lächelte sie mich liebevoll an. „Niu-Niu, du bist wirklich sehr mutig. Du hast eine gute Tat vollbracht. Aber erzähl niemandem von deinem Abenteuer."

Wir verbrachten eine schlaflose Nacht und beteten, daß mein großer Bruder seinen Verfolgern entkommen möge. Am nächsten Tag erfuhren wir die gute Nachricht, daß die Polizei keinen Erfolg gehabt hatte.

Ein paar Wochen später wurden wir durch Geräusche aufgeweckt. Nur das fahle Licht des Mondes erhellte das Zimmer. Ich flüchtete mich in die Arme meiner Großmutter, die genauso zitterte wie ich.

Als wir den ersten Schrecken überwunden hatten, zündete Oma eine Kerze an. Am Fenster stand ein Sack weißer Reis mit einem Brief! Wir holten ihn sofort herein und verbargen den Schatz unter dem Bett. Dann öffneten wir den Brief. In dem Umschlag steckten fünf Yuan und ein Schreiben. Beim Schein der Kerze las meine Großmutter leise vor:

> „Liebe Großmutter Liu,
>
> ich bin es, ich lebe noch. Ich bin so froh, daß auch Ihr noch am Leben seid. Nach meiner Flucht habe ich mich der Mörderbande angeschlossen. Sie sind gut zu mir. Hier ist ein wenig Reis und etwas Geld, um Euch zu danken. Vergebt mir, daß ich nicht kommen und mich zu Euren Füßen werfen kann, um Euch für all das, was Ihr für meine Familie getan habt, zu danken. Ich werde weiter hier leben, bis ich diese Hunde allesamt getötet habe. Auf Wiedersehen, liebe Großmutter und meine süße Niu-Niu. Ein langes Leben für Euch beide."

Also hatte mein großer Bruder mit dem Buckel uns nicht vergessen!

Von diesem Tag an lebten wir in der Angst, schlechte Nachrichten über die Bande zu erhalten. Zwei Monate später hieß es, die Armee habe das Haus, in dem sich die Mörderbande verbarg, umzingelt. Sie hätten einen ganzen Tag lang verhandelt, aber dann, so berichtete man, hätten die Jungen Selbstmord begangen, und niemand habe sich ergeben. Andere erzählten, die Armee habe stundenlang geschossen.

Einige waren dem Blutbad entronnen, aber die Soldaten hatten sie gefangengenommen. Sie bekamen lebenslänglich Gefängnis.

Gleich, welcher Version man glauben wollte, das Ergebnis war das gleiche: Die Mörderbande gab es nicht mehr.

Oma und ich gingen an den Ort der Gefangennahme. Niemand war zu sehen, alles sah so aus, als ob nichts passiert wäre, es gab noch nicht einmal eine Blutspur auf der Erde. Wir setzten uns mitten unter die gleichgültigen Passanten, um still zu weinen. Die Kämpfer für das Recht waren verschwunden, überrollt vom großen, unerbittlichen Rad unserer verrückt gewordenen Gesellschaft.

DER UNTERGANG der Mörderbande machte den Alltag wieder grau. Eine Hoffnung war gestorben, und wie zuvor waren wir ganz normale Schüler. Das Thema wurde nur noch mit traurigen Seufzern am Rande erwähnt. Erneut kam ein Sommer, und ich wurde nun sieben Jahre alt.

Ich war gewachsen und reifer geworden. Ich wußte viele Dinge: daß Mao ein langes Leben haben sollte und alle Verbrecher einen raschen Tod, daß die Sonne rot sein und die Revolution bis zum Ende durchgeführt werden mußte.

Der Sommer brachte Blumen, Hitze und schulische Neuigkeiten. Die Lehrer wollten, nach einem Jahr Unterricht, die besten Schüler in drei Disziplinen auswählen, zunächst in jeder der drei Klassen die vier besten.

Um dazuzugehören, putzte ich sorgfältig das Klassenzimmer und die Fenster, und ich lernte mehr als sonst, um in jedem Fach die besten Noten zu erhalten. Der Blick Maos, der auf mich gerichtet war, ermutigte mich. Bei der Wahl hoben dann tatsächlich genug Schüler den Finger für mich, und ich wurde für meine Geduld und meine Entschlossenheit belohnt. Die vier Gewählten mußten dann die endgültige Entscheidung des Lehrers abwarten, und der, der am Ende übrigblieb, empfing auf der Tribüne den berühmten roten Schal aus den

Händen der Lehrer. Die Lehrerin Yang erzählte uns, der rote Schal symbolisiere die Rote Fahne, deren Farbe das Symbol für das Blut der Märtyrer der Befreiung war. Für den Schüler, der als leuchtendes Beispiel für seine Klassenkameraden galt, war dies eine unschätzbare Ehre. Schließlich wurde ich unter den vier Anwärtern gewählt, und ich mußte nur noch die Entscheidung der Lehrer abwarten. So verging eine Woche. Die Lehrerin Yang kam zu mir. „Niu-Niu, du bist ein liebes kleines Mädchen, sehr klug und gewissenhaft . . .“

Schüchtern protestierte ich, aber ich war geschmeichelt, daß sie mich so lobte. Ich glaubte, sie wolle mir sagen, daß sie stolz auf meine Wahl sei. Aber sie wirkte unerwartet traurig.

„Lehrerin Yang, ich bin gewählt worden, nicht?“ Ich wollte unbedingt, daß sie ja sagte. Aber mit feuchten Augen lächelte sie mich gequält an.

„Niu-Niu, du magst mich doch gern, oder? Wenn du möchtest, gehe ich nach der Schule mit dir in den Park.“

„Oh, danke. Ich sage Zhou Qiang Bescheid.“

Nach dem Unterricht gingen Zhou Qiang und ich zum Haus der Lehrerin Yang. Sie wohnte mit ihrer Kollegin, der Zeichenlehrerin, zusammen in einem Zimmer. Bevor wir zu unserem Spaziergang in den Park aufbrachen, gab sie jedem von uns zwei Bonbons. Als wir gerade das Zimmer verlassen wollten, bemerkte ich, wie die Zeichenlehrerin mir einen seltsam unfreundlichen Blick zuwarf und der Lehrerin Yang etwas ins Ohr flüsterte. Diese aber packte sie zornig am Arm. „Wie können Sie so etwas sagen? Das ist doch nur ein Kind!“

Dann nahm sie uns an der Hand, und wir machten uns auf den Weg.

Im Park spielten wir eine Weile auf der Wippe und der Rutsche, und danach lud uns die Lehrerin Yang zu einer Bootsfahrt auf dem See ein. Schließlich brachte sie mich nach Hause. Meine Großmutter begrüßte sie erfreut, doch plötzlich schien der Lehrerin Yang meine Gegenwart unangenehm zu sein. Meine Großmutter bat mich, Wasser zu holen, damit die Lehrerin Yang etwas zu trinken hätte. Der Ort, wo das Wasser verkauft wurde, war relativ weit von unserem Haus entfernt, und ich merkte schon, daß sie mich loswerden wollten. Als ich wiederkam, war die Lehrerin Yang denn auch schon gegangen.

Am Abend nach dem Essen sagte Oma, ich solle mich neben sie setzen, sie müsse etwas Trauriges mit mir besprechen. „Niu-Niu, die Lehrerin Yang hat mir gesagt, du bist nicht . . . Man hat dich nicht zur

Klassenbesten gewählt . . . Die Lehrerin bittet dich, nicht traurig zu sein. Das nächste Mal vielleicht . . ."

Ich wollte nicht weinen, aber es war zu hart. Tief im Innern wußte ich, es würde kein nächstes Mal geben.

Am darauffolgenden Tag fand ich ein Stück Stoff im Müll und schlang es mir um den Hals; das war mein Ehrenschal! Er war zwar nicht rot, aber darum nicht weniger schön, und er half mir, die Preisverleihung zu überstehen.

WENIGE Tage darauf wurde der Unterricht unterbrochen, und die ganze Schule fuhr aufs Land, um den Bauern beim Unkrautjäten und Säen zu helfen. Die Lehrer hatten uns erklärt, das gehöre zu einem Erziehungsprogramm, das „Unterricht auf dem Land" heiße, und in Zukunft hätten wir auch besondere Unterrichtsprogramme in Fabriken und bei der Armee. Diese Aktivitäten waren angeblich unerläßlich für die weitere Entwicklung des Landes und für die Unterbindung des Revisionismus. Für uns war es eine Gelegenheit, draußen umherzutollen: Wir spielten Verstecken und Nachlaufen und pflückten Obst. Was Revisionismus hieß, wußten wir nicht.

In diesen zwei Wochen auf dem Land war die Lehrerin Yang oft in Gedanken versunken. Ihr fehlte die gewohnte Lebensfreude, und sie hielt sich abseits von ihren Kollegen. Ich ging mit Zhou Qiang zu ihr, um mit ihr zu reden.

„Lehrerin Yang, sind Sie krank? Oder sind Sie müde?"

Sie schwieg, und gemeinsam gingen wir mit ihr bis zu einem kleinen Bach. Dort setzten wir uns nieder und sahen uns den Sonnenuntergang an.

„Ihr seid meine Lieblingsschüler", begann sie. „Ich weiß nicht, ob ich euch Glück bringe . . . Dies ist eine Welt ohne Liebe. Es ist wirklich schwer, für jeden nur das Beste zu wollen."

„Wie meinen Sie das, Lehrerin Yang?"

„Niu-Niu, Zhou Qiang, wenn ihr einmal groß seid, müßt ihr gut sein, auch wenn das manchmal schwierig ist. Ihr müßt gut sein!"

Die Sonne versank am Horizont, der Wind trug aus der Ferne den Klang des Gongs herüber, der den Feierabend verkündete, und die Bauern gingen vom Feld nach Hause. Die Krähen krächzten bedrohlich, als stimmten sie einen Totengesang an.

Am Ende unseres Aufenthaltes auf dem Land luden die Bauern uns zum „Fest der bitteren Erinnerungen und süßen Gedanken" ein. Auf dem winzigen Dorfplatz saßen alle Schüler auf der Erde und lauschten den Einheimischen, die von ihren Erfahrungen erzählten. Sie sagten, vor der Befreiung seien die Grundbesitzer böse zu ihnen gewesen, sie hätten sie geschlagen und ihnen die Nahrung weggenommen; ein Jahr voller Mühen habe nicht ausgereicht, um die Steuern zu bezahlen. Um überleben zu können, seien sie gezwungen gewesen, ihre Kinder zu verkaufen. Aber nach der Befreiung hätten sie genug zu essen und komfortable Häuser gehabt. Ihre toten Kinder seien zu Märtyrern der Revolution erklärt worden. Unsere Gastgeber sagten, wir sollten unser heutiges Leben schätzenlernen. Zum Abschluß der Feier gaben sie uns eine beziehungsreiche Mahlzeit, „einen Teller voll bitterer Erinnerungen und süßer Gedanken", eine Mischung aus Mais und Gemüse. Ich fand nichts Bitteres daran und machte mich voller Heißhunger darüber her.

Zwei Wochen später gab die Lehrerin Yang gerade Unterricht, als plötzlich eine Gruppe von Rotgardisten unser Klassenzimmer betrat, den Unterricht abbrach und sie beschimpfte. „Du hast schon lange insgeheim die Revolution verhöhnt. Aber Papier kann kein Feuer verbergen: Die Schuldigen werden immer entdeckt!"

Die Männer fesselten ihr die Hände auf dem Rücken und führten sie ab. Sie leistete keinen Widerstand. Wir waren alle fassungslos und schrien hinter ihr her. Doch der Anführer der Roten Garden, Zhou Qiangs Vater, der im Klassenzimmer geblieben war, schlug mit der Faust auf das Pult, um uns zum Schweigen zu bringen.

„Schüler! Sie ist nicht eure Lehrerin! Sie ist schon lange eine Konterrevolutionärin! Sie hat schlimme Taten begangen, von denen ihr nichts wißt! Sie hat es sogar gewagt, schlecht über unseren großen Mao zu reden! Ich fordere euch auf, eine Anklageschrift gegen sie zu verfassen!" Dann ging auch er und ließ uns völlig verstört zurück. Wieso sollte die Lehrerin Yang gegen die Revolution sein? Sie war immer lieb zu allen Schülern gewesen und hatte uns doch beigebracht, „Liebe Mao, liebe die Partei!" zu schreiben. Wir hatten niemals gehört, daß sie auch nur ein Wort gegen Mao gesagt hatte! In der Klasse war es still geworden. Niemand rührte sich. Wir alle konnten nicht verstehen, was geschehen war. Auf einmal stieg heftiger Zorn in mir auf. Ich sah Zhou Qiang an. „Das ist schon wieder so eine Tat von deinem Vater! Warum ist er so böse?"

Die anderen hatten meine Worte gehört und sahen sich nach dem armen Jungen um, der den Blick senkte. Seine Augen waren feucht, und sogleich bereute ich meine harten Worte. Zhou Qiang liebte die Lehrerin Yang genauso wie ich.

Mittags verließ niemand das Klassenzimmer. Die Lehrer gingen im Hof auf und ab. Sie wirkten sehr nervös und tuschelten miteinander. Am frühen Nachmittag kam schließlich die Zeichenlehrerin herein und teilte uns in trockenem Ton mit: „Eure Chinesischlehrerin ist nicht mehr die Rektorin dieser Schule. Sie ist ein schlechtes Element der Gesellschaft. Sie hat die ganze Zeit über Kontakt zu Verrätern gehabt und sogar zugelassen, daß deren Kinder in dieser Schule unterrichtet wurden. Das ist unzulässig! Von heute an werde ich eure Hauptlehrerin sein. Meine vordringlichste Aufgabe wird es sein, euren Geist, den die Lehrerin Yang beschmutzt hat, zu reinigen!"

Zhou Qiang stand auf und schleuderte ihr entgegen: „Sie sind es, die hier Böses anrichtet! Ich weiß, daß Sie Schlechtes über die Lehrerin Yang gesagt haben! Ich schwöre es bei meinem Leben!"

Alle Schüler standen auf und schwangen die Fäuste gegen die Zeichenlehrerin. „Wir wollen Sie nicht! Wir wollen die Lehrerin Yang! Gehen Sie!"

Die Lehrerin bekam einen hochroten Kopf und wußte nicht mehr, was sie tun sollte. „Zhou Qiang, ich werde es deinem Vater sagen, wenn du weiterhin solche Dummheiten von dir gibst!" warnte sie.

Aber wir überschrien sie. Schließlich blieb ihr nichts anderes übrig, als das Klassenzimmer zu verlassen. Wir umringten Zhou Qiang, um ihn zu beglückwünschen.

„Bravo, du bist wirklich mutig! Hast du keine Angst vor deinem Vater?"

Bewegt versicherte er uns, er habe keine Angst. Ein Klassenkamerad fragte, ob es wahr sei, daß die Zeichenlehrerin unser geliebtes Fräulein angezeigt habe.

„Ja, sie ist in der letzten Zeit ständig zu uns nach Hause gekommen, und ich habe an der Tür gelauscht. Sie hat zu meinem Vater gesagt, die Lehrerin Yang sei ein schlechter Mensch. Und dann hat sie noch gesagt, die Lehrerin Yang sei keine gute Schulrektorin, und wenn sie an ihrer Stelle Direktorin wäre, wäre in der Schule alles besser ... Aber ich habe ihren Lügen nicht geglaubt. Sie ist nur neidisch!"

Der Mathematiklehrer kam herein und machte uns Vorhaltungen: Wir hätten uns der Zeichenlehrerin gegenüber schlecht benommen, und wenn wir so weitermachten, würden alle Lehrer eine große Elternversammlung einberufen. Der Nachmittagsunterricht fiel aus, und wir sollten nach Hause gehen, um uns auf die Anklageversammlung gegen die Lehrerin Yang vorzubereiten, die am nächsten Samstag stattfinden sollte und bei der jeder Schüler etwas sagen mußte.

An der Straßenecke schworen wir, nur Gutes über unsere geliebte Lehrerin zu sagen. Wer diesen Schwur bräche, würde von den anderen geschnitten werden.

Der Samstag kam. Die Versammlung, die beeindruckende Anwesenheit der Eltern brachte unsere Entschlußkraft ins Wanken. Und dann war da die Lehrerin Yang. Sie stand da wie damals meine Großeltern, die Hände auf dem Rücken und eine Tafel um den Hals, auf der „Konterrevolutionärin" stand. Man hatte ihr die Haare halb abrasiert. Das sollte bedeuten, daß sie nur noch ein halber Mensch war, menschlicher Abschaum. In der kurzen Zeit schien sie um Jahre gealtert.

Zhou Qiangs Vater verkündete, die Zeichenlehrerin werde jetzt die Schule leiten, und man solle sich ihr gegenüber höflich und gehorsam verhalten, wenn man nicht von der Schule gewiesen werden wolle. Jeder Lehrer verlas von der Tribüne aus seine Denunziationsschrift. Die längste Rede war zwangsläufig die der neuen ehrenwerten Rektorin. Wie vereinbart hörten wir ihr schweigend und mit gesenkten Köpfen zu. Die Lehrer wurden unruhig, da keiner von uns etwas sagte, aber es war bereits zu spät. Die Verräterin stieg von der Tribüne, kam auf uns zu und wandte sich an den Klassensprecher.

„Du hast doch sicher auch eine Anklageschrift verfaßt. Geh auf die Tribüne, und lies sie vor!"

Sie packte ihn am Ärmel. Unter unseren unerbittlichen Blicken zitterte er an allen Gliedern. Er hatte nicht das Recht, etwas Schlechtes über die Lehrerin Yang zu sagen, die so liebenswert zu ihm gewesen war. Er entfaltete ein Blatt Papier, sah unsere Lehrerin an und wandte sich dann an die anderen Lehrer und die Rotgardisten, die hinten auf der Tribüne saßen. Mit einem Mut, der uns verblüffte, erklärte er laut: „Ich kenne diesen Text nicht! Ich kann ihn nicht lesen! Ich habe das nicht geschrieben, ich verstehe diese Schriftzeichen nicht!"

Was für eine geniale Idee! Wir klatschten Beifall, und unsere liebe Lehrerin Yang lächelte uns unter Tränen zu. Wir kannten ihr Lächeln, aber an diesem Tag war es so wehmütig, daß es uns zutiefst bewegte. Wir seufzten im Chor „Lehrerin Yang", aber Zhou Qiang erwies sich wieder einmal als der Kühnste von uns. Plötzlich rief er rebellisch:

„Die Lehrerin Yang hat während des Unterrichts nie etwas Schlechtes gesagt!"

Wütend sprang sein Vater auf. „Halt den Mund! Wenn du noch einmal etwas sagst, bekommst du zu Hause eine Tracht Prügel!"

Mein Freund setzte sich sofort wieder hin, aber die Zeichenlehrerin hatte nun vor Zhou Qiangs Vater ihr Gesicht verloren. Sie warf sich ihm zu Füßen wie ein Hund vor seinen Herrn. „Verzeihen Sie mir, Genosse Zhou, es ist meine Schuld, ich habe sie nicht gut unterwiesen. Werdet nicht zornig! Ich werde das Gift, das Yang ihnen in den Geist gesprüht hat, herauswaschen!"

„Ja, das ist in der Tat Ihr Fehler! Sie werden sie von Grund auf umerziehen müssen! Diese Versammlung stellt mich in keiner Weise zufrieden! Es wird eine andere stattfinden müssen!"

Unserer Meinung nach hingegen endete diese Versammlung überaus zufriedenstellend, das heißt, in einem gewaltigen Chaos. Alle gingen, außer Zhou Qiang, den die Zeichenlehrerin festhielt.

Wir warteten auf ihn, bis er herauskam.

„Hat sie dich beschimpft?"

„Nein, das hat sie sich nicht getraut, weil sie nur durch meinen Vater Rektorin der Schule geworden ist."

„Meinst du, er verhaut dich?"

„Das wird meine Mutter auf jeden Fall verhindern!"

Dann fragten wir den Klassensprecher, ob es stimmte, daß die Denunziationsschrift nicht von ihm verfaßt worden sei.

Er berichtete, die Zeichenlehrerin sei zu seinen Eltern gekommen. „Da ich Klassensprecher bin, sollte ich die Lehrerin Yang anklagen. Die Zeichenlehrerin hat uns einen Artikel, den sie geschrieben hatte, dagelassen. Ich wollte ihn nicht lesen, und meine Mutter hat gesagt, ich solle einfach so tun, als könne ich die Schriftzeichen nicht entziffern."

Wir beendeten unsere Zusammenkunft mit der Bitte an Zhou Qiang, er solle seinen Vater dazu überreden, keine Versammlung mehr stattfinden zu lassen.

Die Versammlung fand auch wirklich nicht statt, aber die Lehrerin Yang kam nicht mehr an die Schule zurück. Es hieß, sie habe Selbstmord begangen. Am Morgen, nachdem wir das erfahren hatten, kamen die Schüler unserer Klasse mit verschwollenen, rotverweinten Augen zur Schule.

Eines Nachmittags nahm mich Zhou Qiang zur Seite: „Niu-Niu,

willst du die Lehrerin Yang sehen? Das ist kein Scherz. Sie haben eine große Versammlung abgehalten. Komm mit!"

Er rannte mit mir zum stillgelegten Theater.

Mitten auf der Bühne saß eine schattenhafte Gestalt auf einem Stuhl. Wir stürzten nach vorne. Es war unsere geliebte Lehrerin Yang. Sie saß regungslos da, mit geschlossenen Augen. Ihre Haut war weiß wie Papier. Entzücken und Angst drängten mich, das Gesicht dieses Menschen anzusehen, der mir so viel Liebe und Glück gebracht hatte. Unsere Lehrerin hatte sich so verändert, daß ich sie kaum wiedererkannte. „Lehrerin Yang! Schlafen Sie? Ich bin es, Niu-Niu. Hören Sie mich? Ich bin zu Ihnen gekommen! Wachen Sie auf!"

Die Angst schnürte mir die Kehle zusammen. Auch Zhou Qiang zitterte am ganzen Körper, als er sagte: „Verzeihen Sie mir bitte, Lehrerin Yang. Sie wissen, daß ich meinen Vater hasse, ich hasse sogar mich selbst. Lehrerin Yang, kommen Sie zurück? Wir werden wieder zusammen in den Park gehen, nicht wahr?"

Wir knieten vor ihr nieder, legten die Köpfe auf ihre kalten Knie und weinten herzzerreißend. Zhou Qiang murmelte: „Ich glaube, der Lehrerin Yang ist sehr kalt."

Schweigend gingen wir zu den Propaganda- und Anklageplakaten, die an den Wänden hingen, rissen sie herunter und deckten die Lehrerin Yang damit vollständig zu, damit man sie nicht mehr sehen konnte. Dann setzten wir uns neben sie, wie damals am Bach, als wir den Sonnenuntergang betrachtet hatten.

Ein paar Tage später kursierte das Gerücht, die Polizei habe überall nach denjenigen gesucht, die es gewagt hätten, die Propagandaplakate herunterzureißen und damit eine Verbrecherin zuzudecken, deren Leiche noch nicht genügend gebüßt habe. Wir freuten uns, daß die Polizei bei ihren Ermittlungen nicht weiterkam. Noch mehrere Abende danach rissen wir auf der Straße Propagandaplakate herunter. Es war unser einziges Mittel, den Tod der Lehrerin Yang zu rächen. Wir glaubten, daß sie jetzt auf dem Mond wohnte und sich über uns freute.

Meine Großmutter hatte mich gelehrt, daß es auf der Welt unerschöpflich gute Augen und Herzen gäbe, die eines Tages alles Böse auf der Welt besiegen würden. Auch ich bekämpfte mit meinem kleinen Herzen das Böse, für meinen Großvater, für meinen großen Bruder mit dem Buckel und für meine über alles geliebte Lehrerin Yang.

4. Die Handschellen aus Papier

Bis zum Ende des Schuljahres mußte ich ständig an den Tod der Lehrerin Yang und an die Flucht des großen Bruders von der Mörderbande denken. Dann kam der Sommer, und mit ihm kamen die Ferien. Eines Tages schlug Großmutter Lei vor, mit mir für zwei Wochen aufs Land zu fahren. Großmutter Lei war eine Freundin von Oma; sie hatten sich beim Müllsammeln kennengelernt. Einer ihrer Verwandten hatte sie gebeten, bei der Ernte zu helfen. Zwei Tage später brachen wir auf. Ich freute mich auf den Aufenthalt auf dem Land, aber Oma weinte beim Abschied.

Wir reisten zuerst auf der Ladefläche eines Lastwagens, dann auf einem Büffelkarren. Die Landschaft außerhalb der Stadt war großartig. Ihre Farben wechselten ständig: Die Reispflanzen waren gelb, und die Maisblätter leuchteten grün über der braunen Erde.

„Niu-Niu, du wirst sehen, du wirst viele Freunde finden; alle werden nett zu dir sein“, hatte Großmutter Lei mir versprochen. Sie behielt recht: Schon bei unserer Ankunft sahen mich die sechs Kinder der Familie freundlich an. Zur Feier des Tages hatten sie ein Essen aus süßen Kartoffeln und Reis vorbereitet. Ich verschlang drei volle Schüsseln davon.

Die Kinder und ich wurden rasch die besten Freunde. Am Tag jäteten wir Unkraut, das wir dann den Schweinen zu fressen gaben, und halfen den Erwachsenen, die Reisgarben zusammenzubinden. Wir fingen Heuschrecken, die wir uns grillen ließen, um sie zu essen, oder stibitzten den Mais der Nachbarn, deren Kinder uns deshalb in die Flucht jagten. Wir rannten bis zum Ufer des nahe gelegenen Baches, wo wir uns ins kühle Wasser fallen ließen und darauf warteten, daß die Sonne unterging. Das war nämlich der Zeitpunkt, zu dem wir mit einer Fackel die Felder durchstreiften und Frösche suchten, die wir roh aßen.

Da ich aus der Stadt kam, stellten mir die Kinder tausend Fragen. Sie wollten etwa wissen, ob es stimme, daß es in der Stadt viele Fahrräder und Autos gebe und daß die Häuser mehrere Stockwerke hätten. Oder sie fragten mich, wozu es gut sei, lesen und schreiben zu können. Ihre Eltern fanden es sinnvoller, wenn sie auf dem Feld mithalfen, da sie so direkt zum Lebensunterhalt beitrugen: das sei viel nützlicher, als zur Schule zu gehen. Diese Kinder hatten nie Unterricht gehabt.

Ich brachte ihnen die Anfangsgründe des Schreibens und Lesens bei, und sie zeigten mir dafür, wie man auf dem Feld arbeitet. Sie nannten mich „Lehrerin Niu-Niu". Das Leben kam mir so schön vor, daß ich Angst davor hatte, wieder in die Stadt zurückkehren zu müssen.

Die zwei Ferienwochen vergingen rasch, und ich mußte wieder den Büffelkarren besteigen. Zu Hause angekommen, überfiel meine Großmutter mich förmlich mit Fragen. „Morgen stelle ich dich auf die öffentliche Waage, um zu sehen, wieviel du zugenommen hast", meinte sie zum Schluß.

Zwei Wochen später fing der Unterricht wieder an. Wir gingen alle in eine neue Schule, um weiter die Worte Maos und die Hymnen zu seinem Ruhm zu lernen. Die Hauptlehrerin ließ uns zwei neue Sätze schreiben: „Der Kommunismus ist groß! Es lebe der Kommunismus!"

Eine Woche, nachdem der Unterricht angefangen hatte, verkündete uns die Lehrerin, daß wir jetzt jeden Morgen, nachdem wir „Guten Tag, Mao" ausgerufen hatten, auf vier Fragen antworten müßten: „Liebst du Mao?", „Wirst du Mao dein Leben lang folgen?", „Bist du ein gehorsames Kind Maos?" und „Hast du Mao etwas anzuvertrauen?". Auf die drei ersten Fragen mußte man, ohne zu zögern, antworten: „Ja, ich liebe den großen Mao, ich werde Mao mein Leben lang folgen, ich werde mein möglichstes tun, um Mao ein gehorsames Kind zu sein." Die vierte Frage jedoch war etwas schwieriger. Wenn die Schüler Vergehen zuzugeben hatten, wie zum Beispiel, daß sie sich gestritten oder ihre Hausaufgaben nicht gemacht hatten, mußten sie sagen: „Ich habe Mao Vergehen zu bekennen: Gestern habe ich mich mit meinem Kameraden geprügelt. Ich habe während des Unterrichts geschwatzt. Ich bitte Mao um Verzeihung und bitte alle meine Klassenkameraden, mir auch zu vergeben. Ich werde mich sofort bessern!"

An diesem Morgen antwortete ich mit den anderen Schülern auf die drei ersten Fragen. Dann sagte ich: „Gestern habe ich alle meine Hausaufgaben gemacht, und ich habe mich mit niemandem gezankt. Ich habe Mao nichts zu bekennen. Ich bin ein gutes Kind Maos!"

„Nein, Niu-Niu! Du bist ganz sicher kein gutes Kind Maos! Denk an das, was deine Eltern getan haben! Vergiß nicht, daß sie wegen ihrer Vergehen im Umerziehungslager sind! Du mußt deine Eltern hassen, und du hast sicher Mao etwas zu bekennen! Vergiß nicht, daß du das Kind von Verbrechern bist! Du bist kein Kind Maos!“

Alle drehten sich nach mir um und musterten mich mit Blicken, die mir wie Messer ins Herz drangen. Ich sah den Haß in ihren Augen.

„Du wirst jetzt eine Selbstkritik für deine heutigen Behauptungen aufschreiben. Das sind Vergehen gegen Mao.“

„Ich will lieber sterben, bevor ich das aufschreibe!“ rief ich aus. „Sie sind eine Lügnerin! Meine Eltern arbeiten weit entfernt von hier, sie sind keine Verbrecher! *Sie* sind böse, *Sie* sind die Verbrecherin!“

Ich hatte den Satz noch nicht zu Ende gesprochen, als mich zwei heftige Ohrfeigen trafen. Ich blickte die Lehrerin haßerfüllt an, sah, wie ihr Mund sich öffnete und schloß, sah diese gemeine Hand, die mich geschlagen hatte. Auf einmal verlor ich den Kopf. Ich konnte das alles nicht mehr ertragen, konnte nicht mehr leben wie ein räudiger Hund. Ich stürzte mich auf die Lehrerin, packte ihre Hand und biß hinein. Ich fühlte, wie sich meine Zähne in das Fleisch bohrten und bis auf den Knochen durchdrangen. Man ergriff mich von allen Seiten. Dann ließ ich die Hand los und spuckte der Lehrerin ins Gesicht. Das war meine Rache!

Die anderen Lehrer, die herbeigeeilt waren, sperrten mich in ein kleines dunkles Zimmer. Ich trat gegen die Tür und die Wände und schrie: „Ihr seid alle Lügner! Ihr habt meinen Großvater umgebracht und meine Eltern mitgenommen! Sie sind keine Verbrecher! Gebt mir meine Familie zurück! Gebt mir alles zurück, was ihr mir gestohlen habt!“ Ich schrie und weinte bis zur Erschöpfung, zerkratzte die Wände und schlug mit meinem Rücken gegen die Betonmauer, bis ich mich nicht mehr bewegen konnte. Ich hoffte, daß jemand kommen und diese verfluchte Tür öffnen würde, hoffte auf ein wenig Mitleid; ich wollte nicht allein im Dunkeln bleiben. Man hatte mich verbannt wie eine Aussätzige. Ich hatte nicht mehr die Kraft, um einen Platz in dieser unerträglichen Welt zu kämpfen.

Ich lehnte mich gegen den kalten Beton und sah auf den Lichtstreifen, der unter der Tür hindurchschimmerte. Mein Geist verließ meinen Körper und flog wie ein Blatt im Wind in einer anderen Welt umher. Alles war weiß und leer.

Als ich die Augen aufschlug, lag ich in meinem Bett. Meine Großmutter saß neben mir und weinte. Ich sah an ihrem Blick, daß sie bereits wußte, was vorgefallen war. Ich liebte sie, weil sie mich liebte und weil sie meine geliebte Großmutter war, haßte sie zugleich aber auch dafür, daß sie mir vorgelogen hatte, meine Eltern arbeiteten weit entfernt.

Ich blieb den ganzen Tag im Bett liegen, ohne mich zu rühren und ohne etwas zu essen. Ich hatte Angst davor, wieder zur Schule zu gehen, und ich tat mir selbst weh, indem ich mir vorsagte, meine Eltern seien Verbrecher und ich sei nichts als ihr verachtenswerter Sprößling.

Meine Großmutter legte mir eine kalte Kompresse auf die geschwollenen Lider; sie kümmerte sich rührend um mich und wischte sich ständig mit dem Ärmel über die Augen. Ich war es wirklich nicht wert, daß sie meinetwegen weinte. In dieser Gesellschaft galten ihre Tränen nichts.

„Niu-Niu, ich habe dir etwas zu essen gemacht. Iß ein bißchen, ich flehe dich an!"

Ich war tatsächlich halbtot vor Hunger. Ich erhob mich und sah auf den Tisch. Dort stand eine ganze Schüssel mit weißem Reis! Er roch so gut, daß ich mir nicht die Zeit nahm, ihn zu genießen. Da bemerkte ich, daß die Schüssel meiner Großmutter nur die übliche kleine Ration enthielt. Der weiße Reis, den ich gerade heruntergeschlungen hatte, lag mir im Magen wie ein Stein.

Zwei Tage später weckte meine Großmutter mich vor Tagesanbruch, um mir zu sagen, daß sie mich wieder in die Schule bringen werde. Ich widersprach nicht. Nach der Geschichte mit dem weißen Reis hätte ich alles getan, was sie von mir verlangte. Dort mußte sie sich erniedrigen, demütigen, jammern und auf Knien flehen, um die Zustimmung der Lehrerin zu erlangen. Ich mußte eine Anklageschrift gegen mich selbst verfassen und sie auf der nächsten Versammlung vorlesen.

Als ich vor dem weißen Papier saß, fiel mir nichts ein; ich war nicht in der Lage, ein Bekenntnis meiner Fehler niederzuschreiben. Meine Großmutter sagte verlegen: „Scham und Peinlichkeiten, Niu-Niu, muß man erdulden und vorübergehen lassen, sonst wird man zerbrechlich wie ein rohes Ei. Der Bambus beugt sich und bricht nicht. Jetzt wirst du vom Sturm gebeugt, aber bald wirst du wieder aufrecht dastehen."

Oma war der stärkste Mensch, dem ich jemals begegnet bin. Trauer und Elend hatten sie nicht umwerfen können, und jeden Tag ertrug sie Mühen und Erniedrigungen, nur damit ich glücklich war. Wenn ich schwach wurde, munterte sie mich auf, wenn ich nicht mehr weiter wollte, trieb sie mich vorwärts. Ich verfaßte eine zwei Seiten lange Selbstanklage, wobei sie mir den größten Teil diktierte.

Als der Tag der Versammlung gekommen war, die auf dem Schulhof stattfand, ergriff der Direktor der Schule das Wort. „Liebe Schüler, die Revolution macht jetzt große Fortschritte. Das ganze Volk arbeitet aktiv und begeistert am Aufbau des Landes mit. In dieser fröhlichen Atmosphäre muß auch unsere Schule einen Schritt nach vorn tun und der Richtung folgen, die Mao uns weist. Aber wir müssen wachsam sein und auf die bösen Einflüsse achten. In unserer Schule hat einer dieser schlechten Einflüsse sich bereits gezeigt. Am letzten Dienstag hat eine Schülerin der zweiten Klasse es gewagt, eine Lehrerin tätlich anzugreifen! Diese Schülerin heißt Niu-Niu. Ihre Eltern, Konterrevolutionäre und Abtrünnige von Mao, sind im Lager der Umerziehung und lernen gerade, die Unterweisung der Massen zu akzeptieren. Aber sie hat das Beispiel ihrer Eltern nicht begriffen. Sie hatte während der Sitzung zum Ruhme Maos einen Fehler begangen. Ihre Hauptlehrerin hat ihr freundlich geholfen, aber sie hat sie beschimpft! Sie ist sogar so weit gegangen, sie zu beißen! Liebe Schüler, dies ist ein entsetzliches Vergehen. Jetzt wird die Schuldige ihre Fehler bekennen, damit wir ihr helfen können, ihre Vergehen wiedergutzumachen. Hören wir sie an!“

Ich hatte keine Angst mehr, ich fand das alles so lächerlich und komisch wie eine Komödie. Warum saßen sie alle da und vergeudeten freiwillig ihre Zeit mit mir? Ich ging nach vorne, entfaltete mein Blatt, das vorher von der Lehrerin korrigiert worden war, und las die Liste meiner Fehler und Vergehen herunter. „Liebe Mitschüler, ich werde jetzt feierlich vor euch ein Bekenntnis ablegen. Am Dienstag morgen, während die Lehrerin Wang mich liebenswürdig belehrte, habe ich schlimme Worte ihr gegenüber gebraucht. Sie aber ist ruhig geblieben und hat weiter geduldig mit mir geredet. Ich hörte jedoch nicht auf sie, war verstockt und habe sie gebissen, bis das Blut in Strömen floß. Meine Vergehen sind äußerst schwer und unverzeihlich. Ich schäme mich, bitte euch jedoch, mir weiterhin zu helfen, meine Fehler einzusehen. Diese Fehler sind aus dem Unverständnis gegenüber dem Sinn der großen Kulturrevolution entstanden und aus der Tatsache, daß ich Mao nicht genug geliebt habe. Ich muß noch mein ganzes Leben lang die Worte Maos mit Eifer lernen. Ich muß die Partei sehr lieben . . .“

Schließlich war meine lange Rede, die ich selbst nicht ganz verstanden hatte, vorbei, und ich kehrte an meinen Platz zurück. Zur Strafe mußte ich den Hof kehren, auf dem die Versammlung stattgefunden hatte. Ich amüsierte mich damit, den großen Besen um mich wirbeln zu lassen. Auf diese Weise wurde der Hof natürlich nicht sauber, und ich hatte deshalb eine Woche lang Hofdienst. Aber ich ließ mich bei meiner Bestrafung nicht unterkriegen.

An einem dieser Tage kam Zhou Qiang auf mich zu; wir hatten uns seit einer Woche nicht mehr gesehen.

„Niu-Niu, soll ich dir helfen?"

„Nein, das ist meine Sache! Dies ist meine Bestrafung!"

„Niu-Niu, stimmt es, daß deine Eltern . . ."

Ich wollte nicht, daß er Mitleid hatte. „Ja, sie sind im Gefängnis! Willst du vielleicht hören, wie mein Großvater gestorben ist? Ja, er war ein Verbrecher, und ich bin das Kind von Verbrechern! Meine Eltern sind auch nicht so gut gestellt wie dein Vater, der Anführer der Roten Garden!"

Nun hatte ich alles gesagt. Ich setzte mich auf die Erde und dachte, daß Zhou Qiang nun wohl nie wieder ein Wort mit mir sprechen würde. Ich wagte nicht mehr, ihn anzusehen, und wartete nur noch auf das Geräusch seiner sich entfernenden Schritte. Aber statt dessen vernahm ich freundliche Worte, die mich mitten ins Herz trafen: „Niu-Niu, ich weiß, daß du nicht schuldig bist. Wir sind doch gute Freunde, oder? Ich habe Vertrauen zu dir!"

Meine Erniedrigung wurde von Freudentränen weggeschwemmt. Er zog ein Blatt Papier aus seiner Hosentasche, und ich gab ihm einen Bleistift, mit dem er ernst zwei Zeilen schrieb: „Ich schwöre, Niu-Niu niemals zu verlassen, und wenn ich mein Versprechen nicht halte, will ich in einen Hund verwandelt werden."

Ich verlangte, daß er sein Versprechen durch einen Fingerabdruck mit roter Tinte besiegelte. Da wir keine rote Tinte dabeihatten, spuckten wir die roten Schriftzeichen auf den Propagandaplakaten an, und er setzte die Fingerabdrücke seiner rechten Hand unter seinen Schwur. „Mit fünf Fingern ist es sicherer, nicht wahr?"

Ich steckte das Stück Papier sorgfältig in die Innentasche meiner Jacke. Ich habe es bis heute aufgehoben.

AM MONTAG darauf mußte ich, als die Begrüßung Maos beendet war, sagen: „Großer Mao, ich habe gefehlt. Wegen meiner Familie bin ich ein verbrecherisches Kind. Ich werde versuchen, mich zu bessern. Ich werde tun, was man mir befiehlt." Das ging von nun an jeden Morgen so. Die Lehrerin setzte mich in eine Ecke des Klassenzimmers und redete nicht mit mir. Wenn ich den Finger hob, um auf eine Frage zu antworten, tat sie, als wäre ich nicht da. Meine Hausaufgaben wurden nie mehr verbessert, und ich wurde nur noch als warnendes Beispiel angeführt: „Wenn ihr euch weiter so schlecht benehmt, wird es euch so gehen wie Niu-Niu. Ihr werdet in die hinterste Ecke des Klassenzimmers verbannt und müßt auf der Schulversammlung öffentlich Bekenntnis ablegen."

Dieser neue Zustand trieb mich in die Enge. Ich kümmerte mich schließlich um nichts mehr; mein schlechter Ruf sollte gerechtfertigt sein. Ich lernte nicht mehr und reinigte das Klassenzimmer nur noch oberflächlich.

Meine Klassenkameraden redeten nicht mehr mit mir – um so besser, ich hatte ihnen sowieso nichts mehr zu sagen. Nur Zhou Qiang blieb mir unbeirrt treu.

Die Nachbarn in unserer kleinen Straße lebten äußerst bescheiden. Es waren einfache Leute, die Kohlen sammelten oder Stoffschuhe anfertigten. Als letzte waren Leute wie wir hinzugekommen, Leute, die „Fehler begangen" hatten oder deren Familien in Verruf gekommen waren. Sie waren aus ihren alten Häusern verjagt worden und hatten sich in dieser Straße niedergelassen, in der Straße der Elenden, um wie Arbeiter zu leben und sich der Kritik der Massen zu beugen.

Wir wohnten jetzt schon drei Jahre hier, und nach einer solch langen Zeit in dieser Gemeinschaft, in der jeder hart arbeiten mußte, um zu überleben, waren wir Freunde unserer ehemaligen Ankläger geworden. Wir, die schlechten Elemente der Gesellschaft, konnten nämlich lesen und schreiben, und so kamen sie oft zu uns, damit wir ihnen beim Abfassen ihrer Briefe oder beim Lesen ihrer Post halfen. Natürlich gab es immer noch das Komitee des Viertels, das das Verhalten und die Handlungen eines jeden überwachte, aber insgesamt war die Atmosphäre etwas besser geworden.

In unsere Straße kamen oft Männer mit einem Tragejoch, an dem an der einen Seite eine Platte mit einem Blasebalg und an der anderen Seite eine mit einem kleinen Ofen befestigt war. Der Mann rief: „Puffmais! Puffmais!" Dieses Popcorn war alles, was es an Süßigkeiten gab.

Oma hatte nur selten Geld für diesen Luxus übrig, aber ich schaute oft zu, wenn die anderen mit ihrem Mais kamen, um ihn backen zu lassen, und sammelte mit den anderen Kindern die Körner auf, die zu Boden gefallen waren. Dabei lernte ich Jinyan kennen, das einzige

Mädchen in dieser Bande armer, ewig hungriger Kinder. Sie wohnte in meiner Nähe, und wir wurden gute Freundinnen. Sie war vier Jahre älter als ich und hatte einen kleinen Bruder namens Jinguo. Ihre Eltern arbeiteten in einer großen Textilfabrik, ihre Mutter an den Maschinen und ihr Vater im Büro. Jinyans Vater war früher Landwirt gewesen. Dank seines Ortsleiters hatte er die Universität für Bauern und Arbeiter besuchen können, an der er studiert hatte, um Lehrer zu werden. In der Nähe seines Hauses hatte er eine Schule eingerichtet. Leider wurde nach einiger Zeit der wohlwollende Ortsleiter von einem anderen abgelöst, der dem Unterricht feindselig gegenüberstand. Er schloß die Schule. Danach ging Jinyans Vater in die Stadt, um dort eine Anstellung zu finden, und arbeitete seitdem in der Textilfabrik. Die Eltern von Jinyan redeten nicht viel, aber sie waren sehr freundlich. Sie schenkten mir oft eine Nuß, ein kleines Stück Wouwoutou, ein paar Erbsen oder auch Popcorn. Ich durfte Jinyans Familie jedoch nicht zu oft besuchen, damit sie nicht in Schwierigkeiten gerieten. Wenn wir auch untereinander nicht mehr an unseren Ruf als Verbrecher dachten, so konnte sich doch immer noch jemand anders daran erinnern. Da Jinyans Vater den gleichen Familiennamen wie meine Großmutter hatte, riet mir Oma, ich solle ihn mit „Onkel Wang“ anreden, damit Außenstehende mich für ein Mitglied der Familie hielten.

Zu jedem Neujahrsfest kehrte Jinyans Familie in ihr Dorf zurück, um die Großeltern und die Onkel zu besuchen. Bei dieser Gelegenheit wurde traditionell ein Schwein geschlachtet und gebraten, dessen beste Stücke für den Dorfvorsteher reserviert waren: die Füße, der Kopf und die Innereien. Der Vater meiner Freundin lud mich ein, das nächste Neujahrsfest mit ihnen zu verbringen. Ich fieberte diesem Tag wochenlang entgegen.

Endlich kündigte sich der Winter an und damit das neue Jahr. Der Landaufenthalt und das Schweinefleischessen standen bevor.

Eines Tages sah ich durch das Fenster ein seltsames Schauspiel. Ich bekam solche Angst, daß ich nach meiner Großmutter schrie.

„Niu-Niu, das ist Schnee. Der weiße Schnee reinigt alles. Im nächsten Jahr werden wir Glück haben.“

Ich sah zum erstenmal richtigen Schnee. Ich hätte mir nie träumen lassen, daß er die Stadt in ein Märchenland verwandeln konnte. Auf den Gehwegen, den Bäumen und den Dächern funkelten die Schneekristalle wie Diamanten. Man konnte einen Schneemann bauen und

Schneeballschlachten machen! Und man hatte Eis, ohne dafür bezahlen zu müssen.

Ich ging zu Jinyan, weil ich sie zu einer Schneeballschlacht abholen wollte. Aber die Tür blieb verschlossen, ebenso an den folgenden Tagen. Waren sie schon aufs Land gefahren? Onkel Wang hatte doch versprochen, mich mitzunehmen! Vielleicht hatten sie Angst, ich würde zuviel Schweinefleisch essen . . .

Zwei Tage vor dem Neujahrsfest hatte Oma Knallfrösche gekauft, damit ich die bösen Geister vertreiben und das Jahr des Tigers begrüßen konnte. Voller Hoffnung, Jinyan endlich zu Hause anzutreffen, zog ich los. Wir können zusammen die Knallfrösche zünden, dachte ich. Das Vorhängeschloß an der Tür war offen. Durch einen Spalt in der Tür sah ich meine Freundin allein im Innern der Hütte, und ich freute mich schrecklich, daß sie nicht ohne mich losgefahren waren.

„Jinyan, ich bin's! Niu-Niu!"

Aber sie rührte sich nicht.

„Jinyan, was hast du?"

Da drehte sie sich endlich um. Sie weinte! „Niu-Niu, komm nicht mehr her. Es ist . . . Mein Vater . . . Der Stall . . . Geh jetzt . . . Ich komme zu dir." Sie brach in Schluchzen aus. Ich versuchte mein möglichstes, um sie zu beruhigen, aber es half nichts. Schließlich nahm ich mir vor, am nächsten Tag wiederzukommen. Ich ließ meine Knallfrösche allein knallen. Ich hoffte, daß ihr Vater nicht im „Stall" war. Dort wurden nämlich die Aufrührer der Stadt hineingesteckt, und die Unglücklichen konnten dort jahrelang über ihre Vergehen nachdenken. Man nannte das Gefängnis den „Stall", weil Mao die Intellektuellen eines Tages als „Dämonen der Kuh" bezeichnet hatte, eine Anspielung auf böse Geister in der chinesischen Mythologie. Dieser Ausdruck wurde dann häufig verkürzt zu „Kühe" und auf alle Arten von Revisionisten angewandt. Und als Folge davon nannte man die Orte, an denen diese politischen Parias untergebracht wurden, „Ställe".

Meine Großmutter, der ich alles erzählt hatte, befürchtete das Schlimmste. Wir gingen zu Frau Wang. Ihr armer Mann war wirklich im „Stall" eingesperrt. Obwohl sie für gewöhnlich wenig gesprächig war, sprudelten jetzt die Worte nur so aus ihr heraus. „Wir hätten uns nicht träumen lassen, daß sie eine alte Geschichte von vor vier Jahren ausgraben würden! Damals war mein Mann auf einer Versammlung in

Peking. Bei dieser Gelegenheit hat er mir Blumensamen gekauft, um die ich ihn gebeten hatte; ein paar Tage später nahm die Polizei einen Spion fest, dessen Kontaktperson ein dünner Mann mit Brille war, den er bei diesem Blumenhändler hatte treffen sollen. Als sie alle Kunden des fraglichen Tages überprüften, wurden sie auf meinen Mann aufmerksam. Sicher ist er dünn, aber er trägt keine Brille! Und was hätte er wohl als Landbewohner ausspionieren sollen? Kurz, die Angelegenheit wurde noch in Peking geklärt. Da mein Mann lesen und schreiben kann, ist er in der Textilfabrik ins Büro gekommen. Vor einer Woche nun hat ein neidischer Kollege die Spionagegeschichte wieder aufgebracht. Aus diesem Grund haben sie meinen Mann ohne Untersuchung eingesperrt und ihm befohlen, eine selbstkritische Autobiographie zu schreiben. Mein Mann hat mir geraten stillzuhalten. Der Fabrikdirektor hat uns untersagt, ihn zu besuchen, bevor das Problem gelöst ist."

„Können wir irgendwie behilflich sein, Frau Wang? Brauchen Sie irgend etwas?"

Sie lehnte das Angebot heftig ab; „sie" wären damit nicht einverstanden.

„Oma, warum versuchen Frau Wang und Jinyan nicht, ihn nach Einbruch der Nacht zu besuchen? Es gibt bestimmt nicht viele Wachtposten da, und ich habe gehört, daß man sich mit ihnen einigen kann."

„Sie können es nicht . . . Sie tragen Handschellen aus Papier."

Ich verstand diesen Ausdruck nicht.

„Ja, wir alle tragen unsichtbare Handschellen, Handschellen so dünn wie Papier . . ."

„Oma, wenn sie so dünn sind wie Papier, kann man sie doch zerreißen."

„Niu-Niu, seit Tausenden von Jahren leben die Menschen mit der Angst. Diese Angst nennt man ‚Handschellen aus Papier'. Die Kinder haben zum Beispiel Angst vor ihren Eltern, die Schüler vor ihren Lehrern, die Frau vor ihrem Mann, und das Volk hat Angst vor den Herrschenden und dem Kaiser. Gelegentlich wagen es Menschen, die Wahrheit herauszuschreien, aber ihr Kopf fällt schon, noch bevor sie ihre Anklage beendet haben. Und früher brachten diejenigen, die sich gegen den Kaiser auflehnten, damit nicht nur sich allein in Gefahr: Manchmal wurden auch die neunhundert Personen, die dem Unglücklichen am nächsten standen, umgebracht. Heute sind die Sitten weniger rauh, man löscht nicht mehr systematisch ganze Familien aus. Man trennt die Frau vom Mann und bringt die Freunde und die Kinder auseinander. Dein Vater und dein Großvater waren zu aufrichtig, und ihre Aufrichtigkeit hat dem einen die Deportation, dem anderen den Tod gebracht."

„Oma, trägst du Handschellen aus Papier?"

„Ja, und sie sind sehr schwer."

„Aber ich will solche Handschellen nicht. Wenn sie aus Papier sind, werde ich sie verbrennen."

DER SCHNEE war doch nicht so wohltätig gewesen, wie Oma vorausgesagt hatte. Im Gegenteil, er hatte im Süden Chinas, der solche Winter nicht gewöhnt ist, die Ernte vernichtet. Mit dem Jahr des Tigers kamen große Katastrophen. Die Menschen, die der Hunger aus ihren Dörfern vertrieben hatte, zogen in die Stadt, um zu betteln. Auf den Straßen hörte man das Weinen von Kindern und die Klagen von Frauen. Die Bauern aßen Blätter und Baumrinde, dann kamen die Ratten dran und zum Schluß noch der Kleister für die Propagandaplakate (ein schweres Verbrechen gegen die Revolution).

Das Elend zeigte sich auch auf meiner Haut, auf der sich zahlreiche eitrige Pusteln gebildet hatten. Eine Creme, die wir uns einmal unter großen Opfern geleistet hatten, schaffte keine Abhilfe. Am schlimmsten war der Juckreiz. Ich kratzte mich, bis das Blut in Strömen floß, aber die Qual hielt an. Meine Klassenkameraden hatten mir scheußliche Spitznamen gegeben: „Abszeß", „Mülleimer" oder „Schlangenhaut". Sie machten sich einen Spaß daraus, mich zu überfallen oder an den Haaren zu ziehen. Manchmal, wenn sie es zu arg trieben, verteilte ich Ohrfeigen. Glücklicherweise war ich stark geworden, da ich meiner Großmutter geholfen hatte, Papierbündel zu tragen, und so konnte ich mich wehren. Aber gegen die Spitznamen, die sie mir gaben, war ich machtlos. Außerdem hatte ich große Angst, von der Schule geworfen zu werden. Also tat ich so, als hörte ich sie nicht. Das reizte sie noch mehr, und sie warfen mit Steinen und Abfall nach mir.

Zhou Qiang verteidigte mich und beschimpfte sie an meiner Stelle. „Wenn jemand es wagt, Niu-Niu etwas Böses zu sagen, verprügle ich ihn und sage meinem Vater, er soll eine große Kritikversammlung einberufen!"

Seine Drohungen stopften den Kindern den Mund. Ich hätte mir nie träumen lassen, daß sein Vater, den ich so haßte, mich einmal beschützen würde! Es war einer der zweifelhaften Scherze, die das Leben manchmal bereithält!

Die allgemeinen Lebensumstände waren katastrophal geworden. Es wurde nur noch vom Kampf gegen die „Versuche, die Kulturrevolution zunichte zu machen“ geredet. Zu Hause gab es kaum noch etwas zu essen.

Eines Tages streifte ich nach der Schule durch die Straßen, um Ausschau nach irgend etwas Brauchbarem zum Sammeln zu halten. Die Düfte aus den Küchen der Restaurants ließen mir das Wasser im Mund zusammenlaufen. Die Fleischerläden in der Straße schienen mich zu verspotten und verursachten mir Halluzinationen. Für wen waren alle diese Herrlichkeiten? Ich verlangte doch gar nicht viel: ein bißchen Wouwoutou hätte mich schon zufriedengestellt. So war ich automatisch auf eine Auslage mit *baozi* zugegangen. Sie tanzte vor meinen Augen, lockte mich wie eine Wirklichkeit gewordene Fata Morgana. Ich nahm eine Baozi und rannte weg.

Sie war ganz warm in meiner Hand, ich spürte förmlich, wie köstlich sie schmecken würde. Hinter mir schrien die Leute: „Haltet sie fest!“ Ich verlief mich und landete vor einer großen Mauer. Ich steckte die Baozi in die Tasche und krallte mich mit Händen und Füßen in der Wand fest, um das riesige Hindernis zu überwinden. Buddha half mir, und ich schaffte es, auf der anderen Seite hinunterzuspringen. Ohne mir eine Verschnaufpause zu gönnen, verschlang ich die Baozi mit drei Bissen. Meine Verfolger konnten mich jeden Augenblick fangen. Aber niemand kam, und ich stand auf und leckte mir den Mund. Leider hatte mein Erfolg mich die gute Seite des Diebstahls kosten lassen, und in der folgenden Zeit stibitzte ich alles, was sich mir bot.

Schließlich geschah das Unvermeidliche – ich wurde gefaßt, als ich fünf Fen stahl. Man brachte mich zu meiner Großmutter. Ich konnte ihr nicht in die Augen schauen.

„Niu-Niu, mein geliebtes Kind, verzeih mir. Ich gebe dir nicht genug zu essen. Ich werde versuchen, noch mehr Papier zu sammeln und noch mehr Streichholzschachteln zu machen . . .“

Ich hatte nicht mehr den Mut, auch nur noch eine Sekunde länger im Haus zu bleiben. Ich rannte hinaus und wollte mich in einer dunklen Ecke verkriechen. Meine Großmutter würde mich jetzt verachten, davon war ich überzeugt. Ich hatte sie verraten, sie, die meine

Kleider wusch, kochte, für mich schuftete wie ein Tier, sie, die mir immer den größten Teil des Essens zugeschoben hatte.

Ich setzte mich auf den Gehweg und kehrte erst bei Einbruch der Nacht nach Hause zurück.

DIE TAGE vergingen. Meine Großmutter arbeitete tatsächlich noch mehr als vorher, und wir hatten etwas mehr zu essen.

Eines Tages, als ich aus der Schule kam, fand ich Oma mit schmerzverzogenem Gesicht auf dem Bett liegen.

„Oma, was hast du? Bist du krank?"

Oma gestand, daß sie sich schwach fühle und daß ihr Herz sehr schnell schlage.

Dieses Mal stahl ich Geld für meine Großmutter; das war zwar illegal, aber notwendig. Damit kaufte ich Reis und zwei Eier, um daraus eine Suppe zu kochen. Als Oma mich fragte, woher ich dieses Festmahl hätte, log ich sie an und erzählte, die Mutter von Jinyan habe es mir gegeben.

Am nächsten Morgen war ihr Gesundheitszustand ein wenig besser. Aber kurz darauf warf sie mir meine Lüge vor, denn natürlich hatte sie mich durchschaut. „Niu-Niu, das war das letzte Mal, ja? Ich bin nicht böse auf dich, weil ich weiß, daß du das aus Liebe zu mir getan hast. Aber versprich mir, daß du es nie wieder tust!"

Doch ich konnte nicht zulassen, daß meine Großmutter von Stunde zu Stunde schwächer wurde. Sie hatte mich großgezogen, und jetzt war es an mir, etwas für sie zu tun.

IN DER Stadt herrschten chaotische Zustände. Viele Leute schliefen auf der Straße, wo tagsüber die Roten Garden ihre Paraden abhielten.

Wir mußten alle ein Holzgewehr in die Schule mitbringen und so tun, als ob wir Verbrecher und Feinde erschießen würden. Der Lehrer ging mit uns ins Kino, und wir sahen die acht offiziellen Filme, die während der Kulturrevolution gezeigt wurden. Die Geschichten ähnelten einander; sie handelten davon, wie das Volk seine Feinde entdeckt oder die Rote Armee den Krieg gewonnen hatte. Der Kinobesuch war Pflicht, und wir mußten auf das Essen verzichten, um die Eintrittskarte bezahlen zu können. Es gab immer mehr Propagandaplakate, gegen den amerikanischen Imperialismus, gegen Chruschtschow, gegen was weiß ich . . . Wir mußten mit den Erwachsenen gemeinsam irgendwelche Parolen schreien, ohne sie zu verstehen.

In dieser hysterischen Zeit wurde ich neun Jahre alt. Jinyan stellte mich Dajun vor, einem sechzehnjährigen Jungen, der allein in der Vorstadt in einer kleinen Baracke hinter einer Fabrik wohnte.

„Willkommen in unserer Bande“, sagte Dajun. „Jinyan hat mir erzählt, daß deine Eltern Schwierigkeiten gehabt haben und daß man sie abgeholt hat; sie hat mir auch davon berichtet, daß sie in der Schule gemein zu dir sind. Morgen zeigst du uns die, die dich in der Schule beschimpfen, damit wir sie verprügeln können!“

„Aber warum willst du –“

„Ich nehme nur solche in meiner Bande auf, die in Schwierigkeiten sind. Wir helfen uns gegenseitig.“

Und tatsächlich kam Dajun, mein neuer Freund, am nächsten Morgen mit zwei anderen Jungen, um sich den, den ich ihnen gezeigt hatte, vorzunehmen. Sie schüchterten ihn ein und drohten ihm, daß er sich auf etwas gefaßt machen könne, wenn er mich nicht in Ruhe ließe. Dajun gab mir meinen Stolz zurück.

Danach lernte ich die anderen Mitglieder der Bande kennen. Da war Tianye, ein dreizehnjähriger Junge. Seine Eltern waren Musiker; als er neun Jahre alt war, hatten sie seine Mutter abgeholt. Sein Vater hatte beschlossen, sich scheiden zu lassen, um weiteren Schwierigkeiten aus dem Weg zu gehen. Daraufhin hatte Tianye es vorgezogen, sein Zuhause zu verlassen und mit seiner Schwester im Elend zu leben, statt seinen Vater, dem er nie mehr verzeihen konnte, um Hilfe zu bitten. Von seinen Eltern hatte er vermutlich die künstlerische Veranlagung geerbt; es zog ihn jedoch mehr zur Malerei hin, und er hatte sich fest vorgenommen, die Aufnahmeprüfung für die Akademie der Schönen Künste abzulegen.

Die Geschichte von Dajun erzählte mir Jinyan: Seine Eltern waren Soldaten in der Roten Armee gewesen und während der Kulturrevolution zu Tode gepeitscht worden. Sein Bruder hatte zur Mörderbande gehört. Dajun war die Flucht vor den Soldaten gelungen.

Wir waren etwa zehn Kinder, umsichtig organisiert von unserem Anführer. Abends rissen wir Propagandaplakate ab. Tagsüber kämpften wir gegen rivalisierende Banden und stahlen Lebensmittel in Fabriken und Geschäften. Sie hatten mir den „Zweifingertrick“ beigebracht. Dazu mußte man Mittelfinger und Zeigefinger aneinanderreiben, um sie stark und geschmeidig zu machen, damit man sie geschickt in die Tasche von Vorübergehenden stecken und wie mit einer Pinzette das ergreifen konnte, was man stehlen wollte. Es gab auch die „Technik der Bewegung". Wenn man jemanden mit einer Tasche in der Hand auf der Straße sah, folgte man ihm, bis nicht mehr viele Leute in der Nähe waren. Dann kniff man ihn fest in den Ellenbogen, damit der Arm für kurze Zeit gefühllos wurde. So konnte man die Tasche wegnehmen und sie einem Komplizen geben, ohne daß der Betreffende merkte, daß die Tasche fehlte.

Zu unserer Arbeit im Bus mußten wir zu viert sein. Zuerst machten wir den ausfindig, der am besten angezogen war und volle Taschen hatte. Einer von uns paßte auf die Fahrgäste auf, die übrigen umringten das Opfer, um es vor den Blicken der anderen abzuschirmen. Wir mußten alle Taschen durchwühlen. Wenn einer von uns geschnappt wurde, liefen die drei anderen nie weg – wir steckten zusammen mit dem einen die Prügel ein. Das Gesetz der Gruppe besagte, daß jeder gute Fang im Restaurant mit Essen und Alkohol gefeiert wurde.

Als ich zum erstenmal meinen Anteil von fünf Maos bekam, kaufte ich ein Geschenk für Zhou Qiang: ein kleines Heft als Beweis für unsere Freundschaft. Er war selig, obwohl er nicht verstand, wie ich mir dieses Geschenk hatte leisten können. Ich erzählte ihm einfach, ich hätte eine Nebenbeschäftigung gefunden.

Wenn ich abends nach Hause kam, log ich meine Großmutter an, damit sie sich keine Sorgen machte. Ich erzählte ihr, ich hätte den Abend bei Jinyan oder an der Tür zu Onkel Wangs „Stall" verbracht.

Eines Tages, als wir Dajun ein Portemonnaie bringen wollten, das wir in einem Autobus gestohlen hatten, fiel uns eine Menschenansammlung auf, in deren Mitte eine alte Frau stand, die weinte und schrie. „Mein Sohn liegt im Krankenhaus, und dieses Geld haben mir befreundete Bauern geliehen! Mein Sohn ist in Gefahr! Ich bitte euch, gebt mir mein Geld zurück!"

Mein Mund wurde ganz trocken. Es war gemein von uns, daß wir gestohlen hatten. Mit großer Geste und ohne eigentlich zu wissen, ob es überhaupt ihr Geld war, reichte ich ihr das Portemonnaie. „Großmutter, ist das vielleicht dein Geld? Ich habe es da unten gefunden."

„Danke, meine Wohltäterin! Danke!"

Ich lief weg, so schnell ich konnte. Ihre Dankesworte zerrissen mir das Herz.

Das Bild der trüben, tränenerfüllten Augen ging mir nicht aus dem Sinn. Ich wollte nicht mehr stehlen. Am Anfang war es nur ein Spiel gewesen, das Spaß gemacht hatte. Aber jetzt wurde ich mir meiner Gemeinheit bewußt: Ich war wirklich eine Verbrecherin geworden.

Dajun regte sich nicht auf, als wir ihm Bericht erstatteten. Er akzeptierte meinen Entschluß. Unter der Bedingung, daß ich weiter bei der Bande blieb, konnte ich aufhören zu stehlen. Unsere Freundschaft wurde dadurch nicht getrübt. Ein Festessen, das unser Anführer aus seiner eigenen Tasche bezahlte, beendete meine Laufbahn als Diebin.

An einem Herbstmorgen des Jahres 1976 war das Wetter so schlecht, daß es aussah, als würde uns der Himmel auf den Kopf fallen. Ich ging wie gewöhnlich zur Schule, aber etwas lag in der Luft. Im Klassenzimmer ging es nicht so lebhaft zu wie an den anderen Tagen. Was war nur los? Aus den Lautsprechern klang Trauermusik. Endlich betrat der Lehrer das Klassenzimmer, die Augen geschwollen vom Weinen. Er stellte sich vor sein Pult. Es dauerte lange, bevor er überhaupt einen Ton über die Lippen brachte. „Liebe Schüler! Ich muß euch eine traurige Mitteilung machen. Unser . . . großer . . . unser großer Stern, unser Wohltäter, Präsident Mao, hat uns für immer verlassen."

Dann brach er auf seinem Stuhl zusammen und schluchzte laut. Jeder Schüler suchte die Antwort auf dieses Rätsel im Gesicht des anderen. Wie war es möglich, nachdem wir gestern erst in unsere Hefte geschrieben hatten „Ein langes Leben für Mao", daß dieser hatte sterben können? Wir hatten ihm doch so oft ein Leben von zehntausend Jahren gewünscht! Das Schluchzen unseres Lehrers wurde nun von der Stimme des Rektors aus dem Lautsprecher übertönt: „Liebe Schüler! Wir unterbrechen den Unterricht für drei Tage, um unserem großen Präsidenten Mao unsere Trauer zeigen zu können. Für die Versammlung heute nachmittag werden wir weiße Papierblumen und Totenkronen herstellen. Jeder muß eine schwarze Armbinde tragen." Auch er weinte ins Mikrofon.

An diesem Morgen hatten wir zum ersten Mal, seit ich zur Schule ging, Mao nicht „guten Tag" gesagt.

Unsere Blumen wurden an die Fenster, die Türen und um Maos Bild gehängt. Die Schüler mußten sich eine Blume an den rechten Ärmel stecken und an dem anderen die Armbinde befestigen. Nachmittags versammelten wir uns alle im Hof, so ruhig und brav wie noch nie zuvor. Auf der Tribüne mit den eingetopften Tannen hingen ein großes, von Blumen umrandetes Bild von Mao und große schwarze Schriftzeichen. Nach einer Schweigeminute richtete der Direktor leise das Wort an uns: „Erhebt euch! Wir werden Mao unsere tiefe Zuneigung bezeugen. Wir werden uns dreimal verneigen."

Dann bat er uns, drei Minuten lang vollkommen still zu sein. Alle standen gerade wie die Bleistifte, aber mit gesenktem Kopf. Das Schluchzen ließ die Erde und den Himmel erbeben. Auch mir wurden die Augen feucht. Meine ganze Erziehung hatte sich um Mao gedreht; ich kannte nichts Höheres als ihn. Er war gut, er war der Begründer des neuen China, und ohne ihn wären wir nicht gewesen. Er verkörperte alles: die Sonne, den Vater, den Heilsstern. Ich weinte über sein trauriges Schicksal und bedauerte zutiefst, daß meine Eltern ihm gegenüber gefehlt hatten, und ich war enttäuscht darüber, nicht genügend Zeit für meine Umerziehung gehabt zu haben, so daß ich kein gutes Kind Maos hatte werden können.

Nachdem der Überschwang der Gefühle vorüber war, forderte der Rektor uns auf, die rechte Faust zu heben und zu schwören, daß unser Herz Mao gehöre. Wir mußten seine Worte nachsprechen: „Unser geliebter Mao, unsere rote Sonne, du wirst in deinem ewigen Schlaf weiter leuchten. Dein Weggang ist nicht nur eine Katastrophe für unser Land, sondern auch ein Unglück für die ganze Welt!"

Die Versammlung war beendet. Wir waren erschöpft vor Schmerz.

Als ich nach Hause kam, verstand meine Großmutter nicht, warum ich geweint hatte; ich dagegen war erstaunt, daß sie keine rotverweinten Augen hatte. Als sie wissen wollte, warum ich geweint hatte, antwortete ich ihr, ich hätte es so gemacht wie alle. Oma wirkte verärgert, sagte aber nichts. Ich hörte nur, wie sie vor sich hinbrummelte: „Mao, du hast in deinen Reden immer von der Seele gesprochen, paß bloß auf deine eigene auf . . ." Dann gab sie mir Bücher, die sie im Müll entdeckt hatte. „Hier, Niu-Niu. Das sind ganz außergewöhnliche Bücher, sie werden dein Herz, deine Seele und deinen Verstand bilden. Lies sie, mein Liebling. Aber versteck sie gut, du weißt, daß es verboten ist, andere Bücher als die von Mao zu lesen."

Ich nahm die Bücher und setzte mich aufs Bett. Ich wollte meinen Kummer vergessen, aber es gelang mir nicht. Während ich auf die Schriftzeichen sah, drängten sich mir andere Bilder auf. Ich begann mit mir selber zu rechten. Wer war ich eigentlich? Der Liebling meiner Großmutter? Die Tochter meiner Eltern? Oder ein gehorsames Kind Maos? War ich zur Welt gekommen, um zu stehlen und wie ein Hund zu leben?

Ein paar Monate nach Maos Tod hörte man Knallkörper und Gongs auf den Straßen. Die Leute tanzten oder standen in kleinen Gruppen zusammen, um miteinander zu reden, andere klebten lächelnd neue

Propagandaplakate über die alten. Manche trugen Schilder, deren Parolen sie fröhlich schrien: „Nieder mit der Viererbande! Sie sind vernichtet!“ Niemand nahm sich die Zeit, mir zu erklären, was es mit dieser Bande auf sich hatte, sie brüllten immer weiter: „Die Kulturrevolution ist vorbei! Nieder mit Jiangqing!“

Ich wußte, daß Jiangqing Maos Witwe war. Wie konnten sie es wagen, sie anzugreifen? Und es hatte doch immer geheißen, die Revolution müsse zu Ende geführt werden. Wie konnte sie dann jetzt auf einmal zu Ende sein? Auch meine Großmutter verstand diese Ereignisse nicht. Ihrer Meinung nach hatte man vier neue Übeltäter entdeckt, und die Bevölkerung freute sich eben sehr darüber. In den folgenden Wochen begriff ich jedoch, daß wir diesen vier Personen zehn Jahre Kulturrevolution zu verdanken hatten. Über die „Nachricht des kurzen Wegs“, die Mund-zu-Mund-Propaganda, erfuhr ich auch, daß angeblich weitaus mehr Menschen freigelassen worden waren, als es die Zeitung „Rote Fahne“ verkündet hatte: zweihunderttausend ... Meine Großmutter hatte fünf Stunden lang den Lautsprecherdurchsagen zugehört. Während der letzten zwei Stunden hatte sie unablässig den Kopf geschüttelt. „Niu-Niu, hast du gehört? Wie kann das denn wahr sein? Die Revolution ist vorbei, wirklich vorbei ... Mein Gott, alles wird sich ändern ... Tailong, mein Sohn, der Tag ist endlich gekommen. Komm schnell zu mir zurück! Laß deine Mutter dich ansehen und umarmen, mein Kind! Du hast mir in den vergangenen Jahren so sehr gefehlt. Noch einmal möchte ich dich sehen, auch wenn ich danach sterben muß. Und ich kann dir Niu-Niu wiedergeben. Hörst du den Ruf deiner Mutter, mein Sohn?“

NACH wochenlangen Volksfesten, Kritikversammlungen gegen die Viererbande und ihre Komplizen, war das Leben vollkommen anders geworden. Der neue Lehrer in der Schule benotete sogar meine Hausaufgaben.

Zhou Qiang war schon seit einer Woche nicht mehr in der Schule gewesen. Ich ging zu ihm nach Hause, aber die Tür war verschlossen, und darüber hatte man zwei gekreuzte Papierstreifen geklebt, die besagten, daß man diesen Ort nicht betreten durfte. An den Hauswänden klebten Propagandaplakate; ein paar Worte prägte ich mir ein: „Der Verbrecher Zhou Pinghua ist endlich vom Volk entdeckt worden!“ Ich traute kaum meinen Augen. Wer konnte es sich erlauben, den Obersten des Viertels zu kritisieren? War er zur gleichen Zeit in Ungnade gefallen wie die Viererbande? Eine Woche lang ging ich täglich an dem verlassenen Haus vorbei, in der Hoffnung, Zhou Qiang zu begegnen, aber vergeblich.

Und dann, eines Tages nach dem Unterricht, sah ich ihn endlich. Er stand vor der Schule.

„Zhou Qiang, du hast mir so gefehlt! Warum bist du nicht zur Schule gekommen? Was ist los?“

Fast unhörbar flüsterte er: „Ich stehe schon den ganzen Nachmittag hier, um dich zu sehen, Niu-Niu.“ Als er den Kopf hob, sah ich, daß sein Gesicht von Kummer verzerrt war. „Niu-Niu, willst du noch meine Freundin sein? Magst du mich noch immer?“

„Aber natürlich! Ich bin eine ganze Woche lang bei euch vorbeigegangen, um nach dir zu schauen.“

Schließlich gestand er mir, man habe seine Eltern eingesperrt. Die Leute hatten gesagt, sie seien Mörder und Verbrecher und hätten nicht mehr das Recht, in ihrem Haus zu wohnen. Seitdem wohnte Zhou Qiang bei der Schwester seines Vaters.

Für meinen Märchenprinzen, meinen geliebten Zhou Qiang, hatte sich das Glück genauso gewendet wie damals für mich. Wir setzten uns unter einen kleinen Baum, er weinte, und ich wußte nicht, wie ich ihn trösten sollte. Das Ende der Kulturrevolution forderte seine Opfer.

„Niu-Niu, meine Tante hat mir gesagt, daß meine Eltern lange im Gefängnis bleiben müssen! Ich weiß, daß du sie nicht magst . . ., aber ich vermisse sie so sehr!“

Ich verstand ihn sehr gut. Ich wünschte, er würde wieder seine alte Fröhlichkeit wiederfinden, und schwor ihm, ihn nie zu verlassen.

Wir blieben so lange sitzen, bis er sich beruhigt hatte und wußte, daß er immer noch eine Freundin hatte. Dann ging ich nach Hause.

Unsere unglücklichen Schicksale brachten uns noch näher zusammen. Zhou Qiang kam oft zu mir, und meine Großmutter vergaß, wer sein Vater war. Sie war zu ihm genauso gut wie zu mir. Wenn sie etwas kaufte, wurde es unweigerlich unter uns dreien aufgeteilt. Wir stellten zusammen Streichholzschachteln her, und Oma brachte uns beiden Gedichte bei. Nach und nach gewöhnte er sich an das neue Leben. Ich bat Oma um die Erlaubnis, Zhou Qiang heiraten zu dürfen. Aber sie brach in Lachen aus und antwortete mir, dazu sei es noch viel zu früh.

EIN JAHR verging. Ich war damals elf. Hua Kuo-feng hatte die Macht übernommen, und auf den Versammlungen wagten es die Leute jetzt manchmal, ihre Klagen auszusprechen, obwohl das immer noch gefährlich war. Jinyan, die jetzt mit einer gewissen Eleganz angezogen war, lud mich ein, mit ihrer Familie die Freilassung ihres Vaters zu feiern, der nach seiner Entlassung aus dem „Stall“ rückwirkend sein Gehalt ausbezahlt bekommen hatte. Das Vermietungsamt hatte seiner Familie eine Wohnung zugewiesen. Und nun stellte ich Oma eine Frage, die zu stellen ich lange nicht gewagt hatte: „Oma, weißt du, wann meine Eltern zurückkommen?“

Tag und Nacht warteten wir auf ihre Heimkehr. Wir hatten für den Tag ihrer Ankunft Mehl aufgehoben. Als jedoch die Plakate und Wandzeitungen immer seltener wurden, fand meine Großmutter nicht mehr viel Papier im Müll, und von Tag zu Tag wurde unser Leben elender. Trotzdem versuchten wir immer noch, soviel wie möglich auf die Seite zu schaffen für die Rückkehr meiner Eltern.

Aber die Kulturrevolution war schon seit zwei Jahren vorbei, und von meinen Eltern gab es immer noch keine Spur.

5. Heimkehr

AN EINEM Sonntag im Frühjahr 1978 stand die Sonne hoch am Himmel, und die Vögel zwitscherten auf den Hochspannungsleitungen. Dieser Tag machte mir gute Laune, und um ihn so richtig zu genießen, ging ich bis vier Uhr nachmittags Blumen pflücken. Als ich nach Hause zurückkam, setzte ich mich auf die Türschwelle, band Sträuße und aß die Süßkartoffel, die Oma mir gekocht hatte.

Plötzlich standen Fremde vor mir, die noch ärmlicher angezogen waren als ich. Es waren ein kahlrasierter Mann, der einen Binsenkorb trug und dessen Gestank mir in die Nase stach, und ein zweiter Mann, mit einem Hut, der ein schmutzstarrendes, rotznäsiges Mädchen auf dem Arm trug. Sie sahen mich lange an. Ich dachte, es wären Bettler, und teilte ihnen deshalb kühl mit, wir könnten ihnen nichts geben. Dann widmete ich mich wieder meinen Sträußen. Aber sie blieben wie angewurzelt stehen, blickten mich seltsam an und spähten ins Innere der Hütte. Der Mann mit dem Hut fragte mich ängstlich: „Du heißt doch Niu-Niu?“

Ich war so verblüfft darüber, daß er meinen Namen kannte, daß ich verneinend den Kopf schüttelte. Der andere Mann kam auf mich zu und kniete nieder, um mich genau zu mustern. Ich rief meine Großmutter zu Hilfe. Sie kam heraus und fragte die beiden liebenswürdig, was sie wünschten. Der Mann mit dem Hut stammelte: „Du . . . du erkennst uns nicht mehr?"

Meine Großmutter sah die Fremden groß an und legte die Hand auf ihren staunend geöffneten Mund. „Ist es wahr? Ihr seid es? Ihr lebt noch?"

„Ja, wir sind es, deine Kinder . . . Mama, du bist noch am Leben!"

„Meine Kinder, mein Sohn!"

Sie fielen sich in die Arme, weinten Freudentränen, stammelten wirre Sätze. Und da die aufgeregten Erwachsenen sich nicht um das kleine Mädchen kümmerten, kam es zu mir, beziehungsweise wahrscheinlich eher zu der Süßkartoffel, die ich verspeiste. Trotzdem veranlaßte mich sein komisches, nettes Aussehen – trotz der Frühjahrssonne trug es dicke, wattierte Winterkleider, und das Pferdeschwänzchen auf seinem Kopf sah aus wie ein Knallfrosch fürs neue Jahr –, ihm mein köstliches Gemüse zu reichen. Die Kleine war so ausgehungert, daß sie mir die Süßkartoffel aus den Händen riß, ohne danke zu sagen, und sie blitzschnell verschlang. Dann wischte sie sich den Mund mit dem Handrücken ab und dankte mir mit einem reizenden, schelmischen Lächeln. Meine Blumen musterte sie mit der gleichen Gier, und ich gab ihr ein paar. Wahrscheinlich war es das, was sie gewollt hatte, denn sie wandte sich an den Mann mit dem Hut: „Guck mal, Mama, die Blumen gehören mir. Die sind schön, nicht?"

Schließlich hatten sich alle ausgeweint, und Oma bat sie herein. Ich blieb hinter ihnen zurück, um die Fremden beobachten zu können. Da erinnerte sich Oma daran, daß ich ja auch noch da war, und rief: „Niu-Niu, das sind deine Eltern!"

Sie schob mich zu dem Mann mit dem Hut, zu dem ich „Mama" sagen sollte. Der „Mann" strich mir über den Kopf, die Haare und das Gesicht und sagte immer wieder: „Du hast mir so gefehlt, meine Tochter. In diesen acht Jahren hat es nicht einen Tag gegeben, an dem ich nicht an dich gedacht habe."

Trotz der Zärtlichkeit dieser Worte konnte ich nicht begreifen, daß diese Person meine Mutter sein sollte. Sie trug einen Männerhut, und als sie mich in ihre mageren Arme nahm, taten ihre spitzen Knochen mir weh. Ich lief zu meiner Großmutter und versteckte mich hinter ihr.

Meine Eltern weinten darüber. Meine Großmutter erklärte ihnen, daß ich Zeit brauche, um mich an sie zu gewöhnen. Am Abend nahm Oma unser ganzes Geld, um ein Stück Speck zu kaufen, und kochte daraus mit dem sorgsam gehüteten Mehl eine reichhaltige Nudelsuppe. Während des Essens setzten alle immer wieder an, um etwas zu sagen, schwiegen dann aber doch. Die Erwachsenen vergossen stumm Tränen, und das kleine Mädchen starrte mich immerzu neugierig an. Dann fragte es: „Mama hat mir gesagt, ich hätte zwei Schwestern, welche bist du?"

Ich wußte nicht, was ich antworten sollte, und um das Gespräch in andere Bahnen zu lenken, fragte ich sie nach ihrem Namen.

„Ich heiße Ningning. Ich bin schon fast acht Jahre alt."

Sie war zauberhaft, und ich verliebte mich sofort in sie. Jetzt hatte ich endlich eine kleine Schwester, die später schön und klug werden würde.

In dieser Nacht schliefen wir alle eng zusammengedrängt in unserem einzigen Bett. Mitten in der Nacht wachte ich von einem Gespräch zwischen meiner Großmutter und meinen Eltern auf. Sie erzählten die Geschehnisse von dem Tag an, an dem sie mit dem Lastwagen weggebracht worden waren.

Die Roten Garden hatten alles versucht, um von ihnen Geständnisse über Verbrechen zu erpressen, die sie nicht begangen hatten. Dann waren sie in Einzelzellen gesperrt worden, und dort kam Ningning zur Welt. Nach vier Jahren Gefängnis wurden sie, wie viele andere Intellektuelle, aufs Land gebracht. Sie hatten uns zahlreiche Briefe geschrieben, die aber nicht angekommen waren, und dabei nie gewußt, ob wir überhaupt noch am Leben waren. Vor zwei Jahren hatten sie dann gehört, die Revolution sei vorbei und werde jetzt von der Regierung verdammt. Voller Hoffnung hatten sie einen Antrag auf Rehabilitation beim Ortsvorsteher gestellt. Aber sie wurden weiter wie Verbrecher behandelt. Sie waren völlig entmutigt gewesen, als sie vor einer Woche in das Büro des Bürgermeisters geholt wurden. Dort verkündete man ihnen, ihre Probleme seien geregelt und sie könnten unter der Bedingung, niemandem zu erzählen, was sie erlebt hatten, nach Hause zurückkehren.

Am Morgen kämmte meine Mutter mir die Haare, und mein Vater brachte mir das Frühstück. Zum erstenmal in meinem Leben nahmen mich meine Eltern an der Hand, um mich zur Schule zu bringen. Ich benahm mich ganz gesittet und schritt artig zwischen ihnen her, mit hoch erhobenem Kopf, zwischen den beiden Säulen meines wiedergewonnenen Stolzes. Ich kostete jeden Augenblick voll aus.

Auch Mimi kehrte bald darauf nach Hause zurück. Meine Eltern hatten ihrer Wohltäterin geschrieben und sie gebeten, uns meine große Schwester zurückzugeben. Am Tag ihrer Ankunft wimmelte es auf dem Bahnhof von Menschen. Endlich kam der Zug und hielt am Bahnsteig. Aber welch eine Enttäuschung: Sie war nicht gekommen! Als wir uns verzweifelt auf den Ausgang zu bewegten, kamen wir an zwei jungen Bäuerinnen vorbei. Meine Mutter blieb vor der einen wie vom Blitz getroffen stehen. „Das ist sie! Ich spüre, daß sie das ist!" Wir fielen uns in die Arme. Endlich waren wir alle wieder vereint, und es war wie ein Wunder!

Mimi hatte sich verändert: Ihre Haare waren gewachsen, und ihre Haut war vom Aufenthalt auf dem Land gebräunt. Ich rechnete nach und stellte fest, daß sie schon achtzehn Jahre alt sein mußte. Sie sah aus wie eine Erwachsene. Auch sie hatte sicher viel erdulden müssen. Acht endlose Jahre voller Unglück waren zu Ende, und jeder trug dazu bei, unser Zusammensein nicht durch dunkle Erinnerungen zu trüben.

Drei Wochen nach der Rückkehr meiner Eltern bekamen wir eine Zweizimmerwohnung mit Küche zugewiesen; die Toilette war auf dem Flur. Der Umzug bereitete nicht viel Mühe, da wir kaum etwas besaßen. Mein Vater baute Ningning und mir ein kleines Bett, das die ganze Küche ausfüllte. Mimi und meine Großmutter bekamen das eine der beiden Zimmer, meine Eltern das andere. Wir hatten nun also drei Zimmer, in denen wir je zu zweit schliefen. Tisch, Stühle und Regale wurden von der Arbeitseinheit meiner Eltern geliefert, und meine Eltern mußten sich verpflichten, die Möbel von ihrem nächsten Lohn zurückzubezahlen. Das Geld, das sie als Entschädigung für acht Jahre Gefängnis bekamen, reichte kaum aus, in den folgenden zwei Monaten unser Leben zu fristen.

Ein Monat verging. Meine Eltern ließen es nicht mehr zu, daß Oma weiterhin Papier sammelte. Beim Essen waren die besten Stücke stets für sie bestimmt, und wir achteten sehr auf ihre Gesundheit. Meine Eltern kümmerten sich auch liebevoll um uns. Mimi, die auf dem Land täglich Tanzunterricht erhalten hatte, nahm nun Unterricht bei einem Tanzlehrer, einem alten Freund unserer Familie, und meine Eltern wachten darüber, daß auch Ningning und ich den bestmöglichen Unterricht bekamen. Ihre Aufmerksamkeit rührte mich tief, und ich litt mit ihnen, wenn sie Angst hatten. Ich hatte gehört, wie meine

Mutter hinter der verschlossenen Zimmertür geweint und meinen Vater gefragt hatte, ob es wirklich wahr sei, daß wir alle wieder zusammen seien, ob alles vorbei sei, ob sie wirklich nach Hause zurückgekommen seien. Immer wieder sagte sie, wie leid ihr meine Großmutter, Mimi und ich täten. Die Qualen, die wir hatten erdulden müssen, verursachten ihr Alpträume, und sie gab sich die Schuld am Tod meines Großvaters. Als sie mich am nächsten Morgen wieder ganz lieb tröstete, während sie meine kranke Haut pflegte, stürzte ich mich in ihre Arme. „Mama, ich liebe dich! Du hast mir so gefehlt! Ich habe so lange auf dich gewartet. Ich bin so glücklich, daß ich jetzt wieder ein normales Mädchen bin, mit einer Mutter, die mich liebt!"

MEINE Eltern hatten wieder angefangen zu arbeiten. Mama stand im Morgengrauen auf, um ihre Gymnastik- und Gesangsübungen zu machen. Sie bereitete sich auf die erste Bühnenrolle seit ihrer Rückkehr vor. Mein Vater hingegen arbeitete nicht mehr am Theater, sondern in einem Filmstudio. Er begann Drehbücher zu schreiben. Er weinte, als er die Geschichte einer Sängerin während der Kulturrevolution niederschrieb. Die Zensur fürchtete er anscheinend nicht, er war wohl überzeugt davon, daß sich die Verhältnisse in China wirklich geändert hatten.

An dem Tag, als Papa und Mama ihr erstes Gehalt bekamen, gingen sie den ganzen Nachmittag einkaufen und kamen heim mit Geschenken, die sie uns schon längst hatten machen wollen: ein Paar Schuhe für Ningning, ein Kleid für Mimi, warme Sachen für Großmutter und eine wunderhübsche Hose für mich! Selbst hatten sie sich nichts geleistet.

Die Proben für das Stück waren beendet, und meine Mutter trat nach achtjähriger Zwangspause wieder ins Rampenlicht. Sie hatte den ganzen Tag über Lampenfieber und fragte uns, ob wir meinten, daß sie ihre Rolle gut spiele, daß sie den Zuschauern gefallen werde und daß sie nicht zu alt für die Rolle sei.

Dann saßen wir auf unseren Plätzen, schrien wie die Verrückten und verkündeten im ganzen Saal, daß unsere Mutter da oben auf der Bühne stehe. Mein Vater beschrieb allen Leuten ganz genau seine Frau, „in Blau gekleidet, links auf der Bühne"!

Glücklicherweise verlief die Vorstellung normal, trotz des Aufstands, den jeder von uns machte, um seine Freude darüber zu zeigen, daß nach den schrecklichen Jahren der Kulturrevolution endlich wieder ein Mitglied unserer Familie auf der Bühne stand. Mama war großartig! Wir vergossen Tränen des Glücks, und auch die Leute neben uns weinten, bewegt von dem Beweis dafür, daß die zehn Jahre der Kulturrevolution nun vorbei waren.

Unser erstes gemeinsames Neujahrsfest rückte näher. Am Tag vorher kauften meine Eltern Knallfrösche, Fleisch, Bonbons und Obst ein – sie hatten sechs Monate dafür gespart. Ningning hatte die Aufgabe, den Arbeitstisch mit Mehl zu bestreuen, meine Großmutter und Mimi machten den Teig für die gefüllten Nudeln und rollten ihn aus. Ich legte die fertigen Nudeln sorgfältig nebeneinander, achtete darauf, daß sie einander nicht berührten, und setzte Wasser auf.

Diese Nudeln hatten symbolische Bedeutung, und als wir sie aßen, wünschten wir uns alles Gute. Wir ließen uns viel Zeit dabei, waren froh zusammenzusein und glaubten an unser künftiges Glück.

Seitdem meine Eltern wieder zu Hause waren, hatte sich unser Leben verändert. Ich war nicht mehr die Tochter von Verbrechern und Opfer von Beleidigungen durch böse und verblendete Leute. Ich ging jetzt aufs Gymnasium, während Ningning in meine alte Schule gekommen war. Mimi, meine große Schwester, erhielt jeden Tag Tanzunterricht. Wir hatten zugenommen, und meine Gesundheit machte gute Fortschritte. Meine Eltern arbeiteten sehr viel. Am glücklichsten war mein Vater, dessen Drehbuch gerade angenommen worden war. Er sagte, die Familie Liu sei wieder heil, und er sei sicher, daß es uns von jetzt an immer bessergehen werde. Ein paar Monate später bestand meine große Schwester die Aufnahmeprüfung zur Tanzuniversität. Meine Eltern waren zwar nicht gerade begeistert, sie nach Peking gehen zu lassen, nachdem sie gerade erst seit einem Jahr wieder in der Familie lebte, aber sie dachten an ihre Zukunft und wünschten ihr unter Tränen alles Gute. Am Tag vor ihrer Abreise halfen ihr meine Mutter und meine Großmutter beim Kofferpacken, und Papa gab ihr die letzten Ermahnungen mit auf den Weg. „Mimi, sei nicht traurig, daß du uns verlassen mußt. Du weißt, daß es eine sehr große Chance ist, daß du an die einzige Tanzuniversität im ganzen Land gehen kannst. Mama und ich sind so stolz auf dich, du kannst es dir gar nicht vorstellen. Ich bitte dich nur, sooft du Zeit hast, uns zu schreiben.“ Die Nacht verging in Tränen, und am frühen Morgen reiste Mimi ab.

Unsere Familie bestand jetzt nur noch aus fünf Personen, aber auch weiterhin hatten wir mit der Armut zu kämpfen. Das Gehalt meiner Eltern, hundertzwanzig Yuan insgesamt, verringerte sich um fünfunddreißig Yuan, die sie Mimi jeden Monat nach Peking schickten. Die fünfundachtzig Yuan, die für uns übrigblieben, wurden für Nahrungsmittel, Medikamente, Miete sowie für Strom und Schulgeld ausgegeben. Trotz der Bemühungen meiner Mutter, das Geld so gut wie möglich zusammenzuhalten, blieb am Ende des Monats nichts übrig. Um unsere Ernährung ausgewogen zu gestalten, kochte Mama uns jede Woche eine Suppe aus Schweinefüßen und Soja, die für das ganze Wochenende reichte. Obst kaufte sie je nach Jahreszeit und so billig wie möglich. Erst als mein Vater mit den Dreharbeiten begann und meine Mutter wieder mehr Engagements hatte, verbesserte sich unser Lebensstandard spürbar. Wir konnten fünf Yuan im Monat sparen und hatten zwei- oder dreimal in der Woche Fleisch auf dem Tisch.

Bald darauf wurde unsere Familie von einer sehr guten Nachricht überrascht: Das alte Haus, in dem sich Opas Bibliothek befand, in dem meine Eltern geheiratet hatten und in dem Mimi und ich zur Welt gekommen waren – unser altes Heim wurde uns von der Regierung zurückgegeben! Außerdem erhielten wir eine Entschädigung von zweitausend Yuan für die acht verlorenen Jahre.

MEIN Problem war nach wie vor die Einsamkeit. Ich hatte immer noch Angst davor, neue Bekanntschaften zu schließen; außer meinem Freund Zhou Qiang hatte ich keine neuen Spielgefährten gefunden. Ich war so daran gewöhnt, daß sich die anderen vor mir ekelten, daß ich mich damit inzwischen abgefunden hatte.

Nach einem Streit mit dem gewalttätigsten Mädchen des Gymnasiums hatte ich mich, ohne mich zu wehren, heftig verprügeln lassen; ich konnte die weisen Ratschläge meiner Großmutter nicht vergessen, für die das einzige Mittel, unbeschadet aus einer solchen Situation hervorzugehen, war, Schläge gleichmütig zu ertragen. Mein Vater sah das allerdings nicht so, als ich mit geschwollenem und zerkratztem Gesicht aus der Schule kam. „Du bist jetzt kein geächtetes Kind mehr, Niu-Niu! Wenn dich jemand schlägt, darfst du zurückschlagen! Wenn du den Kampf verlierst, weine nicht. Und wenn du gewinnst, schenke ich dir Bonbons!“

Von diesem Tag an ging ich keiner Prügelei mehr aus dem Weg. Ich war mir nun sicher, daß ich wieder ein ganz normales Kind war. Man konnte mich nicht mehr herumschubsen und wie einen Straßenköter behandeln. Mein Ansehen auf dem Gymnasium wurde von Tag zu Tag größer.

Im Unterricht lernten wir nun nicht mehr die Worte Maos, aber er langweilte mich trotzdem, und ich schwänzte oft die Schule oder las unter dem Tisch die Romane, die meine Eltern sich gekauft hatten, oder die Drehbücher meines Vaters. Abends schmuggelte ich mich, anstatt brav meine Hausaufgaben zu machen, mit meinen Freunden in die Schlangen vor den Kinos und den Theatern, um umsonst hineinzukommen. Wir hatten nun den Ruf, Taugenichtse zu sein. Und wie in der Vergangenheit begingen wir zusammen Diebstähle, schlugen Schaufenster ein und feierten unsere Erfolge hinterher im Restaurant. Während mein Vater sich einen Namen durch seine Filme machte, wurde ich berühmt wegen meiner Missetaten. Alle Welt wußte, daß die zweite Tochter des großen neuen Filmemachers Niu-Niu hieß und daß sie den Unterricht schwänzte, um mit Jungen ihres Alters zu spielen. In meinem Zeugnis gab es nur eine gute Note: die für die Reinigung des Klassenzimmers; die übrigen Noten waren alle gleich schlecht. Allmählich begann ich mich vor dem Beginn der Ferien zu fürchten, denn dann würde meine große Schwester aus Peking zurückkommen und von der ganzen Familie mit Lob und Geschenken überschüttet werden. Ich wurde eifersüchtig. Auch die zweite Tochter der Familie konnte Großes vollbringen. Außerdem hatte ich das Gefühl, daß ich durch meine Taten allmählich die Liebe meiner Eltern verlor.

Ich stürzte mich also in die Arbeit, fest entschlossen, mir das verhaßte Wissen einzutrichtern. Ich verfaßte einen Aufsatz, der bis heute zu den Familienannalen gehört. Der Titel war: „Meine größten Hoffnungen", und ich hatte geschrieben: „Seit meiner Kindheit habe ich zahlreiche ‚große Hoffnungen'. Ich wollte immer, daß meine Familie stolz auf mich ist und daß alle nett zu mir sind und mich um meiner selbst willen lieben. Ich hoffe, daß ich, wenn ich groß bin, verdienstvolle Dinge tun kann. Ich möchte eines Tages rote Rosen und Beifall für das, was ich getan habe, bekommen. Ich möchte anders sein, ich möchte aus der Menge hervorstechen, ich möchte ein großer, unbesiegbarer Adler sein, der seine Schwingen ausbreitet, um hoch am Himmel über Berge und Wolken dahinzufliegen . . ."

Mein Vater hatte nie gedacht, daß ich solche Ambitionen hatte. Seine Bewunderung war Balsam für meine Wunden. Sie gab mir die Kraft, den eingeschlagenen Weg weiterzuverfolgen. Ich erzählte ihm, daß die acht Jahre, in denen ich ohne ihn gelebt hatte, mein Leben und mein Selbstvertrauen beeinträchtigt hatten, aber daß ich seit seiner Rückkehr die Möglichkeit sähe, Erfolg zu haben. Papa meinte, um ein „großer, unbesiegbarer Adler" zu werden, müsse ich fleißig lernen. Die Tränen, die er dabei vergoß, machten mir klar, daß meine Eltern mich wirklich liebten.

ICH WURDE fünfzehn Jahre alt. Die Gehälter meiner Eltern waren gestiegen, und wir litten keinen Hunger mehr. Zu meinem Geburtstag kaufte Mama mir neue Kleider und kochte ein üppiges Festessen. Ich lud dazu meine Freunde Zhou Qiang, Dajun, Tianye und Jinyan ein.

Seit ich auf dem Gymnasium war, hatten wir uns geraume Zeit nicht mehr gesehen. Sie hatten sich verändert. Dajun hatte damit angefangen, Kinokarten auf dem Schwarzmarkt anzubieten, und verkaufte außerdem Gemüse im Norden, wo eine Hungersnot herrschte. Auf diese Weise verdiente er hundert bis zweihundert Yuan im Monat; das war ein kleines Vermögen, und er sparte soviel wie möglich, um sich später ein Restaurant kaufen zu können. Er nahm sich vor, unsympathische Gäste mehr bezahlen zu lassen und Freunde und Künstler umsonst zu bewirten.

Tianye hatte so hart gearbeitet, daß er die Aufnahmeprüfung an der Akademie der Schönen Künste bestanden hatte. Seine Abreise in die Hauptstadt war auf September festgelegt.

Jinyan hatte die Mittelschule beendet und war dank der Fürsprache ihrer Eltern in der Stoffabrik angestellt worden. Mit ihren neunzehn Jahren war sie sehr glücklich über diese Arbeit, die schwer zu bekommen war. Sie verdiente zunächst nur achtundzwanzig Yuan im Monat, aber für sie war das viel.

Zhou Qiang war, seitdem man seine Eltern inhaftiert hatte, verschlossen und mürrisch geworden. Bei meinem Geburtstagsessen gab er nur ein paar schüchterne Sätze von sich. Ebenso wie ich war er auf dem Gymnasium. Noch ein Jahr Schule, und dann würden wir, wie unsere Freunde, mit dem Leben und der Gesellschaft konfrontiert werden. Zhou Qiang hatte noch keine Pläne für die Zukunft. Mit seinem etwas trüben Humor formulierte er es so: „Ich habe es sowieso nicht in der Hand, und die Partei versichert, daß es keine Arbeitslosigkeit in China gibt. Alles, was ich riskiere, ist, mich – wie sie es ausdrücken – ‚in Erwartung eines Arbeitsplatzes' wiederzufinden."

Zum Schluß erzählte ich, daß ich gerne die Universität besuchen wollte.

Nach dem Essen beschlossen wir, uns in die Stadt zu begeben. Zhou hatte den anderen von dem unterirdischen Geheimgang zum alten Theater erzählt, und als wir daran vorbeikamen, baten sie Zhou und mich, mit ihnen hineinzugehen.

Der große leere Saal erschien mir jetzt viel hübscher als früher. Nach der Kulturrevolution hatte man ihn wiedereröffnet und bei dieser Gelegenheit neu gestrichen, mit leuchtendrotem Stoff dekoriert und mit zahlreichen Scheinwerfern ausgestattet. Als wir die Bühne betraten, kam uns angesichts der aufgebauten Kulissen die Idee, uns die Kostüme der Schauspieler anzuziehen und eine Privatvorstellung zu geben. Wir fanden den Raum, in dem die Kostüme aufbewahrt wurden, und brachen die Tür mit Hilfe eines Küchenmessers auf. Dann schalteten wir die Scheinwerfer an. Dajun, der Gemüsegroßhändler, erklärte, die gut genähten Kleidungsstücke könnten uns eine hübsche Summe einbringen, und wie früher hielten wir uns an die Anordnungen unseres Anführers. Warum sollten wir nicht vor unserer Trennung noch einmal eine große Sache unternehmen?

Ohne uns sonderlich Gedanken zu machen, rafften wir das gesamte Inventar des Theaters zusammen. Wir kamen überein, daß niemand das Geheimnis verraten dürfe. Da Zhou Qiang aufgrund seiner schwierigen Lage nicht daran beteiligt sein durfte und Dajun Fragen der Polizei, mit der er wegen seiner zweifelhaften Geschäfte ohnehin zu oft zu tun hatte, vermeiden wollte, weil Jinyan fürchtete, ihre Stelle zu verlieren, und Tianye Angst hatte, nicht an der Universität aufgenommen zu werden, war ich die einzige, die für den Diebstahl im Ernstfall die Verantwortung übernehmen konnte. Um meinen Freunden zu beweisen, wie mutig und treu ich war, willigte ich mit Freuden ein.

In der nächsten Nacht gingen wir zu unserem ehemaligen Hehler, der uns die Sachen für hundert Yuan abkaufte. Die Tradition verlangte, daß wir mit diesem Geld ein Festmahl bezahlten, und da alles, was danach übrigblieb, unter uns aufgeteilt wurde, bekam nach dem Essen jeder noch fünfzehn Yuan.

Die Schauspieler merkten erst kurz vor Beginn der Aufführung, daß sie keine Kostüme mehr hatten. Das Stück wurde abgesagt, und sie zeigten den Diebstahl bei der Polizei an. Da die Stadt klein war, ermittelte die Polizei schnell, und eine Woche später – die Schule hatte wieder begonnen – kamen meine wütenden Eltern in Begleitung eines Polizeibeamten und des Hehlers nach Hause: Sie hatten mich überführt. Ich hielt mein Versprechen und erklärte der Polizei, ich sei die allein Verantwortliche. Der Hehler kannte das Gesetz des Schweigens, das in unserer Bande herrschte, und verriet nichts.

Mein Vater holte den Bambusstock und verprügelte mich heftig. „Du bist wirklich ein böses Mädchen", sagte er wütend und traurig zugleich. „Du wirst durch deine Dummheiten noch im Gefängnis landen!" Mama schrie, ich sei eine Schande für unsere Familie. Ich hatte meine Eltern noch nie so zornig gesehen, und erst durch ihre Reaktion wurde mir die Dummheit meiner Handlungsweise bewußt. Ich flehte sie an, mir zu verzeihen, mir zu helfen, daß ich nicht ins Gefängnis käme; dieses Mal hatte ich wirklich Angst.

Tatsächlich unternahmen sie, was in ihrer Macht stand, um mir die Haft zu ersparen. Mama schöpfte alle ihre Beziehungen aus. Schließlich ließ sich die Polizei erweichen – unter der Bedingung, daß wir fünfhundert Yuan Schadenersatz zahlten und ich eine Woche lang zwei Stunden am Tag in die Besserungsanstalt für Kriminelle ging. Meine Eltern rafften ihre ganzen Ersparnisse zusammen und mußten sich darüber hinaus noch Geld leihen, um diese hohe Summe aufbringen zu können. Ich lernte meine Lektion: Ich schämte mich, weil ich meine Eltern arm gemacht und vor meinen Klassenkameraden auf dem Gymnasium das Gesicht verloren hatte. Die Nachbarn redeten nicht mehr mit mir und verboten ihren Kindern, mit mir zu spielen. So ins soziale Abseits gestellt, blieb mir nur ein einziger treuer Gefährte: Zhou Qiang. Ich begann seine Gegenwart als lebensnotwendig zu betrachten. Sein reizendes Lächeln geisterte durch meine Träume, er war mein Held, genial und schön wie im Film. Dieses neue Gefühl versetzte mich in Himmel und Hölle zugleich. Die Sehnsucht, von der ich in Liebesromanen gelesen hatte, verzehrte mich, aber ich wußte auch, daß ein Mädchen, bevor es zwanzig Jahre alt war, auf keinen Fall etwas mit Jungen zu tun haben durfte, und sogar auf dem Gymnasium achteten die Lehrer streng auf Geschlechtertrennung in den Klassenzimmern. Mädchen und Jungen durften sich noch nicht einmal miteinander unterhalten. Ich wußte nicht mehr, wie ich mit Zhou Qiang umgehen sollte. Aber auch er änderte sein Verhalten mir gegenüber. Jedesmal, wenn wir uns trafen, wurde er so rot, daß unsere früher so begeisterten Unterhaltungen stockten.

DIE ZWEIWÖCHIGE Aufnahmeprüfung für die Universität rückte immer näher. Ich fiel durch, aber das machte mir überhaupt nichts. Meine Eltern hatten damit allerdings nicht gerechnet, denn trotz meines schlechten Rufes hatte ich immer gute Noten gehabt. Sie waren außer sich vor Enttäuschung, untersagten mir zur Strafe, Zhou Qiang zu sehen, und schlossen mich in meinem Zimmer ein, weil ich für das nächste Jahr fleißig lernen mußte. Der arme Zhou Qiang stand vor meinem Fenster und rief mich, während ich machtlos in meinem Gefängnis saß. Wir konnten uns nur durch das Fenster unterhalten. Schließlich gelang es mir eines Tages, dank der Hilfe meiner kleinen Schwester, der familiären Überwachung zu entkommen und mit meinem alten Freund spazierenzugehen. Schweigend liefen wir aufs Feld hinaus und setzten uns dort nieder; wir wußten beide nicht, wie wir die verlorene Zeit wieder einfangen sollten. Er nahm meine Hand in seine und fragte mich, ob ich mich an den Tag erinnerte, an dem wir mit unserer Lehrerin Yang den Sonnenuntergang angeschaut hatten.

„Ja, natürlich . . . Wir waren damals noch so klein . . .“

Hand in Hand sahen wir nun wieder die Sonne hinter dem Horizont versinken. Bevor wir uns trennten, sagte er die Worte, die ich nie vergessen werde: „Niu-Niu, ich . . . ich liebe dich, das ist die Wahrheit!“ Ich habe eine ganze Woche lang deswegen nicht schlafen können.

Danach trafen wir uns noch ein paarmal, aus Sicherheitsgründen immer erst spät am Abend, wenn alles schlief. Doch unser romantisches Glück dauerte nicht lange. Eines Abends kam Zhou Qiang in Soldatenuniform zu uns, als die ganze Familie gerade vor dem Fernseher saß. Sein trauriger Gesichtsausdruck bestürzte mich. Er erzählte, er werde am nächsten Morgen in den Krieg gegen Vietnam ziehen. Trotzdem fand er, daß es ein großes Glück für ihn war, daß man ihn in der Armee aufgenommen hatte, denn so wurde auch seine Familie wieder „ehrenhaft“ wie die von allen Soldaten. Diese Neuigkeit zerriß mir das Herz, ich konnte es kaum glauben.

Meine Großmutter gab ihm zwanzig Yuan und bat ihn, auf sich aufzupassen. Mir wurde erlaubt, ihn nach Hause zu begleiten. Unterwegs brachte ich kein Wort hervor, die Tränen saßen mir wie ein dicker Kloß im Hals.

Vor dem Haus seiner Tante sagte er mit zitternder Stimme: „Weine nicht, Niu-Niu. Ich werde dir schreiben. Ich schwöre dir, ich komme zurück.“ Im schwachen Schein der Straßenlaternen küßten wir uns zum Abschied auf die Wange. *Am traurigsten ist es, sich „Auf Wiedersehen“ sagen zu müssen, wenn man geht, und „Lebewohl“, wenn man stirbt* – dieser Satz meiner Großmutter schien mir wie eine Prophezeiung, daß unsere Trennung auf ewig sein würde.

Vor dem Morgengrauen stand ich auf, um ihn am Bahnhof zu verabschieden. Ich konnte ihn nicht einfach so gehen lassen, und deshalb kochte ich ihm zwei Eier, wie es meine Mutter jedesmal tat, wenn mein Vater verreiste. Dann nahm ich noch Bonbons und Kuchen mit und lief außer Atem zum Bahnhof.

Der Bahnhof war voller Soldaten, die sich lachend oder weinend von ihren Familien verabschiedeten. Zhou Qiang war als einziger allein gekommen; er trug einen großen Rucksack und sah traurig zu, wie sich seine Kameraden von ihren Verwandten verabschiedeten.

Ich gab ihm den Beutel mit den Lebensmitteln und ließ ihn versprechen, daß er wiederkäme. Es tat mir weh, als ich sah, wie seine grauen Augen vor Dankbarkeit aufleuchteten. Plötzlich brach er in heftiges Schluchzen aus. „Niu-Niu, vergiß mich nicht. Wenn ich meinen ersten Sold bekomme, kaufe ich dir davon ein wunderschönes Geschenk.“

Zhou Qiang, mein bester Freund, mein Bruder und meine große Liebe, hatte so ein gutes Herz, daß er selbst bei all den Gefahren, die auf ihn warteten, immer nur an mich dachte.

Ein Pfiff kündigte die Abfahrt des Zuges an. Unsere Hände lösten sich. Der Zug entfernte sich und verschwand am Horizont. Ohne daß ich Zhou Qiang sah, wußte ich, daß er nun seine Tränen trocknete, und ohne daß ich ihn hörte, wußte ich, daß er seufzte, mir sagte, er komme wieder, und mich bat, auf ihn zu warten.

Einen Monat später wurden bei der Arbeitseinheit meiner Mutter sieben Stellen für die Kinder von Angestellten frei. Voraussetzung war, daß sie eine Prüfung bestanden. Es handelte sich um drei Stellen als Schauspieler, zwei weitere in der Restauration und zwei in den Kulissen. Meine Eltern waren gerade auf Tournee und wußten nichts von den Kämpfen, die sich die Eltern lieferten, damit ihr Nachwuchs angenommen wurde: Eifersüchteleien und alte Streitigkeiten tauchten wieder auf und gipfelten in gegenseitigen Denunziationsbriefen, Beleidigungen und Propagandaplakaten. Da ich auch gern eine Stelle als Schauspielerin gehabt hätte, überredete ich eine ehemalige Schülerin meiner Mutter, mir Schauspielunterricht zu geben. Yan Ying war eine hochintelligente und sehr schöne Frau mit einem vielversprechenden Talent. Sie empfing mich tatsächlich mit offenen Armen, brachte mir unverzüglich Singen, Tanzen und das Spielen von Einaktern bei und gab mir einen Überblick über Literaturgeschichte, Malerei und Theater.

Am Tag der Prüfung sprach ich einen modernen Text von Laotse vor, „Mondschein". Aber die Aufregung, auf der Bühne tragische Situationen wie Hunger und Krankheit, die ich in meiner Kindheit erlebt hatte, darzustellen, hinderte mich daran, meine Darbietung zu Ende zu bringen. Ich bekam die Stelle nicht.

Ich war jedoch nicht traurig darüber, denn ich hatte das Glück gehabt, mit Yan Ying zusammenzutreffen. Ihr verdanke ich den Anstoß, mich weiterzubilden, an meinem Stil zu arbeiten und zu lernen, die Drehbücher meines Vaters zu beurteilen. Sie hatte in mir den Wunsch geweckt, hart zu arbeiten, damit ich mich an der Universität einschreiben und Theaterwissenschaften studieren konnte.

Meine Eltern waren erstaunt über die Veränderung in meinem Verhalten. Sie freuten sich darüber, und ich hatte großes Vergnügen daran, ihnen dieses Glück zu schenken. Ich schwieg jedoch über meinen Plan, zur Universität zu gehen, denn für den Fall, daß ich versagte, wollte ich weder das Gesicht verlieren noch sie enttäuschen. Sie hatten den zusätzlichen Unterricht, den ich nahm, trotz seines außergewöhnlich hohen Preises bezahlt, und um ihnen für ihre Mühen zu danken, hatte ich endgültig von meinen Dummheiten abgelassen. Außerdem waren sie stolz auf meine Freundschaft mit Yan Ying, die mich von meinen ehemaligen zweifelhaften Bekanntschaften abhielt.

In dem zwanglosen und fröhlichen Unterricht von Yan Ying habe ich so viel gelernt, daß ich mich noch heute bemühe, ihrem Beispiel zu folgen. Ihr verdanke ich meinen Entschluß, die Aufnahmeprüfung für die schwierigste Fakultät der Universität, der Abteilung für Filmregie, zu versuchen. Ich wußte, ein Erfolg würde mir die Bewunderung meiner Eltern und vor allem die Anerkennung derer sichern, die mich immer schon gehaßt hatten.

ENDLICH neigten sich die beiden anstrengenden Prüfungswochen ihrem Ende zu. Nach vier Auswahlverfahren blieben von tausendsechshundert Kandidaten nur noch drei übrig: zwei Jungen und ich. Aber noch war nicht alles vorbei. Jetzt mußte ich noch, zitternd vor Furcht, den endgültigen Urteilsspruch abwarten, weil in diesem Bereich nur ein oder zwei Studenten aus der ganzen Provinz zugelassen wurden. Mindestens einer von uns dreien würde verlieren.

Zusätzlich war ich noch abgelenkt durch die Gedanken an Zhou Qiang, von dem ich seit seiner Abreise nur einen einzigen Brief bekommen hatte. Ich dagegen hatte ihm mehrfach geschrieben und ihm ein von meinem Taschengeld erstandenes Hemd geschickt.

Eines Morgens wachte ich in großartiger Stimmung auf, ohne eigentlich zu wissen warum. Ningning, meine kleine Schwester, war ganz erstaunt. Ich ging mit ihr ins Kino. Als wir wieder nach Hause kamen, gab mir der Hausmeister einen Brief. Staunend las ich: „Genossin, wir freuen uns, Ihnen mitteilen zu können, daß Sie an der theaterwissenschaftlichen Fakultät unserer Universität in die Regisseurklasse aufgenommen wurden. Kommen Sie bitte mit Ihren Unterlagen bis zum dritten September zur Einschreibung nach Peking. Gezeichnet: Parteizelle der Filmuniversität von Peking." Ein riesiger roter Stempel zierte die untere Hälfte des Blattes.

Ich brach in Tränen aus, rannte in Windeseile in mein Zimmer, schloß die Tür hinter mir ab und streichelte den riesigen, herrlichen roten Stempel. Es war ein echter, maschinengeschriebener Brief, und der Stempel war in das Papier geprägt. Selbst das Blatt Papier hatte eine besondere und unnachahmliche Struktur. Ich war angenommen.

Ich sagte Ningning, daß ich meine Eltern überraschen wolle, und legte den Brief oben auf die Zeitungen, die sie abends nach ihrer Heimkehr immer als erstes lasen. Endlich kamen meine Eltern nach Hause. Ningning und ich empfingen sie mit „Guten Tag, liebe Eltern" so respektvoll, daß sie ganz erstaunt waren. Meine Großmutter bat meinen Vater, nachzuprüfen, was ich wohl im Schilde führe, da ich den ganzen Tag lauthals gesungen hätte. Er fragte mich deshalb, ob ich vielleicht nach einer neuen Schlägerei gerade meinen Sieg feierte. Aber ich hatte gesehen, wie er zu den Zeitungen gegriffen hatte, und noch bevor ich antworten konnte, ertönte sein Schrei durch das ganze Haus. Er dachte zuerst, die Verwaltung habe sich geirrt und meinen Namen mit einem anderen verwechselt. Ich erklärte ihnen, dies sei das Ergebnis einjähriger harter Arbeit und der Grund dafür, daß ich zusätzlichen Unterricht gebraucht hätte, und ich gestand ihnen auch, daß ich die vier Auswahlprüfungen heimlich abgelegt und bestanden hatte. Mama weinte vor Freude, aber Papa blieb ungläubig. Noch am gleichen Abend bestieg er sein Fahrrad, um mit jemandem von der Filmuniversität, den er kannte, zu telefonieren. Als er wiederkam,

Oben: Nach Yanns Abreise ist Niu-Niu tieftraurig. – Darunter: Wenn man gekleidet ist wie die jungen Frauen in Hongkong, kann man Ausländerhotels betreten und Erinnerungsfotos machen.

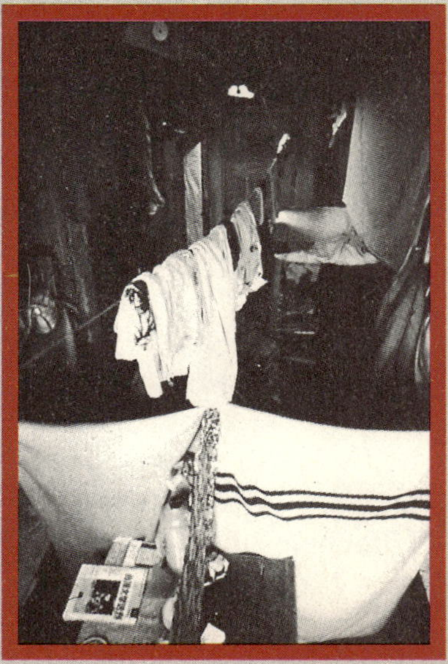

Niu-Nius Schlafsaal im Studentenwohnheim der Universität Peking: vier Etagenbetten in einem zwanzig Quadratmeter großen Raum

Die Kulturrevolution schickt die Intellektuellen in „Umerziehungslager“ aufs Land.

Auf dem Fahrrad, die Kamera um den Hals gehängt, macht Yann in Peking seine Fotos.

strahlte er über das ganze Gesicht. „Mein Liebling, du bist wirklich großartig! Du bist die einzige aus unserer Provinz, die zugelassen worden ist, und du bist die Jüngste in der ganzen Abteilung!"

Am nächsten Morgen standen meine Eltern früher auf als sonst und gingen nicht zur Arbeit, weil sie mir Geschenke kaufen wollten. Dann baute sich Papa vor der Tür seines Studios auf, um all seinen Kollegen, auch denen, die er nicht kannte, die wunderbare Neuigkeit mitzuteilen: „Meine zweite Tochter, Niu-Niu, ist in der Regisseurklasse der Universität zugelassen worden! Seht euch dieses Schreiben an! Sie ist die einzige in der ganzen Provinz!" Er benahm sich so komisch, daß die ganze Familie sich halbtot lachte, und trotz der Vorhaltungen meiner Mutter konnte er sich nicht entschließen, nach Hause zu kommen.

Damit meine treuen Freunde meine Freude teilten, erzählte ich Yan Ying, Tianye und Dajun die Neuigkeit gleich. Dajun lud uns auf der Stelle zu einem Festessen ein, damit wir den Erfolg gebührend feiern konnten. Ich war natürlich in Hochstimmung, aber sie wurde durch die Gedanken an Zhou Qiang beeinträchtigt. Der Angriff auf Vietnam hatte nur siebzehn Tage gedauert, und ich hatte immer noch nichts von ihm gehört. Ich bestieg also mein Fahrrad und fuhr bei seiner Tante vorbei, um eine Erklärung für sein Schweigen zu bekommen. Sie sah mich an wie ein Gespenst.

„Weißt du denn nicht, was ihm zugestoßen ist? Vor anderthalb Monaten ist er während eines Gefechtes . . ."

„Was sagen Sie da? Wo ist er?"

Alles um mich herum versank in dichtem Nebel, und ich war nahe daran, ohnmächtig zu werden. Zhous Tante reichte mir einen Beutel und bat mich, ihn zu öffnen. Er war so schwer, daß ich ihn kaum heben konnte. Darin waren eine Soldatenuniform, ein paar Bücher und ein Blatt Papier mit Zhou Qiangs Schrift: „Guten Tag, Niu-Niu, ich hoffe, Dir geht es gut. Du fehlst mir sehr . . ." Der Brief war nicht zu Ende geschrieben worden. Auf einem anderen Blatt standen ein paar mit Schreibmaschine geschriebene Zeilen: „Liebe Eltern, wir müssen Ihnen leider voller Trauer anzeigen, daß Ihr Sohn, der Genosse Zhou Qiang, ein gutes Kind der Partei, ein tapferer Soldat des Volkes, uns für immer Lebewohl gesagt hat. Dieser Beutel gehört ihm. Nehmen Sie bitte diese dreihundert Yuan an, die die Armee Ihnen als Entschädigung und zum Dank für Zhou Qiangs Mut und seine Dienste in der Armee zahlt." Mir schwanden die Sinne. Dieser

Beutel und die schäbigen dreihundert Yuan brachen mir das Herz. War er so wenig wert gewesen? Ich vergaß mein Fahrrad. Zu Fuß kehrte ich nach Hause zurück und preßte den unvollendeten Brief an mein Herz.

In den folgenden Tagen besuchte ich noch einmal alle Orte, an denen wir gemeinsam gewesen waren: die Schule, das Theater, den kleinen Baum, unter dem wir uns so oft getroffen hatten, das Feld, auf dem er mir zum ersten Mal gesagt hatte, daß er mich liebe; überall suchte ich sein Gesicht, aber ich fand es nicht. In meinem Zimmer schlug ich mit dem Kopf gegen die Wand, bis Blut floß und ich ohnmächtig wurde. Als ich wieder zu mir kam, stand ein Arzt an meinem Bett. Ich bat darum, daß er, meine Eltern und meine Schwester das Krankenzimmer verliessen. Ich wollte mit meiner Großmutter allein sein. „Zhou Qiang ist nicht mehr da! Auch er hat mich verlassen. Warum gehen nur alle Menschen, die ich liebe?“

Sie antwortete nicht und sah mich nur an.

Meine Genesung dauerte eine Woche. Um den unerträglichen Schmerz zu mildern, schrieb ich ein Gedicht für Zhou Qiang und schickte dreißig Abschriften dieses Lebewohls an so seltsame Adressen wie den Mond, die Sonne, das Theater, den Fluß oder das Paradies. Ich suchte die schönsten Briefmarken aus und steckte die Briefe in alle möglichen Briefkästen in der Stadt. Ich war überzeugt davon, daß Zhou Qiang sie erhalten würde.

6. Das Leben als Studentin

Der Tag meiner Abreise rückte näher. Er kündigte das Ende meiner Kindheit an. Ich würde allein leben und erwachsen werden. Ich packte drei Koffer voller Bücher, darunter die, die meine Großmutter im Müll gefunden hatte. Meine Eltern gaben mir unzählige Ratschläge mit auf den Weg. Auf dem Bahnhof sagte ich ihnen, meiner Großmutter und Ningning zum wiederholten Mal auf Wiedersehen, und dann fuhr ich voller Hoffnung und Ungewißheit nach Peking.

Die Universität lag außerhalb der Hauptstadt, inmitten von Feldern. Als ich auf dem Campus ankam, war ich vollkommen verwirrt von den riesigen Willkommensspruchbändern für die neuen Studenten und von der Musik, die aus den Lautsprechern drang. Meine Koffer wurden mir von den Mitstudenten, die sich bereits eingerichtet hatten, liebenswürdig abgenommen und in den Schlafsaal getragen. Ich fühlte mich sofort wohl: Die Anlage war schön, alle lächelten, und die ganze Umgebung war reizend. In meinem Schlafsaal, zwanzig Quadratmeter groß und im dritten Stockwerk, standen vier Etagenbetten mit Vorhängen, so daß man dort ganz für sich sein konnte.

Ein Mädchen kam auf mich zu. „Ich heiße Gao Lan. Du bist Niu-Niu und kommst aus Sichuan, wenn ich mich nicht irre?"

Sie half mir, die Koffer auszupacken und das Bett zu machen. Dabei erzählte sie mir ausführlich von den Annehmlichkeiten auf dem Campus, wie der Mensa, den Hörsälen und den Duschen. Ihre Freundlichkeit nahm mir das Gefühl, fremd zu sein. Gegen Ende des Nachmittags lernte ich drei weitere Zimmerbewohnerinnen kennen. Wir waren alle ganz aufgeregt und stellten uns gegenseitig tausend Fragen.

Am nächsten Morgen traf ich bei der allgemeinen Einführungsversammlung die übrigen Studenten meines Semesters. Insgesamt waren wir vierzehn, sieben Mädchen und sieben Jungen, alle gleich gekleidet und sehr schüchtern. Aber wir lächelten uns gegenseitig an und begrüßten uns freundlich. Der Professor machte uns miteinander bekannt. Wie sich herausstellte, waren die Mitglieder unseres Studienjahrgangs zwischen siebzehn und einunddreißig Jahre alt. Vier von uns kamen aus Peking, die anderen, wie ich, aus entfernten Provinzen. Ein paar hatten im Theater, im Kino oder als Arbeiter in Fabriken gearbeitet, andere zahllose unterschiedliche Geschäfte auf der Straße betrieben. Ein Junge, der sich mit mir unterhielt, hieß Ouyiang und kam aus Peking. Er war der älteste von uns, wirkte kühl und arrogant und kam schlecht damit zurecht, daß ein siebzehnjähriges Mädchen wie ich es sich in den Kopf gesetzt hatte, Filmregisseurin zu werden. Ich fand ihn vom ersten Moment an recht unsympathisch. Xiao Chun dagegen, ein anderer Student aus Peking und der jüngste männliche Kommilitone, gefiel mir wegen seines Charmes. Er sah ein wenig aus wie Zhou Qiang, und er versprach, mir die Stadt zu zeigen.

Am Abend dieses ersten Tages hatten alle Studenten der Fakultät ein Künstlerfest organisiert, und Xiao Chun setzte sich neben mich. Er erzählte mir, er habe nach dem Gymnasium mühelos eine Anstellung als Schauspieler in einem Theater gefunden, sein Vater sei ein bekannter Regisseur – ich hatte schon drei seiner Filme gesehen – , und seine Mutter leite das größte Theater in der Hauptstadt. Seine Ähnlichkeit mit Zhou Qiang gab mir das Gefühl, ihn schon seit einer Ewigkeit zu kennen.

Eine Woche später begannen die eigentlichen Kurse. Es waren insgesamt acht: Kunstgeschichte, Literaturgeschichte, Filmgeschichte, Aufsatz, Dramaturgie, Politik, Englisch und Geschichte des Kommunismus. Ich begann sofort voller Eifer zu lernen. Das war meiner Meinung nach die beste Methode, um meiner Großmutter und meinen Eltern für das zu danken, was sie für mich getan hatten. Bereits um sechs Uhr morgens stand ich auf, lernte Englisch und machte Gymnastik. Tagsüber hatten wir dann vier Stunden Unterricht am Vormittag und drei Stunden am Nachmittag. Abends las ich, oder ich schrieb, um mich im Aufsatz zu üben. Die Helden in Romanen wie „Rot und Schwarz" oder „Vom Winde verweht" oder die Gestalten Jack Londons begeisterten mich, wenn die chinesischen Fachleute sie auch heftig kritisierten. Ich litt mit Romeo und Julia und teilte die Verzweiflung der Kameliendame. Nach dem Unterricht unterhielten die anderen Studenten und ich uns immer über die Bücher, die wir gerade lasen.

Die Kurse „Politik" und „Geschichte des Kommunismus" hingegen langweilten mich entsetzlich; da man jedoch daran teilnehmen mußte, nahm ich mir immer ein Buch mit, um mir die Zeit zu vertreiben. Die vielen Bücher, die ich kaufte, ließen meine Geldmittel rasch zusammenschmelzen. Meine Eltern schickten mir dreißig Yuan im Monat; davon brauchte ich fünfundzwanzig für die Mensa, und die übrigen fünf gab ich für meine Lieblingsromane aus. Für die sonstige Lebenshaltung blieb mir also nichts übrig, und deshalb fuhr ich schwarz mit dem Bus.

Drei Monate nach Beginn des Unterrichts gab es eine Versammlung von Professoren und Studenten, auf der jeder Student darlegen sollte, warum er den Beruf des Regisseurs gewählt hatte. Alle wiederholten stupide das, was Ouyiang, der inzwischen Klassensprecher war, gesagt hatte: Sie wollten dem Volk, der nationalen Kultur und der Partei dienen. Die Professoren waren anscheinend sehr zufrieden damit. Als ich jedoch an der Reihe war, versuchte ich, einfach die Wahrheit zu sagen. Ich erklärte, ich wolle meinen Verleumdern beweisen, daß ich etwas leisten könne, wolle mich voll und ganz meiner Arbeit widmen, und es tue mir leid, aber ich hätte kein politisches Ziel.

Die Professoren bedachten mich mit bösen Blicken, der Klassensprecher machte ein verschlossenes Gesicht, und mir wurde klar, daß ich eine große Dummheit begangen hatte. Am Ende der Versammlung erklärte mir Gao Lan, es sei dumm von mir gewesen, so etwas zu sagen, da ich damit die Professoren verärgert hätte. Die Studenten seien schließlich von den Professoren abhängig, da diese nach Beendigung des Studiums darüber entscheiden würden, ob wir eine Stelle bekämen oder nicht. Natürlich hatte sie damit recht. Da ihre Eltern an der Universität lehrten, kannte sie alle Tricks und sagte mir voraus, die Professoren würden mit mir reden wollen. Tatsächlich wurde ich am nächsten Tag ins Büro gerufen.

„Ich habe über deine Worte lange nachgedacht“, meinte einer der Professoren. „Ich denke, du bist hier, weil die Partei und das Volk dir diese Chance gegeben haben. Deshalb mußt du hart arbeiten, um ihnen zu danken. Meiner Ansicht nach siehst du die ganze Angelegenheit zu persönlich. Der Film soll dazu beitragen, die gute Linie der Partei zu unterstützen. Darüber solltest du nachdenken.“

Diese Vorhaltungen regten mich so auf, daß ich Kopfschmerzen vorschützte, um das Büro verlassen zu können. Am Abend zog ich es vor, an der angekündigten Filmvorführung nicht teilzunehmen. Während ich im Schlafsaal Musik hörte, kam Zhang Ling, das Mädchen, das im Bett über mir schlief, herein. Ich mochte sie gern, weil sie die hübscheste und klügste von uns war. Sie war neun Jahre älter als ich, und die Jungen auf dem Campus liefen ihr nach. Gao Lan mochte sie deswegen nicht. Mit rotverweinten Augen betrat sie das Zimmer und warf sich sofort aufs Bett. Ich hörte ihr ersticktes Schluchzen. Auf mein inständiges Bitten hin erklärte sie sich schließlich bereit, mir zu erzählen, was sie bedrückte.

Seit ihrer Geburt wurde sie von den Leuten als „die Bastardin“ bezeichnet. Es hieß, sie sei nicht die Tochter des Mannes ihrer Mutter, die eine sehr schöne Schauspielerin war. Das war eine unglaubliche Verleumdung, da diese Frau ihren Mann nie betrogen hatte. Aber ihr Vater hatte ihr nie auch nur ein Lächeln geschenkt, und die Mitglieder ihrer Familie hatten ihr alle Hausarbeit aufgebürdet. Zhang Ling hatte die Situation nicht mehr ertragen und war zu den Roten Garden gegangen. Eines Tages führte sie sie in ihr Elternhaus, damit sie das Haus durchwühlten und ihre Eltern anklagten. Danach blieb sie bis zum Ende der Revolution vier Jahre auf dem Land. Da ihr klar war, daß sie, nach dem, was sie getan hatte, nie mehr nach Hause zurückkehren konnte, suchte sie sich eine Arbeit als Straßenfegerin. Dort lernte sie einen kranken Schuhmacher kennen, in den sie sich verliebte. Sie zogen zusammen, und es fehlte nur noch ihre offizielle Heiratsurkunde, als er eines Tages von ihr die Trennung verlangte. Er war ihrer überdrüssig geworden – das war der einzige Grund, den sie sich denken konnte. Die unglückliche Zhang Ling hatte seitdem zweimal versucht, Selbstmord zu begehen. Sie begann gerade wieder Fuß zu fassen, als ihr ehemaliger Liebhaber, der neidisch auf ihren sozialen Aufstieg war, einen Brief an die Verwaltung schickte, in dem er erklärte, Zhang Ling führe einen unmoralischen Lebenswandel und habe abgetrieben. Die Professoren hatten diesen Brief vor einer Woche bekommen, und nun ließen sie sie jeden Tag rufen, um sie zu einem Geständnis zu zwingen. Sie hatte sich bisher standhaft geweigert, aber die Professoren waren so versessen auf ihr Geständnis, daß sie Gerüchte über ihr angebliches Vergehen verbreiteten. An diesem Abend war Zhang Ling von Gao Lan, die darauf anspielte, beleidigt worden, und aus diesem Grund war sie so niedergeschlagen.

Zhang Ling hatte mir ihre Geschichte im Vertrauen erzählt, damit ich zu ihren Gunsten bei Gao Lan intervenierte. Wir schworen uns, von nun an wie Schwestern zu sein.

Diese enge Freundschaft machte Gao Lan eifersüchtig, und sie verlangte von mir, ich solle mich zwischen ihr und Zhang Ling entscheiden. Die Entscheidung fiel mir nicht schwer; ich verzichtete auf ihre ungewisse Freundschaft und blieb die Freundin von Zhang Ling.

Nach und nach schlossen sich die Studenten zu Gruppen zusammen: die aus Peking, die aus der gleichen Provinz, die Modernisten und die Konservativen. Da Zhang Ling, Xiao Chun und ich immer zusammen waren, nannte man uns bald die „Bande der Bizarren". Xiao Chun, lebhaft und begeisterungsfähig, unterhaltsam und großzügig, hatte mein Herz rasch gewonnen. Allerdings hatte ich mir nach Zhou Qiangs Tod geschworen, mich nie wieder zu verlieben. Deshalb empfand ich Schuldgefühle angesichts meiner wachsenden Zuneigung Xiao Chun gegenüber.

So GINGEN die ersten fünf Monate an der Universität vorbei, und ich fuhr zum Neujahrsfest mit dem Gefühl nach Hause, über alle Dinge der Welt Bescheid zu wissen. Meine Eltern hatten zur Feier des Tages ein Taxi bestellt, um mich am Bahnhof abzuholen, und nach einem üppigen Abendessen saß die ganze Familie, außer Mimi, die in Peking geblieben war, zusammen, und ich erzählte von meinen Abenteuern an der Universität. Meine Großmutter war stolz auf mich und sagte, jetzt könne sie in Frieden sterben. Sie war in den fünf Monaten meiner Abwesenheit sehr gealtert. Ich bat sie, gut auf sich aufzupassen, und sie antwortete lächelnd, sie wolle vor ihrem Tod noch meinen ersten Film sehen.

ICH SAH einige alte Freunde wieder. Am besten hatte es Dajun getroffen, der sein eigenes Restaurant aufgemacht hatte. Er besaß sogar ein Motorrad! Die Polizei kam nur noch zu ihm, um seine Finanzen zu überprüfen, und sie waren in Ordnung.

Auch Tianye traf ich wieder. Nach drei Jahren an der Universität war er mürrischer geworden. Er hatte vor kurzem seine Gemälde auf der Straße ausgestellt, und die Polizei hatte ihn gefragt, was seine tiefere Motivation sei. Er hatte geantwortet, er male, wenn er fröhlich sei und wenn er traurig sei, was häufig vorkomme, und da hätten diese Polizisten ihn verprügelt. „Traurig sein" ließen sie nicht zu, da die Partei sich um unser aller Glück kümmerte. In einer Zeit, wo schon Raumschiffe auf dem Mond landeten, hatte man bei uns noch nicht einmal das Recht, traurig zu sein. Die Kulturrevolution war jetzt seit sieben Jahren vorbei. Man durfte jedoch immer noch keine Jeans tragen oder sich die Haare wachsen lassen; Mädchen sollten keine enganliegenden T-Shirts tragen und mußten sich die Haare zusammenbinden. Auf der Straße wiegelte immer wieder irgendein älterer Mensch die Menge auf und wies auf unerwünschte Frisuren und Kleider hin. Darstellungen der Venus von Milo mußten zerstört werden, weil sie als schamlos galten, und westliche Schlager wurden verdammt, weil sie nur von Liebe handelten. Dieses bittere, dreiwöchige Eintauchen in das alltägliche Leben ließ mich meine Rückkehr in die Geborgenheit der Universität um so mehr schätzen.

Auf dem Campus kam es immer wieder zu leidenschaftlichen Diskussionen mit anderen Studenten über die unterschiedlichsten Themen. Mich beeindruckten vor allem Zeitungsartikel, in denen berichtet wurde, daß junge Paare im Westen einfach zusammenlebten. Wenn sie sich trennten, blieben sie gute Freunde, was bei uns niemals der Fall war. Sie konnten sogar Kinder haben, ohne verheiratet zu sein und ohne daß die Polizei einschritt. Niemand kam dort auf die Idee, diese Kinder zu beschimpfen! Ich fand diese Sitten sehr viel zivilisierter als unsere. Zhang Ling, mit der ich mich darüber unterhielt, behauptete, viele Studenten hätten im geheimen schon sexuelle Beziehungen gehabt.

Ein Geist mußte wohl unser Gespräch belauscht haben, denn bald darauf verbreitete Gao Lan, worüber ich mich mit Zhang Ling unterhalten hatte. Die Professoren kritisierten unsere Sympathie für die westliche Mode auf das heftigste. Man warf mir auch meine enge Freundschaft mit Zhang Ling vor und drohte mir, meine Eltern zu benachrichtigen, wenn ich am nächsten Tag nicht öffentlich Selbstkritik üben würde. Damit hatte man meinen schwachen Punkt getroffen – ich hatte große Angst davor, meine Eltern unglücklich zu machen. Ich blieb während der ganzen Sitzung stumm, und außer Zhang Ling und Xiao Chun kritisierten mich alle Studenten heftig. Die Stimme meiner Freundin galt jedoch nicht so viel, daß man ihrer Aussage ernsthaft Gewicht beigemessen hätte, und Xiao Chun schützte Halsschmerzen vor, um sich aus der Affäre zu ziehen: Er wollte nicht den Zorn der Professoren auf sich lenken.

Der Klassensprecher, der mir besonders auf die Nerven ging, schloß die Debatte mit einem Sprichwort: „Wenn man nicht weiß, wie tief das Wasser ist, sollte man nicht hineingehen."

Ich teilte Zhang Ling mit, was ich von Ouyiang hielt, geriet damit aber an die Falsche, denn sie fand ihn hinreißend. Ihrer Meinung nach beurteilte ich ihn völlig falsch. Wie sie mir erzählte, war der Zweiunddreißigjährige Soldat gewesen und hatte so oft dem Tod ins Auge geblickt, daß er seitdem ein anderer war. Nachdem er eine Zeitlang weggeworfene Eispapiere auf der Straße gesammelt hatte, um zu überleben, kam ihm die Universität wie das Paradies vor. Alles, was er wollte, war, geradlinig seinem Weg zu folgen. Eines war mir nach dieser Verteidigungsrede klar: Ouyiang mochte ein Streber oder sogar bösartig sein, auf jeden Fall liebten Zhang Ling und er sich insgeheim.

Um mich dafür zu bestrafen, daß ich während meiner Kritiksitzung nichts gesagt hatte, verfügten die Professoren, daß ein öffentlicher Verweis ans Informationsbrett angeschlagen wurde, mit meinem Namen und meinen Vergehen in großen schwarzen Schriftzeichen und demselben offiziellen roten Stempel darunter, der auch meinen Zulassungsbrief geschmückt hatte. Sechs andere Studenten teilten diese traurige Ehre mit mir. Xiao Chun zog die ganze Episode ins Lächerliche. Er war ein Charmeur, der mich mit seinen schönen Worten leidenschaftlich in sich verliebt machte. Er hatte mir seine Liebe gestanden und behauptet, er sei dazu geboren, mich zu lieben. Ich liebte ihn zu sehr, um ihm nicht zu glauben. Wir machten uns ungewöhnliche Geschenke: Er schenkte mir Bücher, wenn ich ihm Blumen mitbrachte; er kaufte mir Kleider, wenn ich ihm Marmelade schenkte. Ich lernte, mich zu schminken und mich kokett zu benehmen, um ihm zu gefallen. Das trockene Klima in Peking heilte meine Hautkrankheit, die ich inzwischen seit fünfzehn Jahren hatte. Nun wurde meine Haut zu meiner großen Freude weiß wie eine Lilie.

Im Mai, am Vorabend meines achtzehnten Geburtstages, schenkte Xiao Chun mir ein bezauberndes Kleid. Meine Eltern hatten mir zwanzig Yuan geschickt, mit denen ich meine besten Freunde ins Restaurant einlud. Nach sieben üppigen Gängen und vier Flaschen Weißwein wankten wir völlig betrunken aus dem Lokal, nicht mehr in der Lage, unsere Bushaltestelle zu finden. Auf einer Brücke wettete Xiao Chun zehn Yuan, daß sich keiner trauen würde, ins Wasser zu springen. Die ganze Gesellschaft landete im Kanal, einschließlich Xiao Chun, der nicht mehr genug Geld hatte, um seine Wette bezahlen zu können . . .

Xiao Chun und ich beschlossen, den Abend in einem öffentlichen Park zu beenden. Der Wind fuhr sanft durch unsere Haare, der Bach murmelte, und die Sterne funkelten.

„Niu-Niu, ich habe Lust auf dich. Ich warte schon so lange."

„Ich bin doch da. Was willst du mehr?"

„Aber . . . ich möchte mit dir schlafen!"

Seine Kühnheit erschreckte mich: Wir waren nicht verheiratet, und ich konnte mir nicht vorstellen, wie wir das machen sollten. Mir fiel jedoch die Unterhaltung mit Zhang Ling über die sexuelle Freiheit der jungen Leute im Westen ein. Es war eine Versuchung, und ich liebte Xiao Chun. Leise schlichen wir in die Wohnung seiner Eltern und gingen in sein Zimmer, wo wir nicht wagten, Licht anzumachen. Wir legten jeder in einer Ecke unsere Kleider ab und gingen ins Bett. Xiao Chun küßte mich auf den Mund, und dann legte er sich vorsichtig auf mich. Zaghaft streichelte er meinen Körper. Ich fand, daß alles eine Ewigkeit dauerte. Plötzlich fühlte ich einen heftigen Stoß. Ich hatte das Gefühl, mein Inneres würde zerreißen, und ich hätte vor Schmerz laut geschrien, wenn ich nicht Angst gehabt hätte, Xiao Chuns Eltern zu wecken. Sofort danach hörte er auf, sich zu bewegen, und wir zogen uns wieder an. Ich war erschrocken, als ich merkte, daß ich blutete, und dachte, nun müßte ich sterben. Xiao Chun, ebenso unwissend wie ich, weinte schon über meinen bevorstehenden Tod. Wir warteten nur noch auf meinen letzten Atemzug und Xiao Chuns Verurteilung zum Tode. Auf dem Weg zur Universität hatten wir das

Gefühl, man könne uns unser Tun vom Gesicht ablesen, und wir gingen schweigend und mit gesenkten Köpfen nebeneinander her. Ich schämte mich, und ich wußte, wenn meine Großmutter oder meine Eltern davon erführen, würden sie vor Zorn sterben. Ich hatte ein Verbrechen gegen meine Familie begangen . . ., und es war noch nicht einmal besonders schön gewesen. Ob Leute heiraten, um so etwas Enttäuschendes miteinander tun zu können? Das war es nun wirklich nicht wert!

ZWEI Tage später erklärte Xiao Chun, der sich kundig gemacht hatte, daß ich nicht sterben mußte. Ich machte mir bereits keine Sorgen mehr. Ich hatte gehört, daß junge Mädchen manchmal nach sexuellen Erfahrungen den ganzen Tag weinten. Warum man so viel Aufhebens um eine so flüchtige Angelegenheit machte, war mir ein Rätsel. Ich erzählte Zhang Ling von meinem Abenteuer. Sie wunderte sich darüber, daß die Sache für mich so uninteressant und daß ich vor allem nicht traurig war.

Weit mehr beschäftigte mich die große Abschlußprüfung für die Kurse in dramatischer Kunst. Jeder Student mußte einen Einakter schreiben und spielen. Die Klasse war in drei Arbeitsgruppen unterteilt, jede unter Leitung eines Professors, der auch die Proben überwachte. Mir kam die Idee, ein Stück über das Thema der verfolgten Witwe zu schreiben. In China haben nämlich Witwen den Ruf, ihren Männern Unglück gebracht zu haben. Ich gab meinem Projekt den Titel „Auch eine Witwe hat das Recht zu leben!“. Es war die Geschichte einer Bäuerin, deren Mann gestorben war. Sie führte ein armseliges Leben mit ihrer Schwiegermutter und ihrem kleinen Sohn, bis sie sich schließlich in einen anderen Bauern verliebte. Aber das ganze Dorf wandte sich gegen sie, einschließlich ihrer Schwiegermutter, und da man sie wie eine Hure behandelte, trieb man den Bauern schließlich in den Tod. Als dann noch ihr Kind vor Hunger und Krankheit starb, steckte sie das Dorf in Brand und beging Selbstmord. Professor Wang, der Leiter unserer Arbeitsgruppe, fand meine Geschichte sehr gut und bereitete die Inszenierung sorgfältig vor.

Als der Vorhang fiel, applaudierten alle Studenten begeistert, aber eine Woche später, als die Professorin die Noten bekanntgab, hatte ich die schlechteste. Man warf mir vor, ich hätte ein pessimistisches und rachsüchtiges Stück geschrieben. Auch Professor Wang war zurechtgewiesen worden, weil er mir erlaubt hatte, ein solches Projekt auf die

Bühne zu bringen. Er erzählte mir, er müsse immer für alles einstehen, weil er der jüngste Professor sei. Er habe zwar versucht, meine Note anzuheben, aber vergeblich. Alle Studenten aus seiner Arbeitsgruppe hatten im übrigen die schlechtesten Noten erhalten, weil seine älteren Kollegen es nicht zulassen konnten, daß ein jüngerer sie überflügelte – dann hätten sie das Gesicht verloren.

Die Sommerferien rückten näher, und jeder Student sollte die Zeit nutzen, um einen Dokumentarfilm zu drehen. Ich hatte vor, in Begleitung von zwei Kommilitonen, die Kameraleute waren, dem Lauf des Gelben Flusses zu folgen. Meine Eltern freuten sich über mein Projekt und schickten mir ein wenig zusätzliches Taschengeld. Die herrliche Landschaft im Norden begeisterte mich als Südländerin. Die Höhlenbewohner waren besonders faszinierend. Wir gelangten eines Tages in ein verlassenes Nest, dessen Bewohner uns anstarrten wie Außerirdische. Sie betasteten unsere Kleider und unsere Haut und wollten wissen, was für ein Dämon unsere Kamera sei. Einer von ihnen fragte uns, ob wir Nachricht vom Kaiser hätten. Als wir ihm von den jüngsten gesellschaftspolitischen Entwicklungen erzählten, wollte er uns nicht glauben, und die anderen Dorfbewohner brachen sogar in Lachen aus. Nachdem wir unsere Reportage abgedreht hatten, verabschiedeten wir uns und ließen ihnen Geld und Kleider da.

Auf dieser Reise lernte ich mein Land und seine Bewohner lieben. Ich faßte den Entschluß, eine gute Studentin zu werden, um so den Bauern, durch deren Arbeit wir essen und uns kleiden konnten, danken zu können.

An der Universität stellten wir mit zwei anderen Studenten den Film fertig und führten ihn dann den Professoren vor. Die Noten waren schlecht, wie nicht anders zu erwarten gewesen war. Diese Schwachköpfe fanden, daß wir uns zu weit von der Linie der Partei entfernt hatten, und außerdem war mir klar, daß jede Arbeit, die meinen Namen trug, automatisch auf ihrer schwarzen Liste auftauchen würde.

NACH einem Jahr Studium kannten sich alle Studenten, aber plötzlich nahmen Heucheleien überhand, und in den Schlafsälen hörte man immer öfter jemanden schreien, er sei bestohlen worden.

An diesem Morgen hatte ich nicht am Unterricht teilgenommen, weil ich bohrende Kopfschmerzen hatte. Ich hatte die Vorhänge meines Bettes zugezogen und versuchte zu schlafen, als zwei Mädchen das Zimmer betraten. Meine Anwesenheit hatten sie nicht bemerkt. Die eine sagte: „Ich habe gehört, Ping sucht einen Freund.“

„Ja, ich weiß, ihr früherer Freund will sie nicht mehr, weil er findet, daß sie sich zu sehr gehenläßt. Ich habe den Eindruck, daß sie mit Professor Wang geschlafen hat. Die Universität erteilt ihr bestimmt wieder einen Verweis.“

„Das finde ich ganz richtig. Genau wie bei Niu-Niu, sie soll sich ja mit Xiao Chun auch so schlecht benommen haben. Außerdem heißt es, daß sie in diesem Sommer auf ihrer Reise mit einem Jungen geschlafen hat. Gao Lan hat es schon den Professoren mitgeteilt, und die untersuchen die Sache gerade.“

Ich zog die Vorhänge zur Seite und schrie sie an: „Was seid ihr nur für Lügnerinnen!“ Sie waren entsetzt, daß ich da war und alles mitangehört hatte. Ich zog ich mich auf der Stelle an, um mich auf die Suche nach Gao Lan zu machen, die solche Lügen über mich erzählt hatte. Ich wollte, daß sie sich in aller Öffentlichkeit bei mir entschuldigte.

Kurz darauf fand ich sie. „Du verdammte Schlange!“ schrie ich sie vor allen anderen an und gab ihr zwei Ohrfeigen.

Die Auseinandersetzung wäre in eine handfeste Prügelei ausgeartet, wenn nicht Ouyiang, der Klassensprecher, mich zurückgehalten hätte.

„Warum prügelst du dich schon wieder?“

„Heuchler! Du bist Klassensprecher und versuchst noch nicht einmal, all den Verleumdungen hier ein Ende zu setzen; im Gegenteil, du machst sogar noch große Ohren, damit dir auch ja nicht das neueste Gerücht entgeht!“

Verschämt entschwand er. Am nächsten Tag schrieb ich die ganze Geschichte in allen Einzelheiten auf große Papierbögen, die ich mit einem roten Stern versah, um die feierlichen Verweise der Professoren nachzuäffen. Einen Bogen heftete ich an die Tür des Hörsaalgebäudes, einen weiteren an den Eingang zur Mensa und einen dritten an das offizielle Anschlagbrett. Zahlreiche Studenten blieben stehen, um sie zu lesen. Aber meine Darstellungen blieben nicht lange hängen; nach höchstens zwei Stunden riß eine Professorin sie ab. Ich wurde sofort in ihr Büro gerufen.

„Du hast dich schon wieder geprügelt? Warum tust du das?“

„Was soll das heißen? Versuchen Sie, die Angelegenheit zu klären, oder müssen Sie Rücksicht auf die Mutter von Gao Lan nehmen, weil sie hier an der Universität lehrt?“

„Schweig! Ich habe Gao Lan bereits scharf gerügt. Sie gibt ihren Fehler zu und bittet dich um Verzeihung. Jetzt gilt es, dein Problem zu lösen. Ich habe gehört, daß du eine intime Beziehung mit Xiao Chun unterhältst?“

„Frau Professorin, glauben Sie wirklich, daß zwischen der Auseinandersetzung mit Gao Lan und meinem Verhältnis zu Xiao Chun ein Zusammenhang besteht?“

„Also stimmt es, ihr seid zusammen. Sag mir, was ihr getan habt.“

„Was tun Sie denn mit einem Mann, den Sie gern haben?“

Sie warf mir einen vernichtenden Blick zu. „Die Studenten haben nicht das Recht, so mit ihren Professoren zu reden. Du prügelst dich ständig, und deine Arbeiten zeigen nur schlechte Gedanken. Samstag, auf der Klassenversammlung, wirst du Selbstkritik üben, und du wirst mir ein zweiseitiges Geständnis schreiben.“

„Und wenn ich mich weigere?“

„Dann bekommst du einen Verweis.“

Ich ließ alle Vorsicht außer acht und schrie sie an: „Was können Sie eigentlich, außer Verweise erteilen? Welchen Demütigungen haben Sie sich unterworfen, um Ihre Stelle zu bekommen?“

Ich stürzte aus dem Büro und prallte förmlich mit Xiao Chun zusammen, der an der Tür gelauscht hatte. Er war ganz grün im Gesicht vor Angst und flehte mich an, ich solle mich sofort entschuldigen gehen. Meine Wut steigerte sich ins Maßlose. „Hau bloß ab, du Hosenscheißer! Wenn du weiter mit mir in diesem Ton redest, wird das einzige Geschenk, das ich dir je noch machen werde, ein Faustschlag sein!“

„Niu-Niu, es ist zu deinem Besten! Ich mache mir Sorgen um dich. Benimm dich nicht wie ein Kind. Geh und entschuldige dich bei der Professorin.“

Ich erhob bereits die Hand gegen ihn, als die Professorin aus dem Büro trat. „Xiao Chun, komm bitte einen Moment zu mir herein.“

Ich warf Xiao Chun einen warnenden Blick zu. Er zögerte. Ich ergriff seine Hand, um mit ihm diesen unglückseligen Ort zu verlassen, aber die Professorin drohte ihm. Er entzog mir seine Hand, gab mir einen flüchtigen Kuß auf die Stirn und folgte ihr in ihr Büro. Ich war am Boden zerstört und schwor mir, nie wieder ein Wort mit Xiao Chun zu sprechen. Und doch liebte ich ihn.

Ich brauche nicht eigens zu erwähnen, daß mein Bravourstückchen mir einen Verweis einbrachte. Die Professoren ließen meine Mutter nach Peking kommen, damit sie mich zurechtwies. Die Ärmste war tief betrübt. Weinend machte sie mir Vorwürfe. Um sie zu beruhigen, ließ ich mich schließlich auf eine Selbstkritik während der allgemeinen Versammlung ein. Das weckte Erinnerungen in mir: Als ich klein gewesen war, hatte ich einmal vor allen Schülern Selbstkritik üben müssen. Die Situation war genau die gleiche . . ., nur daß die Kulturrevolution schon lange vorbei war.

Eine Woche später hing mein Verweis an der üblichen Stelle am schwarzen Brett, als ich meine Mutter zum Bahnhof begleitete. Ich versprach ihr, von nun an brav und sehr fleißig zu sein.

Als ich in den Schlafsaal zurückkam, schwiegen die Mädchen, die gerade noch miteinander gekichert hatten, schlagartig. Von nun an ignorierten sie mich. Auf meinem Bett fand ich zahlreiche anonyme Briefe voller Beleidigungen – „Hure“, „Diebin“, „Wieviel nimmst du für die Nacht?“. Ich zwang mich dazu, jeden einzelnen Brief zu lesen, und ich las ihn laut allen Mädchen vor. Der Haß und die Erniedrigung trieben mir Tränen in die Augen. Als ich mich später beruhigt hatte, nahm ich Klebeband und schmückte die Tür des Schlafsaals mit den anonymen Briefen.

„So ist es besser, nicht wahr? So hat jeder was von den hübschen Sätzen!“

Zwei Wochen später unternahm ich mit Xiao Chun abends einen Spaziergang auf dem Campusgelände. Als wir beim Sportplatz angekommen waren, blieb er plötzlich stehen.

„Wir müssen uns trennen“, eröffnete er mir. „Ich liebe dich nicht mehr, Niu-Niu. Ich halte die Feindseligkeit der Professoren nicht mehr aus.“

„Xiao Chun, rede nicht so mit mir. Ich weiß, daß du mich liebst. Warum verläßt du mich gerade dann, wenn ich dich am nötigsten brauche?“

Er schien noch unglücklicher zu sein als ich. Ich warf mich an seine Brust und flehte ihn an, mich nicht zu verlassen. Er nahm mich fest in die Arme und sagte mit zitternder Stimme: „Es tut mir leid, Niu-Niu. Ich weiß, daß du meinetwegen leidest, aber mir tut es auch weh. Ich will in Ruhe zu Ende studieren, und wenn du mich liebst, hilfst du mir dabei. Sag mir lächelnd auf Wiedersehen.“

Ich nahm alle meine Kraft zusammen, um nicht zu weinen. „Bevor du gehst, muß ich dir noch etwas sagen, Xiao Chun: Ich liebe dich, und vor dir hat mich niemand berührt . . . Auf Wiedersehen, Xiao Chun, leb wohl, mein Liebster.“

Es war vorbei. Er war gegangen und ließ mich allein zurück. Meine Schritte wurden immer schneller, und schließlich rannte ich ziellos über den Sportplatz, redete wirres Zeug, warf mich zu Boden, sah zum Mond und den Sternen auf, die Zeugen unserer Umarmungen gewesen waren. Warum hatten wir uns getrennt?

Von nun an saßen Xiao Chun und ich während des Unterrichts nicht mehr nebeneinander, und wir aßen auch nicht mehr am gleichen Tisch. Wenn wir uns zufällig begegneten, senkten wir den Kopf und taten so, als sähen wir uns nicht, oder wir begrüßten uns gehemmt. Um ihn aus meinem Gedächtnis zu verbannen, hatte ich alles weggeräumt, was mich an unsere Beziehung erinnerte: die Bücher, die Fotos und die Geschenke, die er mir gemacht hatte. Ich packte alles in einen Koffer, den ich abschloß und unter mein Bett schob.

Alles, was ich bisher getan hatte, war nicht der Mühe wert gewesen. Es war dumm von mir gewesen, aufrichtig zu sein und mich mit allen anzulegen. Ich beschloß, mehr zu heucheln. Ich würde nicht mehr sagen, was ich dachte, sondern wie alle anderen lügen, wann immer es notwendig war.

MEINE neue Philosophie trug rasch Früchte. Die Studenten bemühten sich wieder um mich. Eines Tages rief mich sogar die oberste Professorin in ihr Büro. „Niu-Niu, du hast gute Fortschritte gemacht", lobte sie mich. „Sieh nur, wie jetzt alle mit dir zufrieden sind. Um dich zu belohnen und auf Empfehlung von Professor Wang haben deine Professoren und ich beschlossen, dir in der ‚Hamlet'-Inszenierung des Dramaturgiekurses die Rolle der Ophelia zu geben, die du abwechselnd mit Gao Lan spielen sollst. Ich glaube, das ist eine gute Gelegenheit für euch, Freundinnen zu werden. Ach, noch etwas – ich hielte es für wünschenswert, wenn du dich von Zhang Ling fernhieltest."

Zu meiner Überraschung hielt die oberste Professorin ihr Versprechen, und ich begann mit den Proben zu „Hamlet". Gao Lan versuchte, unsere Freundschaft wieder aufzufrischen. Für mich war es jedoch unmöglich, ihr ihre Falschheit zu verzeihen, und ich blieb kühl. Es gibt ein chinesisches Sprichwort: „Wer einmal von einer Schlange gebissen worden ist, hat zehn Jahre lang Angst vor jeder Schnur."

Das Leben spielt einem manchmal böse Streiche, und so gehörte Xiao Chun zur gleichen Arbeitsgruppe wie ich. Ich hatte meinen Kummer noch nicht überwunden und nutzte meine Rolle, um meine Gefühle auszudrücken. In den traurigen Szenen verausgabte ich mich völlig. Die harte Arbeit schien mir die geeignete Zuflucht zu sein. Der allabendliche Applaus ließ mich meinen Kummer vergessen.

Nach zwei Wochen Vorstellungen in der Universität veranstalteten die Kunststudenten am Abend ein großes Fest. Ich stellte fest, daß Xiao Chun mit der hübschesten Studentin der dramatischen Kunst angebandelt hatte. Die beiden lächeln und zärtlich miteinander tanzen zu sehen stimmte mich traurig. So verließ ich den Saal, ging nach draußen und lief zum Sportplatz. An der Stelle, an der Xiao Chun mir eröffnet hatte, daß er sich von mir trennen wollte, setzte ich mich nieder, lehnte mit dem Rücken an eine Mauer und schaute empor zum Sternenhimmel. Plötzlich kam in der Dunkelheit ein Schatten auf mich zu. Es war Professor Wang. Was machte er hier? Ganz selbstverständlich setzte er sich neben mich.

„Ich weiß, daß du traurig bist, Niu-Niu. Es ist wegen Xiao Chun, nicht wahr?"

„Sie scheinen sehr gut informiert zu sein."

„Nur, weil du mich interessierst."

Seine freundlichen Worte ließen mich erröten. Er verhielt sich mir gegenüber tatsächlich besonders aufmerksam. Er hatte mir die Rolle bis ins kleinste Detail erklärt und mich viel öfter proben lassen als Gao Lan. Oft hatte er mir Süßigkeiten mitgebracht. Während ich diese für mich schmeichelhafte Bilanz zog, legte ich vertrauensvoll den Kopf an seine Schulter.

„Wissen Sie, Professor Wang, ich langweile mich im Augenblick tödlich. Hier geschieht einfach nichts. In den letzten zwei Monaten habe ich mich dazu gezwungen, mich damit abzufinden. Aber heute habe ich das Gefühl, daß ich das nicht mehr lange durchhalte."

Er sah mich ernst an und streichelte mein Gesicht. Dann küßte er mich auf die Stirn. Das machte mir angst. Als er versuchte, meinen Blick einzufangen, schlug ich die Augen nieder. Schließlich erzählte er, er gehe bald in die Vereinigten Staaten, wo seine Großmutter wohne. Er warte nur noch auf sein Visum.

„In die Vereinigten Staaten! Da freuen Sie sich sicher!"

„Ja, aber ich mache mir Sorgen um jemanden, der in meinem Herzen wohnt. Ich mache mir Sorgen um seine Zukunft . . ."

Ich dachte, er rede über Ping, wie schon die beiden Klatschbasen im Schlafsaal. Ich war enttäuscht, weil es sich um ein so uninteressantes Mädchen handelte. Professor Wang war so klug, so brillant, er hätte sich ein Mädchen aussuchen können, das seiner mehr wert war.

Die Neugier trieb mich, ihn zu fragen, wer denn die Person sei. Auf einmal schien er zu zögern. Als ich meine Frage wiederholte, schlug er mir vor zu raten.

„Es ist Ping. Das weiß ich schon seit langem!"

„Du weißt überhaupt nichts! Du bist es, niemand anders als du!"

Ich war vollkommen fassungslos. Professor Wang, den ich schätzte und wie meinen Vater verehrte, gestand mir seine Liebe! Ich war zwar gerührt, konnte diese Liebe aber nicht erwidern.

„Seit ich dir bei den Proben zu deinem ersten Stück geholfen habe, habe ich oft an dich gedacht", fuhr er fort. „Ich war wahnsinnig verliebt, obwohl ich mir natürlich unseres Altersunterschiedes und deiner Liebe zu Xiao Chun bewußt war. Ich sah, welches Leben du führtest, und stellte mir deine Gedanken vor. Ich war froh, wenn du froh warst, und traurig, wenn du traurig warst. An dem Abend, an dem du Xiao Chun Lebwohl gesagt hast, stand ich hinter dieser Mauer. Du hast nicht geweint, aber ich."

„Professor Wang, warum lieben Sie mich? Sie wissen doch genau, daß ich Probleme geradezu anziehe."

„Es liegt an dieser Universität, an der niemand frei ist. Niu-Niu, willst du nicht mit mir in die Vereinigten Staaten gehen? Künstler liegen dort nicht an der Kette wie hier . . ."

„Ich würde ein solches Leben gern kennenlernen, aber Amerika ist nicht mein Land. Ich liebe das chinesische Volk, meine Heimat und meine Familie."

„Deine Ideale werden dir Verdruß bringen. Eines Tages wirst du dir den Kopf an den Realitäten einrennen."

Professor Wang spürte, daß ich nichts mehr davon hören wollte, und er fragte mich, wie lange ich wohl brauchen würde, um ihn zu lieben. Er hatte beschlossen zu warten.

Während des Unterrichts ließ er mich nun nicht mehr aus den Augen, in der Mensa beobachtete er mich beim Essen, und abends hielt er sich in der Bibliothek auf, wo ich lernte.

Schließlich nahm ich ihn beiseite. „Professor Wang, hören Sie auf, ich bitte Sie, Sie vergeuden Ihre Zeit!"

„Im Gegenteil, es macht mich froh, dir zuzusehen."

Ich schrieb ihm einen langen Brief, in dem ich ihn bat, mich als kleine Schwester anzusehen. Ich riet ihm, in die Vereinigten Staaten zu fahren, wo er die Liebe finden werde, die er verdiene. Eines Tages würde ich ihn vielleicht besuchen kommen, um ihm die Filme zu zeigen, die ich gedreht hatte. Ich schickte ihm den Brief am Vorabend der Ferien. Er wog schwer in meiner Hand, denn nach meiner Rückkehr aus den Ferien würde Professor Wang nicht mehr in China sein. Mir war, als verlöre ich ein Mitglied meiner Familie.

ZHANG LING, Ouyiang, Guoguo, ein angehender Kameramann, der auch zu meiner alten Arbeitsgemeinschaft gehört hatte, und ich hatten beschlossen, nach Tibet zu fahren. Ein Monat Ferien und ein weiterer Monat, in dem wir Außenaufnahmen für die Universität machen sollten, ließen uns genug Zeit, um dorthin reisen zu können. Mit Hilfe meiner Eltern fanden wir ein Transportunternehmen für Baumstümpfe, das die Route befahren mußte, die wir ausgesucht hatten, und sich bereit erklärte, uns mitzunehmen. Wir konnten uns die Reise nach Belieben einteilen und sie in hübschen Orten unterbrechen, da wir wußten, daß über kurz oder lang wieder ein Lastwagen des Unternehmens vorbeikommen würde.

In einem der Dörfer, in denen wir Station machten, schlug uns ein alter Bauer vor, eine Zweitagereise im Ochsenkarren zu unternehmen, um ein Dorf zu besuchen, das Städter bisher noch nicht besichtigt hatten. Wir waren einverstanden. Unsere Reise in diesen zauberhaften Ort war ein voller Erfolg. An einem von Bergen umrahmten, azurblauen See standen Pfahlbauten, in denen etwa zweihundert Menschen hausten. Sie bestellten die umliegenden Felder mit ihren Büffeln. Es gab nur einen einzigen Laden, der Salz, Streichhölzer, Kerzen, Schnüre und andere lebenswichtige Dinge verkaufte.

Die Bewohner des kleinen Ortes bereiteten uns einen warmherzigen Empfang. Begeistert luden sie uns in ihre Hütten ein und nannten uns respektvoll „Städter" oder „Studenten". Sie wollten einen Büffel für unsere Taschenlampen und unsere Kugelschreiber eintauschen, und die jungen Mädchen nahmen die kleinen Spiegel, die Zhang Ling und ich ihnen schenkten, wie kostbare Schätze entgegen. Die Familie, bei der Zhang Ling und ich wohnten, hatte sieben Kinder im Alter von drei bis vierzehn Jahren. Die Jungen nahmen uns zur Jagd auf Wildhühner oder zum Fischen auf dem See mit. Ursprünglich wollten wir nur zwei oder drei Tage bleiben, aber die Gastfreundschaft war so angenehm, daß daraus schließlich eine ganze Woche wurde.

Eines Morgens spazierten wir durch die Felder, auf denen die Bauern arbeiteten. Plötzlich hörten wir, wie vier oder fünf Männer Freudenschreie ausstießen. Ihre Frauen waren aus dem Dorf gekommen, und jeder Mann lief auf seine Frau zu. Ohne Zeit zu verlieren, ließen die Männer die Hosen herunter, und die Frauen kreischten vor Erregung und zogen sich ebenfalls rasch aus. Und dann, am hellichten Tag und mitten auf dem Feld, liebten sich alle Paare, vor unseren Augen! Die Ledigen, die zwangsläufig nur Zuschauer waren, kommentierten fröhlich das Geschehen.

Wir waren rot vor Verwirrung und überlegten, ob wir zuschauen sollten oder nicht. Ouyiang, der Erfahrenste von uns, erklärte uns, daß in einem so abgelegenen Ort der Geschlechtsverkehr die einzige Möglichkeit sei, sich zu amüsieren, das einzige Vergnügen bei einem so schweren Leben, kurz, die älteste und natürlichste Freude. Zhang Ling fragte, ob wir davon an der Universität erzählen sollten, aber Ouyiang antwortete vorwurfsvoll, daß die Leute in Peking entsetzt wären.

Wir waren überrascht, als wir erfuhren, daß der Ladenbesitzer Chinese war. Alle übrigen Einwohner stammten nämlich aus Tibet. Die Frau des Ladenbesitzers war ebenfalls Tibetanerin, und sie hatten zwei Kinder. Die Einrichtung seines Hauses bestand aus einem großen Bett, einem Herd, einem Tisch und einem Regal.

Unser Gastgeber erzählte uns seine Geschichte: Er stammte aus Peking. Als er dreizehn war, starben seine Eltern, die Arbeiter waren, bei einem Verkehrsunfall. Als einziges Kind lebte er von da an bei seiner Großmutter, und mit fünfundzwanzig Jahren, ein Jahr vor Beginn der Kulturrevolution, bekam er einen Studienplatz an der philosophischen Fakultät der Universität. Er gehörte zu den besten Studenten, aber drei Jahre später wurde er aufgrund eines Aufsatzes, den er über die Zukunft des Kommunismus geschrieben hatte, zum Konterrevolutionär erklärt. Die Universität schickte ihn zur Umerziehung in eine Stadt in der Nähe dieses Ortes. Seine Großmutter starb aus Kummer. Er nahm ins Exil alles mit, was er damals besaß. Unglücklicherweise lehnte er sich ein Jahr später gegen eine Ungerechtigkeit auf, und daraufhin wurde er als gefährliches Element angesehen und in diesen abgeschiedenen Ort verbannt. Anfangs war er völlig verzweifelt, aber dann übernahm er den Laden, weil der damalige Besitzer gestorben war und er als einziger rechnen und schreiben konnte.

„Ich habe Glück gehabt", sagte er zu uns, „denn die Leute hier sahen mich nicht als Konterrevolutionär an. Im Gegenteil, sie haben mich sehr freundlich aufgenommen und waren immer äußerst hilfsbereit."

Er erzählte uns, eines Tages sei ihm beim Holzfällen ein Ast auf den

Kopf gefallen. Die Dorfbewohner hatten für ihn eine provisorische Trage gebaut und ihn ins nächste Krankenhaus transportiert. Die Tochter des Dorfältesten, die er später geheiratet hatte, war die ganze Strecke mit einer Fackel in der Hand neben ihm hergegangen. Danach hatte er endgültig beschlossen, in diesem Dorf zu bleiben.

Sein Schicksal rührte uns zu Tränen. Wir wollten ihm gern helfen und berichteten ihm, daß jetzt, da die Kulturrevolution beendet sei, viele Intellektuelle rehabilitiert würden. Er hörte uns verblüfft zu und brach in Schluchzen aus.

„Du mußt jetzt zum Bürgermeister der Stadt gehen, ihm sagen, welcher Ungerechtigkeit du zum Opfer gefallen bist, und dich rehabilitieren lassen."

Kurz vor unserer Abreise gaben wir ihm unsere Adresse, damit er uns in der Hauptstadt besuchen konnte. Zum ersten Mal sahen wir ihn lächeln, und er dankte uns herzlich.

Die Dorfbewohner begleiteten uns noch ein Stück; sie hatten uns Verpflegung für die Reise mitgegeben, und wir hatten ihnen ein paar Kleidungsstücke, Kugelschreiber und Taschenlampen geschenkt.

MEINE Freunde kehrten ohne mich nach Peking zurück, weil ich noch meine Eltern besuchte. Erst als die Kurse wieder begannen, fuhr auch ich in die Hauptstadt.

Wer beschreibt meine Überraschung, als ich auf dem Bahnhof ankam und dort von Zhang Ling und Professor Wang abgeholt wurde! Ich freute mich so sehr, daß ich meine Koffer stehenließ und mich in seine Arme warf. Sein Visum für die Vereinigten Staaten war drei Monate lang gültig, deshalb war er dageblieben, um sich von mir zu verabschieden. Spontan sagte ich: „Ich liebe Sie doch, Professor Wang!"

Ohne sich um die Passanten zu kümmern, küßte er mich auf die Wange. Er hatte so lange auf diesen Satz gewartet. Am Abend führte er mich zum Essen aus, und da es spät wurde, blieb ich bei ihm und verbrachte eine unvergeßliche Nacht.

Doch Xiao Chuns Schatten hinderte mich daran, diese keimende Liebe voll und ganz zu genießen, und ich liebte meinen Professor nicht genug, um ihm in die Vereinigten Staaten zu folgen. Schließlich nahte der Tag seiner Abreise. Am Abend vorher lud er mich zum Abendessen in ein Hotel für Ausländer ein, und beim Essen fragte er mich, ob ich ihn wirklich liebte.

„Nun, Niu-Niu, warum heiraten wir dann nicht?"

Ich hatte ehrlich gesagt keine Lust dazu, und ich hatte auch nicht vor, mit ihm zusammen China zu verlassen. Ich sah mich nicht als Hausfrau mit zwei Kindern. Das Essen verlief in trüber Stimmung, weil wir beide genau wußten, es würde unser letzter gemeinsamer Abend sein.

Am nächsten Tag ging ich nicht zum Unterricht und brachte statt dessen Professor Wang zum Flughafen. Er sah verstört aus.

„Schreib mir, Niu-Niu", bat er. „Ein Wort genügt, und ich komme sofort zurück."

„Danke, Professor Wang. Aber beten Sie zu Gott, daß das nicht eintrifft."

„Niu-Niu, ich bin fünfunddreißig Jahre alt, fünfzehn Jahre älter als du. Ich habe das Gefühl, ich bin der Frau begegnet, die ich liebe. Ich wünsche dir von ganzem Herzen Glück."

Er weinte. Dann trennten wir uns. Wieder einmal verlor ich einen lieben Menschen. Und warum? Ich fragte mich, wie eine so glänzende Persönlichkeit wie Professor Wang eine ungewisse Freiheit dem Leben in seinem eigenen Land vorziehen konnte. Diese Überlegungen führten mich zu dem Entschluß, daß die Monate des selbstauferlegten Schweigens jetzt vorbei sein mußten. Die kämpferische Niu-Niu sollte wieder erwachen.

Die Gelegenheit dazu bot sich mir bei einem Redewettbewerb. Jeder konnte sein Thema frei wählen. Ich wollte ausdrücken, was ich auf dem Herzen hatte, und nach einmonatiger Vorbereitung war meine Rede fertig. Ich nannte sie „Ohne Titel".

Ouyiang, unser Klassensprecher, kündigte mich an, und ich stieg auf das Podium. Ich war nervös und aufgewühlt, und um mein Lampenfieber zu verbergen, ordnete ich erst einmal eine Zeitlang meine Papiere. Schließlich begann ich: „Ich freue mich, daß die Professoren diesen Wettbewerb organisiert und uns erlaubt haben, unser Thema frei zu wählen. Ich möchte diese Gelegenheit nutzen, um über etwas zu sprechen, das mir schon lange am Herzen liegt. Meine Freunde und meine Eltern haben mir bestimmte Grundsätze zur Toleranz und zum Leben in einer Gemeinschaft beigebracht. Das Leben an der Universität stellt sich jedoch ganz anders dar. Ich möchte Sie heute fragen, warum wir, obwohl unser gemeinsames Ziel das Glück ist, Engstirnigkeit und Demütigungen ertragen müssen. Wenn es einen Gott gibt, so muß er sehr grausam sein, daß er uns von Generation zu Generation die gleichen bitteren Erfahrungen machen und uns nach dem Sinn unseres Lebens suchen läßt. Diejenigen, die die Lösung finden, sind entweder dem Tod nahe oder werden von anderen in der Blüte ihrer Jugend zerbrochen, von Greisen, die immer noch versuchen, junge Menschen mit ihren alten Idealen und Sitten zu tyrannisieren . . ."

Die Studenten wurden unruhig, während die Professoren mir böse Blicke zuwarfen. Aber ich redete weiter: „Die Liebe ist für den Menschen das kostbarste Gut. Obwohl ich selbst viel Haß erfahren habe, habe ich dennoch die Freude erleben dürfen, jemandem Liebe zu schenken. Und deshalb wünsche ich mir, daß wir uns jetzt gegenseitig Mut machen. Wir sind in der Lage, etwas zu verändern! Denken Sie an das alte Sprichwort: ‚Wenn einer allein etwas sagt, hat er unrecht; wenn zehn Leute dasselbe sagen, wird es möglich; sagen jedoch hundert Leute dasselbe, ist es wahr.' Daher sollten wir fortan nie mehr etwas Schlechtes über unsere Mitmenschen sagen, sondern im Gegenteil unsere Kraft gemeinsam dafür einsetzen, eine neue, bessere Welt zu schaffen."

Als ich auf meinen Platz zurückkehrte, standen mir die Tränen in den Augen. Ein paar Sekunden lang war es ganz still, dann brach frenetischer Beifall los. Ein Student, der wie ich schon mehrere Verweise bekommen hatte, stand auf und hielt eine Ansprache an die Zuhörer: „Niu-Niu hat recht. Wir müssen die alten Werte beseitigen, und warum nicht jetzt gleich? Tun wir es!"

Alle Studenten warfen das, was sie in den Händen hatten, in die Luft: Hefte, Kugelschreiber und Bücher, um deutlich zu machen, daß sie mit der heilsamen Zerstörung beginnen würden. Fensterscheiben zerbrachen, und die Professoren rannten hin und her und schrien: „Beruhigt euch! Ruhe! Das ist ein Befehl!"

Aber niemand hörte auf sie.

NACH dieser Versammlung, die am Vormittag stattgefunden hatte, fiel nachmittags der Unterricht aus. Ich saß allein im Hörsaal inmitten von Glasscherben. Trotz der Begeisterung der Studenten war ich enttäuscht, denn eigentlich hatten sie meine Botschaft nicht verstanden. Sie hatten materielle Zerstörung und psychologischen Kampf miteinander verwechselt.

Der Klassenstreber kam herein und richtete mir aus, der Direktor erwarte mich in seinem Büro. Dieser empfing mich auf seine altbekannte Weise.

„Ich habe gehört, du hattest zahlreiche neue Ideen, und es würde mich interessieren, ob sie es wert sind, daß man dafür Fensterscheiben zerschlägt ... Du sagst nichts? Nun gut, diese Freiheit lasse ich dir. Also werde ich reden. Dein Problem ist an einem Endpunkt angelangt. Du nimmst nicht am Unterricht teil, du rätst anderen, die Professoren zu kritisieren, und außerdem rauchst du und amüsierst dich. Wann benimmst du dich einmal wie ein Mädchen? Sieh dir bloß dein Tagebuch an: ‚Die Universität ist eine Wüste, ein Gefängnis ..., überall nur kalte und heuchlerische Gesichter ..., nur Verdorbenheit ..., nichts ist spontan ...'"

Wie kam er an mein Tagebuch? Auf meine diesbezügliche Frage antwortete er mir, daß ein Mädchen aus meinem Schlafsaal es ihm gegeben habe, als wäre es das Selbstverständlichste auf der Welt.

„Was deine Geschichte mit Professor Wang angeht, so untersuchen wir sie gerade. Du wirst mir trotzdem einen detaillierten Bericht über deine Verhältnisse schreiben."

„Niemals! Sie verbieten mir zu lieben, wen ich will, und Sie haben auch noch die Stirn, mein Tagebuch zu lesen!"

„Niu-Niu, sei vernünftig! Dein Verweis ist bereits geschrieben."

„Sie selbstherrlicher Popanz! Sie sind nur eine Maschine, die die Jugend zerstören will! Sie haben meine Seele vergewaltigt!" Dann trat ich gegen die Tür und lief hinaus.

Der Direktor drohte, mich am nächsten Tag von der Universität zu weisen. Das gelang ihm aber nicht, denn mein Vater, der die Universität durch die „Dienstbotentür" betreten mußte, setzte sich dafür ein, daß ich bleiben durfte.

ZWEI Wochen später prangte mein Verweis auf dem Schwarzen Brett, ebenso wie der des Jungen, der zum allgemeinen Aufruhr angestiftet hatte. Aus Trotz hatte ich mein Foto über meinen Verweis geklebt und mich vor dem Schwarzen Brett aufgebaut, um den Neugierigen Erklärungen abzugeben. Xiao Chun kam auf mich zu. Er war traurig meinetwegen und auch meiner Eltern wegen.

„Ich weiß, Niu-Niu, daß es dir am meisten leid tut, daß du deinen Eltern Kummer bereitet hast. Ich bin der Meinung, du hättest den Redewettbewerb gewinnen müssen ..."

Während er das sagte, kam der Direktor vorbei, und der Feigling

Xiao Chun änderte sofort seinen Tonfall: „Faß Mut, du kannst dich ändern! Wir alle werden dir helfen."

Dann ging er, auf den ermahnenden Ruf des Direktors hin, weg. Von diesem Augenblick an war in meinem Herzen nicht mehr der Schatten eines Gefühls für Xiao Chun.

7. Yann

DREI Verweise in zwei Jahren, das war eine Höchstleistung. Ich war an der Universität bekannt wie ein bunter Hund. Man nannte mich „das böse Mädchen". Mir war inzwischen alles gleichgültig geworden. Ich nahm nur noch an den Kursen teil, die mir Spaß machten, die übrige Zeit schwänzte ich oder las während des Unterrichts. Die Professoren hatten sich anscheinend damit abgefunden, sie waren froh, daß ich keine Unruhe stiftete. Ich wußte, daß sie mir am Ende der Studienzeit kein Diplom und auch kein Empfehlungsschreiben ausstellen würden, mit dem ich eine Stelle hätte finden können. Außer Zhang Ling und Guoguo mieden mich jetzt alle.

Immer häufiger verließ ich den Campus, um der Einsamkeit zu entgehen. Außerhalb der Universität lernte ich neue, interessante Leute kennen. Einer meiner neuen Freunde war Hewei. Sein Vater war ein hoher Bonze, und dank seiner Protektion konnte Hewei es sich erlauben, alle möglichen Geschäfte zu verfolgen. Er war nett und großzügig zu mir, und ich konnte ihn jederzeit anrufen, wenn mir die Probleme in der Universität mal wieder über den Kopf wuchsen. Außerdem fand ich eine neue Freundin, die Filmproduktion studierte und auch schon zwei Verweise erhalten hatte. Sie war genauso ein „böses Mädchen" wie ich. Da sie zu einer Gruppe junger Leute gehörte, die sich ausländische Vornamen gaben, um moderner zu wirken, ließ sie sich Nancy nennen.

DURCH meine neuen Freunde erfuhr ich vieles, von dem ich zuvor keine Ahnung gehabt hatte. Seitdem China sich dem Handel mit dem Ausland wieder geöffnet hatte, waren, so erzählte uns Hewei, zahlreiche Gesellschaften entstanden, deren Mitarbeiter über viel Geld verfügten. Manche Chinesen waren, wie Hewei, unermeßlich reich geworden. Vier Jahre lang hatte er in der Schweiz studiert und nach seiner Rückkehr einen Direktorenposten in einem Staatsunternehmen übernommen. Zunächst hatte er sich mit seinem Gehalt begnügt, bis er merkte, daß sein Chef die Möglichkeiten, die ihm das Unternehmen bot, nutzte und nebenher seine eigenen kleinen Geschäfte betrieb. Warum sollte er sich einen solchen Nebenverdienst entgehen lassen? So tat er sich mit anderen Söhnen hoher Funktionäre zusammen und begann, mit Motorrädern und Autos zu handeln. Ermutigte Deng Xiaoping, Chinas neuer Meister, nicht dazu, „Handel zu treiben und reich zu werden"? Hewei half auch manchen Geschäftsleuten, schneller an Importgenehmigungen zu kommen. Seine Macht nahm in gleichem Maße zu wie sein Vermögen. In Peking hatte er Einfluß auf bestimmte Bereiche, die sicher nicht leicht zu kontrollieren waren, da es ständig Kämpfe zwischen rivalisierenden Banden gab. Alle Mittel waren erlaubt, um anderen gute Geschäfte wegzuschnappen. Als der Handel mit Autos zu schwierig wurde, wechselte Hewei ins Antiquitätengeschäft, trotz der Gefahren, die dort lauerten. Ein einziges Geschäft brachte hier so viel ein wie zehn Transaktionen mit Autos.

All diese Enthüllungen verwirrten mich. Die Welt außerhalb der Universität mißfiel mir schließlich so sehr, daß ich beschloß, meinen Freund, der jenseits des Gesetzes lebte, weniger oft zu besuchen. Mein Entschluß ließ sich jedoch nicht so ohne weiteres durchführen, denn Hewei verdoppelte seine Aufmerksamkeit mir gegenüber. Er überhäufte mich mit Geschenken. Einmal schenkte er mir Schokolade, und weil mir davon übel wird, verteilte ich sie an die Mädchen in meinem Schlafsaal, die mich von da an wieder besser leiden konnten. Sie baten mich, Hewei einzuladen, und schienen sich mehr zu freuen als ich, als er mit Geschenken beladen zu mir kam.

Eines Abends gingen meine Zimmergenossinnen und ich zusammen mit Hewei und einigen seiner Freunde in eine Diskothek. Während die anderen tanzten, beobachtete ich ein paar Chinesinnen, die sehr modisch angezogen waren und ganz natürlich und ohne irgendwelche Schamhaftigkeit tanzten und sich mit Männern unterhielten. Ich fragte Hewei, ob sie aus Hongkong kämen, aber er antwortete, es seien Prostituierte aus Peking. Ich glaubte ihm nicht und ärgerte mich darüber, daß er moderne junge Mädchen mit Prostituierten in einen Topf warf.

„Ich versichere es dir, Niu-Niu, ich kenne sogar ihre Namen. Als China seine Grenzen geöffnet hat, haben diese armen Mädchen gemerkt, daß sie, wenn sie mit Ausländern schlafen, an Devisen kommen. Die brauchen sie, um sich das kaufen zu können, was sie sich mit volkseigenem Geld nie leisten könnten. Wenn sie clever genug sind, ihre Devisen auf dem Schwarzmarkt in Volksgeld umzutauschen, haben sie bis an ihr Lebensende ausgesorgt."

Die Käuflichkeit der Welt außerhalb der Universität verstörte mich. Ich hatte versucht, dem einen Milieu, das ich für dekadent und heuchlerisch hielt, zu entkommen, und war in einem noch traurigeren gelandet. Es schien keinen Ausweg zu geben.

Ich begann mich zu verändern. Ich änderte mein Verhalten und meine Denkweise, wurde bitter und gleichgültig. Ich wollte am modernen westlichen Leben teilhaben, und wenn ich Geld brauchte und es nur durch Schmeicheleien bekam, so mußte ich eben diesen Weg gehen. Ich suchte nicht mehr nach Liebe und schlief mit Hewei. Seine Geschenke und das Taschengeld, das er mir gab, nahm ich als selbstverständlich an. Manchmal, wenn ich überhaupt kein Geld mehr hatte, verkaufte ich seine Geschenke sogar: die Uhr, die Goldringe, das Fahrrad, um mir Zigaretten oder Alkohol leisten zu können, oder einfach nur, um tanzen zu gehen. Hewei hatte eine große Wohnung, eine Seltenheit in Peking. Und da ich sie viel schöner fand als meinen Schlafsaal, verbrachte ich ganze Wochenenden dort. Hewei holte mich mit dem Auto an der Universität ab und fuhr mich am Montagmorgen wieder zurück.

Eines Tages stellte er mir die schicksalhafte Frage: „Niu-Niu, liebst du mich?"

„Nein, nicht im geringsten!"

„Warum schläfst du dann mit mir?"

„Weil ich Lust dazu habe . . . und weil du Geld hast. Hast du vergessen, daß du mir gesagt hast, für Geld kann man alles bekommen? Du siehst, ich halte mich daran."

Mit der Zeit jedoch wurde ich dieses liederlichen Lebens immer mehr überdrüssig, aber ich hatte nichts, was ich dagegensetzen konnte.

Eines Abends lag ich lesend auf meinem Bett. Gerade wurden in allen Schlafsälen die Lichter ausgeschaltet, wie jeden Abend um elf Uhr. Plötzlich hörte ich, wie Hewei mich unter meinem Fenster rief. Noch nie war er so spät gekommen. Er war ganz außer Atem. Sein Gesicht sah blaß aus vor Angst, und er bat mich, in sein Auto zu steigen. Er fuhr mit mir zu einem kleinen Weg inmitten der Felder. Dort hielt er an und begann zu erzählen. Er steckte in der Tinte: Sein einflußreicher Vater war seit zwei Wochen im Ruhestand, und das hatte die Polizei ausgenutzt, um Heweis Geschäfte genau zu untersuchen. Sie wußte nun alles von ihm, und der Haftbefehl gegen ihn war bereits ausgestellt und mußte nur noch vom Polizeichef unterschrieben werden.

„Hab keine Angst", meinte er, „ich habe für alles vorgesorgt. Heute abend fahre ich in eine andere Stadt, und morgen nehme ich das Schiff nach Japan. Ich bin nur gekommen, um dir auf Wiedersehen zu sagen."

„Du bist vollkommen verrückt, das ist viel zu gefährlich!"

„Ich weiß, daß du mich nie geliebt hast, aber ich, ich liebe dich wirklich. Früher waren Frauen nur Spielzeug für mich, aber bei dir habe ich es ernst gemeint. Hör mir gut zu, Niu-Niu: Nach meiner Abreise solltest du auf der Hut sein. Geh nicht zu oft in die Hotels für Ausländer. Sie sind voller Krimineller und Polizisten in Zivil." Er wirkte gehetzt und sah sich ständig um, um sich zu vergewissern, daß wir allein waren. „Jetzt möchte ich dich noch um einen Gefallen bitten. Du bist die einzige, der ich voll und ganz vertraue. Verwahre bitte für mich diesen Koffer mit Dollars und Gold. Es ist zu gefährlich für mich, ihn mitzunehmen. Die Polizei wird meine Wohnung und auch die meiner Eltern durchsuchen. Würde es dir sehr viel ausmachen, ihn eine Woche lang aufzuheben? Mein Bruder holt ihn dann ab. Ich flehe dich an, mir zu helfen. Hier: Da ich jetzt weggehe und sich keiner mehr um dich kümmern kann, gebe ich dir zweitausend Yuan."

Ich versprach ihm, seinen Koffer zu verstecken. Seine zweitausend Yuan hingegen gab ich ihm zurück, weil ich dachte, er könnte sie für seine Reise gebrauchen. Doch er stopfte sie mir in die Tasche, brachte mich auf den Universitätscampus zurück, bedankte sich und fuhr weg. Obwohl ich ihn verabscheute, wünschte ich ihm, daß er heil in Japan ankam.

Heweis Bruder kam bereits zwei Tage später. An dem Kennwort, das ich mit Hewei vereinbart hatte, erkannte ich, daß er die Person war, auf die ich wartete. Ich gab ihm den Koffer und fragte ihn, ob Hewei gut angekommen sei.

„Es ist alles gutgegangen. In zwei Wochen fahre ich zu ihm."

Jemand, der einen hochgestellten Vater hatte, konnte sich anscheinend alles erlauben. Und wenn der Vater nichts mehr tun konnte, trat das Geld an seine Stelle. Wenn mein Vater vermögend und einflußreich gewesen wäre, hätte es das Schicksal mit mir vielleicht auch besser gemeint. Na ja, das war eben mein Pech.

Am übernächsten Tag reiste ich zwar nicht in das Land der aufgehenden Sonne, aber ich fuhr immerhin zu meinen Eltern. Es war viel Zeit vergangen: Von den vier Jahren, die ich an der Universität verbringen mußte, waren zwei bereits vorüber.

ICH BLIEB nur drei Wochen bei meinen Eltern, denn ich hatte mich mit Guoguo in einer Stadt nördlich von Peking verabredet, wo wir eine Reportage drehen wollten. In der Hauptstadt erfuhr ich jedoch, daß Guoguo krank geworden war, also mußte ich bis zum Ende der Universitätsferien allein bleiben. Ich nutzte die Zeit, um auszugehen, und so lernte ich viele Ausländer kennen. Sie waren sympathisch und höflich, und in ihrer Gesellschaft hatte ich nicht wie sonst Angst vor Verleumdungen und dem üblichen Klatsch. Sie fürchteten sich vor nichts. Manche küßten sich sogar in aller Öffentlichkeit auf den Mund! Und dann verstand ich auch nicht, warum die Regierung ihres Heimatlandes sie einfach so in aller Welt herumreisen ließ. Hatten sie keine Angst, daß sie nicht wiederkamen oder ihren Feinden Informationen verkauften? Sie wohnten in Luxushotels und fuhren nur im Taxi umher. Ihr Reichtum überstieg buchstäblich den Horizont des durchschnittlichen Chinesen. Ich begriff auch nicht, warum wir nicht in ihre Hotels gehen durften. Entsprechende Verbotstafeln waren auf Initiative der chinesischen Regierung angebracht worden.

In den Lokalzeitungen wurden die Ausländer heftig kritisiert. Es hieß, sie brächten Aids ins Land und seien alle süchtig, unmoralisch und unaufrichtig den jungen Chinesinnen gegenüber. Meine Freundin Nancy zum Beispiel wurde wie eine Hure behandelt, weil sie mit Ausländern befreundet war. Doch meine Neugier wurde immer größer, und ich zog mich an wie ein Mädchen aus Hongkong, um in die für Ausländer reservierten Hotels und Lokale zu kommen. In Gesprächen erfuhr ich, daß die Bürger der westlichen Welt frei waren. Sie sagten mir, bei ihnen habe niemand das Recht, seine Nase in die Angelegenheiten anderer Leute zu stecken. Die Jugendlichen standen schon mit achtzehn nicht mehr unter der Aufsicht ihrer Eltern. Kurz, ich stellte fest, daß sie durchaus nicht alle drogenabhängig oder aidskrank waren. Das veranlaßte mich, meine Bekanntschaften zu vertiefen.

Eines Abends ging ich mit einer ausländischen Studentin essen. Der Portier des Hotels hielt mich an: „Zu welcher Arbeitseinheit gehören Sie?“

Ich wußte, wenn ich ihm eine ehrliche Antwort gab, würde er sofort bei der Universität anrufen und mir dadurch große Schwierigkeiten bereiten.

„Ich habe meinen Arbeitsausweis nicht dabei."

Es half nichts, er wollte mich nicht einlassen. Ich sah, wie eine andere Chinesin mit Freunden hineinging, und fragte ihn, was für ein Unterschied zwischen ihr und mir sei.

„Das ist eine Chinesin aus Übersee."

„Warum wenden Sie sich gegen Ihre eigenen Landsleute? Sie sollten sich schämen!"

„Ihre Einwände sind mir egal. Ich bewache diese Tür, und Sie kommen hier nicht hinein!"

Dank des energischen Eingreifens meiner erregten Freundin gelangte ich dann schließlich doch in das Hotel. Aber mir war nicht wohl bei dem Gedanken, daß eine Ausländerin den Portier zum Nachgeben gezwungen hatte.

Als nächstes geriet ich mit der Kellnerin in dem Hotelrestaurant aneinander. Ich bat sie höflich, auch mir mein Essen zu bringen, da meine Freundin das ihre bereits seit dreißig Minuten vor sich stehen hatte. Sie schaute verächtlich auf mich herab: „Wofür halten Sie sich? Glauben Sie, Sie sind etwas Besseres, nur weil Sie mit einer Ausländerin essen?"

Eine Viertelstunde später warf sie mir mein Essen buchstäblich auf den Tisch, und ich mußte meine Freundin beruhigen, die sich mit ihr anlegen wollte. Ich verstand das unfreundliche Verhalten dieser Kellnerin nicht. Eigentlich hätte sie allen Grund gehabt, mit ihrem Schicksal zufrieden zu sein. Es war der Traum aller jungen Chinesen, im Gaststättengewerbe zu arbeiten.

An der Universität hatten die Studenten das Gerücht verbreitet, ich sei mit ausländischen Teufeln zusammen. Wieder einmal wurde ich in das Büro der Professoren gerufen. Ihrer Meinung nach, so erfuhr ich, gab es genug Chinesen, da brauchte man nicht auf andere Leute zurückzugreifen.

„Was ist an den Ausländern nicht in Ordnung? Sind wir nicht alle Brüder?" wollte ich wissen.

„Wir wollen dich warnen, Niu-Niu. Du darfst deine Seele als Chinesin nicht verlieren. Und bei wem willst du dich beklagen, wenn sie nicht aufrichtig zu dir sind?"

„Warum denken Sie, die Ausländer wären böse, und ein Chinese würde sein Gesicht verlieren, wenn er sich mit ihnen abgibt?"

„Wir wollen nicht mit dir diskutieren. Wenn du nicht einsichtig bist, wird die Universität dich nicht mehr in ihren Mauern dulden."

Ich ging. Auf dem Weg zum Schlafsaal traf ich Guoguo, der mir erzählte, daß die Mädchen behaupteten, ich würde mein Geld dadurch verdienen, daß ich mit Ausländern schliefe. „Niu-Niu, sei vorsichtig. Es ist besser, du brichst diese Beziehungen ab. Du weißt, wenn du Geld brauchst, kann ich es dir geben."

Er machte sich Sorgen um mich, aber ich konnte ihm sein Mißtrauen nicht verzeihen. Ich war jedoch in einer sehr heiklen Lage. Zhang Ling sagte mir, daß die Chinesen durch zahlreiche demütigende Episoden in ihrer Geschichte so fremdenfeindlich geworden seien. Ihrer Meinung nach war dieser alte Haß noch äußerst lebendig, auch wenn die Ausländer sich jetzt wieder im Land niedergelassen hatten. Ihre luxuriöse Lebensweise erregte den Neid der Chinesen.

Ich hatte die Lektion begriffen: Ich mußte auf der Hut sein, damit mich niemand für eine Prostituierte hielt. Fortan zog ich mich nicht mehr wie ein Hongkong-Mädchen an und redete englisch, wenn ich ein Hotel betrat. Ich spielte in meinem eigenen Land die Ausländerin.

Ich hörte, daß die Polizei in den Zimmern eines großen Hotels eine Razzia durchgeführt hatte, um die Chinesinnen, die sich dort aufhielten, festzunehmen. Man schickte sie in ein Umerziehungslager. Ein paar von ihnen waren Studentinnen und wurden von ihren Universitäten gewiesen . . .

Bald fand ich alles unerträglich. Niemand in diesem Land verstand mich, und zu meinem großen Entsetzen mußte ich zugeben, daß eingetroffen war, was Professor Wang vorausgesagt hatte: Meine Jugendträume und -hoffnungen hatten sich in Nichts aufgelöst. Ich mußte fort aus diesem ungastlichen Land, fort aus dieser Sonne und dieser Luft, in der ich aufgewachsen war. Unter Tränen beschloß ich, meine Heimat so bald wie möglich zu verlassen.

EINES Samstagnachmittags rief mich eine französische Freundin an, um mich zu einem Fest einzuladen, das nett zu werden versprach. Wenn ich gewußt hätte, daß ich dort einem der wichtigsten Menschen meines Lebens begegnen würde, hätte ich mich gekleidet wie eine Prinzessin, aber statt dessen zog ich mich bunt wie ein Pfau an.

Das Fest begann zunächst eher enttäuschend. Es waren hauptsächlich Franzosen, Engländer, Amerikaner und ein paar Chinesen da, meistens Geschäftsleute, und die Gespräche wurden auf Englisch geführt. Ich konnte mich in dieser Sprache nicht fließend unterhalten, also hörte ich die meiste Zeit nur zu. Auch meine französische Freundin, die sonst sehr nett war, stellte mir blöde Fragen, wie: „Warum essen die Chinesen so viel Reis?“ oder „Machen Chinesen auch mal Witze?“ Das ging mir bald auf die Nerven, und ich beschloß, nach Hause zu gehen. Aber sie hielt mich zurück und stellte mir einen befreundeten französischen Fotografen vor. Endlich einmal kein Geschäftsmann! Er war nicht sehr groß, aber seine goldfarbenen Haare faszinierten mich.

„Guten Tag, ich heiße Yann.“ Er sprach perfekt Chinesisch und erklärte mir, sein Name bedeute ursprünglich „Donnerteufel“. Ich brach in Lachen aus, weil ich sicher war, daß ein Chinese alles darangesetzt hätte, um so einen albernen Namen wieder loszuwerden. Aber er war anscheinend sehr stolz darauf. Als ich ihm dann sagte, mein Name bedeute „Zänkisches Weib“, schüttete er sich aus vor Lachen.

Ich fühlte mich sofort von ihm angezogen. Er war sehr gebildet, und wir saßen zwei Stunden zusammen und unterhielten uns. Als er gehen mußte, gab es mir einen Stich ins Herz; ich hatte das Gefühl, ihn schon seit einer Ewigkeit zu kennen.

Wir trafen uns ab und zu und wurden gute Freunde, und die Tatsache, daß er in Paris eine Freundin hatte, hinderte mich nicht daran, ihn zu treffen oder anzurufen; im Gegenteil, seine Aufrichtigkeit hatte mich beeindruckt; ich hatte mich in ihn verliebt. Er umarmte mich gelegentlich, versuchte aber nie weiterzugehen.

Bald erzählte ich Zhang Ling, wie sehr ich ihn bewunderte. Sie machte sich Sorgen um mich.

„Niu-Niu, Yann ist nicht mehr frei. Es bringt dir gar nichts, Luftschlösser zu bauen, und hinterher sagst du dann, er hätte dich belogen und dir weh getan!“

„Aber ich liebe ihn nicht, ich mag ihn einfach nur gern. Ich werde für ihn gewiß nicht ins Wasser gehen!“

„Viel fehlt aber nicht mehr dazu!“

Von Zeit zu Zeit gingen mir ihre Großmutterpredigten auf die Nerven.

Nach seiner Rückkehr von einem Aufenthalt auf dem Land lud Yann mich zum Essen ein. Wir hatten uns seit zwei Wochen nicht gesehen, und seit genau zwei Wochen beherrschte er die Seiten meines Tagebuches. Nach dem Essen sahen wir uns auf Video „Casablanca“ an, seinen Lieblingsfilm. Er übersetzte mir simultan die Dialoge und erklärte mir die Symbolik der Bilder. Er war so wundervoll, daß ich mir vorkam wie im siebten Himmel, und ich dachte, daß er mich vielleicht doch liebte. Lässig lehnte ich meinen Kopf an seine Schulter . . . und wartete aufgeregt. Aber Yann schlug mir plötzlich vor, mich nach Hause zu bringen. Das war zuviel. Ich überwand meine Schüchternheit und erklärte ihm klar und deutlich, daß ich über Nacht bei ihm bleiben würde.

Es wurde die schönste Nacht meines Lebens. Ich liebte seine Küsse, seine Zärtlichkeiten, seinen Körper und seinen Duft. Ich blieb das ganze Wochenende bei ihm, wusch seine Sachen, räumte seine Wohnung auf und kochte ihm chinesische Gerichte. Das hatte ich noch nie für einen Mann getan, und ich wunderte mich über mich selbst. Bald wußte er alles über meine Vergangenheit und auch über meinen Wunsch, ins Ausland zu reisen. Er hörte mir verständnisvoll zu. Nichts trübte unser Einverständnis, und langsam fand ich meine Lebensfreude wieder. Seine Zärtlichkeit wärmte mein Herz, sein Humor vertrieb meine düsteren Gedanken, und sein Wissen bereicherte mich.

Über alledem hatte ich nicht vergessen, daß er eines Tages wieder nach Hause zu seiner Freundin nach Paris fahren würde, aber wenn ich ihm schon meine Liebe nicht gestehen konnte, so wollte ich unser Zusammensein wenigstens bis zur letzten Minute auskosten.

WIEDER war ein Universitätsjahr vorüber, und ich mußte Peking verlassen, um den für die Ferien obligatorischen Film zu drehen. Zumindest hatte ich bei den Professoren erreicht, daß Guoguo und Zhang Ling zu meinem Team gehörten. Ich fuhr zum erstenmal ans Meer. Seine ungeheure Weite faszinierte mich; es war, als ob die ganze Welt rein geworden sei. Ich hätte mich auf der Stelle in die Wellen gestürzt, wenn das Wasser nicht so eiskalt gewesen wäre.

Die Dreharbeiten wurden ein reines Fiasko. Das Drehbuch, das die Professoren ausgesucht hatten, war wesentlich schlechter als sonst, und die niedrigen Temperaturen trugen nicht gerade zum Arbeitseifer der Teilnehmer bei. Wir zankten uns jeden Tag wegen des Budgets, und Guoguo weigerte sich, meine Anweisungen zu befolgen. Diese schmerzliche Erfahrung konfrontierte mich mit einem Problem: Obwohl wir alle jung waren, folgte kein Mann den Anweisungen einer Regisseurin.

Wieder in Peking, lud ich die Mannschaft zu einem mongolischen Fondue ins Restaurant ein. Nachdem wir gut gegessen und getrunken hatten, gingen nach und nach alle nach Hause und überließen mich wieder einmal meiner Einsamkeit. Ich spazierte eine Weile durch die grauen Straßen von Peking, und dann überkam mich plötzlich das Verlangen, Yann anzurufen. Er war zu Hause. Wir verabredeten uns gleich an einer kleinen Brücke am Rande der Verbotenen Stadt. Dort gingen wir spazieren.

„Meine Freundin und ich – wir haben uns getrennt", erzählte er mir.

„Das ist ja toll!" Mir taten diese unbedachten Worte sofort leid, denn offensichtlich war er sehr betrübt.

„Wir lieben uns nicht mehr", fuhr er fort. „Wir haben sieben Jahre lang zusammengelebt. Nun hat sie mich verlassen."

Seit ich wußte, daß Yann sich von seiner Freundin getrennt hatte, ging ich natürlicher mit ihm um. Das Gespenst seiner eheähnlichen Beziehung in Frankreich belastete mich jetzt nicht mehr. Unsere Treffen wurden unbefangener, und wir benahmen uns wie ein wirkliches Paar. Er stellte mich seinen Freunden vor und lud mich zu seiner offiziellen Fotoausstellung ein. Trotzdem lebte ich in ständiger Angst, denn er hatte mir seine Gefühle noch immer nicht erklärt. Ich beschloß, alles daranzusetzen, um ihn zu erobern. Ich war kokett und humorvoll, bat ihn, mir alle möglichen Dinge beizubringen, diskutierte ernsthaft mit ihm und interessierte mich vor allem für seine Fotos.

Immer wenn wir uns trafen, bemühte ich mich, ihn zu überraschen. Regnete es in Strömen, so bat ich ihn, mit mir im Auto zur Chinesischen Mauer zu fahren. Um zwei Uhr morgens unternahm ich mit ihm eine Fahrradtour durch die verlassene Hauptstadt, damit sein Sinn für Romantik geweckt wurde. Er sollte sich immer freuen, wenn er mich sah. Deshalb brachte ich ihm Blumen mit; hatte ich dafür kein Geld, ließ ich ihm ein Bad einlaufen und massierte ihn. Wenn er durch Peking ging, um zu fotografieren, schleppte ich seine Ausrüstung, und obwohl mir nach einer Weile der Rücken weh tat und die Füße schmerzten, war ich glückselig. Damit er jedoch nicht dachte, ich wolle ihn unter Druck setzen, sagte ich ihm nie, daß ich ihn liebte. Nach einiger Zeit glaubte ich jedoch, in seinen Augen und seinen Worten den Anflug einer Liebe zu entdecken, die endlich die meine erwiderte.

Ich genoß das Ergebnis meiner geduldigen Anstrengungen, bis er mir eines Morgens verkündete, er habe vor, nach Shanghai zu fahren. Es handelte sich zwar nur um eine berufliche Reise, aber die Aussicht, schon wieder von ihm getrennt zu sein, ließ mich erschaudern. Ich mußte mich jedoch in das Unvermeidliche fügen; schließlich würde er früher oder später auch wieder in seine Heimat zurückkehren. Ich wurde auf meine Art damit fertig: Um mich an den Schmerz, ihn nicht mehr wiederzusehen, zu gewöhnen, stürzte ich mich ins Studium. Und dann bat mich doch dieser Donnerteufel in letzter Minute, ihn nach Shanghai zu begleiten!

Ich erzählte der Universitätsverwaltung irgendein Märchen, und zwei Wochen später landete ich mit klopfendem Herzen in Shanghai. Alles lief wunderbar, abgesehen davon, daß ich als Chinesin nicht das Recht hatte, in die Hotels für Ausländer zu gehen. Ich mußte so tun, als wäre ich Dolmetscherin für die Gruppe französischer Maler, die Yann begleitete.

Abends, wenn alle schliefen, schlich ich mich heimlich in Yanns Zimmer, um morgens, bevor die Aufsichtsbeamten wieder aufwachten, genauso heimlich wieder zu verschwinden. Ich hatte noch nie Ausländer erlebt, die in einem Team zusammenarbeiteten. Die Freiheit und das Fehlen jeglicher Ungleichbehandlung faszinierten mich, frustrierten mich aber zugleich, wenn ich an meine eigenen Arbeitsbedingungen dachte, so sehr, daß ich eines Abends, als ich allein in meinem Zimmer war, deswegen in Tränen ausbrach.

Yann kam herein. „Geht es dir nicht gut, Niu-Niu? Warum weinst du?"

Seine Zärtlichkeit brachte mich wieder zum Weinen. „Ich bin es leid, nicht zu wissen, wie meine Zukunft aussehen wird. Überall werde ich wie ein böses Mädchen behandelt, ohne daß ich weiß, was man mir eigentlich vorwirft. Und bei euch Ausländern sehe ich, daß ihr einfach das tut, was euch richtig erscheint. In euren Beziehungen scheint alles so klar und eindeutig zu sein. Ich begreife nicht, warum wir Chinesen so anders sind. Ich möchte so gern leben wie ihr!"

Um ihn nicht auf den Gedanken zu bringen, ich wolle mich beklagen, zog ich mir die Decke über den Kopf, aber er merkte, daß ich zitterte, schob die Decke weg und reichte mir ein Taschentuch. „Niu-Niu, ich wollte dir etwas sagen ... Seit du mir deine Geschichte erzählt hast, habe ich viel nachgedacht, und ich habe beschlossen, dir zu helfen, damit du nach Frankreich fahren kannst."

„Wie kannst du dich nur so über mich lustig machen? Erstens liebst du mich nicht, und zweitens willst du mich nicht heiraten. Du hast nicht das Recht, mich von solch unrealistischen Dingen träumen zu lassen!"

„Nein, heiraten will ich nicht. Aber das heißt nicht, daß ich dich nicht liebe."

Angesichts dieses so lange erhofften Geständnisses glaubte ich einen Augenblick lang, ich bekäme keine Luft mehr. Aber vielleicht hatte er das ja auch nur aus Mitleid gesagt . . .

Ein rätselhaftes Lächeln lag auf seinem Gesicht, und er legte sich neben mich und nahm mich in die Arme, um mir eine wunderschöne Geschichte zu erzählen.

„An dem Abend, an dem wir uns kennengelernt haben, hast du tiefen Eindruck auf mich gemacht. Ich fand dich sympathisch, klug und unterhaltend und wollte gern dein Freund werden, aber nicht mehr. Daß du in mich verliebt bist, habe ich an deiner Reaktion bemerkt, als ich dir von der Trennung von meiner Freundin erzählt habe. Im Lauf der Wochen habe ich dich dann besser kennengelernt, und schließlich habe ich dich so gemocht, daß ich anfing, mich vor einer Trennung zu fürchten. Wenn du längere Zeit nicht da warst oder nicht anriefst, wurde ich unruhig. Nach und nach mußte ich mir eingestehen, daß ich dich liebe. Ich habe ständig an dich gedacht. In den letzten Tagen habe ich dich immerzu anschauen müssen. Ich konnte den Blick nicht von dir abwenden, von deinem Lächeln, deinen Bewegungen, deinen Fragen, deinem Schweigen. Ich liebe dich, Niu-Niu. Ich liebe dich, und ich werde dir helfen."

Sein Liebesbekenntnis genügte mir. Ich war nun überzeugt von seiner Aufrichtigkeit. Yann war jemand, dessen Taten mit seinen Worten übereinstimmten.

Mein Entschluß stand nun fest: Ich würde meine Heimat verlassen und ihm nach Frankreich folgen. Meine Angst war verschwunden, und ich vertraute ihm vollkommen, als ich Shanghai verließ, um wieder zur Universität zu gehen.

AUF MEINEM Bett im Schlafsaal erwartete mich ein Brief meiner Mutter.

> Meine liebe Tochter, wo bist Du? Ich habe ständig angerufen und muß Dir jetzt diesen Brief schreiben, um Dir die schlimme Nachricht mitzuteilen.

Vor vier Tagen hatte Oma einen Herzanfall. Wir haben sie gleich ins Krankenhaus gebracht. Du weißt, Niu-Niu, Deine Großmutter war in dem Alter, in dem man jeden Tag mit ihrem Tod rechnen mußte. Wir haben alles getan, um sie zu retten, aber es half nichts. Sie ist von uns gegangen, Niu-Niu, aber vor ihrem letzten Atemzug fragte sie uns weinend: „Wo ist Niu-Niu? Warum ist sie nicht gekommen, um mir Lebewohl zu sagen? Sie fehlt mir so sehr. Bevor ich sie nicht wiedersehe, kann ich nicht die Augen schließen. Hat sie mich vergessen?" Und es ist wahr, Niu-Niu, sie ist mit offenen Augen gestorben.

Ich warf den Brief aufs Bett und rannte wie eine Verrückte zum nächsten Telefon. Ich weiß nicht mehr, was ich gesagt habe. Ich weiß nur noch, daß mein Kopf auf einmal bleischwer wurde, daß ich zusammengebrochen bin und daß andere Studenten mich in mein Zimmer gebracht haben.

ICH WAR schuld am Tod meiner Großmutter; sie war vor Schmerz über meine Dummheiten und meine Verderbtheit gestorben. Ich hatte mich sorglos in Shanghai amüsiert, während sie mit dem Tod gekämpft hatte. Die Bilder meiner Kindheit zogen an meinem inneren Auge vorbei, Träume und Wirklichkeit, Tod und Leben vermischten sich. Eine Woche lang lag ich auf meinem Bett und wartete darauf, daß meine Großmutter zu mir käme oder daß sich die Tore der Hölle für mich öffneten. Zhang Ling und Guoguo riefen den Arzt und die Professoren, damit sie mich zum Essen und zum Schlafen zwangen, aber all ihre Fürsorge brachte den Geist meiner Großmutter nicht zum Verschwinden. Von nun an würde ich Yann nie wiedersehen, ich würde an Omas Seite unter der gelben Erde ruhen, um sie von ihrem Kummer zu befreien.

Ich schrieb meinen Eltern einen Brief, in dem ich ihnen gestand, daß ich diese zwei Wochen zusammen mit einem Ausländer, den ich wirklich liebte, verbracht hätte, und ich fügte hinzu, daß ich Yann nicht mehr wiedersehen würde, um meine Schuld Oma gegenüber zu büßen.

Der Alptraum dauerte einen Monat lang, dann kamen meine Eltern nach Peking. Sie packten mich in ein Taxi und nahmen mich mit in ihr Hotelzimmer. Dort fiel ich vor ihnen auf die Knie und bat sie, mich nicht zu hassen, denn ich bräuchte sie jetzt mehr als jemals zuvor.

„Meine arme Niu-Niu, was redest du da? Wir sind nicht gekommen, um dich auszuschimpfen, sondern um dir zu helfen. Oma ist gestorben,

Hochzeitstag in Chengdu. Niu-Niu und Yann heirateten zweimal: einmal in Saint-Avertan in Frankreich und einmal in Chengdu, Niu-Nius Heimatstadt.

Niu-Nius Eltern bei der Hochzeit ihrer Tochter in Chengdu

Zum erstenmal begegnet Niu-Niu einem ausländischen Kind. Mit der kleinen Alula fängt sie an, Französisch zu sprechen.

Nicht weit entfernt von Niu-Nius Haus in Chengdu befand sich dieser alte Tempel, der zur Schule umfunktioniert wurde. Schulleiterin war Niu-Nius Lieblingslehrerin Yang.

An einem schönen Tag in Paris – die beiden Verliebten sitzen in einem Straßencafé in der Sonne.

In Shanghai gestand Yann Niu-Niu seine Liebe.

weil sie alt war. Das ist das Schicksal aller Menschen. Du mußt dich nicht schuldig fühlen. Oma ist tot, aber du mußt weiterleben. Wir wissen, wie sehr du deine Großmutter geliebt hast, und deine Empfindsamkeit berührt uns sehr."

Ich warf mich in ihre Arme und stammelte hilflose Dankesworte. Dann erzählten mir meine Eltern den wahren Grund ihres Besuchs in Peking. Sie wollten sich ein Bild von meiner Beziehung zu Yann machen und sich versichern, daß er mich wirklich liebte und nicht nur ein weiteres Beispiel für das unmoralische Verhalten der Ausländer gegenüber jungen Chinesinnen darstellte.

Mein Vater freute sich darüber, daß er Fotograf war. Das konnte mir für meine berufliche Zukunft von Nutzen sein, und er war froh, daß ich mich nicht in irgendeinen obskuren Geschäftsmann verliebt hatte.

Also ging ich eine Woche später auf die Bitte meiner Eltern zu Yann und sagte ihm, meine Eltern seien extra nach Peking gekommen, um ihn kennenzulernen. Das Ganze kam ihm eher amüsant vor; er fürchtete nur, daß er ihnen nicht gefallen könnte und daß sie unseren Abreiseplan kategorisch ablehnen würden. Er suchte sogar Rat bei seinen Freunden, um zu erfahren, wie er sich anziehen und was er sagen sollte. Schließlich beschloß er, meine Eltern ins Maxim's, die genaue Nachbildung des berühmten Pariser Restaurants, einzuladen.

Der bedeutsame Abend kam. Seltsamerweise stellten meine Eltern Yann überhaupt keine Fragen über unsere Beziehung; das Gespräch drehte sich pausenlos um Film oder Fotografie. Mein Vater wollte über das, was sich im Ausland tat, informiert werden. Und Mama gestand mir, trotz des Entsetzens, das ihr das blutige Steak einjagte, daß sie Yann sehr nett fand.

Eine Woche später reisten meine Eltern, mit Geschenken von Yann beladen, wieder ab, und als ich sie zum Bahnhof brachte, beglückwünschte ich mich im stillen zu so verständnisvollen Eltern.

Yann hatte die notwendigen Schritte in die Wege geleitet, um die Papiere zu erhalten, die ich zur Ausstellung meines Passes brauchte. Doch als ich die Universitätsleitung um einen Brief für die Polizei bat, bekam ich erneut Schwierigkeiten. Sie hatten erfahren, daß ich sie angelogen hatte, um nach Shanghai fahren zu können, und sie hatten daraufhin beschlossen, mich von der Universität zu weisen. Ich konnte zwar noch an den Kursen teilnehmen und im Schlafsaal wohnen, mußte aber dafür bezahlen und meinen Verkehr mit Ausländern einstellen. Das bedeutete, wenn ich in China bleiben mußte, würde ich weder eine Arbeit finden, noch konnte ich mich an einer anderen Universität einschreiben. Trotz des Risikos hielt ich daher meinen Entschluß wegzugehen aufrecht; vielleicht auch deswegen, weil ich ja gar keine andere Wahl mehr hatte. Meine Entlassung von der Universität erleichterte es mir, einen Paß zu erhalten, denn da alle meine Papiere an die Polizeiwache meiner Heimatstadt zurückgeschickt worden waren, die von meinen Handlungen noch nichts wußte, mußte ich nicht mehr lange auf die Unterlagen warten, die ich für das Verlassen des Landes brauchte. Ich fühlte mich schon zur Hälfte frei, denn mir fehlte nur noch das Visum.

Jetzt hing alles weitere von Yann ab. Nach dem Gesetz mußte er finanziell für mich bürgen, damit ich einreisen konnte.

In der Nacht vor seinem Abflug nach Frankreich fand ich keinen Schlaf. Ich hatte das Gefühl, die Trennung sei endgültig. Als er seine Koffer packte, schluckte ich meine Tränen hinunter und biß die Zähne zusammen, um stark zu erscheinen. Yann versprach, mich anzurufen.

„Mach dir keine Sorgen, Niu-Niu, ich werde mein möglichstes tun, damit du bald nachkommen kannst."

Ich zwang mich, so etwas wie danke zu murmeln, nur um nicht in Tränen auszubrechen. Auf dem Weg zum Flughafen redete ich kein Wort, hielt nur seine Hand fest und betete, die Fahrt möge möglichst lange dauern. Schließlich mußten wir uns trennen. Durch einen Schleier von Tränen sah ich ihm nach, und so schnell ich konnte, verließ ich diesen furchtbaren Flughafen und kehrte in meinen Schlafsaal, für den ich nun bezahlen mußte, zurück.

EIN MONAT verging. Ich fragte jede Woche beim französischen Konsulat nach, ob mein Visum endlich da sei. Aber nichts geschah. Ich blieb also an der Universität und bezahlte für die Kurse, an denen ich weiter gern teilnehmen wollte. Da die Neuigkeit von meiner Relegation rasch die Runde auf dem Campus gemacht hatte, taten die, die mich verachteten, sich keinen Zwang mehr an. Ich verlangte einen Brief, in dem mir bescheinigt wurde, daß ich drei Jahre lang studiert hatte, und forderte die Kopien meiner Filme zurück, aber der Direktor der Fakultät lehnte dies unter dem Vorwand, ich sei von der Universität gewiesen worden, kategorisch ab. Es war, als hätte es die drei letzten Jahre für mich nicht gegeben.

Eines Nachmittags kam Guoguo zu mir in den Schlafsaal, um mir

Gesellschaft zu leisten. „Niu-Niu, ich habe heute früh, als ich mit einem unserer Professoren gesprochen habe, gehört, wie der Fakultätsleiter im Nebenzimmer gesagt hat, er wolle der Polizei einen Bericht über dich schicken und ihnen die Augen öffnen über dein Betragen an der Universität und deinen Plan, das Land zu verlassen. Paß auf jeden Fall auf! Gao Lan und ihre Bande erzählen überall herum, du hättest deinen Paß gekauft."

„Sie kann immerzu nur gehässige Geschichten erfinden! Sie ist so neidisch auf mich, daß sie mich einfach nicht in Ruhe läßt!"

„Sie ist gefährlich. Wenn sie nicht durch Gesetze daran gehindert würde, hätte sie dich schon längst in Stücke gerissen!"

Obwohl er mich ein bißchen beruhigt hatte, indem er sagte, er habe einen Freund bei der Polizei, der mich rechtzeitig warnen würde, und obwohl ich wußte, daß mein Paß meine Abreise erleichtern würde, faßte ich den Entschluß, die Universität so bald wie möglich zu verlassen. Ich ging immer häufiger mit Nancy aus. Je öfter wir mit Ausländern zu tun hatten, desto mehr entdeckte ich, daß es auch in ihrer Welt bizarre Verhaltensweisen gab. Sie verbrachten ihre Zeit mit arbeiten und vergnügten sich danach an den Orten, die ihnen vorbehalten waren; wenn sie dann alle Möglichkeiten ausgeschöpft hatten, kannten sie sich in- und auswendig und klatschten über alles mögliche, um die Zeit totzuschlagen.

Pierre, ein sogenannter guter Freund von Yann, hatte sich angewöhnt, mich regelmäßig anzurufen und sich mit mir zu treffen. Er versuchte, mich in sein Bett zu bekommen. Ich wies ihn ab, aber eines Tages, als ich mit Olivier, einem anderen Freund von Yann, spazierenging, traf ich ihn auf der Straße. Er gab vor, er habe mir etwas Wichtiges zu sagen; in Wirklichkeit wollte er mich nur von Olivier weglocken.

„Niu-Niu, ich weiß, daß du ganz gut schauspielern kannst, aber ich bin ein guter Regisseur, und deshalb durchschaue ich dein Spiel."

„Was soll das heißen?"

„Wenn du Yann aufrichtig lieben würdest, würdest du nicht dauernd mit anderen Männern ausgehen."

„Du willst wohl Streit mit mir anfangen, weil ich nicht mit dir schlafen will?"

„Und warum schläfst du mit Olivier?"

Das ging zu weit! Ich forderte ihn auf, mir zu sagen, wo er diesen Schwachsinn aufgeschnappt habe, und er erzählte mir, es sei bei einem Gespräch unter Freundinnen von mir erwähnt worden. Für mich war sein Verhalten ein Zeichen dafür, wie verdorben manche Ausländer waren. Aber ich mußte seinem neuerlichen Angriff die Stirn bieten, und deswegen kam ich auf die Idee, ihn meinen besten Freundinnen vorzustellen. Auf diese Weise lernte Pierre Nancy kennen. Sie wurden ziemlich schnell gute Freunde. Ich freute mich für sie, aber vor allem hatte ich jetzt ein bißchen Ruhe, auch wenn Nancy nun nicht mehr so viel Zeit für mich hatte.

Da ich mein Visum immer noch nicht erhalten hatte, waren meine Nerven zum Zerreißen gespannt, und ich begann an Yanns Liebe zu zweifeln. Der Ärmste gab ein Vermögen für Telefonanrufe aus, und dabei wußte er ganz genau, daß nur seine Anwesenheit mich hätte beruhigen können. Meine ausländischen Freunde ließen es allmählich mir gegenüber völlig an höflicher Zurückhaltung fehlen. Ihre Einladungen zum Abendessen und zum Tanzen wurden immer drängender. Sie wollten alle nur das eine. Die Gefahr, die von dieser Gesellschaft von Besessenen ausging, stürzte mich in verzweifelte Einsamkeit. Während die Chinesen und Ausländer um mich herum weiter ihren Geschäften nachgingen und ihr normales Leben führten, hatte mich das Schicksal ausgeschlossen. Völlig grundlos hatte ich die Hauptrolle in einem Film, den ein Freund meines Vaters gedreht hatte, abgelehnt. Ich machte nichts mehr aus meinem Leben. Um der tödlichen Langeweile zu entgehen, ließ ich mich schließlich von den ausländischen Teufeln doch zum Abendessen und zum Tanzen einladen, weigerte mich jedoch weiterhin, an den Vergnügungen, die sie für den Rest des Abends vorgesehen hatten, teilzunehmen.

Nachdem ich Nancy lange Zeit nicht getroffen hatte, kam sie eines Tages zu mir und erzählte mir, sie habe Pierre verlassen und sich in einen gewissen Frédéric, dessen Vater Engländer und dessen Mutter Französin war, verliebt. Er war ein hübscher, sehr sympathischer Junge, den ich kannte und von dem ich wußte, daß er in China seinen eigenen Geschäften nachging. Nancy teilte mir mit, er habe sie gefragt, ob sie ihn heiraten wolle. Ich freute mich für sie, und um das Ereignis gebührend zu feiern, lud ich die beiden in ein Restaurant ein, in dem es Spezialitäten aus meiner Heimatprovinz gab. Ein paar Tage später rief Frédéric mich an und bat mich um ein Gespräch unter vier Augen. Kaum war er da, fragte er mich schon, wie Pierre und Nancy sich kennengelernt hätten, und überschüttete mich mit mißtrauischen Fragen nach ihren Moralvorstellungen. Ich war außer mir, und nach und nach holte ich die ganze Geschichte aus ihm heraus. Pierre hatte ihn gegen Nancy aufgehetzt und ihm geraten, sie nicht zu heiraten. Seiner Meinung nach war Nancy eine Lügnerin und Hure. Angeblich hatte sie ihn um Geld gebeten und ihn bedrängt, er solle sie heiraten. Und als er das abgelehnt habe, habe sie sich von ihm getrennt. Frédéric war gekommen, um mit mir darüber zu sprechen; er wollte die Wahrheit wissen, denn im Grunde seines Herzens liebte er Nancy aufrichtig.

Ich wußte mit absoluter Gewißheit, daß Nancy vertrauenswürdig und ehrlich war; ich kannte sie gut genug, um zu wissen, daß Pierre sich die ganze Geschichte ausgedacht hatte.

Meine Vermutung stellte sich als richtig heraus. Als ich die arme Nancy besuchte, fand ich sie in Tränen aufgelöst vor. Sie war vollkommen hilflos und fühlte sich außerstande, sich zu rechtfertigen. Ihr Wort stand gegen das von Pierre. Ich beschloß, ihr zu helfen, und als wir Pierre ein paar Tage später zufällig in einem Café trafen, ging ich wütend auf ihn los.

„Pierre, wie kannst du nur so gemein sein!“

Er wurde rot bis über beide Ohren, setzte aber sofort wieder eine gleichgültige Miene auf und fragte mich lächelnd, was das heißen solle.

„Wenn du das nicht weißt, kann ich dir auch nicht helfen! Was hast du davon, andere zu verleumden?“

Ihm fiel nichts mehr ein. Selbst Frédéric wirkte schockiert über mein Verhalten. Eine Chinesin, die es wagte, rebellisch zu werden! Sie begannen beide, Französisch zu sprechen, und damit waren Nancy und ich von der Unterhaltung ausgeschlossen.

Dann änderte Frédéric seinen Ton. Er hatte plötzlich beschlossen, daß alles mein Fehler war, daß ich den ganzen Streit verursacht hatte. Ich hätte mir denken können, daß die Barrieren zwischen Chinesen und Ausländern stärker waren als jedes Verständnis.

Später erfuhr ich, daß Pierre und Frédéric aufgrund ihrer geschäftlichen Verbindungen sowieso nie ihre freundschaftlichen Beziehungen aufgegeben hätten. Hinzu kam, daß Pierre das Gefühl hatte, vor den Chinesinnen sein Gesicht verloren zu haben. Die beiden Männer vereinbarten daher, ihren stillschweigenden Pakt aufrechtzuerhalten, selbst wenn sie sich deswegen gemein verhalten mußten.

Auch die Ausländer stellten sich also als Enttäuschung heraus, und ich kam zu dem Schluß, daß man niemandem mehr trauen könne.

WENIG später sah ich Olivier wieder, der gerade aus Frankreich zurückgekommen war. Ich hoffte, er hätte gute Nachrichten von Yann. Nach langem Schweigen schlug er mir vor, zu ihm nach Hause zu kommen, damit wir darüber reden konnten. Er berichtete mir, Yann lebe bereits mit einem anderen Mädchen zusammen, er liebe mich nicht mehr und habe mich vergessen.

Ich glaubte sterben zu müssen, und um nicht loszuweinen, trank ich zwei große Whisky hintereinander, als Olivier für einen Moment ins Badezimmer ging. Die Wirkung trat augenblicklich ein: Mein Kopf glühte, und ich warf mich aufs Sofa. In meiner Trunkenheit sah ich, wie Olivier mich seltsam musterte. Er trug mich in sein Schlafzimmer und legte mich in sein Bett. Dann löschte er die Nachttischlampe, entkleidete sich und glitt neben mich unter die Decke. Langsam zog er mich aus und flüsterte dabei Liebesworte. Ich hätte ihn aufhalten müssen, aber ich hatte nicht mehr die Kraft dazu, und so gab ich nach. Wenn Yann mich nicht mehr liebte, brauchte ich mich auch um nichts mehr zu kümmern. Ich preßte mich an Olivier und gab ihm jeden seiner Küsse zurück. Ich fühlte mich unglaublich frei. Der Alkohol hatte meine trüben Gedanken verscheucht, und so schlief ich in seinen Armen ein.

NACH dieser Nacht verlor ich völlig die Kontrolle über mich. Ich führte ein chaotisches Leben, ohne Liebe, ohne Hoffnung und ohne Moral. Ich ging von einem Liebhaber zum nächsten und suchte mir die schönsten und reichsten aus. Wenn ich morgens aufwachte, verachtete und haßte ich mich, aber nach dem ersten Glas Alkohol fing alles von vorne an. Oft ging ich gar nicht ans Telefon. Wenn es Yann gelang, mich telefonisch zu erreichen, hörte ich ihm nicht zu oder legte wortlos auf. Zhang Ling und Guoguo sagten mir, die Polizei habe die Professoren wegen meiner unerlaubten Beziehungen zu Ausländern befragt, und sie wolle mich festnehmen. An diesem Abend kaufte ich mir eine Zugfahrkarte und fuhr zu meinen Eltern.

Vierzehn Tage lang lebte ich allein in ihrem Haus. Meine Eltern arbeiteten, und meine kleine Schwester war bei meinem Onkel. Ich war vollkommen ausgebrannt. Die meiste Zeit schlief ich oder sah fern; manchmal ging ich in den Straßen meiner Kindheit spazieren, aber alles hatte sich verändert. Ich erkannte mich selbst nicht mehr wieder, und die Verzweiflung darüber bewog mich, zurück nach Peking zu fahren, trotz der Risiken, die ich damit einging.

Warum sollte ich mir vor dem Gefängnis nicht noch einmal eine gute Zeit machen? Hinter Gittern gab es keine Zigaretten, keinen Alkohol und keine Nachtklubs . . .

JEMAND hatte Yann angerufen und ihm gesagt, ich benähme mich wie eine Prostituierte. Noch am gleichen Tag rief er mich aus Frankreich an. Ich beschloß, mit ihm zu sprechen. Er fragte mich, was mit mir los sei, und ich erwiderte heftig: „Was los ist? Das solltest du mir lieber erzählen, du Heuchler! Du bist nichts als ein skrupelloser Dieb: Du hast meine letzte Hoffnung gestohlen, du hast meine Liebe gestohlen und mein Herz zerstört, und du hast die Stirn, mich zu fragen, was los ist? Selbst wenn mein Visum kommt, will ich nicht mehr nach Frankreich, und dein widerwärtiges Gesicht will ich auch nicht mehr sehen!"

„Niu-Niu, du hast den Verstand verloren! Ich liebe dich, ich schwöre dir, ich habe dich niemals belogen. Trotz aller Dummheiten, die du in meiner Abwesenheit gemacht hast, liebe ich dich immer noch. Es vergeht kein Tag, an dem ich nicht an dich denke, keine Minute, die ich mich nicht um dein Kommen kümmere . . . Niu-Niu, hör auf, die Irre zu spielen!"

„Gib dir keine Mühe! Ich liebe dich nicht mehr, ich hasse dich!"

Ich warf den Hörer auf die Gabel, aber nach ein paar Minuten des Schweigens öffnete sich auf einmal ein dunkler, tiefer Abgrund vor mir, und ich brach in Tränen aus. Es war das erste Mal, daß ich weinte, seit ich aus dem Mund Oliviers erfahren hatte, daß Yann mich verlassen hatte. Ich wußte nicht mehr, wie ich ihn so hatte beschimpfen können. Ich wollte ihm doch ruhig Lebwohl sagen und meine Würde bewahren; statt dessen hatte ich mich vor lauter Liebe nicht mehr in der Gewalt. Ich griff zum Telefon und rief ihn an, um ihm zu sagen, daß ich ihn liebte und daß mir meine Worte leid täten, aber dieses Mal legte er auf. Eine Stunde später suchte ich Olivier in seinem Büro auf und verpaßte ihm zwei gewaltige Ohrfeigen. Dann ging ich in seine Wohnung, deren Schlüssel er mir gegeben hatte, und verwüstete dort alles.

Am nächsten Tag rief Yann wieder an. Er hatte beschlossen, nach Peking zu fliegen, um die Dinge zu bereinigen.

Am Abend seiner Ankunft wagte ich mich nicht zu ihm. Erst am nächsten Tag wurde der Wunsch, ihn wiederzusehen, so übermächtig, daß ich die Kleider zusammenpackte, die er mir geschenkt hatte und die ich am Tag seiner Abreise getragen hatte, und zu ihm ging. Er öffnete mir die Tür und bot mir einen Stuhl an, sehr höflich, ohne zu lächeln, ohne mich zu umarmen, ja, er gab mir noch nicht einmal die Hand.

„Warum bist du zurückgekommen, Yann? Wenn du mich schlagen oder beschimpfen willst, werde ich es ohne ein Wort ertragen."

„Niu-Niu, man lebt nur einmal. Ich will mich nicht selbst belügen, und du solltest das auch nicht tun. Ich liebe dich, und ich will dich nicht verlieren, aber ich beschwöre dich, mit deinen Dummheiten aufzuhören."

Drei Tage lang sprachen wir uns aus, trennten uns immer wieder, um uns gleich darauf wiederzusehen. Yann beleuchtete das kleinste Detail unserer Beziehung, er wollte endlich wissen, ob unsere Liebe eine Chance hatte. Er erfuhr von dem schrecklichen Mißverständnis, das durch die Lügen Oliviers entstanden war. Und er verzieh mir. Die Macht unserer Liebe hatte über alles Schlimme, das geschehen war, triumphiert.

Yann, du hast mir geholfen, ein neues Leben zu beginnen, du hast mich aus dem Meer von Teufeln gerettet, du hast mir dein Herz geschenkt und meines mit Wärme erfüllt. Ich weiß nicht, wie ich dir jemals alles, was du für mich getan hast, vergelten soll. Verzeih mir das, was ich dir angetan habe. Danke für das, was du für mich getan hast.

Zu unserer Abreise hatte Yann meine Mutter nach Peking eingeladen, damit wir uns verabschieden konnten; mein Vater war leider durch seine Arbeit verhindert. Auch meine besten Freunde, Guoguo, Zhang Ling und Nancy und noch ein paar andere, hatte Yann eingeladen. Er kannte die chinesischen Sitten genau, denn er hatte für jeden Geschenke, dankte ihnen für die Hilfe, die sie mir hatten zuteil werden lassen, und bestand darauf, daß sie seine Gaben annahmen.

Am Abend vor unserer Abreise ging ich noch einmal zur Universität, die ich schon lange nicht mehr besucht hatte. Zhang Ling, Guoguo und ich spazierten durch die Hörsaalgebäude, über den Sportplatz und unter den Bäumen entlang. Mit jedem Schritt liefen wie ein Film die Jahre, die ich in diesen Mauern verbracht hatte, vor meinem inneren Auge ab. In drei Jahren hatte ich mehr Dinge gelernt als in meinem ganzen Leben zuvor.

Jetzt, da ich diese Welt endgültig verließ, empfand ich nicht mehr so viel Haß ihr gegenüber, gegenüber den Professoren und den Studenten, die mich so sehr gequält hatten. Ohne ihre Wut gegen mich hätte ich schließlich Yann niemals kennengelernt: Unglück ist immer auch zu etwas gut . . .

Es gibt kein Fest ohne Abschied. Heute ging ich, morgen würden es vielleicht Guoguo oder Zhang Ling sein. Zum letzten Mal träumten wir zusammen von unserer Zukunft und wünschten uns, daß wir uns eines Tages genauso optimistisch, wie wir es heute waren, wiederbegegnen würden. Unter den Sternen einer klaren Nacht mußte ich Guoguo und Zhang Ling Lebewohl sagen. Ich verabschiedete mich auch von Xiao Chun, Gao Lan und allen Studenten und Professoren, die ich gekannt hatte, dann trat ich weinend aus dem Portal des Campus. Jeder Schritt entfernte mich ein wenig mehr von meinen Erinnerungen.

AM NÄCHSTEN Morgen, auf dem Weg zum Flughafen, saß meine Mutter im Auto neben mir. Sie weinte unablässig. „Mein Liebling, ich habe Angst. Als du klein warst, mußtest du unsere Liebe entbehren, und später haben wir dir immer viel zu viele Vorwürfe gemacht. Und jetzt gehst du fort . . . Verzeih uns, Niu-Niu!“

„Sag das nicht, Mama. Ich habe euch so viel Unglück gebracht. Ihr werdet sehen, eines Tages werde ich große Dinge vollbringen, damit ihr stolz auf mich sein könnt!“ Der Moment der Trennung war gekommen. Mit tränenüberströmtem Gesicht sah meine Mutter mir nach. Sie winkte noch lange mit dem Taschentuch. Mein Herz war schwer.

EINE Woche später, am Morgen des 17. November 1986, bestieg ich nach Zwischenlandungen in Kanton und Hongkong das Flugzeug nach Paris. Erst als es endgültig abgehoben hatte, fühlte ich mich völlig frei und losgelöst von allen Ängsten. Ich vergoß Tränen der Freude.

Meine Eltern, meine Freunde, mein Land, ich habe euch geliebt, seit ich auf der Welt bin. Ihr habt mir Leben und Kultur gegeben, ihr habt in Monaten und Jahren meine Persönlichkeit geprägt. Ich bitte euch um Verzeihung, daß ich euch verlassen habe. Diese Reise ins Glück stimmt mich zugleich traurig. Ständig frage ich mich: Warum diese Trennung? Die vorbehaltlose Liebe, die ich für euch empfinde, wird mich bald wieder zu euch bringen. Ich werde niemals vergessen, daß ich Chinesin bin.

18. November 1986, zehn Uhr morgens. Ich lande in Paris.

Wir verlassen den Flughafen in Yanns herrlichem Auto. Ich habe das Gefühl, gar nicht von der Autobahn heruntergefahren zu sein, als, wie im Traum, plötzlich der Eiffelturm vor mir steht. Paris liegt mir zu Füßen! Es regnet. Ich möchte lachen, doch ich weine vor Freude.

„Ist Frankreich immer so?"

„Es ist sogar noch besser, du wirst sehen . . . Niu-Niu, du bist frei!"

Was für ein schönes Wort: Freiheit.

NACH einem Jahr in Frankreich wurde ich Yanns Frau. Ich liebe meine Heimat, in die ich kürzlich zurückgekehrt bin, um meine Familie zu besuchen, immer noch. Und natürlich auch den Film. Die Arbeit von Schauspielerinnen ist in Frankreich weniger anstrengend, da sie nicht im Staatsdienst stehen. Mir bleibt genügend Zeit, um zu schreiben. Zur Zeit versuche ich mich an einem Drehbuch.

Endlich liegt es nur noch an mir, ob ich Erfolg habe oder nicht!

Nachwort

ICH HABE Niu-Niu kennengelernt. Sie ist, genau wie ich, in der Provinz Sichuan geboren. Chengdu, die Hauptstadt der Provinz und Geburtsort Niu-Nius, die Stadt, in der auch ich aufgewachsen bin, war zur Zeit meiner Kindheit eine alte, reiche Handwerkerstadt mit einer Seidenstraße, einer Jadestraße, einer Brokatstraße. Es war auch eine Stadt voller Elend, in der Soldaten und Banditen hausten – bis zum Ende des Reiches im Jahre 1911. Nach dem Fall der Quing-Dynastie blieben nur die Krieger, die sich um die Aufteilung der Region stritten. Alle Arten von Krankheiten verbreiteten sich, das Elend bedrohte jeden, die Kämpfe hörten nicht auf. Doch die Sichuaner, abgeschlossen in ihrer entfernten Provinz an der Grenze zu Tibet, mit ihrem eigenen Dialekt und ihren „intellektuellen" Familien, die sich seit Jahrhunderten nicht weiterentwickelt hatten, waren besondere, beinahe glückliche Chinesen. Die Provinz hatte sechzig Millionen Einwohner (heute sind es mehr als hundert Millionen), der Boden war fruchtbar, und obwohl es keine moderne Industrie gab, funktionierte doch alles recht gut in diesen Jahren der Zentralgewalt.

Mit dieser schrecklichen und zugleich großartigen Vergangenheit haben der Kommunismus und die Kulturrevolution aufgeräumt.

Niu-Niu hatte das Pech, am Vorabend dieser unruhigen Ereignisse auf die Welt zu kommen. Sie stammt aus einer intellektuellen Familie der „schwarzen Kategorie", wie man damals sagte: Ihre Mutter und ihr Vater waren Schauspieler, ein Großvater war Bankier in Chongqing, und damit waren sie als Verkörperung des Feindbildes geradezu prädestiniert für die zerstörerische neue Kraft in China. Die Kulturrevolution wollte nämlich vor allem „die vier alten Dinge" zerstören: die alte Kultur, die alten Sitten, die alten Gewohnheiten und die alten Denkweisen; und dabei ging es ihr natürlich in erster Linie um die Zerschlagung jeglicher intellektueller Aktivität.

Zunächst einmal beschreibt Niu-Nius Bericht, wie die Eltern ins Lager kommen, die Schwester „aufs Land verschickt" wird und wie sie als ganz kleines Kind, das das alles nicht verstehen kann, lernt, in einem unvorstellbaren Sturm des Entsetzens zu überleben: Millionen von Toten, Millionen Internierter, Gefolterter, damit der neue Mensch entstehen kann, an dem Mao so viel liegt und der ihm, dem Diktator, die absolute Macht zugesteht.

In diesen unsicheren Zeiten ging Niu-Niu ihren eigenen Weg. Mit dem Besuch des Gymnasiums und der Universität erreichte sie ihre Ziele, aber sie gab sich damit trotzdem nicht zufrieden. Sie war eine typische Repräsentantin der kritischen Jugend, die angeekelt ist von der Heuchelei und den neuen Konformismen. Diese Jugend forderte und fordert im Mahlstrom der „vier Modernisierungen" eine fünfte: die Demokratie – eine fast undurchführbare Neuerung in einem Land, das immer einer „obersten" Ordnung unterworfen war. Die Jugendlichen mit ihrem Wunsch nach Unabhängigkeit und ihrer Rebellion machen den Erwachsenen angst, die sich nach dreißig Jahren des Entsetzens mehr schlecht als recht wieder eine lebenswerte Existenz aufgebaut haben. Sie machen der verlorenen Generation der Rotgardisten angst. Sie machen den Herrschenden angst, vor allem den Anhängern des alten China, die sich wieder erheben. Wie will ein Land solche individualistischen Jugendlichen ertragen, in dem schon wieder der Ruf nach Werten erschallt, die die ersten Revolutionäre heftig bekämpft haben – Vorherrschaft der Familie, absolute Autorität der Eltern, Kontrolle über die Ehe der Töchter und Respekt vor den Meistern? In diesem bedrückenden Klima entscheiden sich zahlreiche Chinesen dafür, ihr Land zu verlassen, sobald sich die Gelegenheit dazu bietet. Niu-Niu ist eine von ihnen, sie gehört zu den jungen Leuten, die im Ausland etwas lernen wollen, im Innern aber ihrer Heimat verhaftet bleiben.

Wer wäre nicht gefesselt von Niu-Niu, der Sichuanerin? Sie ist angesichts des Entsetzlichen nicht zusammengebrochen, sie hat es überwunden, überstanden und verstanden. Beim Lesen ihres Buches hat sie mich vor allem von einem überzeugt: Sie und andere, die so sind wie sie, sind Chinas Hoffnung.

Lucien Bodard

Robert D. Ballard
Das Geheimnis der
TITANIC

An Bord der Knorr, *nicht weit von der Stelle entfernt, an der die* Titanic *gesunken war, dachte ich über den unvergänglichen Zauber jenes Schiffs nach. In welchem Zustand befand sich das Wrack? Wie hatte es sich unter dem Einfluß der Tiefsee mit der Zeit verändert? War die* Titanic *in einem Stück gesunken wie viele andere Schiffe? Lag sie nach ihrem rund viertausend Meter tiefen Fall noch unversehrt auf dem Meeresboden, nachdem sie unter unvorstellbar hohem Wasserdruck und mit erheblicher Geschwindigkeit auf den Boden aufgeschlagen war? Oder hatte vielleicht das Erdbeben von Grand Banks 1929 die* Titanic *unter Tonnen von Schlamm begraben, so daß man sie nie mehr finden konnte?*

Robert D. Ballard

KAPITEL 1

Die Suche nach einer Legende

DAS FORSCHUNGSSCHIFF *Knorr* stampfte in der Dünung. Ich lehnte mich über die Reling am Bug und starrte in die Finsternis hinaus, todmüde, völlig erschöpft und der Verzweiflung nahe. Schon fünf Wochen suchten wir nach der *Titanic;* noch fünf Tage blieben uns, und bis jetzt hatten wir nichts gefunden. Alles, was wir bisher zu Gesicht bekommen hatten, waren die endlose Meeresoberfläche und – mit Hilfe unserer ferngesteuerten Unterwasserkameras – der leere, schlammige Meeresboden. Wartete ich etwa darauf, daß der Geist der *Titanic* aus der Finsternis auf mich zukam? Ich dachte an den Ausguckposten der *Titanic,* Fred Fleet, dessen Wache in jener klaren, mondscheinlosen Nacht fast abgelaufen war, als rechts voraus etwas auftauchte und sich schnell näherte. Zum Reagieren war kaum noch Zeit . . .

Wie in jener schicksalsschweren Aprilnacht vor 73 Jahren war die Luft auch jetzt im August kühl, denn der Sommer im Nordatlantik dauert nur kurz; die Reling fühlte sich kalt und feucht an.

Nicht zum ersten Mal ging mir das Ungeheuerliche unseres Vorhabens durch den Kopf: Wir wollten ein Wrack suchen, das irgendwo in 4000 Meter Tiefe lag. Die sprichwörtliche Nadel im Heuhaufen war gar nichts dagegen. Und doch hatte ich oft damit angegeben, die Suche nach der *Titanic* müsse mit dem richtigen Gerät und der richtigen Mannschaft kinderleicht sein. Auf dieser Expedition hatten wir beides. Was war schiefgegangen?

Mein französischer Kollege Jean-Louis Michel, mit dem ich die Leitung teilte, und ich hatten uns sorgsam auf unsere Expedition vorbereitet. Wir wollten das legendäre Wrack der *Titanic* finden, die 1912 gesunken war – eine Katastrophe, die viele Menschenleben gekostet hatte. Wir hatten uns genau an unseren Plan gehalten. Doch jetzt wurde die Zeit knapp. Hatten wir das Schiff verfehlt? Suchten wir am verkehrten Ort? Mußten wir leer zurückkehren wie die drei Expeditionen, die vor uns dasselbe versucht hatten? Mir hätte ein solcher Fehlschlag weh getan, denn ich verliere nicht gern. Außerdem hatte ich bei den Bemühungen, meinen zwölf Jahre alten Wunschtraum wahr zu machen, einiges aufs Spiel gesetzt.

Ich ging nach achtern, auf die jetzt leere Heckplattform der *Knorr*. Ich erkannte die längliche Form von ANGUS*. Es war der Leitstand, das Nervenzentrum unseres Vorhabens. Unter ihm wurde gerade *Argo* am Ende eines dünnen Kabels ein Stück über dem Meeresboden entlanggeschleppt. Mit technisch hochentwickelten Videoaugen machte *Argo* Aufnahmen.

Was war überhaupt an der *Titanic* dran? Warum übte sie immer noch einen solchen Zauber auf so viele Menschen aus? Mich hatte es auf jeden Fall gepackt, und dabei war ich doch ein nüchterner Naturwissenschaftler. Doch schon lange war für mich die *Titanic* mehr als nur ein Schiffswrack.

In der Öffentlichkeit haben sich die Ereignisse jener Nacht vom 14. April 1912 mittlerweile zu einem Lehrstück unter dem Titel „Hochmut kommt vor dem Fall" verdichtet. Das größte und luxuriöseste Passagierschiff seiner Zeit geht auf Jungfernfahrt. Es gilt gemeinhin als unsinkbar, obwohl weder die Werft noch die Reederei das je behauptet hatten; es führt zu wenige Rettungsboote mit. An Bord die Spitzenleute der britischen und amerikanischen Gesellschaft, die Berühmtheiten eines Zeitalters, in dem altes Geld und blaues Blut besonders geschätzt wurden. Das Kommando führt ein altgedienter Kapitän, dessen unerschütterliches Selbstvertrauen dem Glauben seiner reichen Passagiere an die Welt entspricht, die sie beherrschen. Obwohl ihm zahlreiche Eiswarnungen zugegangen sind, verlangsamt er die Fahrt nicht und ergreift nur gerade die knappsten Vorsichtsmaßnahmen. Er hat diese Fahrt schon unzählige Male zurückgelegt, und außerdem gibt es im April oft Eis.

Das Schiff fährt mit Volldampf auf einen Eisberg; zwar ist es nur eine Schramme, doch die ist tödlich; die *Titanic* sinkt langsam. Zunächst sind die Passagiere nur neugierig und nehmen den Vorfall als willkommene Abwechslung im eintönigen Bordleben. Als sich das Schiff jedoch

---

* Abk. für Acoustically Navigated Geological Underwater Survey, bei dem eine Art Stahlrohrschlitten mit darauf befestigten Fotokameras von der Wasseroberfläche aus an einer nicht leitenden Stahltrosse über Grund geschleppt wird und eine visuelle Bestandsaufnahme des Meeresbodens ermöglicht.

immer merklicher zur Bugseite hin zu neigen beginnt und auch erkennbar Schlagseite nach Backbord bekommt, steigen sie widerwillig in die Rettungsboote; viele Boote werden nicht einmal halb besetzt zu Wasser gelassen. Fast drei Stunden später ist das große Schiff im eiskalten Nordatlantik verschwunden. Von den über 2200 Personen an Bord sind nur 705 gerettet worden.

Die Katastrophe stellte zu jener Zeit eine Sensation dar. Die Zeitgenossen waren dem Ereignis jedoch noch zu nahe und konnten deshalb nicht erkennen, daß ein Zeitalter zu Ende gegangen war. Nur das Ausmaß der Tragödie nahmen sie voll Entsetzen wahr: die vielen Toten, die Größe des Schiffs und die vermessenen Ansprüche, die mit ihm dahingegangen waren. Später symbolisierte der Untergang der *Titanic* den Augenblick, in dem die Menschen das Gefühl unerschütterlicher Sicherheit verloren hatten. In jenen Tagen vor den Menschenopfern des Ersten Weltkrieges wußte man noch, woran man glaubte.

Am Heck der *Knorr* dachte ich über den unvergänglichen Zauber jenes Schiffes nach. In welchem Zustand befand sich das Wrack? Wie hatte es sich unter dem Einfluß der Tiefsee mit der Zeit verändert? War die *Titanic* in einem Stück gesunken wie viele andere Schiffe? Das war nicht ausgeschlossen. Lag sie nach ihrem rund viertausend Meter tiefen Fall noch unversehrt auf dem Meeresboden, nachdem sie unter unvorstellbar hohem Wasserdruck und mit erheblicher Geschwindigkeit auf den Boden aufgeschlagen war? Ich ging von dieser Annahme aus. Oder hatte vielleicht das Erdbeben von Grand Banks 1929 die *Titanic* unter Tonnen von Schlamm begraben, so daß man sie nie mehr finden konnte?

Ich hatte mir vorgestellt, wie ich mein Roboterfahrzeug *Argo* mit dem Suchauge die große Treppe der *Titanic* hinunterschickte. Ob von diesem einst so herrlichen Bauteil überhaupt noch etwas übrig war? Waren die Holztäfelungen im Gesellschaftsraum der ersten Klasse noch so intakt, daß man die meisterhafte Ausführung erkennen konnte? Und ein schlimmer Gedanke: Gab es dort unten noch menschliche Überreste?

Mir wurde kalt, und ich ging zu meiner Kabine zurück. Noch fünf Tage, und dann mußten wir Kurs heimwärts nehmen – als Helden oder als Verlierer. Vielleicht lag wirklich ein Fluch auf der *Titanic,* und unsere Expedition war trotz allen technischen Aufwands sein jüngstes Opfer.

<u>Oben:</u> Edward J. Smith, Kapitän der *Titanic,* bei deren verhängnisvoller Jungfernfahrt. <u>Unten:</u> Der beflaggte Luxusdampfer am White-Star-Kai von Southampton, fünf Tage vor der ersten und einzigen Reise

KAPITEL 2

Was in jener Nacht geschah

Am fünften Tag ihrer Jungfernfahrt über den Atlantik hatte der Funker der *Titanic,* Jack Phillips, alle Hände voll zu tun, um den Funkverkehr des Tages abzuwickeln, meist private Nachrichten von den Passagieren und an die Passagiere. 1912 war der drahtlose Funkverkehr noch ziemlich neu, viele Schiffe waren noch nicht dafür ausgerüstet. Phillips und der Zweite Funker, Harold Bride, waren Angestellte der „British Marconi Company" und hielten sich in der Weiterleitung von Nachrichten an die Brücke an keine Vorschriften.

An diesem Sonntag morgen, dem 14. April, erhielt der Funkraum um 9 Uhr einen Funkspruch von der *Caronia,* einem Dampfer der Cunard-Linie, in dem von „Eisbergen, Eisschollen und Treibeis in 42° N, von 49° bis 51° W" die Rede war. Es war nicht die erste Eiswarnung, die das Schiff auf dieser Reise empfangen hatte, und es sollte auch nicht die letzte sein. Als Bride einen Moment Luft hatte, brachte er die Nachricht auf die Brücke.

Die Passagiere schlugen mit den üblichen Bordbeschäftigungen auf einer Atlantiküberquerung die Zeit tot: Sie lasen, schrieben Briefe, wandelten auf den Promenadendecks, plauderten mit alten Freunden oder neuen Bekannten oder sonnten sich im Liegestuhl und nahmen Brühe und Zwieback zu sich. Da Sonntag war, fanden Gottesdienste statt. Den Gottesdienst für die Passagiere der ersten Klasse hielt im Speisesaal der ersten Klasse der geachtete Kapitän des Schiffs, Edward J. Smith. Er war 62 Jahre alt und wollte nach der Jungfernfahrt der *Titanic* in den Ruhestand gehen; diese Reise sollte der krönende Abschluß einer ehrenvollen Laufbahn bei der „White Star Line" sein.

Die Passagiere der ersten Klasse an Bord der *Titanic* repräsentierten die Creme der damaligen angloamerikanischen Gesellschaft. Der Wohlhabendste unter ihnen war der siebenundvierzigjährige Colonel John Jacob Astor, Urenkel des reichen Pelzhändlers und Hotelbesitzers. Astor hatte kurz zuvor einen Skandal entfacht, als sich seine Frau von ihm hatte scheiden lassen und er daraufhin ein achtzehnjähriges Mädchen aus New York geheiratet hatte. Er und seine mittlerweile schwangere Frau kamen gerade von einer langen Winterreise aus Ägypten und Europa zurück, wo sie sich vor den Reportern versteckt hatten.

Auch Benjamin Guggenheim, das schwarze Schaf der amerikanischen Bergwerks- und Hüttendynastie, befand sich an Bord. Unter den Gästen waren ferner Isidor Straus und seine Frau Ida. Ihm gehörte „Macy's", das größte Kaufhaus der Welt. Die Liste der reichsten Gäste rundete George Widener aus Philadelphia mit seiner Frau und seinem siebenundzwanzigjährigen Sohn Harry ab. Die Familie Widener hatte ihr riesiges Vermögen mit dem Bau von Straßenbahnen erworben. Zu den Vertretern der britischen Oberschicht gehörten Sir Cosmo und Lady Duff Gordon, die erfolgreiche Modeschöpferin mit Geschäften in Paris und New York, und William T. Stead, bekannter britischer Autor, Herausgeber und politischer Reformgeist.

Die Liste berühmter Passagiere wäre wahrscheinlich noch eindrucksvoller ausgefallen, wenn nicht einige Prominente von der Reise zurückgetreten wären. Der Finanzmagnat J. P. Morgan, dessen Schiffahrtskon-

Rechts: Angeblich eine Aufnahme von Kapitän Smith auf dem Promenadendeck. Insgesamt brachte es die *Titanic* auf eine Gesamtlänge von 269 m. Unten links: Lord Pirrie von „Harland and Wolff" und J. Bruce Ismay von der „White Star Line"

zern die *Titanic* gehörte, war krank und konnte die Fahrt nicht antreten. Auch Lord Pirrie, Generaldirektor der Werft Harland & Wolff in Belfast, die die *Titanic* gebaut hatte, blieb wegen seines schlechten Gesundheitszustandes zu Hause. An seiner Stelle fuhr Thomas Andrews, der Chefkonstrukteur und geschäftsführende Direktor der Gesellschaft.

Selbstverständlich waren Menschen aller Schichten an Bord. Die *Titanic* ähnelte eigentlich einer schwimmenden Schichttorte, einem Querschnitt durch die damalige Gesellschaft. Den Boden bildeten die Hilfsarbeiter, die in Hitze, Gestank und Schmutz in den Kesselräumen und Maschinenräumen gleich über dem Kiel schufteten. Die nächste Schicht waren die Passagiere dritter Klasse, eine vielsprachige Mischung von Leuten, die in der Neuen Welt einen neuen Anfang suchten. Danach kamen die Mittelschichten: Lehrer, Kaufleute, bescheidene Angehörige akademischer Berufe. Die Verzierung auf der Torte waren schließlich die Reichen und Adligen.

Der Funker Jack Philips (links) nahm am Tag des Unglücks sieben Eiswarnungen entgegen. Nur zwei davon erreichten den Zweiten Offizier, Charles Lightoller (ganz links). Ausguckposten Frederick Fleet (unten) sah den Eisberg zu spät.

Stanley Lord (oben), Kapitän der *Californian,* meldete, daß er neunzehn Meilen nördlich der *Titanic* auf Eis festsitze.

Das Schiff bildete mit seinen exquisit ausgestatteten Gesellschaftsräumen und luxuriösen Privatkabinen den Gipfel der Eleganz auf See. Am schönsten waren die beiden Erster-Klasse-Suiten auf dem B-Deck, ganze 15 Meter lang und mit privaten Promenadendecks verbunden, deren Holztäfelung in einem nachempfundenen Elisabethanischen Stil ausgeführt war. Die Kabinen erster Klasse waren ebenfalls im Geschmack verschiedener Zeiten und Stile ausgestattet, von Louis-quinze bis Queen Anne. Viele Gesellschaftsräume waren mit Holz getäfelt. Es gab Aufzüge, einen Gymnastiksaal, ein türkisches Bad und ein Schwimmbad, ein Restaurant, in dem man à la carte essen konnte (neben den üblichen Speisesälen), und schließlich das Café Parisien, die Nachbildung eines französischen Straßencafés, den Treffpunkt der Jugend. Für die damalige Zeit waren auch die Kabinen der dritten Klasse beeindruckend. Das Schiff, der Name verkündete es, war das größte seiner Zeit. Seine Länge betrug insgesamt 269 Meter, die Breite an der breitesten Stelle 28,2 Meter; der Rumpf erreichte eine größte Breite von 27,75 Metern, und die Höhe vom Kiel bis zum oberen Rand der vier Schornsteine maß fast 56 Meter. Anders ausgedrückt: Das Schiff entsprach einem elfstöckigen Gebäude und war über einen Viertelkilometer lang. Kein Wunder, daß die 1300 Passagiere an Bord das Gefühl hatten, nichts könne ihre Sicherheit bedrohen.

Um 11.40 Uhr ging im Funkturm eine Meldung von dem holländischen Schiff *Noordam* ein, in der „viel Eis“ auf etwa derselben Position genannt wurde, die die *Caronia* schon vorher angegeben hatte. Es ist nicht bekannt, ob dieser Funkspruch an die Brücke weitergeleitet wurde.

Um 13.30 Uhr traf Kapitän Smith auf dem Weg zum Mittagessen Bruce Ismay, den Generaldirektor der White Star Line, auf dem Promenadendeck. Sie unterhielten sich über die Leistung ihres neuen Schiffs. Von Samstag mittag bis Sonntag mittag hatte die *Titanic* 546 Seemeilen* zurückgelegt, bisher ihre beste Leistung. Am nächsten Tag sollte sie kurz probehalber auf volle Geschwindigkeit hochgefahren werden, weil man sehen wollte, was sie schaffte – vielleicht sogar 23 Knoten. Ehe Smith und Ismay auseinandergingen, gab der Kapitän Ismay eine Kabelnachricht, die er kurz vorher vom Dampfer *Baltic* erhalten hatte: „Griechischer Dampfer *Athinai* berichtet, Eisberge und große Treibeisfelder auf 41° 51’ N Breite und 49° 52’ W Länge passiert zu haben . . .

* Eine Seemeile entspricht 1852 Meter. In der Seemannssprache wird oft nur von Meilen gesprochen, gemeint sind damit aber stets Seemeilen.

Wünschen Ihnen und der *Titanic* viel Erfolg." Das Treibeisfeld mußte also rund 250 Meilen von der *Titanic* entfernt liegen.

Ismay steckte das Telegramm lässig in die Tasche. Die eingegangenen Eiswarnungen schienen die beiden wichtigsten Männer auf dem Schiff nicht sonderlich zu beeindrucken.

Der Tag verlief ereignislos. Am späten Nachmittag sank die Temperatur ganz plötzlich. Auf Befehl von Kapitän Smith änderte das Schiff seinen Kurs etwas nach Süden, vielleicht, um das vorausliegende Eis zu umgehen. Die Dunkelheit brach herein.

Um 19.30 Uhr gaben George Widener und seine Frau im Restaurant ein Abendessen zu Ehren von Kapitän Smith. Während der Kapitän beim Abendessen saß, schickte der Zweite Funker, Harold Bride, noch eine Eiswarnung auf die Brücke. Sie kam vom Dampfer *Californian*, der weit vor der *Titanic* auf einem etwas nördlicheren Kurs fuhr. Der Kapitän der *Californian*, Stanley Lord, gab an, er sei an drei großen Eisbergen drei Meilen weiter südlich vorbeigefahren. Diese Nachricht wurde nie an Kapitän Smith weitergegeben.

Gegen 21 Uhr verabschiedete sich Kapitän Smith und ging auf die Brücke, wo der Zweite Offizier Charles Lightoller Dienst hatte. Er sprach mit Lightoller über den Wetterumschlag. Beiden war bewußt, daß in einer klaren, ruhigen, mondlosen Nacht ohne Wind und Seegang Eisberge nur schwer zu sichten waren. Kurz vorher hatte der Erste Offizier William Murdoch befohlen, die Luke zu schließen, weil der Lichtschein den Männern im „Krähennest" die Sicht erschwert hätte. Um 21.20 Uhr verabschiedete sich der Kapitän von Lightoller mit den Worten: „Wenn die Lage unübersichtlich wird, verständigen Sie mich sofort."

Damals behielten Schiffe ihre volle Fahrt so lange bei, bis ein Eisberg gesichtet wurde. Deshalb kam Smith wahrscheinlich überhaupt nicht auf den Gedanken, in einer so klaren Nacht die Geschwindigkeit zu drosseln.

In dieser Nacht nahm die *Titanic* noch zwei weitere Eismeldungen entgegen. Keiner der beiden überlebenden Offiziere konnte sich erinnern, ob sie an die Brücke weitergegeben wurden. Die erste Meldung ging um 21.40 Uhr im Funkraum ein und hätte Lightoller durchaus zu Maßnahmen veranlassen können. „Von *Mesaba* an *Titanic*. Auf 42° N bis 41° 25' N und 49° bis 50° W große Eisberge, auch Treibeis gesichtet; Wetter gut, klar." Dieses Eis lag genau auf dem Kurs der *Titanic*.

Im „Marconiraum" – wie der Funkraum genannt wurde – hatte sich Harold Bride endlich zu einem kleinen Nickerchen zurückziehen können; die beiden Funker hielten den Betrieb rund um die Uhr aufrecht; Jack

Phillips versuchte nach besten Kräften, den Privatverkehr abzuwickeln. Die nächste nordamerikanische Küstenstation in Cape Race an der Südostspitze von Neufundland war mittlerweile in Reichweite gerückt, und jetzt konnte man alle Funksprüche absetzen, die sich den Tag über angesammelt hatten. Phillips war so beschäftigt, daß er die letzte Eiswarnung gar nicht mehr hören wollte. Wiederum kam sie von der *Californian*, die der *Titanic* immer noch voraus war, doch jetzt in einem Eisfeld auf einem Kurs gestoppt hatte, der nur 19 Meilen nördlich vom Kurs der *Titanic* verlief. Die Unterbrechung ärgerte Phillips, und er fuhr dem Absender mit den Worten über den Mund: „Raus jetzt! Ich habe zu tun. Arbeite mit Cape Race."

Zusammengenommen hatten die sieben Eiswarnungen an diesem Tag ein riesiges Eisfeld von etwa 78 Meilen Länge direkt auf dem Kurs der *Titanic* angekündigt.

Fred Fleet und Reginald Lee hatten im „Krähennest" eine langweilige Wache verbracht. Es war jetzt 23.40 Uhr. Die See war immer noch ruhig und spiegelglatt, aber die Luft war mittlerweile eisig geworden. Vor ein paar Minuten hatten sie einen leichten Dunst wahrgenommen, der sich rechts voraus und ein paar Meilen rechts und links vom Schiff ausbreitete. Die beiden Männer hatten jedoch keine Ferngläser; die waren verlegt worden, bevor das Schiff in Southampton ausgelaufen war.

Plötzlich erblickte Fleet etwas direkt auf dem Kurs der *Titanic*. In Sekundenschnelle wurde es größer. Automatisch betätigte er dreimal die Warnglocke, um die Brücke aufmerksam zu machen, und griff zum Telefon.

Der Sechste Offizier James Moody tat als Offiziersanwärter Wachdienst unter dem Ersten Offizier Murdoch, der um 22 Uhr Lightoller abgelöst hatte; er nahm den Hörer ab und fragte ruhig: „Was haben Sie gesehen?"

„Eisberg direkt voraus", antwortete Fleet.

Die Offiziere der *Titanic* waren erfahrene Seeleute. Als Moody die Meldung weitergab, reagierte Murdoch sofort und ließ die Maschinen stoppen und dann volle Kraft zurückfahren. Gleichzeitig wies er den Steuermann Robert Hitchens an, das Rad „hart Steuerbord" zu drehen; dadurch mußte das Schiff nach Backbord schwenken. Dann zog Murdoch den Hebel, mit dem die Schotten zu den wasserdichten Abteilungen im Schiffsbauch geschlossen wurden. Hitchens drehte das Rad, so schnell es laufen konnte. Im allerletzten Moment bewegte sich das Schiff leicht nach Backbord.

Es war zu spät. Eine Frontalkollision war zwar vermieden worden, aber das Schiff war immer noch in Fahrt und traf den Eisberg schräg steuerbords mit dem Bug. Auf der Brücke sah es aus, als sei man noch einmal heil davongekommen. Vom Eisberg fielen ein paar Tonnen Eis auf das vordere Welldeck, aber das Schiff zitterte nur leicht und rauschte weiter. Nach ein paar Minuten blieb es stehen.

Die meisten Passagiere auf dem Schiff hatten gar nicht bemerkt, daß ihr Schiff etwas gerammt hatte oder gar schwer beschädigt worden war. Sie befanden sich ohnehin fast alle unter Deck, und manche hatten sich schon schlafen gelegt. Einige sprangen auf und rannten an Deck hinaus, wo sie den Eisberg gerade noch achtern verschwinden sahen. Bald kamen andere dazu und erkundigten sich, was geschehen war. Als sie gehört hatten, daß es nur ein Eisberg gewesen war, wandten sie sich schnell ab.

Ganz unten im Bauch des Schiffes wirkte sich die Kollision erheblich anders aus. Der Zweite Ingenieur J. H. Hesketh stand im vordersten Kesselraum („Nr. 6"), als an der Tafel das Signal STOP aufleuchtete. Er hatte kaum den Befehl erteilt, „alle Luken dichtmachen", um damit den Luftzustrom zu den Feuerungen zu unterbrechen, als ein Geräusch ertönte, als „sei irgendwo eine große Kanone abgeschossen worden". Hesketh und der Erste Heizer Frederick Barrett wurden von einem eiskalten Wasserstrahl getroffen. Der Krach und der Schock des kalten Wassers trieb beide durch den kurzen Gang zum „Kesselraum 5" nach hinten, ehe sich die wasserdichte Tür schloß. Die in „Kesselraum 6" zurückgebliebenen Männer machten das Feuer aus, ehe sie sich über die Leitern zum E-Deck einstweilen in Sicherheit brachten.

Zwanzig Minuten nach der Kollision wußte Kapitän Edward J. Smith, was die Stunde geschlagen hatte. Zusammen mit Thomas Andrews, dem leitenden Konstrukteur des Schiffs, hatte er rasch die Lage unter Deck erkundet. Der Postraum lief voll Wasser, Postsäcke trieben obenauf. Der vordere Piektank, die drei vorderen Schotten und der „Kesselraum 6" waren beschädigt.

Der Rumpf der *Titanic* war durch wasserdichte Querschotten in sechzehn „wasserdichte" Abteilungen untergliedert. Das Schiff war so ausgelegt, daß es bei Beschädigung der ersten vier Abteilungen noch schwimmfähig war, nicht jedoch, wenn die ersten fünf vollgelaufen waren. Die kritische Abteilung war „Kesselraum 6". Waren die ersten fünf Abteilungen zerstört, so mußten sie zwangsläufig vollaufen, und das Wasser mußte sich nach und nach in die weiter hinten liegenden Abteilungen ausdehnen. Damit war die *Titanic* zum Sinken verurteilt.

Nach Andrews' Schätzungen konnte sich das Schiff höchstens noch eine bis anderthalb Stunden halten.

Kapitän Smith hatte keine Zeit, lange über die Fehler nachzudenken, die zur Katastrophe geführt hatten. Als Mann der Tat wandte er sich sogleich der geordneten Räumung des Schiffes zu und sorgte dafür, es möglichst lange über Wasser zu halten. Zweifellos war ihm bewußt, daß er nur über Rettungsboote für nicht einmal die Hälfte der schätzungsweise 2200 Personen an Bord verfügte. So unglaublich es klingt: Die *Titanic* führte sogar noch mehr Rettungsboote mit, als nach den Vorschriften des britischen Handelsministeriums seinerzeit gefordert wurde. Kapitän Smith wußte, daß über 1000 Menschen auf dem Schiff bleiben mußten, wenn alle Rettungsboote voll besetzt zu Wasser gelassen werden konnten. Er mußte behutsam vorgehen, um die unausweichliche Panik möglichst lange hinauszuzögern.

Fünf Minuten nach Mitternacht befahl Smith dem leitenden Offizier Henry Wilde, die Rettungsboote aufzudecken. Der Vierte Offizier Boxhall wurde losgeschickt, den Zweiten Offizier Lightoller, den Dritten Offizier Herbert Pitman und den Fünften Offizier Lowe zu wecken. Dann begab sich der Kapitän auf der Backbordseite über das Bootsdeck nach achtern zum Funkraum, eine Entfernung von etwa 20 Metern, und wies Phillips und Bride persönlich an, den Notruf auszusenden.

Nicht weit von diesem Standort entfernt hatte sich Funker Evans auf der *Californian* um 0.15 Uhr ins Bett gelegt, nachdem er von Jack Phillips auf der *Titanic* die berühmte Abfuhr bekommen hatte. Das war nur ein paar Minuten, bevor der erste Notruf gefunkt wurde. Der Dritte Offizier Charles Groves hatte seine Wache hinter sich und war im Funkraum hängengeblieben. Er spielte gern mit dem Funkgerät; vielleicht konnte er mit dem Schiff Verbindung aufnehmen, dessen Lichter er aus Südost hatte näher kommen sehen, in etwa zehn Meilen Entfernung. Aber er konnte den Empfänger nicht einschalten.

Auf der Brücke der *Titanic* beobachtete der Vierte Offizier Boxhall kurz nach Mitternacht die Lichter eines Schiffs in etwa fünf Meilen Entfernung und wies Kapitän Smith darauf hin; dieser erteilte ihm die Erlaubnis, Notsignale auszusenden. Boxhall befahl dann Quartermaster George Rowe, weiße Raketen abzufeuern; Rowe schoß die erste Rakete und alle späteren jeweils in Abständen von fünf Minuten ab. Im Funkraum waren Bride und Phillips fieberhaft damit beschäftigt, ihr Notsignal zu senden. Ihre Rufe wurden von zahlreichen Schiffen gehört und beantwortet. Das nächstgelegene Schiff, das sie hatten erreichen kön-

Die Passagiere weichen immer weiter zum Heck des sinkenden Schiffes zurück. Zu diesem Zeitpunkt haben bereits alle Rettungsboote abgelegt und über 1500 Menschen an Bord zurückgelassen.

nen, war die *Carpathia* der Cunard Line. Sie stand unter dem Kommando von Arthur Rostron; ihre Position befand sich etwa 58 Meilen südöstlich von der *Titanic*. Zunächst wollte Kapitän Rostron den Funkspruch nicht glauben, wendete aber dann und dampfte mit voller Kraft der *Titanic* zu Hilfe.

Auf der *Titanic* war eine Stunde nach der Kollision den meisten Passagieren der Ernst der Lage noch gar nicht bewußt. Etwa um 0.30 Uhr hatte Kapitän Smith seine Offiziere angewiesen, die Rettungsboote zu besetzen; Frauen und Kinder hatten Vorrang. Die meisten Passagiere der ersten Klasse befanden sich jetzt auf dem Bootsdeck und trugen Rettungswesten, und obwohl das Schiff am Bug schon etwas tiefer im Wasser lag und auch allmählich deutlich Schlagseite nach Backbord bekam, zögerten viele Passagiere immer noch, die vermeintliche Sicherheit des Schiffs gegen das scheinbare Risiko der winzigen Rettungsboote einzutauschen. Die Schiffskapelle verstärkte noch die unwirkliche Partyatmosphäre auf ihrer Position neben dem Bootsdeckeingang zur großen Treppe. Sie hatte im Salon der ersten Klasse angefangen und spielte unverzagt ein heiteres Potpourri.

Der Erste Offizier Murdoch auf der Steuerbordseite und der Zweite Offizier Lightoller auf der Backbordseite hatten Mühe, die Leute in die Rettungsboote zu bekommen. Spätestens um 0.45 Uhr, wahrscheinlich sogar schon früher, wurde als erstes Boot „Steuerbordboot 7“ hinabgelassen. Obwohl es 65 Personen aufnehmen konnte, befanden sich nur 28 Personen an Bord, darunter einige Männer aus der ersten Klasse.

In den Zwischendecks des Schiffs herrschten wesentlich mehr Verwirrung und Unruhe. Die meisten Passagiere der dritten Klasse waren bisher nicht an Deck gekommen; manche hatten das Poopdeck in der dritten Klasse oder das vordere Welldeck erreicht. Die meisten von denen, die es bis zum Bootsdeck geschafft hatten, waren entweder um die Absperrungen zwischen der dritten Klasse und der ersten Klasse herumgegangen oder hatten sie einfach niedergerissen. Die White Star Line stritt später ab, daß die Passagiere der ersten Klasse bevorzugt worden waren, doch die ungeschminkte Statistik ergibt ein anderes Bild.

Um 0.55 Uhr lag das Schiff mit dem Bug schon sichtlich tiefer im Wasser. Das erste Boot auf der Steuerbordseite, „Nr. 6“, wurde gefiert. Margaret „Molly“ Brown, eine Dame der besseren Gesellschaft von Denver, die sich gerade vom Bootsdeck entfernen wollte, wurde angehalten und ohne weiteres in das nicht einmal halbvolle Boot geworfen, als es mit nur 28 Menschen an Bord gefiert wurde. Als Lightoller sah, daß sich als einziges Besatzungsmitglied Quartermaster Hitchens an Bord befand, ließ er Arthur Peuchen, einen Apotheker und erfahrenen Jachtsegler aus Toronto in mittleren Jahren, zur Unterstützung von Hitchens über das Fallreep ins Boot hinab. Auf der Steuerbordseite wurden „Boot 5“ mit 41 Personen an Bord und dann „Boot 2“ mit nur 32, davon 11 Besatzungsmitglieder, zu Wasser gelassen. Um 1.10 Uhr wurde schließlich das zweite Boot auf der Backbordseite, „Boot 8“, mit nur 39 Personen gefiert. Da nicht genügend Besatzungsangehörige an Bord waren, übernahm Gräfin Rothes beherzt die Pinne.

Von allen Booten, die in jener Nacht zu Wasser gelassen wurden, ist „Boot 1“ auf der Steuerbordseite bis heute umstritten geblieben. Obwohl es 40 Passagiere hätte aufnehmen können, wurde es mit lediglich 12 Personen an Bord, darunter Sir Cosmo und Lady Duff Gordon, deren Privatsekretärin und zwei Amerikaner, zu Wasser gelassen. Die übrigen sieben Passagiere waren Besatzungsangehörige. Später war dieses Boot, neben einigen anderen, auch längst nicht voll besetzten, unter denen,

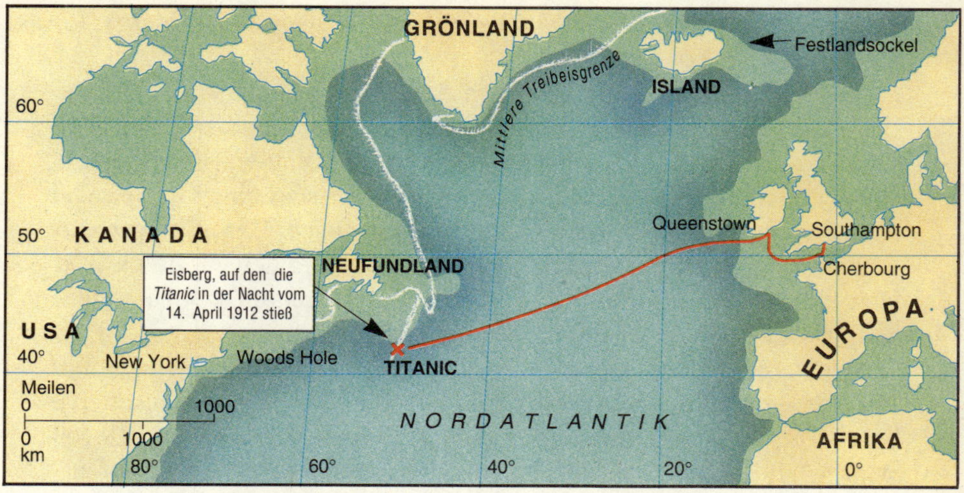

Die Route der Jungfernfahrt der *Titanic* vom 10. bis 15. April 1912

die nicht mehr umkehrten, um im Wasser Treibende aufzunehmen.

Die Kapelle musizierte weiter, während der Bug immer tiefer sank. Auf dem Bootsdeck spielten sich ergreifende Szenen ab; Männer verabschiedeten sich von Frauen und Kindern und halfen ihnen in die wartenden Boote. Überliefert ist die Geschichte von Ida Straus, der Frau des Besitzers des Kaufhauses Macy's. Als sie endlich fast dabei war, „Boot 8" zu besteigen, besann sie sich doch wieder anders und sagte zu ihrem Mann: „Wir haben so viele Jahre zusammengelebt, jetzt will ich auch dahin gehen, wo du hingehst." Ruhig ließen sich die beiden in zwei Liegestühlen nieder, warteten und sahen zu.

Als das Deck immer steiler sank, waren die weggefierten Boote zwar besser besetzt, aber selten ganz voll. Unter den Passagieren benahmen sich einige Männer so, als sei gar nichts passiert. Archibald Gracie beobachtete eine Szene im Rauchsalon der ersten Klasse auf dem A-Deck. „Ganz allein saßen da vier Männer um einen Tisch. Sie schienen überhaupt nicht wahrzunehmen, was draußen auf den Decks vor sich ging." Als Ben Guggenheim merkte, daß das Schiff sank, ging er noch einmal in seine Kabine, zog die Rettungsweste und den warmen Pullover aus und legte Abendkleidung an. Als er wieder auf Deck erschien, erklärte er, wenn er schon untergehen müsse, dann wolle er wie ein Gentleman sterben.

Unten im Maschinenraum hielten Chefingenieur William Bell und einige Besatzungsmitglieder die „Kesselräume 2 und 3" unter Dampf, damit die Schiffsbeleuchtung weiterbrannte und vor allem Energie für die Pumpen vorhanden war.

Erst jetzt machten sich die ersten Anzeichen von Panik bemerkbar. Um 1.30 Uhr lag der Bug schon so tief im Wasser, daß sich die Menschen auf dem steilen Deck kaum noch halten konnten. Als „Boot 14" auf der Steuerbordseite gefiert wurde, drängte sich eine Gruppe von Passagieren an die Reling und wollte hineinspringen. Das Boot war aber schon mit 40 Personen besetzt. Aus dem Boot gab der Fünfte Offizier Harold Lowe zwei Warnschüsse ab, um die Menge an Deck zu vertreiben, und das Boot erreichte das Wasser unbehelligt.

Im „Marconiraum" waren die Funker noch auf dem Posten, doch ihre Notrufe wurden immer verzweifelter. 1.25 Uhr: „Wir schicken die Frauen in die Rettungsboote." 1.35 Uhr: „Maschinenraum läuft voll Wasser." 1.45 Uhr: „Maschinenraum bis zu den Kesseln vollgelaufen." Das heißt, daß mehrere Kesselräume unter Wasser standen.

Um 1.40 Uhr waren die meisten vorderen Boote hinabgelassen, und an die Davits für „Steuerbordboot 1" hatte man das „Notboot C" gehängt. Auf diesem Teil des Decks hielt sich kaum noch jemand auf; die meisten Passagiere waren auf das Achterschiff gezogen, das sich allmählich aus dem Wasser heraushob. Auf seinen Ruf nach Frauen und Kindern bekam der leitende Offizier keine Antwort mehr, so daß er das gut besetzte Boot wegfieren ließ. Als es vom Deck abhob, stiegen William E. Carter und Bruce Ismay dazu; Ismay hatte seit dem Aufdecken der Rettungsboote ununterbrochen Passagiere eingeladen. Wegen angeblicher Feigheit wurde er später aufs schärfste kritisiert.

Auf der Backbordseite war es langsamer vorwärtsgegangen; die vorderen Boote unterstanden Lightollers Aufsicht. Er hatte seine Befehle genau befolgt und noch viel strenger als der Erste Offizier Murdoch darauf geachtet, daß keine Männer in die nur teilweise besetzten Boote stiegen. Nicht einmal für Colonel John Jacob Astor machte er eine Ausnahme. Um 1.55 Uhr geleitete Astor seine junge Frau in das „Boot 4" und bat um Erlaubnis, sich ihr anschließen zu dürfen. Lightoller erwiderte: „Nein, Männer dürfen erst mitgenommen werden, wenn alle Frauen von Bord sind." Astor erkundigte sich nach der Nummer des Bootes – wie Lightoller annahm, um sich später zu beschweren – und sah dann zu, wie das nur zu zwei Dritteln besetzte Boot gefiert wurde. Astor erwartete sein Ende wie ein Gentleman. Seine Leiche wurde später geborgen; man identifizierte ihn an den Buchstaben „J. J. A." im Kragen. Andere prominente Passagiere im „Boot 4" waren Mrs. George

Widener und Mrs. John B. Thayer. Jack, der Sohn der Thayers, war eine Zeitlang von seinen Eltern getrennt gewesen, konnte sich aber im letzten Moment noch in die Boote retten.

Um 2.05 Uhr wurde das vordere Welldeck schon ziemlich hoch vom Wasser überflutet; die See stand jetzt knapp drei Meter unter dem A-Deck. Außer den Notbooten A, B und C war kein Rettungsboot übriggeblieben. Über 1500 Menschen befanden sich noch auf dem sinkenden Schiff; der Zweite Offizier Lightoller wollte ganz sichergehen und befahl seiner Mannschaft, die Arme zu verschränken, eine Kette um das Boot zu bilden und nur Frauen und Kinder durchzulassen. Das „Notboot D", das 47 Plätze hatte, wurde mit 44 Menschen zu Wasser gelassen. Dann kletterten Lightoller und einige andere Matrosen auf das Dach der Offiziersquartiere, um das „Notboot B" loszumachen; es gelang ihm jedoch nicht, weil sich das Schiff immer steiler aufrichtete. Murdoch und Moody hatten mit dem „Notboot A" auf der Steuerbordseite mehr Glück; sie konnten es vom Dach herunterholen und an die Davits hängen, von denen aus das „Rettungsboot 1" hinuntergelassen worden war. Bevor sie es jedoch beladen konnten, wurde es von Deck gespült und trieb leer im Wasser.

Als alle Boote weg waren, senkte sich eine eigenartige Ruhe über die *Titanic*. Kapitän Smith begab sich noch einmal in den Funkraum und erklärte den Funkern, sie hätten ihre Pflicht getan. „Jetzt muß jeder für sich selbst sorgen." Ruhig ging er durch das Schiff und erklärte den Besatzungsmitgliedern immer das gleiche. Dann kehrte er auf die Brücke zurück. Die Augenzeugenberichte von Smiths letzten Worten und letzten Handlungen sind widersprüchlich. Doch wenn man seinen Charakter und seinen Stolz in Betracht zieht, muß man wohl annehmen, daß er mit seinem Schiff untergegangen ist.

Archibald Gracie gehörte zu den Unglücklichen, die nach der Fierung aller Boote auf dem Schiff geblieben waren. „Etwa um diese Zeit, eine Viertelstunde nachdem das letzte Rettungsboot auf der Steuerbordseite zu Wasser gelassen worden war, hörte ich ein Geräusch, das uns alle in Schrecken versetzte. Es war das Wasser, das an die Brücke schlug und durch den Lukenschacht hochgurgelte."

Als das Wasser die Brücke überflutete, gelang es Gracie, auf der Steuerbordseite das Dach der Offiziersquartiere zu erklettern; dort schlug eine Welle über ihm zusammen. „Ehe ich wieder auf die Füße kam, steckte ich mitten in einem Wasserstrudel und wurde von ihm endlos herumgeschleudert. Noch einmal versuchte ich, mich an die

Reling zu klammern, als das Schiff in die Tiefe schoß. Immer tiefer ging es hinunter; es kam mir sehr lang vor." Unter Wasser schwamm er sich vom Schiff frei, tauchte wieder auf und erreichte das „Notboot B", das beim Schiffsuntergang umgeschlagen und freigekommen war.

Kurz bevor Gracie vom Wasser mitgerissen wurde, stand der junge Jack Thayer an der Reling, bis ihn die Flut fast erreicht hatte, und sprang dann ab. Er wurde tief in die eisige See hineingezogen und schwamm um sein Leben – vom Schiff weg, wie er hoffte. Als er schließlich, fast erstickt und vom kalten Wasser steif, wieder an die Oberfläche kam, lag das Schiff etwa zwölf Meter entfernt. Jetzt sah er fasziniert zu, ohne die entsetzliche Kälte sonderlich zu spüren, wie sich das angeblich unsinkbare Schiff seinem Ende näherte. Es war 2.18 Uhr.

„Das Schiff schien von einem Lichtschein umgeben zu sein und hob sich vom Nachthimmel ab, als ob es brenne ... Das Wasser stand schon über dem Fuß des ersten Schornsteins. Die Menschenmenge an Bord wich zurück, auf das Heck zu. Das Rumpeln und Tosen wurde immer lauter; es klang nach berstendem Metall; die Kessel und Maschinen wurden aus ihren Verankerungen gerissen. Plötzlich schien sich der ganze Schiffsaufbau ein Stück vor der Mitte zu spalten und aufzuwölben."

Als Thayer wieder auftauchte, stellte er fest, daß er wie durch ein Wunder gegen das umgeschlagene „Notboot B" gestoßen war. Es trieb kieloben; ein paar Männer klammerten sich darauf fest. Sie zogen Jack hoch und retteten ihn. So konnte er die letzten Augenblicke der *Titanic* und ihr Untertauchen in der stillen See wie von einem Logenplatz aus mit ansehen.

„Ihr Deck war uns zugewandt. Wir konnten sehen, wie sich die fast 1500 Menschen an Bord in kleinen Grüppchen und Bündeln, fast wie Bienenschwärme, irgendwo anklammerten, dann wieder in Massen in Paaren oder einzeln hinabfielen, als sich der größere Teil des Schiffs, ganze 75 Meter lang, in die Luft erhob, bis er einen Winkel von 65 oder 70 Grad beschrieb. Einen Augenblick schien sie innezuhalten und minutenlang so stehenzubleiben. Dann wandte die *Titanic* ihr Deck langsam von uns ab, als wolle sie das grausige Schauspiel unserem Blick entziehen."

In diesen letzten Augenblicken wurde das kieloben treibende Notboot vom Sog auf das Schiff zu gezogen. „Ich blickte nach oben und sah, daß wir uns genau unter den drei riesigen Schrauben befanden. Sie mußten direkt auf uns fallen. Dann, als die letzten Schotten mit dumpfem Krachen barsten, versank das Schiff sacht von uns weg in der See."

So endete das größte Schiff, das die Welt bis dahin gesehen hatte. Die

Rettungsboote, manche nur zum Teil besetzt, waren über das Meer verstreut. Fast gleichzeitig durchdrangen die Rufe der schwimmenden Überlebenden die stille Nacht, wurden immer zahlreicher und dringender, bis sie sich, um Thayers Worte zu zitieren, „zu einem langen, ununterbrochenen Klageton“ verstärkten. Lange vor Morgengrauen war es wieder still.

Die Menschen, die in den treibenden Booten vor Kälte zitterten und auf den Tag, auf Rettung warteten, waren über 73 Jahre lang die letzten, die die *Titanic* gesehen hatten.

KAPITEL 3

Die Suche beginnt

ALS ICH das erste Mal auf die Idee kam, nach der *Titanic* zu suchen, war das eigentlich nur ein Mittel zum Zweck. Ich meinte, der Zauber des gesunkenen Schiffes könnte mir zu den Finanzmitteln verhelfen, die ich brauchte, um in der Technik der Unterwasserforschung voranzukommen. Dann entwickelte sich die Suche nach dem legendären Wrack allerdings sehr bald zur fixen Idee. Über zehn Jahre bemühte ich mich erfolglos, eine Expedition zusammenzubringen, die dieses berühmteste aller gesunkenen Schiffe finden, filmen und fotografieren sollte. Als ich die Hoffnung schon beinahe aufgegeben und mich damit abgefunden hatte, daß ein anderer meinen Traum wahr machen würde, winkte mir das Glück aber doch noch.

Ich bin oft gefragt worden, wann in mir der Wunsch entstanden ist, die *Titanic* zu suchen und zu filmen. Das kann ich nur schwer genau sagen. Ich hatte natürlich längst von dem Schiff gehört, ehe mir in den Sinn kam, danach zu suchen. Man kann nicht sein ganzes Leben am und im Meer verbringen wie ich, ohne diese tragische Geschichte wenigstens in den Grundzügen zu kennen. Mir ging es jedoch vor allen Dingen um die wissenschaftlich reizvolle Aufgabe, die *Titanic* aufzusuchen und zu filmen.

Solange ich denken kann, hat mich das Meer fasziniert. Allerdings habe ich mich schon immer mehr für das interessiert, was unter den Wellen vor sich geht. Wenn ich als Junge in Kalifornien am Strand spazierenging, fand ich immer die Sachen interessanter, die das Meer an die Küste gespült hatte, als etwa die tosende Brandung. Mich reizte das

Meeresleben, das man in kleinen Tümpeln beobachten konnte, die die Flut zurückgelassen hatte. Als Halbwüchsiger ging ich tauchen, nicht surfen, und entdeckte die Welt unter dem Wasserspiegel. Später, als Wissenschaftler, stieß ich in größere Tiefen vor.

Ich war felsenfest davon überzeugt, daß das Auffinden der *Titanic* eine Pionierleistung wäre. Wenn man sie in so großer Tiefe aufspüren, fotografieren und filmen konnte, verbesserte man damit sicherlich den Stand der Unterwasserforschung. Aber noch hatte mich dieses Schiff nicht in seinen Bann gezogen. Es war einfach ein großes Wrack, das tief unten außer Reichweite aller damaligen technischen Geräte lag, als ich 1967 als junger Wissenschaftler und Leutnant der amerikanischen Marine aus Kalifornien wegzog und zur „Woods Hole Oceanographic Institution" in Woods Hole im Staat Massachusetts ging.

Ernsthaft habe ich 1973 zum ersten Mal daran gedacht, die *Titanic* zu suchen. Ich war damals gerade aus der Marine ausgeschieden und gehörte als 31jähriger vorlauter Nachwuchswissenschaftler in Woods Hole zur Gruppe Alvin. *Alvin* ist ein kleines Drei-Mann-U-Boot, nach einem seiner ersten Verfechter, Al Vine, benannt. Die Gruppe Alvin war zu jener Zeit auf dem Weg an die Spitze der technischen Unterwasserforschung. Das Unterseeboot war 1964 für die wissenschaftliche Unterwasserforschung gebaut worden. Seine Reichweite war allerdings durch die Beschaffenheit des Stahls, aus dem der Rumpf war, sehr begrenzt; es konnte nur bis auf etwa 1800 Meter Tiefe tauchen, also nicht einmal die Hälfte der mittleren Meerestiefe von rund dreieinhalb Kilometern erreichen.

1973 wurde der Stahlrumpf von *Alvin* durch einen Rumpf aus einer Titanlegierung ersetzt. Durch diesen Umbau sollte die größte Tauchtiefe des Unterseeboots auf 3900 Meter erhöht werden; damit konnte man den Kamm des Mittelatlantischen Rückens erreichen und, nebenbei gesagt, in der Gegend, in der die *Titanic* untergegangen war, sogar bis auf den Meeresboden gelangen.

Die *Titanic* beherrschte allmählich mein ganzes Denken. Immer wieder stellte ich mir vor, wie ich *Alvin* sacht auf dem Bug der *Titanic* landen ließ oder den berühmten Riß suchte, den der Eisberg verursacht hatte.

Natürlich wäre es aufregend, wenn man wie ein Unterseeastronaut die drei Kilometer bis zum Meeresboden tauchen könnte. Schon damals war ich überzeugt, daß sich dazu am besten Unterwasserschleppfahrzeuge mit Spezialkameras und Spezialbeleuchtungen eigneten, zu denen eines Tages vielleicht noch ferngesteuerte Roboter kommen wür-

Passagiere (im Uhrzeigersinn): Isidor Straus, Madeleine Astor, ihr Mann John Jacob, Benjamin Guggenheim, Archibald Gracie. Rettungsboot D wurde als letztes abgefiert.

den. Unter anderem sparte man mit einer solchen Ausrüstung auch den gewaltigen Zeitaufwand, den bemannte Tauchboote für die Fahrten zum Meeresboden und zurück brauchten. Mir war aber auch klar, daß ich diesen Traum wohl kaum wahr machen konnte, solange die Geophysiker noch das Sagen hatten. 1973 stand mir die *Titanic* deshalb nicht nur wie ein Abenteuer vor Augen, sondern auch als realistisches Mittel, die Entwicklung besserer Techniken zu finanzieren. Von der Idee bis zur Verwirklichung ist es allerdings ein weiter Weg. In den nächsten Jahren mußte ich noch öfter erleben, daß viele meiner Vorschläge in Sachen *Titanic* abgelehnt wurden.

Währenddessen setzte ich natürlich meine Grundlagenforschung in der Meeresgeologie fort und promovierte 1974. Danach wurde meine Stellung in Woods Hole etwas sicherer. Aber noch immer hielten mich viele ältere, etablierte Kollegen für unseriös, und mein Interesse an einer Suche nach der *Titanic* galt manchen als unwissenschaftlich und unangebracht für den Mitarbeiter einer Einrichtung, die sich vor allem der Grundlagenforschung widmete. Doch mein Traum, das gesunkene Schiff aufzuspüren, blieb bestehen, besonders, nachdem ich Bill Tantum von der „Titanic Historical Society" kennengelernt hatte. Ich glaube nicht, daß es viele Menschen gibt, die mehr über die *Titanic* wissen, und ich setzte mich immer gern zu ihm und hörte ihm zu. Leider starb er im Jahre 1980.

Im selben Jahr hatte ich mich an die amerikanische Marine gewandt und um finanzielle Unterstützung bei der Entwicklung meiner Tiefseeaufnahmetechnik gebeten. Konkret hieß diese Vorstellung *Argo/Jason*, ein ferngesteuertes, in der Tiefsee geschlepptes Videofahrzeug, mit dem an einem langen Kabel ein schwimmender Roboter verbunden sein sollte. Ich hatte mir den Namen *Argo* zur Erinnerung an Jason und sein sagenumwobenes Schiff *Argo* ausgedacht, der in der griechischen Legende auf Suche nach dem Goldenen Vlies gefahren war. Das schien mir die passende Bezeichnung zu sein.

Ich hatte mir überlegt, daß das „Office of Naval Research" (ONR), die amerikanische Marinedienststelle, am ehesten als Geldgeber in Frage kam. Das ONR hatte bisher schon oft Einzelpersonen ebenso wie ganze Forschungsprogramme gefördert. Ich wußte auch, daß die Marine bis dahin die Bedeutung von Tiefseeaufnahmetechniken unter Wasser ziemlich unterschätzt hatte und mein Ansatz nicht nur für die Forschung, sondern auch für den U-Boot-Krieg einiges bot.

Ich brauche wohl nicht eigens zu betonen, daß die Marine interessiert war.

Nach meinen damaligen Vorstellungen sollte *Argo* ein unbemanntes Tauchboot voll Videokameras sein, das an einem langen Glasfaserkabel von einem Mutterschiff mit ein bis zwei Knoten Geschwindigkeit über den Meeresboden geschleppt wurde. Die Sonargeräte* dieses Schiffs sollten die Unterwasserlandschaft kartographisch erfassen. *Argo* selbst sollte über zwei Sonargeräte verfügen: ein vorwärts gerichtetes zum Nachweis von Hindernissen auf dem Weg und ein seitwärts gerichtetes, mit dem die geologischen Verhältnisse auf dem Meeresboden erkundet werden konnten. Dazu sollten fünf Videokameras an Bord installiert werden, so daß die im Kontrollraum über Wasser sitzende Bedienungsmannschaft eine Art Panoramaansicht vom Meeresboden betrachten konnte.

Sobald die Wissenschaftler etwas Interessantes feststellten, konnten sie den Roboter *Jason* in Betrieb setzen, während *Argo* über dieser Stelle am Meeresboden stehenblieb. *Jason* sollte mit Scheinwerfern, Stereokameras und einem eigenen Antriebssystem ausgestattet sein, so daß er unter eigener Kraft an gefährlichere Stellen fahren und Proben vom Meeresboden aufsammeln oder aus der Nähe Farbaufnahmen machen konnte.

---

* Abk. für Sound Navigation and Ranging: Gerät zum Aufspüren von Unterwasserobjekten mittels gerichtet ausgesandter (Ultra-)Schallwellen, wobei die Laufzeit ihres Echos gemessen wird.

Ich arbeitete von nun an mit einer Gruppe von Experten für Tiefseefotografie zusammen, die ich in Woods Hole zusammengestellt hatte. Sie waren das moderne Gegenstück zu den sagenhaften Argonauten des Jason und sollten mir bei meiner Suche nach dem Goldenen Vlies, der *Titanic,* helfen. Die meisten von ihnen stammten aus der ANGUS-Gruppe, die ich in der zweiten Hälfte der siebziger Jahre gegründet und geleitet hatte. Sie würden *Argo* und *Jason* Schritt für Schritt entwickeln und erproben.

1980 bis 1984 waren die Aufbaujahre für das Team ebenso wie für das neue Fahrzeug zur Tiefsee-Erkundung. Im Sommer 1982 war *Argo* im Bau. *Jason* gab es damals erst auf dem Papier. Es bot sich fast an, *Argo* in der Gegend zu erproben, in der die *Titanic* gesunken war, am besten gleich am Rumpf der *Titanic* selbst, dem in großer Tiefe liegenden Wrack, das noch niemand fotografiert hatte.

Jahrelang hatte ich von der Suche nach dem Schiff geträumt, jetzt überstürzten sich die Ereignisse. Anfang 1984 erklärte sich die Marine bereit, für den Sommer 1985 eine dreiwöchige Erprobung zu finanzieren. So lange hatte ich mir gewünscht, bis auf Fotografierentfernung an die *Titanic* heranzukommen, daß ich mein Glück noch gar nicht fassen konnte. Immer hatte ich gesagt: „Gebt mir ein Schiff und setzt meine Mannschaft und mein Gerät darauf; alles übrige ist ein Kinderspiel." Doch war das richtig? Drei Wochen kamen mir etwas knapp vor, wenn ich das Schiff sicher finden wollte. Sobald ich wußte, daß unsere Expedition für 1985 genehmigt war, setzte ich mich ins Flugzeug nach Paris und besuchte die Zentrale von IFREMER, dem französischen staatlichen Institut für Ozeanographie. Man konnte sich eigentlich immer darauf verlassen, daß die Franzosen mitmachten, besonders wenn dabei High-Tech im Spiel war. Außerdem hatten wir schon früher gut zusammengearbeitet, und ich wußte, daß sie für Unterwasserabenteuer etwas übrig hatten. Ich war überzeugt, daß ich sie herumkriegen konnte.

So war es auch. Mit vereinten Kräften, also mit mehr Zeit und mehr Technik, mußten wir das Schiff finden. Jean-Louis Michel sollte die Expedition gemeinsam mit mir auf See leiten.

In der ersten Phase (ungefähr vier Wochen vor Ort) sollte das französische Schiff *Le Suroit* unter Leitung von Jean-Louis Michel die *Titanic* mittels systematischer Suche im ausgewählten Gebiet mit Hilfe des neuentwickelten SAR-Tiefsee-Schleppsonars suchen. In der zweiten Phase (rund zwölf Tage vor Ort) wollten wir an Bord des amerikanischen Schiffs *Knorr* mit Hilfe von *Argo* die verschiedenen Sonarziele optisch untersuchen, die SAR* aufgefangen hatte. Das Ziel, das sich schließlich als *Titanic* herausstellte, sollte dann mit *Argo* und ANGUS dokumentiert werden, unserem alten Schlitten mit Unterwasserfotokamera.

Jean-Louis Michel und seine französische Besatzung erreichten das Zielgebiet am 5. Juli und begannen sogleich mit dem ersten Teil der Suche mit dem Sonargerät. Ich war noch vor der mexikanischen Pazifikküste emsig damit beschäftigt, *Alvin* einer Reihe von Tauchversuchen zu unterziehen und *Jason junior,* einen Prototyp des Roboters *Jason,* der dem *Argo*-System angehängt werden sollte, erstmals zu testen. Am 22. Juli kam ich endlich auf der französischen Insel St. Pierre an, wo *Le Suroit* nach zwei Wochen Suche die Vorräte ergänzte.

Als *Le Suroit* die Gegend erreicht hatte, wo die *Titanic* untergegangen war, blieben uns bis zum Abschluß der Suche mit dem Sonargerät nur siebzehn Tage. Bei gutem Wetter hätte es noch gelingen können.

Wir nahmen die Suche genau dort auf, wo sie aufgegeben worden war. Die ersten paar Tage hielt das Wetter. Wir mußten allerdings gegen eine Strömung von zwei bis drei Knoten ankämpfen, und dadurch sank unsere Geschwindigkeit schon ganz beträchtlich. Dann schlug das Wetter um, und eine Reihe von Sturmfronten zog über uns hinweg und ließ unser Schiff wie einen Korken im Wasserstrudel hüpfen.

Wurde das Wetter schlecht, so setzte Jean-Louis die Suche tapfer so lange fort, bis es einfach nicht mehr möglich war und wieder wertvolle Zeit verlorenging.

Obwohl wir bis zum Ende der dritten Woche die *Titanic* nicht gefunden hatten, erzählte uns das SAR allmählich eine faszinierende Geschichte, die unter Umständen unsere Chance, das Schiff zu finden und zu filmen, ernsthaft beeinträchtigen konnte. 1929, siebzehn Jahre nach dem Untergang der *Titanic,* war die Gegend 314 Meilen weiter nordwestlich von einer starken Erschütterung, dem sogenannten Grand-Banks-Erdbeben, heimgesucht worden, das riesige Schlammassen in Bewegung gesetzt hatte.

Wenn nun diese Schlammrutsche bis zur *Titanic* vorgedrungen waren und das Schiff unter sich begraben hatten? Dieser Gedanke ver-

---

* Abk. für Sonar Acoustique Remorque, ein sehr exakt arbeitendes Tiefsee-Zweiseitensonar französischer Entwicklung; es wird über den Meeresboden geschleppt und liefert mit seinen Schallwellen ein Unterwasserbild von fast fotografischer Genauigkeit.

folgte mich den Rest unserer Suche nach dem untergegangenen Schiff. Vielleicht gab es gar nichts mehr zu finden.

Die folgende Woche setzte *Le Suroit* die Suche mit dem Sonargerät geduldig fort, ohne daß unsere Mühe Früchte trug. Jean-Louis war die Enttäuschung anzumerken, daß es ihm nicht gelungen war, unserem Ziel nahe zu kommen.

Am 12. August kamen Jean-Louis und ich in Punta Delgada auf den Azoren an. Auf uns warteten das Forschungsschiff *Knorr* und mit ihm das Wissenschaftlerteam vom Tieftauchlaboratorium aus Woods Hole.

Die *Knorr* ist ein ungewöhnliches Schiff mit einem besonderen Antrieb, der ihr auch bei schlechtem Wetter zu optimaler Stabilität und Manövrierfähigkeit verhilft. Die beiden Voith-Schneider-Propeller der *Knorr* sehen aus wie riesige Schneebesen; einer ist unter dem Bug, der andere unter dem Heck angeordnet. Das Schiff kann deshalb gleich gut vorwärts und rückwärts fahren, auf einem Markstück wenden oder bei schwerer See auf dem Fleck stehenbleiben.

Sie war einfach das geeignetste Schiff für diesen Einsatz – bis auf eines: An Bord gab es keinen Raum, den ich als Leitzentrale hätte benutzen können. Deshalb befanden sich auf dem Achterdeck der *Knorr* an der Steuerbordseite zwei transportable Container, die wie eine Art Wohnmobil miteinander verbunden waren. Das war die Einsatzzentrale für die amerikanische Expedition. Schräg gegenüber stand auf der Backbordseite etwas weiter hinten ein dritter Container: das Fotolabor für die Entwicklung der Standfotos. Auf der Heckplattform waren die weißen Stahlschlitten für *Argo* und ANGUS fest vertäut; jeder Schlitten war fast fünf Meter lang.

Auf der Fahrt über den Atlantik hatten wir endlich Zeit, mit *Argo* eine optische Suchaktion zu planen. Bei dieser neuen Strategie stützte ich mich auf meine Erfahrung im Suchen nach im Meer verlorengegangenen Gegenständen. Seit sich die Wissenschaftler von Woods Hole 1964 mit *Alvin* sozusagen auf Tauchstation begeben hatten, hatte bei mir mindestens einmal im Jahr das Telefon geklingelt, weil jemand unsere Hilfe brauchte. Bei solchen Einsätzen lernten wir, wie sich Gegenstände verhalten, wenn sie im tiefen Meer bis auf den Grund fallen.

Jean-Louis und ich unterhielten uns noch über eine Erweiterung des ursprünglich vorgesehenen Hauptsuchgebiets. Um Zeit zu sparen, wollten wir unsere Bahnen im Abstand von einer Meile fahren. Wenn wir beim ersten Versuch das Wrack verpaßten, sollten wir hinterher jeweils auf der Mitte zwischen den ersten Suchlinien noch einen Durchgang

Diese Luftaufnahme von Woods Hole in Massachusetts zeigt den Kai und das Verwaltungsgebäude des Forschungsinstituts.

Die Forschungsschiffe *Le Suroit* (kl. Bild unten) und *Knorr* (gr. Bild unten). Ihre Größe im Vergleich zur *Titanic* zeigt der Schattenriß.

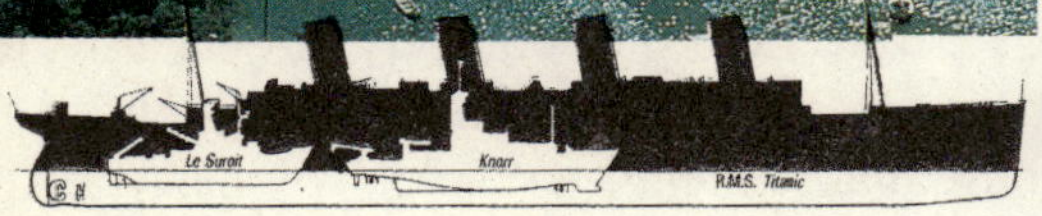

Der Tiefsee-Schleppschlitten ANGUS

Mit portugiesischem Wein aus Pappbechern feiern den Erfolg (von links): Stu Harris, Dana Yoerger, Bill Lange, Jean Jarry und der Autor.

Das unbemannte Tauchboot *Argo* wird, mit Scheinwerfern und Videokameras bestückt, zu Wasser gelassen.

versuchen und hätten dann den Meeresboden in Abständen von jeweils einer halben Meile abgegrast. Damit kamen wir viel schneller voran und würden Überreste des Wracks finden, selbst dann, wenn wir das Schiff verpaßten.

Am frühen Abend des 24. August erreichten wir das Gebiet der *Titanic*. Es blieben uns noch zwölf Tage. Wie durch ein Wunder war die See spiegelglatt und ruhig, fast so, als hätte Neptun gesagt: „Hier liegt sie, nehmt sie euch!" Welch ein Gegensatz zur französischen Phase der Reise, in der wir fast durchweg graue, kabbelige See gehabt hatten, wenn es nicht gerade gestürmt hatte. Bei ruhigem Wetter werden erfahrene Seeleute unruhig. Wer dann pfeift, beschwört nach einem alten Aberglauben damit einen Sturm herauf. An diesem Abend pfiff auf der *Knorr* kein Mensch.

Die Satelliten auf ihrer Umlaufbahn hoch über der Erde gaben unsere Position viel genauer an als die astronomische Ortsbestimmung, auf die sich die *Titanic* und alle anderen Schiffe 1912 hatten verlassen müssen. Am frühen Nachmittag des nächsten Tages war unsere Position exakt bestimmt. Die Jagd konnte losgehen.

Die Männer begaben sich auf ihre Plätze im Leitstandcontainer. Wir hatten ihn mit einem Kartentisch und ein paar Schreibtischen vor mehreren Reihen von Fernsehmonitoren ausgestattet. Was für die Suchaktion wichtig war, erschien auf einem dieser Bildschirme. Von meinem Platz am Auswertungstisch in der Mitte des Leitstands konnte ich alle Mitglieder der siebenköpfigen Besatzung beobachten, während *Argo* in Betrieb war. Da es drei Wachen gab, wurden für jede der Aufgaben drei verschiedene Leute eingeteilt. Der Mann links vor mir betätigte die Winde für das Kabel von *Argo*. Die drei Leute, die sich bei dieser Aufgabe abwechselten, waren meine erfahrensten Techniker: Earl Young, Martin Bowen und Emilie Bergeron. Etwas weiter rechts saßen der Navigator und der Steuermann, der das Schiff steuerte. Die anderen Mitglieder der Wache waren der Ingenieur, der Bediener des Sonargeräts und ein Mitglied des Dokumentationsteams.

Auf unserem ersten Ausflug am Nachmittag des 25. August bediente Earl Young *Argo*. Von allen an Bord kam Earl der Vorstellung eines Seebären wohl am nächsten. Bisher war es ein Bilderbuchstart gewesen. Aber kaum hatten wir uns zurückgelehnt, als technische Schwierigkeiten auftauchten. Das hieß, daß wir *Argo* wieder hochziehen mußten. Als der weiße Schlitten bald darauf neben unserem Decksaufbau stand, machten sich die Ingenieure über ihn her wie Bienen, die ihre Königin füttern müssen. Alle Mann wußten, daß wir keine Minute zu verschwenden hatten.

Zu Anfang einer so von der Technik abhängigen Expedition gibt es immer Schwierigkeiten. Wenn diese Expedition zudem noch ein ganz neues Gerät in Betrieb nimmt, wie in unserem Fall *Argo,* dann vervielfachen sich die Störungen. Ob neu oder nicht: Kein derart kompliziertes Instrumentensystem hätte den stetigen Wellenschlag gegen den Rumpf der *Knorr* und die ständigen Erschütterungen der Maschinen auf der langen Fahrt von den Azoren bis hierher heil überstanden. Auch Salz und Nässe tun keiner Elektronik gut. Bei einer solchen Elektronik sorgt man sich nicht darum, ob man Geräteausfälle bekommt, sondern nur darum, wann und wie häufig sie auftreten.

Eine Stunde und vierzig Minuten später zeigten die Höhenmesser von *Argo* endlich den Meeresboden dreißig Meter unter dem Gerät an. Am Windenhebel verlangsamte Earl den Sinkflug von *Argo,* und die Wache erwartete gespannt den ersten Blick auf den Meeresgrund. Ein paar Minuten später rückte der Boden auf den Schwarzweißmonitoren ins Blickfeld, und *Argo* blieb fünfzehn Meter über Grund stehen. Die Meerestiefe betrug 3869 Meter. Winzige Spuren von Tiefseeschnecken waren im Schlamm zu erkennen. Sonst nichts . . .

Die nächsten paar Stunden erforschten wir einen Abschnitt ein paar Meilen östlich von dem ausgesuchten Gebiet; die Wache arbeitete nach dem Rhythmus und der Melodie von *Argo*: den Piepsern vom Navigationssystem, dem *Argo*-Sonargerät und dem Echolot des Schiffs; der Drucker sang dazu eine lange Reihe von Daten. Eine Stimmung entspannter Konzentration verbreitete sich. Nach der langen, öden Fahrt tat sich endlich etwas.

Während die Uhr die nächsten zwei Tage unerbittlich weitertickte, setzten wir unsere Suche fort und drangen noch über die Südgrenze unserer Suchfläche hinaus, weil wir meinten, im Lauf der Jahre seien Trümmer vielleicht in großer Entfernung vom eigentlichen Wrack abgelagert worden. Wenigstens hatte *Argo* einen Rekord zu verzeichnen: Das Gerät war zum ersten Mal über die 3900 Meter Tauchtiefe hinausgelangt, die *Alvin* erreicht hatte. Neue Perspektiven taten sich auf.

Am späten Vormittag des 27. August saß *Argo* wieder auf der Heckplattform. Noch neun Tage blieben uns. Die Krise war da. Plötzlich war das Meer riesengroß, so groß wie meine Selbstzweifel. Lag die *Titanic* wirklich in unserem sorgfältig ausgearbeiteten Suchgebiet? In diesem Fall hätten wir doch irgendwelche Überreste finden müssen. Suchten wir am verkehrten Ort?

Am Nachmittag desselben Tages fuhren wir ostwärts in die unerforschten Gewässer unseres erweiterten Suchbereichs, um eine Untersuchung mit dem Sonargerät vorzunehmen.

Am Morgen des 28. August um 1.44 Uhr befanden wir uns auf einer Position knapp südlich der Stelle, an der die *Carpathia* die ersten Rettungsboote aufgenommen hatte. Jetzt konnten wir *Argo* in unbekannte Gewässer entsenden.

Als der kleine weiße Schlitten mit seiner bunten Heckflosse in die sanfte Atlantikdünung eintauchte, überlegte ich mir, was noch vor uns lag. Bisher hatte fast ideales Wetter geherrscht; in der Dunkelheit des frühen Morgens war es kühl, die See war ruhig. Die abzufahrende Fläche betrug etwa hundert Quadratmeilen. Wenn alles gutging, nahm das Absuchen fünf bis sechs von unseren restlichen achteinhalb Tagen in Anspruch.

Zweieinhalb Meilen unter uns war das Wasser wesentlich klarer. Als erstes zeigte uns *Argo* jedoch einen Boden mit engen Folgen von Sandwellen und großen Sanddünen. Jean-Louis, der beim Absetzen mit im Leitstand war, erinnerte es an den Strand in der Bretagne. Leider war der Strand leer.

Die *Argo* arbeitete gut, und wir waren wie immer optimistisch. Am 28. August führten wir ein Manöver aus, das später zur Routine wurde: Das Schiff wurde nach Norden gedreht, damit die nächste Suchbahn in einer Meile Abstand angefangen werden konnte. Martin Bowen, unser Spezialist für ferngesteuerte Roboter, bediente die Winde. Mit einer kürzeren Leine ließ sich die Wende leichter bewerkstelligen, doch bei der Ausführung dieses Manövers sprang das Kabel vom Antrieb und wickelte sich langsam um die Windenachse. Während die Achse das Kabel allmählich durchschnitt, schaltete die Anlage sich automatisch ab.

Die Katastrophe war da! Daß die Maschine stehengeblieben war, hatte wahrscheinlich einen Kabelbruch verhindert, aber im Leitstand konnte Martin die Tiefe von *Argo* nicht mehr überwachen, und der Schlitten sauste unaufhaltsam zu Boden. Die Windenachse hatte den starken Außenmantel des Kabels schon völlig durchsägt; wenn wir das Schiff beschleunigten, um *Argo* dadurch vom Boden abzuheben, mußte das Kabel reißen, und dann war *Argo* ein für allemal verloren. Unsere einzige Hoffnung bestand darin, *Argo* abstürzen und auf dem Boden schleifen zu lassen, während wir hier oben verzweifelt versuchten, die Winde wieder in Gang zu bringen. Zum Glück war die See ruhig und der Wind schwach.

Innerhalb von zwanzig Minuten bauten wir in aller Hast ein Gerüst auf dem Achterschiff unter dem beschädigten Kabelstück auf und leiteten die Spannung auf eine provisorische Leine ab, die wir an einem Pfosten auf der Heckplattform befestigt hatten. Wir konnten etwas aufatmen. *Argo* ließ sich jetzt auch bergen. Selbst wenn wir uns eine Möglichkeit ausdachten, *Argo* noch einmal einzusetzen, war er wohl blind, denn die Kabel waren gewiß irreparabel beschädigt. Wir sahen das Ende unserer Expedition vor uns. Doch dann bekamen wir noch einmal eine Gnadenfrist. Stu Harris hatte beschlossen, *Argo* wieder einzuschalten, um den Schaden zu überprüfen. Während die *Knorr* Fahrt aufnahm, befreite sich *Argo* vom Boden. Die Fernsehbilder waren auf einmal kristallklar. Der Kabelmantel war zwar durchschnitten, aber die inneren Kabelstränge waren intakt geblieben. Wir konnten die Suche fortsetzen.

In den frühen Morgenstunden des 29. August tauchte in den Logbüchern der verschiedenen Arbeitsplätze zum ersten Mal das Wort „langweilig" auf. Die Routine im Leitstand war fast unerträglich geworden; Stunde um Stunde starrte man Fernsehbilder vom flachen, schlammigen Meeresboden an; nur gelegentlich waren sie von der Spur einer Seeschnecke oder einem Krater unterbrochen. Stunde um Stunde die Ausdrucke des Sonargeräts . . .

Am 30. August war die Moral gänzlich im Keller, und bei fast unerträglicher Langeweile begann das Wetter wieder umzuschlagen.

Am 31. August nahmen wir um die Mittagszeit den achten Durchgang in Angriff. Das Wetter wurde noch schlechter, die See ging immer höher. Der Sturm mußte uns jeden Augenblick treffen.

Gegen Abend hatten wir immer noch nichts gefunden. Wir befanden uns jetzt auf der neunten Bahn. Müde zeichnete ich die nächste Bahn auf dem Auswertungstisch ein. Unser neues Suchgebiet hatten wir fast ganz abgefahren.

Ich blieb bis zum Wachwechsel um Mitternacht im Leitstand, dann zog ich mich in meine Kabine zurück. Inzwischen bahnte sich im Leitstand ein Drama an. Bisher hatten wir nichts als Schlamm, endlose Meilen einförmigen, ewig gleichen Meeresboden gesehen, aber jetzt, um zwei Minuten vor ein Uhr nachts am 1. September, erschienen auf dem Bildschirm unverkennbar von Menschenhand gefertigte Gegenstände. Immer mehr Bruchstücke von Trümmern tauchten auf.

Was mich betrifft, so wollte mich niemand nach der langen, öden, fruchtlosen Suche aus dem Bett holen. Doch weil vier Minuten nach

1 Uhr ständig weitere Wrackteile auf dem Bildschirm vorbeiströmten, wollte niemand weggehen. Ausgerechnet der Schiffskoch, der sich noch nie in den Leitstand getraut hatte, kam in diesem Moment zur Tür herein. Gleich trug ihm die Crew auf, mich aus dem Bett zu holen.

Während der Koch nach achtern in mein Quartier hinaufeilte, tauchte unter den nicht zu identifizierenden Wrackteilen auf dem Bildschirm etwas Neues, Kreisrundes auf ... „Ein Kessel? Es ist ein Kessel!“

Als der Koch den Kopf in meine Kabinentür steckte, erklärte er: „Die Leute unten meinen, Sie sollten in den Leitstand runterkommen.“ Es dauerte ein paar Sekunden, bis ich begriffen hatte, was er damit sagen wollte. Dann sprang ich aus der Koje und raste innerhalb von etwa dreißig Sekunden hinunter. Als ich in den Leitstand gestürzt kam, erklärte mir Stu, *Argo* sei gerade über einen riesigen Schiffskessel geflogen. Schnell legten sie das Band auf, und ich sah deutlich das Bild von einem großen Schiffskessel.

Unsere Jagd war fast zu Ende. Ganz in der Nähe mußte die *Titanic* liegen. Als die Bilder auf dem Fernsehschirm immer deutlicher und immer aufregender wurden – große Teile von verbogenem Rumpfblech, Bullaugen, ein krummes Stück Reling –, kam mir zum ersten Mal die ganze menschliche Tragödie der *Titanic* mit voller Wucht zu Bewußtsein. Hier auf dem Meeresboden lagen nicht nur die letzten Überreste eines großen Schiffs, sondern dies war auch das einzige Denkmal für die über 1500 Menschen, die mit untergegangen waren. Wir waren nach 73 Jahren die ersten, die auf diesem Friedhof ihrer gedachten.

Die Nachricht hatte sich wie ein Lauffeuer durch das Schiff verbreitet, und immer mehr Leute kamen in den Leitstand. Um 1.25 Uhr hatten wir das Trümmerfeld überquert, und ich ließ *Argo* hochziehen. Wir mußten unbedingt erst feiern, ehe weitergearbeitet wurde. Die Leute reichten schon Pappbecher mit portugiesischem Wein herum, den wir auf den Azoren eingekauft hatten. Zumindest perlte das Zeug und war damit von allem, was wir hatten, Champagner am ähnlichsten.

Auf dem Höhepunkt dieser Siegesfeier kippte die Stimmung plötzlich um, als sei *Argo* auf den Meeresgrund gestürzt. Ich weiß nicht mehr, wer auf die großen Doppeluhren wies und „Ach du meine Güte!“ murmelte. Es ging auf 2 Uhr Ortszeit zu, fast genau die Stunde, zu der die *Titanic* damals untergegangen war.

Das reichte, um unsere gute Laune völlig kaputtzumachen. Eben noch hatten wir himmelhoch gejauchzt, doch plötzlich war uns ganz elend zumute. Das Professionelle fiel von uns ab, das Menschliche kam zum Vorschein. Es wurde still im Leitstand. Ich sagte: „Ich weiß nicht, wie es euch geht, und ich möchte euch meine Gefühle nicht aufdrängen, aber so in zwanzig Minuten gehe ich hinaus auf die Heckplattform. Wer mitkommen will, kann kommen. Wenn nicht, ist es auch in Ordnung."

Die nächsten zwanzig Minuten hatte ich mich in eine ruhige Ecke verkrochen, wo ich mit meinen Gedanken allein sein konnte. Viele andere haben wahrscheinlich das gleiche getan. Als ich zur Heckplattform kam, hatte sich dort eine ganz ansehnliche Menge versammelt. Ich zog die Flagge von Harland & Wolff auf, der Werft in Belfast, die die *Titanic* gebaut hatte. Ich wollte nicht theatralisch sein, aber das kam mir in diesem Augenblick passend vor.

Der Sturm, der die ganze Zeit gedroht hatte, war in sicherer Entfernung abgezogen; das Wetter war wieder schön, der Himmel sternenklar, die See ruhig. Bis auf den Mondschein war es genauso wie in der Nacht, in der die *Titanic* untergegangen war. Ich konnte die *Titanic* sehen, wie sie mit dem Bug voraus ins Wasser schoß, rings um mich waren die geisterhaften Schemen der Rettungsboote, die durchdringenden Rufe und Schreie der Menschen, die in dem eiskalten Wasser erfroren. Ich sprach nur ein paar Worte: „Ich möchte nicht viel sagen; ich glaube, wir sollten eine Gedenkminute einlegen."

Unsere kleine Gedenkfeier dauerte vielleicht zehn Minuten. Dann sagte ich nur: „Ich danke euch allen. Jetzt gehen wir wieder an die Arbeit."

KAPITEL 4

Die *Titanic* ist gefunden

In der Dämmerung des kalten, grauen Sonntagmorgens am 1. September 1985 zeigte uns das Radargerät der *Knorr*, daß unser kleines Boot von anderen Schiffen umgeben war. Plötzlich donnerte ein U-Boot-Jäger vom Typ Orion P-3 über uns hinweg und nahm fast die Brücke mit, als er sein Magnetometer an der *Knorr* ausprobierte. Gleich darauf schoß ein Jagdbomber mit einem großen, roten kanadischen Ahornblatt an uns vorbei. Himmel und Meer waren auf einmal voller Flugzeuge und Schiffe. Wußte denn die ganze Welt schon, daß wir die *Titanic* gefunden hatten? Wie sich herausstellte, waren wir durch Zufall mitten in einem NATO-Manöver gelandet; unsere Entdeckung war der Welt noch nicht bekannt – oder doch?

Als ich in Woods Hole anrief, um die gute Nachricht durchzugeben, teilte mir der Wachmann am anderen Ende mit, die Presse habe schon den ganzen Morgen angerufen und nach Einzelheiten über unsere Entdeckung der *Titanic* gefragt. Ein Artikel darüber habe wohl im Londoner *Observer* gestanden. Wenn das stimmte, war die Zeitung etwa um dieselbe Zeit in Druck gegangen, als wir das Schiff entdeckt hatten. Unmöglich. Oder hatte jemand unseren Funkverkehr zwischen Leitstand und Brücke abgehört?

Ich hatte keine Zeit, lange darüber nachzugrübeln. Obwohl das Wetter noch ziemlich ruhig war, sah es mir sehr nach Sturm aus. Unsere Satellitenwetterkarte zeigte eine aufziehende Sturmfront. Wir hatten noch knapp vier Tage, bis wir wieder Kurs auf Woods Hole nehmen mußten; ein Sturm über dem Nordatlantik konnte diese Galgenfrist erheblich verkürzen.

In der restlichen Zeit wollte ich möglichst viele Bilder vom Wrack aufnehmen und der Welt zeigen, in welchem Zustand sich die *Titanic* nach 73 Jahren auf dem Meeresboden befand. War das Schiff noch halbwegs intakt? Oder war es in zahllose Stücke zerbrochen? War die Takelage noch vorhanden, standen die Schornsteine noch senkrecht, hatte sich die Decksbeplankung aus Holz im tiefen Salzwasser gehalten? Und ein düsterer Gedanke: Fanden wir vielleicht Überreste von den Menschen, die mit dem Schiff untergegangen waren? Die Bilder sollten die Antwort liefern: zuerst Videoaufnahmen mit *Argo* und dann Bildaufnahmen mit ANGUS, damit wir auch Farbbilder aus der Nähe mit heimbrachten.

Die nächsten 24 Stunden verschwimmen im Rückblick in hektischer Aktivität. Zuerst setzten wir mehr Transponder* aus und erfaßten das Wrack in unserem Meßnetz. Ausgerechnet das alte Echolot der *Knorr* hatte das größte Rumpfstück gefunden. Trotz aufwendigster Geräte an Bord hatten wir die Position der *Titanic* mit einem Nullachtfünfzehn-Echolot entdeckt, wie man es auf jedem gewöhnlichen Hochseefischdampfer findet.

Erstaunt stellten Jean-Louis und ich fest, wie dicht die *Le Suroit* schon am Wrack gewesen war. Bei einem seiner allerersten Meßgänge war Jean-Louis der *Titanic* bis auf weniger als tausend Meter nahe

---

* Hier: auf dem Meeresboden verankerter akustischer Signalgeber zur Aufzeichnung der Bewegungen von Unterwasserforschungsgeräten, vergleichbar einem Funkfeuer, aber im Schallbereich arbeitend.

gekommen. Das Schiff lag am Ostrand des ersten Suchgebiets in dem schmalen Keil, den Jean-Louis wegen der starken Strömung hatte auslassen müssen. Ich wollte ihn aufmuntern und erinnerte ihn daran, daß wir schließlich Partner waren und uns den Ruhm teilten. Aber er war untröstlich. „Paris wird es als mein Versagen ansehen", erklärte er mir, kehrte dann stoisch an seine Arbeit zurück und zeichnete unsere Durchgänge mit *Argo* auf dem Kartentisch im Leitstand ein.

Am frühen Nachmittag des 2. September, als der Sturm näher kam, hatte ich so viele Informationen gesammelt, daß ich allen Mut zusammennahm und unseren ersten *Argo*-Flug über das größte Wrackstück anordnete. Welches Risiko ich dabei auf mich nahm, wurde mir klar, als ich die große Schemazeichnung, die einen Querschnitt durch die *Titanic* zeigte, betrachtete, die Jean-Louis an die Rückwand des Leitstands gehängt hatte. Man sah darauf die riesigen Schornsteine und die komplizierte Takelage des Schiffs. Mich und alle anderen erinnerte dieses Bild immer wieder an die Gefahren, die in der Tiefe auf uns lauerten. Wenn sich *Argo* in Drähten oder Wrackteilen verfing, konnten wir das Gerät nur durch ein Wunder wieder freibekommen; höchstwahrscheinlich mußten wir das Kabel durchschneiden und damit eine technische Entwicklung im Wert von einer halben Million Dollar ins Wasser setzen, vom Rest der Expedition ganz zu schweigen.

Wir hatten große Teile des Trümmerfelds erforscht und einen der riesigen Kräne des Schiffs mit völlig verbogenem Ausleger auf der Seite liegen sehen. *Argo* war über ein Feld mit großen Wracktrümmern gefahren, einem verknäulten Haufen aus verbogenen Schotten und umgedrehten Rumpfblechen. Doch noch immer wußten wir nicht, in welchem Zustand sich das größte Wrackteil befand. Wir glaubten, das Schiff könne vielleicht noch in einem Stück sein. Was wir bisher an Trümmern gesehen hatten, hätte auch gut aus dem Schiffsinnern nach dem Durchbruch der Kessel und anderer schwerer Gegenstände herausgefallen sein können. (Viele überlebende Augenzeugen hatten von einem lauten Dröhnen berichtet, als das Schiff in die Tiefe gesunken war.) Einige Schornsteine konnten durchaus noch aufrecht stehen, ein Teil der Takelage sich an Ort und Stelle befinden.

Als wir die *Knorr* in Position brachten und mit *Argo* den ersten Gang über das größte Wrackteil wagen wollten, fiel im Leitstand bis auf den knappen Dialog zwischen mir und den Diensthabenden kein Wort. Wie es sich gehörte, tat die Mannschaft Dienst, die die *Titanic* entdeckt hatte. Dazu zählte auch Earl Young, der die *Argo* führte.

Als sich *Argo* dem Boden näherte, erteilte ich den ersten Befehl: „In fünfzig Meter Höhe halten!“ In fünfzig Meter Höhe war die *Argo* blind. Earl konnte den Boden nicht sehen und wir damit auch nicht. Bei zuviel Nebel unter Wasser wurde das Scheinwerferlicht von *Argo* zu stark gestreut. Wir mußten uns also auf das Sonargerät verlassen. Der Tiefenmesser von *Argo* sollte uns anzeigen, wann wir über die *Titanic* hinwegfuhren. In fünfzig Meter Höhe über dem Meeresboden mußten wir eigentlich genügend Sicherheitsabstand haben. Eigentlich. Wenn nicht, und wenn Earl nicht rechtzeitig ausweichen konnte, war es das Ende von *Argo*, das Ende unserer Reise. Ich hielt den Atem an . . .

Der Tiefenmesser begann zu zucken. Auf dem Sonargerät war steuerbord ein massiver Gegenstand zu sehen; wir überquerten ihn gerade. Plötzlich änderte sich die Höhe des unsichtbaren Seebodens um fünfundzwanzig Meter. *Argo* fuhr direkt über den Hauptrumpf der *Titanic* hinweg – das Goldene Vlies lag zum Greifen nah.

Es war Zeit, das Wrack etwas näher anzusehen. Stu Harris übermittelte mit leichtem Fingerdruck auf eine Tastatur dem Bordcomputer von *Argo* digitale Befehle und wies ihn an, seine Scheinwerfer wieder einzuschalten und wie eine normale Fernsehkamera mit hochempfindlichen Augen zu arbeiten.

Argo sank jetzt schon unter das Schornsteinniveau der *Titanic*. Wenn die Schornsteine noch standen oder gar die Masten und die Takelage noch intakt waren, konnte es uns schlimm ergehen.

Auf dem Bildschirm erkannte ich den schemenhaften Umriß eines Rumpfes: Es war die Seite des Schiffs, und sie stand. Plötzlich tauchte aus dem Dämmerlicht das Bootsheck des Schiffes auf. Wir befanden uns auf der Backbordseite und schauten auf etwas hinab, das wie eine Schornsteinöffnung aussah. Doch der Schornstein war weg. Als wir die Schiffsmitte überquerten, konnten wir den abgeplatteten rechteckigen Umriß der Brücke erkennen. Hatte hier Kapitän Smith in stoischer Ruhe bis zum Ende gestanden?

Ehe wir es recht merkten, war *Argo* schon sicher über den Bug des Wracks der *Titanic* hinweggeschwebt und wieder in das konturlose Dunkel eingetaucht. Unser erster Blick auf die *Titanic* hatte alles in allem knapp sechs Minuten gedauert. Wir wußten jetzt, daß die *Titanic* aufrecht stand und ein großer Teil des Schiffs offenbar intakt war. Wie Augenzeugen des Untergangs berichtet hatten, fehlte der erste Schornstein. Er war ein paar Minuten vor dem Untergang des Schiffs ins Meer gefallen und hätte fast das „Notboot B“ getroffen, in dem sich noch ein paar Überlebende befunden hatten, darunter der Zweite Offizier Lightoller, Archibald Gracie und Funker Bride. Wie durch ein Wunder hatte die von diesem Schornstein erzeugte Welle sie gerade noch rechtzeitig vom Rumpf weggedrückt.

Noch immer bestand kein Grund zur Annahme, daß das Schiff nicht in einem Stück dort unten lag. Wir wußten auch, daß der Bug etwas nach Osten von der Nordrichtung abwich. Wir hatten eine sichere Beobachtungshöhe gefunden und konnten auf Grund all dieser Angaben später vielleicht mit ANGUS an die Nahaufnahmen gehen.

Den Rest des Nachmittags und den ganzen Abend brachten wir nur noch zwei Überquerungen des Wracks mit *Argo* zustande, denn immer stärkere Winde und der Seegang behinderten unsere Arbeit und beanspruchten den Antrieb der *Knorr* aufs äußerste. Als wir auf dem zweiten dieser beiden Flüge mit *Argo* vom zweiten Schornstein aus nach achtern weiterzogen und die Stelle suchten, an der die hintere Rumpfhälfte hätte sein müssen, sackte das Deck plötzlich unter uns weg. Die Videobilder liefen in einer unentwirrbaren Masse aus verknäulten Wrackteilen zusammen. Zu unserer Überraschung und Enttäuschung war das ganze Achterschiff weg.

Auf dem Auswertungstisch befestigten wir einen Umriß der *Titanic* aus Papier, in dem eine Draufsicht auf den Bug zu erkennen war und die Ausrichtung des Wracks nach dem Kompaß und seine Position in unserem Transpondernetz vermerkt wurden. Auf diesem Ausschnitt zeichneten wir alles ein, was wir bis jetzt von der *Titanic* gesehen hatten: die Schiffsbrücke, den Ansatz der großen Freitreppe, die Öffnung des ersten Schornsteins.

Gegen Ende dieses Überflugs hatte die immer rauhere See *Argos* Einsatz fast unmöglich gemacht. Einmal waren wir mit dem Schlitten sogar gegen den Rumpf gedonnert. Ich blies deshalb zum Rückzug. Es war der 2. September, 22.30 Uhr. Vor fast 24 Stunden hatte ich das letzte Mal ein Bett gesehen. Als der Sturm mit Böen von 35 Knoten Geschwindigkeit seine höchste Stärke erreichte, mußten die für *Argo* zuständigen Besatzungsmitglieder in ihr hellgelbes Ölzeug steigen und aus dem warmen Leitstand auf das dunkle, kalte, nasse, windige Deck hinaus. Der Sturm heulte über das stampfende Deck, der Offizier auf der Brücke manövrierte den Bug der *Knorr* in den Wind, um die hohen Aufbauten des Schiffs dadurch wenigstens als partiellen Windschutz zu nutzen. Die *Argo*-Crew hängte das große Geschirr mit den wassergefüllten schwarzen Stoßfängern über die Steuerbordreling, das den

Schlitten aufnehmen sollte. *Argo* tauchte auf und schaukelte wild hin und her. Der Bootsmann brüllte seine Befehle in den Sturm; jetzt kam es auf jede Sekunde an. Die *Argo*-Crew machte am schlingernden Schlitten schnell Leinen fest. Der Kranführer ließ *Argo* auf das Gummilager fallen – gezähmt und lammfromm.

Es war Dienstag, der 3. September, vormittags. Meine Geduld war zu Ende. Zehn Stunden hatte ich gewartet, gehofft, daß sich der Sturm wieder legte. Ein paar frustrierende Stunden hatte ich sogar vergebens versucht, in meiner stampfenden Kabine ein bißchen zu schlafen, aber es war mir nicht gelungen. Schließlich überlegte ich mir, daß wir zwar *Argo* nicht einsetzen, aber doch mindestens ANGUS zu Wasser lassen und ein paar Fotos vom Trümmerfeld aufnehmen konnten. ANGUS hatte schon bei rauher See gearbeitet. Und wir hatten nur noch Zeit bis zum Donnerstagmorgen, dem 5. September.

Den ganzen Nachmittag bis spät in den Abend des 3. September nahmen wir mit den Fotokameras von ANGUS viele tausend Farbbilder vom Trümmerfeld auf. Als Martin Bowen den Film ein paar Stunden später entwickelt hatte, entdeckten wir darauf eine eindrucksvolle Sammlung: hier ein Nachttopf, dort eine Bettfeder, weiter hinten eine Teetasse, dann ein Silbertablett, zahlreiche Weinflaschen. Dazu kamen Berge von nicht zu identifizierenden Wrackteilen.

Gegen Mitternacht zog die Sturmfront endlich ab, und die See beruhigte sich. Wir bereiteten uns darauf vor, ANGUS zum ersten Mal über das Hauptwrack hinwegfahren zu lassen. Von Anfang bis Ende war es eine einzige Mühsal; abwechselnd wurden wir von Müdigkeit und Adrenalinstößen heimgesucht, während wir unseren „Depp im Schlepp" über die Decks der *Titanic* zogen. Langsam und äußerst vorsichtig machten wir vier weitere Fahrten von je dreißig Minuten. Nach dem fünften und letzten Manöver war die Nacht hereingebrochen. Ich befahl, ANGUS wieder einzuholen. Wenn diese Bilder nichts geworden waren, konnten wir immer noch einen allerletzten Versuch unternehmen.

Sechs Stunden später war klar, daß alles, was wir von diesen ersten, leicht furchteinflößenden Besuchen des Wracks mit ANGUS heimgebracht hatten, unscharfe Bilder in einem blauen Gewoge von Streulicht waren. Die Kameras funktionierten einwandfrei, aber wir hatten aus zu großer Höhe fotografiert, waren zu vorsichtig gewesen. Ich hatte das Gefühl, daß mir der Sieg entglitt. Mein letztes bißchen Energie schwand.

In diesem Augenblick hätte ich am liebsten alles hingeworfen und

Oben: Erste Fundstücke.
Rechts: Martin Bowen erholt sich von den anstrengenden Filmarbeiten mit ANGUS, der im Hintergrund zu sehen ist.
Unten: Gruppenbild der *Titanic*-Entdecker

Rechts: Die Zeichnung veranschaulicht die enorme Distanz zwischen der *Knorr* und dem Wrack.

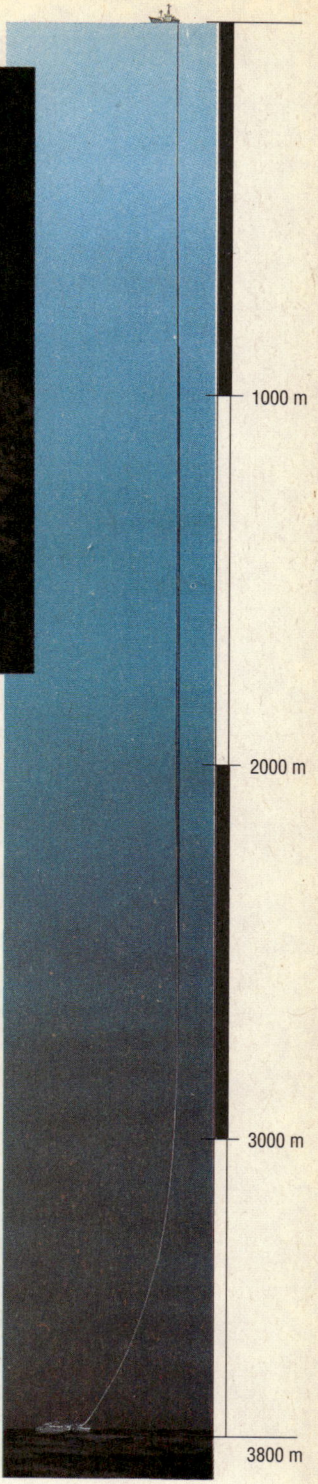

wäre nach Hause gefahren. Mein Bein tat weh, weil ich auf dem glitschigen Deck hingefallen war; es ging mir elend. Wir hatten die *Titanic* gefunden. Reichte das nicht? Wer wollte denn unbedingt nur der Presse zuliebe schöne Bilder mitbringen?

Trotz aller Erschöpfung hatte ich aber noch so viel Willenskraft, daß ich weitermachen wollte. Wir hatten noch Zeit bis 7.30 Uhr früh, erst dann mußten wir nach Hause aufbrechen. Den Ruheplatz der *Titanic* wollte ich jedenfalls nicht verlassen, ohne es noch einmal zu versuchen.

Der letzte Start von ANGUS war ein Greuel. Wind und See waren erneut rauher geworden und machten es wieder schwierig, die *Knorr* mit dem Bug im Wind zu halten. Sobald der Stahlrahmen von ANGUS aus seiner Vertäuung befreit war, schaukelte er wild hin und her, obwohl sich sechs Mann abmühten, ihn an einer durch einen Flaschenzug geführten Leine festzuhalten. Dann erleuchtete ein heller Blitz den Himmel, als 1500 Watt Energie über die beiden Scheinwerfer von ANGUS entladen wurden. Nachdem wir uns davon überzeugt hatten, daß die Kameras einsatzbereit waren, gaben wir das Zeichen zum Einsatz. ANGUS krachte in die brodelnde See.

Wir wußten, daß unser Versuch den gerade abgeschlossenen gefährlichen Start von ANGUS noch übertraf. Nach meiner Berechnung mußten wir mit unseren Kameras bis auf sieben Meter an die Decks der *Titanic* heran. Da jedoch die See immer höher ging, stampfte auch die *Knorr* jetzt drei bis vier Meter auf und ab, und diese Bewegung mußte sich auf unsere 3700 Meter Kabel hinunter zu ANGUS übertragen. Egal. Wenn ich ANGUS verlieren sollte, war dies sicherlich der beste Zeitpunkt und der geeignetste Ort.

Die nächsten drei Stunden sprachen wir außer geflüsterten Kommandos und ruhigen Antworten kaum ein Wort, während wir ANGUS immer wieder in beängstigend niedrigem Abstand über die *Titanic* fliegen ließen. Das dunkelrote Glimmen der Nachtbeleuchtung, das den Leitstand in solchen Augenblicken erhellte, verlieh den angespannten Gesichtern und blutunterlaufenen Augen der ANGUS-Besatzung ein geisterhaftes Aussehen, zu dem die vier Tage alten Stoppelbärte und der sichtbare Mangel an Schlaf noch beitrugen. Draußen heulte der Wind um die Wände unseres Deckaufbaus. Drinnen verging die Zeit in einem ungewissen Schwebezustand, aus dem wir um 5.56 Uhr plötzlich aufgerüttelt wurden, als über den Sprechfunk von der Brücke die kurze Anweisung kam: „Ihr müßt wieder hochfahren."

Unsere Zeit und unser Geld waren zu Ende. Zu Hause warteten Wissenschaftler, die mit der *Knorr* andere Arbeiten durchführen wollten.

Genau nach Plan stand ANGUS um 7.28 Uhr wieder auf Deck. Jetzt konnte ich mich unmöglich schlafen legen, stellte mich also mit ins Fotolabor und sah zu, wie die vielen zwölf Meter langen Filme nacheinander entwickelt wurden.

Nach ein paar Stunden war ich von der Enge und dem Chemikaliengeruch so mitgenommen, daß ich aufs Deck hinausmußte. Der Wind war abgeflaut, aber die See war immer noch rauh, der Himmel düster.

Gleich darauf tauchte Martin aus dem Fotolabor auf und meldete, daß wir ausgezeichnete Farbbilder hatten. Ich war so müde, daß ich mich gar nicht mehr richtig darüber freuen konnte. Was ich noch an Energie hatte, brauchte ich jetzt, um den Laden in Schwung zu halten. Nach dem Abschluß unserer Operation blieb mir noch eine Aufgabe: mich den Medien zu stellen. Von Woods Hole aus hatte man mich gebeten, mit möglichst vielen Pressevertretern zu sprechen, und ich hatte den Eindruck, daß jeder Zeitungs-, Zeitschriften- und Fernsehjournalist in Nordamerika ein paar kluge Worte von Dr. Ballard hören wollte. Natürlich hatte ich damit gerechnet, daß der Fund der *Titanic* die Menschen aufregte, aber selbst in meinen kühnsten Träumen hatte ich einen solchen Aufruhr nicht erwartet.

Ich stolperte todmüde in den Funkraum hinauf und gab die ersten Interviews. Die meisten Reporter erkundigten sich nach dem Zustand des Schiffs und danach, ob wir Überreste von Menschen gefunden hatten. Während ich mich bemühte, alle Fragen zu beantworten, guckte ich zufällig durchs Bullauge hinaus. Dabei wurde mir erst klar, daß die *Knorr* sich jetzt auf den Heimweg machte. Wir ließen die *Titanic* zurück, ohne daß ich mich von ihr verabschiedet hatte. Ich beendete abrupt das Interview und rannte aus dem Funkraum hinaus auf die leere Heckplattform. Die Sonne brach durch die Wolken, und das Kielwasser der *Knorr* strömte breit und friedlich bis an den blauen Horizont. Mich bewegten gemischte Gefühle: Einerseits war ich traurig, daß wir nur so kurz hatten bleiben können, aber gleichzeitig verspürte ich auch tiefe Befriedigung darüber, daß wir die lange Fahrt der *Titanic* endlich beendet hatten. Es war so, als hätten alle, die mit der *Titanic* untergegangen waren, jetzt endgültig ihre Ruhe gefunden.

WAS EIGENTLICH eine gemütliche Heimreise hätte werden sollen, wurde leider zu einem bitteren, entmutigenden Erlebnis. Die Zusammenarbeit mit den französischen Ozeanographen, die Bindungen, die ich über so viele Jahre geknüpft hatte, schienen auf einen Schlag zu zerreißen. Wie mir heute klar ist, waren wir in einer Hinsicht naiv gewesen: Wir hatten uns nicht vorher geeinigt, wie wir der gespannten Welt die Nachricht von unserer Entdeckung bekanntgeben wollten. Nicht im entferntesten hatten wir damit gerechnet, daß die Menschheit über unsere Entdeckung so aus dem Häuschen geraten könnte. Während der komplizierten technischen Operation unter schwierigen Bedingungen auf hoher See hatten wir uns gar nicht im einzelnen überlegt, wie wir mit den Medien umgehen wollten. Daß wir alle erschöpft waren, machte die Lage auch nicht besser.

Der Ärger fing am Sonntag morgen an, als der Hubschrauber eines kanadischen Fernsehsenders, der unser Dokumentationsbudget mitfinanziert hatte, eine Ladung Reporter absetzte, die von Bord der *Knorr* aus einen Bericht über dieses epochemachende Ereignis senden wollten. Ich erklärte, das gehe auf keinen Fall, da wir keinem ein Exklusivrecht einräumen wollten. Natürlich könnten sie uns jederzeit aus der Luft filmen und hätten damit ja schon einen Knüller. Schließlich hatten sie es verdient, denn sie hatten uns als einziger Sender unterstützt.

Ich betrachtete den Hubschrauber als Möglichkeit, wieder einen gewissen Einfluß auf die Berichterstattung über unsere Expedition zu gewinnen, denn bisher war alles ziemlich schiefgelaufen. Auf die Geschichte im Londoner *Observer* vom Sonnabend waren völlig falsche Meldungen gefolgt, wonach wir das Wrack der *Titanic* heben wollten. Deshalb beschlossen wir, den kanadischen Hubschrauber als Kurier zu benutzen und ihm die ersten Bilder von unserer Entdeckung an Land mitzugeben. Wir wählten die ersten paar Meter von den Kesselaufnahmen und den Film über unsere Jubelfeier im Leitstand. Aus diesem Material mußte man eigentlich die wahre Geschichte unseres *Titanic*-Funds ersehen können. Als der Hubschrauber in einem aufziehenden Sturm verschwand und wir uns wieder den Bildern zuwandten, die uns *Argo* vom Wrack mitgebracht hatte, waren wir überzeugt, daß unsere Geschichte jetzt endlich wahrheitsgetreu berichtet werde.

Als nächstes meldete man sich von Woods Hole am Telefon, nicht etwa, um uns zu gratulieren, sondern um sich über den scheinbaren Exklusivbericht zu beschweren, den wir lanciert hatten. Die Bilder von unserer Entdeckung waren gesendet worden, doch nicht alle großen amerikanischen Sender hatten sie bekommen. Wer sie nicht hatte, war natürlich wütend und drohte Woods Hole mit Klagen.

Im Gegensatz zu unseren französischen Kollegen hatte ich nie vorgehabt, die Nachrichten zu „verkaufen“. Leider war diese Frage in unseren Abmachungen nicht eindeutig geregelt worden. Während wir noch auf die amerikanische Küste zudampften und uns auf einen Heldenempfang freuten, hatten sich IFREMER und Woods Hole in einen unseligen Konflikt darüber verstrickt, wem die Bilder von unserer *Titanic*-Expedition gehörten und wie man sie nutzen wollte. Jean-Louis konnte gar nicht glauben, was da vorging, und verbrachte die meiste Zeit in der Kabine. Ich sah ohnmächtig zu, wie sich das gute Klima an Bord und die dreizehn Jahre amerikanisch-französischer Zusammenarbeit auf einen Schlag verflüchtigten.

Der Tiefpunkt unserer Rückreise war erreicht. Trotzdem lag mir daran, daß unsere Heimkehr eine gemeinsame amerikanisch-französische Feier wurde. Zwei Tage feilte ich an den paar kurzen Sätzen, die ich vor der wartenden Presse sprechen wollte. Dabei wollte ich mich auf unsere fragmentarischen Kenntnisse vom Zustand des Wracks stützen. Die genaue Untersuchung der ANGUS-Filme in den nächsten Monaten sollte erst zeigen, daß ein zweiter, großer Teil des Rumpfs etwa 600 Meter südlich vom Vorschiff lag. Das war das Achterschiff. Über seinen Zustand wußten wir gar nichts. Außerdem stellten wir fest, daß offenbar alle vier Schornsteine verschwunden waren. Doch der angebliche Riß im Vorschiff und der größte Teil des Trümmerfeldes blieben weitgehend unaufgeklärt, und wir hatten keine Ahnung, was sonst noch zwischen dem Bug und dem Heck lag. Wie das Wrack der *Titanic* genau aussah, konnten wir erst nach einer erneuten Untersuchung vor Ort sagen.

Als wir am klaren, warmen Morgen des 9. September 1985 den Nantucket Sound hinunterdampften, wurde die *Knorr* von Hubschraubern, einem kleinen Flugzeug und Sportbooten eingekesselt, die uns mit einem Höllenlärm umkreisten. Ein Boot hatte schon eine kleine Vorausabteilung bei uns abgesetzt: Direktor John Steele von Woods Hole, meine Frau Marjorie und unsere beiden Söhne Tood und Douglas. Daß meine Familie gekommen war, bedeutete mir besonders viel. Sie hatte jahrelang meine häufige Abwesenheit ertragen, ohne zu murren.

Als wir um die Biegung herumkamen und in den engen Kanal zum Hafen von Woods Hole einfuhren, traute ich meinen Augen nicht: Das Dock war schwarz von Menschen. Mitten auf dem Dock stand eine provisorisch zusammengezimmerte Bühne, vollgepackt mit Fernsehkameras und Reportern. Die Medien verlangten stets die besten Aussichtspunkte und bekamen sie auch. Fahnen knatterten im Wind, eine Kapelle spielte, Schulkinder hielten ihre Luftballons fest. Als wir uns unserem

Liegeplatz näherten, schoß eine Kanone Salut. Es war, als sei der Zirkus in die Stadt gekommen.

Ich mußte an die ganz andere Menge denken, die auf die *Carpathia* gewartet hatte, die am stürmischen Abend des 18. April 1912, dreieinhalb Tage nach der Tragödie, in New York eingelaufen war. Die Büros der White Star Line waren von angsterfüllten Menschenmengen belagert worden, darunter viele Verwandte der Passagiere. Reporter hatten auf Überlebende, die ihre Geschichte verkaufen wollten, gelauert wie Haifische auf Beute. Ich verdrängte diese Gedanken wieder.

Dies war eine Feier. Als die Laufplanke aufgelegt war, strömten Frauen und Kinder voll Stolz an Bord, um die Männer zu umarmen und zu küssen und sich *Argo* und den Leitstand mit eigenen Augen anzusehen; alle Monitore zeigten Bilder von der *Titanic*. Die ersten Sektkorken knallten. Jean-Louis und ich schüttelten uns die Hände. Es war ein ergreifender Augenblick: Wir schworen, uns nicht auseinanderbringen zu lassen, egal, was passieren würde.

KAPITEL 5

Die *Titanic* wird besichtigt

EIN JAHR später kehrten wir zurück, um das Wrack etwas eingehender zu untersuchen. Diesmal war es ein Kinderspiel, die *Titanic* zu finden. Unsere mit Satellitenhilfe vorgenommenen Standortbestimmungen aus dem letzten Jahr waren so genau, daß wir die 900 Meilen von Woods Hole bis zum Ziel glatt durchfahren konnten. Nach so ereignisloser Fahrt kamen wir am frühen Abend des 12. Juli 1986 an. Das Glück, das wir 1985 gehabt hatten, schien uns auch diesmal nicht zu verlassen: Das Wetter war schön, die See ruhig, die Nacht klar, und an Bord unseres neuen Schiffes, der *Atlantis II*, herrschte Hochstimmung, als wir mit der Arbeit anfingen. Da wir nur zwölf Tage am Ort bleiben konnten, wollte ich keinen Augenblick ungenutzt verstreichen lassen.

Diese Expedition wurde, wie schon die letzte, im wesentlichen von der US-Marine finanziert. Unsere technische Aufgabe bestand darin, die Einsatzmöglichkeiten von *Jason junior* zu demonstrieren, dem Abkömmling unseres ferngesteuerten Unterwasserroboters. *JJ* sollte uns zu schönen Bildern vom Äußeren und Inneren des Schiffs, zur umfassenden Bilddokumentation eines legendären Wracks verhelfen.

Leider mußte die *Titanic*-Expedition diesmal ohne die Franzosen auskommen. Nach den Meinungsverschiedenheiten, die sich aus der Expedition von 1985 ergeben hatten, waren die Beziehungen zwischen Woods Hole und IFREMER erst einmal auf dem Gefrierpunkt angelangt. Eine Zeitlang hatte es sogar so ausgesehen, als ob ein französisches Schiff und ein französisches U-Boot *Nautile* vor Ort zu uns stoßen könnten.

Daß unsere französischen Kollegen nicht an Bord waren, dämpfte nicht nur unsere Hochstimmung, sondern bedeutete auch ein erhebliches Risiko. In diesem Jahr wollten wir die *Titanic* mit einem bemannten Tauchboot, meinem alten Freund *Alvin*, aufsuchen, und zwar ohne

<u>Oben:</u> *Alvin* wird auf die Heckplattform gerollt und für den Einsatz am nächsten Morgen vorbereitet.

<u>Rechts:</u> Die Taucher überprüfen *Alvin* zum letztenmal, bevor das Tauchboot über zweieinhalb Meilen tief sinkt.

Reserve-U-Boot, das uns im Notfall hätte helfen können. Wir befanden uns also etwa in der Lage von Astronauten, die auf einem eine Million Kilometer entfernten Planeten landen und keine Hoffnung auf Rettung haben, wenn etwas schiefgeht.

Unser erster Tauchgang zur *Titanic* ließ sich bestens an. Es war ein herrlicher Sommertag. Um 7 Uhr wurde *Alvin* aus seinem Hangar auf dem Heck von *Atlantis II* herausgeholt und unter den riesigen blauen Rahmen gehängt, der über dem Heck aufragte. Mit diesem Rahmen sollte *Alvin* von Deck gehoben und nachher auch wieder aus dem Wasser gezogen werden. Die Bedienungsmannschaften von *Alvin* und *JJ* gingen sofort an die Arbeit. Wie beim Start einer Weltraumrakete, so mußte auch hier eine bestimmte Folge von Schritten genau eingehalten werden, darunter eine Reihe von langwierigen Sicherheitsprüfungen.

Um 8.15 Uhr waren alle Systeme startklar. Ralph Hollis, Kopilot Dudley Foster und ich stiegen die Leiter in die rote Glasfaserkanzel von *Alvin* hinunter, die verhindern soll, daß durch den Seegang Wasser in die offene Luke spritzt, solange das Tauchboot noch an der Oberfläche tanzt. Dann kletterten wir in den kugelförmigen Körper von reichlich zwei Meter Durchmesser. Praktische Kenntnisse in Yoga oder in Entfesselungskunst wären nützlich gewesen, denn wir steckten fast wie Rollmöpse in der winzigen Kabine. Auf drei Seiten waren wir von Instrumententafeln und Kisten mit unbespielten Videobändern umgeben. Solange die Reise dauerte, konnte keiner von uns aufstehen und sich ein bißchen strecken.

Dann schlossen wir von innen die Luke und drehten unseren Sauerstofftank, die einzige Luftquelle, auf. Langsam strömte der lebenserhaltende Inhalt in *Alvins* Rumpf. Mit Ralph am Steuer fühlte ich mich absolut sicher. Ich kannte ihn, seit er Anfang 1975 zur Gruppe *Alvin* gestoßen war. Dudley Foster kannte ich noch länger.

Der Rahmen hatte uns über das Heck hinausgeschwungen, und wir schaukelten sacht hin und her. Der Moment halb über Deck und halb über Wasser ist immer einer der gefährlichsten Augenblicke bei einem Tauchgang. Wenn *Alvin* plötzlich abstürzte, konnte das Boot schwer beschädigt und die Insassen verletzt werden.

Sobald das Boot aufs Wasser aufsetzte und die Trosse ausgeklinkt war, machten sich Taucher über den Rumpf von *Alvin* her und prüften noch einmal, ob alles zum Tauchen bereit war. Innen ging Ralph rasch alle Systeme im jetzt „nassen" Boot durch. Alle Phasen dieser Arbeitsgänge wurden von der Mannschaft im oberen Labor der *Atlantis II* über Funkkontakt abgestimmt. Um 8.35 Uhr erteilte der Einsatzleiter oben die Genehmigung, unsere Ballasttanks zu fluten und den Tauchvorgang einzuleiten. Dank der vier an *Alvin* hängenden Gewichte sanken wir geradewegs auf den Boden. Sie funktionierten nach demselben Prinzip, wie es auch Schwammtaucher anwenden: Man nimmt einen Stein, springt ins Wasser und sinkt mit diesem Gewicht möglichst schnell tief, ohne wertvolle Energie zu verschwenden; wenn man unten angekommen ist, läßt man den Stein fallen und macht sich an die Arbeit. Wenn wir mit *Alvin* wieder auftauchen wollten, mußten wir nur noch zwei weitere Gewichte abwerfen, um wieder aufzutauchen. Nach diesem Prinzip wollten wir die Schrauben möglichst wenig einsetzen, um die Batterien weitestgehend zu schonen.

Während das Tauchboot langsam unter den Meeresspiegel sank, zog eine durchsichtige Qualle vorbei; ihre stechenden Arme hingen weit hinunter. Ich guckte auf die Instrumententafel von *Jason jr.* Heute mußte *JJ* in seiner Spezialgarage am Bug von *Alvin* bleiben, doch morgen sollte unser raffiniertes „schwimmendes Auge" über das Wrack geführt werden. *Jason jr.* war ein ferngesteuertes Fahrzeug, ein Unterwasserroboter. Er wurde an einer 75 Meter langen Leine laufen gelassen und war mit Anlagen zur Meßwertübertragung, Bildkameras und Antriebsaggregaten ausgestattet. Wenn *JJ* nach Plan funktionierte, konnten wir viele Stellen auf dem Wrack untersuchen, an die mit *Alvin* nicht gut heranzukommen war.

Die Hauptaufgabe bei diesem ersten Tauchgang bestand darin, überhaupt zu ermitteln, wie gefährlich die *Titanic* für *Alvin* war. Ich wollte das Vorschiff von etwas weiter oben betrachten. Bei späteren Tauchfahrten konnten wir dann außerhalb der Gefahrenzone schweben und uns die richtigen Einsatzorte aussuchen, bevor wir das Tauchboot in gefährlichere Nähe manövrierten. Daß wir uns unter Umständen verfangen konnten, vergaßen wir keinen Augenblick. Gefahren konnten nur dadurch entstehen, daß *Alvin* irgendwo im Wrack festsaß und nicht aus eigener Kraft freikam.

Ich verdrängte solche Gedanken, während wir uns auf den Meeresboden zu bewegten. Schon eine Minute nach dem Eintauchen in die See hatte das Tauchboot zu stampfen und zu schlingern aufgehört. Wir waren etwa 30 Meter tief gesunken, und das Tageslicht ging schnell in ein immer dunkleres Blau über, als das Tauchboot seine höchste Tauchgeschwindigkeit von 30 Metern in der Minute erreichte. Bei diesem Tempo dauerte es zweieinhalb Stunden, bis wir den Boden erreichten – ein friedlicher Fall in völliger Finsternis.

Im Innern unserer Raumkapsel war es immer noch warm und stickig, aber das eiskalte Wasser rings um uns kühlte den Rumpf aus einer Titanlegierung schnell ab, so daß es bald unangenehm kalt wurde, wenn man zu dicht an die Wand kam. Plötzlich tauchte vor meinem Fenster ein weißer Hai auf und betrachtete *Alvin* einen Augenblick stumm, bevor er wieder kehrtmachte. Das ungewöhnliche Geräusch und das Verhalten von Tauchbooten locken Haie oft kurz nach dem Eintauchen an. Zum Glück trennten uns ein paar Zentimeter Metall von ihnen.

Normalerweise war *Alvin* nur mit einer einzigen Videokamera bestückt, die so an der Bugspitze montiert war, daß der Pilot mit ihrer Hilfe sehen konnte, wohin er steuerte. Der dazugehörige Recorder im Gerätegestell hinter uns zeichnete auch die Gespräche in der Kugel auf. Für diesen Taucheinsatz hatten wir in dem ohnehin knappen Raum noch drei weitere Videotapedecks untergebracht. Eines zeichnete auf, was die am Arm von *Alvin* befestigte Farbkamera lieferte. Da sich der Arm um ein paar Grad bewegen konnte, ließen sich damit auch Nahaufnahmen machen, wenn *Alvin* über das Deck der *Titanic* fuhr; auch *JJ* konnten wir so beim Einsatz außerhalb seiner Garage beaufsichtigen. Der Arm war außerdem noch mit einer Fotokamera und Scheinwerfern bestückt.

Ein zweites Tapedeck war mit der Videokamera in *JJ* verbunden, und das dritte wurde von der nach unten gerichteten Schwarzweiß-SIT-Kamera gespeist, mit der wir aus größerer Höhe über das Wrack fahren und geeignete Landeplätze feststellen wollten.

In den ersten Minuten der Tauchfahrt hatte sich jeder von uns in der Kugel häuslich eingerichtet und sich möglichst bequem hingelegt. Es war so eng, daß ich mit den Haaren die Instrumententafel über meinem Kopf streifte, und wenn ich mich etwas bequemer hinlegen wollte, stießen mich die Kassettengeräte ins Kreuz. In den vielen Stunden, die wir unter so unbequemen Bedingungen zubrachten, schliefen mir oft die Beine ein, und hin und wieder bekam ich auch einen Krampf in der Hüfte. In solchen Augenblicken kam mir die Druckkugel wie eine Folterkammer vor.

Drinnen wurde es immer dunkler und immer kühler; nach einer knappen Viertelstunde, in einer Tiefe von 350 Metern, herrschte völlige Finsternis. Um Strom zu sparen, schalteten wir die Außenlichter ab; die einzige Beleuchtung kam dann von den drei kleinen rot-weißen Lampen innerhalb der Kugel.

Fast von Anfang an plagten uns technische Störungen. Als erstes stellten wir fest, daß das Sonargerät von *Alvin* nicht mehr funktionierte. Ohne dieses Gerät waren wir blind; wir konnten nur ein paar Meter weit sehen und mußten uns auf unseren Navigator an der Oberfläche verlassen, der uns zum Ort der *Titanic* bringen sollte.

Ein paar Minuten später, in einer Tiefe von rund 600 Metern, durchliefen wir eine tiefe Streuzone; sie heißt so, weil sie auf dem Sonargerät als wolkiges, verschwommenes Gebilde erscheint. In Wirklichkeit besteht sie aus Tausenden und Abertausenden von kleinen Lebewesen, die sich tagsüber in dieser Tiefe aufhalten und nachts zur Nahrungssuche an die Oberfläche begeben. Viele leuchten von selbst; ihre kleinen Körper explodierten wie Feuerwerksraketen, wenn unsere Druckwelle ihnen zeigte, daß sich ein Eindringling näherte. Diese Tiere bilden 15 bis 20 Zentimeter lange Lichterketten. Anscheinend leuchten sie nacheinander auf, wenn sie Angst bekommen. Die Lichtblitze fangen an einem Ende an und laufen dann in Sekundenschnelle die Kette entlang.

Als wir über 1500 Meter Wassertiefe erreicht hatten und schon fast eine Stunde unterwegs waren, wurde es im Tauchboot kalt, und wir zogen uns eine weitere Lage Kleidung an. Die Feuchtigkeit aus der Atemluft hatte sich an der eiskalten Hülle niedergeschlagen und Wassertropfen gebildet, die von der Luke an der Innenwand herunterrannen und sich in der Bilge sammelten.

Als wir zehn Minuten später 1800 Meter erreicht hatten, entdeckte Ralph, daß Salzwasser in die Batterien eindrang, die das Tauchboot und die Instrumente versorgten. Zuerst zeigte es sich auf unserer Instrumententafel als winziges Leck; als der Meerwasserspiegel in der Batteriewanne stieg, wurde aus dem Leck bald ein saftiger elektrischer Kurzschluß. Das Schutzöl, in dem die Batterien schwammen, wurde nach und nach durch Salzwasser verdrängt, das den Kurzschluß auslöste. Zum Glück hatten wir für Notfälle eine Reservebatterie in der Kugel, doch wenn sich die Batterien über eine gewisse Grenze hinaus entluden, gingen sie kaputt. In diesem Fall wäre unsere Expedition zu Ende gewesen.

Die nächsten anderthalb Stunden vergingen ereignislos. Wir redeten wenig, während wir ruhig und stetig sanken. Drinnen war es jetzt sehr kalt, schon unter 10 Grad Celsius.

Als wir uns dem Meeresboden näherten, schickte uns der Navigator oben auf der *Atlantis II* auf eine Art Zickzackkurs. Offenbar lieferten ihm seine Transponder keine eindeutigen Daten, oder einer von ihnen funktionierte nicht richtig. Normalerweise hätte er uns geradewegs auf das Wrack zusteuern müssen. Aus seinen Anweisungen, die uns über das akustische Unterwassertelefon übermittelt wurden, ging hervor, daß er sich auch nicht mehr auskannte.

Unser nach unten gerichtetes Echolot, das noch funktionsfähig war, gab uns den Meeresboden in 180 Meter Tiefe an; wir warfen unsere Sinkgewichte ab.

Wir waren angekommen. Leider wußten wir nicht, wo.

Als wir den Rest der Strecke langsam mit eingeschalteten Außenscheinwerfern zurücklegten, tauchte die Schwärze des gleichförmigen Meeresbodens allmählich aus der dunkelgrünen Dämmerung auf. Wir starrten durch unsere Bullaugen und versuchten, einen Hinweis auf das Wrack zu finden. Keine *Titanic*, keine Trümmer, nur sanfte Schlammhügel, die aussahen wie eine Alm, wenn der Schnee alle unterscheidbaren Merkmale zugedeckt hat. Hier war ein Höcker, anderswo offenbar

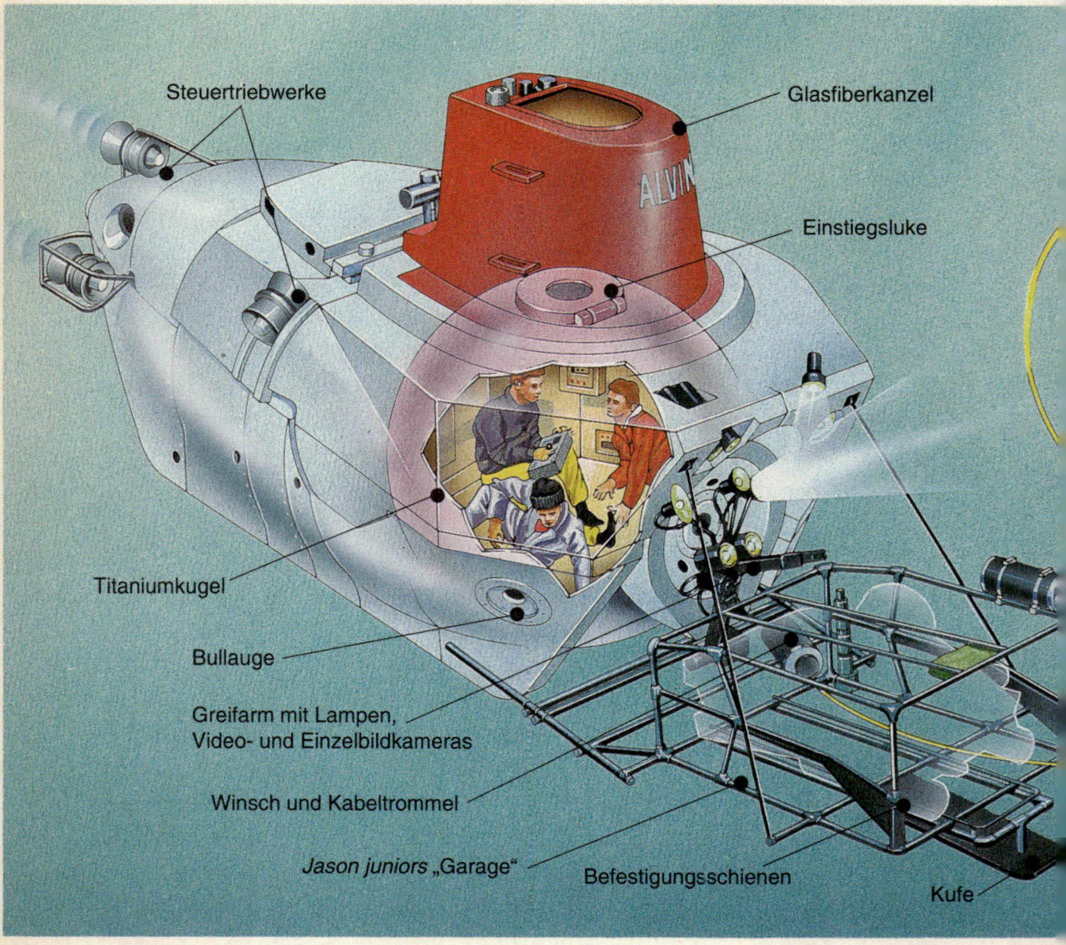

ein verschüttetes Tal. Vor dem Fenster rieselte leise der „Schnee" aus Unterwasserteilchen, die von der Strömung umhergetrieben wurden. Wenn das Sonargerät funktioniert hätte, hätte sich die *Titanic* als ein großer Fleck auf dem Bildschirm zeigen müssen und wäre dann auch leicht zu finden gewesen.

So dicht dran und doch so weit weg. Das Schiff lag irgendwo in unserer Nähe, vielleicht nur zwölf Meter von uns entfernt. An Land ist das gar nichts, aber hier, in über dreitausend Meter Wassertiefe und einer Finsternis wie im Styx, erscheinen einem ein paar Meter nicht viel anders als ein paar tausend Kilometer.

Dann ertönte der elende Warnsummer und zeigte an, daß unsere Batterien dringend nachgeladen werden mußten. Dreizehn Jahre hatte ich gebraucht, um hierher zu kommen, und ausgerechnet jetzt hatte

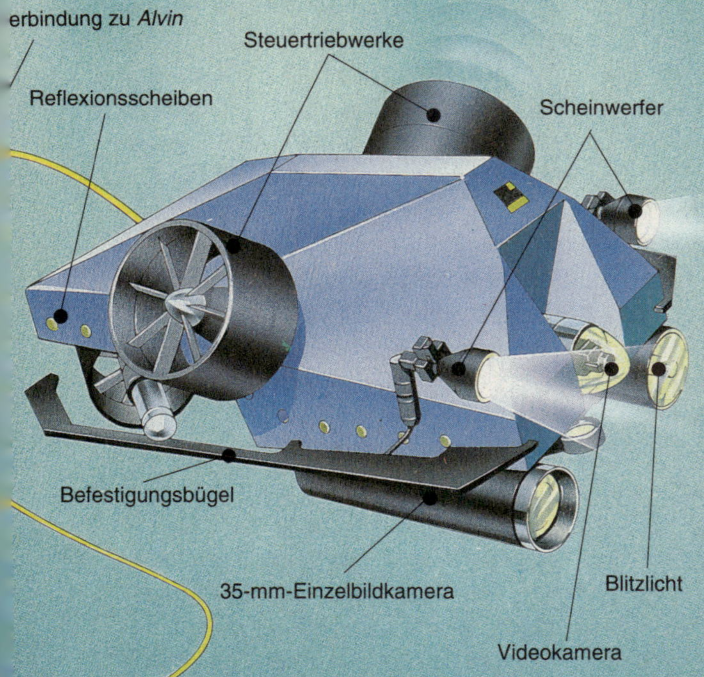

Ganz links: ***Alvin*****, wegen seiner Titaniumkugel das einzige bemannte Tauchboot, mit dem man bis zum Wrack der *Titanic* hinabtauchen kann.**
Links: ***Jason Jr.*****, das ferngesteuerte „Roboterauge"**

Oben rechts: Ralph Hollis, Chefpilot von *Alvin*.
Unten rechts: Robert Ballard mit Videokamera in dem Tauchboot.

Alvin, dieses zuverlässigste meiner Werkzeuge, einen schlechten Tag.

Keiner von uns wollte aufgeben und mit leeren Händen zurückkehren. Es blieb uns keine andere Wahl: Wir mußten raten, wo die *Titanic* lag, und uns blind dorthin auf den Weg machen.

Der Schneesturm von kleinen Partikeln blies mit einer Geschwindigkeit von einem halben bis dreiviertel Knoten aus Süd-Südost. Er hatte uns demnach von unserem geplanten Zielort nach Norden abgetrieben. Nach kurzer Diskussion schlugen wir den Weg nach Süden ein. *Alvin* berührte mit seiner einzigen Kufe sanft den Boden wie ein einbeiniger Skiläufer, der im Neuschnee fährt. Diese Kufe sorgt dafür, daß sich der Boden des Tauchboots nicht in den Schlamm eingräbt und dann eine große Sedimentwolke aufwirbelt.

Das Warnsignal wurde immer lauter und schriller; unsere Spannung im Tauchboot stieg. Wir wollten schon aufgeben, als sich unser Navigator von oben meldete: „*Alvin,* hier *A II.* Zielgerät funktioniert wieder. *Titanic* etwa fünfzig Meter westlich von eurer jetzigen Position." Wir hatten richtig geraten und das Schiff nur knapp verfehlt. Wir fuhren seitlich versetzt an ihm entlang.

Ralph wendete *Alvin* nach Westen, und wir guckten uns fast die Augen aus dem Kopf. Plötzlich sah der Boden seltsam aus: Obwohl keine Trümmer zu sehen waren, stieg er so steil an, daß es sich nicht um eine natürliche Unterwasserlandschaft handeln konnte. Es sah eher so aus, als sei dieser Berg aus Schlamm und kleinen Dämmen mit der Planierraupe aufgeworfen worden. Mein Herz schlug schneller. Ich meinte, eine schwarze Wand gleich hinter diesem Schlammhügel zu sehen. Wir bewegten *Alvin* zentimeterweise voran, bis unmittelbar vor uns eine scheinbar endlose schwarze Stahlplatte aus dem Boden ragte – sie gehörte zu dem mächtigen Rumpf der *Titanic!* Langsam atmete ich wieder aus; ich hatte gar nicht gemerkt, daß ich die Luft angehalten hatte.

Kaum hatte ich einen Blick auf die *Titanic* geworfen, so mußten wir auch schon wieder die Gewichte von *Alvin* abwerfen und aufsteigen. Wenn wir morgen wieder tauchen wollten, mußten wir schnellstens an Bord zurück und all unsere technischen Schwierigkeiten beheben.

Während wir wieder der Wärme und dem Licht zustrebten, dachte ich darüber nach, wie frustrierend die Taucharbeit sein konnte. Nicht einmal zwei Minuten hatten wir den hoch aufragenden Rumpf der *Titanic* gesehen. Mehr war bei sechs Stunden Arbeit nicht herausgekommen. Ich überlegte mir, wie lange die Reparaturen wohl dauerten und ob wir sie überhaupt ausführen konnten. Und wenn das Wetter umschlug? Sollte das mein einziger Blick auf die *Titanic* gewesen sein? War ich nur deswegen so weit gereist? Ich hätte die trüben Gedanken gern verscheucht, aber sie ließen mich nicht los. Die nächsten zwei Stunden verbrachten wir fast stumm und dachten über unser Scheitern nach.

Ich war immer noch verärgert, als ich aus dem Tauchboot stieg und die wartende Menge auf der Heckplattform der *Atlantis II* sah. Auf die Frage, wie es gegangen war, konnte ich nur sagen: „Ich habe das Schiff etwa zehn Sekunden gesehen. Die Crew muß die Nacht durcharbeiten. Wir haben einen Patienten, und der muß morgen wieder fit sein."

Die *Alvin*-Mannschaft arbeitete die ganze Nacht, um das Tauchboot wieder herzurichten; auf See ist so etwas mit Schwierigkeiten verbunden. Einen der schweren Batteriesätze von *Alvin* auszutauschen war schon unter idealen Arbeitsbedingungen gefährlich und kompliziert. Zum Glück hielt das Wetter, das Meer blieb ruhig. Am Morgen waren alle Systeme einsatzbereit.

Auf der Tauchfahrt an jenem Tag war Ralph Hollis wieder unser Pilot. Außerdem kam Martin Bowen, ein Veteran unserer letzten Expedition, mit, um den ersten Tiefseeinsatz von *JJ* zu bewerkstelligen.

Unser Tauchplan war mit dem gestrigen Vorhaben fast identisch: Sobald wir den Boden erreicht hatten, mußten wir die *Titanic* mit dem Sonargerät finden, uns dann bis auf Sichtweite an sie heranarbeiten, am Rumpf aufsteigen und dabei darauf achten, daß wir an überhängenden Wrackteilen gut vorbeikamen, und schließlich mit unserer abwärts gerichteten *Argo*-Kamera einen detaillierten Überblick über das Schiff gewinnen. Wenn alles gutging, konnten wir uns dann einen Landeplatz suchen, landen und versuchen, *JJ* auszusetzen.

Bei meinen Vorbereitungen für die Expedition 1986 hatte ich mir auch die Fotos genau angesehen, die wir mit ANGUS 1985 aufgenommen hatten, und wie Mosaiksteinchen eine Reihe von möglichen Landeplätzen auf dem Wrack ausgesucht. Am besten kam mir eine Stelle in der Nähe des Eingangs zur großen vorderen Freitreppe vor. Zum Glück war es offenbar auch der sicherste unter allen in Frage kommenden Landeplätzen, eine große, ebene Decksfläche. Das Dach über dem hinteren Teil der Offiziersquartiere war noch intakt und eines der höchsten Decks auf dem Schiff. Der Schornstein war weg und damit auch die Trossen, an denen unser Fahrzeug sonst hätte hängenbleiben können; es fehlte auch ein Belüftungsschacht, der früher über das Deck verlaufen war. Die elegante Glaskuppel, mit der die Treppe früher überdacht gewesen war, hatte den Fall auf den Meeresboden nicht überstanden.

Der Zutritt für *JJ* war also einfach. Sowohl auf der Backbord- als auch auf der Steuerbordseite des Decks waren noch Bruchstücke der Reling übriggeblieben, aber an ihnen kam man leicht vorbei. Insgesamt sah es so aus, als habe dort unten jemand mit der Planierraupe einen Landestreifen für unseren Tauchhubschrauber frei gemacht.

Als zweiter Landeplatz kam eine Stelle auf dem Bootsdeck vorn neben der Brücke in Frage, etwa dort, wo einmal das Steuerhaus gestanden hatte. Doch von diesem Stück hatte uns ANGUS keine eindeutigen Bilder geliefert. Was wir sahen, stimmte nicht ganz mit alten Zeichnungen und Fotos überein. Die Backbord- und Steuerbordschotten waren knapp hinter der Brücke herausgefallen, und das Dach war eingedrückt. Ein sonderbarer Gegenstand oben auf dem Steuerhaus sah aus wie ein modernes Funkpeilgerät, doch solche Antennen gab es 1912 noch nicht.

Als dritter Landeplatz kam für uns auch das ausgedehnte Vordeck der *Titanic* bei der Öffnung der Luke 1 in Frage. Nach unseren Aufnahmen von 1985 standen alle drei vor der Brücke liegenden Luken offen und waren theoretisch geeignete Zugänge für *JJ*. Zwei dieser Luken befanden sich allerdings unten auf dem Welldeck, das sich zwischen Vorschiff und Brücke erstreckt; diese Gegend sah nicht einladend aus. Nicht nur lag der vordere Mast darauf, sondern viel zu viele gefährlich aussehende Stahltrossen verbanden ihn immer noch mit dem Schiff.

Obwohl das Wetter oben schlechter wurde, verlief der Start einwandfrei. Wieder fing der Ärger erst an, als wir im Sinken begriffen waren. Diesmal war *JJ* schuld: Wasser war in seine Motoren gelangt und hatte sie lahmgelegt. Martin, der sich schon auf seinen ersten Tauchgang gefreut hatte, teilte meinen Zorn. Ich konnte den Einsatz hier abblasen, zum Schiff zurückkehren, die Motoren reparieren lassen und wieder tauchen, oder den Tauchgang fortsetzen und hoffen, daß wir von weiteren Pannen verschont blieben. Auch ohne *JJ* konnte man vieles anfangen. Ich beschloß, den Tauchgang fortzusetzen. Unten war alles fast wieder wie am Vortag. Das Sonargerät von *Alvin* blinkte, und wir hatten auch wieder Probleme mit der Elektrik. Etwas war aber doch anders: Trotz des Fehlers in der Elektrik gab es keine Anzeichen von Lecks, und die Zielverfolgung von der *Atlantis II* schien gut zu funktionieren. Von oben kam eine Meldung: „Zielpeilung 180 Grad."

Unser zweiter Eindruck von der *Titanic* war atemberaubend. Als wir geräuschlos auf unserer Kufe über den Boden glitten, tauchte plötzlich aus der Dunkelheit vor uns wie ein Rasiermesser der Steven auf; das große Schiff stand turmhoch vor uns, schien auf uns zuzufahren und

Alvin zu überrennen. Langsam brachte Ralph das Tauchboot immer näher heran, bis wir den Bug deutlicher erkennen konnten. Er steckte über 18 Meter tief im Schlammboden. Beide Anker hingen noch an ihrer Stelle.

Rostströme bedeckten die Seiten des Schiffs; manche ergossen sich über die freiliegenden senkrechten Rumpfbleche bis auf das Bodensediment, wo sie große Teiche von zehn bis zwölf Meter Durchmesser gebildet hatten. Das Blut des großen Schiffs hatte sich in Lachen auf dem Meeresboden verströmt.

Als wir langsam an der geisterhaften Backbordseite des Bugs emporstiegen, spiegelten sich unsere Scheinwerfer im immer noch intakten Glas der Bullaugen, so daß es aussah, als leuchteten Katzenaugen im Dunkeln. Der Rost darüber bildete Wimpern, manchmal auch Tränen, als müsse die *Titanic* über ihr Schicksal weinen. In der Nähe der weitgehend unversehrten oberen Reling hingen rotbraune Roststalaktiten meterlang herab wie große, nadelspitze Eiszapfen. Für diese Erscheinung sind eisenfressende Bakterien verantwortlich. Ich nannte die Gebilde später „Rostzapfen", und der Name hat sich offenbar durchgesetzt.

Diese Rostgebilde erwiesen sich als sehr zerbrechlich. Wenn *Alvin* daran stieß oder der Schub von einer unserer Schrauben sie traf, lösten sie sich in einer Rauchwolke auf. Sobald diese Schaumkruste entfernt war, schien der darunterliegende Stahl fast völlig erhalten zu sein; er wies nur kleine Korrosionslöcher auf.

Sorgfältig zählte ich die Bullaugen hinter dem Anker, um die Stelle zu finden, an der der Schiffsname stehen mußte, konnte aber nichts sehen.

Alvin stieg wieder auf, an der Reling vorbei und fuhr nach vorn bis zur ersten Luke; Ralph manövrierte uns über das mächtige Vordeck der *Titanic*. Die schiere Größe der ganzen Anlage überwältigte mich. Riesige Poller, die gewaltigen Verbindungsglieder der Ankerketten und noch größere glänzende, mit Bronze verkleidete Spills. Vorher war das Schiff für mich eher geisterhaft, weit weg und körperlos gewesen. Jetzt war es auf einmal ganz nah, höchst wirklich, überwältigend!

Ich verrenkte mir fast den Hals, um die hölzerne Decksbeplankung knapp 1,20 Meter unter uns zu sehen. Dann sank mir das Herz: Bei diesem Anblick ging unsere Hoffnung dahin, von den Holzteilen der *Titanic* noch viel intakt und trotz der Jahre unverändert schön vorzufinden. Myriaden kleiner Würmer hatten mehr Schaden angerichtet als der Eisberg. Ich überlegte mir, ob uns das eiserne Unterdeck wohl aushielt, wenn *Alvin* seine erste Landung machte.

Oben: *JJ* beleuchtet Bugspitze und Bugreling von Backbord aus gesehen.
Unten: Roststalaktiten hängen überall am Schiff. Die „Rostzapfen" verdecken manche Bullaugen fast völlig.

Alvin überquerte gerade eines der großen Spills mit den Bronzekappen und landete dann auf der Steuerbordseite des Decks vor dem Mast der *Titanic*. Wir hatten größte Angst, daß vielleicht das Deck das Gewicht von *Alvin* nicht trug, sobald wir genug Ballast gepumpt hatten und ruhig standen. Als sich das Tauchboot absenkte, gab es ein dumpfes, knarrendes Geräusch. Wenn das Stahlblech jetzt durchbrach, würden wir unter Deck sausen, ehe Ralph Zeit hatte, unsere Gewichte abzuwerfen.

Doch wir ruhten auf festem Boden. Es bestand also Aussicht, daß auch andere Landeplätze auf der *Titanic* unser Gewicht tragen konnten.

Nachdem wir die Festigkeit des Decks ausprobiert hatten, hoben wir vorsichtig wieder ab, drehten achtern und bewegten uns auf der Steuerbordseite zwischen der Schiffsmitte und der Reling. Die Reling des Vorschiffs war auf der Steuerbordseite noch bemerkenswert gut erhalten und von Rostzapfen kaum verunstaltet. Die über das Deck ziehende Bodenströmung war einen halben bis dreiviertel Knoten stark. Die Schwebstoffteilchen im Wasser wehten uns entgegen; ich schaltete deshalb unsere nach unten gerichtete *Argo*-Kamera ein und erfaßte gerade noch eine Panoramaaufnahme vom Welldeck, das ein paar Meter tiefer unter uns vorbeizog. Ich konnte ein Gewirr von Trossen und die vorderen Lastkräne sehen, deren Ausleger von den Stützen abgebrochen waren. Hier konnte man eine Landung mit *Alvin* nicht riskieren.

Nach meinen Berechnungen mußte die Brücke direkt vor uns sein. Als wir die großen Kräne im hinteren Teil des Welldecks überquerten, sah ich, daß sie noch erstaunlich gut erhalten waren, viel besser als die, die wir auf den ANGUS-Bildern vom Trümmerfeld gesehen hatten.

Dann tauchte der dunkle Umriß der Schiffsaufbauten vor uns auf und erhob sich in drei großen Stufen bis zur Brücke: erst das B-Deck, dann das A-Deck, dann das vordere Bootsdeck und die Brücke. Das hölzerne Steuerhaus war völlig verschwunden. Was ich vorher für eine seltsame Funkantenne gehalten hatte, war in Wirklichkeit das Messinggehäuse der Fernsteuerung. Das hölzerne Ruderrad war verschwunden, doch der riesige Messingständer war unversehrt geblieben; die Strömung hatte ihn im Lauf der Zeit auf Hochglanz poliert. Ein paar Leitungen und die Ruderlageanzeige waren auch noch vorhanden.

Wir landeten kurz, um die Festigkeit dieses zweiten Platzes zu testen. Dann meldeten wir nach oben, daß es unsere Batterien offenbar wieder nicht mehr lange machen würden. Ich überlegte mir, wieviel Zeit uns wohl heute blieb. Es gab noch so vieles zu sehen. Die Einsatzleitung oben billigte uns noch fünfzehn bis zwanzig Minuten zu.

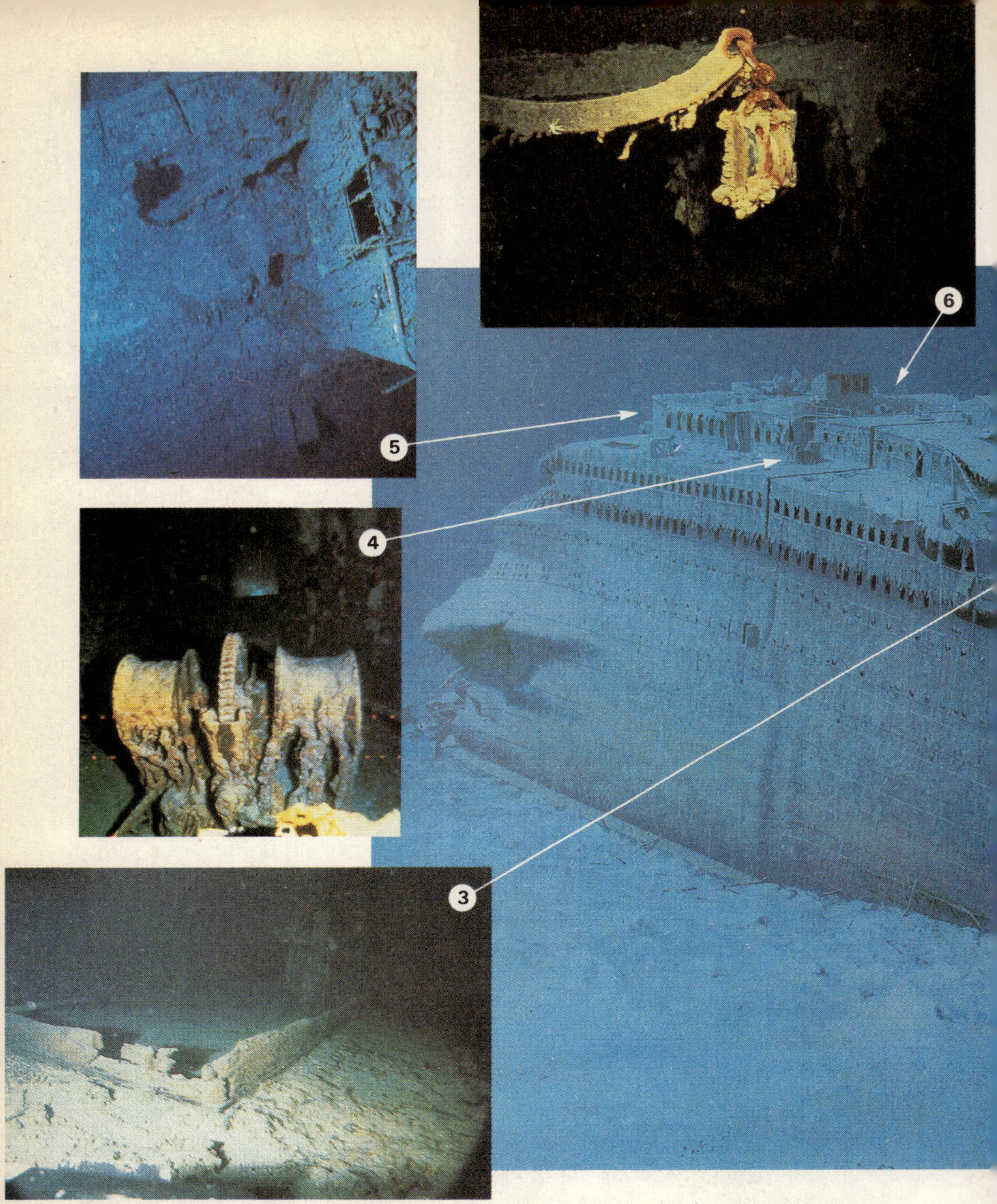

Die Zeichnung des Wracks zeigt, wie sich das Vorschiff der *Titanic* bis zur Höhe des Steuerbordankers (1) in den Meeresgrund grub. Poller (2) zum Festmachen der Taue. Der Sockel des Ruderhauses (3) ist alles, was von dem Holzgehäuse übrigblieb. Elektrische Winde (4) auf dem Bootsdeck. An dieser Stelle des Decks (5), hinter dem zweiten Schornstein, brach die *Titanic* entzwei. Ausleger des Bootsdavits (6) auf dem Promenadendeck. Vordere offene Promenade (7) des A-Decks. Ankerwinden (8) und die riesigen Ketten, die sie bewegten. 75 Jahre unter Wasser haben an dem bronzenen Kopf (9) dieser Ankerwinde fast keine Spuren hinterlassen.

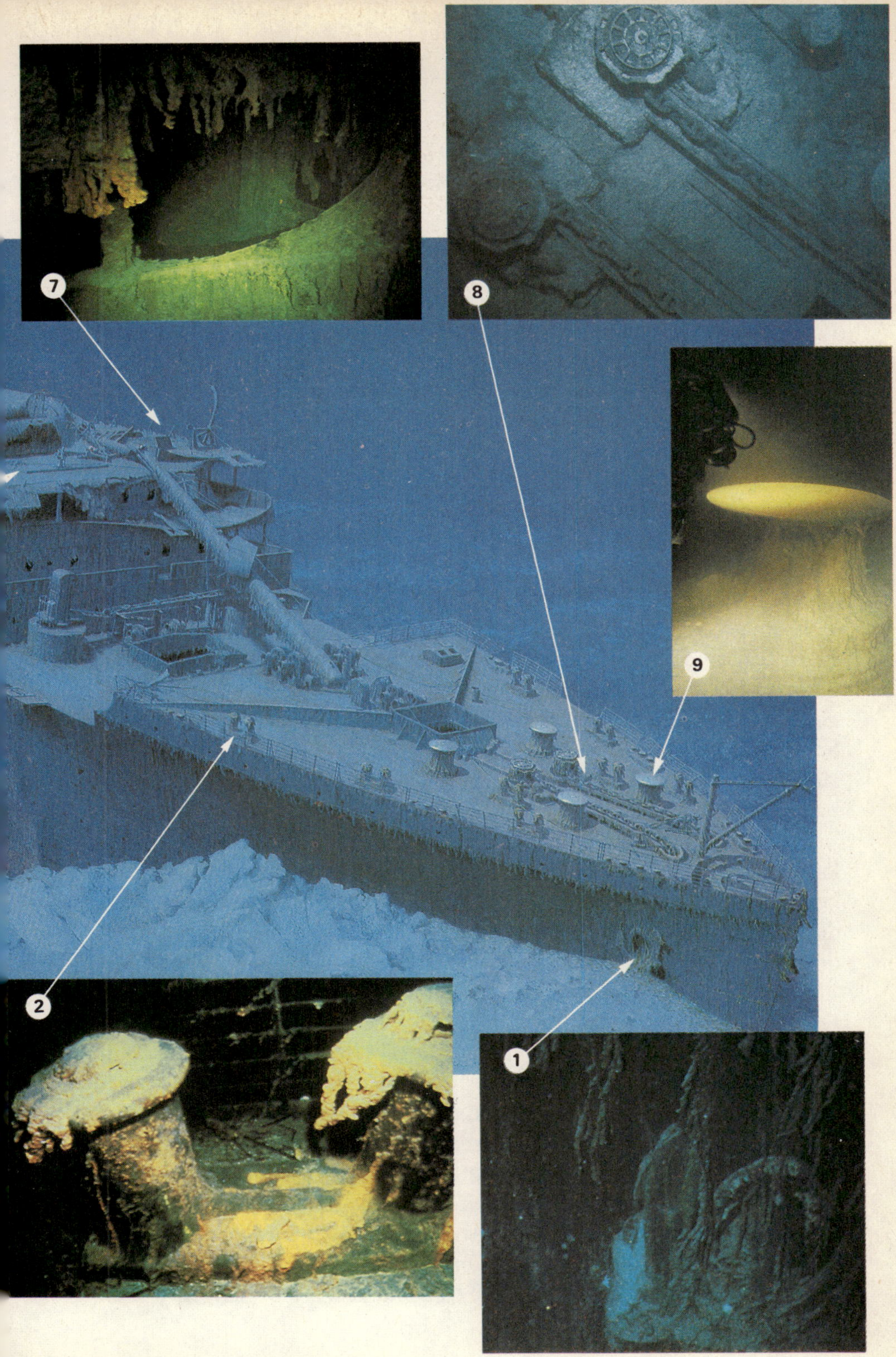
7
8
9
2
1

Wir hoben ab und steuerten dann direkt auf die Öffnung der großen Freitreppe zu. Wieder schaltete ich die nach unten gerichtete Videokamera ein und bekam damit ein gutes Schwarzweißbild vom Schiff unter uns, während *Alvin* an dem gähnenden Loch vorbeifuhr, wo einmal der erste Schornstein gestanden hatte. Von diesem massiven Teil waren nur noch ein paar zerfetzte Metallstücke übrig, die sich etwa 2,50 Meter über Deck erhoben. Eigentlich hatte ich mir gewünscht, daß die Schornsteine noch standen; der Rumpf hätte viel würdiger ausgesehen. Daß sie nicht mehr da waren und mit ihnen auch die zahlreichen Stahltrossen verschwunden waren, machte allerdings das Manövrieren über dem Schiff wesentlich sicherer.

Wir überquerten rasch das Deck hinter der Schornsteinöffnung und kamen zur Aussparung für die große Freitreppe, die gigantisch aussah. Sie würden wir jedoch erst bei einem späteren Tauchversuch und mit einem intakten *JJ* genauer inspizieren.

Heute wollte ich erst noch die Besichtigungstour fortsetzen. *Alvin* zog weiter nach Westen, von der Backbordseite des Schiffes weg, und das Bootsdeck versank hinter uns in der Finsternis. Dann drehten wir herum, gingen tiefer und kamen auf Fensterhöhe des A-Decks an der innenliegenden Promenade für die erste Klasse an. Bei diesem Manöver diente der Schiffsrumpf als „Windschutz“, so daß uns die Strömung nicht traf. Bei starker Strömung war die Backbordseite eindeutig der beste Einsatzort.

Vom überstehenden A-Deck hingen riesige Rostzapfen herab. Zum Teil verdeckten sie die kleineren Fenster zu den darunterliegenden Wohnkabinen auf dem B-Deck. Als ich gebannt durch ein Bullauge blickte, konnte ich mir gut vorstellen, wie Menschen auf diesem Promenadendeck spazierengegangen waren und aus den Fenstern gesehen hatten, in die ich jetzt hineinschaute.

Ralph steuerte *Alvin* wieder zum Bootsdeck zurück. Plötzlich erzitterte das Tauchboot, es gab einen Schlag, und eine Rostkaskade bedeckte unsere Bullaugen. Nicht wahrgenommene Überhänge sind der Alptraum jedes Piloten in einem Tauchboot. Vorsichtig manövrierte uns Ralph aus dem Rumpf zurück und wieder nach oben. Knapp vor unserem vorderen Bullauge zog ein riesiger Block vorbei. An den waren wir gestoßen. Er hing an einem der langen, gekrümmten Davits der *Titanic*, die auf Deck gefallen waren und jetzt über die Seite hinausragten. Dieser hier war der Davit von „Rettungsboot 8“ – ein Anblick, der auch das Herz des unerschütterlichsten Entdeckers hätte erzittern lassen. „Boot 8“ war das Rettungsboot gewesen, in das Ida Straus nicht hatte einsteigen wollen

***Jason Jr.* strahlt *Alvin* an, mit dem er über ein Kabel verbunden ist.**

und das die zähe Gräfin Rothes fast die ganze Nacht hindurch gesteuert hatte. Plötzlich sah es so aus, als sei das ganze Bootsdeck voller Passagiere, als ertöne der Ruf: „Frauen und Kinder zuerst!"

Wir stiegen weiter und steuerten noch einmal nach achtern, um das abgetrennte Ende des Bugteils zu suchen. Knapp hinter der Öffnung des zweiten Schornsteins fiel das Deck steil ab; wir versuchten, ihm nachzufahren, und überquerten dabei schräg die Steuerbordseite des Schiffes. Da wurde unser Tauchboot von der vollen Kraft der Strömung getroffen, und wir hatten Mühe, *Alvin* mit der Nase im Strom zu halten. Als wir südwärts in die Strömung drehten, gefiel mir der Blick aus meinem Steuerbordbullauge gar nicht. Die schlanken Linien des Schiffes lösten sich in einem Mahlstrom verbogener und zerrissener Stahlbleche, umgedrehter Bullaugen und durcheinandergewirbelter Wrackteile auf, die in unsere Richtung wiesen und uns so nahe waren, daß wir Angst hatten, sie könnten *Alvin* ins rechte Auge stechen.

Wir sollten jetzt besser ans Heimfahren denken. Die Einsatzleitung von oben teilte uns mit, daß das Wetter zusehends schlechter wurde. Mit jeder Minute, die wir warteten, erschwerten wir die Bergung von *Alvin*.

Doch jetzt, da ich das Schiff endlich gefunden hatte, wollte ich bis zur allerletzten Minute unten bleiben.

Widerwillig erklärte sich Ralph bereit, in größerer Höhe noch ein paar Übergänge zwischen dem Riß mittschiffs und dem Bug zu fahren, damit ich mir überlegen konnte, wo wir morgen landen wollten. Wir sprachen kaum etwas, als wir den leblosen Rumpf mehrmals der Länge nach abfuhren. Wir warfen die Gewichte ab und stiegen wieder auf.

Zweieinhalb Stunden später näherten wir uns der flachen Wasserschicht, in der Tageslicht herrschte. *Alvin* stampfte schwer, als sich der Seegang bemerkbar machte. Als wir die Oberfläche durchstießen, schoß das Tauchboot plötzlich vorwärts, und ein ganzes Arsenal von Flaschen und Videokassetten fiel mir auf den Kopf. In diesem Augenblick befreite sich *JJ* aus seiner Garage.

In dem wild stampfenden Boot mußten wir ohnmächtig mit ansehen, wie *JJ* nach unten fiel. Durch das Stampfen und Schlingern von *Alvin* peitschte die Halteleine hin und her; das Kabel schabte am Kabelschneider und konnte jeden Augenblick durchgetrennt werden. Wenn das passierte, war *JJ* verloren. Wir nahmen Verbindung mit der Einsatzleitung oben auf, während Taucher aus ihrem Schlauchboot auf das Tauchboot kletterten, ohne von der Krise etwas zu merken. Die Brücke, die Einsatzleitung, der Tauchkoordinator und das Schlauchboot mit den Tauchern waren samt und sonders mit Funkgeräten ausgestattet, und alle schienen gleichzeitig zu reden. Vergeblich versuchte ich, ihnen durchs Bullauge Zeichen zu geben, ohne Erfolg. Endlich hatten wir mit dem Hilfsboot Verbindung aufgenommen, die Taucher rasten zu *JJ*, und rasch befand er sich sicher auf dem Hilfsboot. Die Krise war im Nu gemeistert, und bald waren wir alle wieder sicher auf der *Atlantis II*.

Wir hatten insgesamt zwei Stunden und fünfzig Minuten damit verbracht, das ganze Vorderteil der *Titanic* vom Bug bis zum vorderen Ansatzpunkt des ehemaligen dritten Schornsteins zu untersuchen, und damit den hintersten Punkt des abgebrochenen Vorschiffs festgelegt. Bald war unser Videostudio vollgestopft mit Leuten, die zum ersten Mal eine Nahaufnahme von der *Titanic* sehen wollten. Sie wurden nicht enttäuscht.

Als ich endlich in meine Koje fiel, schwor ich mir, am nächsten Tag die große Freitreppe hinunterzufahren, sofern *JJ* einwandfrei funktionierte. Jede Tauchfahrt konnte unsere letzte sein, angesichts der immer wiederkehrenden Batterieprobleme bei *Alvin*. Morgen ging es um alles.

Während ich schlief, machte sich das *JJ*-Team an die Arbeit. Der Kern des Sturms zog an uns vorbei, und bis zum Morgen hatte sich das Wetter wieder beruhigt; meine Hoffnung auf einen Tag ohne Ausfälle verflog allerdings gleich wieder. Als wir alles startklar machten, prüfte Chris die Systeme von *JJ* von der Kugel aus und stellte dabei fest, daß einer der vier Motoren klemmte. Die nächsten drei Stunden waren ein Alptraum. Panne folgte auf Panne. Um 11.18 Uhr sank *Alvin* endlich zum Meeresboden; *JJ* ruhte sanft in seiner Garage. Es war fast 14 Uhr, als wir Bodennähe auf der Backbordseite der *Titanic* erreicht hatten.

Unter Wasser herrschten ausgezeichnete Tauchbedingungen; es ging nur eine schwache Strömung. Wir durchquerten schnell ein Feld mit kleinen Trümmern, vor allem weißen Porzellantassen; das Wappen der White Star Line war noch darauf zu erkennen. Gleich danach tauchte der gewaltige Rumpf der *Titanic* aus der Finsternis auf. Wir kamen auf der Backbordseite heran, diesmal in der Nähe des hintersten Bugteils.

Da wir wenig Zeit hatten, steuerten wir schnell an die Schiffsseite und über das steuerbordseitige Bootsdeck bis zum Treppenausschnitt. Fast streiften wir die Reling auf dem darüberliegenden Deck, als wir in der Nähe der großen Öffnung über der Freitreppe landeten. *Alvin* ruhte sanft auf dem obersten Deck der *Titanic,* direkt über dem Schacht, in dem drei Fahrstühle die Passagiere der ersten Klasse heraufbefördert hatten, wenn sie die elegante große Freitreppe nicht benutzen wollten. Wir wollten jedoch lieber über die Treppe eintreten.

Das war der erste richtige Test für *JJ*. Vorsichtig verließ er seine Garage. Dann drehten wir ihn um, so daß er den an Deck ruhenden *Alvin* im Bild hatte. Zum ersten Mal sahen wir uns durch das Auge von *JJ* auf dem Bildschirm. Da saßen wir nun mitten in der Finsternis; unsere eingeschalteten Scheinwerfer wirkten wie die Augen eines Tiefseeungeheuers.

JJ wandte sich ab und schwebte über die Treppe. Der beste Weg nach unten schien mir an der vorderen Wand des Treppenschachts entlangzuführen, wo einmal eine reichgeschmückte Uhr mit den Figuren von Ehre und Ruhm als Krönung der Zeit gehangen hatte. Auf diesem Weg schienen die wenigsten Hindernisse zu liegen, und *JJ* sank tiefer. Zunächst sah *JJ* nur die rostige, orangefarbene Kruste des senkrechten Schotts, in dem die Nieten noch zu erkennen waren. Von der ganzen Eichenholztäfelung und all den Paneelwänden war nichts übriggeblieben.

Vor dem Backbordfoyer auf dem A-Deck erschien ein Raum; man erkannte ihn an den undeutlichen Umrissen von Säulen. Martin drehte *JJ* herum, um ein schärferes Bild zu bekommen, und sah in einiger Entfernung etwas Interessantes. Es sah aus wie ein Kronleuchter. Ich traute meinen Augen nicht. Das Schiff war fast vier Kilometer tief gefallen und mit der Gewalt eines Eisenbahnzugs aufgeschlagen, der gegen einen Berg rast; und trotzdem fanden wir hier einen fast intakten Kronleuchter!

Ich entschloß mich, noch tiefer in den Raum des A-Decks hineinzufahren. So konnte man die Manövrierfähigkeit von *JJ* am besten erproben: Wie nahe konnten wir herangehen, ohne unser Untersuchungsobjekt zu stören? Unser Roboter verließ das Treppenhaus, drang in den Raum ein und bewegte sich auf den Beleuchtungskörper zu. Dabei stieß er gegen einige von der Decke herunterhängende Rostzapfen. Der Rost löste sich beim Aufprall auf; plötzlich war *JJ* in einem orangefarbigen Nebel verschwunden, und die Sicht war gleich Null. Aber wir drehten das Auge von *JJ* nach oben und konnten unseren „Kronleuchter" bald wieder sehen. *JJ* ging noch näher, bis auf knapp dreißig Zentimeter, heran. Eine Seefeder sproß aus dem Beleuchtungskörper heraus und verwandelte ihn in eine Kristallkrone mit Feder. Die schöne Zeichnung

Der Steven der *Titanic* wühlte sich wie ein Pflug durch den Schlamm.

der Messingarbeit war immer noch glänzend und deutlich zu erkennen. Sogar die Fassung für die Birne steckte noch an Ort und Stelle.

Unsere Tauchzeit näherte sich dem Ende. Wir mußten wieder hinauf. Wir holten *JJ* vorsichtig aus dem Raum zurück und manövrierten ihn die senkrechte Wand hoch. Als er aus dem schwarzen Loch auftauchte, leuchtete uns unser tapferer kleiner Roboter mit seinen Scheinwerfern an. Dann war *JJ* vor *Alvin* angelangt, seine Scheinwerfer strichen über unsere drei Bullaugen und tauchten das Innere in überirdischen Glanz. Es kam mir vor, als ob uns Außerirdische besuchen würden. Aber wer wollte jetzt an fliegende Untertassen denken? *JJ* hatte gerade eine geschichtsträchtige Entdeckung gemacht.

KAPITEL 6

Die letzte Ruhestätte

ZWEIEINHALB Stunden nach ihrem Abheben von der großen Freitreppe landeten die drei Aquanauten mit ihrer Unterwasser-Raumkapsel wieder auf der Heckplattform der *Atlantis II*, wo sich eine Schar von Kollegen versammelt hatte.

Nach Abendessen und Sonnenuntergang, während *Alvin* und *JJ* für die Tauchfahrt am nächsten Tag vorbereitet wurden, lieferte ich über die Satellitentelefonverbindung meinen täglichen Bericht an die Küste ab. Dann versorgte ich die Medien, einen Sender nach dem anderen, eine Agentur nach der anderen. Wie im letzten Jahr bestürmten sie uns auch diesmal um Nachrichten, und wieder war ich erstaunt ob der anhaltenden Begeisterung der Öffentlichkeit für dieses Schiff. Frage um Frage mußte ich beantworten: „Haben Sie Leichen gesehen?“ – „Wie groß ist das Loch?“ – „Wie gefährlich ist es dort unten?“ – „Was ist denn das Aufregendste, was Sie bisher gesehen haben?“ – „Haben Sie irgendwelche Wertgegenstände gefunden?“ – „Haben Sie etwas mit nach oben gebracht?“

Die Frage nach Bergungsgut wurde immer wieder gestellt, aber schon vor der Fahrt hatte ich streng verboten, irgend etwas vom Meeresboden mit nach oben zu nehmen.

Natürlich war die Versuchung groß. Die Sammler von Seefahrtsouvenirs auf der ganzen Welt hätten viele tausend Dollar für ein Stück des Schiffs bezahlt. Kleine Gegenstände konnte man mit dem starken

Roboterarm von *Alvin*, der ja für die Entnahme von biologischen und geologischen Proben in der Tiefsee konstruiert worden war, ohne weiteres bergen. Wie gern hätte ich eine Flasche Champagner von der *Titanic* für meinen eigenen Weinkeller mitgebracht. Aber die *Titanic* hat keinen wirklichen archäologischen Wert, weil wir genau wissen, wie das Schiff gebaut wurde und was es an Bord gehabt hatte. Einen Nachttopf oder eine Weinflasche oder einen kupfernen Kochtopf mitzunehmen wäre wirklich nur Schatzsuche. Meine Hauptfinanzquelle, die Marine, war nicht geneigt, für so etwas Steuergelder auszugeben. Und ich auch nicht!

Alle Untersuchungen von *JJ* nach dem Tauchgang hatten ihm beste Gesundheit attestiert, und der Start am nächsten Morgen war schon fast Routine. Endlich waren die Sicherheits-Checks abgeschlossen. Will flutete die Tanks, und *Alvin* sank in sicherere und stillere Gewässer. Als die *Titanic* wieder in Sicht kam, hielten wir auf das Steuerhaus zu und landeten bei den Messingresten der Steueranlage, die in unserem Scheinwerferlicht aufblitzten.

Alvins Landeplatz, der Eingang zur großen Freitreppe (links). *JJ* gelang es, die einstmals prunkvolle Treppe (oben) hinabzugleiten. Er konnte bis ins B-Deck vordringen und mit seinen Scheinwerfern sogar bis ins C-Deck leuchten (rechts im Diagramm dargestellt).

Ganz links: Eine Seefeder wächst dekorativ aus einer herabhängenden Deckenlampe.

Links: Robert Ballard freut sich, daß *Jason Jr.* der Abstieg über die große Freitreppe gelungen ist.

Das Oberteil des Vormasts der *Titanic* lag direkt vor unseren vorderen Scheinwerfern. Rechts vor uns, wo sich einmal die äußere Brücke des Schiffs mit ihren vielen blitzenden Instrumenten erhoben hatte, hörte das Deck einfach auf; es endete in einem gezackten, nach unten abgeknickten Rand. Es war vielleicht abgerissen worden, als der vordere Schornstein umgefallen war, während das Schiff sank.

Wir holten *JJ* aus seiner Garage hervor und ließen ihn auf die Überreste des Schiffssteuerrads zuschwimmen. Dann hielt er auf den Mast zu. Mit den Augen von *JJ* konnten wir sehen, daß ein Positionslicht aus Messing immer noch am Mast befestigt war; sogar die feinen Metalldrähte in der unversehrt gebliebenen Birne waren noch zu erkennen. Danach fuhr *JJ* an dem geneigten Mast entlang bis zum Krähennest und verschwand prompt aus unserem Blickfeld; sein gelbes Kabel zog er in der Finsternis hinter sich her. Wie festgewurzelt saß ich vor dem Monitor und sah mit an, wie unser kleiner Freund einen Hochseilakt vollführte.

Martins Geschick im Umgang mit *JJ* war fast so eindrucksvoll wie das, was wir zu sehen bekamen. Er spielte mit dem Bedienungspult wie ein Konzertpianist; seine Finger bewegten sich mit rascher Präzision über die vielen Knöpfe, Hebel und Schalter. Plötzlich tauchte das Krähennest im Blickfeld von *JJ* auf. Jetzt befand er sich genau an der Stelle, wo Frederick Fleet und Reginald Lee gestanden hatten, als sie unvermittelt den Eisberg vor der *Titanic* hatten auftauchen sehen. Und *Alvin* ruhte sich fast genau dort aus, wo der Sechste Offizier James Moody den Alarmruf vom Ausguck entgegengenommen und an den Ersten Offizier Murdoch weitergegeben hatte. Ich erinnerte mich an den Dialogfetzen zwischen Fleet und Moody, der in Anbetracht der Situation so unglaublich ruhig und weltfern wirkte. Fleet: „Können Sie mich hören?" Moody: „Ja. Was haben Sie gesehen?" „Eisberg direkt voraus", erwiderte Fleet. „Danke", antwortete Moody höflich. 37 Sekunden später kam der Aufprall. Auf meinem Platz am Bullauge von *Alvin* konnte ich mir vorstellen, wie der Mann am Ruder das Rad hart Steuerbord gedreht und vergebens versucht hatte, die Kollision doch noch zu vermeiden.

Jetzt tauchte *JJ* neben dem Krähennest ins Niemandsland des Welldecks ein. Vorn lagen die beiden großen Kräne, mit denen das Gepäck in die Laderäume zwei und drei befördert worden war. Die Fensterlinie zum Welldeck hin, die graziös darüber drapierten Trossen, die Details der Kräne ergaben ein schönes, aber auch gefährliches Bild. *JJ* war durch Aufbauten, Trossen, Ausleger und Wrackteile beengt.

Martin steuerte *JJ* bis zum vorderen Schott des C-Decks, etwas achterlich vom Ladekran auf dem Welldeck, weil wir uns eine Tür im Schanzkleid ansehen wollten, die den Passagieren der dritten Klasse den Zutritt zur ersten Klasse verwehrt hatte. Diese Tür war noch immer geschlossen. Dann ließ er *JJ* die bugseitige Fensterreihe auf dem B-Deck entlangschweben und suchte ein zerbrochenes Fenster, durch das er hineinsehen konnte. Das Fenster zur Erste-Klasse-Kabine B 3 war herausgefallen, und *JJ* schaute durch die Öffnung. Von Möbeln und Ausstattung war nichts mehr zu erkennen; nur noch die Metallröhren waren vorhanden, die anzeigten, wo Deck und Wände verlaufen waren.

Doch *JJ* war zu weit gegangen. Wir stellten fest, daß sich ein Kabel an einem der zackigen Metallstücke verfangen hatte, die aus der Brücke hervorstanden. Wir versuchten es einzuholen, aber es scheuerte gegen ein abgerissenes Stahlstück. Dann bemühten wir uns, *JJ* hoch- und ein Stück wegzubewegen, um das Kabel straffzuziehen. *JJ* sah zu uns her und konnte selbst beobachten, was bei diesen Manövern herauskam. Als der Abstand zwischen uns und unserem Roboter immer größer wurde, kam das Kabel schließlich wieder frei. Ich beschloß, ihn einzuholen und es an einer anderen Stelle zu versuchen.

Nachdem *JJ* wieder sicher in seiner Garage untergebracht war, stieg *Alvin* aus dem Steuerhaus, schwenkte nach links und überquerte etwas, was vordem Kapitän Smiths Kajüte auf der Steuerbordseite gewesen war. Das äußere Schott war nach außen gefallen und lag an Deck. Die Innenseite eines Fensters schwebte ein paar Zentimeter vor meinem Bullauge vorbei, und ich konnte eine glänzende Messingschnecke sehen, mit der das Oberteil des Fensters geöffnet und geschlossen worden war. War dies vielleicht ein Fenster, das Kapitän Smith ein Stückchen geöffnet hatte, damit etwas frische Luft in sein Schlafzimmer kam, ehe er sich hinlegte?

„Aufpassen“, sagte ich, „wir sind zu dicht an der Reling.“ Wir umgingen das Hindernis und sanken dann auf das steuerbordseitige Bootsdeck. *Alvin* blickte achterlich auf den Riß mittschiffs. Aus irgendeinem Grund hatte die Strömung nachgelassen. Während wir die Fensterreihe auf dem Bootsdeck abfuhren, kam ich mir vor wie auf Besuch in einer Geisterstadt im Wilden Westen, in der eines Tages alle Bewohner ihre Häuser dichtgemacht hatten und weggezogen waren. Manche Fenster standen offen, andere waren geschlossen.

Ein leerer Bootsdavit erhob sich auf der Steuerbordseite; nach dem

Die Zeichnung gibt den jetzigen Zustand der Brücke wieder. *Alvin* beleuchtet die Steuersäule, während *JJ* das Krähennest beäugt. Die Steuersäule ist fast vollständig erhalten, nur das Steuerrad fehlt. Da es aus Holz war, ist es ebenso wie die gesamte Beplankung verfault.

letzten Einsatz hatte man ihn nicht mehr heraufgekurbelt, aber er stand fast senkrecht. Dieser Davit war in jener Nacht am häufigsten benutzt worden, denn er hatte sowohl das „Rettungsboot 1" als auch das „Notboot C" hinuntergelassen. Dann war er für einen weiteren Start hochgedreht worden: „Notboot A". Aber die *Titanic* hatte geschlingert, und „Boot A" war von allein losgeschwommen. Steward Edward Brown war hineingesprungen und hatte die Leinen gekappt, bevor eine Welle das Boot vom Schiff wegschob und dabei zum Teil unter Wasser drückte. Ein paar Schwimmer konnten sich später darauf in Sicherheit bringen. Seitdem stand dieser Davit und wartete vergeblich darauf, daß ein weiteres Boot hinabgelassen wurde. Weiter vorn rostete eine elektrische Winde auf Deck vor sich hin.

Auf diesem Deck hatte sich in den knapp drei Stunden von 23.40 Uhr, als das Schiff auf den Eisberg aufgelaufen war, bis 2.20 Uhr, als es in den Wellen versank, die ganze Palette menschlichen Verhaltens gezeigt. Alfred Rush, der gerade achtzehn Jahre alt geworden war, hatte sich geweigert, in ein Rettungsboot mit Frauen und Kindern zu steigen, weil er doch jetzt ein Mann war; er ging mit dem Schiff unter. Bruce Ismay, der wohlhabende Präsident und Generaldirektor der „International Mercantile Marine", der die White Star Line gehörte, war in das nur zum Teil besetzte „Notboot C" gesprungen, als es gerade hinuntergelassen werden sollte, und bereute diesen instinktiven Schritt den Rest seiner Tage. Öffentlich als „Brute" (Untier) Ismay verhöhnt, zog er sich völlig zurück und starb als gebrochener Mann. Von hier hatte man sicherlich auch gehört, wie die tapfere Kapelle der *Titanic* noch fröhliche Ragtime-Musik gespielt hatte – und nicht etwa „Näher, mein Gott zu Dir", wie allgemein angenommen wurde –, um die Stimmung hochzuhalten, als das Deck immer steiler stand.

Wir hatten *Alvin* kurz hinter der Stelle aufgesetzt, wo vorher das „Rettungsboot 5" gesessen hatte. Jetzt schickten wir *JJ* über die Bordwand und ließen ihn denselben gefährlichen Weg gehen, wie ihn die Rettungsboote ins Wasser genommen hatten. Eines von ihnen hatte seine Passagiere fast ausgekippt. Eine hübsche junge Frau hatte „Boot 10" völlig verfehlt und war zwischen das hängende Rettungsboot und die Schiffswand gefallen. Ein beherzter Mann hatte sie jedoch bei den Füßen gepackt, und während sie halb entblößt über der Reling hing, hatten sie die Leute ein Deck tiefer auf die Promenade gezogen.

Der Passagier Lawrence Beesley beschrieb seine Eindrücke, als er das turmhohe Schiff in einem winzigen Rettungsboot verließ: „Es war aufregend, wie das Boot ruckartig Meter um Meter sank, je nachdem, wie von oben Seil nachgeführt wurde; während das Seil durch Blöcke lief, quietschte es, die neuen Seile und das Laufzeug ächzten unter der Last eines vollen Boots . . . Es war schon ein gewaltiger Anblick, wenn man den schwarzen Schiffsrumpf auf der einen Seite und in zwanzig Meter Tiefe das Meer auf der anderen Seite sah und an den Kabinen und hellerleuchteten Salons vorbeischwebte . . ."

Als wir mit dem Auge von *JJ* in die Promenade auf dem A-Deck schauten, konnte ich mir vorstellen, wie die Passagiere der ersten Klasse unten geduldig warteten. Lightoller hatte den guten Einfall gehabt, die Prozedur dadurch zu beschleunigen, daß er einige Boote vom Promenadendeck aus besetzte.

JJ sank weiter bis unter die Fenster des Salons in der ersten Klasse auf dem B-Deck. Im Vorbeischweben zeigte er kurz das Innere der Kabine B 49. Die hintere Wand und die Decke waren deutlich zu erkennen; die Wände waren offenbar weiß gestrichen gewesen und noch verhältnismäßig sauber, doch von Holzvertäfelung oder Möbeln gab es keine Spur mehr. Während *JJ* seinen Weg nach unten fortsetzte, folgte auf die Fenster eine Stahlwand, die von einer endlosen Reihe von Bullaugen unterbrochen war: das C-Deck. Ein paar Bullaugen standen offen; zweifellos waren sie von Passagieren der ersten Klasse entriegelt worden, die gemerkt hatten, daß die Schiffsmaschinen nicht mehr liefen, und dann auf See hinausgeguckt hatten, um festzustellen, was passiert war. Einige Leute in den Rettungsbooten erinnerten sich noch daran, daß sie Wasser durch diese offenen Bullaugen hatten eindringen sehen.

Martin holte *JJ* wieder zurück, und dann schickten wir ihn auf einen Spaziergang über das Bootsdeck. Auf seinem Weg nach achtern guckte er in die Fenster einer Erste-Klasse-Kabine und die jetzt nackten Gänge hinunter, bis er an den Doppeleingang zur großen Freitreppe und zum Gymnastiksaal kam. Dabei schaute er durch die Fenster ins Foyer der

Links: In der Zeichnung parkt *Alvin* auf dem Bootsdeck, während *JJ* einen Blick durch die Fenster des Gymnastiksaals wirft. Rechts: *JJ* riskiert einen Blick durch das Fenster einer Luxussuite auf dem B-Deck. Das 1912 entstandene Foto (unten) zeigt, daß die holzgetäfelten Suiten jeweils eine geräumige Sitzecke und ein Bad besaßen.

Dieses Bettfußteil aus Messing und Emaille (oben) gleicht dem auf dem Foto der Suite B-57 (links).

großen Freitreppe. Obwohl das Dach nach ein paar Metern eingebrochen war, so daß man nicht weit sehen konnte, waren die Säulen immer noch deutlich zu erkennen, und die Befestigung für ein beleuchtetes Schild war mit der Inschrift „Eingang Erste Klasse“ erhalten geblieben.

Während *JJ* langsam an den Fenstern des Gymnastiksaals vorbeizog, erkannten wir unter dem Gerümpel noch Überreste von Geräten, darunter auch ein Stück vom Metallgitter, das Apparate wie das elektrische Kamel geschützt hatte, eine Fitneßmaschine aus der Zeit um die Jahrhundertwende. Verschiedene Räder und Turngeräte waren auch zu sehen. In diesem verlassenen Gymnastiksaal hatte John Jacob Astor seine schwangere Frau mit der Erklärung beruhigt, daß Rettungswesten mit Kork gefüllt sind, und dabei mit einem kleinen Taschenmesser eine Weste zum Beweis aufgeschnitten.

Durch das vordere Bullauge von *Alvin* konnte ich *JJ* ganz weit hinten auf dem Deck erkennen, wie er sich drehte und wendete, um besser in die Gänge und Fenster schauen zu können. Fast schien es, als habe unser kleiner Roboter einen eigenen Willen, so neugierig wirkte er.

Nachdem Martin *JJ* wieder zurückgeholt hatte, wollte ich eigentlich noch einmal die große Freitreppe hinuntergehen. Auf unserer letzten Tauchfahrt hatte uns Martin ganz nah an diesen „Kronleuchter" herangebracht, doch wir hatten erst später festgestellt, daß die Fotokamera nicht funktioniert hatte. Jetzt hatten wir zwar gute Videoaufnahmen, aber überhaupt keine Fotos.

Wieder landeten wir dort, und *JJ* schwebte das Treppenhaus hinunter. Da hingen jedoch alle möglichen Drähte unter der Decke, so daß wir auf diesen Besuch lieber verzichteten. Endlich stießen wir wieder auf den Beleuchtungskörper, den wir am Tag zuvor gesehen hatten, und Martin brachte *JJ* ganz dicht heran, während ich ein Bild nach dem anderen schoß. Bis auf die Säulen, die Beleuchtungskörper und die Drähte war in dem Gewirr von heruntergefallenen Rostzapfen, die den Boden zentimeterhoch bedeckten, kaum noch etwas zu erkennen. Von der einstigen luxuriösen Ausstattung dieses Raums existierte nichts mehr.

Wir befanden uns jetzt gefährlich tief im Schiffsinnern; auf keinen Fall wollten wir *JJ* noch weiteren Risiken aussetzen. Dieser vierte Tauchgang entwickelte sich allmählich zu einem Rekordeinsatz für ihn. Wir taten jetzt genau das, was wir uns vorgenommen hatten: nacheinander an vielen Stellen zu landen und *JJ* arbeiten zu lassen.

Unser nächster Haltepunkt war der Bug. *Alvin* landete sanft auf dem Bodensediment ein Stück vor dem messerscharfen Steven, der uns überragte. Wieder war ich von der Größe und Majestät der *Titanic* beeindruckt; ihr mächtiges Vorschiff durchpflügte den Schlamm. Von unserem Beobachtungspunkt aus ließ nichts darauf schließen, daß dieser Gigant von einem Eisberg zur Strecke gebracht worden war.

Rasch war *JJ* wieder aus seinem Käfig ausgefahren und ging auf die nächste Erkundungstour – ein Winzling vor dem großen, schwarzen Rumpf. *JJ* kletterte zum Backbordanker hinauf, machte kurz an dessen Ankerklüse halt, stieg dann höher und suchte noch einmal vergebens nach dem Schriftzug *Titanic*. Dann kletterte er weiter, überquerte die Reling auf dem Vorschiff und begab sich auf eines der großen Bronzespills in der Nähe. Zentimetergenau richtete Martin das optische Auge von *JJ* nach unten, so daß das Namensschild des Herstellers leicht abzulesen war: NAPIER BROS. LTD., ENGINEERS, GLASGOW.

Nur ungern holten wir *JJ* wieder zurück. Wir mußten auftauchen. Vier getrennte Landeplätze hatten wir angesteuert und jedesmal unseren Roboter erfolgreich eingesetzt. Wir waren erschöpft, aber in Hochstimmung. Unser Kabinenboden war mit Videokassetten vollgepackt, den Höhepunkten eines phantastischen Tages.

Es gibt einfache und schwierige Tauchfahrten. Unser fünfter Besuch der *Titanic* am 17. Juli dauerte entnervende drei Stunden und fünfunddreißig Minuten. Die Strömung am Meeresboden war so stark, wie wir sie noch nie erlebt hatten; das Wasser starrte vor trübem Sediment. Als wir auf dem Vorschiff landen wollten, knallte das Tauchboot gegen die Öffnung der ersten Luke und gegen ein Spill in der Nähe, ehe wir endlich zur Ruhe kamen. Daß ein Wrackstück ein Loch in unser Bullauge schlagen könnte, war unser ständiger Alptraum, denn die Bullaugen sind die einzigen Schwachstellen im Tauchboot.

Dann mußten wir mit ansehen, wie *JJ* wie ein Drachen in einem Tiefseewind hochgerissen wurde; sein Kabel konnte sich jeden Moment hoffnungslos um eine Reling oder ein Wrackstück wickeln. Nachdem *JJ* wieder in seiner Garage war, ging es uns selbst kaum besser bei dem Versuch, an den Riß heranzukommen, an die Stelle kurz vor dem dritten Schornstein, wo das Vorschiff abgebrochen war. Als wir den häßlichen Wracktrümmern schlingernd bedenklich nahe kamen, machte die Strömung das Steuern unmöglich. Immerhin konnten wir sehen, daß die Schiffdecks wie eine riesige Ziehharmonika ineinandergefallen waren. Wir mußten schleunigst wieder weg, bevor uns die Strömung in diese verräterische Untiefe zog.

An diesem Abend sah ich mir die Fotos an, die *Alvin* und *JJ* vom Bug der *Titanic* zurückgebracht hatten. Auf unserem nächsten Tauchgang wollten wir zum erstenmal das Trümmerfeld besichtigen, und die wenige Zeit, die uns noch verblieb, sollte dabei möglichst gut genutzt werden; wir hatten schließlich nur noch sieben Tage. Ich hatte deshalb das Team gebeten, auf einer Karte die interessanteren Ziele einzuzeichnen.

Bisher hatte ANGUS nur verstreute Trümmer auf den 600 Metern zwischen Bug und dem großen Heckstück gefunden, die wir im Jahr zuvor entdeckt hatten. Die meisten schweren Stücke schienen sich östlich um dieses Heckteil zu konzentrieren, darunter auch alle kleineren Einenderkessel des Schiffs. Wir waren der Meinung, daß sie aus dem Mittelstück des Schiffs herausgefallen waren, als es an oder nahe der Oberfläche auseinandergebrochen war. Vermutlich waren diese schweren, runden Gebilde wie riesige Kegelkugeln geradewegs zu Boden gegangen. In der Umgebung des Hecks fanden sich auch noch weitere Gegenstände, wie zum Beispiel Tassen und Teller, Silbertabletts und zahllose Fußbodenkacheln, die von der starken Strömung in jener Nacht offenbar dorthin getrieben worden waren. Ich überlegte mir, was uns eine Nahaufnahme dort noch zeigen konnte. Daß wir noch auf

Links: Ein erstaunlich gut erhaltenes Dampferlicht auf dem umgestürzten Vormast. Unten: Die bronzene Steuersäule mit Telemotor. Mitte: So sah sie aus, als das Ruderrad noch an seinem Platz war. Ganz unten: Das Krähennest, von dem aus Fleet den Eisberg entdeckte

Unten: Mit äußerster Konzentration bedient Martin Bowen *JJs* Fernsteuerung.

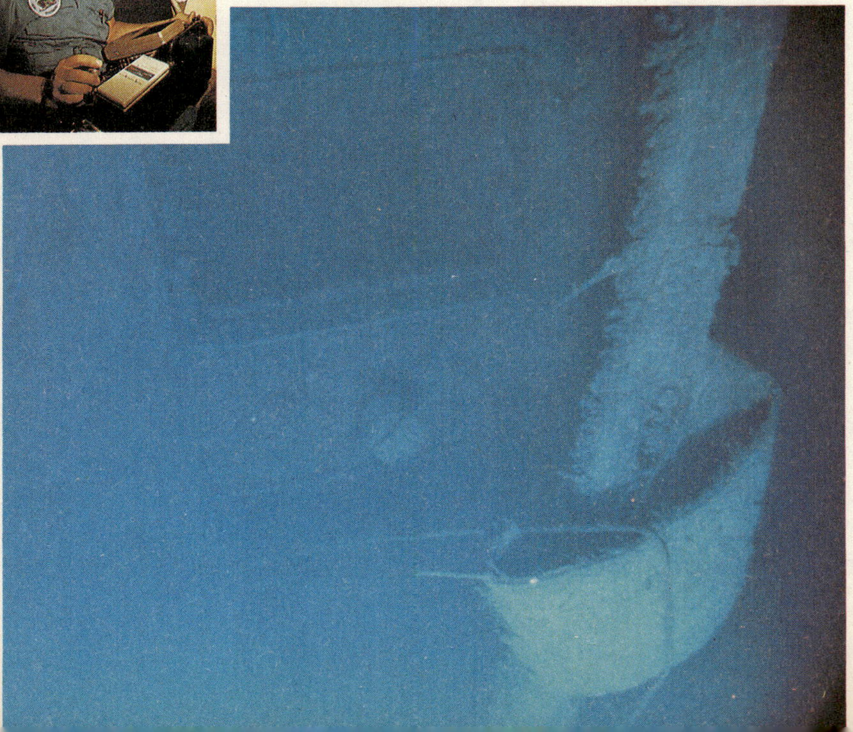

Leichen stießen, war höchst unwahrscheinlich, aber vielleicht fanden wir menschliche Skelette. Das war eine Aussicht, die mich frösteln ließ.

Der 18. Juli begann wieder als schöner, sonniger Sommertag. Doch war mir bei der Fahrt an diesem Tag nicht ganz wohl. Ich stellte mir vor, was wir dort unten antreffen konnten.

Unsere sechste Tauchfahrt verlief ereignislos. Keine Batteriekurzschlüsse, keine Pannen mit dem Sonargerät, kein störender Alarm. Wir erreichten unser Ziel ohne Zwischenfälle, landeten westlich vom Trümmerfeld und fuhren dann auf dem Meeresboden dichter heran. Als die ersten Trümmerbruchstücke auftauchten, hatten wir den Eindruck, ein ausgebombtes Museum zu betreten. Tausende von Gegenständen lagen auf den hügeligen Sedimentschichten verstreut, manche von ihnen sehr gut erhalten. Die Eingeweide der *Titanic* waren über den Meeresboden verteilt. Ganz im Gegensatz zur Großartigkeit des zerstörten Bugs war dies eine grauenerregende Mischung von Schönheit und Verwüstung. Porzellangeschirr, Silbertabletts, Töpfe und Pfannen, Weinflaschen, Stiefel, Nachttöpfe, Ablagesimse, Heizkörper, Badewannen, Koffer und Porzellanwaschbecken. Und dann blickte ich ohne jede Vorwarnung plötzlich in die Augen eines kleinen weißen, lächelnden Gesichts. Einen Moment dachte ich, daß wir tatsächlich auf einen Leichnam gestoßen seien, und erschrak fürchterlich. Dann merkte ich, daß es der Kopf einer Porzellanpuppe war, die Haare und Kleider verloren hatte. Nach dem ersten Schock wurde ich traurig, als mir die Bedeutung dieser Ansicht richtig zu Bewußtsein kam. Wem hatte die Puppe gehört? War das Mädchen unter den glücklichen Überlebenden gewesen? Oder hatte es die Puppe festgehalten, als es in den eisigen Fluten versank?

Wir zogen weiter. Die Küchen der *Titanic* hatten ihren ganzen Inhalt hier auf dem Meeresboden ausgeleert: Kupfertöpfe und -pfannen, von der Strömung blitzblank poliert; Serviertabletts, Teller, Tassen und sogar ein Kupferausgußbecken. Ein Wein- und Spirituosenkeller breitete sich hier unten aus, dessen Verkauf ein Vermögen erbracht hätte. Da lagen Champagnerflaschen, die meisten noch fest verkorkt. Bald hatten wir die Übersicht verloren.

Manchmal ergaben die nebeneinanderliegenden Dinge dramatische Gegensätze. Da steckte ein häßlich verknäultes Stück Eisen nur ein paar Zentimeter neben einem wunderschönen Glasfenster aus einer Sitzecke im Erste-Klasse-Salon, verbogen, aber noch heil. An einer anderen Stelle untersuchten wir gerade die Außenfläche eines Kessels; oben auf dem Deckel stand eine verrostete Metalltasse von der Art, wie sie die

Oben links: Versilberte Suppenterrine – verbeult, aber immer noch glänzend.
Oben rechts: Eisengestell einer Decksbank.

Rechts: Eine noch ordentlich verkorkte Champagnerflasche.

Unten links: Das weiße Emaille dieser Badewanne ist fast völlig rostzerfressen.
Unten rechts: Kaum korrodierter kupferner Topf

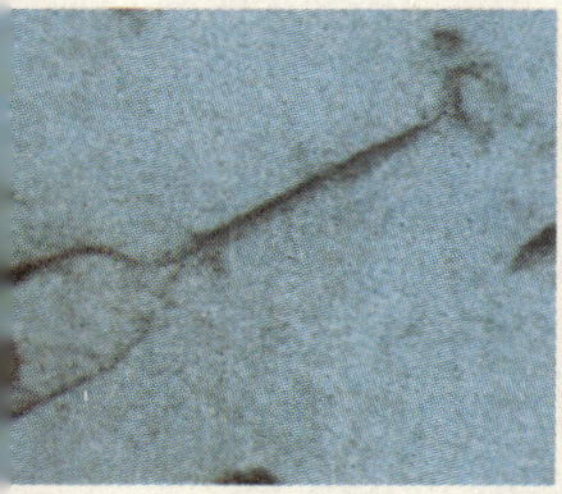

Die Kohlenschaufel fand ANGUS auf dem Meeresboden.

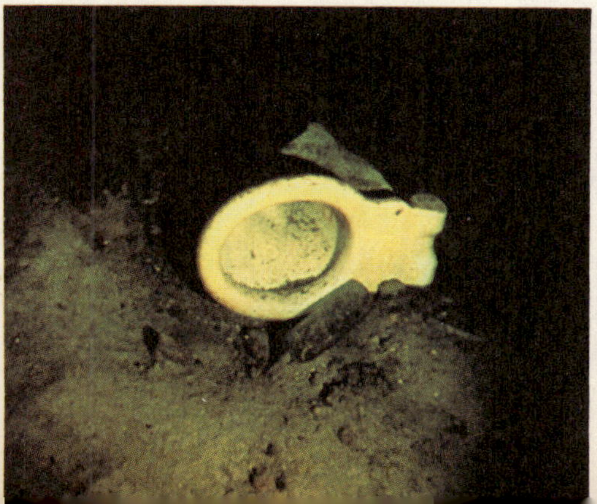

Ganz oben: Ein Zinnbecher und eine Türklinke neben der runden Feuerungstür eines Kessels.
Mitte: Über diese Holztreppe sind vielleicht Passagiere der 3. Klasse vom Mitteldeck zum Achterdeck hinaufgestiegen. Da sie noch so gut erhalten ist, dürfte sie aus Teakholz sein.
Links: Neben der Toilettenschüssel liegt eine leere Schnapsflasche.

Mannschaft verwendete, als habe ein Heizer sie dort abgestellt, bevor das Wasser in den Kesselraum eingebrochen war. Schon die Größe des „Museums“ war überwältigend.

Um die Mittagszeit stießen wir auf einen Safe. Wir hielten so an, daß ich ihn direkt durch mein Bullauge sehen konnte. Seine Tür wies nach oben. Der Türgriff sah nach Gold aus, mußte aber aus Messing sein. Gleich daneben konnte ich ein kleines, rundes goldenes Zifferblatt und darüber ein glänzendes Goldwappen erkennen. Die beiden einander zugekehrten Figuren darauf hoben sich deutlich ab; sie sahen aus wie Pferde oder Einhörner auf den Hinterbeinen. Das Wappen war jedoch so klein, daß ich die Inschrift nicht entziffern konnte.

Wir drehten den Probensammelarm von *Alvin* herum. Dabei berührte der Greifer den Türgriff des Safes fast. Warum versuchten wir nicht gleich, den Safe zu öffnen? Ich sah zu, wie die Metallfinger des Greifarms den Türgriff packten und sich das Handgelenk nach rechts zu bewegen begann. Der Griff ließ sich verhältnismäßig leicht bis zum Anschlag drehen. Doch die Tür rührte sich nicht; offenbar waren die Scharniere festgerostet. Was jetzt? Man konnte den Safe ja ohne weiteres nach oben bringen. Mit *Alvin* hatten wir schon schwerere Dinge gehoben.

Ich dachte nach und stellte mir vor, was der Safe enthalten mochte. Was hätte ich getan, wenn wir den Safe geöffnet und etwas Wertvolles darin gefunden hätten? Wahrscheinlich war der Safe ohnehin leer. Mir fiel ein, daß die Safes in der zweiten Klasse des Schiffs angeblich kurz vor dem Untergang der *Titanic* von der Mannschaft geöffnet und entleert worden seien. Bei näherer Untersuchung zeigte sich, daß unser Safe eindeutig aus der Zahlmeisterei der zweiten Klasse stammte. Also hatte er wahrscheinlich nie wirkliche Wertgegenstände enthalten. So wurde ich mit meinem Schwur, von der *Titanic* keine Souvenirs mitzubringen, nicht auf die Probe gestellt.

Als ich mir später die Fotos ansah, merkte ich, daß der Boden des Safes weggerostet war. Den Inhalt hätte man also auf dem Sediment sehen müssen, aber wir hatten nichts gefunden.

Bis zu meiner nächsten Tauchfahrt zur *Titanic* vergingen zwei Tage. Diesmal durfte einer der jungen U-Boot-Offiziere von der Marine mitfahren. Ich hatte eine Pause dringend nötig. Wir hatten unsere Zeit zur Hälfte verbraucht und schon sehr viel von der *Titanic* auf Videoband und auf ausgezeichneten Einzelbildern aufgenommen.

Nach zwei Tagen Ruhe war ich auf der nächsten Fahrt wieder dabei; diesmal ging es zum Heck. Ralph Hollis übernahm das Steuer, und als

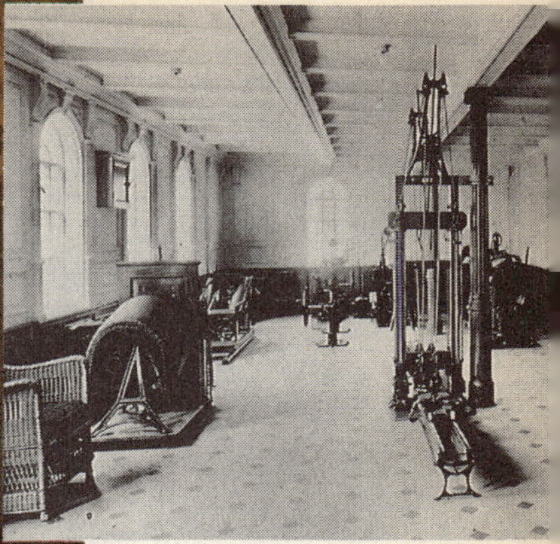

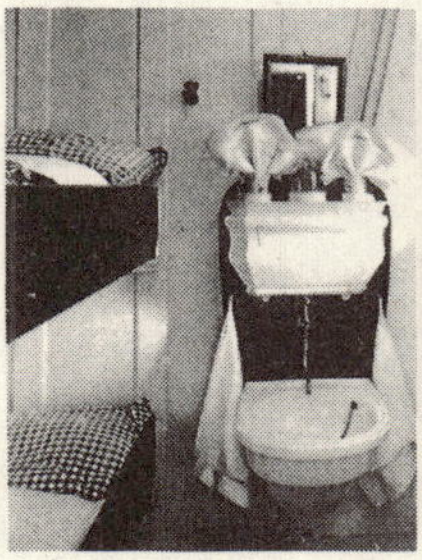

Oben links: Halter des Eingangsschilds zur 1. Klasse.
Oben rechts: Der Gymnastiksaal der *Olympic*, des Schwesterschiffs der *Titanic*.
Links: Dieser Spülkasten mit Nachttopf und Waschbecken stammt aus einer Vierbettkabine der 3. Klasse, wie sie ganz links zu sehen ist.

drittes Besatzungsmitglied fuhr ein Doktorand mit. Heute war die „Schraube" dran. Sofern die Schrauben beim Absturz nicht abgefallen waren, mußten sie sich noch an Ort und Stelle befinden und auch das über 100 Tonnen schwere Ruder. Alle Augenzeugen hatten übereinstimmend erklärt, daß nur das Vorderteil der *Titanic* den Eisberg wirklich gestreift hatte. Ein Teil der Besatzung hatte gemeint, das Schiff habe gestoppt, weil ein Blatt von der Schraube abgefallen war.

Statt wieder auf unserer Kufe am Boden entlangzugleiten, kamen wir in einem atemberaubenden Sturzflug über dem Trümmerfeld an. Bald zeigte das Auge der *Argo*-SIT-Kamera das Poopdeck. Dieses hinterste Deck am Heck der *Titanic* war mit gefährlich vielen Trümmern übersät, so steuerten wir achtern daran vorbei und hinunter zu einer Stelle neben dem Heckrumpf und verhielten dort kurz, während wir vergeblich nach einem Hinweis auf das Namensschild der *Titanic* oder auf den Heimathafen Liverpool suchten. Die Rostzapfen waren einfach zu dick.

Dann sanken wir weiter, machten eine weiche Landung auf dem Meeresboden und fluteten die Ballasttanks, so daß wir *JJ* von einer festen Basis aus einsetzen konnten. Kaum war *JJ* aus seiner Garage heraus, als wir merkten, daß etwas nicht stimmte. Er sauste im Kreis herum. Einer seiner Motoren, der oben noch einwandfrei funktioniert hatte, lief nicht mehr. Wir zogen unseren toten Roboter an der Leine nach Hause. Dies war die einzige Fahrt zum schwer beschädigten Heckteil, die ich eingeplant hatte, und jetzt schien nichts daraus zu werden. Doch Ralph schob *Alvin* zentimeterweise auf seiner Kufe unter das Heck. War er verrückt geworden? Er verstieß gegen die wichtigste Grundregel: Niemals unter einen künstlichen Überhang fahren. Doch er war der Pilot, und ich mußte ihm vertrauen.

Durch ein Bullauge konnte ich vor uns die Linie erkennen, hinter der das Niemandsland anfing, die Fläche, auf die aller Rost vom darüber hochragenden Bug gefallen war. Bis zu dieser Demarkationslinie war der Meeresboden sauber; dahinter sah er aus wie ein Schrotthaufen mit Hunderten von rund dreißig Zentimeter langen Rostzapfen. Wenn man diese Linie überschritt, gab man den sicheren Rückweg im Notfall auf.

Ich kehrte dem Bullauge den Rücken zu und konzentrierte mich ganz auf den Farbmonitor an der Rückwand der Kugel. Zuerst konnte ich nur einen Strom von schwebenden Teilchen erkennen, doch dann rückte Zentimeter um Zentimeter eine mächtige schwarze Fläche auf das Objektiv zu. Bald füllte eine riesige Stahlplatte die ganze Bildfläche; die Nieten waren deutlich zu sehen. Wenn wir noch viel weiter vorrückten, mußten wir uns unter dem Heck verklemmen. Normalerweise bekomme ich im Boot keine Platzangst, aber diesmal war es anders. Der Rumpf schien uns von allen Seiten einzukesseln.

Wir hielten *Alvin* an und starrten in die Finsternis hinaus. Unmittelbar vor mir und nach allen Richtungen ragte das Heck aus dem Meeresboden auf. Die gekrümmte Rumpfbeplattung verschwand oben aus unserem Blickfeld. Von hier aus schien sie sich in einwandfreiem Zustand zu befinden. Der Rumpf hatte kaum Rost und praktisch keine Meeresorganismen angesetzt. Offenbar stand er so steil, daß sich Rostzapfen daran nicht halten konnten.

Wie der Bug, so war auch das Heckteil der *Titanic* über dreizehn Meter tief im Schlamm eingegraben, so daß die Schlammgrenze ziemlich weit über der Stelle verlief, an der die Schrauben sitzen mußten. So würden wir das Gerücht von dem Blatt der Schraube nie verifizieren. Man sah nur knapp fünf Meter vom Ruder aus dem Untergrund herausragen.

Für uns gab es nichts mehr zu tun. Der Pilot wendete *Alvin* und fuhr mit äußerster Vorsicht denselben Weg zurück, den unsere einsame Skispur gezogen hatte. *Alvin* überquerte die Rost-Demarkationslinie wieder und kam unter dem Heck hervor. Endlich konnten wir aufatmen. Unsere Erleichterung war fast mit Händen zu greifen.

Jetzt wollte ich noch etwas tun, das mir schon lange am Herzen gelegen hatte. Ich wollte eine Erinnerungsplakette zum Gedenken an meinen Freund Bill Tantum und all jene, die mit der *Titanic* untergegangen waren, auf dem Deck niederlegen. Bill hatte mehr als jeder andere meinen Traum von der *Titanic* am Leben gehalten. Wir stiegen am Heck auf, und Ralph manövrierte *Alvin* vorsichtig bis an den Rand des Poopdecks. Behutsam holte der Arm von *Alvin* die Plakette aus ihrer Hülle, die wir an der Garage von *JJ* befestigt hatten. Dann drehte Ralph den Arm herum und löste den Greifer aus. Auf dem Bildschirm sahen wir, wie die Plakette in die dünne Sedimentschicht sank, die den Rumpf bedeckte.

Jetzt hob Ralph ab, und wir stiegen wieder auf. Je weiter wir stiegen, um so kleiner wurde die Plakette, bis sie schließlich in der Dunkelheit verschwand. Mir war traurig zumute. Aus unserem Blickfeld verschwand ein Bild von der letzten Stelle, an der Menschen auf der *Titanic* gestanden hatten.

Allmählich wurde die Zeit knapp. Vier Tage hatten wir ohne unser schwimmendes Auge auskommen müssen und deshalb die vielen anderen Stellen im Wrack nicht sehen können, die ich noch aufsuchen wollte.

AM 22. JULI funktionierte *JJ* nicht richtig. Dennoch fotografierten wir den ganzen Bug von außen und sahen uns auch den Bereich an, in dem der Eisberg angeblich den Rumpf aufgerissen hatte. Vom Bug bis zu einer Stelle etwa in Höhe der zweiten Ladeluke steckte der Rumpf bis oberhalb der Wasserlinie im Schlamm. Dahinter war der Anfang des Bereichs zu sehen, in dem der Riß hätte sein sollen, doch es war kein Riß zu erkennen. Als wir noch weiter entlang der Schlammlinie nach hinten abwärts fuhren, kamen wir an drei auffallend großen senkrechten Beulen in der Außenhaut vorbei. Diese senkrechten Beulen rührten eindeutig vom Aufprall des Bugs auf den Boden her. Weiter achtern, etwa auf der Höhe der Brücke, konnten wir waagrechte Verbiegungen und Falten in der Außenhaut erkennen; hier klafften die Platten an den Schweißnähten auch etwas auseinander.

Sahen wir ein Stück der Wunde, an der die *Titanic* gestorben war? Wo aber war der große Riß, den wir nach allen Berichten erwartet hatten? Vielleicht wies der Rumpf weiter vorn tatsächlich ein Loch auf; doch nach allem, was wir beobachten konnten, hat es diesen berühmten Riß vermutlich nie gegeben.

Am Vorabend unseres letzten Tages und der letzten Tauchfahrt wollte ich *JJ* noch einmal mit mehr Erfolg einsetzen. So arbeiteten wir die ganze Nacht hindurch, um alle Fehler zu suchen und zu beheben. Kurz vor Mitternacht fand einer der Ingenieure ein kleines abgequetschtes Drahtstück in der Aufwickelspule für das Kabel. Jetzt hatten wir den Bösewicht gefunden und unschädlich gemacht.

In der festen Überzeugung, daß jetzt alles in Ordnung war, schlief ich tief und fest und sprang am Morgen des 24. Juli voll Energie aus dem Bett, um einen letzten Blick auf die *Titanic* zu werfen. Aber in Sekundenschnelle wurde aus unserer Starteuphorie tiefste Verzweiflung. *JJ* hatte eine neue, noch schlimmere Panne!

Noch eine Tauchfahrt ohne meinen kleinen Roboter konnte ich nicht

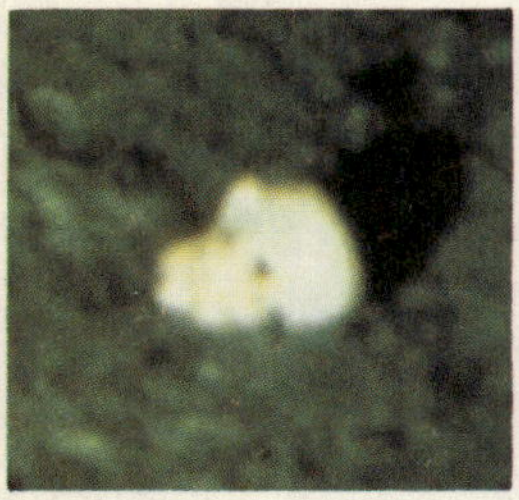

<u>Rechts:</u> Die Zeichnung zeigt *Alvin* unter dem überhängenden Heck der *Titanic*.
<u>Ganz oben:</u> Puppenkopf aus Porzellan.
<u>Oben:</u> Verrosteter Safe

ertragen. Es blieb uns keine andere Wahl, als zu versuchen, die Störung zu beheben. An diesem Tag hatten wir noch weniger Zeit als sonst, da wir auf jeden Fall pünktlich zurück sein mußten, um planmäßig auf Heimatkurs zu gehen. Von höherer Warte war in Woods Hole eine große Begrüßungszeremonie vorbereitet worden, und wir konnten nicht zu spät kommen.

Kurz nach 10 Uhr hatten wir den Fehler behoben, waren endlich wieder im Wasser und sanken. Gegen 12.30 Uhr legten wir eine zweite Plakette des Explorers' Club auf einem der schönen Bronzespills am Bug ab. Mit ihrer Inschrift wurden alle, die uns hierher nachfolgten, gebeten, das Schiff in Frieden zu lassen. Dann hoben wir wieder ab und bewegten uns zur Backbordpromenade des A-Decks. Auf früheren

Unten: Erinnerungsplakette an Bill Tantum und die Opfer der *Titanic*-Katastrophe. Ganz unten: Die riesigen Schrauben am Heck liegen jetzt im Schlamm begraben.

Fahrten an der Backbordseite war mir eine Öffnung auf dem B-Deck aufgefallen, die für *JJ* groß genug war. Sie befand sich querab von der Brücke. Es war eine Öffnung im Schanzkleid; die Tür war nicht mehr vorhanden. Das Ganze lag zwei Decks unter einem der noch vorhandenen Davits für die Rettungsboote.

Nachdem wir die Stelle wieder gefunden hatten, schwebten wir auf dem Bootsdeck nach vorn, zu einem Landeplatz neben den zusammengebrochenen Offiziersquartieren. Der Schiffsaufbau war entlang der Dehnungsfuge aufgerissen, und ich konnte bis auf die Steuerbordseite hindurchsehen. In einer Kabine erkannte ich einen kleinen Kohleofen; offenbar war er mit grünen Keramikkacheln verkleidet. Vielleicht hatte er die Offizierspantry geheizt.

Langsam zogen wir bis zum vordersten Davit auf der Backbordseite, dem Davit für das „Rettungsboot 2"; dort wollten wir unmittelbar neben der Kammer des Ersten Offiziers Murdoch landen. Es gab einen ganzen Haufen Wrackteile rechts voraus – dort zu landen wäre schwierig gewesen. Hinter dem Davit standen ein paar Metallträger heraus, die einmal ein kurzes Schanzkleid an der Schiffsseite gehalten hatten. Aber wir landeten sicher.

Das war der letzte Einsatz von *JJ*. Wir manövrierten ihn zwei Decks hinunter, ließen ihn dann auf und ab schweben und die Einstiegsöffnung prüfen, die ich ausgesucht hatte. War sie groß genug? Wir meinten es und gingen dann vorsichtig hinein.

Leider war nicht viel zu sehen. Nach diesem ersten, leider vergeblichen Versuch, in den Promenadenraum hineinzukommen, holten wir *JJ* wieder aufs Bootsdeck zurück und inspizierten Davit Zwei; dabei gelangen uns einige herrliche Nahaufnahmen mit der Fotokamera, auf denen viele Einzelheiten zu erkennen sind. Die Antriebsspindel glänzte wie am Tag der Herstellung. Sowohl „Rettungsboot 2" als auch „Notboot D" waren von hier aus zu Wasser gelassen worden. „Boot D", das als letztes das Schiff verlassen konnte, war von Lightoller und einem Kordon von Besatzungsmitgliedern geschützt worden, die einen Sturm auf das Boot hatten verhindern wollen.

Dann brachten wir *JJ* auf eine „offene Promenade" am vorderen Ende der Promenade für die erste Klasse. Hier führten zwei Korridore in zwei Richtungen. Auf der Außenbordseite der großen Tür im Schanzkleid, die uns von der Innenpromenade trennte, befand sich ein größeres Fenster. Rostzapfen baumelten bedrohlich darüber, so daß Martin lieber auf eine zweite offene Tür zuhielt, die offenbar ins Schiffsinnere führte.

Dabei fiel mir eine Messingtafel rechts daneben auf; er holte sie mit der Zoomoptik heran. Die Inschrift: DURCHGANG NUR FÜR CREWMITGLIEDER. Als *JJ* stieg, um noch näher heranzukommen, stieß er gegen einen großen Rostzapfen am überhängenden Deck und wurde auf einen Schlag blind.

Er drehte sich um sich selbst, und dann verfing sich sein Kabel an einem zackigen Stahlstück. Wir brachten *JJ* zurück und befreiten das Kabel.

Es war Zeit für den Heimweg. Unser Ziel war erreicht. Nachdem *JJ* sicher verstaut worden war, hoben wir vom Deck ab und entfernten uns etwas vom Schiff, damit wir unsere Aufstiegsgewichte in den Schlamm daneben fallen lassen konnten. Das Boot blieb einen Moment stehen, als trenne es sich nur ungern von der *Titanic*; dann trieben wir wieder nach oben und nahmen immer mehr Fahrt auf, je höher wir kamen. Ich sah auf dem Bildschirm, wie sich das Bootsdeck des Schiffs langsam in der Dunkelheit auflöste. Als letztes waren das eingedrückte Dach der Offiziersquartiere und der einsame Davit für das Rettungsboot zu unterscheiden.

Dann war alles weg. Die *Titanic* verschwand, als die Scheinwerfer ausgeschaltet wurden. Von hier ab trieben wir schweigend im Dunkeln nach oben. Wir saßen still und in Gedanken versunken in unserem Tauchboot.

Ich wußte, daß ich das Schiff zum letzten Mal besucht hatte. Ein Gefühl der Leere ergriff mich. Woher dieser Eindruck, etwas verloren zu haben? Schließlich war die *Titanic* doch nur ein großes Schiffswrack im tiefen Meer. Unser Einsatz war technisch ein Erfolg gewesen. Unsere beiden Expeditionen waren große Leistungen.

Als wir zweieinhalb Stunden später oben angekommen waren, blieb keine Zeit mehr zum Sinnieren. Wir hatten alle Hände voll zu tun, um das Tauchboot zu verstauen und die Vorbereitungen zur Rückfahrt zu treffen. Später feierten wir im Labor, aber auch da mußte ich ständig an die *Titanic* denken, an die Leute, die sie gebaut hatten, die auf ihr gefahren und mit ihr gestorben waren, als sie unterging.

ÜBER DIE AUTOREN

„Ich werde weiterleben – und richtig gut!“ Das sagte Romy Schneider am Ende des letzten großen Interviews, das sie **Michael Jürgs** im bretonischen Quiberon gab. Nach diesem Gespräch waren beide befreundet bis zu Romy Schneiders plötzlichem Tod.

Michael Jürgs, Jahrgang 1945, studierte politische Wissenschaften, Geschichte und Germanistik. Seine journalistische Laufbahn begann er 1968 als Feuilletonist bei der Münchner *Abendzeitung*. 1976 heuerte er beim *Stern* in Hamburg an und fungierte dort in den Jahren 1986–90 als Chefredakteur. Heute leitet Michael Jürgs die Zeitschrift *Tempo*. Sein Buch *Der Fall Romy Schneider* avancierte auf Anhieb zum Bestseller.

Auch nach Abschluß seiner abenteuerlichen Antarktisdurchquerung setzte **Will Steger** seinen Kampf für den Erhalt dieses wichtigen Naturgebietes fort. So verlas er vor dem amerikanischen Kongreß ein Plädoyer, in dem er die Umwandlung der Antarktis in einen Weltpark forderte. Inzwischen laufen die Vorbereitungen für sein neuestes Projekt, eine Expedition zum Südpol, auf vollen Touren.

Mit seinem Koautor **Jon Bowermaster**, einem Journalisten, der im Staat New York lebt, verbindet Will Steger bereits die Zusammenarbeit an einem früheren Buch, das Tips für umweltbewußtes Handeln für jedermann gibt.

Die am 6. Mai 1966 in Chengdu geborene **Niu-Niu** (auf dem Foto zusammen mit dem französischen Chinaexperten Lucien Bodard) überlebte wie durch ein Wunder die Verfolgungen der Kulturrevolution, denen Millionen von Menschen zum Opfer fielen. Ihr Bericht, den sie mit Hilfe des französischen Reporters Yann Layma, ihres späteren Ehemanns, in Paris niederschrieb, ist ein erschütterndes Dokument dafür, welch ungeheures Leid die Herrschaft des „großen Steuermanns" Mao Tse-tung über China brachte.

Schon als junger Mann war **Robert D. Ballard** von der Arbeit der Unterwasserpioniere Jacques Cousteau und Jacques Piccard fasziniert. Von ihrem Vorbild beflügelt, begann Ballard mit einer sowohl akademischen als auch praktischen Ausbildung, die ihn nach vielen Jahren dazu befähigte, sich mit einer Gruppe von Forschern auf die Suche nach der *Titanic* zu begeben.

Heute ist Dr. Ballard einer der führenden Wissenschaftler auf dem Gebiet der Tiefseeforschung. Damit auch Studenten an wissenschaftlichen Entdeckungen teilhaben können, hat er die „JASON Foundation for Education" ins Leben gerufen. Dr. Ballard schrieb auch ein Buch über die Entdeckung des Wracks der *Bismarck*.

DER FALL ROMY SCHNEIDER

HERAUSFORDERUNG ANTARKTIS

KEINE TRÄNEN FÜR MAO

DAS GEHEIMNIS DER TITANIC

Umschlaggestaltung: Verlag Das Beste, Stuttgart, unter Verwendung je eines Fotos von E. Perauer/Transglobe Agency (ganz oben), Will Steger (zweites von oben), Niu-Niu (unten links) sowie einer Illustration von Ken Marschall/David Hobson Collection (unten rechts).

Die ungekürzten Ausgaben von „Der Fall Romy Schneider", „Keine Tränen für Mao" und „Das Geheimnis der Titanic" sind im Buchhandel erhältlich.